中国医药卫生期刊年鉴

《中国医药卫生期刊年鉴》编辑委员会　　编

2011—2012　卷

科学技术文献出版社
SCIENTIFIC AND TECHNICAL DOCUMENTATION PRESS
·北京·

图书在版编目(CIP)数据

中国医药卫生期刊年鉴. 2011—2012 卷 /《中国医药卫生期刊年鉴》编辑委员会编.
-- 北京 : 科学技术文献出版社, 2013.11
ISBN 978-7-5023-8443-2

Ⅰ. ①中… Ⅱ. ①毛… Ⅲ. ①医学期刊 - 中国 - 2011—2012 - 年鉴 Ⅳ. ①G255.2-54

中国版本图书馆 CIP 数据核字(2013)第 257669 号

中国医药卫生期刊年鉴 2011—2012 卷

策划编辑:白明　　责任编辑:周国臻　　责任出版:张志平

出 版 者　科学技术文献出版社
地　　址　北京市复兴路 15 号　邮编 100038
编 务 部　(010)58882938,58882087(传真)
发 行 部　(010)58882868,58882874(传真)
邮 购 部　(010)58882873
官方网址　http://www.stdp.com.cn
发 行 者　科学技术文献出版社　全国各地新华书店经销
版　　次　2013 年 11 月第 1 版　2013 年 11 月第 1 次印刷
开　　本　210 × 295　1/16
字　　数　725 千
印　　张　24.5
印 刷 者　河北省欣航测绘院印刷厂
书　　号　ISBN 978-7-5023-8443-2
定　　价　298.00 元

《中国医药卫生期刊年鉴》

2011—2012 编辑委员会

编辑出版说明

为贯彻落实党和国家关于医药卫生期刊建设的路线、方针、政策,加强党和政府对行业的宏观调控、科学管理和法制监督,促进全国医药卫生期刊健康发展。中国期刊协会医药卫生期刊分会在国家新闻出版总署政策精神指导下,在中国期刊协会的指导与帮助下,对2011—2012年度期刊出版政策法规、医药卫生刊社动态及年度成就、医药卫生行业及相关行业基本信息等进行了全面梳理,继《中国医药卫生期刊年鉴》(2010卷)(以下简称《年鉴》)之后,力争全面系统记叙医药卫生期刊行业的发展与进展现况,客观反映行业工作的成就、地位、作用及不足,为中国医药卫生期刊的前进方向提供实用性、指导性和史料性的信息参考。为此,启动《中国医药卫生期刊年鉴》(2011—2012卷)编撰工作。

《年鉴》收录内容主要包括:1.中华医学会系列期刊方阵:主要展示由中华医学会主办、中国科学技术协会和卫生部分别主管的120余家期刊的风采;2.政策法规:汇编了国家、新闻出版总署历年度及2011—2012年度发布的重要政策法规、办法、条例等;3.大事要事:选编了中国医药卫生期刊在2011—2012年度的重要时事及主要成就;4.期刊研究:收录了全国期刊专家、学者对期刊创新发展、医学期刊国际化等相关问题的研究与分析思考; 5.行业信息:继2010卷后,更新、增补了310余家期刊,并对信息内容给予扩充,增加了345位编辑部主任、661个邮箱、183个网址,便于查找与检索;6、期刊风采:突出宣传了我国医药卫生行业的大刊、名刊、新刊、特色刊,重点介绍了各刊社大事记、栏目特色、内容风格、收录情况及所获荣誉等。《年鉴》编纂结构合理,保证了权威性、系统性和专业性,是继2010卷年鉴之后连续出版的、信息量大、实用性强的指南性工具书。

《年鉴》在编撰过程中,经过与刊社反复核对资料,不仅保证了资料翔实精炼,而且保证了资料公正客观。反映了我国医药卫生系统期刊现状和研究发展趋势,信息密集,具有宝贵价值。同时,得到国家新闻出版总署、卫生部、中国期刊协会、卫生部新闻宣传中心等有关领导同志的高度重视和大力支持;得到全国医药卫生期刊社、编辑部的配合与支持,在此表示衷心的感谢!

由于时间紧,编者水平有限,编撰经验不足,书中难免有疏漏和不足之处,欢迎批评指导,给予斧正。

中国期刊协会医药卫生期刊分会

2013年9月30日

目　录

工作动态

行业信息

附录索引

期刊风采

中国医药卫生期刊年鉴 2011—2012

中华医学会系列期刊方阵

Vol. 126 No. 1 January 5, 2013
ISSN 0366-6999
CN 11-2154/R
Chinese Medical Journal
中华医学杂志英文版
Established 1887
Chinese Medical Association
Beijing, China
ISSN 0366-6999

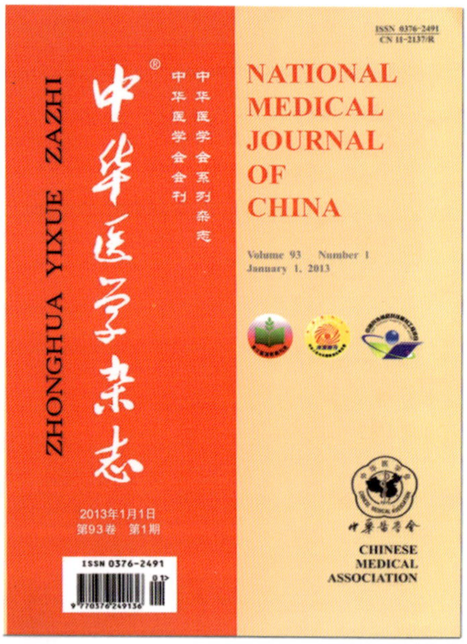
ZHONGHUA YIXUE ZAZHI
中华医学杂志
中华医学会会刊
中华医学会系列杂志
NATIONAL MEDICAL JOURNAL OF CHINA
Volume 93 Number 1
January 1, 2013
ISSN 0376-2491
CN 11-2137/R
2013年1月1日
第93卷 第1期
CHINESE MEDICAL ASSOCIATION
ISSN 0376-2491

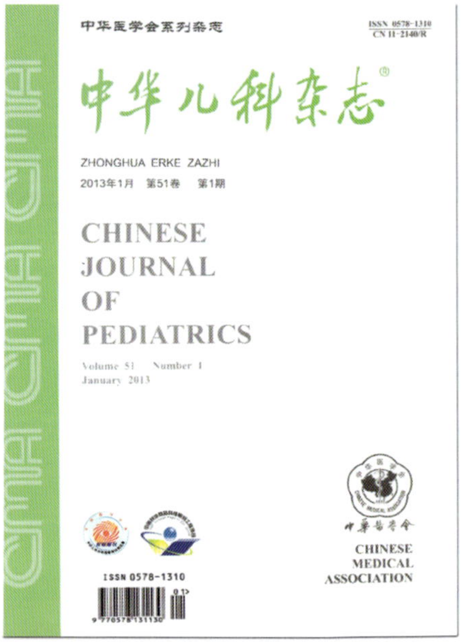
中华医学会系列杂志
ISSN 0578-1310
CN 11-2140/R
中华儿科杂志
ZHONGHUA ERKE ZAZHI
2013年1月 第51卷 第1期
CHINESE JOURNAL OF PEDIATRICS
Volume 51 Number 1
January 2013
CHINESE MEDICAL ASSOCIATION
ISSN 0578-1310

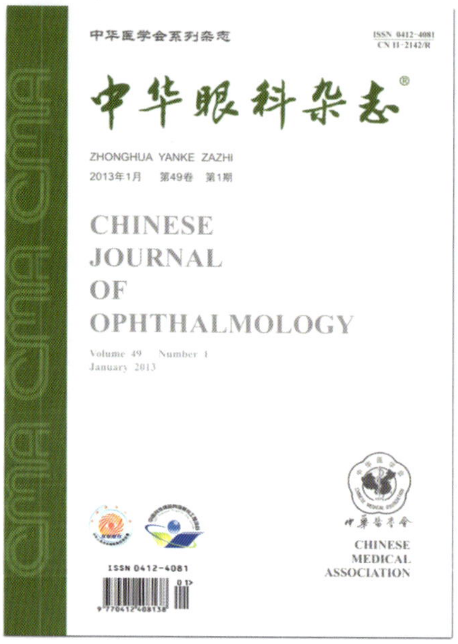
中华医学会系列杂志
ISSN 0412-4081
CN 11-2142/R
中华眼科杂志
ZHONGHUA YANKE ZAZHI
2013年1月 第49卷 第1期
CHINESE JOURNAL OF OPHTHALMOLOGY
Volume 49 Number 1
January 2013
CHINESE MEDICAL ASSOCIATION
ISSN 0412-4081

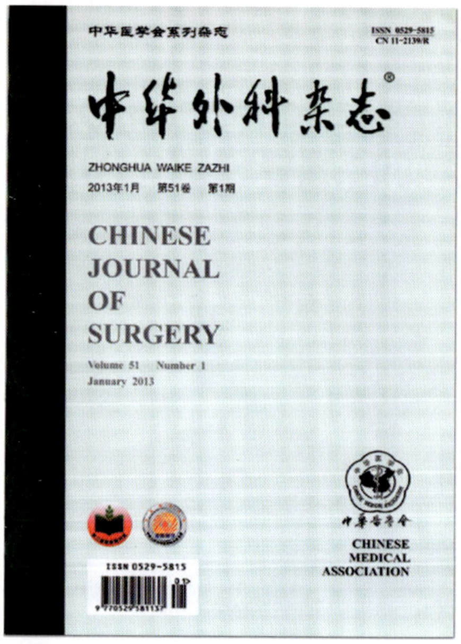
中华医学会系列杂志
ISSN 0529-5815
CN 11-2139/R
中华外科杂志
ZHONGHUA WAIKE ZAZHI
2013年1月 第51卷 第1期
CHINESE JOURNAL OF SURGERY
Volume 51 Number 1
January 2013
CHINESE MEDICAL ASSOCIATION
ISSN 0529-5815

中华医学会系列杂志
ISSN 0578-1426
CN 11-2138/R
中华内科杂志
ZHONGHUA NEIKE ZAZHI
2013年1月 第52卷 第1期
CHINESE JOURNAL OF INTERNAL MEDICINE
Volume 52 Number 1
January 2013
CHINESE MEDICAL ASSOCIATION
ISSN 0578-1426

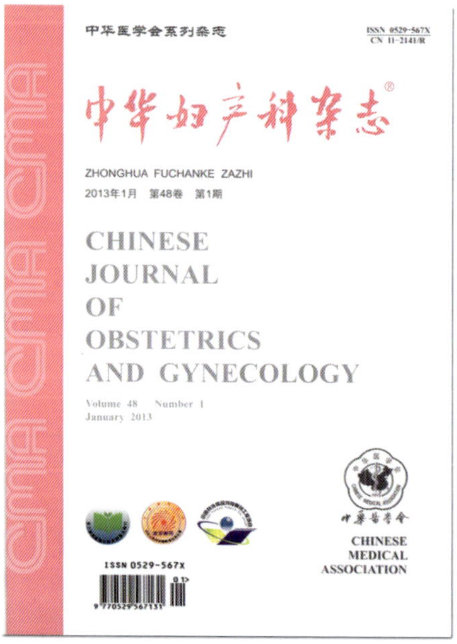
中华医学会系列杂志
ISSN 0529-567X
CN 11-2141/R
中华妇产科杂志
ZHONGHUA FUCHANKE ZAZHI
2013年1月 第48卷 第1期
CHINESE JOURNAL OF OBSTETRICS AND GYNECOLOGY
Volume 48 Number 1
January 2013
CHINESE MEDICAL ASSOCIATION
ISSN 0529-567X

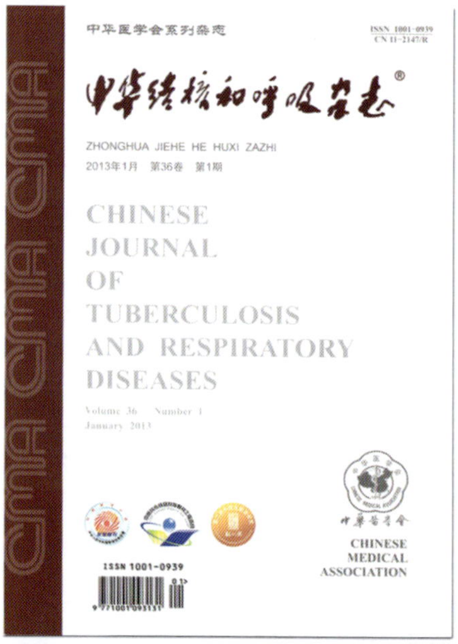
中华医学会系列杂志
ISSN 1001-0939
CN 11-2147/R
中华结核和呼吸杂志
ZHONGHUA JIEHE HE HUXI ZAZHI
2013年1月 第36卷 第1期
CHINESE JOURNAL OF TUBERCULOSIS AND RESPIRATORY DISEASES
Volume 36 Number 1
January 2013
CHINESE MEDICAL ASSOCIATION
ISSN 1001-0939

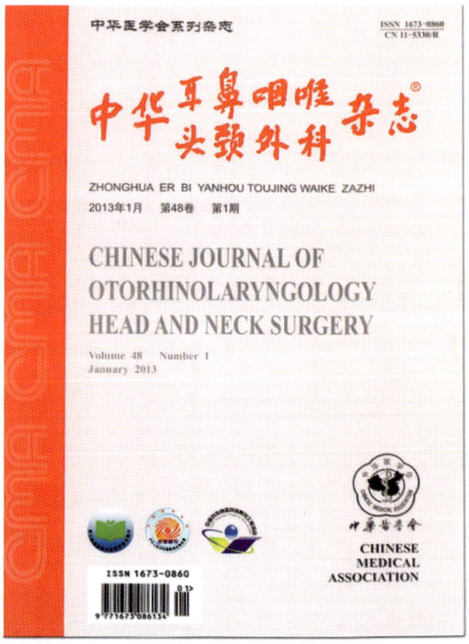
中华医学会系列杂志
ISSN 1673-0860
CN 11-5330/R
中华耳鼻咽喉头颈外科杂志
ZHONGHUA ER BI YANHOU TOUJING WAIKE ZAZHI
2013年1月 第48卷 第1期
CHINESE JOURNAL OF OTORHINOLARYNGOLOGY HEAD AND NECK SURGERY
Volume 48 Number 1
January 2013
CHINESE MEDICAL ASSOCIATION
ISSN 1673-0860

中华医学会系列杂志
ISSN 1002-0098
CN 11-2144/R
中华口腔医学杂志®
ZHONGHUA KOUQIANG YIXUE ZAZHI
2013年1月 第48卷 第1期
CHINESE JOURNAL OF STOMATOLOGY
Volume 48 Number 1
January 2013
CHINESE MEDICAL ASSOCIATION
ISSN 1002-0098

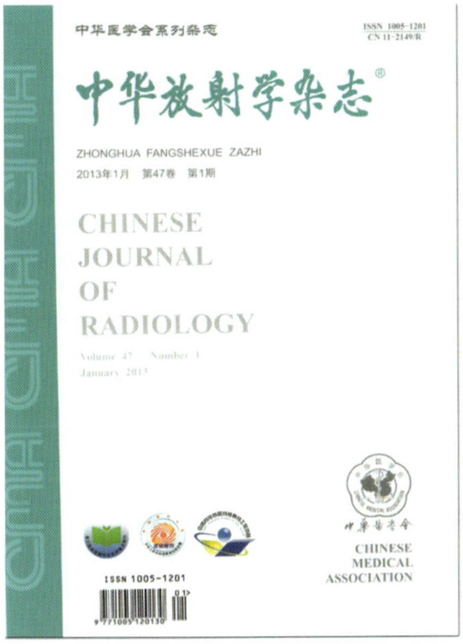
中华医学会系列杂志
ISSN 1005-1201
CN 11-2149/R
中华放射学杂志®
ZHONGHUA FANGSHEXUE ZAZHI
2013年1月 第47卷 第1期
CHINESE JOURNAL OF RADIOLOGY
CHINESE MEDICAL ASSOCIATION
ISSN 1005-1201

中华医学会系列杂志
ISSN 0253-9624
CN 11-2150/R
中华预防医学杂志®
ZHONGHUA YUFANG YIXUE ZAZHI
2013年1月 第47卷 第1期
CHINESE JOURNAL OF PREVENTIVE MEDICINE
Volume 47 Number 1
January 2013
CHINESE MEDICAL ASSOCIATION
ISSN 0253-9624

中华医学会系列杂志
ISSN 0529-5807
CN 11-2151/R
中华病理学杂志®
ZHONGHUA BINGLIXUE ZAZHI
2013年1月 第42卷 第1期
CHINESE JOURNAL OF PATHOLOGY
Volume 42 Number 1
January 2013
CHINESE MEDICAL ASSOCIATION
ISSN 0529-5807

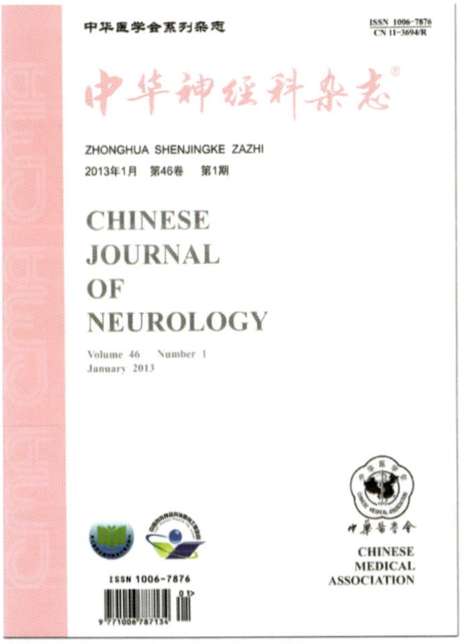
中华医学会系列杂志
ISSN 1006-7876
CN 11-3694/R
中华神经科杂志®
ZHONGHUA SHENJINGKE ZAZHI
2013年1月 第46卷 第1期
CHINESE JOURNAL OF NEUROLOGY
Volume 46 Number 1
January 2013
CHINESE MEDICAL ASSOCIATION
ISSN 1006-7876

中华医学会系列杂志
ISSN 1006-7884
CN 11-3661/R
中华精神科杂志®
ZHONGHUA JINGSHENKE ZAZHI
2013年2月 第46卷 第1期
CHINESE JOURNAL OF PSYCHIATRY
Volume 46 Number 1
February 2013
CHINESE MEDICAL ASSOCIATION
ISSN 1006-7884

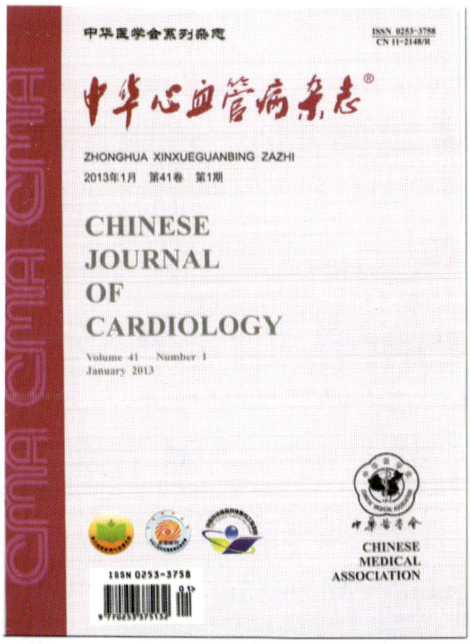
中华医学会系列杂志
ISSN 0253-3758
CN 11-2148/R
中华心血管病杂志®
ZHONGHUA XINXUEGUANBING ZAZHI
2013年1月 第41卷 第1期
CHINESE JOURNAL OF CARDIOLOGY
Volume 41 Number 1
January 2013
CHINESE MEDICAL ASSOCIATION
ISSN 0253-3758

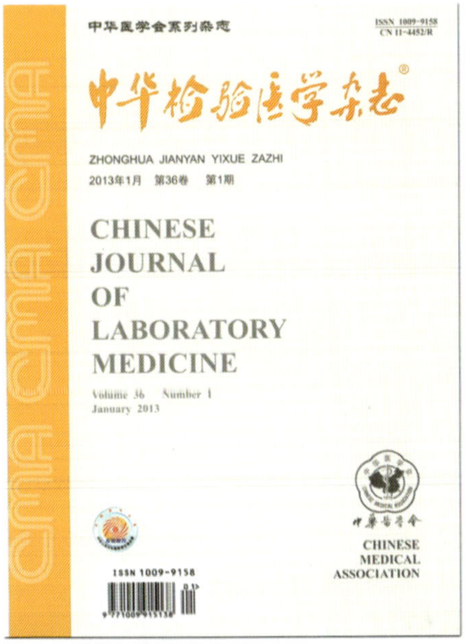
中华医学会系列杂志
ISSN 1009-9158
CN 11-4452/R
中华检验医学杂志®
ZHONGHUA JIANYAN YIXUE ZAZHI
2013年1月 第36卷 第1期
CHINESE JOURNAL OF LABORATORY MEDICINE
Volume 36 Number 1
January 2013
CHINESE MEDICAL ASSOCIATION
ISSN 1009-9158

ZHONGHUA QUANKE YISHI ZAZHI
中华全科医师杂志®
中华医学会系列杂志
2013年1月
第12卷 第1期
ISSN 1671-7368
ISSN 1671-7368
CN 11-4798/R
CHINESE JOURNAL OF GENERAL PRACTITIONERS
Volume 12 Number 1
January 2013
CHINESE MEDICAL ASSOCIATION

中华医学会系列杂志
中华健康管理学杂志®
ZHONGHUA JIANKANGGUANLIXUE ZAZHI
2013年2月 第7卷 第1期
CHINESE
JOURNAL
OF
HEALTH
MANAGEMENT
Volume 7 Number 1
February 2013
中華醫學會
CHINESE
MEDICAL
ASSOCIATION
ISSN 1674-0815
cma cma cma

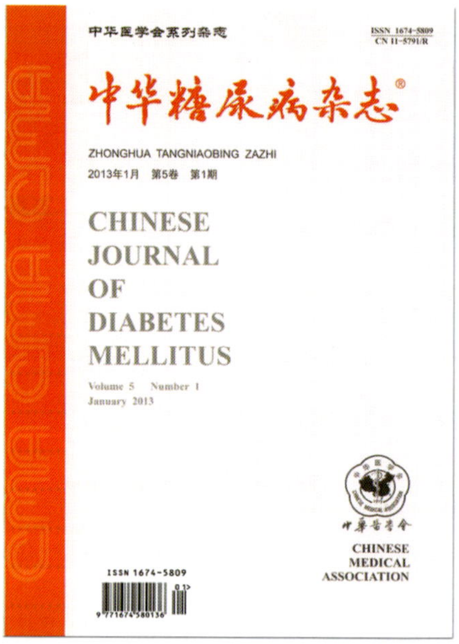
中华医学会系列杂志
ISSN 1674-5809
CN 11-5791/R
中华糖尿病杂志®
ZHONGHUA TANGNIAOBING ZAZHI
2013年1月 第5卷 第1期
CHINESE
JOURNAL
OF
DIABETES
MELLITUS
Volume 5 Number 1
January 2013
中華醫學會
CHINESE
MEDICAL
ASSOCIATION
ISSN 1674-5809
cma cma cma

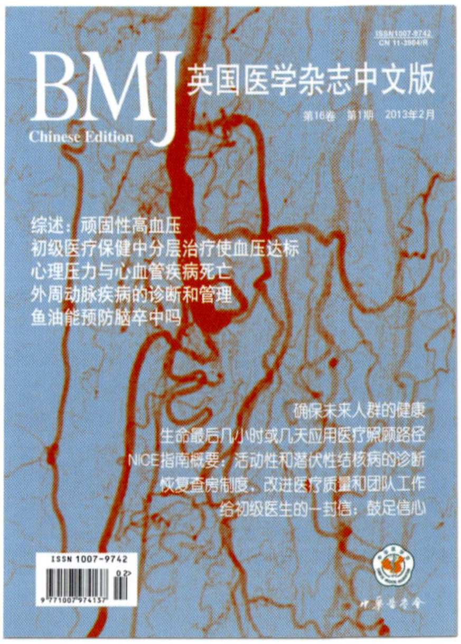
BMJ 英国医学杂志中文版
Chinese Edition
第16卷 第1期 2013年2月
综述：顽固性高血压
初级医疗保健中分层治疗使血压达标
心理压力与心血管疾病死亡
外周动脉疾病的诊断和管理
鱼油能预防脑卒中吗
确保未来人群的健康
生命最后几小时或几天应用医疗照顾路径
NICE指南概要：活动性和潜伏性结核病的诊断
恢复查房制度，改进医疗质量和团队工作
给初级医生的一封信：敢足信心
ISSN 1007-9742
中華醫學會

中华医学信息导报
CHINA MEDICAL NEWS
本期导读
陈竺、张茅同志发表2013年新年致词
2012年度学科进展大回顾

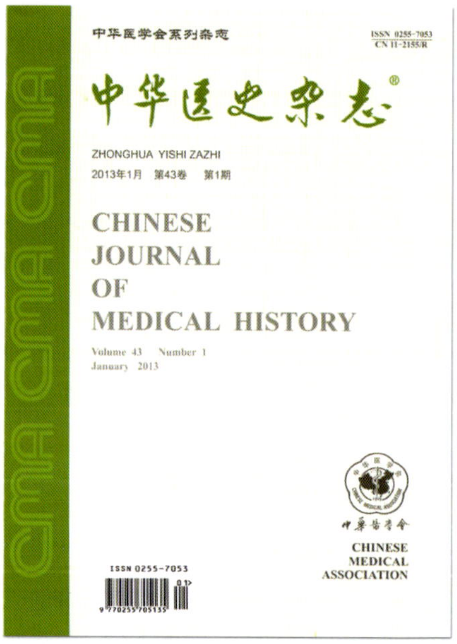
中华医学会系列杂志
ISSN 0255-7053
CN 11-2155/R
中华医史杂志®
ZHONGHUA YISHI ZAZHI
2013年1月 第43卷 第1期
CHINESE
JOURNAL
OF
MEDICAL HISTORY
Volume 43 Number 1
January 2013
中華醫學會
CHINESE
MEDICAL
ASSOCIATION
ISSN 0255-7053
cma cma cma

中华医学会系列杂志
中华肿瘤杂志®
ZHONGHUA ZHONGLIU ZAZHI
2013年1月 第35卷 第1期
CHINESE
JOURNAL
OF
ONCOLOGY
Volume 35 Number 1
January 2013
中華醫學會
CHINESE
MEDICAL
ASSOCIATION
ISSN 0253-3766

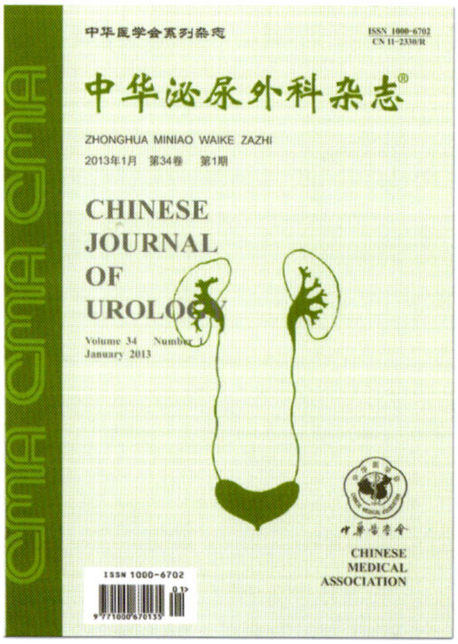
中华医学会系列杂志
ISSN 1000-6702
CN 11-2330/R
中华泌尿外科杂志®
ZHONGHUA MINIAO WAIKE ZAZHI
2013年1月 第34卷 第1期
CHINESE
JOURNAL
OF
UROLOGY
Volume 34 Number 1
January 2013
中華醫學會
CHINESE
MEDICAL
ASSOCIATION
ISSN 1000-6702
cma cma cma

中华医学会系列杂志
ISSN 0254-5101
CN 11-2309/R
中华微生物学和免疫学杂志®
ZHONGHUA WEISHENGWUXUE HE MIANYIXUE ZAZHI
2013年1月 第33卷 第1期
重大传染病专刊
CHINESE
JOURNAL
OF
MICROBIOLOGY
AND IMMUNOLOGY
Volume 33 Number 1
January 2013
中華醫學會
CHINESE
MEDICAL
ASSOCIATION
ISSN 0254-5101

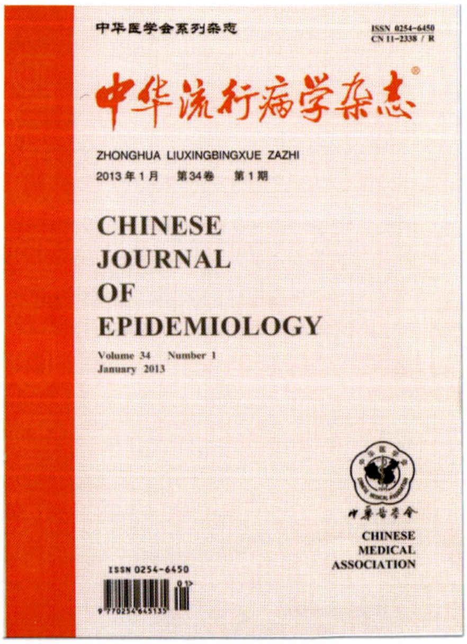
中华医学会系列杂志
ISSN 0254-6450
CN 11-2338/R
中华流行病学杂志®
ZHONGHUA LIUXINGBINGXUE ZAZHI
2013年1月 第34卷 第1期
CHINESE
JOURNAL
OF
EPIDEMIOLOGY
Volume 34 Number 1
January 2013
中華醫學會
CHINESE
MEDICAL
ASSOCIATION
ISSN 0254-6450

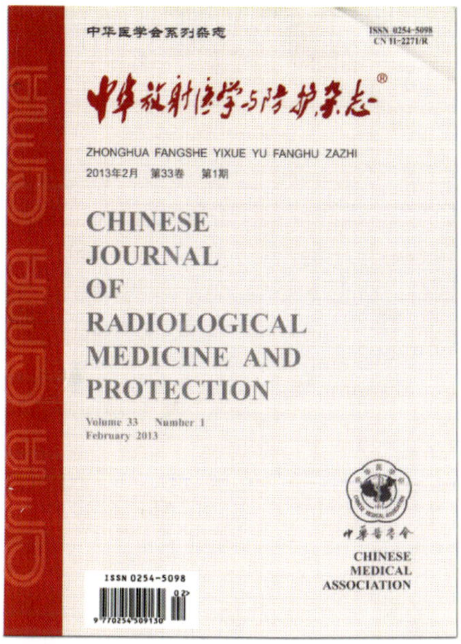
中华医学会系列杂志
ISSN 0254-5098
CN 11-2271/R
中华放射医学与防护杂志
ZHONGHUA FANGSHE YIXUE YU FANGHU ZAZHI
2013年2月 第33卷 第1期
CHINESE JOURNAL OF RADIOLOGICAL MEDICINE AND PROTECTION
Volume 33 Number 1
February 2013
中華醫學會
CHINESE MEDICAL ASSOCIATION
ISSN 0254-5098

中华医学会系列杂志
ISSN 0254-9026
CN 11-2225/R
中华老年医学杂志
ZHONGHUA LAONIAN YIXUE ZAZHI
2013年1月 第32卷 第1期
CHINESE JOURNAL OF GERIATRICS
Volume 32 Number 1
January 2013
中華醫學會
CHINESE MEDICAL ASSOCIATION
ISSN 0254-9026

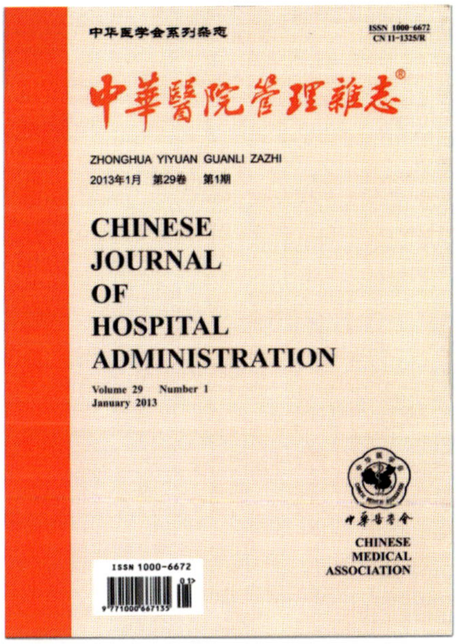
中华医学会系列杂志
ISSN 1000-6672
CN 11-1325/R
中華醫院管理雜志
ZHONGHUA YIYUAN GUANLI ZAZHI
2013年1月 第29卷 第1期
CHINESE JOURNAL OF HOSPITAL ADMINISTRATION
Volume 29 Number 1
January 2013
中華醫學會
CHINESE MEDICAL ASSOCIATION
ISSN 1000-6672

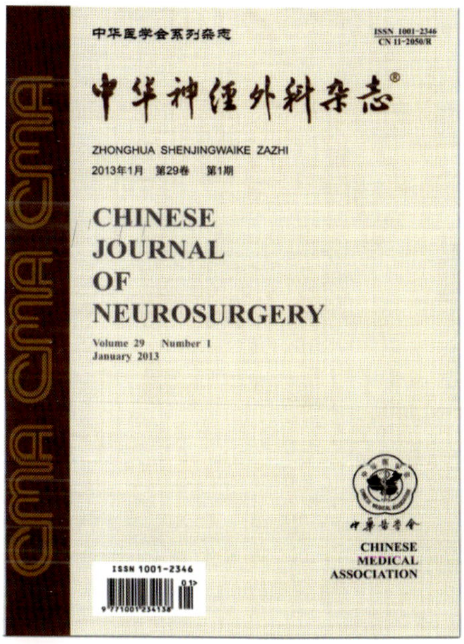
中华医学会系列杂志
ISSN 1001-2346
CN 11-2050/R
中华神经外科杂志
ZHONGHUA SHENJINGWAIKE ZAZHI
2013年1月 第29卷 第1期
CHINESE JOURNAL OF NEUROSURGERY
Volume 29 Number 1
January 2013
中華醫學會
CHINESE MEDICAL ASSOCIATION
ISSN 1001-2346

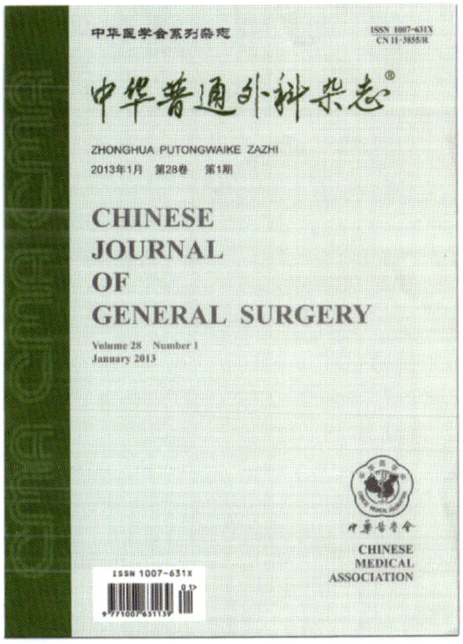
中华医学会系列杂志
ISSN 1007-631X
CN 11-3855/R
中华普通外科杂志
ZHONGHUA PUTONGWAIKE ZAZHI
2013年1月 第28卷 第1期
CHINESE JOURNAL OF GENERAL SURGERY
Volume 28 Number 1
January 2013
中華醫學會
CHINESE MEDICAL ASSOCIATION
ISSN 1007-631X

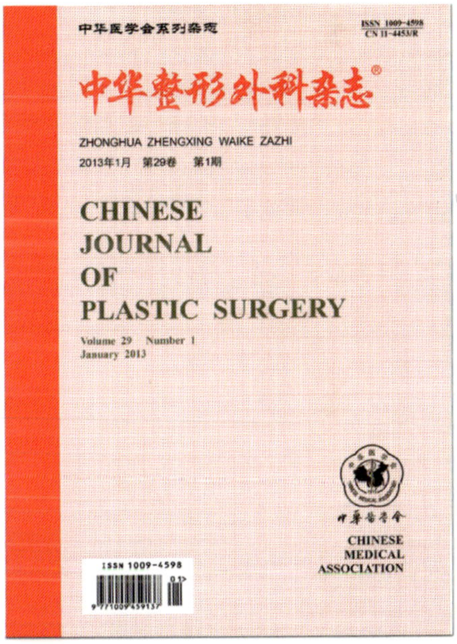
中华医学会系列杂志
ISSN 1009-4598
CN 11-4453/R
中华整形外科杂志
ZHONGHUA ZHENGXING WAIKE ZAZHI
2013年1月 第29卷 第1期
CHINESE JOURNAL OF PLASTIC SURGERY
Volume 29 Number 1
January 2013
中華醫學會
CHINESE MEDICAL ASSOCIATION
ISSN 1009-4598

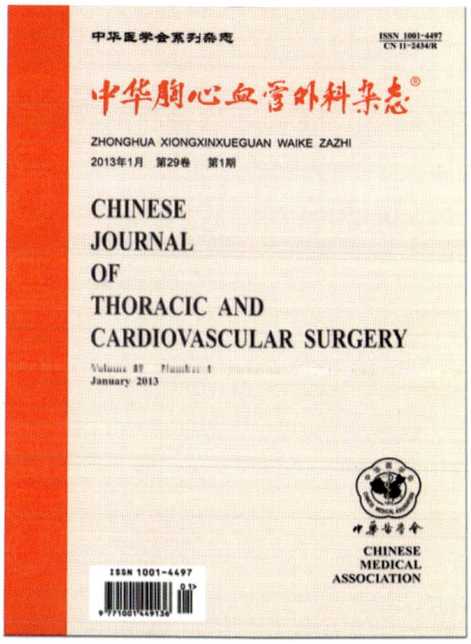
中华医学会系列杂志
ISSN 1001-4497
CN 11-2434/R
中华胸心血管外科杂志
ZHONGHUA XIONGXINXUEGUAN WAIKE ZAZHI
2013年1月 第29卷 第1期
CHINESE JOURNAL OF THORACIC AND CARDIOVASCULAR SURGERY
January 2013
中華醫學會
CHINESE MEDICAL ASSOCIATION
ISSN 1001-4497

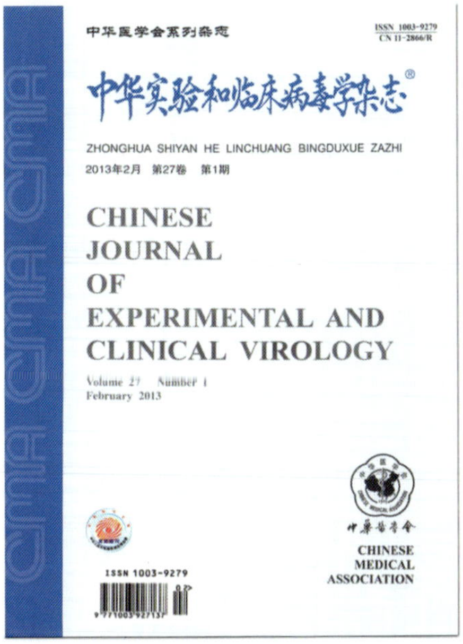
中华医学会系列杂志
ISSN 1003-9279
CN 11-2866/R
中华实验和临床病毒学杂志
ZHONGHUA SHIYAN HE LINCHUANG BINGDUXUE ZAZHI
2013年2月 第27卷 第1期
CHINESE JOURNAL OF EXPERIMENTAL AND CLINICAL VIROLOGY
Volume 27 Number 1
February 2013
中華醫學會
CHINESE MEDICAL ASSOCIATION
ISSN 1003-9279

中华医学会系列杂志
ISSN 1006-1924
CN 11-3565/R
中华医学科研管理杂志
ZHONGHUA YIXUE KEYAN GUANLI ZAZHI
2013年2月 第26卷 第1期
CHINESE JOURNAL OF MEDICAL SCIENCE RESEARCH MANAGEMENT
February 2013
中華醫學會
CHINESE MEDICAL ASSOCIATION
ISSN 1006-1924

中华医学会系列杂志
ISSN 1007-6239
CN 11-3854/R
中华航空航天医学杂志®
ZHONGHUA HANGKONG HANGTIAN YIXUE ZAZHI
2013年3月 第24卷 第1期
CHINESE JOURNAL OF AEROSPACE MEDICINE
Volume 24 Number 1
March 2013
中华医学会
CHINESE MEDICAL ASSOCIATION
ISSN 1007-6239

中华医学会系列杂志
ISSN 1004-4221
CN 11-3030/R
中华放射肿瘤学杂志®
ZHONGHUA FANGSHE ZHONGLIUXUE ZAZHI
2013年1月 第22卷 第1期
CHINESE JOURNAL OF RADIATION ONCOLOGY
Volume 22 Number 1
January 2013
中华医学会
CHINESE MEDICAL ASSOCIATION
ISSN 1004-4221

健康世界
中华医学会系列杂志
2013年第1期
总第230期
封面人物：王仲
百名医学权威最新健康资讯
医学能否让永生变为现实

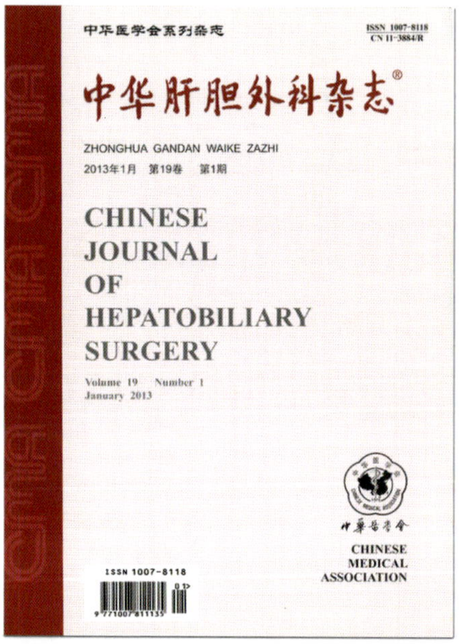
中华医学会系列杂志
ISSN 1007-8118
CN 11-3884/R
中华肝胆外科杂志®
ZHONGHUA GANDAN WAIKE ZAZHI
2013年1月 第19卷 第1期
CHINESE JOURNAL OF HEPATOBILIARY SURGERY
Volume 19 Number 1
January 2013
中华医学会
CHINESE MEDICAL ASSOCIATION
ISSN 1007-8118

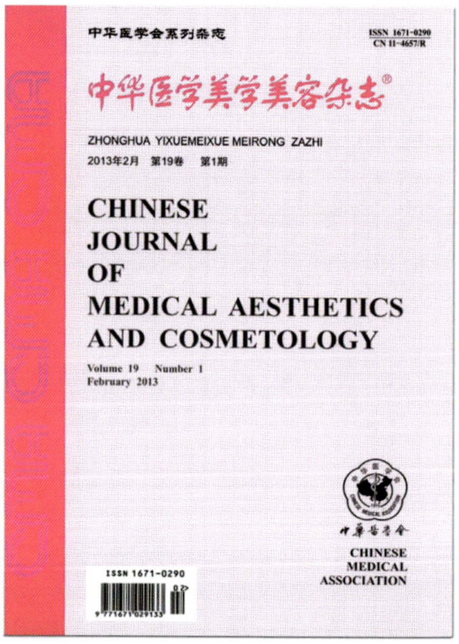
中华医学会系列杂志
ISSN 1671-0290
CN 11-4657/R
中华医学美学美容杂志®
ZHONGHUA YIXUEMEIXUE MEIRONG ZAZHI
2013年2月 第19卷 第1期
CHINESE JOURNAL OF MEDICAL AESTHETICS AND COSMETOLOGY
Volume 19 Number 1
February 2013
中华医学会
CHINESE MEDICAL ASSOCIATION
ISSN 1671-0290

中华医学会系列杂志
ISSN 1007-6638
CN 11-3859/R
中华心律失常学杂志®
ZHONGHUA XINLUSHICHANGXUE ZAZHI
2013年2月 第17卷 第1期
CHINESE JOURNAL OF CARDIAC ARRHYTHMIAS
Volume 17 Number 1
February 2013
中华医学会
CHINESE MEDICAL ASSOCIATION
ISSN 1007-6638

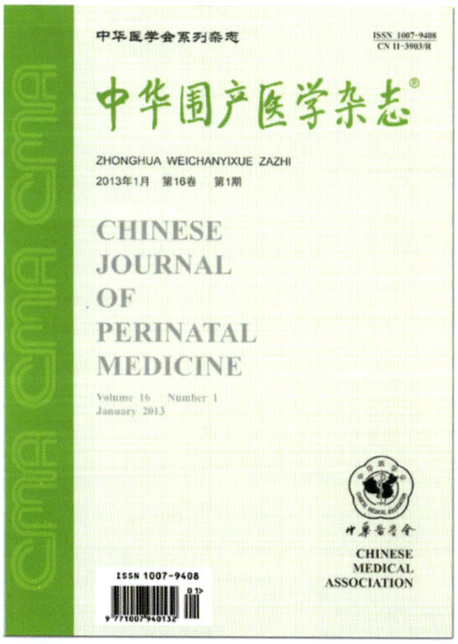
中华医学会系列杂志
ISSN 1007-9408
CN 11-3903/R
中华围产医学杂志®
ZHONGHUA WEICHANYIXUE ZAZHI
2013年1月 第16卷 第1期
CHINESE JOURNAL OF PERINATAL MEDICINE
Volume 16 Number 1
January 2013
中华医学会
CHINESE MEDICAL ASSOCIATION
ISSN 1007-9408

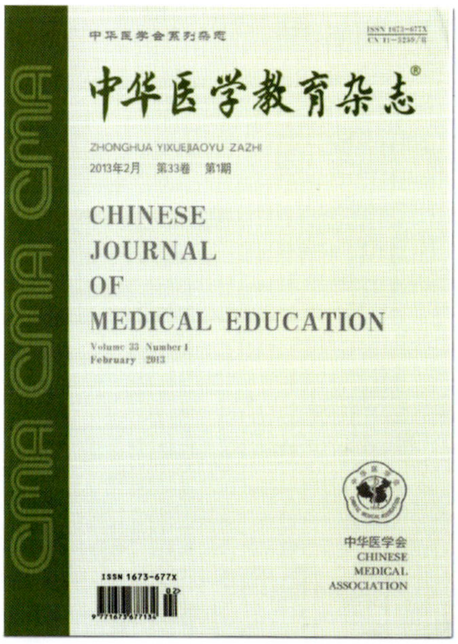
中华医学会系列杂志
ISSN 1673-677X
中华医学教育杂志®
ZHONGHUA YIXUEJIAOYU ZAZHI
2013年2月 第33卷 第1期
CHINESE JOURNAL OF MEDICAL EDUCATION
Volume 33 Number 1
February 2013
中华医学会
CHINESE MEDICAL ASSOCIATION
ISSN 1673-677X

中华医学会系列杂志
ISSN 1674-2907
CN 11-5682/R
中华现代护理杂志®
ZHONGHUA XIANDAI HULI ZAZHI
2013年1月6日 第19卷 第1期
CHINESE JOURNAL OF MODERN NURSING
Volume 19 Number 1
January 6, 2013
中华医学会
CHINESE MEDICAL ASSOCIATION
ISSN 1674-2907

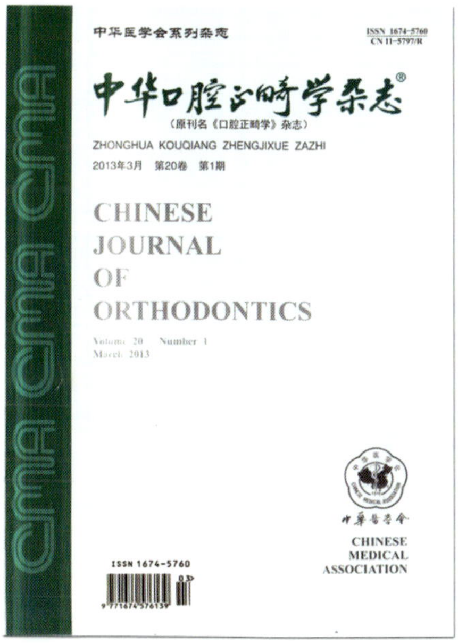
中华医学会系列杂志
ISSN 1674-5760
CN 11-5797/R
中华口腔正畸学杂志®
（原刊名《口腔正畸学》杂志）
ZHONGHUA KOUQIANG ZHENGJIXUE ZAZHI
2013年3月 第20卷 第1期
CHINESE
JOURNAL
OF
ORTHODONTICS
CHINESE
MEDICAL
ASSOCIATION
ISSN 1674-5760

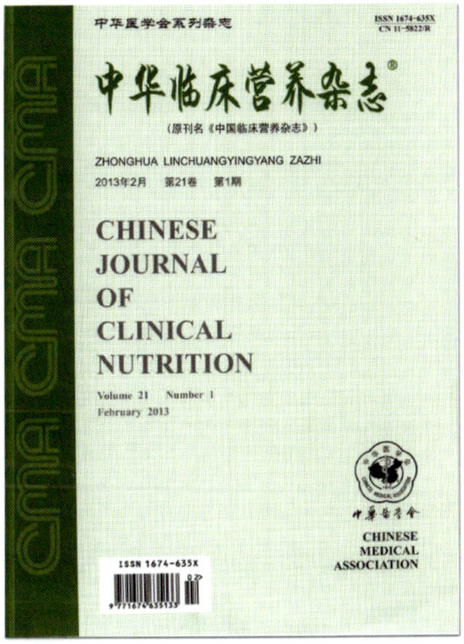
中华医学会系列杂志
ISSN 1674-635X
CN 11-5822/R
中华临床营养杂志®
（原刊名《中国临床营养杂志》）
ZHONGHUA LINCHUANGYINGYANG ZAZHI
2013年2月 第21卷 第1期
CHINESE
JOURNAL
OF
CLINICAL
NUTRITION
Volume 21 Number 1
February 2013
CHINESE
MEDICAL
ASSOCIATION
ISSN 1674-635X

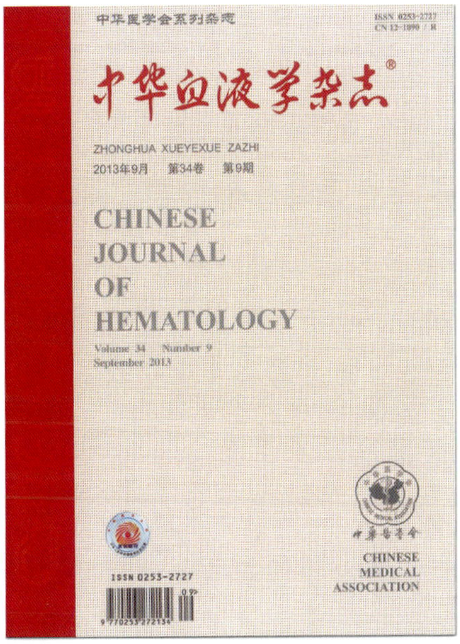
中华医学会系列杂志
中华血液学杂志®
ZHONGHUA XUEYEXUE ZAZHI
2013年9月 第34卷 第9期
CHINESE
JOURNAL
OF
HEMATOLOGY
Volume 34 Number 9
September 2013
CHINESE
MEDICAL
ASSOCIATION
ISSN 0253-2727

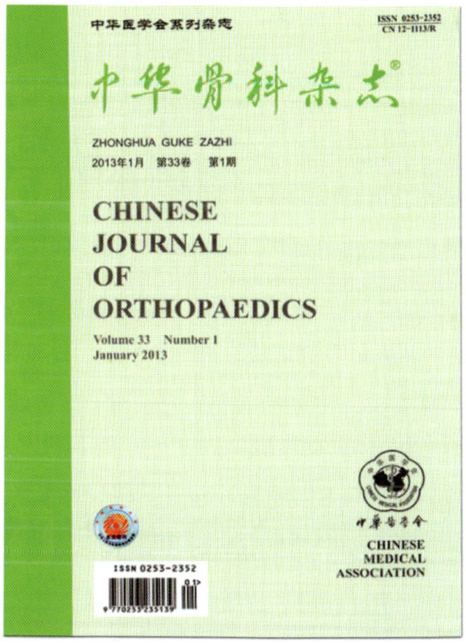
中华医学会系列杂志
ISSN 0253-2352
CN 12-1113/R
中华骨科杂志®
ZHONGHUA GUKE ZAZHI
2013年1月 第33卷 第1期
CHINESE
JOURNAL
OF
ORTHOPAEDICS
Volume 33 Number 1
January 2013
CHINESE
MEDICAL
ASSOCIATION
ISSN 0253-2352

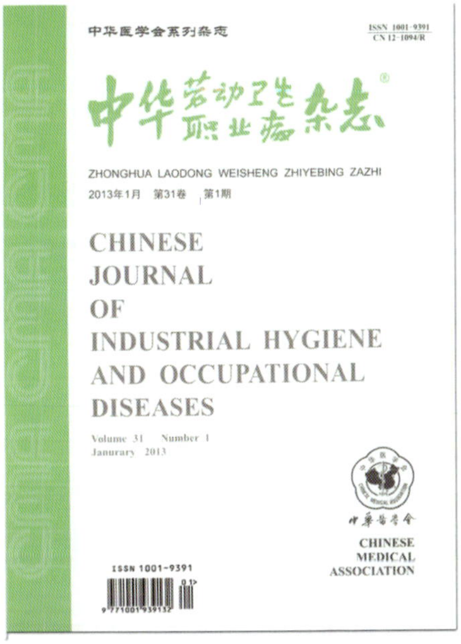
中华医学会系列杂志
ISSN 1001-9391
CN 12-1094/R
中华劳动卫生职业病杂志®
ZHONGHUA LAODONG WEISHENG ZHIYEBING ZAZHI
2013年1月 第31卷 第1期
CHINESE
JOURNAL
OF
INDUSTRIAL HYGIENE
AND OCCUPATIONAL
DISEASES
Volume 31 Number 1
Janurary 2013
CHINESE
MEDICAL
ASSOCIATION
ISSN 1001-9391

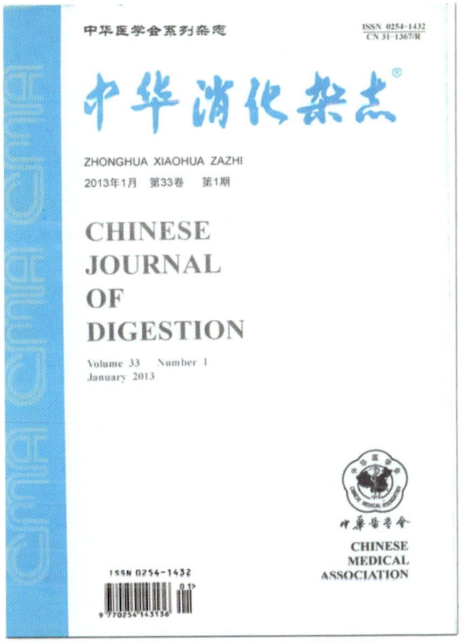
中华医学会系列杂志
ISSN 0254-1432
CN 31-1367/R
中华消化杂志®
ZHONGHUA XIAOHUA ZAZHI
2013年1月 第33卷 第1期
CHINESE
JOURNAL
OF
DIGESTION
Volume 33 Number 1
January 2013
CHINESE
MEDICAL
ASSOCIATION
ISSN 0254-1432

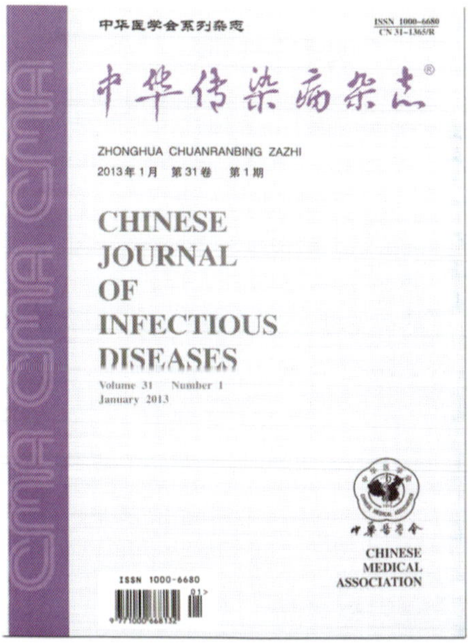
中华医学会系列杂志
ISSN 1000-6680
CN 31-1365/R
中华传染病杂志®
ZHONGHUA CHUANRANBING ZAZHI
2013年1月 第31卷 第1期
CHINESE
JOURNAL
OF
INFECTIOUS
DISEASES
Volume 31 Number 1
January 2013
CHINESE
MEDICAL
ASSOCIATION
ISSN 1000-6680

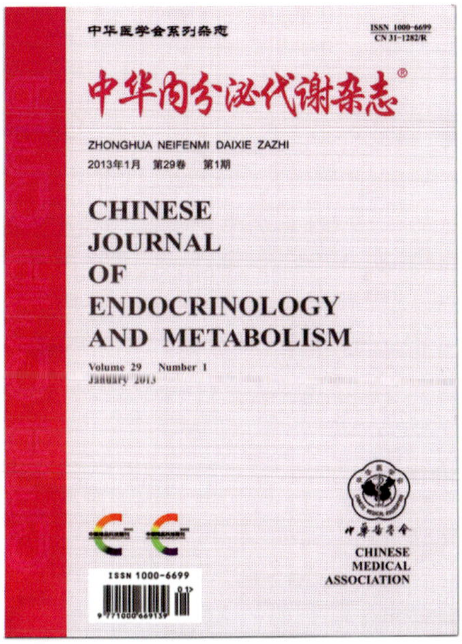
中华医学会系列杂志
ISSN 1000-6699
CN 31-1282/R
中华内分泌代谢杂志®
ZHONGHUA NEIFENMI DAIXIE ZAZHI
2013年1月 第29卷 第1期
CHINESE
JOURNAL
OF
ENDOCRINOLOGY
AND METABOLISM
Volume 29 Number 1
January 2013
CHINESE
MEDICAL
ASSOCIATION
ISSN 1000-6699

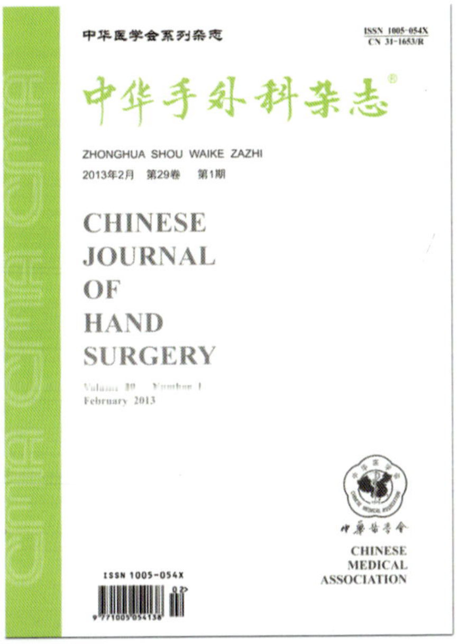
中华医学会系列杂志
ISSN 1005-054X
CN 31-1653/R
中华手外科杂志®
ZHONGHUA SHOU WAIKE ZAZHI
2013年2月 第29卷 第1期
CHINESE
JOURNAL
OF
HAND
SURGERY
February 2013
CHINESE
MEDICAL
ASSOCIATION
ISSN 1005-054X

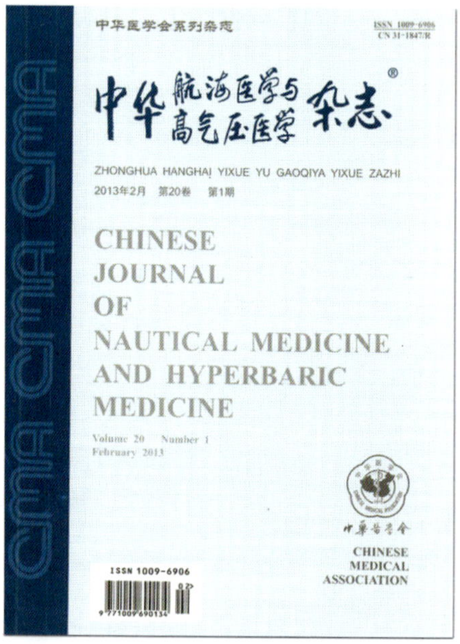
中华医学会系列杂志
中华航海医学与高气压医学杂志
ZHONGHUA HANGHAI YIXUE YU GAOQIYA YIXUE ZAZHI
2013年2月 第20卷 第1期
CHINESE JOURNAL OF NAUTICAL MEDICINE AND HYPERBARIC MEDICINE
Volume 20 Number 1
February 2013
CHINESE MEDICAL ASSOCIATION
ISSN 1009-6906

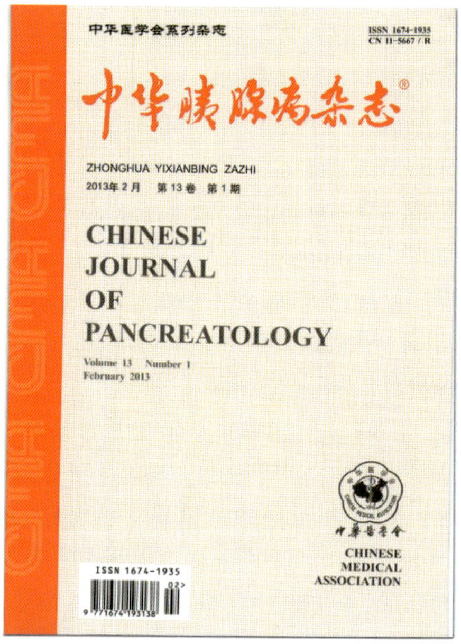
中华医学会系列杂志
中华胰腺病杂志
ZHONGHUA YIXIANBING ZAZHI
2013年2月 第13卷 第1期
CHINESE JOURNAL OF PANCREATOLOGY
Volume 13 Number 1
February 2013
CHINESE MEDICAL ASSOCIATION
ISSN 1674-1935

中华医学会系列杂志
中华創伤杂誌
ZHONGHUA CHUANGSHANG ZAZHI
2013年1月 第29卷 第1期
CHINESE JOURNAL OF TRAUMA
Volume 29 Number 1
January 2013
CHINESE MEDICAL ASSOCIATION
ISSN 1001-8050

中华医学会系列杂志
中华烧伤杂志
ZHONGHUA SHAOSHANG ZAZHI
2013年2月 第29卷 第1期
CHINESE JOURNAL OF BURNS
Volume 29 Number 1
February 2013
CHINESE MEDICAL ASSOCIATION
ISSN 1009-2587

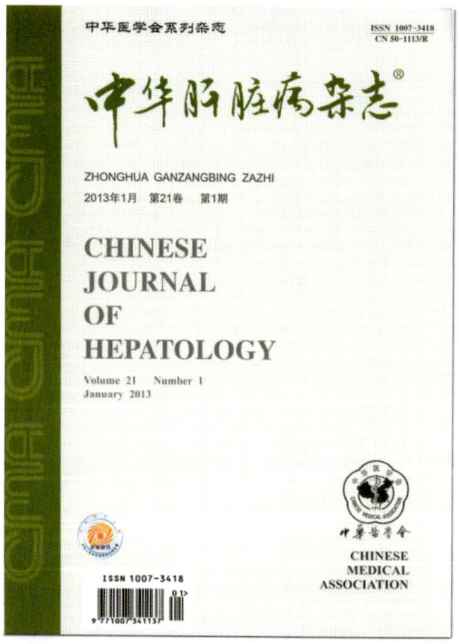
中华医学会系列杂志
中华肝脏病杂志
ZHONGHUA GANZANGBING ZAZHI
2013年1月 第21卷 第1期
CHINESE JOURNAL OF HEPATOLOGY
Volume 21 Number 1
January 2013
CHINESE MEDICAL ASSOCIATION
ISSN 1007-3418

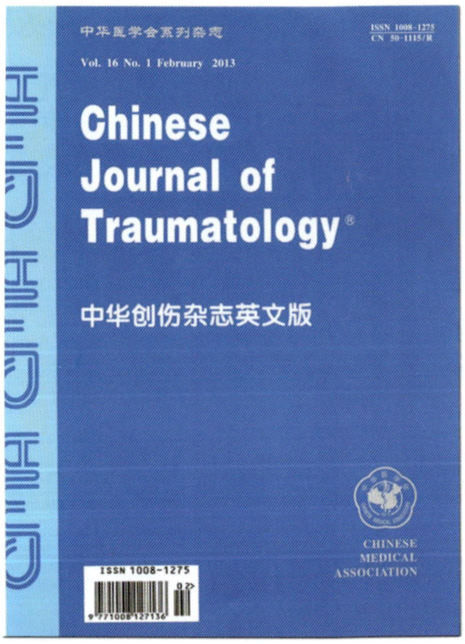
中华医学会系列杂志
Vol. 16 No. 1 February 2013
Chinese Journal of Traumatology
中华创伤杂志英文版
CHINESE MEDICAL ASSOCIATION
ISSN 1008-1275

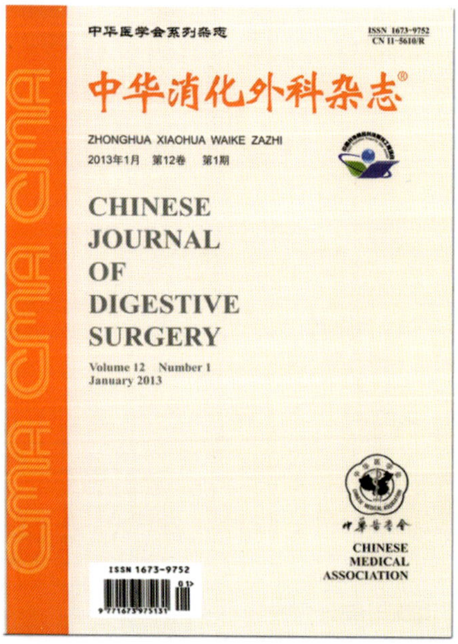
中华医学会系列杂志
中华消化外科杂志
ZHONGHUA XIAOHUA WAIKE ZAZHI
2013年1月 第12卷 第1期
CHINESE JOURNAL OF DIGESTIVE SURGERY
Volume 12 Number 1
January 2013
CHINESE MEDICAL ASSOCIATION
ISSN 1673-9752

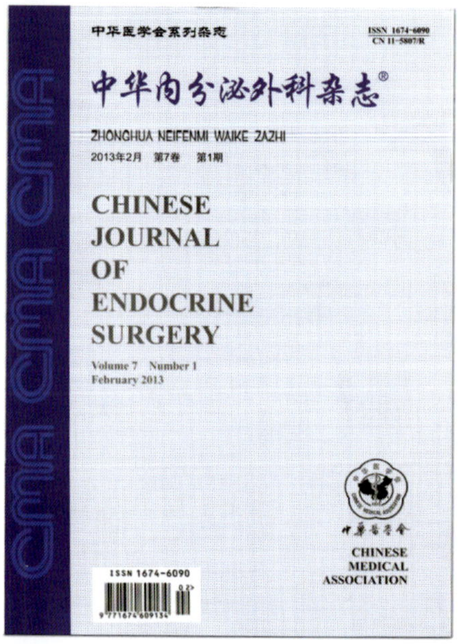
中华医学会系列杂志
中华内分泌外科杂志
ZHONGHUA NEIFENMI WAIKE ZAZHI
2013年2月 第7卷 第1期
CHINESE JOURNAL OF ENDOCRINE SURGERY
Volume 7 Number 1
February 2013
CHINESE MEDICAL ASSOCIATION
ISSN 1674-6090

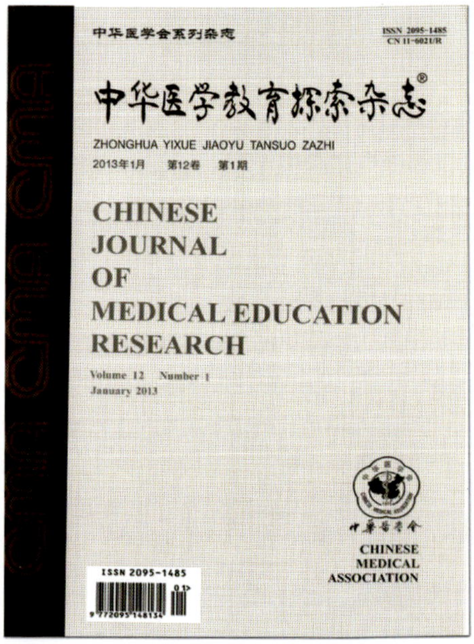
中华医学会系列杂志
中华医学教育探索杂志
ZHONGHUA YIXUE JIAOYU TANSUO ZAZHI
2013年1月 第12卷 第1期
CHINESE JOURNAL OF MEDICAL EDUCATION RESEARCH
Volume 12 Number 1
January 2013
CHINESE MEDICAL ASSOCIATION
ISSN 2095-1485

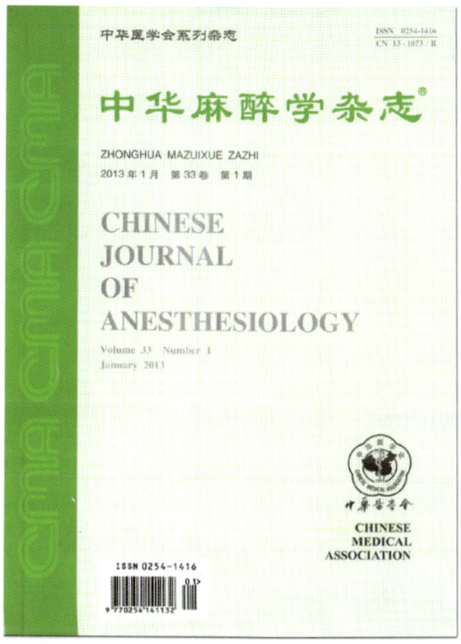
中华医学会系列杂志

中华麻醉学杂志®

ZHONGHUA MAZUIXUE ZAZHI

2013年1月 第33卷 第1期

CHINESE JOURNAL OF ANESTHESIOLOGY

Volume 33 Number 1

January 2013

中華醫學會

CHINESE MEDICAL ASSOCIATION

ISSN 0254-1416

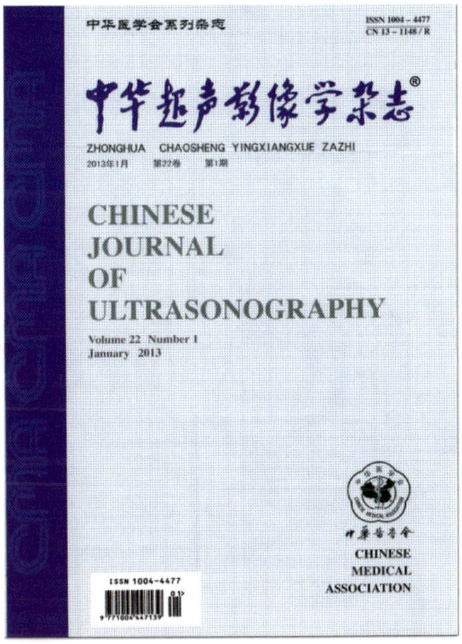
中华医学会系列杂志

中华超声影像学杂志®

ZHONGHUA CHAOSHENG YINGXIANGXUE ZAZHI

2013年1月 第22卷 第1期

CHINESE JOURNAL OF ULTRASONOGRAPHY

Volume 22 Number 1

January 2013

中華醫學會

CHINESE MEDICAL ASSOCIATION

ISSN 1004-4477

中华医学会系列杂志

中华风湿病学杂志®

ZHONGHUA FENGSHIBINGXUE ZAZHI

2013年1月 第17卷 第1期

CHINESE JOURNAL OF RHEUMATOLOGY

Volume 17 Number 1

January 2013

中華醫學會

CHINESE MEDICAL ASSOCIATION

ISSN 1007-7480

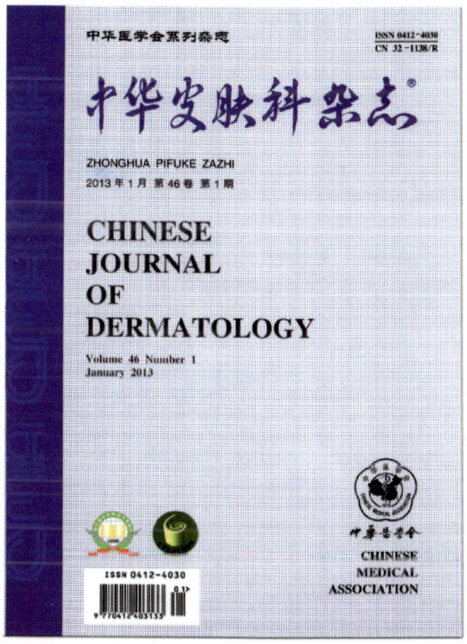
中华医学会系列杂志

中华皮肤科杂志®

ZHONGHUA PIFUKE ZAZHI

2013年1月 第46卷 第1期

CHINESE JOURNAL OF DERMATOLOGY

Volume 46 Number 1

January 2013

中華醫學會

CHINESE MEDICAL ASSOCIATION

ISSN 0412-4030

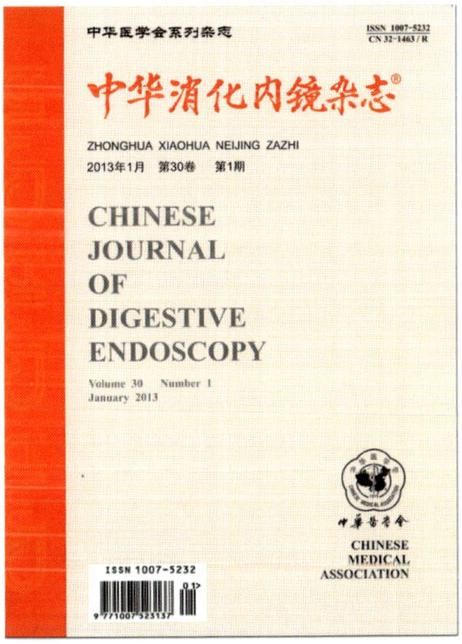
中华医学会系列杂志

中华消化内镜杂志®

ZHONGHUA XIAOHUA NEIJING ZAZHI

2013年1月 第30卷 第1期

CHINESE JOURNAL OF DIGESTIVE ENDOSCOPY

Volume 30 Number 1

January 2013

中華醫學會

CHINESE MEDICAL ASSOCIATION

ISSN 1007-5232

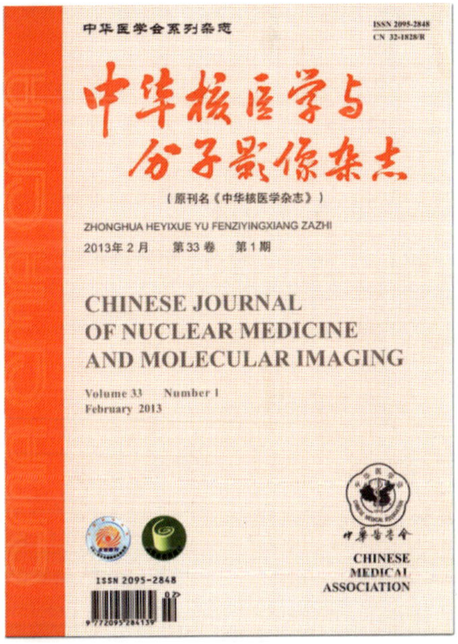
中华医学会系列杂志

中华核医学与分子影像杂志

（原刊名《中华核医学杂志》）

ZHONGHUA HEYIXUE YU FENZIYINGXIANG ZAZHI

2013年2月 第33卷 第1期

CHINESE JOURNAL OF NUCLEAR MEDICINE AND MOLECULAR IMAGING

Volume 33 Number 1

February 2013

中華醫學會

CHINESE MEDICAL ASSOCIATION

ISSN 2095-2848

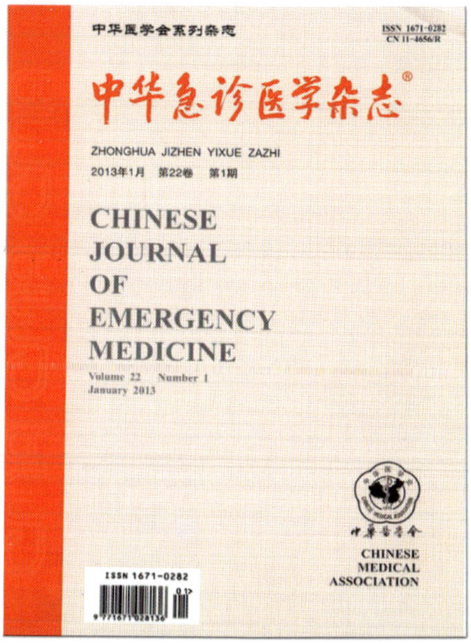
中华医学会系列杂志

中华急诊医学杂志®

ZHONGHUA JIZHEN YIXUE ZAZHI

2013年1月 第22卷 第1期

CHINESE JOURNAL OF EMERGENCY MEDICINE

Volume 22 Number 1

January 2013

中華醫學會

CHINESE MEDICAL ASSOCIATION

ISSN 1671-0282

中华医学会系列杂志

中华临床感染病杂志®

ZHONGHUA LINCHUANG GANRANBING ZAZHI

2013年2月 第6卷 第1期

CHINESE JOURNAL OF CLINICAL INFECTIOUS DISEASES

Volume 6 Number 1

February 2013

中華醫學會

CHINESE MEDICAL ASSOCIATION

ISSN 1674-2397

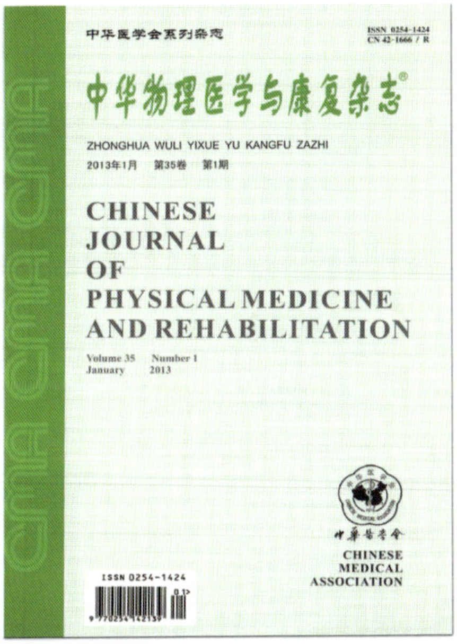
中华医学会系列杂志

中华物理医学与康复杂志®

ZHONGHUA WULI YIXUE YU KANGFU ZAZHI

2013年1月 第35卷 第1期

CHINESE JOURNAL OF PHYSICAL MEDICINE AND REHABILITATION

Volume 35 Number 1

January 2013

中華醫學會

CHINESE MEDICAL ASSOCIATION

ISSN 0254-1424

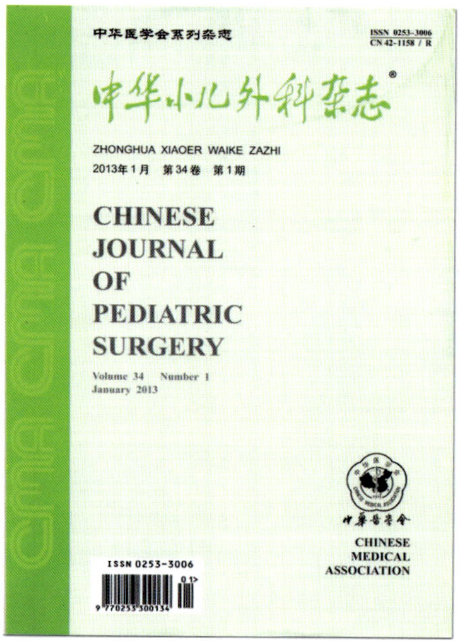
中华医学会系列杂志
中华小儿外科杂志
ZHONGHUA XIAOER WAIKE ZAZHI
2013年1月 第34卷 第1期
CHINESE JOURNAL OF PEDIATRIC SURGERY
Volume 34 Number 1
January 2013
CHINESE MEDICAL ASSOCIATION
ISSN 0253-3006

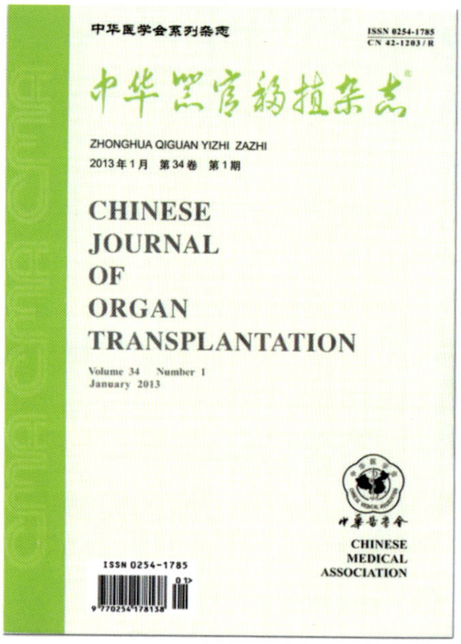
中华医学会系列杂志
中华器官移植杂志
ZHONGHUA QIGUAN YIZHI ZAZHI
2013年1月 第34卷 第1期
CHINESE JOURNAL OF ORGAN TRANSPLANTATION
Volume 34 Number 1
January 2013
CHINESE MEDICAL ASSOCIATION
ISSN 0254-1785

中华医学会系列杂志
中华实验外科杂志
ZHONGHUA SHIYAN WAIKE ZAZHI
2013年1月 第30卷 第1期
CHINESE JOURNAL OF EXPERIMENTAL SURGERY
Volume 30 Number 1
January 2013
CHINESE MEDICAL ASSOCIATION
ISSN 1001-9030

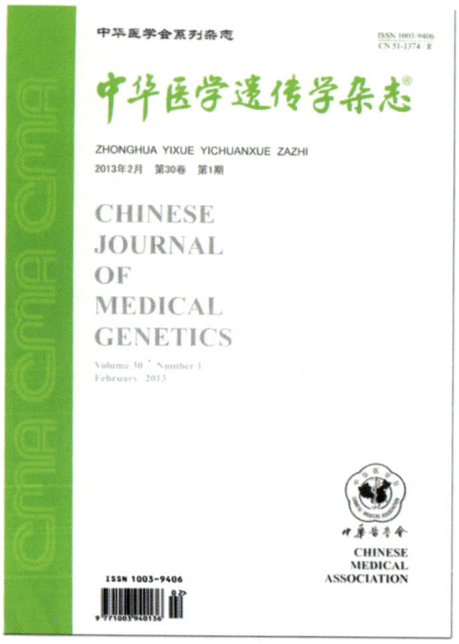
中华医学会系列杂志
中华医学遗传学杂志
ZHONGHUA YIXUE YICHUANXUE ZAZHI
2013年2月 第30卷 第1期
CHINESE JOURNAL OF MEDICAL GENETICS
CHINESE MEDICAL ASSOCIATION
ISSN 1003-9406

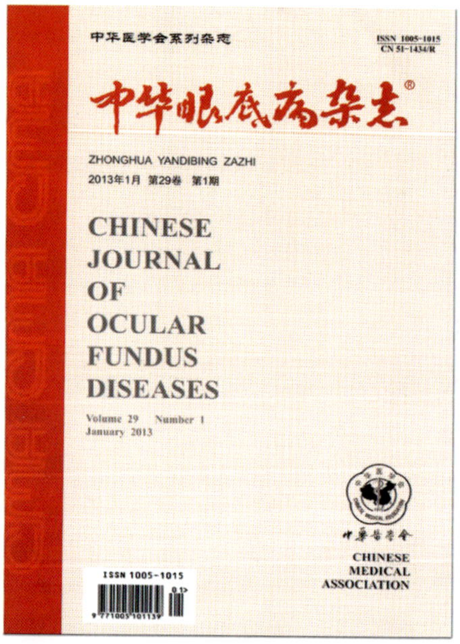
中华医学会系列杂志
中华眼底病杂志
ZHONGHUA YANDIBING ZAZHI
2013年1月 第29卷 第1期
CHINESE JOURNAL OF OCULAR FUNDUS DISEASES
Volume 29 Number 1
January 2013
CHINESE MEDICAL ASSOCIATION
ISSN 1005-1015

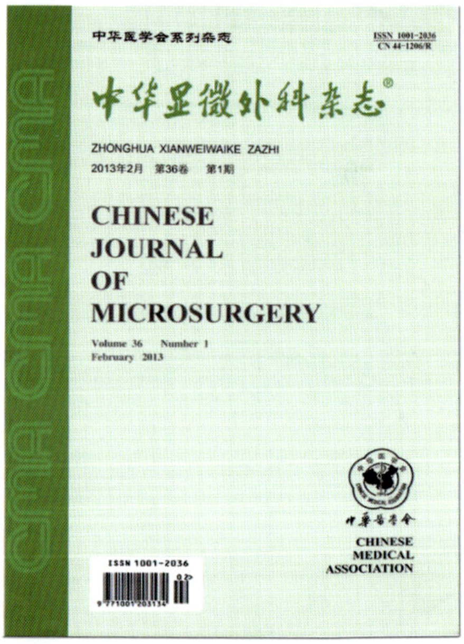
中华医学会系列杂志
中华显微外科杂志
ZHONGHUA XIANWEIWAIKE ZAZHI
2013年2月 第36卷 第1期
CHINESE JOURNAL OF MICROSURGERY
Volume 36 Number 1
February 2013
CHINESE MEDICAL ASSOCIATION
ISSN 1001-2036

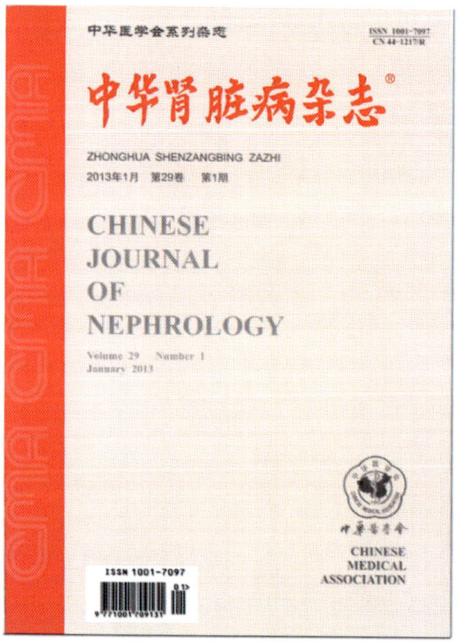
中华医学会系列杂志
中华肾脏病杂志
ZHONGHUA SHENZANGBING ZAZHI
2013年1月 第29卷 第1期
CHINESE JOURNAL OF NEPHROLOGY
Volume 29 Number 1
January 2013
CHINESE MEDICAL ASSOCIATION
ISSN 1001-7097

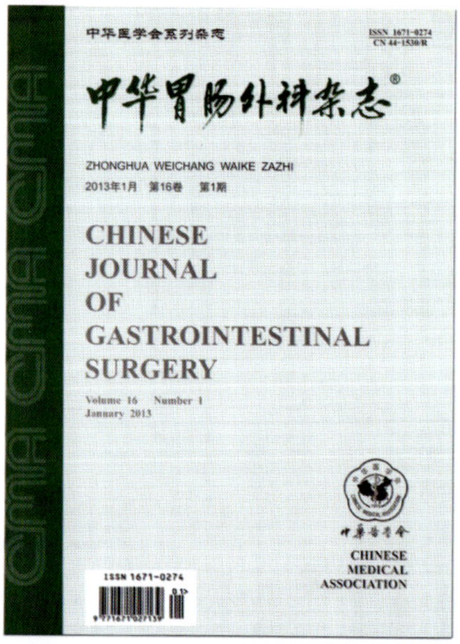
中华医学会系列杂志
中华胃肠外科杂志
ZHONGHUA WEICHANG WAIKE ZAZHI
2013年1月 第16卷 第1期
CHINESE JOURNAL OF GASTROINTESTINAL SURGERY
Volume 16 Number 1
January 2013
CHINESE MEDICAL ASSOCIATION
ISSN 1671-0274

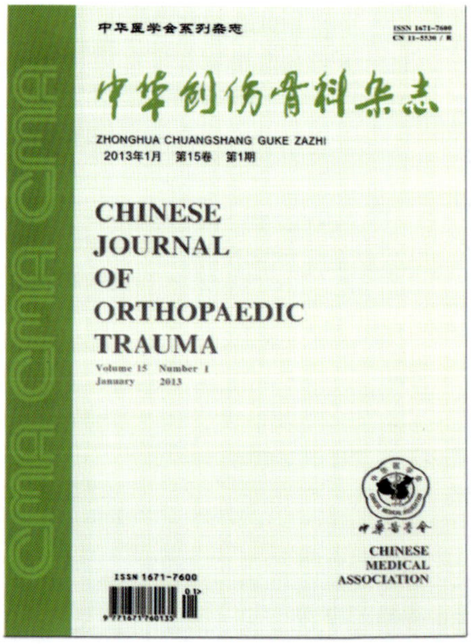
中华医学会系列杂志
中华创伤骨科杂志
ZHONGHUA CHUANGSHANG GUKE ZAZHI
2013年1月 第15卷 第1期
CHINESE JOURNAL OF ORTHOPAEDIC TRAUMA
Volume 15 Number 1
January 2013
CHINESE MEDICAL ASSOCIATION
ISSN 1671-7600

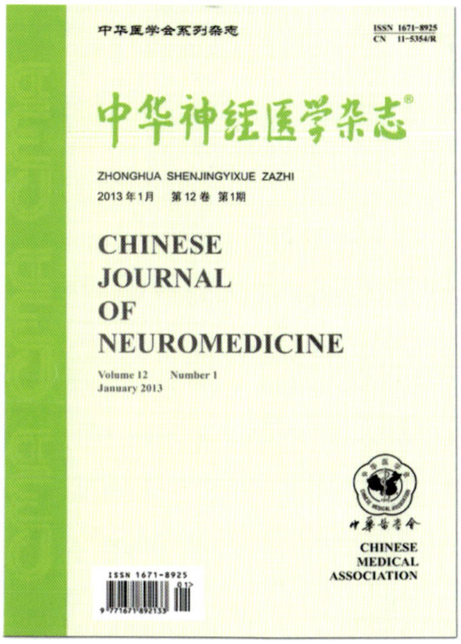
中华医学会系列杂志
ISSN 1671-8925
CN 11-5354/R
中华神经医学杂志
ZHONGHUA SHENJINGYIXUE ZAZHI
2013年1月 第12卷 第1期
CHINESE JOURNAL OF NEUROMEDICINE
Volume 12 Number 1
January 2013
CHINESE MEDICAL ASSOCIATION
ISSN 1671-8925

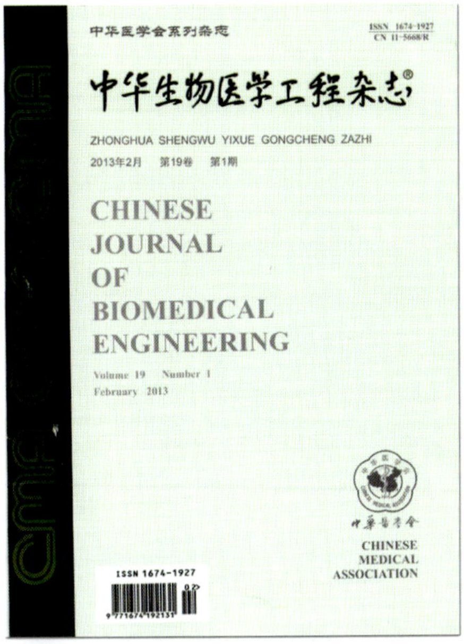
中华医学会系列杂志
ISSN 1674-1927
CN 11-5668/R
中华生物医学工程杂志
ZHONGHUA SHENGWU YIXUE GONGCHENG ZAZHI
2013年2月 第19卷 第1期
CHINESE JOURNAL OF BIOMEDICAL ENGINEERING
Volume 19 Number 1
February 2013
CHINESE MEDICAL ASSOCIATION
ISSN 1674-1927

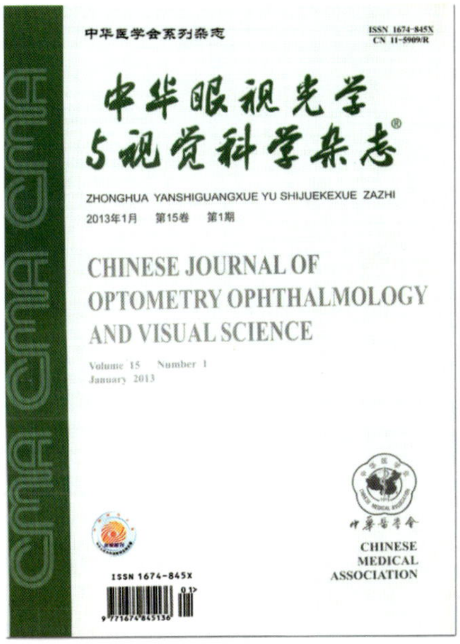
中华医学会系列杂志
ISSN 1674-845X
CN 11-5909/R
中华眼视光学与视觉科学杂志
ZHONGHUA YANSHIGUANGXUE YU SHIJUEKEXUE ZAZHI
2013年1月 第15卷 第1期
CHINESE JOURNAL OF OPTOMETRY OPHTHALMOLOGY AND VISUAL SCIENCE
Volume 15 Number 1
January 2013
CHINESE MEDICAL ASSOCIATION
ISSN 1674-845X

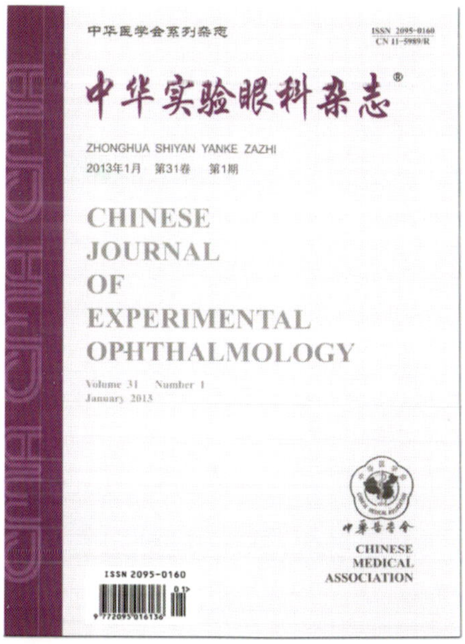
中华医学会系列杂志
ISSN 2095-0160
CN 11-5989/R
中华实验眼科杂志
ZHONGHUA SHIYAN YANKE ZAZHI
2013年1月 第31卷 第1期
CHINESE JOURNAL OF EXPERIMENTAL OPHTHALMOLOGY
Volume 31 Number 1
January 2013
CHINESE MEDICAL ASSOCIATION
ISSN 2095-0160

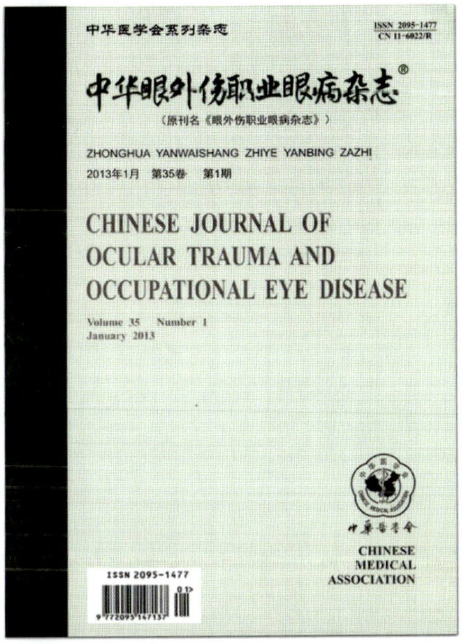
中华医学会系列杂志
ISSN 2095-1477
CN 11-6022/R
中华眼外伤职业眼病杂志
（原刊名《眼外伤职业眼病杂志》）
ZHONGHUA YANWAISHANG ZHIYE YANBING ZAZHI
2013年1月 第35卷 第1期
CHINESE JOURNAL OF OCULAR TRAUMA AND OCCUPATIONAL EYE DISEASE
Volume 35 Number 1
January 2013
CHINESE MEDICAL ASSOCIATION
ISSN 2095-1477

中华医学会系列杂志
中华实用儿科临床杂志
（原刊名《实用儿科临床杂志》）
ZHONGHUA SHIYONG ERKE LINCHUANG ZAZHI
2013年9月 第28卷 第17期
CHINESE JOURNAL OF APPLIED CLINICAL PEDIATRICS
Volume 28 Number 17
September 2013
CHINESE MEDICAL ASSOCIATION

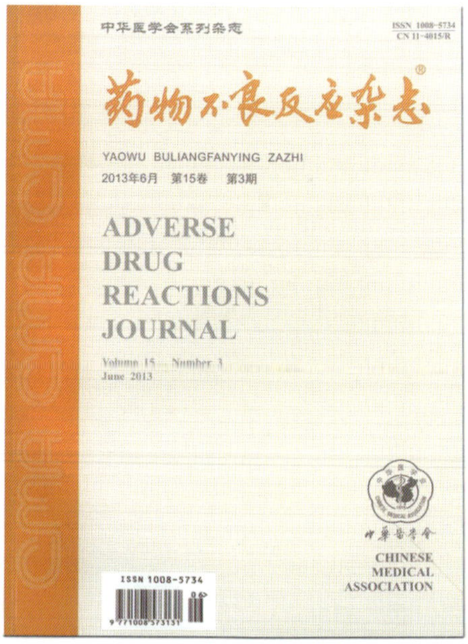
中华医学会系列杂志
ISSN 1008-5734
CN 11-4015/R
药物不良反应杂志
YAOWU BULIANGFANYING ZAZHI
2013年6月 第15卷 第3期
ADVERSE DRUG REACTIONS JOURNAL
Volume 15 Number 3
June 2013
CHINESE MEDICAL ASSOCIATION
ISSN 1008-5734

中华人民共和国卫生部主管
ISSN 1673-4092
CN 11-5394/R
国际病毒学杂志
GUOJI BINGDUXUE ZAZHI
2013年2月 第20卷 第1期
原刊名：国外医学病毒学分册
中华医学会系列杂志 JOURNAL OF THE CHINESE MEDICAL ASSOCIATION
International Journal of Virology
Volume 20 Number 1
February 2013
CHINESE MEDICAL ASSOCIATION
ISSN 1673-4092

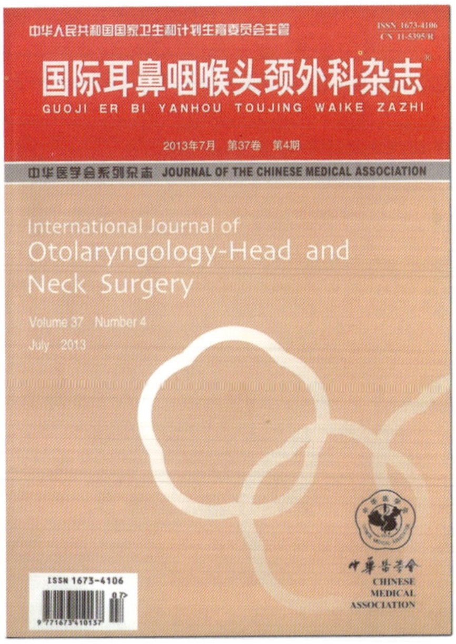
中华人民共和国国家卫生和计划生育委员会主管
ISSN 1673-4106
CN 11-5395/R
国际耳鼻咽喉头颈外科杂志
GUOJI ER BI YANHOU TOUJING WAIKE ZAZHI
2013年7月 第37卷 第4期
中华医学会系列杂志 JOURNAL OF THE CHINESE MEDICAL ASSOCIATION
International Journal of Otolaryngology-Head and Neck Surgery
Volume 37 Number 4
July 2013
CHINESE MEDICAL ASSOCIATION
ISSN 1673-4106

中华人民共和国卫生部主管
国际儿科学杂志
GUOJI ERKEXUE ZAZHI
2013年1月 第40卷 第1期
原刊名：国外医学儿科学分册
中华医学会系列杂志 JOURNAL OF THE CHINESE MEDICAL ASSOCIATION
International Journal of
Pediatrics
Volume 40 Number 1
January 2013
中国科技论文统计源期刊
中国科技核心期刊
ISSN 1673-4408
中華醫學會
CHINESE MEDICAL ASSOCIATION

中华人民共和国卫生部主管
国际放射医学核医学杂志
GUOJI FANGSHE YIXUE HEYIXUE ZAZHI
2013年1月 第37卷 第1期
原刊名：国外医学放射医学核医学分册
中华医学会系列杂志 JOURNAL OF THE CHINESE MEDICAL ASSOCIATION
International Journal of
Radiation Medicine And
Nuclear Medicine
Volume 37 Number 1
January 2013
ISSN 1673-4114

中华人民共和国卫生部主管
国际呼吸杂志
GUOJI HUXI ZAZHI
2013年1月5日 第33卷 第1期
原刊名：国外医学呼吸系统分册
中华医学会系列杂志 JOURNAL OF THE CHINESE MEDICAL ASSOCIATION
International Journal of
Respiration
Volume 33 Number 1
January 2013
ISSN 1673-436X
中華醫學會
CHINESE MEDICAL ASSOCIATION

中华人民共和国卫生部主管
国际护理学杂志
GUOJI HULIXUE ZAZHI
2013年1月 第32卷 第1期
中华医学会系列杂志 JOURNAL OF THE CHINESE MEDICAL ASSOCIATION
International Journal of
Nursing
Volume 32 Number 1
January 2013
•中国科技论文统计源期刊
中国科技核心期刊
•RCCSE中国核心学术期刊
•中国北方优秀期刊
•中国核心期刊（遴选）数据库收录期刊
•中国核心期刊综合评价数据库统计源期刊
•中国生物医学期刊文献数据库统计源期刊
ISSN 1673-4351
中華醫學會
CHINESE MEDICAL ASSOCIATION

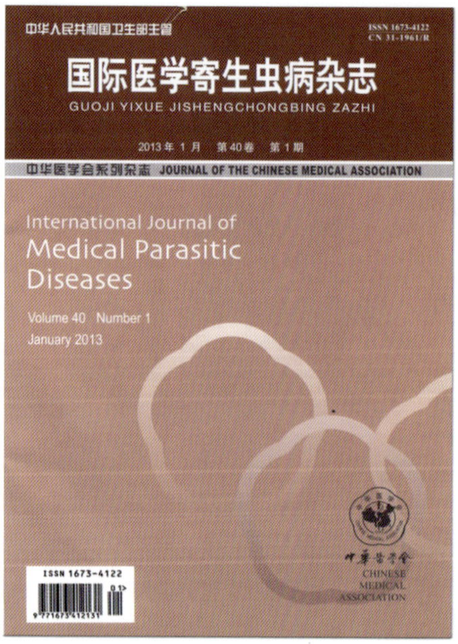
中华人民共和国卫生部主管
国际医学寄生虫病杂志
GUOJI YIXUE JISHENGCHONGBING ZAZHI
2013年1月 第40卷 第1期
中华医学会系列杂志 JOURNAL OF THE CHINESE MEDICAL ASSOCIATION
International Journal of
Medical Parasitic
Diseases
Volume 40 Number 1
January 2013
ISSN 1673-4122
中華醫學會
CHINESE MEDICAL ASSOCIATION

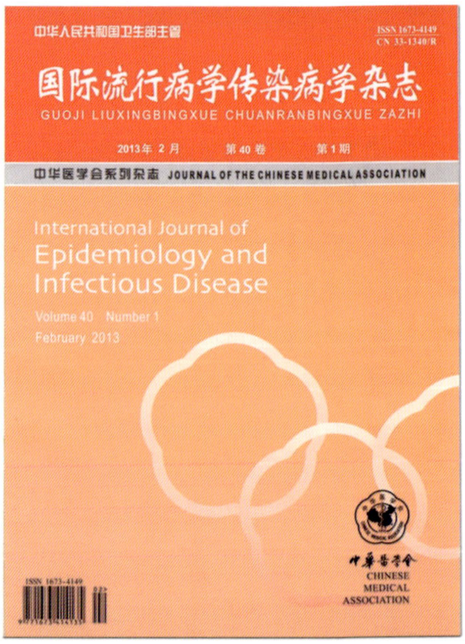
中华人民共和国卫生部主管
国际流行病学传染病学杂志
GUOJI LIUXINGBINGXUE CHUANRANBINGXUE ZAZHI
2013年 2月 第40卷 第1期
中华医学会系列杂志 JOURNAL OF THE CHINESE MEDICAL ASSOCIATION
International Journal of
Epidemiology and
Infectious Disease
Volume 40 Number 1
February 2013
中華醫學會
CHINESE MEDICAL ASSOCIATION

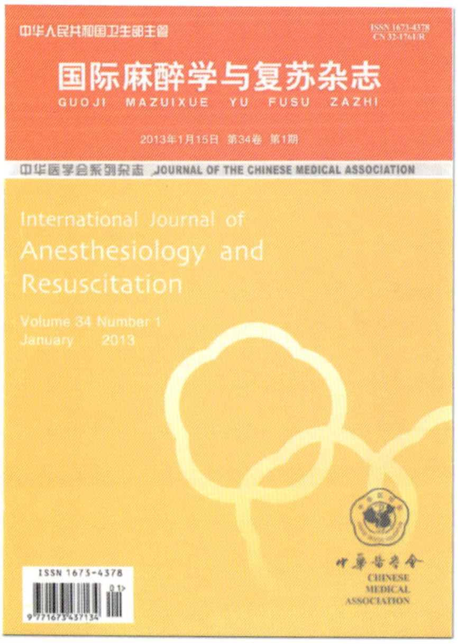
中华人民共和国卫生部主管
国际麻醉学与复苏杂志
GUOJI MAZUIXUE YU FUSU ZAZHI
2013年1月15日 第34卷 第1期
中华医学会系列杂志 JOURNAL OF THE CHINESE MEDICAL ASSOCIATION
International Journal of
Anesthesiology and
Resuscitation
Volume 34 Number 1
January 2013
ISSN 1673-4378
中華醫學會
CHINESE MEDICAL ASSOCIATION

中华人民共和国卫生部主管
国际泌尿系统杂志
GUOJI MINIAOXITONG ZAZHI
2013年1月 第33卷 第1期
中华医学会系列杂志 JOURNAL OF THE CHINESE MEDICAL ASSOCIATION
International Journal of
Urology And
Nephrology
Volume 33 Number 1
January 2013
ISSN 1673-4416
中華醫學會
CHINESE MEDICAL ASSOCIATION

中华人民共和国卫生部主管
国际免疫学杂志
GUOJI MIANYIXUE ZAZHI
2013年1月5日 第36卷 第1期
中华医学会系列杂志 JOURNAL OF THE CHINESE MEDICAL ASSOCIATION
International Journal of
Immunology
Volume 36 Number 1
January 2013
ISSN 1673-4394
中華醫學會
CHINESE MEDICAL ASSOCIATION

中华人民共和国卫生部主管
国际内分泌代谢杂志
GUOJI NEIFENMI DAIXIE ZAZHI
2013年1月 第33卷 第1期
原刊名：国外医学内分泌学分册
中华医学会系列杂志 JOURNAL OF THE CHINESE MEDICAL ASSOCIATION
International Journal of Endocrinology and Metabolism
Volume 33 Number 1
January 2013
ISSN 1673-4157
CHINESE MEDICAL ASSOCIATION

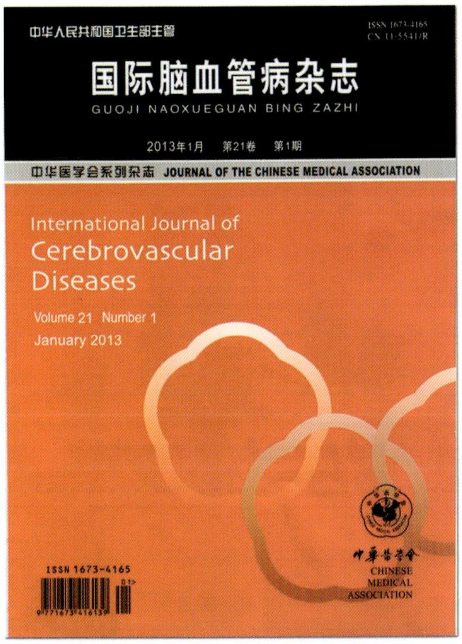
中华人民共和国卫生部主管
国际脑血管病杂志
GUOJI NAOXUEGUAN BING ZAZHI
2013年1月 第21卷 第1期
中华医学会系列杂志 JOURNAL OF THE CHINESE MEDICAL ASSOCIATION
International Journal of Cerebrovascular Diseases
Volume 21 Number 1
January 2013
ISSN 1673-4165
CHINESE MEDICAL ASSOCIATION

中华人民共和国卫生部主管
国际皮肤性病学杂志
GUOJI PIFUXINGBINGXUE ZAZHI
2013年1月 第39卷 第1期
中华医学会系列杂志 JOURNAL OF THE CHINESE MEDICAL ASSOCIATION
International Journal of Dermatology and Venereology
Volume 39 Number 1
January 2013
ISSN 1673-4173
CHINESE MEDICAL ASSOCIATION

中华人民共和国卫生部主管
国际生物医学工程杂志
GUOJI SHENGWU YIXUE GONGCHENG ZAZHI
2013年2月 第36卷 第1期
原刊名：国外医学生物医学工程分册
中华医学会系列杂志 JOURNAL OF THE CHINESE MEDICAL ASSOCIATION
International Journal of Biomedical Engineering
Volume 36 Number 1
February 2013
ISSN 1673-4181
CHINESE MEDICAL ASSOCIATION

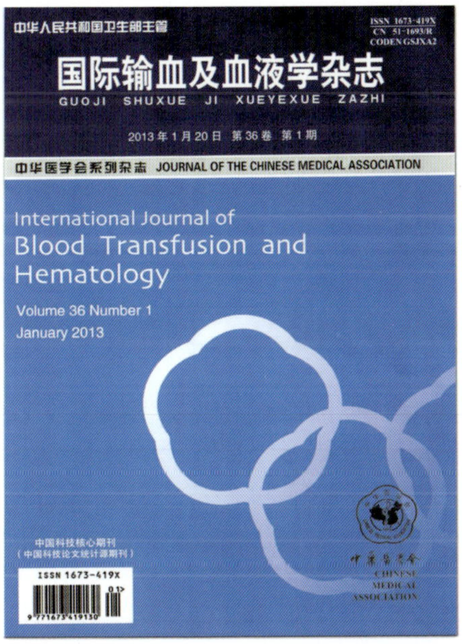
中华人民共和国卫生部主管
国际输血及血液学杂志
GUOJI SHUXUE JI XUEYEXUE ZAZHI
2013年1月20日 第36卷 第1期
中华医学会系列杂志 JOURNAL OF THE CHINESE MEDICAL ASSOCIATION
International Journal of Blood Transfusion and Hematology
Volume 36 Number 1
January 2013
中国科技核心期刊
ISSN 1673-419X
CHINESE MEDICAL ASSOCIATION

中华人民共和国卫生部主管
国际外科学杂志
GUOJI WAIKEXUE ZAZHI
2013年1月 第40卷 第1期
原刊名：国外医学外科学分册
中华医学会系列杂志 JOURNAL OF THE CHINESE MEDICAL ASSOCIATION
International Journal of Surgery
Volume 40 Number 1
January 2013
ISSN 1673-4203
CHINESE MEDICAL ASSOCIATION

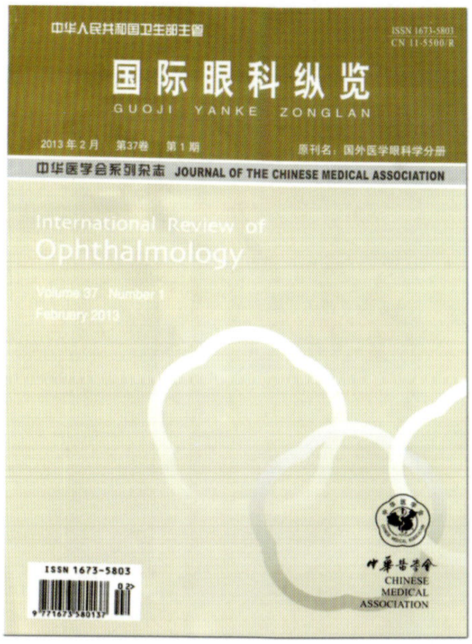
中华人民共和国卫生部主管
国际眼科纵览
GUOJI YANKE ZONGLAN
2013年2月 第37卷 第1期
原刊名：国外医学眼科学分册
中华医学会系列杂志 JOURNAL OF THE CHINESE MEDICAL ASSOCIATION
International Review of Ophthalmology
Volume 37 Number 1
February 2013
ISSN 1673-5803
CHINESE MEDICAL ASSOCIATION

中华人民共和国卫生部主管
国际遗传学杂志
GUOJI YICHUANXUE ZAZHI
2013年2月15日 第36卷 第1期
中华医学会系列杂志 JOURNAL OF THE CHINESE MEDICAL ASSOCIATION
International Journal of Genetics
Volume 36 Number 1
February 2013
ISSN 1673-4386
CHINESE MEDICAL ASSOCIATION

中华人民共和国卫生部主管
国际生物制品学杂志
GUOJI SHENGWUZHIPINXUE ZAZHI
2013年2月 第36卷 第1期
中华医学会系列杂志 JOURNAL OF THE CHINESE MEDICAL ASSOCIATION
International Journal of Biologicals
Volume 36 Number 1
February 2013
ISSN 1673-4211
CHINESE MEDICAL ASSOCIATION

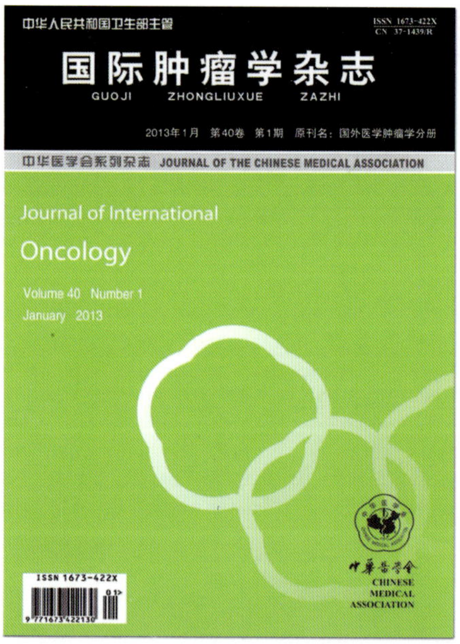

中华人民共和国卫生部主管
国际肿瘤学杂志
GUOJI ZHONGLIUXUE ZAZHI
2013年1月 第40卷 第1期 原刊名：国外医学肿瘤学分册
中华医学会系列杂志 JOURNAL OF THE CHINESE MEDICAL ASSOCIATION
Journal of International
Oncology
Volume 40 Number 1
January 2013
CHINESE MEDICAL ASSOCIATION
ISSN 1673-422X

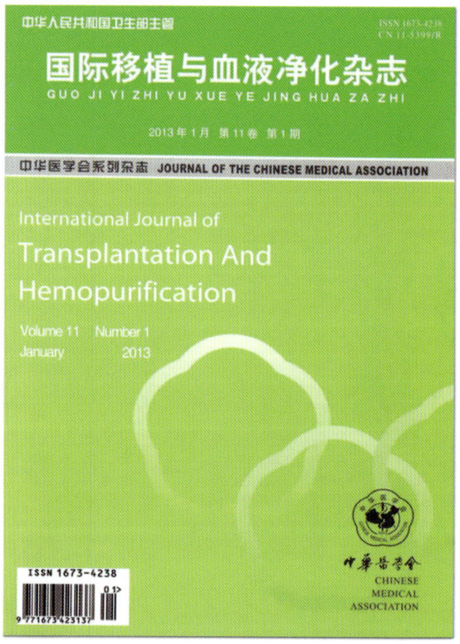

中华人民共和国卫生部主管
国际移植与血液净化杂志
GUO JI YI ZHI YU XUE YE JING HUA ZA ZHI
2013年1月 第11卷 第1期
中华医学会系列杂志 JOURNAL OF THE CHINESE MEDICAL ASSOCIATION
International Journal of
Transplantation And
Hemopurification
Volume 11 Number 1
January 2013
CHINESE MEDICAL ASSOCIATION
ISSN 1673-4238

中华人民共和国卫生部主管
ISSN 1673-4246
CN 11-5398/R
国际中医中药杂志
GUOJI ZHONGYI ZHONGYAO ZAZHI
2013年1月30日 第35卷 第1期
中华医学会系列杂志 JOURNAL OF THE CHINESE MEDICAL ASSOCIATION
International Journal of
Traditional Chinese
Medicine
Volume 35 Number 1
January 2013
CHINESE MEDICAL ASSOCIATION
ISSN 1673-4246

中华人民共和国卫生部主管
ISSN 1007-1245
CN 44-1417/R
国际医药卫生导报
GUOJI YIYAO WEISHENG DAOBAO
2013年1月1日 第19卷 第1期
中华医学会系列杂志 JOURNAL OF THE CHINESE MEDICAL ASSOCIATION
International medicine and
Health Guidance News
Volume 19 Number 1
January 2013
ISSN 1007-1245

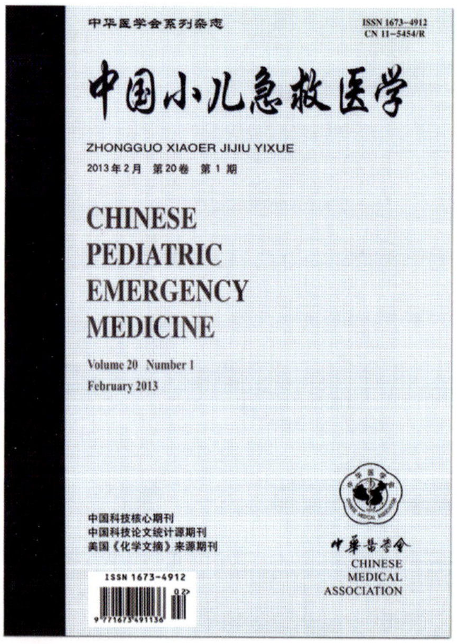

中华医学会系列杂志
ISSN 1673-4912
CN 11-5454/R
中国小儿急救医学
ZHONGGUO XIAOER JIJIU YIXUE
2013年2月 第20卷 第1期
CHINESE
PEDIATRIC
EMERGENCY
MEDICINE
Volume 20 Number 1
February 2013
中国科技核心期刊
中国科技论文统计源期刊
美国《化学文摘》来源期刊
CHINESE MEDICAL ASSOCIATION
ISSN 1673-4912

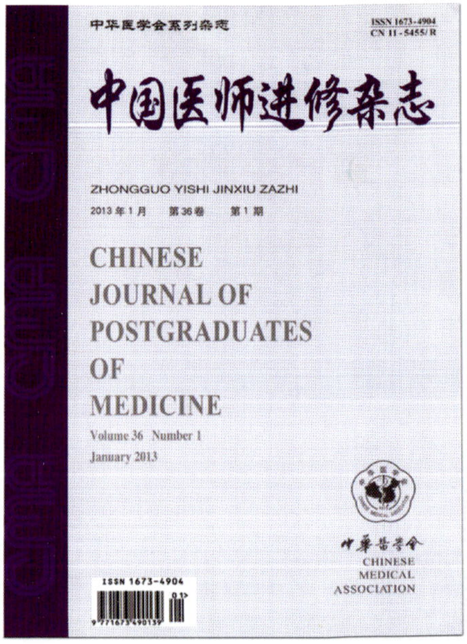

中华医学会系列杂志
ISSN 1673-4904
CN 11-5455/R
中国医师进修杂志
ZHONGGUO YISHI JINXIU ZAZHI
2013年1月 第36卷 第1期
CHINESE
JOURNAL OF
POSTGRADUATES
OF
MEDICINE
Volume 36 Number 1
January 2013
CHINESE MEDICAL ASSOCIATION
ISSN 1673-4904

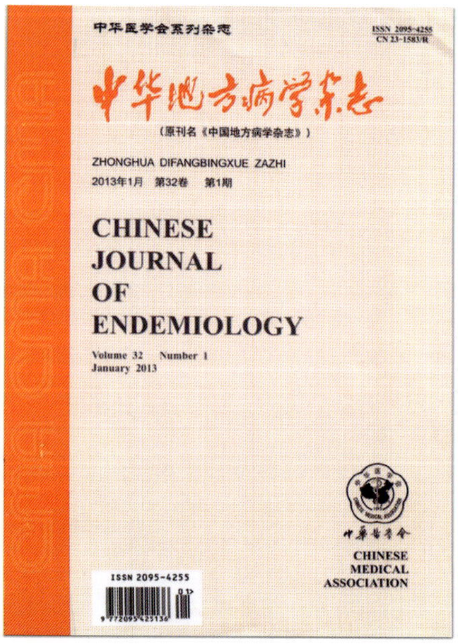

中华医学会系列杂志
ISSN 2095-4255
CN 23-1583/R
中华地方病学杂志
（原刊名《中国地方病学杂志》）
ZHONGHUA DIFANGBINGXUE ZAZHI
2013年1月 第32卷 第1期
CHINESE
JOURNAL
OF
ENDEMIOLOGY
Volume 32 Number 1
January 2013
CHINESE MEDICAL ASSOCIATION
ISSN 2095-4255

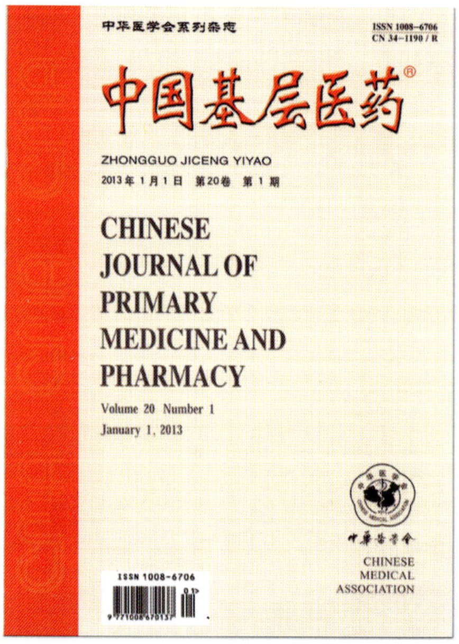

中华医学会系列杂志
ISSN 1008-6706
CN 34-1190/R
中国基层医药®
ZHONGGUO JICENG YIYAO
2013年1月1日 第20卷 第1期
CHINESE
JOURNAL OF
PRIMARY
MEDICINE AND
PHARMACY
Volume 20 Number 1
January 1, 2013
CHINESE MEDICAL ASSOCIATION
ISSN 1008-6706

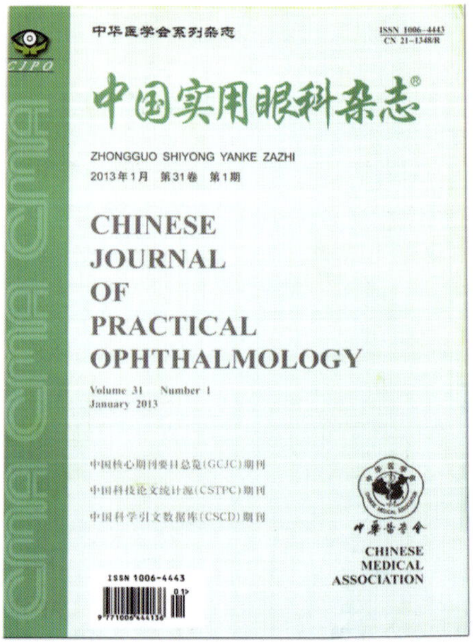

中华医学会系列杂志
ISSN 1006-4443
CN 21-1348/R
中国实用眼科杂志®
ZHONGGUO SHIYONG YANKE ZAZHI
2013年1月 第31卷 第1期
CHINESE
JOURNAL
OF
PRACTICAL
OPHTHALMOLOGY
Volume 31 Number 1
January 2013
中国核心期刊要目总览(GCJC)期刊
中国科技论文统计源(CSTPC)期刊
中国科学引文数据库(CSCD)期刊
CHINESE MEDICAL ASSOCIATION
ISSN 1006-4443

中华医学会系列杂志
中华危重病急救医学
(原刊名《中国危重病急救医学》)
ZHONGHUA WEIZHONGBING JIJIUYIXUE
2013年1月 第25卷 第1期
CHINESE
CRITICAL
CARE
MEDICINE
Volume 25 Number 1
January 2013
中華醫學會
CHINESE
MEDICAL
ASSOCIATION
ISSN 2095-4352

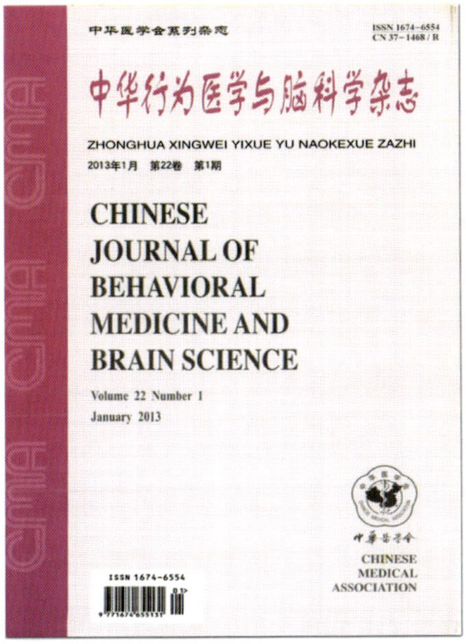
中华医学会系列杂志
中华行为医学与脑科学杂志
ZHONGHUA XINGWEI YIXUE YU NAOKEXUE ZAZHI
2013年1月 第22卷 第1期
CHINESE
JOURNAL OF
BEHAVIORAL
MEDICINE AND
BRAIN SCIENCE
Volume 22 Number 1
January 2013
中華醫學會
CHINESE
MEDICAL
ASSOCIATION
ISSN 1674-6554

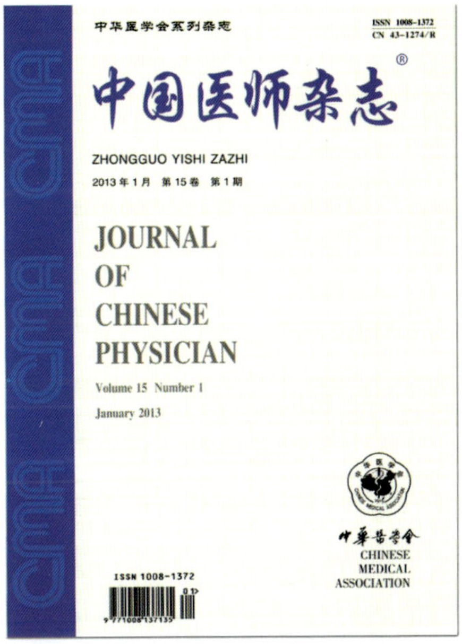
中华医学会系列杂志
中国医师杂志
ZHONGGUO YISHI ZAZHI
2013年1月 第15卷 第1期
JOURNAL
OF
CHINESE
PHYSICIAN
Volume 15 Number 1
January 2013
中華醫學會
CHINESE
MEDICAL
ASSOCIATION
ISSN 1008-1372

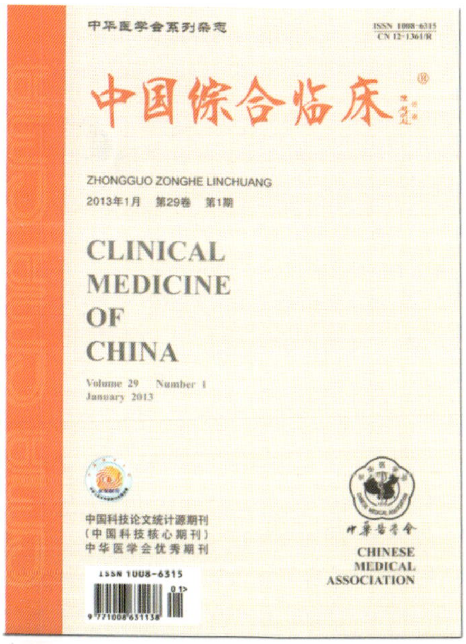
中华医学会系列杂志
中国综合临床
ZHONGGUO ZONGHE LINCHUANG
2013年1月 第29卷 第1期
CLINICAL
MEDICINE
OF
CHINA
Volume 29 Number 1
January 2013
中国科技论文统计源期刊
(中国科技核心期刊)
中华医学会优秀期刊
中華醫學會
CHINESE
MEDICAL
ASSOCIATION
ISSN 1008-6315

中华医学会系列杂志
中国实用护理杂志
ZHONGGUO SHIYONG HULI ZAZHI
2013年1月 第29卷 第1期
CHINESE
JOURNAL
OF
PRACTICAL
NURSING
Volume 29 Number 1
January 2013
《中文核心期刊要目总览》
临床医学/特种医学类核心期刊
中国科技论文统计源期刊
中華醫學會
CHINESE
MEDICAL
ASSOCIATION
ISSN 1672-7088

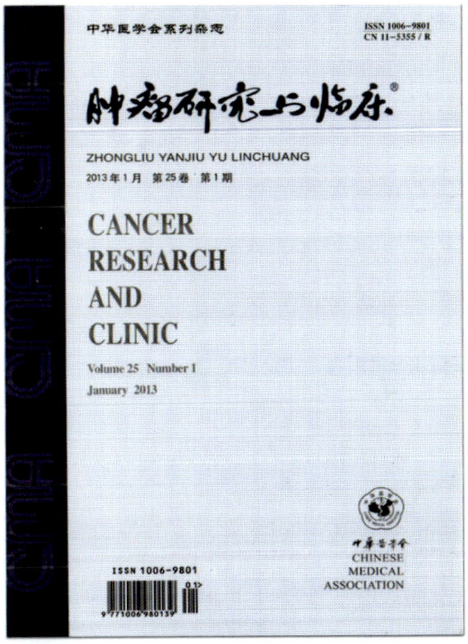
中华医学会系列杂志
肿瘤研究与临床
ZHONGLIU YANJIU YU LINCHUANG
2013年1月 第25卷 第1期
CANCER
RESEARCH
AND
CLINIC
Volume 25 Number 1
January 2013
中華醫學會
CHINESE
MEDICAL
ASSOCIATION
ISSN 1006-9801

中华医学会系列杂志
白血病·淋巴瘤
BAIXUEBING·LINBALIU
2013年1月 第22卷 第1期
JOURNAL OF
LEUKEMIA
&
LYMPHOMA
Volume 22 Number 1
中華醫學會
CHINESE
MEDICAL
ASSOCIATION
ISSN 1009-9921

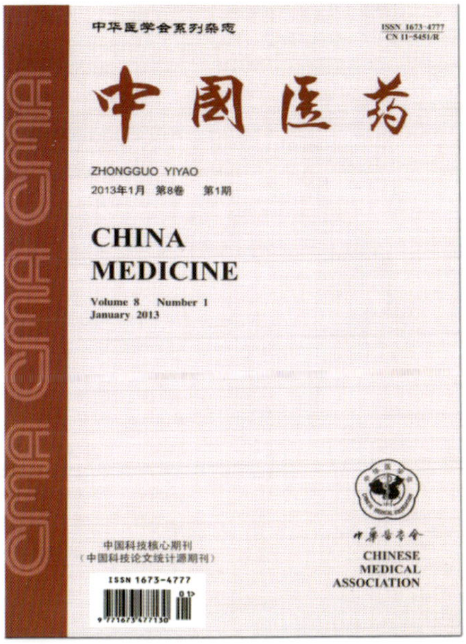
中华医学会系列杂志
中国医药
ZHONGGUO YIYAO
2013年1月 第8卷 第1期
CHINA
MEDICINE
Volume 8 Number 1
January 2013
中国科技核心期刊
(中国科技论文统计源期刊)
中華醫學會
CHINESE
MEDICAL
ASSOCIATION
ISSN 1673-4777

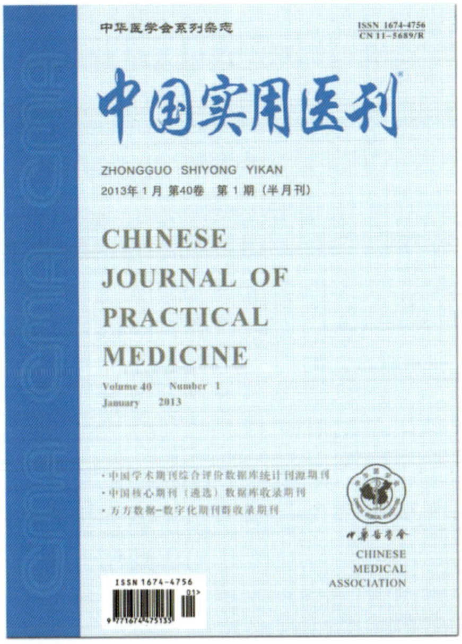
中华医学会系列杂志
中国实用医刊
ZHONGGUO SHIYONG YIKAN
2013年1月 第40卷 第1期 (半月刊)
CHINESE
JOURNAL OF
PRACTICAL
MEDICINE
Volume 40 Number 1
January 2013
中華醫學會
CHINESE
MEDICAL
ASSOCIATION
ISSN 1674-4756

领导讲话

努力开创新闻出版改革发展奋发进取的新局面
——新闻出版总署署长、国家版权局局长柳斌杰在全国文化体制改革工作会议上发表的讲话

2012年2月18日，山西太原

全国文化体制改革工作会议是在我国处于全面建设小康社会的关键时期，深化改革开放、转变经济发展方式的攻坚时期召开的一次重要会议，也是在全党全国贯彻党的十七届六中全会精神，兴起文化建设新高潮的形势下召开的一次文化改革发展会议，意义十分重大。新闻出版行业一定要深入学习、领会、贯彻、落实好会议精神和李长春同志的重要批示以及刘云山同志、刘延东同志的重要讲话精神，认真贯彻六中全会精神，落实《国家"十二五"时期文化改革发展规划纲要》，进一步深化改革、加快发展。

抓住三大机遇 实现六大突破

●加强引导，创作生产了一批咨政育人的精品力作；深化改革，在三个方面取得新突破；加快建设公共服务体系；科学发展，新闻出版产业快速成长；坚持开放，新闻出版走出去整体推进；关注民生，集中解决群众反映强烈的突出问题。

过去的一年，我国新闻出版战线紧紧抓住落实"十二五"规划、纪念建党90周年和贯彻十七届六中全会精神三大机遇，坚定不移深化改革，千方百计加快发展，使新闻出版领域改革发展形成了奋发进取的新局面，六项工作取得新突破。

一是加强引导，创作生产了一批咨政育人的精品力作。周密实施国家重点出版、文艺精品扶持、原创优秀少儿作品、网络文学出版、名报名刊培育等创新工程，全年出版有关阐述社会主义核心价值体系、科学发展观、中国特色社会主义理论以及反映中共党史、中国革命史和中华民族发展史等方面的精品出版物2000多种，《中国共产党历史》（第二卷）、《历史的轨迹：中国共产党为什么能》、《孙中山传》、《朱镕基访谈实录》等时政图书成为年度出版新亮点。组织出版了一批宣传六中全会《决定》的精品力作，集中论述文化改革发展的图书和理论文章水平达到新高度，特别是反映中国发展道路的哲学政治、文学艺术及科学技术、青少年教育等1397个代表国家水准的重点出版项目圆满完成，几万种图书进入国际市场。

二是深化改革，在三个方面取得新突破。深入推进报刊出版单位体制分类改革，列入首批改革的中央各部门各单位非时政类报刊出版单位转企改制工作全面展开，一部分省市已经完成任务，其余的已批复了方案，确定了"时间表"。深入推动出版传媒企业进入第二步改革，以"三改一加强"为重点，实现跨地区、跨部门、跨行业联合重组，中央三大国有大型出版传媒集团公司组建和股改工作已经完成。深入拓展投融资渠道，凤凰传媒、浙报传媒、长江出版集团、中原出版传媒等一批出版传媒企业成功上市。到目前，全国已组建120多家骨干新闻出版企业集团，实现了跨越式发展。

三是加快建设公共服务体系。农家书屋工程建设全面提速，全年新建农家书屋24.86万个，全国累计建成农家书屋50.5万个，已覆盖84%的行政村，数字农家书屋试点工作稳步推进。中西部免费赠报和城乡阅报栏（屏）工程逐步推开，西部农村发行网点建设取得新突破。少数民族新闻出版"东风工程"扎实推进，二期建设投资达15亿元，出版系统援藏援疆工作力度加大，根本改变了这些地区的舆论格局。全民阅读五年规划顺利实施，各地城乡掀起读书热潮，2011年全国有7亿多人参与全民阅读活动。发动社会各界开展"爱心辞典"和课外读物捐赠活动，城乡互动，共建书香中国。

四是科学发展，新闻出版产业快速成长。新闻出版业200多个项目获中央和地方资金支持，中央文化产业发展专项资金支持达9.3亿元，地方和企业投资达上千亿元。全国58个省市级印刷园区总投资210亿元、新增产值217亿元，新建成9个全国数字出版基地和3个音乐生产基地，发挥了技术、人才、产业聚集效应，新增生产能力可达3000多亿。国家出版基金资助项目、《大中华文库》项目和四大科技创新工程深入实施。云出版、快阅读、电子刊等战略性新兴出版传媒产业快速增长。统计快报显示，2011年新闻出版行业总产出超过1.5万

亿元。

五是坚持开放，新闻出版走出去整体推进。按照全面布局、整体推进的走出去规划，以创造和输出版权、国际传播力工程、“经典中国”国际出版工程、中国图书对外推广计划、文化产品和服务出口重点企业与重点项目奖励计划等工程或项目为平台，扎实推进产品、服务、渠道、资本走出去。2011年，中国出版物国际营销网络构建成效显著：与拉加代尔集团旗下3100家书店合作开辟国际主流营销渠道，开展百家海外华文书店联展活动，开设了亚马逊“中国书店”，这三大举措使中国进入了世界市场。中国原创网络游戏输出100多项，海外收入达到3.6亿美元。我国文化的国际传播力影响力进一步提升。

六是关注民生，集中解决群众反映强烈的突出问题。我们把治理中小学教辅出版发行工作等七个突出问题当做大事来抓。以“治散治滥、打盗打非”为重点，整合全系统力量，依法查处重点违法违规案件89起，规范中小学教辅出版发行秩序。以专项行动查处侵权盗版案件3381起，侵权盗版高发势头得到有效遏制。打击“两非一假”，开展报刊记者站治理“百日行动”，199家记者站被依法处罚。“新闻造假”、“新闻敲诈”和“有偿新闻”等严重违法违规行为得到初步治理。以改革的办法整治学术期刊违规行为，健全学术期刊编辑准入制度，学术出版违规行为得到遏制。

围绕两大重点 推进九项工作

●全面落实《国家“十二五”时期文化改革发展规划纲要》；继续积极推进报刊出版单位的改革；进一步深化出版企业的改革；加快推进出版传媒企业集团建设；改革投融资渠道；培育新闻出版产业新的增长点，加快产业基地、产业园区和产业带规划建设；加快推进新闻出版业科技创新；大力推进新闻出版走出去；加快构建现代出版物市场体系。

深入贯彻落实六中全会精神和迎接学习宣传贯彻党的十八大，是2012年新闻出版工作的两大重点。今年上半年，我们按照中央文化体制改革和发展工作领导小组确定的工作任务，集中抓好六中全会的贯彻落实，推动新闻出版改革发展。下半年围绕迎接党的十八大召开，落实推出精品力作、营造舆论氛围和优化市场环境等重大项目和重要工作。

一是全面落实《国家“十二五”时期文化改革发展规划纲要》。认真抓好列入《纲要》的80多项涉及新闻出版改革发展的重点工作、30多个重大工程项目。目前已经召开了工程协调会，结合《新闻出版业“十二五”时期发展规划》，加强统筹协调，三分之二的重大工程项目已经落实了领导责任、资金、进度，确保实实在在的发展。

二是继续积极推进报刊出版单位的改革。按照分类指导、区别对待的原则，按两个思路进行。一是继续推进非时政类报刊出版单位转企改制，力争在十八大召开以前基本完成中央确定的改革阶段性任务。上半年完成列入首批转企改制的非时政类报刊出版单位转企改制任务，启动第二批非时政类报刊出版单位转企改制工作。制定出台《关于非法人报刊编辑部体制改革实施办法》和学术期刊体制改革方案。鼓励和支持省级报业集团和出版集团所属非时政类报刊与本区域地市报刊进行战略合作、资源整合，组建大型报刊业集团，做大做强。二是继续深化党报党刊发行体制改革。坚持实行编辑宣传、发行经营两分开，重点是剥离副业、转换机制、增强活力，按照中央15号文件要求，在管理体制、人事制度、收入分配、社会保险、社会监督等关键环节创新体制机制，明确服务规范，增强发展活力。一般时政类报刊社、公益性出版社也要深化改革，增强面向市场、面向群众提供服务的能力。鼓励各级党报组建社会化的发行公司，创新体制机制，提高发行时效和覆盖范围。支持党报党刊与邮政部门、大型出版发行企业或物流企业开展战略合作，建立完善成熟的营销网络，增强主流出版媒体的舆论影响力和信息传播能力。

三是进一步深化出版企业的改革。已完成转企改制任务的出版企业要尽快进入第二步改革，以“三改一加强”为抓手，建立现代企业制度，探索建立符合现代企业要求、体现新闻出版企业特点的资产组织形式和经营管理模式。探索建立新闻出版管理制度与现代企业制度有机衔接的机制。

四是加快推进出版传媒企业集团建设。出台新的举措，以强有力的政策鼓励出版传媒企业进行跨媒体、跨地区、跨行业、跨所有制、跨国界发展，加快新闻出版资源向优势企业集聚，打造和培育5艘-10艘国家出版传媒“航空母舰”，其中包括国家三大出版集团、两大物流公司和地方出版、报业、印刷集团。

五是改革投融资渠道。改革单一的政府投资模式，吸收社会资本，壮大发展实力。支持符合条件的国有大型出版传媒集团上市融资，鼓励和引导中小出版企业在中小企业板及创业板等市场上市，支持国有出版传媒企业以各种形式与民营出版传媒创意发行公司合作，引领社会力量共谋发展，开辟多层次融资渠道，壮大新闻出版产业实力。

六是培育新闻出版产业新的增长点，加快产业基地、产业园区和产业带规划建设。重点支持数字出版、音乐制作、版权创意、绿色印刷等产业基地建设，三年内产业基地生产能力要增长3000亿元以上，充分发挥产业基地的增长极和示范辐射作用。今年开展产业基地（园区）发展情况考评工作，完善基地（园区）重点企业发展的引导机制、重点项目推动机制、信息沟通交流机制，充分发挥产业基地人才、技术、资金、政策的集聚效应，实现跨越式发展。

七是加快推进新闻出版业科技创新。重点支持云出版建设，加快数字内容传播平台、内容资源整合、关键技术研发、重要技术标准、重大项目建设，鼓励和引导企业开展技术改造，运用高新技术和先进设备改造传统基础设施，淘汰落后产能，提高应用高新技术的能力。加快新媒体、新产品的研发和推广，在新闻出版生产、传播能力上实现新突破。

八是大力推进新闻出版走出去。加大对新闻出版企业走出去的扶持力度，积极参与国际市场竞争。支持重点主流媒体国际传播能力建设，提升版权贸易能力，扩大新闻出版产品出口，拓展走出去国际营销渠道，推出一批具有国际竞争力的新闻出版名牌企业和名牌产品，利用国际平台传播中华文化。鼓励和支持各种所有制企业到境外兼并、重组、投资，建社建站、办报办刊、开厂开店。鼓励有条件的新闻出版企业在境外以参股、控股等方式扩大发展空间，提高国际竞争能力。

九是加快构建现代出版物市场体系。发展以跨地区连锁经营、集中配送、电子商务为特征的现代物流，建设大型现代新闻出版流通体系，打破条块分割、地区封锁和城乡分离的市场格局。加强新闻出版资本、版权、信息、技术、人才等要素市场建设，促进要素市场与出版物销售市场、有形市场与网上交易相结合，建立统一开放、竞争有序、健康繁荣的现代出版物市场体系。加快建立信用监管制度和失信惩戒制度，构建以职业道德为基础、以行业自律为支撑、以法律为保障的市场诚信体系。

落实四项要求 实现四个目标

●继续高举旗帜，巩固发展思想文化主阵地；深化改革，当好改革创新的排头兵；科学发展，成为文化产业的主力军；强化管理，创造繁荣发展的好环境；更好地服务党和国家工作大局和人民群众精神文化需求，以更加优异的成绩迎接党的十八大胜利召开。

●贯彻六中全会精神，必须要在牢牢把握正确导向、坚持社会主义先进文化前进方向、建设社会主义核心价值体系方面取得新进展；在进一步深化改革、构建富有生机活力的体制机制、解放和发展文化生产力、做大做强新闻出版业方面迈出新步伐；在推进文化与科技融合、催生新的文化业态、抢占新闻出版科技制高点方面取得新突破；在打造一批有实力有国际竞争力的大型出版发行企业、积极开拓国际文化市场方面取得新成效。

去年12月23日和12月28日，李长春同志就新闻出版工作贯彻六中全会精神、加快改革发展作了重要批示。他指出：新闻出版总署“在贯彻党的十七届六中全会精神、推动文化改革发展方面采取了得力措施，起到了领跑作用”，希望新闻出版总署“继续高举旗帜，巩固发展思想文化主阵地；深化改革，当好改革创新的排头兵；科学发展，成为文化产业的主力军；强化管理，创造繁荣发展的好环境；更好地服务党和国家工作大局和人民群众精神文化需求，以更加优异的成绩迎接党的十八大胜利召开。”他强调：2012年的新闻出版工作要突出“贯彻六中全会精神，必须要在牢牢把握正确导向、坚持社会主义先进文化前进方向、建设社会主义核心价值体系方面取得新进展；在进一步深化改革、构建富有生机活力的体制机制、解放和发展文化生产力、做大做强新闻出版业方面迈出新步伐；在推进文化与科技融合、催生新的文化业态、抢占新闻出版科技制高点方面取得新突破；在打造一批有实力有国际竞争力的大型出版发行企业、积极开拓国际文化市场方面取得新成效。”

在年初召开的全国新闻出版工作会上，与会同志集中学习了李长春同志和刘云山、刘延东同志的重要批示，一致认为中央领导同志的重要指示，为当前和今后一个时期新闻出版行业进一步贯彻落实六中全会精神指明了方向、增添了动力。我们一定要深刻领会中央领导同志重要指示精神，真心实意地把“主阵地、排头兵、主力军、领跑者”四项要求，作为我们行动的准则，把“新进展、新步伐、新突破、新成效”作为我们今年必须达到的奋斗目标。实现这些目标的关键是把六中全会精神落到实处：

一是努力形成正确引导新闻出版产品创作生产新机制，巩固发展社会主义文化主阵地。一切内容的创作、生产、传播都必须有利于形成社会主义核心价值体系，把社会主义先进文化融入、贯穿、体现到新闻出版全过程，组织生产出更多引领社会思潮的优秀产品。要从政策导向、职业准入、内容设计、选题策划、编辑加工等环节入手，建立前端保障机制，多出思想性艺术性可读性相统一的精品力作，多产社会效益和经济效益俱佳的新闻出版产品。要坚持“三贴近”，深化“走转改”，充分发挥人民文化创造性积极性，在服务人民群众中实现文化价值和经济价值。要完善新闻出版产品评价体系和激励机制，让反映主流价值取向、弘扬民族优秀文化传统、体现时代发展要求的文化精品不断涌现，留下更多经得起历史检验、具有传承价值的新闻作品和出版产品，丰富中华民族的当代精神。

二是创造新闻出版发展新优势，努力担当文化产业发展的主力军。要进一步转变发展方式、调整产业结构，充分运用“两只手”实现产品结构、企业结构、产业结构、消费结构的优化，科学配置出版资源，确保重点门类，培育新闻出版产业新优势。要加快整体布局，建设一批规模较大、各具特色的数字出版、音乐生产、版权创意、绿色印刷等产业基地、产业带和产业集群，形成新的增长点。要加速推动传统新闻出版业与科技融合，促进传统产业升级转型，大力发展新技术、新载体、新业态，进一步造就出版传媒技术新高地。要发展城乡新闻出版消费市场，特别是拓展社区、农村市场和海外市场，扩大消费热点，使新闻出版市场从主要依靠城市消费拉动向城乡消费并重、内需外需协调拉动转变，进一步提高新闻出版市场竞争力。

三是完善新闻出版繁荣发展新体制新机制，当好改革开放排头兵。要推动新闻出版体制向纵深改革，今年完成中央确定的经营性单位转企改制任务。按照“三改一加强”要求，深化转制后企业改革，加快公司制股份制改造，建立现代企业制度。加快培育更多具有国际竞争力的大型出版传媒集团，努力壮大市场竞争主体。要深化事业单位内部机制改革，打造好服务主体。要深化投融资体制改革，通过上市融资、资本重构、项目支持、对外开放、资源倾斜等措施，重点培育造就一批新闻出版产业重要的战略投资者，努力打造投资主体。要深化行政体制改革，切实转变职能，提高行政效率，努力打造依法管理主体。

四是树立以人为本的发展观念，加快构建新闻出版公共服务新体系。要以国家重点出版工程、少数民族新闻出版“东风工程”、农家书屋工程、全民阅读工程、基层阅报栏工程、文化环保工程等为抓手，着眼文化长远发展、立足群众基本需求，继续完善新闻出版公共服务体系，实现由“点”到“面”到“线”的联通。要从工作措施、政策支持和长效机制上保障人民群众的基本文化权益。要加快建设新闻出版公共服务基础设施、产品供给、保障渠道，加快建设新闻出版公共服务资源和传输平台。要坚持面向全社会，多管齐下，共建共用，使政府主导、企事业力量和社会参与紧密结合，把服务群众的好事办实。

五是提高管理科学化水平，全力创造文化繁荣发展好环境。要坚持依法行政，不断完善与新闻出版强国发展目标相适应的新闻出版法律法规，力争在行政管理、公共服务、产业发展、反腐倡廉等领域尽快形成制度体系，不断提高依法行政水平。要创新管理理念，改进工作方式方法，着重提高把握政治方向的能力、服务工作大局的能力、政策调控的能力、舆论引导能力和依法行政能力。今年的伦敦书展“市场焦点”主宾国活动、国际音像表演著作权外交大会以及国内重大节点的市场环境整治，都是对我们管理者的重大考验，我们应尽职尽责、尽心尽力做好工作，决不辜负党中央的期望。

让我们高举中国特色社会主义的伟大旗帜，以高度的文化自觉、清醒的文化自信、坚定的文化自强意识，落实党的十七届六中全会确定的各项任务，走上建设社会主义文化强国的新征程，用文化改革发展的新成果迎接党的十八大胜利召开。

来源：中国新闻出版报　发布时间：2012年2月24日

新闻出版总署副署长邬书林在中国期刊协会第五次会员代表大会上的讲话

同志们：

今天，中国期刊协会召开第五次会员代表大会进行理事会换届选举。在这里，我谨代表新闻出版总署和斌杰署长，向大会的召开表示热烈的祝贺，向中国期刊协会第四届理事会各位理事及全国期刊行业广大同仁表示诚挚的感谢和衷心的祝愿！

中国期刊协会第四届理事会成立的5年来，我国期刊业体制改革不断深化，产业结构深刻调整，市场体制更加完善，整体规模持续壮大，产品形态日益丰富，文化含量稳步提高，国际视野逐步开阔，在积累和传播科学知识，满足人民群众精神文化需求，服务社会主义先进文化建设等方面，发挥了不可替代的作用。5年来，中国期刊协会在新闻出版总署领导和民政部指导下，科学把握新形势下期刊业改革发展的新要求，积极探索新环境下行业协会开展工作的新思路，紧紧围绕协会宗旨和业界需要，不断优化职能定位和工作思路，大力创新服务理念和运行模式，充分发挥了政府部门与期刊行业之间的桥梁纽带作用，特别是在改进自身工作，加强行业自律，引导产业发展，助力体制改革，扩大对外交流方面倾力而为，卓有成效，得到了全国期刊出版单位和各级新闻出版部门的高度肯定。

在新形势新环境下，我国期刊业正处在机遇与挑战并存的转型期，处在改革发展的关键期，希望中国期刊协会进一步发挥作用、做好工作。

一要在发挥纽带作用上下功夫。希望中国期刊协会积极拓展工作领域，适应政府职能转变和期刊产业发展需要，更多承担不宜由政府开展又无法靠期刊单位自身完成的工作事项，更好地发挥桥梁纽带作用。

二要在加强分类指导上下功夫。希望中国期刊协会针对我国期刊种类繁多、布局分散，强弱不均、构成复杂，定位多元、功能多样的特点，发挥自身优势，进一步优化专业分会结构，强化各分会职能，加强调查研究，系统梳理问题，及时反映情况，提出合理建议，指导各类期刊更好发展。

三要在盘活行业资源上下功夫。希望中国期刊协会把促进期刊市场良好发育、期刊产业健康成长作为重要目标，进一步提升服务行业的能力，为业内单位搭建一个更加完善的沟通信息、开展合作的平台，促进期刊企业做大做强。

四要在促进质量提高上下功夫。希望中国期刊协会继续拓展工作思路，多方推介精品力作和品牌期刊，配合政府部门进行质量检查、期刊评奖和人员培训，进一步巩固以内容为核心的行业发展理念。

五要在开辟国际舞台上下功夫。希望中国期刊协会进一步增强对外工作的针对性、全局性和目标性，努力提供中国期刊进入国际市场的商机和时机，推动期刊业加快走出去步伐。

我相信，新一届中国期刊协会理事会一定能在原有工作基础上，开拓创新、锐意进取，为推动我国期刊业发展繁荣做出更大贡献！

预祝大会圆满成功。谢谢大家！

来源：中国期刊协会网 http://www.cpa-online.org.cn/Web/NewList.aspx?artid=000806&cateid=A0402

中国期刊协会会长石峰在中国期刊协会第四届理事会工作会上的报告

各位领导、各位理事、各位代表：

中国期刊协会自2007年成立第四届理事会以来，任期届满，按照协会章程规定即将换届。现在，我受第四届理事会的委托，向大会报告工作，请各位代表审议。

一、五年来的主要工作回顾

中国期刊协会第四届理事会，在新闻出版总署的领导和民政部的指导下，在各省、自治区、直辖市新闻出版局、期刊协会和所有会员单位的大力支持下，结合新闻出版总署和民政部对行业协会的总体要求，围绕协会章程确定的宗旨和任务开展各项活动，以服务全行业为出发点，积极发挥桥梁纽带作用，不断创新服务理念，增强服务能力，改进服务方式，提高服务质量，为促进我国期刊业健康、快速发展做出了努力，取得了一定的成绩。现将有关工作情况汇报如下：

（一）找准工作定位，改进协会工作。

第四届理事会成立以来，结合协会工作面临的新情况，学习贯彻《国务院办公厅关于加快推进行业协会商会改革和发展的若干意见》，努力改进协会工作的方式方法，重点强化为行业发展服务、为会员单位服务的职能，积极开展自律、协调、监督和维护会员合法权益以及行业整体利益的工作，尽力配合政府部门加强行业自律。为此，在工作机制上进行了一些探索，形成了"三个工作层面"的工作机制：一是充分发挥行业专家的咨询和指导作用，组建了中国期刊协会专家委员会，并制定了《中国期刊协会专家委员会工作规则》，这些专家来自政府、学界、业界，代表了不同的声音和诉求，对期刊业的发展状况很敏锐，很有见解，开了几次会，都提出了很好的意见和建议；二是充分发挥各分会的作用，加强了对分会的管理，制定了《中国期刊协会分会管理办法》，并每年定期召开分会工作会议，提出工作要求；三是加强与各省（市、区）期刊协会的联系，制定了《全国期刊协会联谊会工作规则》，每年定期召开一到两次会议，沟通情况，听取意见。

（二）反映业界诉求，发挥桥梁作用。

在这方面做了以下几件事：

1.根据中央的统一部署和新闻出版总署的工作安排，2010 年是推进非时政类期刊"转企改制"的重要一年。由于期刊业情况较为复杂，大量的既不属于时政类又不属于经营性的期刊，对改革思想准备不足，实际困难较多，在推进改革的过程中碰到了一些难题。期刊协会的同志则利用参加各类活动的机会了解真实情况，与刊界同仁座谈交流思想，将有关真实情况反映给有关部门，并且根据中央关于深化文化体制改革的精神，对期刊业面临的几个热点问题提出自己的看法，与业界进行交流沟通，以化解矛盾，理顺情绪。

2.随着网络技术的快速发展，期刊在网上传播成为一种趋势，但网络传播的著作权保护问题日益突出。2010 年 6 月中国期刊协会在北京组织召开"网络环境下期刊信息网络传播权问题研讨会"。此次会议以"龙源期刊网"为案例，邀请了版权管理、司法部门以及网络运行商、期刊社的代表等与会，探讨如何解决期刊数字化发展面临的版权问题，以推动网络环境下著作权法规的完善和期刊数字化的健康发展。

3.鉴于大多数学术期刊经营困难，部分学术期刊甚至陷入依赖版面费生存的困境，中国期刊协会意欲参照国际学术期刊领域的普遍做法，引导社会上更多有志于中国学术期刊发展的公益基金进入学术期刊领域，为学术期刊健康发展撑起一片蓝天。在 2011 年第四期"期刊数字新媒体产品及营销研修班"上，我会邀请了国内外公益基金机构、有代表性的刊社及企业参会，就此问题进行了深入探讨。此项工作正在进行，中国期刊协会将继续与有关方面联系，努力促成建立"学术期刊公益基金"。

4.2011 年 5 月新闻出版总署发布《新闻出版业"十二五"时期发展规划》以后，我会即对其中与期刊业有关的重点章节、重要数据、重点内容进行了深入分析解读，并刊登在《中国期刊协会通讯》上，供期刊界参考。

（三）规范行业行为，加强行业自律。

随着期刊业市场竞争日趋激烈，各种不正当竞争行为时有出现，对期刊业健康有序发展带来不利影响。中国期刊协会不断加强与各期刊出版单位的沟通，按照行政管理部门的要求，引导行业行风建设，积极采取措施加强行业自律。2007 年前后，期刊征订销售中出现了搭送礼品的现象，且有愈演愈烈之势，扰乱了期刊市场。为进一步规范期刊发行秩序，加强行业自律，中国期刊协会及时组织召开座谈会，并由《时尚》杂志等刊社发出倡议，遏制期刊销售中的不正之风。有一段时间同类刊社之间为了争夺人才，"挖墙脚"的现象比较突出，有的刊社苦不堪言。为此，2009 年制定了《中国期刊出版工作者职业道德准则》；根据党中央、国务院关于加强协会学会行风建设的要求和新闻出版总署的工作部署，中国期刊协会还研究制订了《关于加强行风建设的措施》。

2010 年我会还与中国出版工作者协会、中国编辑学会、中国音像协会、中国书刊发行业协会一起向全国出版界发出倡议，努力提高出版物的品味和质量，坚决抵制低俗之风。《世界新闻报》的窃听丑闻爆发后，2011 年 8 月根据中宣部和新闻出版总署的安排，中国期刊协会在京主持召开了"从窃听丑闻看西方新闻观的虚伪本质"座谈会，瞭望新闻周刊、半月谈、中国报道等 32 家新闻时政类期刊及有关单位共 60 多人与会，大家围绕《世界新闻报》的窃听丑闻，揭露西方新闻观"自由、公正和人权"的虚伪性，认清了西方新闻理论与新闻实践之间的固有矛盾，从而认识到坚持马克思主义新闻观的重要性和必要性，并结合工作实际，探讨和交流了如何进一步提高媒体的公信力、影响力与传播力的经验和看法。

（四）围绕工作大局，积极开展活动。

1.积极组织抗震救灾活动。2008 年 5 月 12 日汶川特大地震发生后，中国期刊协会于 5 月 14 日就联合搜狐网向全国期刊界发出倡议："迅速行动起来，为抗震救灾贡献一份力量。" 7 月又应成都市委宣传部邀请，组织国内主要时政类期刊赴灾区进行灾后重建采访报道。随后又组织开展了表彰抗震救灾宣传报道先进期刊和先进个人活动，经有关部门的领导、专家评审，《党的生活》等 107 家期刊获抗震救灾宣传报道先进期刊称号，杨晓明等 37 人获抗震救灾宣传报道先进个人称号；全国期刊出版单位为地震灾区捐款总计 5000 多万元，刊协的职工也两次为灾区捐款捐物，奉献爱心；2010 年 9 月，中国期刊协会党刊分会又组织全国 37 家党刊到四川灾区进行灾后重建实地采访，写出了长篇记实报道《奇迹铸丰碑——四川地震灾区纪行》，在社会上产生了积极反响。

2.庆祝新中国成立 60 周年活动。为回顾总结新中国成立 60 年来期刊业的发展，激励期刊界为促进我国文化大繁荣大发展做出新的贡献，中国期刊协会联合中国出版科学研究所，组织开展了"新中国 60 年有影响力的期刊和期刊人"评选活动，推选出新中国成立 60 年来有影响力的期刊 161 种，有影响力的期刊人 101 名；为展示新中国 60 年来中国党刊的崭新群像，中国期刊协会组织策划、全国党刊研究会组稿编辑，以《中国期刊年鉴》增刊的名义出版了《中国党刊 60 年》，成为全面反映我国党刊发展历程的最新、最权威的资料。

3.组织开展学习实践科学发展观征文活动。为配合全国学习实践科学发展观活动，积极倡导期刊界学习实践科学发展观，2009 年在全国刊届组织开展了"学习实践科学发展观，做强做大中国期刊业"征文活动，要求业界同仁紧密联系世界期刊业的发展趋势和我国期刊业的实际，研究新情况、探讨新问题、总结新经验，力求在探索我国期刊业科学发展的理论和实践上有新突破、新建树。本次征文活动征集的论文全部在中国期刊协会网上供业界探讨和评论，并组织专家进行评选，评出 10 篇优秀论文，以《中国期刊协会通讯》增刊的形式编印成册，供期刊界学习讨论。

4.庆祝中国共产党成立 90 周年活动。2011 年 6 月中国期刊协会党刊分会组织全国党刊举办了"重走长征路·走进红色贵州"联合调研采访活动，全国 40 余家党刊的 110 多名主编、记者参加，我会人员全程参与。本次活动在网络上进行了跟踪报道，并同步开设专题微博，当代贵州党员手机杂志也进行了全程报道。此活动庄严而有声势，对提高党刊主编、记者的党性修养，增强贯彻执行党的基本路线的自觉性起到了一定的促进作用，撰写和刊发的优秀稿件已编辑成册出版。

（五）关注行业发展，推动期刊数字化。

为了适应数字化的发展，与期刊界同仁共同应对新媒体的挑战，组织开展了一系列相关活动。2007 年当数字化在期刊界尚未引起高度关注的时候，中国期刊协会就明确提出"数字出版引领期刊未来"，并于当年 11 月组织召开研讨会，邀请国内外刊界、高校、企业界的 20 位专家学者在大会上发言，300 多名期刊界的代表参加，并进行了互动交流。

2008 年 11 月组织国内刊社共 28 人，参加了在日本东京举办的首届亚太数码杂志研讨会，走访了日本期刊协会，并与多家日本期刊社同仁就数字化问题进行了专门交流。

2009 年 11 月组织大陆 30 家刊社参加在台北举办的"期刊数位化出版之现在与未来"论坛，谋求两岸在期刊数字化方面的交流与合作。

2010 年 10 月中国期刊协会与国际期刊联盟联合在杭州主办了"第二届亚太数字期刊大会"。本届大会主题为"数字革新，期刊未来"，来自中国、日本、印度、韩国以及美国、英国、法国等 15 个国家和地区的 500 多位期刊界、出版界、信息产业界嘉宾及相关产业从业者参加了本届大会,有近 50 位中外嘉宾上台演讲或参与讨论，围绕在新技术、新载体、新业态层出不穷的态势下，就期刊数字化领域最受关注的诸多热点话题展开深入探讨。在浙江省新闻出版局等有关方面大力支持下，大会取得了圆满成功，成为我国期刊数字化的一个新起点。

2011 年新闻出版总署批准中国期刊协会举办了 4 期"期刊数字新媒体产品与营销系列研修班"，研修班邀请了国内外讲师 36 名，超过 100 家单位的近

200人次参加了培训，获得业界好评；去年5月，经国台办和新闻出版总署批准，中国期刊协会和台北市杂志商业同业公会携手合作，共同组织“大陆期刊代表团”赴台交流活动，学习借鉴台湾ABC数字期刊发行认证的经验；同时，为了加强协会对期刊数字化工作的指导，经新闻出版总署和民政部批准，2011年2月成立了中国期刊协会数字期刊分会，为我国期刊数字化提供专业的咨询、培训及引导等服务。

在期刊数字化发展方面，康泰纳仕国际传媒集团给予了我们很多支持和帮助。自2007年以来每年举办一次“期刊经营与管理高级研修班”，每次研修班都邀请康泰纳仕高管授课，数字化是重要内容之一。去年的培训在英国主办，学习考察康泰纳仕集团数字化发展理念、盈利模式等，提升了我国期刊出版经营管理者应对新趋势的管理决策能力，取得了良好效果。

（六）立足刊社利益，努力服务刊界。

千方百计为刊社服务是协会的根本宗旨，5年来组织开展了一系列活动，努力为刊社的发展服务。2007年组织开展了“期刊编校无差错承诺活动”，以推动期刊编校质量的提高；为了倡导刊社积极参与公益活动，2008年评选产生了75家“期刊阅览室公益大使”；2009年与中央电视台共同推出了“读者首选期刊”电视展播宣传活动；多年来发挥协会自身优势，每年组织开展专业专题培训，进一步提高了期刊从业人员的业务素质；组织各期刊社积极参加全国图书博览会、北京国际图书博览会及台北祖国大陆书刊展、海峡两岸图书交易会等；与中国新闻出版研究院（出版科研所）联合举办了5届“中国期刊创新年会”；与武汉大学共同举办了首届“中国期刊改革与发展论坛”；与湖北省新闻出版局和期刊协会共同举办了三届“中国（武汉）期刊交易博览会”，并以“振兴我国期刊出版产业”为题，举办了研讨会；2010年在长春召开了“吉刊现象”研讨会，总结推广吉林省期刊业转变发展方式，加强品牌建设，创新发展模式，推进科学发展的做法和经验。

（七）加强调查研究，推动改革创新。

湖北期刊业的快速发展受到全国的关注，2009年中国期刊协会邀请辽宁、安徽两省期刊协会会长到湖北进行了考察学习，写出《湖北期刊业强势发展的调查与思考》的调研报告，既总结了湖北期刊业发展的经验，又对由此引出的体制机制问题提出了看法，提供给中宣部和新闻出版总署的领导参考，并发表在刊协的通讯上供业界思考。

在推进全国非时政类报刊转企改制的过程中，有的期刊社信心不足，有些犹豫，而北京卓众出版有限公司是全国期刊界在改革中脱颖而出的一个典型，转企改制使得卓众出版成为一个真正的市场主体，获得了更大的发展活力和发展空间，取得了不俗业绩。为此，我们到北京卓众出版有限公司进行了考察学习，对北京卓众出版有限公司的转企改制发展情况进行了全面和细致的调研，并充分利用“卓众”这个典型，通过各种渠道在业界进行宣传推广，以促进期刊业改革步伐；同时，对卓众出版在改革发展中遇到的困难和问题，也通过不同渠道向有关方面作了反映。期刊物流是期刊业发展的一个瓶颈，我们曾两次到北京亚太期刊物流中心进行考察，探讨期刊物流体系建设问题。我们将继续对这个问题作进一步的调查研究。

（八）汇聚各方力量，组织编写期刊史。

我国中文期刊出现已有近200年历史。200年来，期刊媒体在民族意识觉醒、社会变革进步、文化科学发展以及推出优秀精神产品等方面都发挥了巨大作用。为了总结期刊业的发展规律，探讨中国特色期刊业发展之路，中国期刊协会经过两年的酝酿，决定组织编写出一部论断科学、史料详实的《中国期刊史》。这项文化工程需要集结期刊界、出版界、学术界、教育界以及图书馆界等方面的力量来完成，拟在2015年中文期刊诞生200周年之际出版《中国期刊史》。为此，2010年以来多次组织有关专家、学者和期刊工作者召开有关《中国期刊史》编撰座谈会，就编辑思路、编撰规模、框架结构等具体问题广泛征求意见，进行了深入研究和讨论，现已初步确定了编撰框架结构、主撰人员、工作进度安排等。目前，该项目已进入分头撰写的阶段。

（九）扩大国际交流，推动期刊“走出去”。

扩大国际交流，社团是可以有所作为的。中国期刊协会多年来努力拓展对外交流，积极组织刊界参加国际性行业学术交流活动，与世界各国和我国台湾地区期刊组织及国际期刊联盟保持着良好的沟通联络。第36届世界期刊大会和第二届亚太数字期刊大会在我国举办，足以说明我国期刊界的国际影响正在不断增强，并发挥着重要作用。

近年来，我会每年都组织期刊界参加各类国际学术交流活动。2008年3月派代表参加了在德国柏林召开的“推动数字化成功”的国际出版研讨会；9月又出席了在维也纳召开的世界发行联盟第52届年会，并发表了以《中国期刊市场的现状和未来》为题的演讲；2009年5月组团出席在英国伦敦举行的以“期刊的魅力”为主题的第37届世界期刊大会；2011年10月，率团参加在印度新德里举行的第38界世界期刊大会，并推荐广东《新周刊》和北京《时尚》全媒体负责人在大会上发言；引进国际期刊联盟《2011世界期刊创新报告》，并翻译出版中文版，同时邀请该报告主编来北京举行专场报告会，与中国期刊业者进行面对面直接交流。

为进一步激励我国具备一定实力的期刊面向更为广阔的海外市场，支持在“走出去”方面取得一定成绩的刊社发展，中国期刊协会经过认真调研，推选出“十一五”时期5家在中国期刊“走出去”方面取得突出成绩的优秀期刊社，报请新闻出版总署审核后，全部荣获“十一五”时期“全国新闻出版‘走出去’先进单位”称号。

（十）完善自身建设，提高服务能力。

1.加强组织机构建设。第四届理事会成立后，对办事机构进行了调整，设立了会员中心、业务部、外事部、办公室、财务部5个工作部门，明确工作职责，制定了考勤、薪酬、会费、财务、印章、档案以及外事工作、固定资产管理等11项规章制度；进一步加强和规范协会分支机构的管理，并对分支机构作了适当调整，建材期刊分会变更为党刊分会，并新增设了教育期刊分会、工业期刊分会和数字期刊分会，2008年召开了分会工作会议，制定了《中国期刊协会分会管理暂行办法》；成立了中国期刊协会专家委员会，聘请12位长期从事期刊出版和管理的专家为中国期刊协会专家委员会成员，充分发挥业内专家的咨询、顾问作用；按照新闻出版总署的要求，刊协主办的杂志完成了转企改制工作，成立了《中国期刊年鉴》杂志社有限公司和《中外文摘》杂志社有限公司，《中外文摘》变更为由中国出版集团公司主管，商务印书馆有限公司、中国期刊协会共同主办，《商务旅行》变更为南方日报传媒集团独立主办；2008年成立了协会党支部。

2.严格遵循理事会决议，凡重大事项及时提交会长办公会或常务理事会讨论决定；严格执行财务管理审批制度，每年开展财务审计，未发生违规违纪问题；2010年参加全国行业协会评估工作，经民政部全国性行业协会商会评估委员会评定，获3A等级；办好协会通讯和网站，《中国期刊协会通讯》按季编印、免费发送给会员单位和有关管理部门，成为与会员沟通信息、为会员服务的重要手段；不断改进和完善中国期刊协会网站，协会网站已成为刊协工作的重要平台。

3.改善办公条件。在金盾出版社和张延扬副会长的大力支持下，协会2008年开始到金盾出版社大楼办公，协会的面貌发生了很大变化，方便了会员单位与协会的联系，办公条件有了显著改善。

各位代表！五年来，协会做了一些工作，取得了一定成绩。这些成绩的取得，离不开中宣部、新闻出版总署和民政部的指导和关怀，离不开全体会员单位的支持和配合，离不开社会各界的关心和帮助，也离不开协会秘书处全体工作人员的共同努力。在此，我代表第四届理事会向所有关心和支持协会工作的领导和同志们表示衷心的感谢！

我们也清醒地认识到，协会的工作离政府部门要求还有很大差距，离会员单位的期待还有很大差距，离行业发展的需要还有很大差距，主要表现在：

第一、行业协会的职能还没有充分发挥出来，还有一些应该做、可以做的工作没有积极主动去做。

第二、对行业的改革发展调查研究工作不够深入，使我们对于行业状况和会员诉求的了解不够及时、不够全面，桥梁纽带作用发挥得还不够好。

第三、依靠会员办会的基础还不够扎实，联系不够广泛，很多期刊出版单位对协会的工作不熟悉、不了解，会员数量和全国期刊出版单位总数不相称。

第四、对行业协会的工作规律研究得不够，协会工作没有太多创新，为会员服务的内容还不够充实，形式还不够新颖，没能充分满足会员对协会工作的期待和要求。

存在以上这些问题和不足，我作为会长应负主要责任。

二、工作中的体会

五年来，我们在工作中体会到：

（一）做好协会工作首先要找准职能定位，立足于服务。协会作为社团组织，该做什么不该做什么，能做哪些事不能做哪些事，必须很明确。规定不让做的事决不去做，做涉及全行业的事要先请示，职责范围的事尽力主动去做。我们认为，服务是协会的最基本职能，是协会工作的灵魂。协会的工作要服从服务于主管部门的中心工作，做事情要为行业和会员的利益着想，对行业和会员单位的诉求要不遗余力地为之服务，使刊社真正把协会当成自己温暖的家。只有这样，协会才能有凝聚力，才能发挥出应有的作用，才觉得有存在的价值。

（二）做好协会工作要广聚行业人气。目前全国近万种期刊，有8万多从业者，人才荟萃、智力密集、联系广泛，这是一支重要的社会力量。这支队伍的思想稳定，素养提高，才能发挥，对于文化的大繁荣大发展，对于凝聚社会共识、促进经济社会全面协调发展都有十分重要的意义。期刊队伍比较分散，协会要通过深入细致的工作，把这支队伍团结起来，为这支队伍的建设和作用的发挥尽心尽力，凝聚刊界力量，更好地为全党全国工作大局服务。

（三）做好协会工作要不断提高服务能力。经济社会的发展，市场竞争的加剧，行业和会员单位对协会的期待越来越高，对协会的服务能力提出了新的要求。首先要提高协会秘书处的工作效率、工作活力。有人认为，协会这种地方有几个退下来的老同志做做就可以了。其实不然，协会也需要有高素质的年轻人，才能做成一些事。其次要创新服务。作为社会中介组织，协会的产出品就是服务，如何使你的服务符合业界的利益和期待，受到会员的欢迎，就要从行业的实际出发，创新工作方式方法，提高服务的品位和价值。三要增强为会员服务的物质基础。期刊协会是没有任何财政预算的单位，而目前刊协一年的日常支出就需要100多万。因此，协会在做好为业界服务的同时，还要获得自我生存发展的物质条件。因此，协会在做好会费征收的同时，还要在职能范围内，开展有市场需求的有偿服务项目，以增强协会经济上的自养、自立能力，为更好地发挥协会作用奠定基本的物质基础。

三、对第五届理事会工作的建议

随着政府职能转变步伐的加快，作为行业中介组织的任务会越来越重，中国期刊协会要进一步增强责任感和使命感，为促进期刊业持续、健康、和谐发展发挥更大的作用。在此，我代表第四届理事会对刊协今后的工作提出以下建议。

（一）进一步拓展协会服务领域。

应该说，协会应该做、可以做的事情很多，服务的领域很宽，应该根据行业的需要和协会的条件进一步拓宽服务领域。除了做好日常工作外，每年应该做一两件对行业发展有较大影响的事情，以提高服务的质量和水平。如针对当前行业发展中具有战略性、前瞻性的问题，组织业界力量进行深入调查研究，形成高质量、高水平的研究报告，为行业主管部门当好参谋。各地的期刊协会中有一批长期从事期刊编辑、管理工作的专家，他们有时间、有精力，把他们组织起来搞行业调查和研究工作，将成为协会工作的一大特色。

（二）进一步发挥协会的桥梁纽带作用。

根据建设社会主义和谐社会的治国理念，中央要求行业社团组织实行自立、自治、自律、自强的民主办会方针，实现维权、服务、自律、协调和监督的基本职能。同时，协会作为广大会员单位的利益代表，要在行业和政府之间搭建桥梁，发挥纽带作用。要通过我们的工作，使行业主管部门感到协会是可以依靠和发挥作用的，有事会想到听听协会的意见；使业界认为协会是可以依靠和信赖的，有困难、有问题会主动找协会反映。可以采取多种方式方法听取会员的意见，积极热忱地反映行业的诉求。根据刊社比较分散的特点，可以通过协会的管道，及时把行业主管部门的精神要求传达贯彻下去。可以根据实际需要，有目的地把政府部门有关负责人与刊社负责人召集在一起座谈，便于沟通情况，听取意见，等等，把协会真正办成会员信赖、政府支持、行业受益的诚信有为的社会组织。

（三）进一步加强协会自身建设。

要继续切实抓好协会规范化建设，完善各项规章制度，建立规范有效的工作机制，认真贯彻落实有关部门对协会工作的要求。要不断增强为会员服务的意识，拓宽服务内容，创新服务手段，讲求服务效果。要进一步发挥分支机构作用，规范分支机构运作。要加强对分支机构开展重要活动的协调与管理，严格重要事项报告制度，定期召开分支机构负责人会议，沟通情况、研讨问趣、部署工作。

各位代表：

2012年是新闻出版业“十二五”时期发展规划实施的关键一年，新闻出版业将迎来更为重要的发展机会。期刊业的改革发展正处在攻坚克难的关键阶段。我们要深入学习贯彻党的十七届六中全会精神，增强文化自觉和文化自信，增强改革发展的责任感和紧迫感，更加自觉地用科学发展观来观察和处理改革发展中遇到的问题，坚守社会主义先进文化前进方向，为期刊业的又好又快发展献计献策、添砖加瓦。

中国期刊协会第五届理事会即将产生。我们相信，在即将召开的党的十八大精神指引下，新一届理事会一定会充分利用现有条件，充分挖掘潜力，发挥协会优势，继往开来、努力进取，与大家一道为实现"十二五"期刊业规划的各项目标，为全面振兴中国期刊业做出新的业绩。

谢谢各位。

来源：中国期刊协会网 http://www.cpa-online.org.cn/web/NewList.aspx?artid=000809&cateid=A0402

中国期刊协会会长石峰在中国期刊协会第五次会员代表大会的闭幕式致词

各位代表：

在大家积极参与和共同努力下，中国期刊协会第五次全国会员代表大会圆满完成了各项议程，就要闭幕了。邬书林副署长和其他署领导、司领导拨冗莅临大会，充分体现了新闻出版总署对中国期刊协会的大力支持和热情关怀。邬书林副署长代表新闻出版总署的重要讲话，对中国期刊协会的工作给予了充分肯定，并对今后的工作提出了明确要求，我们既受到了鼓舞，又受到了鞭策，更提振了我们的信心。与会代表怀着对中国期刊业未来的强烈期待，积极参与期刊协会的换届工作，为期刊业的改革发展建言献策，体现了高度的使命感和责任感。这次大会的召开，对于团结和动员全国期刊界同仁紧紧围绕党和国家工作大局，贯彻落实党的十七届六中全会精神，投身社会主义文化建设，推动期刊业的又好又快发展，具有重要的意义。

刚才，第五次会员代表大会选举产生了中国期刊协会新一届领导机构。大家推选我为第五届中国期刊协会理事会会长，这是全国刊界对我的信任和重托，我深感荣幸，也感到责任重大。在这里我代表中国期刊协会第五届理事会、常务理事会，由衷地感谢各位代表对我们的支持和信任，并向大家表示，我们将不辱使命，努力工作，和大家一起为中国期刊业的繁荣发展做出新的贡献。

第四届理事会的工作我已向大会报告，真诚地欢迎大家提出意见和建议。应该说，这些年来协会的工作不断有所改进，不断有所发展，工作思路日臻清晰，服务内容日渐丰富，我们的工作是努力的，也尽力了。但是，的确我们的工作离政府部门的要求还有很大差距，离会员单位的期待还有很大差距，离行业发展的需求还有很大差距。对新一届理事会的工作，我们将坚持在《中国期刊协会章程》设定的职责范围内，找准定位，做我们该做的事，初步设想要在五个方面有所作为：

一是在促进行业改革发展上有所作为。为此，一要深入学习贯彻党的十七届六中全会精神，增强会员单位的文化自觉和文化自信，以高度的历史使命感和责任感，投身社会主义先进文化建设，以开拓进取的精神推进期刊业的体制机制改革，以主人翁的姿态促进期刊业又好又快地发展。二要加强调查研究，及时准确地反映业界对改革发展的诉求，通过社团特有的方式聚人气、聚正气，为营造和谐的改革发展环境多做工作。三要积极开展研讨交流活动，活跃业界思想，促进创新发展。要改进研讨方式，增强研讨效果，使研讨交流活动成为业界开启创新思维的平台。

二是在配合主管部门加强行业管理上有所作为。为此，一要结合期刊出版单位多在系统外的特点，通过刊协的渠道做好有关行业政策法规的宣传工作，使更多期刊出版单位知法守法。二要以多种方式倡导行业自律。自律是一种无穷的力量，而行业协会在推动行业自律上有无可替代的作用。三要关注行业发展动态，了解倾向性问题，及时向主管部门反映，并提出建议。四要发挥协会广泛联系业界专家学者的优势，组织专家学者对事关行业改革发展的关键性问题进行调查研究，提供给主管部门决策参考。

三是在为会员单位服务上有所作为。为此，一要把为会员服务真正成为协会的根本宗旨，做任何一件事都从会员的利益出发，都要符合刊界的意愿，多服务，少打扰，使会员对“协会是期刊人之家”的感受更加强烈。二是要扩大服务对象，广聚会员人气。要解决只与少数期刊打交道的问题，主动与更多的期刊社联系接触，主动为更多期刊社提供服务。三要拓宽服务领域，创新服务方式。协会可以为会员服务的事很多，会员期望协会做的事也很多，协会为会员服务的平台应该搭得更宽一些，争取更多的刊社利用协会这个平台。四要提高为会员服务的能力。要进一步加强协会自身建设，提高工作人员素质，提高服务效率，提高服务质量。要健全服务机制，逐步形成基本的服务抓手。五要充分发挥各分会联系广泛的优势，鼓励各分会开展活动，以延伸服务手段，丰富服务内容。

四是在推动期刊数字化发展上有所作为。为此，一要把促进数字化发展作为协会今后几年工作的重点，每年做一两件对期刊数字化发展有一定影响的工作。二要根据期刊数字化的特点，发挥协会作为期刊社与技术提供商、产品运营商合作的纽带作用，促进双方合作共赢。三要进一步发挥数字期刊分会的作用，把更多数字出版机构团结在协会的周围。四要密切关注世界期刊业发展趋势，充分利用协会的渠道加强期刊数字化的国际交流。

五是在推动期刊“走出去”上有所作为。为此，一要继续保持与国际期刊联盟的合作关系，通过积极组织刊社参与国际交流活动，提升中国期刊国际影响力。二要通过多种方式大力推广学习国外期刊经营理念，在打造国际期刊品牌上下功夫。三要及时总结交流期刊“走出去”的成功经验和做法，推动更多期刊走进国际市场。

以上只是一些初步考虑，大会结束以后，我们将召开新一届理事会常务理事第一次会议，进一步听取大家的意见，集思广议，群策群力，共同做好理事会的各项工作，为期刊业的更好更快发展贡献力量。

谢谢大家！

来源：中国期刊协会网 http://www.cpa-online.org.cn/web/NewList.aspx?a-tid=000810&cateid=A0402

把握改革机遇 强化能力建设 开创医药卫生出版工作新局面 ——卫生部新闻办公室主任宋树立在2012年卫生部主管报刊工作会议上的报告

2012年5月16日

同志们：

本次会议是在全国深入贯彻落实党的十七届六中全会精神、促进社会主义文化大发展大繁荣，全面建设小康社会和深化医药卫生体制改革进入关键时期的大背景下召开的。会议主要任务是：以党的十七大、十七届六中全会精神为指导，认真贯彻2012年全国卫生工作会议、全国新闻出版工作会议精神，全面落实2012年中央报刊主管单位工作会议各项任务和要求，统一思想，明确任务，进一步加强卫生部主管报刊工作，积极推动出版体制改革，为卫生事业改革发展服务。下面，我谈三点意见。

一、2011年主要工作回顾

2011年以来，在卫生部、新闻出版总署的领导和指导下，卫生部新闻办、新闻中心与各主办单位、出版单位认真贯彻落实党中央、国务院关于文化建设和出版改革与管理的一系列文件精神，进一步完善制度，规范管理，把握导向，推进改革。在大家共同努力下，卫生部主管报刊各项工作扎实有序开展，取得了较好成效。

（一）加强制度建设，报刊管理工作进一步规范。

一是组织制定《卫生部主管期刊管理办法（试行）》。按照推进文化体制和出版体制改革新形势的需要，根据新闻出版总署相关管理规定，结合主管报刊发展现状，卫生部委托部新闻宣传中心组织起草期刊管理办法。中心广泛征求专家意见，对《管理办法》文稿进行了反复论证修改，按程序报批，最终以卫生部办公厅文件形式印发。《管理办法》对主管单位、主办单位和出版单位的管理职责、期刊申办与出版单位设立要求、出版管理和监督查处等，都提出了进一步明确的要求，是做好期刊管理工作的基础性文件。

二是组织制定《卫生部主管期刊审读办法（试行)》、《卫生部主管报纸审读办法（试行)》。这两份文件也是卫生部委托部新闻宣传中心组织专家起草、以办公厅文件形式印发的。中心还开展了抽样审读，这既是对《审读办法》的实践评估，也是对主管期刊的一次检验。作为加强报刊管理的重要措施，审读工作不断规范化、制度化，与规范建设、年检核验、违规查处等日常管理相结合，有利于及时总结经验，发现问题，完善审读队伍，提高出版质量。

三是组织起草《医药卫生期刊监管综合评估体系（试行)》。为顺应出版体制改革新形势新要求，加强对期刊的全面、科学、公正、客观的综合评价，卫生部委托中华医学会杂志社，在2007《中国医药卫生期刊监管评估体系》的基础上，组织专家起草了《医药卫生期刊综合评估体系（试行)》。《综合评估体系》包括《医药卫生期刊出版质量综合要求及评估指标》和《医药卫生期刊编排规范》两部分内容，将成为督促提高出版质量、衡量出版工作综合水平的标尺，预警出版改革期刊退出的戒尺。本次会议安排了关于《综合评估体系》的内容介绍和解析，并进一步征求大家的意见。

（二）认真履行职责，各项工作取得新进展。

卫生部认真履行主管部门职责，有序开展日常管理和服务，积极推动主管报刊主办单位和出版单位贯彻落实出版工作有关方针政策、法律法规和工作部署，按照各项出版管理规定和要求开展业务工作。同时，创新管理思路和工作机制，邀请有关报刊出版单位参加卫生部新闻发布会和内部通气会，畅通信息共享网络，形成健康传播合力，为卫生事业改革发展营造良好舆论氛围。

部新闻宣传中心切实履行“三定”职责，协助卫生部开展报刊管理工作，承担日常管理的具体工作，圆满完成2011年度核验和抽样审读等任务。受办公厅委托，部新闻宣传中心编印《卫生部公报》和《卫生新闻宣传通讯》，每月定期免费向相关部门发放，使大家及时了解卫生政策精神、任务措施，把握卫生新闻宣传以及报刊工作重点。不断完善医药卫生期刊分会各项建设，研究规范标准，开展交流培训，提升期刊活力。

各主办和出版单位严格遵循办刊宗旨，坚持正确的办刊方向，管理水平、编辑水平和学术质量都有很大程度的提高，涌现出一批优秀的期刊、集体和人物。在2011年第二届中国出版政府奖评选中，人民卫生出版社、中华医学会杂志社获得先进出版单位荣誉称号；中华医学会杂志社袁桂清获得优秀人物荣誉称号；人民卫生出版社陈懿获得优秀编辑荣誉称号；人民卫生出版社郭淼获得装帧设计奖；中国协和医科大学出版社刘耕陶主编的《当代药理学》获得中国出版政府奖图书奖。中华医学会杂志社游苏宁还获得2011年全国宣传文化系统“四个一批”人才荣誉称号。在此，谨向以上获奖集体和个人表示祝贺。中华医学会杂志社制订行政管理、质量管理、出版管理、网络管理及财务管理等各项规章制度30余项。中国医院协会注重精品战略，《中国医院》率先开发并不断完善“3D期刊”电子平台，《磁共振成像》走国际化道路的目标，组建由海内外专家组成的编委会，组约高水平稿件，已被美国、波兰期刊指南等收录。中华预防医学会充分发挥主办出版物的学科特色和优势，在重大公共卫生事件中，及时传播信息，普及健康知识。中国医师协会不断加强队伍建设，《中国心血管病研究》杂志、《实用手外科杂志》于2011年进入中国科技核心期刊。其他大部分主办单位和出版单位也都发挥优势，创新发展，在各自领域，为促进学术发展和保障人民健康发挥着重要作用。

（三）积极探索实践，报刊体制改革稳步推动。

2009年，按照中央统一部署，人民卫生出版社成为首批开展出版社体制改革的试点单位，目前已经完成转企，正在按程序进行转制工作。2011年5月，中办、国办印发了《关于深化非时政类报刊出版单位体制改革的意见》，非时政类报刊出版单位体制改革相关工作开始启动。卫生部副部长尹力同志多次主持部长办公会，召集部出版单位体制改革工作领导小组和有关单位研究部署工作。带队走访新闻出版总署，专题研究我部出版体制改革相关工作。经与新闻出版总署沟通协商，我部主管46家报刊出版单位被列入首批转企改制的非时政类报刊出版单位。按照《关于中央各部门各单位规范报送非时政类报刊出版单位体制改革实施方案有关问题的通知》要求，42家报刊出版单位已按照要求报来材料，4

家报刊出版单位申请暂缓转制。在出版体制改革过程中，各主办单位和出版单位认真学习出版改革的规定和要求，稳中求进推动相关工作。

尽管各项报刊工作进展顺利，但我们也应该看到，工作中还存在不少问题，主要表现在：一是一些主办和出版单位对改革的认识不到位，对于改不改思想上还比较模糊，对于为什么改认识还不充分，对于怎么改思路还不清晰，改革的内在动力不足。二是一些报刊违反了国家规定，以挂靠、承包、承办等方式违规操作，甚至出现“有偿报道”、违规出版专刊专版、刊登负面报道要挟基层单位等现象，或一号多刊，一号多版，版权页擅自增加主办单位、承办单位、协办单位等问题。对此，主办单位和卫生部都提出了取消刊号或停刊整顿的意见。三是有些报刊因专业性强或经营不利等问题，发行量小，为了生存，对论文把关不严，有的变成来稿汇编，严重影响期刊质量。对这些问题，我们要在今后认真研究、坚决纠正、有效解决。

二、2012 年重点任务安排

2012 年是全面贯彻落实十二五规划、进一步深化医药卫生体制改革的重要一年，也是全面推进出版体制改革的关键之年，我们要认真贯彻党中央、国务院一系列决策部署，落实卫生部、新闻出版总署一系列文件要求，牢固树立大局意识、责任意识和服务意识，突出重点，促进卫生出版工作改革与发展。

（一）继续推进非时政类报刊出版单位体制改革。

在中央文化体制改革的总体部署下，卫生部于 2009 年启动出版社转企改制工作，2011 年启动首批非时政类报刊出版单位体制改革和卫生出版传媒集团化建设调研论证工作。在推进出版改革工作中，我们充分考虑医药卫生期刊形式多样、数量众多、专业性强、与学科建设关系密切等特点，在认真调研、统筹研究的基础上，分阶段、分步骤、分类别地逐步推进。努力打造图书、期刊、报纸、数字出版和影视跨媒体互动的卫生出版传播格局。

（二）落实责任，积极服务卫生出版大局。

卫生部领导对报刊管理工作非常重视，明确要求医药卫生出版工作要遵循卫生工作规律和出版工作规律，不断强化大局意识和宣传意识，认真学习和领会卫生政策和方针，发挥出版工作的特色和优势，及时进行报道和宣传，使行业出版物能够真正成为卫生工作的政策理论阵地、学术研究前沿和健康传播渠道。

各主办单位要强化监管职责，切实负起领导责任，加强对所属出版单位的政治领导，推动所属报刊出版单位贯彻落实党的路线方针政策，遵守国家法律法规，既要给予关心和支持，又要严格要求，加强检查和监督，做好所属报刊出版单位负责人考核、国有资产管理和各项经营活动监管。要真正把三审制度、年审制度、谈话制度等一系列行之有效的管理措施落到实处，坚持抓导向、抓班子、抓资产、抓队伍，确保不出问题。

各报刊出版单位要认真落实总署和主管部门、主办单位的工作部署，尤其是出版单位的负责同志要全面了解报刊管理的政策法规和相关规定，不断提高政治意识、管理意识和质量意识，全面做好新闻宣传和出版工作。

（三）加强出版单位自身建设，规范化管理，精细化办刊。

一是进一步加强人员管理，提高队伍水平。要强化主要负责人职责。报刊社的总编辑、社长、主编要有政治意识、质量意识、品牌意识、市场意识和人才意识，要有强烈的事业心和高度的责任感，全心全意地履行总编辑、社长的岗位职责。要按照新闻出版总署《关于规范报纸期刊主要负责人任职资格的通知》和《新闻出版行业领导岗位持证上岗实施办法》要求，认真落实《关于进一步加强出版单位总编辑工作的意见》，出版单位转制之后，总编辑岗位不能缺失，各出版单位应按董事长（社长）、总编辑、总经理依次配备主要干部，在新的形势下，进一步加强总编辑工作，把好出版物内容质量关。要加强编辑队伍培养和建设。按照新闻出版总署《关于新闻出版采编人员资格培训实施工作的通知》和《关于在出版行业开展岗位培训实施持证上岗制度的规定》要求，有计划地加强对出版编辑人员的在职培训，加快对后备人才的培养，通过培训、学习、实践等途径不断提高编辑人员的整体素质，提高策划能力，提高期刊的核心竞争力，培养一支具有良好组织、策划、选题、组稿能力，编辑加工能力和经营能力的复合型人才队伍。出版单位要严格执行期刊“三审制”和“三校一读”制度，保证报刊出版质量。要认真学习中宣部等四部委联合下发的《关于采取切实措施规范报刊发行秩序的通知》，保证报刊发行秩序。

二是要把握方向，突出特色，提高品牌影响力。根据报刊的宗旨和定位，精心策划，借助专家力量，发挥专家优势，组织高水平的稿件，提升报刊总体质量。学术、技术期刊要注意国内外医药卫生领域学术研究和科技发展的新动向，发挥学术引导和交流作用，鼓励学术争鸣，使学术研究真正成为医药卫生科研、生产、管理和改革的先导。医药卫生科普期刊要从宣传科学思想、科学精神、科学方法，开展健康教育和健康促进，传播卫生科普知识，增强宣传的针对性、科学性、趣味性和普及性。要大力破除陈规陋习，勇于揭露迷信、愚昧活动和反科学、伪科学活动的真面目，养成健康文明的生活方式。禁止出现涉及封建迷信或无科学定论，有违科学原则的猎奇报道和不良生活方式的宣传，对某些不易划清或暂时没有定论的内容应严格控制。综合（指导）类期刊要体现自身特点，做到高起点、高标准，增强刊物的指导性、实用性，特别要注意发挥专家的优势，依靠专家办刊，开展理论研究，交流工作经验。重要的宣传报道要严加审核，防止在内容方面发生严重错误和其他重大问题；要加强对所办网站和网上论坛的管理。

三是要进一步加强广告管理。认真落实国家工商行政管理总局等十二部委联合印发的《大众传播媒介广告发布审查规定》，具有广告发行权的出版单位要配备广告审查员专门负责广告审查的具体工作，广告经营管理部门负责人负责广告复审，分管领导负责广告审核。广告审查的书面意见要与广告档案一同保存备查。对广告主不能提供证明材料或者提供有关证明材料不足以证实广告内容的真实性、合法性，应当立即停止发布该广告。医药卫生报刊刊登处方药广告，要由食品药品监管局和卫生部联合审批同意，未经审批同意的医药卫生报刊，不得擅自刊登处方药广告。

四是要进一步加强记者站管理。严格遵守《报刊记者站管理办法》和《新闻记者证管理办法》要求，结合《关于采取切实措施制止虚假报道的通知》，加强新闻从业人员队伍建设，规范新闻采编行为。要认真贯彻落实新闻出版总署、全国“扫黄打非”工作小组办公室、中央纪委驻新闻出版总署纪检组于2012年4月24日联合下发的《关于开展打击“新闻敲诈”治理有偿新闻专项行动的通知》，进一步打击真假记者以“曝光”为名进行敲诈勒索等严重违法违规行为，规范新闻采编秩序，维护社会和谐稳定。通知要求自2012年5月15日至8月15日在全国开展为期三个月的打击“新闻敲诈”、治理有偿新闻的专项行动。本次专项行动打击和治理的范围包括：社会机构或人员假冒新闻单位或新闻记者搞所谓的新闻采访活动及利用“采访”活动敲诈勒索；新闻记者利用采访活动谋取利益，接受企业和公关公司“红包”；报刊出版单位及其工作人员以新闻报道形式发布广告，搞有偿新闻或“有偿不闻”等。各主办单位要认真履行职责，监督报刊出版单位开展自查自纠，检查所属报刊记者站的工作情况，督促报刊出版单位认真自查、严肃整改，审核报刊出版单位的自查自纠工作报告。各报刊出版单位要加强制度建设和队伍管理，在自查自纠的基础上，建立健全举报及投诉的受理、核实、处置和反馈等程序机制。要在网站上长期公示所有持新闻记者证人员的名单、职务，在报刊上公布举报电话，安排专门部门和人员受理群众举报、投诉，及时公布核查处理结果。

三、为落实2012年任务提供有力保障

2012年报刊工作任务十分繁重，也十分重要，为此，要不断提高认识水平，潜下心来思考研究一些关键性的问题，力争有所突破，为落实各项任务提供保障。

（一）充分认识医药卫生报刊承担的责任。

医药卫生报刊，是承载医药卫生领域知识的媒介，既有学术属性，又有社会属性，在新形势下，责任重大，使命光荣。

一是引领和推动学科发展的责任。医药卫生期刊汇聚着学科领域的大师，站在学术最前沿，要通过策划选题、组织研讨等形式，鼓励学术创新和发展；通过学术交流和推广，促进研究成果转化为适宜技术在医药卫生实践中应用和改进；通过实践的反复检验和优化，将成果应用转化为卫生政策，造福千家万户。这也是转化医学的任务所在。

二是健康传播的责任。目前，我国公民健康素养水平比较低，与我国国际地位、国家经济社会发展水平很不相符。医药卫生报刊要发挥专业指导作用，要重视对健康传播理论、技术和宣传的研究和推广，提高医务人员从事健康传播工作的能力，同时，科普类期刊要注重传播科学的健康知识，要培养一大批科普大师。

三是舆论引导的责任。随着经济社会发展和媒体环境改变，社会矛盾的表现和传播呈现新的特点，医疗卫生机构常常成为各种矛盾集中暴发的地点，卫生系统面临更加复杂的舆论生态。医药卫生报刊要发挥媒体资源优势，形成传播行业价值的合力，正面鼓劲、析事明理，增信释疑、引导舆论。

（二）认真研究医药卫生报刊工作的特点。

医药卫生报刊工作既遵循出版工作基本规律，又具有医药卫生的特殊规律，厘清其中的几个基本问题，将大大推动报刊出版的改革与发展。一是医药卫生报刊的特点和规律。我们经常说，卫生出版有自己的特点和规律，但目前对这些特点和规律还没有形成普遍认可的共识。要认真研究医药卫生报刊的特点是什么，有哪些特殊规律，需要什么政策支持等等，搞清这些问题，有利于对医药卫生报刊改革进行顶层设计。

二是卫生出版传媒集团的构架和组建。组建集团的目的是整合力量，形成医药卫生出版传媒的“旗舰”，提高国内外竞争实力。要认真研究集团的主干构架、联合方式、组建路径、阶段目标、管理经营模式等等，使得集团组建的各项工作积极平稳，科学精细，不走弯路。

三是医药卫生报刊的质量管理。质量是报刊的生命，影响力是的报刊的活力。要认真研究报刊质量控制的制度规范和实施手段，靠日常监管、而不是靠运动式监管提高报刊出版质量。开发利用新媒体，打造多种媒体形式的立体报刊，扩大影响力。

（三）采取切实有效措施加强组织保障。

报刊出版工作政治性、学术性都很强，加强组织保障是做好报刊出版工作的关键。

一是卫生部将继续加强对卫生出版工作的领导，按照《管理办法》严格对医药卫生报刊的日常管理，依据《审读办法》加强日常审读和集中审读，试行《综合评估体系》，督促报刊提高出版质量。

二是各主办、出版单位要加强对报刊出版工作的领导，统一思想，提高认识，认真学习有关文件，对照要求查找自身的不足和问题，研究报刊出版工作，完善细化改革方案。

三是部新闻宣传中心要进一步履行职责，协助卫生部做好报刊管理工作，包括日常管理、组织审读、开展综合评估等。同时充分发挥期刊分会的平台的交流、培训和服务作用。

卫生部主管医药卫生报刊是一支数量庞大、差异性强的队伍，经过多年的发展，已经形成了一定的规模效应。

希望通过这次报刊工作会议，主管部门、主办单位、出版单位共同加强规范管理，提高报刊质量，不断进取，勇于创新，开创卫生部主管报刊工作的新局面，以优异的成绩迎接党的十八大召开。

政策法规

关于加强文摘类报刊管理的通知

新闻出版署985号 1995年8月2日

文摘报刊和报刊文摘专版，专页信息量大、内容丰富，在读者中具有一定影响，在报刊中占有重要位置，为满足群众经济、文化、生活等信息需求，发挥了重要作用。但有些文摘报刊、报刊文摘专版、专页也存在一些问题，有的转载内部文件材料，造成泄密事件；有的从海外及港澳台报刊中转载带有不良政治倾向的文章；有的追求猎奇，热衷于转载奇闻轶事；有的转载虚假信息和失实新闻，以讹传讹，在社会上产生不良影响。为了加强对文摘报刊、报刊文摘专版、专页的管理，提高其质量，现通知如下：

一、文摘报刊、报刊文摘专版、专页要坚持正确的舆论导向，坚持为人民服务、为社会主义服务和以正面宣传为主的方针，注重社会效益，要努力为读者提供更多的经济、生活、文化及各种信息精品，为我国的经济建设和社会主义精神文明建设服务。

二、所摘文章内容要坚持高格调、高品位，禁止转载有渲染凶杀、暴力、格调低下、封建迷信、伪科学内容的文章。

三、文摘报刊要坚持批准的办报办刊宗旨，不得背离其宗旨或超越分工范围。报刊的文摘版、文摘专页、专栏也要符合本报本刊的报道宗旨。

四、公开发行的文摘报刊、报刊文摘专版、专页不得转载内部报刊的文章和内部文件及资料。

五、文摘报刊、报刊文摘专版、专页一般不转载海外及港澳台报刊的文章。如需转载，应认真把关，不得出现政治内容和导向方面的错误。

六、文摘报刊、报刊文摘专版、专页摘文时应明辨真伪、慎重选编，不得摘登虚假信息和失实报道。

七、文摘报刊、报刊文摘专版、专页出版单位应认真执行《著作权法》的有关规定，转载文章应注明原载报刊名称及作者姓名，并按规定向作者支付稿酬。

以上规定，文摘报刊、报刊文摘专版、专页出版单位应认真执行。违反者，将视情况对该报刊给予没收当期总码洋50%~100%、罚款、停刊整顿直到撤销登记的处罚。

来源：中国图书出版网 http://www.bkpcn.

图书、期刊、音像制品、电子出版物重大选题备案办法

新闻出版署[1997]新出图860号 1997年10月10日

第一条 根据《出版管理条例》第十九条的规定，为了实施图书、音像制品、电子出版物重大选题备案制度，制定本办法。

第二条 凡列入备案范围内的重大选题，图书、音像制品、电子出版物出版单位在出版之前，必须依照本办法报新闻出版署备案。未经备案的，不得出版发行。

第三条 本办法所称重大选题，是指涉及国家安全、社会安定等方面的内容，对国家的政治、经济、文化、军事等会产生较大影响的选题，具体包括：

（一）有关党和国家的重要文件、文献选题；

（二）有关党和国家曾任和现任主要领导人的著作、文章以及有关其生活和工作情况的选题；

（三）涉及党和国家秘密的选题；

（四）集中介绍政府机构设置和党政领导干部情况的选题；

（五）涉及民族问题和宗教问题的选题；

（六）涉及我国国防建设及我军各个历史时期的战役、战斗、工作、生活和重要人物的选题；

（七）涉及“文化大革命”的选题；

（八）涉及中共党史上的重大历史事件和重要历史人物的选题；

（九）涉及国民党上层人物和其他上层统战对象的选题；

（十）涉及前苏联、东欧以及其他兄弟党和国

家重大事件和主要领导人的选题；

（十一）涉及中国国界的各类地图选题；

（十二）涉及香港特别行政区和澳门、台湾地区图书的选题；

（十三）大型古籍白话今译的选题（指 500 万字以及 500 万字以上的项目）；

（十四）引进版动画读物的选题；

（十五）以单位名称、通讯地址等为内容的各类“名录”的选题；

前款所列重大选题的范围，新闻出版署将根据情况适时予以调整并另行公布。

第四条　出版单位向新闻出版署申报重大选题备案时，应当填写备案登记表并提交下列材料：

（一）备案申请报告；

（二）选题、书稿、文章、图片或者样片、样带；

（三）出版单位的上级主管部门或所在地党委宣传部门的审核意见。

前款备案材料不齐备时，不予受理。

本条所称出版单位的上级主管部门，是指：

（一）中央各部门的出版社，其主管部门是中共中央的国务院各部委、各民主党派和人民团体；

（二）解放军系统的出版单位，其主管部门是解放军总政治部宣传部；

（三）属地方的出版单位，其主管部门是所在地省级新闻出版局或音像出版行政管理部门。

第五条　新闻出版署自决定受理备案之日起 30 日内，对备案申请予以答复或者提出意见，逾期未予答复或者提出意见的，备案即自动生效。

第六条　新闻出版署对备案的重大选题进行审核，必要时可以转请有关部门协助审核。

第七条　出版单位违反本办法，未经备案出版属于重大选题范围内的出版物的，省级新闻出版局或新闻出版署责成其上级主管部门对出版单位的主要负责人员给予行政处分；停止出版、发行该出版物，并责令该出版单位按照本办法的规定办理申报备案手续；违反《出版管理条例》的，依照有关规定处罚。

第八条　根据《出版管理条例》的精神和期刊出版中存在的问题，本办法适用于期刊中涉及的重大选题。

第九条　本办法自发布之日起施行。

来源：中国图书出版网 http://www.bkpcn.

印刷业管理条例

中华人民共和国国务院令 第 315 号 2001 年 8 月 2 日

第一章　总　则

第一条　为了加强印刷业管理，维护印刷业经营者的合法权益和社会公共利益，促进社会主义精神文明和物质文明建设，制定本条例。

第二条　本条例适用于出版物、包装装潢印刷品和其他印刷品的印刷经营动。

本条例所称出版物，包括报纸、期刊、书籍、地图、年画、图片、挂历、画册及音像制品、电子出版物的装帧封面等。

本条例所称包装装潢印刷品，包括商标标识、广告宣传品及作为产品包装装潢的纸、金属、塑料等的印刷品。

本条例所称其他印刷品，包括文件、资料、图表、票证、证件、名片等。本条例所称印刷经营活动，包括经营性的排版、制版、印刷、装订、复印、影印、打印等活动。

第三条　印刷业经营者必须遵守有关法律、法规和规章，讲求社会效益。

禁止印刷含有反动、淫秽、迷信内容和国家明令禁止印刷的其他内容的出版物、包装装潢印刷品和其他印刷品。

第四条　国务院出版行政部门主管全国的印刷业监督管理工作。县级以上地方各级人民政府负责出版管理的行政部门（以下简称出版行政部门）负责本行政区域内的印刷业监督管理工作。

县级以上各级人民政府公安部门、工商行政管理部门及其他有关部门在各自的职责范围内，负责有关的印刷业监督管理工作。

第五条　印刷业经营者应当建立、健全承印验证制度、承印登记制度、印刷品保管制度、印刷品交付制度、印刷活动残次品销毁制度等。具体办法由国务院出版行政部门会同国务院公安部门制定。

印刷业经营者在印刷经营活动中发现违法犯罪行为，应当及时向公安部门或者出版行政部门报告。

第六条　印刷行业的社会团体按照其章程，在出版行政部门的指导下，实行自律管理。

第二章　印刷企业的设立

第七条　国家实行印刷经营许可制度。未依照本条例规定取得印刷经营许可证的，任何单位和个人不得从事印刷经营活动。

第八条　设立印刷企业，应当具备下列条件：

（一）有企业的名称、章程；

（二）有确定的业务范围；

（三）有适应业务范围需要的生产经营场所和必要的资金、设备等生产经营条件；

（四）有适应业务范围需要的组织机构和人员；

（五）有关法律、行政法规规定的其他条件。

审批设立印刷企业，除依照前款规定外，还应当符合国家有关印刷企业总量、结构和布局的规划。

第九条　设立从事出版物、包装装潢印刷品和其他印刷品印刷经营活动的企业，应当向所在地省、自治区、直辖市人民政府出版行政部门提出申请；其中，设立专门从事名片印刷的企业，应当向所在地县级人民政府出版行政部门提出申请。申请人经审核批准的，取得印刷经营许可证；并按照国家有关规定持印刷经营许可证向公安部门提出申请，经核准，取得特种行业许可证后，持印刷经营许可证、特种行业许可证向工商行政管理部门申请登记注册，取得营业执照。

个人不得从事出版物、包装装潢印刷品印刷经营活动；个人从事其他印刷品印刷经营活动的，依照前款的规定办理审批手续。

第十条　出版行政部门受理设立从事印刷经营活动的企业申请，应当自收到申请之日起60日内作出批准或者不批准的决定。批准设立申请的，应当发给印刷经营许可证；不批准设立申请的，应当通知申请人并说明理由。

印刷经营许可证应当注明印刷企业所从事的印刷经营活动的种类。

印刷经营许可证不得出售、出租、出借或者以其他形式转让。

第十一条　印刷业经营者申请兼营或者变更从事出版物、包装装潢印刷品或者其他印刷品印刷经营活动，或者兼并其他印刷业经营者，或者因合并、分立而设立新的印刷业经营者，应当依照本条例第九条的规定办理手续。

印刷业经营者变更名称、法定代表人或者负责人、住所或者经营场所等主要登记事项，或者终止印刷经营活动，应当向原办理登记的公安部门、工商行政管理部门办理变更登记、注销登记，并报原批准设立的出版行政部门备案。

第十二条　国家允许设立中外合资经营印刷企业、中外合作经营印刷企业，允许设立从事包装装潢印刷品印刷经营活动的外资企业。具体办法由国务院出版行政部门会同国务院对外经济贸易主管部门制定。

第十三条　单位内部设立印刷厂（所），必须向所在地县级以上地方人民政府出版行政部门办理登记手续，并按照国家有关规定向公安部门备案；单位内部设立的印刷厂（所）印刷涉及国家秘密的印件的，还应当向保密工作部门办理登记手续。

单位内部设立的印刷厂（所）不得从事印刷经营活动；从事印刷经营活动的，必须依照本章的规定办理手续。

第三章　出版物的印刷

第十四条　国家鼓励从事出版物印刷经营活动的企业及时印刷体现国内外新的优秀文化成果的出版物，重视印刷传统文化精品和有价值的学术著作。

第十五条　从事出版物印刷经营活动的企业不得印刷国家明令禁止出版的出版物和非出版单位出版的出版物。

第十六条　印刷出版物的，委托印刷单位和印刷企业应当按照国家有关规定签订印刷合同。

第十七条　印刷企业接受出版单位委托印刷图书、期刊的，必须验证并收存出版单位盖章的印刷委托书，并在印刷前报出版单位所在地省、自治区、直辖市人民政府出版行政部门备案；印刷企业接受所在地省、自治区、直辖市以外的出版单位的委托印刷图书、期刊的，印刷委托书还必须事先报印刷企业所在地省、自治区、直辖市人民政府出版行政部门备案。印刷委托书由国务院出版行政部门规定统一格式，由省、自治区、直辖市人民政府出版行政部门统一印制。

印刷企业接受出版单位委托印刷报纸的，必须验证报纸出版许可证；接受出版单位的委托印刷报纸、期刊的增版、增刊的，还必须验证主管的出版行政部门批准出版增版、增刊的文件。

第十八条　印刷企业接受委托印刷内部资料性出版物的，必须验证县级以上地方人民政府出版行政部门核发的准印证。

印刷企业接受委托印刷宗教内容的内部资料性出版物的，必须验证省、自治区、直辖市人民政府宗教事务管理部门的批准文件和省、自治区、直辖市人民政府出版行政部门核发的准印证。

出版行政部门应当自收到印刷内部资料性出版物或者印刷宗教内容的内部资料性出版物的申请之日起30日内作出是否核发准印证的决定，并通知申请人；逾期不作出决定的，视为同意印刷。

第十九条　印刷企业接受委托印刷境外的出版物的，必须持有关著作权的合法证明文件，经省、自治区、直辖市人民政府出版行政部门批准；印刷的境外出版物必须全部运输出境，不得在境内发行、散发。

第二十条　委托印刷单位必须按照国家有关规定在委托印刷的出版物上刊载出版单位的名称、地址，书号、刊号或者版号，出版日期或者刊期，接受委托印刷出版物的企业的真实名称和地址，以及其他有关事项。

印刷企业应当自完成出版物的印刷之日起2年内，留存一份接受委托印刷的出版物样本备查。

第二十一条　印刷企业不得盗印出版物，不得销售、擅自加印或者接受第三人委托加印受委托印刷的出版物，不得将接受委托印刷的出版物纸型及印刷底片等出售、出租、出借或者以其他形式转让给其他单位或者个人。

第二十二条　印刷企业不得征订、销售出版物，不得假冒或者盗用他人名义印刷、销售出版物。

第四章　包装装潢印刷品的印刷

第二十三条　从事包装装潢印刷品印刷的企业不得印刷假冒、伪造的注册商标标识，不得印刷容易对消费者产生误导的广告宣传品和作为产品包装装潢的印刷品。

第二十四条　印刷企业接受委托印刷注册商标标识的，应当验证商标注册人所在地县级工商行政管理部门签章的《商标注册证》复印件，并核查委托人提供的注册商标图样；接受注册商标被许可使用人委托，印刷注册商标标识的，印刷企业还应当验证注册商标使用许可合同。印刷企业应当保存其验证、核查的工商行政管理部门签章的《商标注册证》复印件、注册商标图样、注册商标使用许可合同复印件2年，以备查验。

国家对注册商标标识的印刷另有规定的，印刷企业还应当遵守其规定。

第二十五条　印刷企业接受委托印刷广告宣传品、作为产品包装装潢的印刷品的，应当验证委托印刷单位的营业执照或者个人的居民身份证；接受广告经营者的委托印刷广告宣传品的，还应当验证广告经营资格证明。

第二十六条　印刷企业接受委托印刷包装装潢印刷品的，应当将印刷品的成品、半成品、废品和印板、纸型、底片、原稿等全部交付委托印刷单位或者个人，不得擅自留存。

第二十七条　印刷企业接受委托印刷境外包装装潢印刷品的，必须事先向所在地省、自治区、直辖市人民政府出版行政部门备案；印刷的包装装潢印刷品必须全部运输出境，不得在境内销售。

第五章　其他印刷品的印刷

第二十八条　印刷标有密级的文件、资料、图表等，按照国家有关法律、法规或者规章的规定办理。

第二十九条　印刷布告、通告、重大活动工作证、通行证、在社会上流通使用的票证的，委托印刷单位必须出具主管部门的证明，并按照国家有关规定向印刷企业所在地公安部门办理准印手续，在公安部门指定的印刷企业印刷。公安部门指定的印刷企业必须验证主管部门的证明和公安部门的准印证明，并保存主管部门的证明副本和公安部门的准印证明副本2年，以备查验；并且不得再委托他人印刷上述印刷品。

印刷机关、团体、部队、企业事业单位内部使用的有价票证或者无价票证，或者印刷有单位名称的介绍信、工作证、会员证、出入证、学位证书、学历证书或者其他学业证书等专用证件的，委托印刷单位必须出具委托印刷证明。印刷企业必须验证委托印刷证明。

印刷企业对前两款印件不得保留样本、样张；确因业务参考需要保留样本、样张的，应当征得委托印刷单位同意，在所保留印件上加盖“样本”、“样张”戳记，并妥善保管，不得丢失。

第三十条　印刷企业接受委托印刷宗教用品的，必须验证省、自治区、直辖市人民政府宗教事务管理部门的批准文件和省、自治区、直辖市人民政府出版行政部门核发的准印证；省、自治区、直辖市人民政府出版行政部门应当自收到印刷宗教用品的申请之日起10日内作出是否核发准印证的决定，并通知申请人；逾期不作出决定的，视为同意印刷。

第三十一条　从事其他印刷品印刷经营活动的个人不得印刷标有密级的文件、资料、图表等，不得印刷布告、通告、重大活动工作证、通行证、在社会上流通使用的票证，不得印刷机关、团体、部队、企业事业单位内部使用的有价或者无价票证，不得印刷有单位名称的介绍信、工作证、会员证、出入证、学位证书、学历证书或者其他学业证书等专用证件，不得印刷宗教用品。

第三十二条　接受委托印刷境外其他印刷品的，必须事先向所在地省、自治区、直辖市人民政府出版行政部门备案；印刷的其他印刷品必须全部运输出境，不得在境内销售。

第三十三条　印刷企业和从事其他印刷品印刷经营活动的个人不得盗印他人的其他印刷品，不得销售、擅自加印或者接受第三人委托加印委托印刷的其他印刷品，不得将委托印刷的其他印刷品的纸型及印刷底片等出售、出租、出借或者以其他形式转让给其他单位或者个人。

第六章　罚　则

第三十四条　违反本条例规定，擅自设立印刷企业或者擅自从事印刷经营活动的，由公安部门、工商行政管理部门依据法定职权予以取缔，没收印刷品和违法所得以及进行违法活动的专用工具、设备，违法经营额1万元以上的，并处违法经营额5倍以上10倍以下的罚款；违法经营额不足1万元的，并处1万元以上5万元以下的罚款；构成犯罪的，依法追究刑事责任。

单位内部设立的印刷厂（所）未依照本条例第二章的规定办理手续，从事印刷经营活动的，依照前款的规定处罚。

第三十五条　印刷业经营者违反本条例规定，有下列行为之一的，由县级以上地方人民政府出版行政部门责令停止违法行为，责令停业整顿，没收印刷品和违法所得，违法经营额1万元以上的，并处违法经营额5倍以上10倍以下的罚款；违法经营额不足1万元的，并处1万元以上5万元以下的罚款；情节严重的，由原发证机关吊销许可证；构成犯罪的，依法追究刑事责任：

（一）未取得出版行政部门的许可，擅自兼营或者变更从事出版物、包装装潢印刷品或者其他印刷品印刷经营活动，或者擅自兼并其他印刷业经营者的；

（二）因合并、分立而设立新的印刷业经营者，未依照本条例的规定办理手续的；

（三）出售、出租、出借或者以其他形式转让印刷经营许可证的。

第三十六条　印刷业经营者印刷明知或者应知含有本条例第三条规定禁止印刷内容的出版物、包装装潢印刷品或者其他印刷品的，或者印刷国家明令禁止出版的出版物或者非出版单位出版的出版物的，由县级以上地方人民政府出版行政部门、公安部门依据法定职权责令停业整顿，没收印刷品和违法所得，违法经营额1万元以上的，并处违法经营额5倍以上10倍以下的罚款；违法经营额不足1万元的，并处1万元以上5万元以下的罚款；情节严重的，由原发证机关吊销许可证；构成犯罪的，依法追究刑事责任。

第三十七条　印刷业经营者有下列行为之一的，由县级以上地方人民政府出版行政部门、公安部门依据法定职权责令改正，给予警告；情节严重的，责令停业整顿或者由原发证机关吊销许可证：

（一）没有建立承印验证制度、承印登记制度、印刷品保管制度、印刷品交付制度、印刷活动残次品销毁制度等的；

（二）在印刷经营活动中发现违法犯罪行为没有及时向公安部门或者出版行政部门报告的；

（三）变更名称、法定代表人或者负责人、住所或者经营场所等主要登记事项，或者终止印刷经营活动，不向原批准设立的出版行政部门备案的；

（四）未依照本条例的规定留存备查的材料的。

单位内部设立印刷厂（所）违反本条例的规定，

没有向所在地县级以上地方人民政府出版行政部门、保密工作部门办理登记手续，并按照国家有关规定向公安部门备案的，由县级以上地方人民政府出版行政部门、保密工作部门、公安部门依据法定职权责令改正，给予警告；情节严重的，责令停业整顿。

第三十八条　从事出版物印刷经营活动的企业有下列行为之一的，由县级以上地方人民政府出版行政部门给予警告，没收违法所得，违法经营额1万元以上的，并处违法经营额5倍以上10倍以下的罚款；违法经营额不足1万元的，并处1万元以上5万元以下的罚款；情节严重的，责令停业整顿或者由原发证机关吊销许可证；构成犯罪的，依法追究刑事责任：

（一）接受他人委托印刷出版物，未依照本条例的规定验证印刷委托书、有关证明或者准印证，或者未将印刷委托书报出版行政部门备案的；

（二）假冒或者盗用他人名义，印刷出版物的；

（三）盗印他人出版物的；

（四）非法加印或者销售受委托印刷的出版物的；

（五）征订、销售出版物的；

（六）擅自将出版单位委托印刷的出版物纸型及印刷底片等出售、出租、出借或者以其他形式转让的；

（七）未经批准，接受委托印刷境外出版物的，或者未将印刷的境外出版物全部运输出境的。

第三十九条　从事包装装潢印刷品印刷经营活动的企业有下列行为之一的，由县级以上地方人民政府出版行政部门给予警告，没收违法所得，违法经营额1万元以上的，并处违法经营额5倍以上10倍以下的罚款；违法经营额不足1万元的，并处1万元以上5万元以下的罚款；情节严重的，责令停业整顿或者由原发证机关吊销许可证；构成犯罪的，依法追究刑事责任：

（一）接受委托印刷注册商标标识，未依照本条例的规定验证、核查工商行政管理部门签章的《商标注册证》复印件、注册商标图样或者注册商标使用许可合同复印件的；

（二）接受委托印刷广告宣传品、作为产品包装装潢的印刷品，未依照本条例的规定验证委托印刷单位的营业执照或者个人的居民身份证的，或者接受广告经营者的委托印刷广告宣传品，未验证广告经营资格证明的；

（三）盗印他人包装装潢印刷品的；

（四）接受委托印刷境外包装装潢印刷品未依照本条例的规定向出版行政部门备案的，或者未将印刷的境外包装装潢印刷品全部运输出境的。

印刷企业接受委托印刷注册商标标识、广告宣传品，违反国家有关注册商标、广告印刷管理规定的，由工商行政管理部门给予警告，没收印刷品和违法所得，违法经营额1万元以上的，并处违法经营额5倍以上10倍以下的罚款；违法经营额不足1万元的，并处1万元以上5万元以下的罚款。

第四十条　从事其他印刷品印刷经营活动的企业和个人有下列行为之一的，由县级以上地方人民政府出版行政部门给予警告，没收印刷品和违法所得，违法经营额1万元以上的，并处违法经营额5倍以上10倍以下的罚款；违法经营额不足1万元的，并处1万元以上5万元以下的罚款；情节严重的，责令停业整顿或者由原发证机关吊销许可证；构成犯罪的，依法追究刑事责任：

（一）接受委托印刷其他印刷品，未依照本条例的规定验证有关证明的；

（二）擅自将接受委托印刷的其他印刷品再委托他人印刷的；

（三）将委托印刷的其他印刷品的纸型及印刷底片出售、出租、出借或者以其他形式转让的；

（四）伪造、变造学位证书、学历证书等国家机关公文、证件或者企业事业单位、人民团体公文、证件的，或者盗印他人的其他印刷品的；

（五）非法加印或者销售委托印刷的其他印刷品的；

（六）接受委托印刷境外其他印刷品未依照本条例的规定向出版行政部门备案的，或者未将印刷的境外其他印刷品全部运输出境的；

（七）从事其他印刷品印刷经营活动的个人超范围经营的。

第四十一条　有下列行为之一的，由公安部门给予警告，没收印刷品和违法所得，违法经营额1万元以上的，并处违法经营额5倍以上10倍以下的罚款；违法经营额不足1万元的，并处1万元以上5万元以下的罚款；情节严重的，责令停业整顿或者吊销特种行业许可证：

（一）印刷布告、通告、重大活动工作证、通行证、在社会上流通使用的票证，印刷企业没有验证主管部门的证明和公安部门的准印证明的，或者再委托他人印刷上述印刷品的；

（二）不是公安部门指定的印刷企业，擅自印刷布告、通告、重大活动工作证、通行证、在社会上流通使用的票证的；

（三）印刷业经营者伪造、变造学位证书、学历证书等国家机关公文、证件或者企业事业单位、人民团体公文、证件的。

印刷布告、通告、重大活动工作证、通行证、在社会上流通使用的票证，委托印刷单位没有取得主管部门证明的，或者没有按照国家有关规定向印刷企业所在地公安部门办理准印手续的，或者未在公安部门指定的印刷企业印刷的，由县级以上人民政府公安部门处以500元以上5000元以下的罚款。

第四十二条 印刷业经营者违反本条例规定，有下列行为之一的，由县级以上地方人民政府出版行政部门责令改正，给予警告；情节严重的，责令停业整顿或者由原发证机关吊销许可证：

（一）从事包装装潢印刷品印刷经营活动的企业擅自留存委托印刷的包装装潢印刷品的成品、半成品、废品和印板、纸型、印刷底片、原稿等的；

（二）从事其他印刷品印刷经营活动的企业和个人擅自保留其他印刷品的样本、样张的，或者在所保留的样本、样张上未加盖"样本"、"样张"戳记的。

第四十三条 印刷业经营者被处以吊销许可证行政处罚的，应当按照国家有关规定到工商行政管理部门办理变更登记或者注销登记；逾期未办理的，由工商行政管理部门吊销营业执照。

第四十四条 印刷企业被处以吊销许可证行政处罚的，其法定代表人或者负责人自许可证被吊销之日起10年内不得担任印刷企业的法定代表人或者负责人。

从事其他印刷品印刷经营活动的个人被处以吊销许可证行政处罚的，自许可证被吊销之日起10年内不得从事印刷经营活动。

第四十五条 依照本条例的规定实施罚款的行政处罚，应当依照有关法律、行政法规的规定，实行罚款决定与罚款收缴分离；收缴的罚款必须全部上缴国库。

第四十六条 出版行政部门、公安部门、工商行政管理部门或者其他有关部门违反本条例规定，擅自批准不符合设立条件的印刷企业，或者不履行监督职责，或者发现违法行为不予查处，造成严重后果的，对负责的主管人员和其他直接责任人员给予降级或者撤职的行政处分；构成犯罪的，依法追究刑事责任。

第七章 附 则

第四十七条 本条例施行前已经依法设立的印刷企业，应当自本条例施行之日起180日内，到出版行政部门换领《印刷经营许可证》。

依据本条例发放许可证，除按照法定标准收取成本费外，不得收取其他任何费用。

第四十八条 本条例自公布之日起施行。1997年3月8日国务院发布的《印刷业管理条例》同时废止。

设立外商投资印刷企业暂行规定

新闻出版总署、对外贸易经济合作部第16号令 2002年1月29日

第一条 为进一步适应改革开放的需要，加强对外商投资印刷企业的管理，促进我国印刷业的健康发展，根据《中华人民共和国中外合资经营企业法》、《中华人民共和国中外合作经营企业法》、《中华人民共和国外资企业法》、《印刷业管理条例》等有关法律、法规，制定本规定。

第二条 本规定适用于在中国境内设立外商投资印刷企业。

本规定所称外商投资印刷企业，是指外国机构、公司、企业（以下简称外方投资者）按照平等互利的原则和中国公司、企业共同投资设立的中外合营（包括合资、合作）印刷企业和外方投资者投资设立的外资印刷企业。

第三条 国家允许设立从事出版物、包装装潢

印刷品、其他印刷品印刷经营活动的中外合营印刷企业，允许设立从事包装装潢印刷品印刷，经营活动的外资印刷企业。

第四条　外商投资印刷企业从事印刷经营活动，应当遵守中国法律、法规，接受印刷业管理部门的监督管理，不得损害社会公共利益。外商投资印刷企业的正当经营活动及投资各方的合法权益受中国法律的保护。

第五条　中方投资者以国有资产参与投资(包括作价出资或作为合作条件)，须经其相应主管部门批准,并按照国有资产评估管理的有关规定对拟投入的国有资产进行评估。

第六条　设立外商投资印刷企业，应当具备下列条件：

（一）申请设立外商投资印刷企业的中、外方投资者应当是能够独立承担民事责任的法人，并具有直接或间接从事印刷经营管理的经验。

（二）外方投资者应当符合下列要求之一：

1.能够提供国际先进的印刷经营管理模式及经验；

2.能够提供国际领先水平的印刷技术和设备；

3.能够提供较为雄厚的资金。

（三）申请设立外商投资印刷企业的形式为有限责任公司。

（四）从事出版物、包装装潢印刷品印刷经营活动的外商投资印刷企业注册资本不得低于1000万元人民币；从事其他印刷品印刷经营活动的外商投资印刷企业注册资本不得低于500万元人民币。

（五）从事出版物、其他印刷品印刷经营活动的中外合营印刷企业，合营中方投资者应当控股或占主导地位。其中，从事出版物印刷经营活动的中外合营印刷企业的董事长应当由中方担任，董事会成员中方应当多于外方。

(六)经营期限一般不超过30年。

审批设立外商投资印刷企业，除依照前款规定外,还应当符合国家有关印刷企业总量、结构和布局的规划。

第七条　设立外商投资印刷企业,应先向所在地省级新闻出版行政部门提出申请,并提交下列申请文件：

(一)设立外商投资印刷企业申请书。

(二)各方投资者法定代表人签署的项目建议书及项目可行性研究报告。项目建议书应当载明下列事项：

1.各方投资者的名称、住所；

2.申请设立外商投资印刷企业的名称、法定代表人、住所、经营范围、注册资本及投资总额；

3.各方投资者的出资方式和出资额。

（三）各方投资者的注册登记证明（复印件）、法定代表人身份证明（复印件）和资信证明。

（四）国有资产管理部门对拟投入国有资产的评估报告确认文件。

省级新闻出版行政部门自收到规定的全部文件之日起10个工作日内提出初审意见，报送新闻出版总署审批。

第八条　报送新闻出版总署审批，省级新闻出版行政部门需提交下列文件：

（一）申请人申请设立文件。

（二）省级新闻出版行政部门的初审意见。

（三）法律、法规和新闻出版总署规定的其他文件。

新闻出版总署应自收到规定的全部文件之日起30个工作日内作出批准或者不批准的书面决定。

第九条　申请人获得新闻出版总署批准文件后，按照有关法律、法规向所在地省、自治区、直辖市、计划单列市外经贸行政部门提出申请，并提交下列文件：

（一）申请人申请设立文件及新闻出版总署的批准文件。

（二）由各方投资者法定代表人或其授权的代表签署的外商投资印刷企业的合同、章程。

（三）拟设立外商投资印刷企业的董事会成员名单及各方投资者董事委派书。

（四）工商行政管理部门出具的企业名称预先核准通知书。

（五）法律、法规和外经贸行政部门规定的其他材料。

省、自治区、直辖市、计划单列市外经贸行政部门对投资总额在3000万美元以下，拟从事包装装潢印刷品印刷经营活动的外商投资印刷企业进行审批。应自收到规定的全部文件之日起30个工作日内作出批准或者不批准的书面决定。批准设立申请的，发给《外商投资企业批准证书》，并报对外贸易经济合作部（以下简称外经贸部）备案。对拟从事出版物、其他印刷品印刷经营活动的中外合营印刷企业及投资总额在3000万美元以上（含3000万美元）拟从事包装装潢印刷品印刷经营活动的外商投资印刷企业，省、自治区、直辖市、计划单列市外经贸行政部门应自收到规定的全部文件之日起10个工作日内提出初审意见，报送外经贸部审批。

第十条　报送外经贸部审批，省、自治区、直辖市、计划单列市外经贸行政部门需提交下列文件：

（一）申请人申请设立文件。

（二）省、自治区、直辖市、计划单列市外经贸行政部门的初审意见。

（三）法律、法规和外经贸部规定的其他文件。

外经贸部应自收到规定的全部文件之日起30个工作日内作出批准或者不批准的书面决定。批准设立申请的，发给《外商投资企业批准证书》。

第十一条　获得批准设立的申请人，持新闻出版总署的批准文件及《外商投资企业批准证书》到省级新闻出版行政部门申领《印刷经营许可证》，并按照《印刷业管理条例》的有关规定申领《特种行业许可证》和营业执照。

第十二条　外商投资印刷企业不得设置分支机构。

第十三条　已设立的中外合营印刷企业申请兼营或者变更从事出版物、包装装潢印刷品或者其他印刷品印刷经营活动的，或者已设立的外商投资印刷企业兼并其他印刷业经营者，或者因合并、分立而设立新的印刷业经营者，应经新闻出版总署批准后，再报外经贸部门批准，并依法办理相应的注册登记变更手续。其他事项变更，按现行有关规定报原审批部门批准，并办理相应的注册登记变更手续。对于企业变更名称、法定代表人或者负责人、住所或者经营场所、股权比例等主要登记事项，或者终止印刷经营活动等，并报新闻出版总署备案。

第十四条　外商投资印刷企业经营期限届满，因特殊情况确需延长经营期限的，应当在经营期限届满的180天前提出申请，并报送原审批机关审批。

第十五条　经批准设立的外商投资印刷企业，应当在审批机关规定的期限内办理完有关登记注册手续；逾期未能完成的，经审批机关核准后，可以撤销该外商投资项目。

第十六条　县级以上新闻出版行政部门对未经批准，擅自设立并从事印刷经营活动的外商投资印刷企业，依照《印刷业管理条例》进行处罚。各级新闻出版及外经贸行政部门违反本规定，擅自批准设立或者变更不符合条件的外商投资印刷企业的，依照《印刷业管理条例》追究有关负责人及责任人的责任。

第十七条　香港特别行政区、澳门特别行政区、台湾地区的投资者在大陆投资兴办印刷企业的，参照本规定执行。

第十八条　1997年5月1日施行的《印刷业管理条例》实施前，经有关部门批准设立的外商投资印刷企业，经新闻出版总署审核同意后到省级新闻出版行政部门换领《印刷经营许可证》，其中，从事出版物印刷经营活动的外商投资企业申请扩大投资规模及延长经营期限的，须符合本规定第六条的要求；1997年5月1日后依据《印刷业管理条例》的规定批准设立的外商投资印刷企业，应当自本规定施行之日起180天内，到省级新闻出版行政部门换领《印刷经营许可证》。

第十九条　本规定由新闻出版总署和外经贸部负责解释。

第二十条　本规定自发布之日起施行。

外商投资图书、报纸、期刊分销企业管理办法

新闻出版总署、外经贸部令第18号　2003年3月17日

第一条　为扩大对外交流与合作，加强对外商投资图书、报纸、期刊分销企业的管理，根据《中华人民共和国中外合资经营企业法》、《中华人民共和国中外合作经营企业法》、《中华人民共和国外资企业法》和《出版管理条例》等有关法律、法规，制定本办法。

第二条　本办法适用于在中华人民共和国境内设立的外商投资图书、报纸、期刊分销企业。

本办法所称图书、报纸、期刊是指经国务院出版行政部门批准的出版单位出版的图书、报纸、期刊。

本办法所称分销业务，是指图书、报纸、期刊的批发和零售。

本办法所称外商投资图书、报纸、期刊分销企业，是指外国企业、其他经济组织或者个人（以下简称外国投资者）经中国政府有关部门依法批准，在中国境内与中国企业或者其他经济组织（以下简称中国投资者）按照平等互利的原则，共同投资设立的中外合资、中外合作图书、报纸、期刊分销企业，以及外国投资者在中国境内独资设立的图书、报纸、期刊分销企业。

外国投资者参股或并购内资图书、报纸、期刊分销企业，是设立外商投资图书、报纸、期刊分销企业的一种方式。外国投资者参股或并购内资图书、报纸、期刊分销企业的，该企业应按本办法办理变更为外商投资企业的相关手续。

第三条　申请设立的外商投资图书、报纸、期刊分销企业为有限责任公司或股份有限公司。

第四条　外商投资图书、报纸、期刊分销企业从事图书、报纸、期刊分销业务，应当遵守中国法律、法规。

外商投资图书、报纸、期刊分销企业的正当经营活动及投资各方的合法权益受中国法律的保护。

第五条　外商投资图书、报纸、期刊分销企业在选址定点时，应当符合城市规划的要求。

第六条　国务院新闻出版行政部门和国务院对外贸易经济合作行政部门（以下简称国务院外经贸行政部门）负责外商投资图书、报纸、期刊分销企业的审批和监督管理。

县级以上地方新闻出版行政部门和外经贸行政部门依照各自的职责分工，负责本行政区域内外商投资图书、报纸、期刊分销企业的监督管理工作。

第七条　设立外商投资图书、报纸、期刊批发企业应当具备下列条件：

（一）中、外投资方能够独立承担民事责任，具有从事图书、报纸、期刊分销业务的能力，最近三年内没有违法违规记录；

（二）法定代表人或总经理应取得出版物中级以上发行员职业资格证书，发行专业人员应取得出版物初级以上发行员职业资格证书；

（三）有与批发业务相适应的固定的经营场所，营业面积不少于50平方米，独立设置的经营场所营业面积不少于500平方米；

（四）注册资金不少于3000万元人民币；

（五）经营期限不超过30年。

第八条　设立外商投资图书、报纸、期刊零售企业应当具备下列条件：

（一）中、外投资方能够独立承担民事责任，具有从事图书、报纸、期刊分销业务的能力，最近三年内没有违法违规记录；

（二）法定代表人或总经理应取得出版物中级以上发行员职业资格证书，发行专业人员应取得出版物初级以上发行员职业资格证书；

（三）有与经营业务相适应的固定的经营场所；

（四）注册资金不少于500万元人民币；

（五）经营期限不超过30年。

第九条　中方投资者以国有资产参与投资（包括作价出资或作为合作条件），应按照国家的有关规定办理国有资产评估和评估结果的确认（或备案）手续。

第十条　设立外商投资图书、报纸、期刊分销企业，应先向企业所在地省、自治区、直辖市新闻出版行政部门提出申请，并提交下列申请文件：

（一）设立外商投资图书、报纸、期刊分销企业申请书。

（二）投资各方法定代表人或总经理签署的、由各方共同编制或认可的项目建议书及可行性研究报告。项目建议书应当载明下列事项：

1.各方投资者的名称、住所；

2.拟设立外商投资图书、报纸、期刊分销企业的名称、法定代表人、住所、经营范围、注册资本、投资总额等；

3.各方投资者的出资方式和出资额。

（三）各方投资者的营业执照或注册登记证明、资信证明文件和法定代表人的有效证明文件以及职业资格证书。

（四）中外合资、中外合作企业的中方投资者以国有资产参与投资的，应提供国有资产评估报告及评估结果的确认（或备案）文件。

省、自治区、直辖市新闻出版行政部门自收到申请文件之日起15个工作日内提出审核意见，报送国务院新闻出版行政部门审批。

第十一条　省、自治区、直辖市新闻出版行政部门向国务院新闻出版行政部门报送外商投资图书、报纸、期刊分销企业的申请，应提交下列文件：

（一）本办法第十条规定的申请文件；

（二）省、自治区、直辖市新闻出版行政部门的审核意见；

(三) 法律、法规规定的其他文件。

国务院新闻出版行政部门自收到申请及审核意见之日起30个工作日内作出批准或者不批准的决定，并由省、自治区、直辖市新闻出版行政部门书面通知申请人；不予批准的，应说明理由。

第十二条　申请人获得国务院新闻出版行政部门批准文件后，按照有关法律、法规向所在地省、自治区、直辖市外经贸行政部门提出申请，并提交下列文件：

(一) 本办法第十一条规定的申请文件和国务院新闻出版行政部门的批准文件；

(二) 由投资各方法定代表人或其授权的代表签署的外商投资图书、报纸、期刊分销企业的合同、章程；

(三) 拟设立外商投资图书、报纸、期刊分销企业的董事会成员名单及证明文件；

(四) 工商行政管理部门出具的企业名称预先核准通知书；

(五) 法律、法规规定的其他文件。

省、自治区、直辖市外经贸行政部门自收到申请及有关文件之日起15个工作日内提出审核意见，报送国务院外经贸行政部门审批。

第十三条　省、自治区、直辖市外经贸行政部门向国务院外经贸行政部门报送外商投资图书、报纸、期刊分销企业的申请，应提交下列文件：

(一) 本办法第十二条规定的申请文件；

(二) 省、自治区、直辖市外经贸行政部门的审核意见；

(三) 法律、法规规定的其他文件。

国务院外经贸行政部门自收到规定的全部文件之日起30个工作日内做出批准或者不批准的书面决定。批准设立申请的，发给《外商投资企业批准证书》。

第十四条　外商投资图书、报纸、期刊分销企业的申请人，获得批准后90天内持批准文件和《外商投资企业批准证书》到省、自治区、直辖市新闻出版行政部门领取《出版物经营许可证》。申请人持《出版物经营许可证》和《外商投资企业批准证书》向所在地工商行政管理部门依法领取营业执照后，方可从事图书、报纸、期刊的分销业务。

第十五条　经批准设立的外商投资图书、报纸、期刊分销企业，申请变更投资者、注册资本、投资总额、经营范围、经营年限的，应依照本办法第十条、第十一条、第十二条、第十三条、第十四条办理相应变更手续和注册登记手续。

外商投资图书、报纸、期刊分销企业其他事项变更，按有关外商投资企业的规定，报国务院外经贸行政部门批准或备案。外商投资图书、报纸、期刊分销企业变更企业名称、住所、法定代表人、主要负责人以及经营期满终止经营活动的，应当在30天内向所在地省、自治区、直辖市新闻出版行政部门备案。

第十六条　外商投资图书、报纸、期刊分销企业经营期限届满，确需延长的，应当在经营期限届满180天前向国务院外经贸行政部门提出申请，国务院外经贸行政部门应当在收到申请书之日起30天内做出批准或不批准的书面决定。获得批准的，应当在30天内向所在地省、自治区、直辖市新闻出版行政部门备案。

第十七条　香港特别行政区、澳门特别行政区、台湾地区的投资者在其他省、自治区、直辖市设立图书、报纸、期刊分销企业，适用本办法。

第十八条　外商投资图书、报纸、期刊分销企业从事网上销售、连锁经营和读者俱乐部等业务的，按照本办法第七条至第十四条的规定办理审批手续。

第十九条　本办法自2003年5月1日起施行。本办法中关于设立外商投资图书、报纸、期刊批发企业的规定自2004年12月1日起施行。

来源：中国图书出版网 http://www.bkpcn.com（2008年10月13日）

新闻出版总署关于废止第一批规章、规范性文件的决定

新闻出版总署关于废止一批规章、规范性文件的决定中华人民共和国新闻出版总署令第21号

为促进政府职能转变，提高依法行政水平，保障新闻出版业改革发展，经2003年7月16日新闻出版总署第2次署务会议审议通过，决定废止一批规章及规范性文件，现予公布，自公布之日起生效。

新闻出版总署署长　石宗源

二00三年八月二十六日

附件:废止的规章、规范性文件目录

序号	文件名称	发布日期
1	新闻出版署第9号令《出版物印刷管理规定》	1997.8.18
2	国家出版局批转集新华书店总店《关于加强邮购工作的意见》的通知	1979.11.1
3	新华书店邮购简章	1979.11.1
4	出版社工作暂行条例	1980.4.20
5	新华书店滞销图书处理办法	1981.5.11
6	国家出版局关于维护出版社出版权利的通知	1981.8.30
7	文化部关于纠正文学类作品重复出版问题的通知	1983.6.10
8	代印中央级出版社短版书发贷补贴办法	1983.6.29
9	文化部关于专业出版社应严格按专业分工出书的通知	1983.11.18
10	新华书店图书发运工作办法	1984.4
11	文化部关于进一步加强旧书刊回收工作的通知	1984.5.4
12	文化部关于进一步加强旧书刊回收工作的通知	1985.7.23
13	文化部出版局关于中文书出口问题的通知	1985.8.22
14	国家出版局关于改进连环画出版工作的通知	1985.9.18
15	国家出版局关于严格控制描写犯罪内容的文学作品出版的通知	1985.10.12
16	关于推行图书多种购销形式的试行方案	1986.7.1
17	《关于推行图书多种购销形式的试行方案》的补充规定	1986.7.1
18	国家出版局关于审批新建出版社的条件的通知	1986.9.8
19	国家出版局关于报社出版社应按专业分工出书的意见	1986.9.23
20	关于防止港版贺年片大量涌入内地市场的通知	1987.6.9
21	关于报刊征订和发行工作的通知	1987.8.24
22	关于国内版图书出口的报关手续	1987.11.3
23	关于出口书刊必须填附包装清单的通知	1987.11.3
24	关于协作出版和代印代发的补充规定	1989.1.17
25	新闻出版署转发 《同意印数在3000册以下的学术著作和专业著作可参照成本定价》的通知	1988.3.30
26	图书发行体制改革试行办法	1988.4
27	出版社改革试行办法	1988.4
28	重申几类需经专项申报的选题的通知	1988.6.6

29	关于举办港台版图书展销的几项规定	1988.6.15
30	关于出版社不得向学校发行站(代办站)批销教材的紧急通知	1988.6.28
31	关于获得国外重印权的图书、期刊发行问题的暂行规定	1988.7.16
32	关于加强报纸、期刊、图书审计工作的通知	1988.11.9
33	关于不要安排出版介绍我国政府官员情况的图书的通知	1988.11.24
34	关于不要自行安排出版有关国家公务员考试的图书的通知	1988.11.24
35	关于严禁以书号出刊的通知	1989.2.28
36	关于不得出版宣扬愚昧迷信图书的通知	1989.4.12
37	关于在全国出版社整顿协作出版代印代发的通知	1989.7.11
38	关于检查、整顿书刊市场的紧急通知	1989.7.11
39	关于出版社整顿协作出版、代印代发若干具体问题的补充说明	1989.8.14
40	关于严格控制书刊定价利润率的通知	1989.8.14
41	加强书报刊印刷管理的若干规定	1989.12.25
42	关于对描写中央主要领导同志的出版物复审和报批的通知	1990.2.10
43	关于重申加强对挂历、年历画、年画出版管理的通知	1990.2.19
44	关于实施书刊印刷定点制度有关问题的通知	1990.3.20
45	关于重申高等学校出版社出版方针、任务及出书范围的原则规定的通知	1990.4.10
46	关于出版社重新登记注册工作几个问题的通知	1990.5.10
47	关于压缩整顿内部报刊的通知	1990.5.16
48	内部报刊管理原则	1990.5.16
49	关于严肃查处利用小报传播虚假、荒诞信息的通知	1990.6.30
50	关于出版报纸精选本问题的通知	1990.12.24
51	关于重申制止滥编、滥印中小学复习资料的规定的通知	1991.8.15
52	关于加强新华书店门市部图书宣传和陈列工作的通知	1991.8.17
53	关于调整少数民族省(区)图书发行折扣的补充规定	1992.1.27
54	关于中小学教学辅助用书印制发行问题的通知	1993.2.2
55	关于加强古旧书业工作的意见	1993.4.1
56	关于改革书刊价格管理的通知	1993.4.8
57	关于加强挂历出版管理、提高挂历出版质量的通知	1993.4.27
58	关于更换报纸登记证并实行验证制度的通知	1993.10.18

59	关于落实调整少数民族省(区)图书发行折扣的通知	1993.12.18
60	关于期刊发表有关党和国家主要领导人工作和生活文章、图片的规定	1994.8.26
61	关于挂历出版、销售管理的通知	1994.10.25
62	关于加强电子出版物管理的通知	1994.12.19
63	关于常备图书出版发行有关问题的通知	1995.5.20
64	关于规范期刊合订本制作的通知	1995.6.20
65	关于暂停审批报刊增期、扩版、增刊的通知	1995.9.4
66	关于内部报刊管理若干问题的通知	1995.10.17
67	关于制止格调低下的16开本出版物出版发行的通知	1996.2.5
68	关于出版宣传香港回归图书的通知	1996.3.19
69	关于近期期刊出版工作的通知	1999.5.14
70	关于主管单位撤销后其所办报刊注销登记的通知	1999.7.2

新闻出版总署关于废止第二批规章、规范性文件目录

中华人民共和国新闻出版总署令

《新闻出版总署废止第二批规章、规范性文件的决定》已经2004年6月16日新闻出版总署第2次署务会议通过，现予公布，自公布之日起生效。

新闻出版总署署长　石宗源

二OO四年六月十八日

序号	文件名称	发布日期
1	关于书籍、杂志使用字体的原则规定	1955.12.12
2	关于汉文书籍、杂志横排的原则规定	1955.12.30
3	关于图书版本记录的规定	1972.12.7
4	全国图书统一编号方案	1972.12.7
5	国家出版局关于重申在图书版权页上记载印数的通知	1978.8.18
6	各地为中央级出版单位印刷书刊用纸供应和结算暂行办法	1980.1.7
7	新闻出版用纸申请、分配、管理办法	1980.10.7

序号	文件名称	发布日期
8	关于改进高等学校、中等专业学校教材出版供应工作的若干规定	1981.10.8
9	关于出版学生复习资料等图书的规定	1982.4.22
10	进口纸到货验收结算办法	1982.6.9
11	中国出版纸张公司纸张供应办法	1983.12.21
12	关于新华书店系统调拨货款结算的统一规定	1984.6.11
13	文化部、国家标准局关于出版发行国家标准有关问题的通知	1984.11.5
14	全国新华书店统一会计制度	1984.12.12
15	文化部关于在协作出版中需要注意的问题的通知	1985.1.1
16	文化部、国家工商局、公安部关于加强报刊出版发行管理工作的通知	1985.2.15
17	文化部关于开展协作出版业务的补充通知	1985.5.2
18	文化部关于出版社兼办自费出版业务有关事项的通知	1985.6.7
19	文化部转发中宣部批准的《关于翻译出版现代外国政治学术著作若干事项请示报告》的通知	1985.6.25
20	文化部关于禁止图书发行工作中授受"回扣"的通知	1985.6.25
21	关于印发文化部《关于利用经济制裁手段加强出版管理的请示》的通知	1985.11.15
22	关于严厉打击非法出版活动的紧急通知	1986.3.4
23	新闻出版署关于报纸、期刊和出版社重新登记注册的通知	1987.5.9
24	新闻出版署关于报刊名称重复应予更名的通知	1987.7.20
25	关于贯彻国务院《投机倒把行政处罚暂行条例》和最高人民法院、最高人民检察院《关于依法严惩非法出版犯罪活动的通知》的通知	1987.12.10
26	关于报社、期刊社、出版社开展有偿服务和经营活动的暂行办法	1988.3.16
27	《关于报社、期刊社、出版社开展有偿服务和经营活动的暂行办法》的几点说明	1988.5.25
28	关于重申新武侠小说、古旧小说需专题报批的通知	1988.6.14
29	关于出版物封面、插图和出版物广告管理的暂行规定	1988.7.5
30	新闻出版署关于被查封销毁的图书经济损失赔偿办法的通知	1988.8.4
31	关于重申利用经济制裁手段加强出版管理有关问题规定的通知	1988.9.6
32	印刷行业管理暂行办法	1988.11.5
33	关于性知识、性科学图书出版的通知	1988.11.12
34	重申关于落实需销毁的图书经济损失赔偿的若干具体规定	1989.1.25
35	新闻出版署、国家工商局关于重申内部发行图书有关规定的通知	1989.3.8
36	关于被取缔书刊经济赔偿问题的暂行补充规定	1989.11.9

序号	文件名称	发布日期
37	关于加强集体个体、私营书店(摊)管理的暂行规定	1989.11.25
38	关于对报(刊)社记者站进行清理整顿和重新登记的通知	1990.5.25
39	新闻出版署关于继续进行重新核发记者证工作的通知	1990.9.5
40	新华书店图书发运工作办法	1991.2.26
41	关于缩小协作出版范围的规定	1991.4.8
42	国营报社成本核算办法	1991.4.25
43	关于加强国营书店多种经营管理的暂行规定	1991.5.20
44	关于颁发音像制品进口出版许可证的通知	1991.6.15
45	关于图书发行浮动折扣的试行办法	1991.8.16
46	关于新华书店经营音像制品业务有关问题的通知	1991.8.30
47	新闻出版署关于音像出版单位不得出版图书的通知	1991.11.26
48	关于加强计划财务工作的意见	1991.12.8
49	关于调整少数民族省(区)图书发行折扣的若干规定	1991.12.12
50	新闻出版署关于建立新闻、出版三资企业审批程序的通知	1991.12.21
51	关于大力压缩出版物首发式的规定	1992.2.9
52	新闻出版署关于重申报纸代印需要注意的几个问题的通知	1992.2.24
53	关于严禁非图书经营单位发行图书的通知	1992.2.25
54	新闻出版署关于建立国内统一刊号企业报系列的通知	1992.2.25
55	关于全民所有制企业考核增资的暂行规定	1992.4.8
56	关于深化企业劳动人事、工资分配、保险制度改革的几点意见	1992.5.14
57	新闻出版署关于调整期刊变更主要登记项目审批办法的通知	1992.7.5
58	新闻出版署直属企事业单位实行干部聘任制的暂行规定	1992.7.29
59	新闻出版署直属事业单位聘用制干部管理暂行规定	1992.7.29
60	新闻出版署关于调整部分选题管理规定的通知	1992.8.10
61	新闻出版署关于调整挂历出版管理规定的通知	1992.11.17
62	新闻出版署关于实施CP国家标准试点的有关问题的通知	1992.12.19
63	新闻出版署关于严格控制裸体摄影画册的通知	1993.1.6
64	新闻出版署、广电部、文化部关于查处非法音像出版物的通知	1993.2.9
65	新闻出版科学技术研究项目计划及经费管理办法	1993.2.26

序号	文件名称	发布日期
66	关于新闻出版业试办中外合资、合作企业署内审批程序的规定	1993.4.19
67	新闻出版署关于继续严格执行大中专教材出版发行管理规定的通知	1993.9.1
68	在京举办新闻发布会登记暂行办法	1993.9.8
69	新闻出版署关于调整书刊印刷企业承印范围的通知	1993.9.18
70	新闻出版署关于出版计划管理若干问题的通知	1993.10.10
71	关于重申任何部门和单位不得自行决定建立新闻出版三资企业的通知	1993.11.6
72	新闻出版署关于加强内部期刊审批管理的通知	1994.2.25
73	新闻出版署关于今后出版、印制日历、挂历等应标明各周休息日的通知	1994.3.7
74	清产核资工作方案	1994.3.10
75	新闻出版署关于防止在出版物中泄漏国家机密的通知	1994.3.12
76	关于直属企业转换经营机制加强经营管理的意见	1994.3.29
77	关于加强直属单位财会管理工作的若干规定	1994.3.30
78	新闻出版系统继续开展《专业证书》教育的实施办法	1994.5.7
79	关于出版企业转换经营机制加强经营管理的意见	1994.5.10
80	新闻出版署关于书报刊音像出版单位成立集团问题的通知	1994.5.18
81	关于加强内部报刊管理的通知	1994.7.21
82	新闻出版系统内部审计工作规定(新闻出版署令第1号)	1994.8.5
83	新闻出版署署属高等学校专业设置管理办法	1994.9.27
84	关于出版少年儿童读物的若干规定	1994.11.15
85	关于出版挂历的管理规定	1995.3.21
86	关于加强书刊市场管理的通知	1995.5.23
87	关于出版社建立图书发行机构的暂行规定	1995.5.26
88	新闻出版署出版发展专项资金管理办法	1995.8.2
89	新闻出版署出版技术进步专项资金管理章程	1995.8.2
90	新闻出版署学术著作、重点图书出版专项资金管理章程	1995.8.2
91	关于报纸增出地方广告专版的规定(试行)	1996.1.4
92	关于出版鲁迅著作的意见	1996.1.29

序号	文件名称	发布日期
93	新闻出版企业法定代表人离任审计工作规定(新闻出版署令第2号)	1996.1.29
94	音像制品进口管理办法(新闻出版署令第5号)	1996.2.1
95	关于举办国内图书展销活动的管理规定	1996.3.11
96	新闻出版署关于加强进口音像制成品管理的通知	1996.4.2
97	关于对书刊二级批发单位实行总量控制的通知	1996.6.3
98	新闻出版署关于使用《音像单位违规通知单》的通知	1996.7.25
99	关于连锁店经营图书有关问题的通知	1996.8.12
100	关于加强书刊交易市场管理的通知	1996.8.14
101	关于重申出版鲁迅著作有关规定的通知	1999.6.15
102	关于加强对出版"地方广告版"管理的通知	2000.7.21
103	关于进一步加强出版物发行管理的通知	2000.7.27

关于印发《期刊出版形式规范》的通知

新闻出版总署　新出报刊［2007］376号　2007年4月12日

各省、自治区、直辖市新闻出版局，新疆生产建设兵团新闻出版局，解放军总政宣传部新闻出版局，中央国家机关各部委、各民主党派、各人民团体新闻出版主管部门：

2005年12月1日起实施的《期刊出版管理规定》第四十七条规定："新闻出版总署制定期刊出版质量综合评估标准体系，对期刊出版质量进行全面评估"。

依据《出版管理条例》、《期刊出版管理规定》等相关法规，我署制定了《期刊出版形式规范》，并将从2007年7月起依照该规范对全国期刊的出版形式进行全面检查。

请向各期刊出版单位宣传这一规范，督促其依据规范进行对照检查，并及时纠正一些期刊在出版形式方面存在的不规范行为。

新闻出版总署

二○○七年四月十二日

经期刊出版质量综合评估，期刊出版质量未达到规定要求或者不能维持正常出版活动的，由新闻出版总署撤销《期刊出版许可证》，所在地省、自治区、直辖市新闻出版行政部门注销登记。为更好地执行《期刊出版管理规定》，特制定本规范。

本规范制定目的是为期刊提供可依据的出版形式规范，为提高期刊综合出版质量，建立科学的期刊出版管理体系服务。

本规范制定的原则是：科学合理，客观实际，标准兼容，可操作性强。

本规范制定以《出版管理条例》、《期刊出版管理规定》、GB/T9999-2001《中国标准连续出版物号》以及相关国家标准和仍在有效期内的各种法规为依据。

本规范根据《期刊出版管理规定》规范如下项目：国内统一连续出版物号（CN）、国际标准连续出版物号（ISSN）、广告经营许可证号、期刊条码、期刊名称、期刊主要责任单位（主管单位、主办单位、出版单位）、印刷发行单位、总编辑、期刊出版标识（期刊编号、刊期）、版权页和期刊标识性文字。

适用范围：本规范适用于获得国内统一连续出版物号（CN）的期刊。

本规范由新闻出版总署制定并负责解释。

《期刊出版形式规范》

1 期刊 CN （国内统一连续出版物号）

以 CN 为前缀，由 6 位数字（前 2 位为地区代码，后 4 位为地区连续出版物的序号）和分类号组成。是由新闻出版总署负责分配给一种期刊的唯一代码。

1.1 期刊 CN 规定

1.1.1 CN 执行《期刊出版管理规定》和 GB/T 9999-2001《中国标准连续出版物号》相关规定。

1.1.2 获得 CN 的期刊应持有新闻出版总署批准文件（2004 年以前批准的科技期刊持有科技部文件）、期刊出版许可证，并在新闻出版总署备案。

1.1.3 一个国内统一连续出版物号只能对应出版一种期刊，不得用同一国内统一连续出版物号出版不同版本的期刊。

1.1.4 CN 应印在期刊封面、版权页或封底上。

1.2 期刊 CN 准则

1.2.1 一个 CN 对应一种期刊唯一刊名，期刊更名、变更登记地（跨行政区域）应获得新的 CN。

1.2.2 一个 CN 只能出版一种期刊的一个版本。

1.2.3 不同文种、不同载体的期刊应分别有各自的 CN。

1.2.4 CN 编号后面不允许附加任何其他标识信息。

1.2.5 CN 分类号应以新闻出版总署批准文件为准，不能任意跨学科更改和刊印时省略。

1.2.6 期刊出版单位不得出售、出租和转让 CN 给其他期刊使用。

1.2.7 CN 应按规定格式和字体印在期刊封面、版权页或封底上。

2 期刊 ISSN （国际标准连续出版物号）

以 ISSN 为前缀，包括一位校验码在内的 8 位数字。由 ISSN 中国国家中心分配给每一种获得 CN 并公开发行的期刊的唯一识别代码。

2.1 期刊 ISSN 规定

2.1.1 期刊社应持国家新闻出版总署批准创办期刊文件复印件、期刊出版许可证复印件和期刊出版登记表复印件向 ISSN 中国国家中心申请 ISSN。

2.1.2 ISSN 执行《中国标准连续出版物号》和《期刊出版管理规定》相关规定。

2.1.3 获得 ISSN 的期刊应持有 ISSN 中国国家中心颁发的 ISSN 证书并在该中心数据库注册。

2.1.4 ISSN 应印在期刊封面右上角、版权页或封底上。

2.2 期刊 ISSN 准则

2.2.1 获得 CN 并公开发行的期刊应申请 ISSN，期刊更名须获得新闻出版总署批准后申请新的 ISSN。

2.2.2 一个 ISSN 应与该刊的 CN 及刊名保持一致。

2.2.3 一个 ISSN 只能出版一种期刊的一个版本。

2.2.4 不同文种、不同载体的期刊应分别有各自的 ISSN。

2.2.5 ISSN 应按规定格式和字体印在期刊封面、版权页或封底上。

3 期刊条码

出版物条码是由一组按 EAN 规范排列的条、空及其对应字符组成的表示一定信息的出版物标识。期刊条码由前缀码 977（3 位）、数据码（ISSN 前 7 位）、年份码（2 位）、校验码（1 位）以及附加码（2 位）组成，由新闻出版总署条码中心负责制作。

3.1 期刊条码规定

3.1.1 期刊条码执行《出版物条码管理办法》和 GB/T 16827-1997《中国标准刊号（ISSN 部分）条码》等相关规定。

3.1.2 期刊条码由新闻出版总署条码中心统一负责制作。

3.2 期刊条码准则

3.2.1 期刊条码应与该刊的 ISSN 及刊名保持一致。

3.2.2 一种期刊的条码只能用于一种期刊的一个版本，不同文种、不同载体的期刊应分别有各自的期刊条码。

3.2.3 期刊条码的附加码应与期刊出版的刊期和（或）出版的年份、月份或期号保持一致。

3.2.4 期刊条码可以通过相关设备识读。

3.2.5 期刊条码应印在规定的位置，印刷质量和色彩应清晰并便于识读。

4 期刊广告经营

期刊刊登广告应在工商管理部门注册登记。

4.1 期刊广告经营规定

4.1.1 期刊广告经营执行《期刊出版管理规定》和相关法律法规。

4.1.2 期刊刊登广告应持有工商管理部门颁发的广告经营许可证。

4.1.3 广告经营许可证号应印在期刊版权页上。

4.2 期刊广告经营准则

4.2.1 刊登广告的期刊须将广告经营许可证号印在每一期期刊版权页或封底上。

5 期刊名称

期刊使用的名称，包括期刊中文刊名和外文刊名。中文期刊使用中文刊名，刊名包括分册（分辑）刊名、不同内容版本刊名。

外文期刊使用相应语种刊名，刊名包括分册（分辑）刊名、不同内容版本刊名。

少数民族语言期刊使用相应语言刊名，刊名包括分册（分辑）刊名、不同内容版本刊名。

5.1 期刊名称规定

5.1.1 期刊名称执行《期刊出版管理规定》和《中国标准连续出版物号》的相关规定。

5.1.2 出版不同版本的期刊，须按创办新期刊办理审批手续。

5.1.3 期刊的外文刊名须是中文刊名的直译。

5.1.4 外文期刊封面上必须同时刊印中文刊名，少数民族文种期刊封面上必须同时刊印汉语刊名。

5.1.5 期刊名称应印在期刊封面、版权页等处。

5.2 期刊名称准则

5.2.1 期刊刊名由新闻出版总署批准并同时为该刊名分配 CN。一个刊名对应一个 CN 为一种期刊。

5.2.2 期刊刊名变更须经批准并获得新的 CN;未经批准不得在刊名中增加、删减和更改字词。

5.2.3 一种期刊不得以任何形式出版两种或两种以上期刊，不得使用同一个 CN 出版不同刊名的期刊，如：一种期刊不能以增加类似版别方式，分别出版两种或两种以上期刊；一种期刊不能以“社会科学版”、“自然科学版”，“教师版”、“学生版”等字样，交替出版两种或两种以上期刊；

一种教育辅导类期刊不能分别使用“XX 年级”、“小学版”、“语文版”、“英语”等字样，出版两种或两种以上期刊。

5.2.4 期刊名称应出现在封面和版权页等处。

5.2.5 期刊刊名应明显于期刊封面的其他标识性文字。

5.2.6 期刊名称在封面、版权页、封底、书脊等处应保持一致。

5.2.7 期刊外文刊名的翻译应准确并与中文刊名保持一致，不能使用不相关的外文名称。

6 期刊主要责任单位

期刊主要责任单位包括期刊的主管单位、主办单位和出版单位。

6.1 期刊主要责任单位规定

6.1.1 期刊主要责任单位执行《期刊出版管理规定》等相关规定。

6.1.2 期刊主管单位、主办单位、出版单位变更须经新闻出版总署批准。

6.1.3 两个以上主办单位合办期刊，须确定一个主要主办单位。期刊的主要主办单位应为其主管单位的隶属单位。

6.1.4 期刊出版单位须与主要主办单位在同一行政区域。

6.1.5 期刊主管单位、主办单位、出版单位应印在期刊版权页或期刊封面等处。

6.2 期刊主要责任单位准则

6.2.1 期刊主管单位、主办单位、出版单位未经批准不得变更。

6.2.2 期刊主管单位、主办单位、出版单位名称应印在期刊版权页或期刊封面等处。

6.2.3 未经注册成立具有法人资格的期刊社（杂志社）的期刊，出版单位应标识为:" XX 编辑部"。

6.2.4 期刊出版单位和主要主办单位的所在地须在同一行政区域。

7 期刊印刷发行单位

印刷单位是具有印刷经营许可证可以印制期刊的机构。

发行单位是承担期刊发行的部门。

7.1 期刊印刷发行单位规定

7.1.1 印刷单位、发行单位应印在期刊版权页或封底上。

7.2 期刊印刷发行单位准则

7.2.1 期刊印刷单位和发行单位的刊印不应省略。

8 期刊总编辑（主编）

总编辑（主编）是主持期刊编辑和终审等工作的负责人。

8.1 期刊总编辑（主编）规定

8.1.1 总编辑（主编）执行《期刊出版管理规定》和相关法规。

8.1.2 总编辑（主编）姓名应印在期刊版权页等处。

8.2 期刊总编辑（主编）准则

8.2.1 总编辑（主编）姓名应印在期刊版权页等处。

8.2.2 期刊上不得出现多个总编辑（主编）。

9 期刊出版标识

期刊出版标识包括期刊编号、刊期、期刊版式设计等。

期刊编号指期刊在编辑出版过程中所采用的卷、期、年、月标识。

期刊刊期指一种期刊每年出版的频次。

9.1 期刊出版标识规定

9.1.1 期刊出版标识执行《期刊出版管理规定》相关规定。

9.1.2 期刊须在封面的明显位置刊载期刊名称和年、月、期、卷等顺序编号，不得以总期号代替年、月、期号。

9.1.3 期刊应按批准的刊期出版。

9.2 期刊出版标识准则

9.2.1 每期期刊封面和版权页等处的年、月、期号标识不能省略。

9.2.2 期刊的年、月、期号标识可采用卷号和（或）总期号方式标识，凡采用卷和总期号标识的期刊，其卷号和（或）总期号应连续编排，不应随意更改，不得使用总期号和卷号代替年、月、期号。

9.2.3 同一期刊每年出版的各期不得分别独立设置编号体系交叉出版。

9.2.4 一种期刊的每一期应为一册。

9.2.5 任何期刊不得以不同刊期或增加刊期频率方式变相出版两种以上期刊。

9.2.6 期刊不得随意脱期出版，不应任意增减出版刊期。

9.2.7 同一期刊在每年度中的版式设计风格应基本保持一致。

9.2.8 同一期刊在每年度中各期的幅面尺寸应保持一致。

10 期刊版权页

期刊出版情况的记录，列载供国家版本管理部门、出版发行单位、信息资源管理等部门使用的版本资料。

10.1 期刊版权页规定

10.1.1 期刊版权页执行《期刊出版管理规定》相关规定。

10.1.2 期刊版权页记录：期刊名称、主管单位、主办单位、出版单位、印刷单位、发行单位、出版日期、总编辑（主编）姓名、定价、国内统一连续出版物号、广告经营许可证号。

10.2 期刊版权页准则

10.2.1 期刊须设立版权页，版权页位于期刊正文之前，也可设在期刊封底上。

10.2.2 期刊版权页记录的各个项目应完整。

10.2.3 期刊版权页记录的项目应与封面或封底

上记录的相同项目保持一致。

11 期刊标识性文字

期刊版权页规定的记录项目之外，在期刊封面或显著位置上对期刊进行宣传的文字。

11.1 期刊标识性文字规定

11.1.1 期刊标识性文字执行《期刊出版管理规定》相关规定。

11.1.2 期刊封面其他文字标识不得明显于刊名。

11.2 期刊标识性文字准则

11.2.1 期刊标识性文字不得使用毫无实据的、过于夸张的宣传语言，如："世界排名第X名"、"全球发行量最大"、"中国唯一的"、"XX领域最早期刊"、"获奖最多"等。

11.2.2 期刊刊名的补充文字说明、期刊内容宣传等标识性文字不得明显于期刊刊名，不得通过颜色、位置等手段突出显示。

来源：新闻出版总署网，http://www.bkpcn.com（2009年11月5日）

新闻出版总署立法程序规定

中华人民共和国新闻出版总署令 第40号 2009年4月27日

第一章 总 则

第一条 为了规范新闻出版总署立法程序，保障立法工作质量，提高立法工作效率，根据《中华人民共和国立法法》、《行政法规制定程序条例》、《规章制定程序条例》、《法规规章备案条例》等有关法律、行政法规，结合新闻出版总署的实际情况，制定本规定。

第二条 本规定所称立法工作是指：

（一）编制中长期新闻出版立法规划和年度立法计划；

（二）根据全国人民代表大会及其常务委员会、国务院授权或者委托，起草新闻出版法律、行政法规草案；

（三）根据法律、行政法规授权和新闻出版总署职权，制定规章；

（四）为实施法律、行政法规和规章，依据法定职权制定具有普遍约束力的规范性文件。

本规定所称规章，是指新闻出版总署根据法律、行政法规和国务院规定，按照法定程序制定，以署令形式公布，用以规范新闻出版管理工作，调整新闻出版行政关系，具有普遍约束力的法律文件。

本规定所称规范性文件，是指新闻出版总署为了实施法律、行政法规、国务院规定、规章，依据法定职权制定公布的，对管理相对人具有普遍约束力，能够反复适用的文件。

第三条 本规定适用于新闻出版总署编制新闻出版立法规划和计划，从事新闻出版法律、行政法规、规章、规范性文件的立项、起草、审查、决定、公布、备案、解释、修订、废止和编纂等活动。

第四条 立法工作由法规司归口管理，总署其他部门按照职能分工各负其责。

第五条 法规司在立法工作中承担下列职责：

（一）编制、组织和监督实施立法规划和年度立法计划；

（二）组织、协调立法调研；

（三）组织起草法律、行政法规和规章；

（四）审核法律、行政法规和规章草案送审稿；

（五）负责规范性文件的审查工作；

（六）组织协调对规章和规范性文件的解释工作；

（七）组织清理、汇编法律、行政法规、规章及规范性文件；

（八）负责规章备案及与全国人民代表大会常务委员会法制机构、国务院法制机构进行联系、协调等工作；

（九）其他有关立法工作。

第六条 总署其他部门在立法工作中承担下列职责：

（一）每年向法规司提出拟制定或修订法律、行政法规、规章、规范性文件的立项计划；

（二）起草与本部门业务相关的规章，规章内容涉及两个以上部门管理职能的，由主办部门负责组织相关部门联合起草；

（三）起草与本部门业务相关的规范性文件；

（四）清理与本部门业务相关的规章及规范性文件；

（五）对与本部门业务相关的规章及规范性文件提出解释意见。

第二章　立　项

第七条　属于《立法法》第八条、第五十六条的事项，应当制定为法律、行政法规。

在新闻出版行政管理职权范围内的下列事项，可以制定规章：

（一）需要依法设定行政处罚的；

（二）需要对实施行政许可作出具体规定的；

（三）依据有关法律、行政法规的授权，需要制定具体实施办法的；

（四）对管理相对人权益有较大影响的。

涉及国务院其他行政部门职权范围的事项，制定行政法规条件尚不成熟的，应当与国务院其他部门联合制定规章。

需要对专门事项作出规定，或者制定规章条件尚不成熟的，可以制定规范性文件。

第八条　各部门认为需要制定或修订法律、行政法规、规章、规范性文件的，应当在每年12月1日前向法规司提出下一年度立项申请，内容包括立法的名称、立法的必要性、所要解决的主要问题、拟确立的主要制度等，并注明项目负责人及进度安排。

拟订立项申请应当征求相关部门的意见。

第九条　法规司应对立项申请进行汇总、协调，确定下一年度的立法项目以及负责起草的部门，拟定新闻出版总署的年度立法计划，并报署长办公会议讨论批准。

年度立法计划应当明确立法项目的名称、起草部门、完成时间等。

第十条　署长办公会议讨论通过的立法计划，由办公厅印发各部门。对列入年度立法计划的项目，承担起草工作的部门应当按照计划执行。

各部门根据实际工作情况，认为需要调整个别规章立法项目的，将调整建议送法规司审核后报请署长办公会议决定；需要调整规范性文件立法项目的，将调整建议送法规司审核后报总署领导批准。

第三章　起　草

第十一条　列入立法规划和年度立法计划的法律、行政法规、规章、规范性文件由提出立项申请的部门负责起草；综合性的项目由法规司组织起草。起草部门应当确定1名司领导为负责人，并确定专人负责具体工作。

立法内容涉及署内其他部门管理职能的，由立法年度计划确定的主办部门负责组织，其他相关部门参加。

第十二条　规章的名称一般称“规定”、“办法”，不得称“条例”。

规范性文件的名称，一般称“规定”、“办法”、“细则”、“决定”、“通知”。凡内容为实施法律、法规、规章和上级行政机关规范性文件的，其名称前一般冠以“实施”两字。

第十三条　法律、行政法规、规章根据内容需要，可以分为章、节、条、款、项、目。章、节、条的序号用中文数字依次表述，款不编序号，项的序号用中文数字加括号依次表述，目的序号用阿拉伯数字依次表述。

规范性文件一般用条文形式表述。除内容复杂的外，一般不分章、节。

第十四条　起草规章、规范性文件，应当遵循以下原则：

（一）严格遵守《行政许可法》的规定，不得增设行政许可；对行政许可条件作出的具体规定，不得增设违反上位法的其他条件；

（二）严格遵守《行政处罚法》的规定，规章可以在法律及行政法规规定的给予行政处罚的行为、种类和幅度的范围内作出具体规定，新增行政处罚的种类及幅度限于警告及3万元以下罚款；规范性文件不得设定行政处罚；

（三）依法规定行政强制措施；

（四）法律、行政法规已经明确规定的内容，规章、规范性文件原则上不作重复规定。

第十五条　起草法律、法规、规章，一般应当包括以下内容：

（一）立法宗旨和法律依据；

（二）适用范围；

（三）主管机关或部门；

（四）基本制度和具体措施；

（五）法律责任或奖惩规定；

（六）现行的有关规章、规范性文件规定，是否需要修改或废止；

（七）施行日期；

（八）其他需要规定的内容。

第十六条 起草过程中，应当深入调查研究，广泛听取有关机关、组织和公民的意见。征求意见可以采取座谈会、论证会、听证会等形式，也可以采取书面、网络等形式征集。

起草的法律、行政法规和规章、规范性文件内容涉及其他部门的职责或者与其他部门关系密切的，起草部门应当主动征求意见，与有关部门协商一致；经过充分协商不能取得一致意见的，起草部门应当在提交送审稿时说明情况和理由。

起草部门在提交审核前召开征求意见会议时应当通知法规司参加。

第十七条 起草规章，应当对现行有关规章、规范性文件进行清理。需废止的规章，应当在规章中写明予以废止，其他需废止的规范性文件也应通过法定程序予以废止。

第十八条 提交审查法律、法规、规章送审稿时，应同时提交以下材料：

（一）起草说明；

（二）征求意见会、听证会记录或者书面征集意见情况；

（三）有关调研报告、国内外相关立法的背景材料；

（四）其他需要报送的材料。

提交审查规范性文件送审稿时，应同时提交起草说明。

第十九条 起草说明应当包括下列内容：

（一）立法必要性，包括管理现状、主要问题等；

（二）立法的主要依据；

（三）起草过程；

（四）确立的主要制度、管理措施；

（五）征求意见情况及协调情况，对重大原则问题不能取得一致意见的，应当说明具体情况和理由；

（六）现行有关的规章、规范性文件，是否需要修改或废止；

（七）需要说明的其他问题。

第四章 审 查

第二十条 法律、行政法规、规章、规范性送审稿应当由起草部门主要负责人签署后提交法规司审查；数个起草部门共同起草的送审稿，应当由共同起草部门主要负责人共同签署。

第二十一条 法规司应当从以下方面对法律、行政法规、规章、规范性文件送审稿进行审查：

（一）是否符合法定权限和程序；

（二）是否符合立法原则；

（三）是否与有关法律、行政法规、规章相协调、衔接；

（四）是否妥善处理和协调有关机关、组织和公民对送审稿主要问题的意见；

（五）是否符合立法技术要求；

（六）需要审查的其他内容。

第二十二条 法规司对符合规定的送审稿应当及时审查。

有下列情形之一的，法规司可以退回起草部门：

（一）不符合法定权限和程序的；

（二）制定、修订的基本条件尚不成熟；

（三）起草部门未就主要制度深入调研的；

（四）有关机构或者部门对主要制度存在较大争议，起草部门未与有关机构或者部门协商的；

（五）送审稿所附材料不齐全的；

（六）其他不宜提交署务会议审议的情形。

被退回的送审稿，起草部门按要求改正符合送审条件的，可按规定程序重新提交法规司审查。

第二十三条 法规司在审查中应当就送审稿广泛征求意见，还可召开座谈会、听证会；依法应当向社会公开的，应通过《中国新闻出版报》或新闻出版总署网站向社会公布，公开征求意见。

有关机构或者部门对送审稿涉及的主要措施、管理体制、权限分工等问题有不同意见的，法规司应当进行协调，达成一致意见；不能达成一致意见的，应当将主要问题、有关机构或者部门的意见以及法规司的建议，一并上报。

第二十四条 法规司应当认真研究各方面的意见，与起草部门协商后，对规章送审稿进行修改，形成规章草案和对草案的说明，提请署务会议审议。

法律、行政法规送审稿及说明，法规司审查修改后，提请署务会议审议；审议通过后，由总署主要负责人签署，报送国务院审查。

第二十五条 法规司对规范性文件送审稿提出审核意见后，由起草部门进行修改；经法规司审核同意的规范性文件，由起草部门起草发文文书，并标注“规范性文件”字样，送法规司会签。

第五章 审议、公布和备案

第二十六条 规章草案应当经署务会议审议通过。署务会议审议时，由法规司作起草说明。

第二十七条 规章草案经署务会议审议并原则通过后，法规司应当根据署务会议审议意见对规章草案进行修改，并起草新闻出版总署令，报请署长签发后予以公布。

对审议中存在重大原则性分歧意见未予通过的草案，由法规司根据署务会议要求，会同起草部门和有关部门再次协调、讨论，提出修改稿，重新提交署务会议审议。

第二十八条 新闻出版总署与国务院其他部门联合发布的规章，应当在草案经署务会议讨论原则通过并由署长签发后送联合发布的部门签发。

由国务院其他部门主办并与新闻出版总署联合发布的规章、规范性文件，由法规司会同相关部门审查后报署长签发。

第二十九条 新闻出版总署令应当载明该规章的序号、规章名称、署务会议通过日期、施行日期、署长署名以及公布日期等。

新闻出版总署与国务院其他部门联合发布的规章由署长及联合制定部门的首长共同署名公布，使用主办机关的命令序号。

除特殊情况外，规章应当自公布之日起 30 日后施行。

第三十条 规范性文件经法规司会签后，报分管副署长签发；涉及重要管理工作的规范性文件，须经署务会议或署长办公会议审议，由分管副署长审核后报署长签发。

第三十一条 规章、规范性文件签署公布后，应在《中国新闻出版报》和新闻出版总署网站指定栏目及时刊登。

规章的公开由法规司负责；规范性文件的公开由起草部门负责。

第三十二条 规章公布后 30 日内，由法规司按照有关行政法规规定的程序和要求向国务院办理规章备案手续。

规范性文件公布后 10 日内，起草部门应将规范性文件正式文本 5 份及电子文本提交法规司备案，并于每年 1 月向法规司报送上一年度发布的规范性文件目录。

第六章 解释、清理和编纂

第三十三条 规章有下列情形之一的，由新闻出版总署负责解释：

（一）规章的规定需要进一步明确具体含义的；

（二）规章制定后出现新的情况，需要明确适用规章依据的。

第三十四条 规章、规范性文件解释权属于新闻出版总署。

规章解释由法规司商业务部门提出意见，报请总署领导批准公布；规范性文件的解释由起草部门提出意见，经法规司会签后，报请总署领导批准公布。

第三十五条 法规司应当适时组织各部门对规章、规范性文件进行清理。

规章、规范性文件有下列情形之一的，应予废止：

（一）因有关法律、行政法规、规章废止或者修改，失去依据的；

（二）规定的事项已执行完毕或者因实际情况变化，没有必要继续执行的；

（三）对同一事项已作出新规定的；

（四）其他应予废止的情形。

废止规章、规范性文件，应当以新闻出版总署令的形式公布。

第三十六条 法规司负责新闻出版总署规章、规范性文件的编纂、汇编工作。

第七章 附 则

第三十七条 新闻出版总署以国家版权局名义起草、制定或修订著作权法律、行政法规、规章和规范性文件，适用本规定。

第三十八条 本规定自 2009 年 6 月 1 日起施行，新闻出版署 1990 年 11 月 28 日公布的《行政规章制定程序规定(试行)》同时废止。

来源：中国图书出版网 http://www.bkpcn.com（2009 年 5 月 26 日）

国家版权局废止第三批规章、规范性文件的决定

中华人民共和国国家版权局令第 7 号　2009 年 4 月 21 日

《国家版权局废止第三批规章、规范性文件的决定》已经 2009 年 4 月 21 日国家版权局第 1 次局务会议通过，现予公布，自公布之日起生效。

国家版权局局长　柳斌杰

二 OO 九年五月七日

国家版权局废止第三批规章、规范性文件的决定

2002 年及 2003 年，国家版权局先后以第 2 号令和第 4 号令分两批集中废止了 36 件著作权规章、规范性文件。

为进一步实施《中华人民共和国著作权法》，保障著作权行政管理秩序，国家版权局组织了第三次规章、规范性文件集中清理工作，现决定废止 13 件规章、规范性文件。现予公布，自公布之日起生效。

附件：国家版权局决定废止的第三批规章、规范性文件目录

序号	文号	文件名称	发布日期
1	国权[2000]19 号	关于同意试行《制作数字化制品著作权使用费标准(试行)》和《制作数字化制品许可合同(式样)》的批复	2000.6.16
2	国家版权局公告第 7 号	关于《计算机软件著作权登记办法》有关条款的修订	2000.5.26
3	国权联[1996]1 号	著作权涉外代理机构管理暂行办法	1996.4.15
4	权办字[1994]第 37 号	关于答复地方著作权行政管理部门查处涉外侵权行为问题的函	1994.7.21
5	权办字[1994]第 38 号	关于《对侵犯著作权行为行政处罚的实施办法》的更正通知	1994.7.7
6	(92)权办字第 22 号	关于对《书籍稿酬暂行规定》第四条第(四)项的解释	1992.5.23
7	机械电子工业部公告	计算机软件著作权登记办法	1992.4.6
8	(90)权字第 6 号	关于作者原稿是否应退还作者的意见	1990.5.5
9	(89)权字第 31 号	国家版权局关于已故作者稿酬继承问题的复文	1989.8.28
10	(89)权字第 29 号	关于版权贸易合同审批管辖问题的复函	1989.8.8
11	(87)权字第 3 号	关于修订本稿酬支付问题的答复	1987.1.26
12	(86)出权字第 37 号	国家版权局关于对音像制品付酬问题的函	1986.7.18
13	(86)权字第 14 号	国家版权局关于使用已发表的作品出版音像制品向版权所有者付酬原则的复函	1986.3.20

来源：中国新闻出版报　http://www.bkpcn.com　2009 年 5 月 27 日

新闻出版总署废止第四批规范性文件的决定

中华人民共和国新闻出版总署令第 41 号

《新闻出版总署废止第四批规范性文件的决定》已经 2009 年 4 月 21 日新闻出版总署第 1 次署务会议通过，现予公布，自公布之日起生效。

新闻出版总署署长　柳斌杰

二 OO 九年五月七日

新闻出版总署废止第四批规范性文件的决定

为促进新闻出版行政机关转变职能、依法行政，新闻出版总署组织了第四次规范性文件集中清理工作，决定废止 59 件规范性文件。现予公布，自公布之日起生效。

附件:新闻出版总署决定废止的第四批规范性文件目录

序号	文号	文件名称	发布日期
1	新出报刊[2004]17号	关于开展报刊社记者站清理整顿工作的通知	2004.1.8
2	新出图[2003]306号	关于进一步加强图书出版质量管理的通知	2003.3.20
3	新出联[2001]22号	关于印发《中小学教材出版招标投标试点实施办法》和《中小学教材发行招标投标试点实施办法》的通知	2001.10.25
4	新出报刊[2001]878号	关于进一步加强对报社记者站管理的通知	2001.6.25
5	新出报刊[2001]824号	关于进一步加强记者证管理的通知	2001.6.18
6	新出发[2000]1093号	关于进一步完善出版物市场管理备案制度的通知	2000.8.2
7	新出报刊[1999]1115号	关于规范期刊刊名标识的通知	1999.9.8
8	新出报刊[1999]1030号	关于非新闻机构不得从事与报刊有关活动的通知	1999.8.16
9	新出报刊[1999]860号	关于严格规范期刊刊载有关性内容等问题的通知	1999.7.8
10	(98)新出期1350号	关于期刊出版少数民族文字版有关问题的通知	1998.11.18
11	(98)新出音1313号	关于激光数码储存片来源识别码(SID码)管理工作有关事项的通知	1998.11.10
12	(98)新出音816号	关于对电子出版物复制单位审核登记的通知	1998.7.27
13	(98)新出发701号	对《关于中小学教学辅助用书发行问题的请示》的答复	1998.7.7
14	(98)新出联8号	关于进一步完善光盘生产厂驻厂监督员制度的通知	1998.4.14
15	(98)新出审计301号	新闻出版署直属企业国有资产监督管理暂行办法	1998.3.25
16	(98)新出审计84号	关于印发《新闻出版企业法定代表人离任审计工作规定实施细则》的通知	1998.1.26
17	(98)新出期1218号	关于目前期刊出版有关问题的通知	1998.10.16
18	(97)新出音175号	关于重新审定出版社出版进口文艺类音像制品资格的通知	1997.4.3
19	(97)新出图149号	关于图书出版业治理工作的通知	1997.3.25
20	(97)新出音122号	关于音像出版复制业治理工作的通知	1997.3.20
21	(96)新出期118号	关于期刊业治理工作的通知	1997.3.10
22	(96)新出报117号	关于报业治理工作的通知	1997.3.10
23	(96)新出审计713号	新闻出版署直属事业单位国有资产管理办法(试行)	1996.10.14
24	(96)新出报695号	关于广播电视节目预告摘转问题的补充通知	1996.10.8
25	(96)新出期528号	关于控制期刊更名改刊的通知	1996.7.24
26	(96)新出发367号	关于培育和规范图书市场的若干意见	1996.6.1
27	新出音管[1996]33号	关于对光盘复制单位实行月报表制度的通知	1996.5.8
28	新出联[1996]7号	全国优秀教育音像出版物评奖工作暂行办法	1996.3.19

序号	文号	文件名称	发布日期
29	(96)新出图148号	关于重申出版台、港、澳文学作品需专题报批的通知	1996.3.15
30	(95)新出联24号	关于向光盘生产厂派驻监督员的通知	1995.12.7
31	(95)新出联16号	关于出版少儿期刊的若干规定	1995.8.10
32	(95)新出联14号	关于对新出联[1994]8号文件作补充规定的通知	1995.6.5
33	(95)新出联5号	关于进一步加强法制类报纸管理的通知	1995.2.20
34	(94)新出计702号	图书发行企业效益指标评价办法	1994.8.19
35	(94)新出人689号	新批图书、报纸、期刊、音像出版单位开业前社长、总编辑(主编)培训制度	1994.8.16
36	(94)新出联8号	关于禁止以报纸形式印送广告宣传品及对印刷品广告加强管理的通知	1994.8.15
37	(94)新出报577号	关于不得单独发售报纸部分版页的通知	1994.7.25
38	(94)新出音321号	新闻出版署关于贯彻落实《关于加强激光唱盘、激光视盘复制管理的紧急通知》若干问题的通知	1994.5.12
39	(93)新出期1385号	期刊年度核验办法	1993.10.11
40	(93)新出报365号	关于报纸应遵守办报宗旨严格出版秩序的通知	1993.5.8
41	(93)新出联7号	关于加强我外文书刊发行,做好对外宣传工作的意见	1993.4.26
42	(92)新出联5号	关于制止报刊征订工作中不正之风的通知	1992.8.19
43	新出联字(1991)第24号	关于音像出版、复录、发行单位重新登记注册和音像制品经营单位年检问题的通知	1991.12.30
44	新出联字(1991)第14号	关于出版社自办发行图书的暂行规定	1991.8.12
45	(91)新出技字第535号	新闻出版署科学技术进步奖励办法实施细则(试行)	1991.5.22
46	新出联字[1991]第7号	图书总发行管理的暂行规定	1991.5.11
47	(90)新出明电字第3号	重申出版党中央会议学习辅导材料的有关规定	1991.1.17
48	(90)新出期字第159号	新闻出版署关于对期刊发表纪实作品加强管理的通知	1990.2.16
49	(89)新出期字第604号	关于执行《期刊管理暂行规定行政处罚实施办法》若干问题的解释	1989.6.22
50	(89)新出发字第433号	关于进一步查处假冒出版单位进行非法出版活动的通知	1989.5.8
51	(89)新出发字第141号	关于重申大中小学教材发行工作有关规定的通知	1989.2.28
52	(88)新出联字第5号	关于继续查缴淫秽出版物和非法出版物的通知	1988.9.10
53	无	关于广播电视节目预告转载问题的通知	1988.3.30
54	(87)新出标字第483号	关于实施《中国标准书号》的补充通知	1987.7.23
55	(87)新出教字第112号	关于《图书杂志开本及其幅面尺寸》国家标准业经批准实施的通知	1987.3.14
56	(86)出综字第603号	关于实施《中国标准书号》的通知	1986.7.14
57	文出字(85)第1306号	关于不得擅自建立分社或变相分社机构的通知	1985.8.27
58	文出字(85)第1127号	关于出版社不要自行办理教材征订的通知	1985.7.17
59	(79)出印字第672号	关于试行"印刷工人技术等级标准"的通知	1979.11.3

来源:http://www.bkpcn.com(2009年5月26日)

关于进一步推动新闻出版产业发展的指导意见

新出政发〔2010〕1号　2010年1月1日

各省、自治区、直辖市新闻出版局，新疆生产建设兵团新闻出版局，解放军总政治部宣传部新闻出版局，总署机关各部门、署直各单位，署管各社会团体：

为深入贯彻落实科学发展观，落实国家《文化产业振兴规划》，按照中央提出的转变经济发展方式和调整经济结构，提高经济发展质量和效益的要求，充分发挥新闻出版业在巩固舆论阵地、传承中华文明、培育民族精神、提高公民素质、促进经济增长、推动社会进步、增强综合国力等方面的重要作用，现就进一步推动新闻出版产业发展，提出如下意见。

一、新闻出版产业发展的态势和机遇

（一）改革开放以来，新闻出版产业得到快速发展。特别是党的十六大以来，新闻出版体制改革取得实质性突破和重大进展，市场主体逐步形成，产业规模迅速壮大，产业结构日趋合理，国际竞争力不断增强，新闻出版产业作为科技含量高，资源消耗低，环境污染少，涉及领域广，产业链条长，投入少，产出大，发展潜力好的朝阳产业，已成为国民经济的重要组成部分，成为经济发展新的增长点和经济结构调整的着力点，在中国特色社会主义事业总体布局和全面建设小康社会战略全局中凸显出越来越重要的地位和作用。

（二）当前，我国新闻出版产业仍处于发展的初级阶段，基础较差，规模较小，实力较弱，竞争力不强。突出表现在：产业结构趋同，产业集中度低，资源配置不尽合理，市场条块分割、资源分散和地区封锁依然严重，传统业态向新兴业态转型迟缓，企业创新能力不足，对外贸易逆差仍然较大，人才队伍建设和经营管理水平等还不适应新闻出版产业发展的需要。要通过抓发展，努力走出一条符合文化建设规律和社会主义精神文明建设要求，适应社会主义市场经济体制，结构优化，速度较快，社会效益和经济效益俱佳，产业整体质量不断提升的可持续发展道路。

（三）新闻出版产业发展正处于重要的战略机遇期，具备了在新的历史起点上实现大发展的良好条件。党的十七大关于推动社会主义文化大发展大繁荣的战略部署，对新闻出版产业发展提出了新的更高的要求；中国特色社会主义事业“四位一体”发展的整体布局，凸显了新闻出版产业的重要地位；人民生活水平不断提高，文化消费快速增长，社会主义新农村文化建设，拓展了新闻出版产业发展的空间；新闻出版体制改革的顺利推进，《文化产业振兴规划》的实施，为新闻出版产业发展提供了内在动力；高新技术特别是信息技术的迅猛发展，为新闻出版产业创新业态、实现产业战略转型提供了有利条件和广阔前景；资本市场的不断完善，为新闻出版企业融资提供了机会；中国日益提高的国际地位以及不断扩大的中华文化影响力，为新闻出版产业“走出去”创造了条件;各级党委、政府的高度重视，为新闻出版产业发展提供了坚强的思想保证和组织保证。

二、推动新闻出版产业发展的指导思想、原则要求和主要目标

（四）推动新闻出版产业发展的指导思想是:以邓小平理论和“三个代表”重要思想为指导，深入贯彻落实科学发展观，高举旗帜、围绕大局、服务人民、改革创新，继续解放思想，坚持改革开放，推动科学发展，促进社会和谐，始终把发展作为第一要务，树立新的新闻出版发展观，突出战略重点，明确主攻方向，兼顾当前和长远，着力转变发展方式，着力优化产业结构，着力推进产业创新，做大主体，做强主业，切实解放和发展新闻出版生产力，大力推动新闻出版产业又好又快发展。

（五）推动新闻出版产业发展的原则要求是：必须坚持以社会效益为最高准则，牢牢把握社会主义先进文化的前进方向；必须坚持以人为本，充分尊重群众的主体地位和首创精神，不断满足人民群众日益增长的多层次、多样性、多方面精神文化需求；必须坚持转变发展方式，优化产业结构，进一步降低新闻出版企业生产能耗和污染物排放，提高新闻出版发展的质量和效益；必须坚持以体制机制创新和科技进步为动力，继续深化新闻出版体制改革，推动新闻出版内容创新与战略性新兴产业发展；必须坚持优化所有制结构，实现以公有制为主体、多

种所有制共同发展；必须坚持打破条块分割、地区封锁、城乡分离的封闭格局，努力建设统一开放、竞争有序、健康繁荣的大市场；必须坚持对外开放，加大"走出去"力度，不断提高中华文化的国际传播力和影响力；必须坚持一手抓发展，一手抓管理，为新闻出版产业发展营造健康有序的市场环境；必须坚持以党的领导为根本保证，确保党管舆论、党管干部、党管人才，做到尊重劳动、尊重知识、尊重人才、尊重创造，最大限度地发挥新闻出版工作者的积极性、主动性和创造性。

（六）推动新闻出版产业发展的主要目标是：努力完成全面建设小康社会赋予新闻出版产业发展的各项任务。新闻出版生产力明显提升，新闻出版产业发展速度高于同期国内生产总值发展速度，在国民经济中所占比重逐步提高，力争到"十二五"末，实现新闻出版产业增加值比 2006 年翻两番。新闻出版产业结构调整基本到位，产业、产品和企业结构更趋合理，产业区域布局与地区经济社会发展协调一致，新闻出版产品和服务更加丰富，企业自主创新能力与高科技应用水平大幅度提高，形成一批拥有自主知识产权、知名品牌以及有较强国际竞争力的骨干新闻出版企业。新兴产业蓬勃发展，数字出版、网络出版、手机出版等战略性新兴产业领域的发展水平和速度达到世界先进水平。基本建立起统一开放、竞争有序、健康繁荣的现代出版物市场体系和技术先进、覆盖全面、传输快捷的现代传播体系。基本扭转新闻出版产品和服务的出口逆差状况，大幅度提升中华文化的国际传播力和影响力。

三、推动新闻出版产业发展的重点任务

（七）发展图书、报纸、期刊等纸介质传统出版产业。支持新闻出版企业组织策划和出版更多贴近实际、贴近生活、贴近群众的优秀精神文化产品，生产出更多思想性、艺术性、可读性俱佳的原创精品力作。鼓励新闻出版企业创新纸介质读物形式，积极发展纸介质立体、有声读物，提升传统纸介质出版物的吸引力。打破出版载体界限，在多个出版平台上对出版内容进行深度开发和加工，实现一次性生产、多媒体发布。支持新闻出版企业积极采用数字、网络等高新技术和现代生产方式，改造传统的创作、生产和传播方式。加快从主要依赖传统纸介质出版产品向多种介质出版产品共存的现代出版产业转变。

（八）发展数字出版等非纸介质战略性新兴出版产业。积极推动音像制品、电子出版企业向数字化、网络化转型。积极发展数字出版、网络出版、手机出版等以数字化内容、数字化生产和数字化传输为主要特征的战略性新兴新闻出版业态。支持新闻出版企业以互联网为平台，以图文、音频、视频等形式，对出版内容资源进行全方位、立体式、深层次开发利用。支持电子纸、阅读器等新闻出版新载体的技术开发、应用和产业化，提高数字阅读设备的质量、方便性以及版权保护水平。

（九）发展动漫、游戏出版产业。加快发展民族动漫出版产业，特别是鼓励网络和电子游戏等产品的出版，提高民族动漫、游戏的数量和质量。对优秀原创动漫、游戏作品及其相关人员、单位进行奖励和支持，大力扶持民族原创动漫、游戏精品，培养民族原创动漫、游戏领军人物。鼓励开展优秀原创动漫、游戏产品的少数民族语言译制出版工作。推动对动漫、游戏出版资源的深度开发利用，不断提升其出版产品附加值。

（十）发展印刷、复制产业。巩固和壮大出版物印刷、包装装潢印刷品印刷、其他印刷品印刷和只读类光盘复制、可录类光盘生产等印刷、复制产业。加大印刷、复制产业结构调整力度，促进印刷、复制产业升级换代。鼓励印刷、复制企业积极采用数字和网络技术改造生产流程和现有设备。实施数字印刷和印刷数字化工程，推动发展快速、按需、高效、个性化数码印刷。推动印刷产业从单纯加工服务型向以提高信息增值的现代服务型转变。支持新一代大容量高清光盘的研发和产业化。鼓励印刷企业上下游共同探索循环用纸等新材料新工艺的研发和应用，大力发展绿色印刷。对高耗能、高排放的落后产能，要运用环保、技术标准、产业和融资政策等手段，坚决予以淘汰。

（十一）发展新闻出版流通、物流产业。加强以跨地区连锁经营、信息化管理和现代物流为特征的大型现代新闻出版流通组织建设，重点培育一批主业突出、辐射力强的全国性和区域性新闻出版现代流通企业和企业集团，建设一批辐射全国的区域新闻出版物流中心，并推动有条件的企业跨地区、跨国连锁经营。积极扶持农村出版物市场和连锁网点建设，建立以大城市为中心、中小城市相配套、贯

通城乡的新闻出版产业流通网络。建设出版物流通信息平台，统一信息标准，打通新闻出版产业之间的流通渠道，整合发行渠道，提高流通效率。推广网络结算新技术，打造全国统一的网上结算平台。鼓励新闻出版流通和物流企业发展电子商务，推进物联网与互联网相结合。鼓励新闻出版物流企业提供第三方物流服务。

四、推动新闻出版产业发展的主要措施

（十二）深化新闻出版体制改革，打造合格市场主体和骨干企业。按照中央关于深化文化体制改革的要求和部署及《新闻出版总署关于进一步推进新闻出版体制改革的指导意见》，大力推动经营性新闻出版单位转制和改制，建立和完善法人治理结构，实行股份制改造，培育合格的市场主体。把深化改革同调整结构结合起来，加快企业兼并重组和资源整合，鼓励教育、科技、卫生、财经、文化等领域的新闻出版资源先行整合，鼓励实力较强的地方新闻出版企业先行整合资源，形成一批导向正确、主业突出、实力雄厚、管理规范、运行高效、核心竞争力强的区域性综合集团和行业性专业集团。鼓励和支持新闻出版骨干企业跨媒体、跨行业、跨地区、跨国界和跨所有制重组，在三到五年内，重点培育六七家资产超过百亿、销售超过百亿的国内一流、国际知名的大型新闻出版企业，努力打造具有国际竞争力的跨国出版传媒集团。与此同时，大力培育一批走内涵式发展道路的“专、精、特、新”现代新闻出版企业。鼓励条件成熟的新闻出版企业上市融资。

（十三）运用高新技术，促进新闻出版产业发展方式转变和结构调整。加快推广应用信息技术、数字技术等高新技术，建立以政策为先导、投入为保障、企业为主体、创新平台为支撑、市场需求为导向、产学研相结合的新闻出版科技创新体系。要通过科技创新提高新闻出版内容创新能力与水平，丰富新闻出版产业的生产方式和新闻出版产品的表现形式，拓展新闻出版传播渠道。重点支持语言文字技术、声音技术、图形图像技术、内容采集与处理技术、知识组织管理技术、协同编辑管理技术等新闻出版产业支撑技术的发展和应用。不断提高新闻出版领域的科技含量和装备水平，鼓励和支持新闻出版企业运用高新技术和先进适用技术改造传统生产方式和基础设施。

（十四）实施重大项目建设，带动新闻出版产业发展。通过实施一批具有战略性、引导性和带动性的重大新闻出版项目，加速推进产业和产品升级，提高企业和产品的市场竞争力。抓住国家增加对新闻出版事业投入的契机，加大组织实施国家重大出版工程、少数民族新闻出版“东风工程”、农家书屋工程、全民阅读工程及文化环保工程等公共服务重大工程的力度，推动基本公共服务均等化，推动新闻出版产业有序快速发展。加快组织实施国家知识资源数据库、国家数字复合出版系统、数字版权保护技术研发工程、中华字库工程、国产动漫振兴工程、数字报业、国家重点学术期刊建设工程等重大项目，提升新闻出版产业的整体水平。着力在重点领域尽快形成一批进入海外市场的重点项目，增强新闻出版企业国际竞争力。

（十五）建设新闻出版产业带、产业园区和产业基地，发挥产业集群优势。鼓励各地结合区域经济社会发展规划，优化产业集聚环境，利用优势新闻出版资源，突出产业特色，提高产业集中度和专业化协作水平，有计划地建设新闻出版产业带、产业园区和产业基地，实现产业合理布局，促进产业区域协调发展。重点发展少数民族语言文字出版、数字出版、版权创意等产业园区和基地，大力推进国家级产业园区和基地建设。鼓励西南、西北等地区发展具有鲜明地域和民族特色的出版产业群。支持珠三角、长三角和环渤海等特色印刷复制产业带建设，振兴东北印刷产业，促进中西部印刷产业的开发与崛起。

（十六）建设现代市场体系，发挥市场在资源配置中的基础性作用。打破条块分割、地区封锁和城乡分离的市场格局，加快形成统一开放的新闻出版市场体系。充分利用全国性和区域性产权交易机构，为新闻出版资本、产权、人才、信息、技术等要素的有序、有效流动搭建交易平台。培育发展版权代理、出版经纪等市场中介机构，提高新闻出版产品和服务的市场化程度。积极打造新闻出版产业发展交流平台，支持办好全国图书交易博览会等展会。在国家政策允许的条件下，充分利用发行企业债券、引进境内外战略投资、上市融资等多种渠道为企业融资。开展与国有银行及相关金融机构的战略合作，加快建立和发展中小新闻出版企业信用担保机制，允许投资人以知识产权等无形资产评估作价出资组建新闻出版企业，为产业发展争取良好的融资环境。

（十七）引导和规范非公有资本有序进入新闻出版产业，解放和发展新兴文化生产力。根据《中共中央、国务院关于深化文化体制改革的若干意见》和国家《文化产业振兴规划》等文件精神，鼓励、支持和引导非公有资本以多种形式进入政策许可的领域。鼓励和支持非公有制文化企业从事印刷、发行等新闻出版产业的有关经营活动。引导和规范个体、私营资本投资组建的非公有制文化企业以内容提供、项目合作、作为国有出版企业一个部门等方式，有序参与科技、财经、教辅、音乐艺术、少儿读物等专业图书出版活动。鼓励和支持非公有制文化企业开拓境外新闻出版市场。加强和改进服务，努力为非公有制文化企业持续快速健康发展创造良好的政策环境和平等竞争机会。

五、推动新闻出版产业"走出去"

（十八）加大支持新闻出版产品对外贸易、版权输出、合作出版的力度。支持新闻出版企业结合自身优势和特点，生产更多适合境外市场的新闻出版产品，并以多种方式进入海外市场。支持新闻出版企业利用先进科技成果创新产品形态，拓展传播渠道，增强中华文化影响力。支持新闻出版企业利用金融机构提供的出口信贷和金融产品，积极开展出口外贸业务。抓好国家文化重点出口企业和项目相关工作的落实。继续实施"经典中国"国际出版工程、中外图书互译计划、中国音像制品"走出去"工程、中国图书对外推广计划。

（十九）支持各种所有制的新闻出版企业到境外投资兴办实体。支持有条件的新闻出版企业，通过新设、收购、合作等方式，到境外建社、办厂、开店，实现新闻出版企业在境外的落地和本土化。对符合国家出口指导目录规定的境外投资，在政策、资源、信息、服务等方面予以支持。

（二十）充分发挥国际合作网络和平台的作用。鼓励新闻出版企业与国际著名文化制作、经纪、营销机构合作，建设以欧美、周边国家和港澳台地区为重点的市场营销网络和营销队伍，创新市场营销方式和手段。支持新闻出版企业参加法兰克福国际书展等国际大型展会和文化活动，打造北京国际图书博览会等具有重要影响力的国际出版、版权交易平台，发挥其在对外推广文化产品和服务方面的积极作用。

（二十一）为新闻出版产业"走出去"提供服务。制定"走出去"总体规划和战略目标，在出版物和版权"走出去"的基础上，实现新闻出版企业"走出去"、品牌"走出去"、资本"走出去"。设立出版物海外推广中心、实施翻译人才库工程。加强信息平台建设，完善出版物进出口统计制度，做好新闻出版产品、服务贸易和重点企业的统计分析，向新闻出版企业及时提供国际出版市场信息。加强对有关国家文化市场和政策环境的研究，帮助新闻出版企业开拓海外市场。

六、推动新闻出版产业发展的政策和组织保障

（二十二）加强新闻出版产业发展规划工作，提高宏观调控水平。全面把握国内外经济形势变化，统筹把握新闻出版业的意识形态属性和产业属性，在确保完成《新闻出版业"十一五"发展规划》各项目标任务的同时，科学编制新闻出版业"十二五"发展规划，将新闻出版产业发展纳入国家经济社会发展规划之中。加强对产业重大项目的指导，建立新闻出版产业项目库。制定和公布新闻出版产业发展和投资指导目录。

（二十三）落实推动新闻出版产业发展的各项优惠政策。用好用足国家支持文化单位转制和文化企业发展的一系列优惠政策，会同有关部门制定和落实支持新闻出版产业发展的相关配套政策，充分发挥政策对新闻出版产业发展的引导、激励和保障作用。

（二十四）加大对新闻出版产业发展的投入。积极争取各级财政支持，采取贴息、补助、奖励等方式，支持新闻出版产业发展。用好宣传文化发展专项资金、国家出版基金、民文出版专项资金、农家书屋工程专项资金、扶持动漫产业发展专项资金、"走出去"专项资金等财政专项资金。加强财政资金的管理和使用，提高资金的使用效率。

（二十五）科学配置新闻出版资源。对跨地区发展的新闻出版企业，对优势新闻出版产业，对改革力度大、发展速度快的地区，在出版资源上给予优先配置和政策倾斜。依据新闻出版产业发展需要，综合配置图书、报纸、期刊、音像制品、电子出版、网络出版及手机出版等出版资源，解决因出版权分割所带来的制约产业发展的问题。

（二十六）做好新闻出版产业发展的基础性工

作。加强新闻出版标准化工作，抓紧新闻出版标准体系建设，特别是抓好数字出版等新兴业态的标准体系的研究制定。加强出版信息化建设工作，构建有利于书号、条码、在版编目和统计、年检数据等行业信息资源集中管理、有效整合的运行平台和工作机制。进一步加强和改进新闻出版统计工作，及时发布新闻出版统计报告。

（二十七）完善保障新闻出版产业发展的法规体系和法律制度。根据当前新闻出版体制改革和产业发展的实际情况，继续推动《出版管理条例》、《音像制品管理条例》的修订，加快制定《中国标准书号使用管理办法》、《互联网游戏出版服务管理办法》、《国家出版产业基地管理办法》等规章和规范性文件。围绕保障和促进新闻出版产业发展，认真研究完善出版单位法人制度、准入和退出制度、主管主办制度、新媒体出版服务制度等相关法律制度。

（二十八）改善和优化新闻出版市场环境。贯彻落实《国家知识产权战略纲要》，加大版权保护力度，探索建立在新技术条件下科学合理的数字出版授权和使用机制。深入持久开展“扫黄打非”斗争，加大执法力度，着力改善和优化新闻出版市场秩序。加强行业信用体系建设，在全行业开展诚信宣传教育和职业道德教育，切实推动行业自律。加强党风廉政建设和反腐倡廉工作，把行风建设贯穿于新闻出版产业发展的全过程，营造“依法经营、违法必究、公平交易、诚实守信”的产业发展环境。

（二十九）强化新闻出版产业发展的人才保障。以培养新闻出版各类领军人物为目标，统筹抓好领导人才、经营管理人才、专业技术人才特别是复合型人才队伍建设，造就一批名作者、名编辑、名记者、行业技术专家和出版家、企业家。加快人才培养和队伍培训，设立人才培养专项资金，以定向培养、公开招聘、业外引进等方式，培养、吸引和凝聚优秀人才。完善新闻出版专业技术人员职业资格制度，以职业准入和岗位准入为抓手，不断提高基层人才队伍素质。把非公有文化机构的人才队伍纳入行业人才建设体系，积极培养和充分发挥其作用。创新人才激励机制，健全人才选拔机制，完善人才流动机制，形成有利于各类人才脱颖而出的体制环境。

（三十）健全和完善各级新闻出版产业发展领导体制和工作机制。各级新闻出版行政部门要增强推动新闻出版产业发展的责任意识，明确新闻出版产业发展领导机构和工作班子，负责指导、协调、实施新闻出版产业发展工作，确保各项目标、措施和政策落到实处。积极争取地方党委、政府对当地新闻出版产业的重视和支持，继续开展“省部战略合作”，共同推动新闻出版产业发展。

来源：新闻出版总署

全国人民代表大会常务委员会
关于修改《中华人民共和国著作权法》的决定

全国人民代表大会常务委员会　文号：中华人民共和国主席令第五十八号

（1990年9月7日第七届全国人民代表大会常务委员会第十五次会议通过；根据2001年10月27日第九届全国人民代表大会常务委员会第二十四次会议《关于修改〈中华人民共和国著作权法〉的决定》第一次修正；根据2010年2月26日第十一届全国人民代表大会常务委员会第十三次会议《关于修改〈中华人民共和国著作权法〉的决定》第二次修正）。

第十一届全国人民代表大会常务委员会第十三次会议决定对《中华人民共和国著作权法》（2010修正）对2001年版的内容作如下修改：

一、将第四条修改为：“著作权人行使著作权，不得违反宪法和法律，不得损害公共利益。国家对作品的出版、传播依法进行监督管理。”

（原第四条规定：“依法禁止出版、传播的作品，不受本法保护。著作权人行使著作权，不得违反宪法和法律，不得损害公共利益。”）

二、增加一条，作为第二十六条：“以著作权出质的，由出质人和质权人向国务院著作权行政管理部门办理出质登记。”

本决定自2010年4月1日起施行。

《中华人民共和国著作权法》根据本决定作修改并对条款顺序作调整后，重新公布。

第一章　总　则

第一条　为保护文学、艺术和科学作品作者的著作权，以及与著作权有关的权益，鼓励有益于社会主义精神文明、物质文明建设的作品的创作和传播，促进社会主义文化和科学事业的发展与繁荣，根据宪法制定本法。

第二条　中国公民、法人或者其他组织的作品，不论是否发表，依照本法享有著作权。

外国人、无国籍人的作品根据其作者所属国或者经常居住地国同中国签订的协议或者共同参加的国际条约享有的著作权，受本法保护。

外国人、无国籍人的作品首先在中国境内出版的，依照本法享有著作权。

未与中国签订协议或者共同参加国际条约的国家的作者以及无国籍人的作品首次在中国参加的国际条约的成员国出版的，或者在成员国和非成员国同时出版的，受本法保护。

第三条　本法所称的作品，包括以下列形式创作的文学、艺术和自然科学、社会科学、工程技术等作品：

（一）文字作品；

（二）口述作品；

（三）音乐、戏剧、曲艺、舞蹈、杂技艺术作品；

（四）美术、建筑作品；

（五）摄影作品；

（六）电影作品和以类似摄制电影的方法创作的作品；

（七）工程设计图、产品设计图、地图、示意图等图形作品和模型作品；

（八）计算机软件；

（九）法律、行政法规规定的其他作品。

第四条　著作权人行使著作权，不得违反宪法和法律，不得损害公共利益。国家对作品的出版、传播依法进行监督管理。

第五条　本法不适用于：

（一）法律、法规，国家机关的决议、决定、命令和其他具有立法、行政、司法性质的文件，及其官方正式译文；

（二）时事新闻；

（三）历法、通用数表、通用表格和公式。

第六条　民间文学艺术作品的著作权保护办法由国务院另行规定。

第七条　国务院著作权行政管理部门主管全国的著作权管理工作；各省、自治区、直辖市人民政府的著作权行政管理部门主管本行政区域的著作权管理工作。

第八条　著作权人和与著作权有关的权利人可以授权著作权集体管理组织行使著作权或者与著作权有关的权利。著作权集体管理组织被授权后，可以以自己的名义为著作权人和与著作权有关的权利人主张权利，并可以作为当事人进行涉及著作权或者与著作权有关的权利的诉讼、仲裁活动。

著作权集体管理组织是非营利性组织，其设立方式、权利义务、著作权许可使用费的收取和分配，以及对其监督和管理等由国务院另行规定。

第二章　著作权

第一节　著作权人及其权利

第九条　著作权人包括：

（一）作者；

（二）其他依照本法享有著作权的公民、法人或者其他组织。

第十条　著作权包括下列人身权和财产权：

（一）发表权，即决定作品是否公之于众的权利；

（二）署名权，即表明作者身份，在作品上署名的权利；

（三）修改权，即修改或者授权他人修改作品的权利；

（四）保护作品完整权，即保护作品不受歪曲、篡改的权利；

（五）复制权，即以印刷、复印、拓印、录音、录像、翻录、翻拍等方式将作品制作一份或者多份的权利；

（六）发行权，即以出售或者赠与方式向公众提供作品的原件或者复制件的权利；

（七）出租权，即有偿许可他人临时使用电影作品和以类似摄制电影的方法创作的作品、计算机软件的权利，计算机软件不是出租的主要标的的除外；

（八）展览权，即公开陈列美术作品、摄影作品的原件或者复制件的权利；

（九）表演权，即公开表演作品，以及用各种手段公开播送作品的表演的权利；

（十）放映权，即通过放映机、幻灯机等技术设备公开再现美术、摄影、电影和以类似摄制电影的方法创作的作品等的权利；

（十一）广播权，即以无线方式公开广播或者传播作品，以有线传播或者转播的方式向公众传播广播的作品，以及通过扩音器或者其他传送符号、声音、图像的类似工具向公众传播广播的作品的权利；

（十二）信息网络传播权，即以有线或者无线方式向公众提供作品，使公众可以在其个人选定的时间和地点获得作品的权利；

（十三）摄制权，即以摄制电影或者以类似摄制电影的方法将作品固定在载体上的权利；

（十四）改编权，即改变作品，创作出具有独创性的新作品的权利；

（十五）翻译权，即将作品从一种语言文字转换成另一种语言文字的权利；

（十六）汇编权，即将作品或者作品的片段通过选择或者编排，汇集成新作品的权利；

（十七）应当由著作权人享有的其他权利。

著作权人可以许可他人行使前款第（五）项至第（十七）项规定的权利，并依照约定或者本法有关规定获得报酬。

著作权人可以全部或者部分转让本条第一款第（五）项至第（十七）项规定的权利，并依照约定或者本法有关规定获得报酬。

第二节　著作权归属

第十一条　著作权属于作者，本法另有规定的除外。

创作作品的公民是作者。

由法人或者其他组织主持，代表法人或者其他组织意志创作，并由法人或者其他组织承担责任的作品，法人或者其他组织视为作者。

如无相反证明，在作品上署名的公民、法人或者其他组织为作者。

第十二条　改编、翻译、注释、整理已有作品而产生的作品，其著作权由改编、翻译、注释、整理人享有，但行使著作权时不得侵犯原作品的著作权。

第十三条　两人以上合作创作的作品，著作权由合作作者共同享有。没有参加创作的人，不能成为合作作者。

合作作品可以分割使用的，作者对各自创作的部分可以单独享有著作权，但行使著作权时不得侵犯合作作品整体的著作权。

第十四条　汇编若干作品、作品的片段或者不构成作品的数据或者其他材料，对其内容的选择或者编排体现独创性的作品，为汇编作品，其著作权由汇编人享有，但行使著作权时，不得侵犯原作品的著作权。

第十五条　电影作品和以类似摄制电影的方法创作的作品的著作权由制片者享有，但编剧、导演、摄影、作词、作曲等作者享有署名权，并有权按照与制片者签订的合同获得报酬。

电影作品和以类似摄制电影的方法创作的作品中的剧本、音乐等可以单独使用的作品的作者有权单独行使其著作权。

第十六条　公民为完成法人或者其他组织工作任务所创作的作品是职务作品，除本条第二款的规定以外，著作权由作者享有，但法人或者其他组织有权在其业务范围内优先使用。作品完成两年内，未经单位同意，作者不得许可第三人以与单位使用的相同方式使用该作品。

有下列情形之一的职务作品，作者享有署名权，著作权的其他权利由法人或者其他组织享有，法人或者其他组织可以给予作者奖励：

（一）主要是利用法人或者其他组织的物质技术条件创作，并由法人或者其他组织承担责任的工程设计图、产品设计图、地图、计算机软件等职务作品；

（二）法律、行政法规规定或者合同约定著作权由法人或者其他组织享有的职务作品。

第十七条　受委托创作的作品，著作权的归属由委托人和受托人通过合同约定。合同未作明确约定或者没有订立合同的，著作权属于受托人。

第十八条　美术等作品原件所有权的转移，不视为作品著作权的转移，但美术作品原件的展览权由原件所有人享有。

第十九条　著作权属于公民的，公民死亡后，其本法第十条第一款第（五）项至第（十七）项规定的权利在本法规定的保护期内，依照继承法的规定转移。

著作权属于法人或者其他组织的，法人或者其他组织变更、终止后，其本法第十条第一款第（五）项至第（十七）项规定的权利在本法规定的保护期内，由承受其权利义务的法人或者其他组织享有；没有承受其权利义务的法人或者其他组织的，由国家享有。

第三节　权利的保护期

第二十条　作者的署名权、修改权、保护作品完整权的保护期不受限制。

第二十一条　公民的作品，其发表权、本法第十条第一款第（五）项至第（十七）项规定的权利的保护期为作者终生及其死亡后五十年，截止于作者死亡后第五十年的12月31日；如果是合作作品，截止于最后死亡的作者死亡后第五十年的12月31日。

法人或者其他组织的作品、著作权（署名权除外）由法人或者其他组织享有的职务作品，其发表权、本法第十条第一款第（五）项至第（十七）项规定的权利的保护期为五十年，截止于作品首次发表后第五十年的12月31日，但作品自创作完成后五十年内未发表的，本法不再保护。

电影作品和以类似摄制电影的方法创作的作品、摄影作品，其发表权、本法第十条第一款第（五）项至第（十七）项规定的权利的保护期为五十年，截止于作品首次发表后第五十年的12月31日，但作品自创作完成后五十年内未发表的，本法不再保护。

第四节　权利的限制

第二十二条　在下列情况下使用作品，可以不经著作权人许可，不向其支付报酬，但应当指明作者姓名、作品名称，并且不得侵犯著作权人依照本法享有的其他权利：

（一）为个人学习、研究或者欣赏，使用他人已经发表的作品；

（二）为介绍、评论某一作品或者说明某一问题，在作品中适当引用他人已经发表的作品；

（三）为报道时事新闻，在报纸、期刊、广播电台、电视台等媒体中不可避免地再现或者引用已经发表的作品；

（四）报纸、期刊、广播电台、电视台等媒体刊登或者播放其他报纸、期刊、广播电台、电视台等媒体已经发表的关于政治、经济、宗教问题的时事性文章，但作者声明不许刊登、播放的除外；

（五）报纸、期刊、广播电台、电视台等媒体刊登或者播放在公众集会上发表的讲话，但作者声明不许刊登、播放的除外；

（六）为学校课堂教学或者科学研究，翻译或者少量复制已经发表的作品，供教学或者科研人员使用，但不得出版发行；

（七）国家机关为执行公务在合理范围内使用已经发表的作品；

（八）图书馆、档案馆、纪念馆、博物馆、美术馆等为陈列或者保存版本的需要，复制本馆收藏的作品；

（九）免费表演已经发表的作品，该表演未向公众收取费用，也未向表演者支付报酬；

（十）对设置或者陈列在室外公共场所的艺术作品进行临摹、绘画、摄影、录像；

（十一）将中国公民、法人或者其他组织已经发表的以汉语言文字创作的作品翻译成少数民族语言文字作品在国内出版发行；

（十二）将已经发表的作品改成盲文出版。

前款规定适用于对出版者、表演者、录音录像制作者、广播电台、电视台的权利的限制。

第二十三条　为实施九年制义务教育和国家教育规划而编写出版教科书，除作者事先声明不许使用的外，可以不经著作权人许可，在教科书中汇编已经发表的作品片段或者短小的文字作品、音乐作品或者单幅的美术作品、摄影作品，但应当按照规定支付报酬，指明作者姓名、作品名称，并且不得侵犯著作权人依照本法享有的其他权利。

前款规定适用于对出版者、表演者、录音录像制作者、广播电台、电视台的权利的限制。

第三章　著作权许可使用和转让合同

第二十四条　使用他人作品应当同著作权人订立许可使用合同，本法规定可以不经许可的除外。

许可使用合同包括下列主要内容：

（一）许可使用的权利种类；

（二）许可使用的权利是专有使用权或者非专有使用权；

（三）许可使用的地域范围、期间；

（四）付酬标准和办法；

（五）违约责任；

（六）双方认为需要约定的其他内容。

第二十五条　转让本法第十条第一款第（五）项至第（十七）项规定的权利，应当订立书面合同。

权利转让合同包括下列主要内容：

（一）作品的名称；

（二）转让的权利种类、地域范围；

（三）转让价金；

（四）交付转让价金的日期和方式；

（五）违约责任；

（六）双方认为需要约定的其他内容。

第二十六条　以著作权出质的，由出质人和质权人向国务院著作权行政管理部门办理出质登记。

第二十七条　许可使用合同和转让合同中著作权人未明确许可、转让的权利，未经著作权人同意，另一方当事人不得行使。

第二十八条　使用作品的付酬标准可以由当事人约定，也可以按照国务院著作权行政管理部门会同有关部门制定的付酬标准支付报酬。当事人约定不明确的，按照国务院著作权行政管理部门会同有关部门制定的付酬标准支付报酬。

第二十九条　出版者、表演者、录音录像制作者、广播电台、电视台等依照本法有关规定使用他人作品的，不得侵犯作者的署名权、修改权、保护作品完整权和获得报酬的权利。

第四章　出版、表演、录音录像、播放

第一节　图书、报刊的出版

第三十条　图书出版者出版图书应当和著作权人订立出版合同，并支付报酬。

第三十一条　图书出版者对著作权人交付出版的作品，按照合同约定享有的专有出版权受法律保护，他人不得出版该作品。

第三十二条　著作权人应当按照合同约定期限交付作品。图书出版者应当按照合同约定的出版质量、期限出版图书。

图书出版者不按照合同约定期限出版，应当依照本法第五十四条的规定承担民事责任。

图书出版者重印、再版作品的，应当通知著作权人，并支付报酬。图书脱销后，图书出版者拒绝重印、再版的，著作权人有权终止合同。

第三十三条　著作权人向报社、期刊社投稿的，自稿件发出之日起十五日内未收到报社通知决定刊登的，或者自稿件发出之日起三十日内未收到期刊社通知决定刊登的，可以将同一作品向其他报社、期刊社投稿。双方另有约定的除外。

作品刊登后，除著作权人声明不得转载、摘编的外，其他报刊可以转载或者作为文摘、资料刊登，但应当按照规定向著作权人支付报酬。

第三十四条　图书出版者经作者许可，可以对作品修改、删节。

报社、期刊社可以对作品作文字性修改、删节。对内容的修改，应当经作者许可。

第三十五条　出版改编、翻译、注释、整理、汇编已有作品而产生的作品，应当取得改编、翻译、注释、整理、汇编作品的著作权人和原作品的著作权人许可，并支付报酬。

第三十六条　出版者有权许可或者禁止他人使用其出版的图书、期刊的版式设计。

前款规定的权利的保护期为十年，截止于使用该版式设计的图书、期刊首次出版后第十年的12月31日。

第二节　表　演

第三十七条　使用他人作品演出，表演者（演员、演出单位）应当取得著作权人许可，并支付报酬。演出组织者组织演出，由该组织者取得著作权人许可，并支付报酬。

使用改编、翻译、注释、整理已有作品而产生的作品进行演出，应当取得改编、翻译、注释、整理作品的著作权人和原作品的著作权人许可，并支付报酬。

第三十八条　表演者对其表演享有下列权利：

（一）表明表演者身份；

（二）保护表演形象不受歪曲；

（三）许可他人从现场直播和公开传送其现场表演，并获得报酬；

（四）许可他人录音录像，并获得报酬；

（五）许可他人复制、发行录有其表演的录音录像制品，并获得报酬；

（六）许可他人通过信息网络向公众传播其表演，并获得报酬。

被许可人以前款第（三）项至第（六）项规定的方式使用作品，还应当取得著作权人许可，并支付报酬。

第三十九条　本法第三十八条第一款第（一）项、第（二）项规定的权利的保护期不受限制。

本法第三十八条第一款第（三）项至第（六）项规定的权利的保护期为五十年，截止于该表演发生后第五十年的12月31日。

第三节　录音录像

第四十条　录音录像制作者使用他人作品制作录音录像制品，应当取得著作权人许可，并支付报酬。

录音录像制作者使用改编、翻译、注释、整理已有作品而产生的作品，应当取得改编、翻译、注释、整理作品的著作权人和原作品著作权人许可，并支付报酬。

录音制作者使用他人已经合法录制为录音制品的音乐作品制作录音制品，可以不经著作权人许可，但应当按照规定支付报酬；著作权人声明不许使用的不得使用。

第四十一条　录音录像制作者制作录音录像制品，应当同表演者订立合同，并支付报酬。

第四十二条　录音录像制作者对其制作的录音录像制品，享有许可他人复制、发行、出租、通过信息网络向公众传播并获得报酬的权利；权利的保护期为五十年，截止于该制品首次制作完成后第五十年的12月31日。

被许可人复制、发行、通过信息网络向公众传播录音录像制品，还应当取得著作权人、表演者许可，并支付报酬。

第四节　广播电台、电视台播放

第四十三条　广播电台、电视台播放他人未发表的作品，应当取得著作权人许可，并支付报酬。

广播电台、电视台播放他人已发表的作品，可以不经著作权人许可，但应当支付报酬。

第四十四条　广播电台、电视台播放已经出版的录音制品，可以不经著作权人许可，但应当支付报酬。当事人另有约定的除外。具体办法由国务院规定。

第四十五条　广播电台、电视台有权禁止未经其许可的下列行为：

（一）将其播放的广播、电视转播；

（二）将其播放的广播、电视录制在音像载体上以及复制音像载体。

前款规定的权利的保护期为五十年，截止于该广播、电视首次播放后第五十年的12月31日。

第四十六条　电视台播放他人的电影作品和以类似摄制电影的方法创作的作品、录像制品，应当取得制片者或者录像制作者许可，并支付报酬；播放他人的录像制品，还应当取得著作权人许可，并支付报酬。

第五章　法律责任和执法措施

第四十七条　有下列侵权行为的，应当根据情况，承担停止侵害、消除影响、赔礼道歉、赔偿损失等民事责任：

（一）未经著作权人许可，发表其作品的；

（二）未经合作作者许可，将与他人合作创作的作品当作自己单独创作的作品发表的；

（三）没有参加创作，为谋取个人名利，在他人作品上署名的；

（四）歪曲、篡改他人作品的；

（五）剽窃他人作品的；

（六）未经著作权人许可，以展览、摄制电影和以类似摄制电影的方法使用作品，或者以改编、翻译、注释等方式使用作品的，本法另有规定的除外；

（七）使用他人作品，应当支付报酬而未支付的；

（八）未经电影作品和以类似摄制电影的方法创作的作品、计算机软件、录音录像制品的著作权人或者与著作权有关的权利人许可，出租其作品或者录音录像制品的，本法另有规定的除外；

（九）未经出版者许可，使用其出版的图书、期刊的版式设计的；

（十）未经表演者许可，从现场直播或者公开传送其现场表演，或者录制其表演的；

（十一）其他侵犯著作权以及与著作权有关的权益的行为。

第四十八条　有下列侵权行为的，应当根据情况，承担停止侵害、消除影响、赔礼道歉、赔偿损失等民事责任；同时损害公共利益的，可以由著作权行政管理部门责令停止侵权行为，没收违法所得，没收、销毁侵权复制品，并可处以罚款；情节严重的，著作权行政管理部门还可以没收主要用于制作侵权复制品的材料、工具、设备等；构成犯罪的，依法追究刑事责任：

（一）未经著作权人许可，复制、发行、表演、放映、广播、汇编、通过信息网络向公众传播其作品的，本法另有规定的除外；

（二）出版他人享有专有出版权的图书的；

（三）未经表演者许可，复制、发行录有其表演的录音录像制品，或者通过信息网络向公众传播其表演的，本法另有规定的除外；

（四）未经录音录像制作者许可，复制、发行、通过信息网络向公众传播其制作的录音录像制品的，本法另有规定的除外；

（五）未经许可，播放或者复制广播、电视的，本法另有规定的除外；

（六）未经著作权人或者与著作权有关的权利人

许可，故意避开或者破坏权利人为其作品、录音录像制品等采取的保护著作权或者与著作权有关的权利的技术措施的，法律、行政法规另有规定的除外；

（七）未经著作权人或者与著作权有关的权利人许可，故意删除或者改变作品、录音录像制品等的权利管理电子信息的，法律、行政法规另有规定的除外；

（八）制作、出售假冒他人署名的作品的。

第四十九条　侵犯著作权或者与著作权有关的权利的，侵权人应当按照权利人的实际损失给予赔偿；实际损失难以计算的，可以按照侵权人的违法所得给予赔偿。赔偿数额还应当包括权利人为制止侵权行为所支付的合理开支。

权利人的实际损失或者侵权人的违法所得不能确定的，由人民法院根据侵权行为的情节，判决给予五十万元以下的赔偿。

第五十条　著作权人或者与著作权有关的权利人有证据证明他人正在实施或者即将实施侵犯其权利的行为，如不及时制止将会使其合法权益受到难以弥补的损害的，可以在起诉前向人民法院申请采取责令停止有关行为和财产保全的措施。

人民法院处理前款申请，适用《中华人民共和国民事诉讼法》第九十三条至第九十六条和第九十九条的规定。

第五十一条　为制止侵权行为，在证据可能灭失或者以后难以取得的情况下，著作权人或者与著作权有关的权利人可以在起诉前向人民法院申请保全证据。

人民法院接受申请后，必须在四十八小时内作出裁定；裁定采取保全措施的，应当立即开始执行。

人民法院可以责令申请人提供担保，申请人不提供担保的，驳回申请。

申请人在人民法院采取保全措施后十五日内不起诉的，人民法院应当解除保全措施。

第五十二条　人民法院审理案件，对于侵犯著作权或者与著作权有关的权利的，可以没收违法所得、侵权复制品以及进行违法活动的财物。

第五十三条　复制品的出版者、制作者不能证明其出版、制作有合法授权的，复制品的发行者或者电影作品或者以类似摄制电影的方法创作的作品、计算机软件、录音录像制品的复制品的出租者不能证明其发行、出租的复制品有合法来源的，应当承担法律责任。

第五十四条　当事人不履行合同义务或者履行合同义务不符合约定条件的，应当依照《中华人民共和国民法通则》、《中华人民共和国合同法》等有关法律规定承担民事责任。

第五十五条　著作权纠纷可以调解，也可以根据当事人达成的书面仲裁协议或者著作权合同中的仲裁条款，向仲裁机构申请仲裁。

当事人没有书面仲裁协议，也没有在著作权合同中订立仲裁条款的，可以直接向人民法院起诉。

第五十六条　当事人对行政处罚不服的，可以自收到行政处罚决定书之日起三个月内向人民法院起诉，期满不起诉又不履行的，著作权行政管理部门可以申请人民法院执行。

第六章　附　则

第五十七条　本法所称的著作权即版权。

第五十八条　本法第二条所称的出版，指作品的复制、发行。

第五十九条　计算机软件、信息网络传播权的保护办法由国务院另行规定。

第六十条　本法规定的著作权人和出版者、表演者、录音录像制作者、广播电台、电视台的权利，在本法施行之日尚未超过本法规定的保护期的，依照本法予以保护。

本法施行前发生的侵权或者违约行为，依照侵权或者违约行为发生时的有关规定和政策处理。

第六十一条　本法自1991年6月1日起施行。

来源：中国图书出版网 http://www.bkpcn.com (2010年3月1日)

新闻出版总署废止第五批规范性文件的决定

新闻出版总署 第50号 2011年3月1日

为全面推进依法行政，加强新闻出版法治政府建设，新闻出版总署组织了第五批规范性文件集中清理工作，决定废止161件规范性文件。现予公布，自公布之日起生效。

附件：新闻出版总署决定废止的第五批规范性文件目录

序号	发布机关	文件名称	文号	发布时间
1	邮电部、出版总署	通知报纸按季征订制度暂缓实行及按月价计算报费办法	(53)邮发字第357号 (53)出报字第145号	1953.4.2
2	出版总署	关于统一规定各级报纸、杂志的创刊、停刊和改变刊期、刊名、开张、定价等事项批准、备案及登记的呈报程序的通知	(54)出报(刊)字第4号	1954.1.7
3	出版总署	关于调整部分农民报纸和少数民族报纸定价的规定	(54)出报(刊)字第154号	1954.9.6
4	文化部	修订全国报纸缴送样本办法的通知	(56)文陈出字第348号	1956.7.12
5	文化部、中国人民银行	关于国外广告商、公司、私人在我国报纸、杂志刊登广告收取外汇费用的通知	(57)文部出字第928号 (57)银国汇第253号	1957.11.21
6	国家出版局	图书租(供)型造货工作的暂行规定	(80)出版字第420号	1980.6.25
7	国家出版局	关于期刊登记问题的通知	(82)出版字第89号	1982.2.9
8	国家出版局	关于转发《<新华文摘>的编辑方针和审稿制度》的通知	(82)出版字第93号	1982.2.10
9	国家出版局	关于过期报刊(包括影缩本、缩微胶片)出口问题的通知	(82)文办字第198号	1982.3.26
10	国家出版局、教育部、铁道部、交通部、邮电部	关于优先运输大中小学教科书做到课前到书的联合通知	(82)出会字第6号	1982.4.30
11	国家出版局、商业部	关于组织有条件的城市商店开展图书代销工作的联合通知	(82)出会字第7号	1982.5.4
12	国家出版局	关于图书发行体制改革工作的通知	(82)文出字第754号	1982.7.10
13	文化部	关于进一步做好图书发行体制改革工作并准备召开经验交流会议的通知	文出字(83)684号	1983.4.5
14	文化部	关于停止向版本二库缴送样本的通知	(83)出综字第533号	1983.8.29
15	文化部	关于对当前图书发行工作中存在的问题的意见	(85)出综字第276号	1985.7.16
16	文化部	关于出版社不要自行办理教材征订的通知	文出字(85)1127号	1985.7.17
17	文化部	关于不得变相出版期刊的通知	文出字[1985]1265号	1985.8.5
18	国家出版局	关于发展集体个体书店和加强管理的原则规定	(86)出发字第783号	1986.9.9
19	国家出版局	对当前图书发行改革中出现的一些错误倾向的通报	(86)出发字第858号	1986.10.10
20	新闻出版署	关于统一印发报纸、期刊、出版社重新登记注册表的通知	(87)新出期字第436号	1987.7.3
21	新闻出版署	关于报送报刊整顿进展情况的通知	(87)新出办字540号	1987.8.14
22	新闻出版署、劳动人事部	关于出版印刷行业贯彻执行《关于实行技师聘任制的暂行规定》的实施意见	(87)新出人字第613号	1987.8.27
23	新闻出版署、海关总署	关于办理去港澳印刷审批手续的通知	新出印[1987]第1003号	1987.12.11
24	新闻出版署	关于执行《关于港澳台报刊进口管理的规定》的实施细则	(87)新出发字第1070号	1987.12.21
25	新闻出版署	关于中央单位内部报刊整顿、登记事宜的通知	(88)新出期字第272号	1988.3.31
26	新闻出版署	关于要求正式期刊将国家统一刊号刊印在封底下部的通知	(88)新出期字第437号	1988.5.4
27	中共中央宣传部、新闻出版署	关于印发出版社改革、图书发行体制改革的意见的通知	(88)新出办字422号	1988.5.6
28	新闻出版署	关于重申严禁淫秽出版物的规定	(88)新出办字第714号	1988.7.5

序号	发布机关	文件名称	文号	发布时间
29	新闻出版署	关于在新闻出版企业17个工种中试行提前退休的通知	(88)新出人字第1250号	1988.10.31
30	新闻出版署	关于做好集体、个体、私营书店(摊)重新登记工作的通知	(90)新出发字第44号	1990.1.23
31	新闻出版署	关于对部分进行调整的报刊重新登记注册的通知	(90)新出报字第215号	1990..2.23
32	新闻出版署	关于对涉及苏联、东欧国家的图书的出版加强管理的通知	新出图字[1990]449号	1990.4.9
33	中共中央宣传部、新闻出版署、财政部、国家税务局	关于禁止在进口书报刊的供应工作中授受“回扣”的规定	(90)新出联字第620号	1990/5/23
34	新闻出版署、邮电部	关于新华书店、出版社办理邮寄大宗图书目录和征订单手续问题的通知	(90)新出联字第1157号	1990.8.22
35	新闻出版署	关于期刊社重新核发记者证的通知	(90)新出期字第1626号	1990.12.17
36	新闻出版署	关于1991年期刊增刊审批办法	(91)新出期字第135号	1991.2.20
37	新闻出版署	关于统一换发《期刊登记证》的通知	(91)新出期字第259号	1991.3.26
38	新闻出版署	关于印发《常备图书目录》(第一批)及《关于常备图书出版、印刷、发行管理的暂行规定》的通知	(91)新出发字第278号	1991.4.2
39	新闻出版署	关于更换报纸登记证的通知	(91)新出报字第391号	1991.5.3
40	新闻出版署	关于核定外国文学出版任务的通知	(91)新出图字第846号	1991.7.10
41	新闻出版署	关于图书总发行单位审核登记的通知	(91)新出发字第925号	1991.7.25
42	新闻出版署	新闻出版署重申《关于征集图书、杂志、报纸样本办法》的通知	(91)新出图字第990号	1991.9.11
43	新闻出版署	关于中等职业教育教材发行问题的复函	(91)新出发字第1209号	1991.10.7
44	新闻出版署	关于境外出版单位不得在大陆擅自设立办事机构及从事出版活动的批复	(92)新出外82号	1992.1.23
45	新闻出版署	印发《<常备图书目录>(第一批)的落实情况和下一步工作的意见》的通知	(92)新出发160号	1992.2.19
46	新闻出版署	关于继续做好中小学教材出版、印制、发行工作的通知	(92)新出发848号	1992.6.17
47	新闻出版署	关于转发河北省教委、河北省新闻出版局《关于中小学课本及教学辅助用书出版发行有关问题的通知》的通知	(93)新出发67号	1993.2.3
48	新闻出版署	关于在出版物上使用条码的通知	(93)新出技137号	1993.2.24
49	新闻出版署	关于在出版物上全面推广使用条码的通知	(93)新出技1070号	1993.8.9
50	新闻出版署	关于贯彻执行中宣部、新闻出版署《关于禁止“买卖书号”的通知》的办法	(93)新出图1556号	1993.11.26
51	新闻出版署	关于严格实施中国标准音像制品编码的通知	(93)新出音1622号	1993.12.13
52	新闻出版署、国务院新闻办公室	关于海外报刊不得在内地自行征订发行的通知	(94)新出联1号	1994.3.11
53	新闻出版署	关于禁止在我境内与外资合办报纸、期刊和出版社的通知	(94)新出外214号	1994.3.30
54	新闻出版署	关于对书号使用总量进行宏观控制的通知	(94)新出图387号	1994.5.26
55	新闻出版署	关于加强书刊产品印制质量管理的意见	(94)新出技480号	1994.6.22
56	新闻出版署	关于禁止“收费约稿”的通知	(94)新出图556号	1994.7.18
57	新闻出版署	关于实行《出版社年检登记制度(试行)》的通知	(94)新出图610号	1994.7.27

序号	发布机关	文件名称	文号	发布时间
58	新闻出版署	关于转发最高人民检察院《关于严厉打击走私、制作、贩卖、传播淫秽物品和非法出版物的通知》的通知	(94)新出办874号	1994.10.7
59	新闻出版署	关于推荐"常备图书"全国定点销售单位的通知	(94)新出发927号	1994.10.25
60	新闻出版署	关于进一步做好清理内部报刊工作的通知	(94)新出办975号	1994.11.23
61	新闻出版署	关于加强和改进中国标准音像制品编码管理的通知	(95)新出音7号	1995.1.4
62	新闻出版署	关于加强古籍整理今译图书出版管理的通知	新出图[1995]19号	1995.1.13
63	新闻出版署	关于书号总量宏观调控的通知	(95)新出图24号	1995.1.13
64	新闻出版署	关于出版1996年挂历最高限价指导意见的通知	(95)新出计242号	1995.3.11
65	新闻出版署	关于加强文摘类报刊管理的通知	(95)新出报985号	1995.8.2
66	新闻出版署	关于印发《常备书目》(1995年)有关事项的通知	(95)新出发1061号	1995.8.16
67	新闻出版署	关于出版"名录"类图书的管理规定	(95)新出图1060号	1995.8.17
68	新闻出版署、文化部、国家工商局	关于实施激光数码储存片来源识别码(SID码)的通知	(95)新出联15号	1995.8.23
69	新闻出版署	关于限期蚀刻SID码的紧急通知	新出音管[1995]61号	1995.8.31
70	新闻出版署	新闻出版署关于使用统一的《书刊征订发行委托书》的通知	(96)新出发64号	1996.2.12
71	新闻出版署	关于严禁未经批准的单位和个人进销港报的通知	(96)新出外77号	1996.2.13
72	新闻出版署	新闻出版署关于进一步在出版物上全面推广使用条码的通	(96)新出技150号	1996.3.12
73	新闻出版署	关于实施《电子出版物管理暂行规定》若干问题的通知	(96)新出音365号	1996.5.28
74	新闻出版署	关于图书推销工作中应当注意的问题的通知	(96)新出发461号	1996.7.1
75	新闻出版署	关于对工具类图书进行质量检查的通知	(97)新出图123号	1997.3.20
76	新闻出版署	关于全国各出版社书号核发办法的通知	(97)新出图143号	1997.3.25
77	新闻出版署	关于重申不得随意印发"十五大"报告和新党章的紧急通	(97)新出图846号	1997.9.11
78	新闻出版署	关于清理音像复制业和审核登记音像复制单位的通知	新出音[1997]484号	1997.12.24
79	新闻出版署	关于报刊管理贯彻执行《内部资料性出版物管理办法》有关问题的通知	(98)新出期6号	1998.1.7
80	新闻出版署	关于对音像出版单位使用版号实行总量控制的通知	新出音[1998]83号	1998.1.26
81	新闻出版署	关于建立信息参考类期刊刊号系列的通知	(98)新出期111号	1998.2.13
82	新闻出版署	关于建立高校学报类期刊刊号系列的通知	(98)新出期109号	1998.2.13
83	新闻出版署、劳动部	关于对图书发行员实行职业资格证书制度的通知	(98)新出联4号	1998.3.6
84	新闻出版署	关于设立高校校报类报纸刊号系列的通知	(98)新出报324号	1998.3.18
85	新闻出版署	关于全国统一换发记者证的通知	(98)新出报404号	1998.4.24
86	新闻出版署	关于应按(91)新出图字第990号文件规定缴送样书的通知	(98)新出图563号	1998.6.10
87	新闻出版署	关于"高校校报类"等三类报纸另列刊号系列的通知	(98)新出报748号	1998.7.8
88	新闻出版署、公安部、国家工商局	关于对全国印刷业进行全面清理整顿的通知	新出联[1998]30号	1998.10.23
89	文化部	关于音像制品总批发单位审批管理工作有关事项的通知	文市发[1998]78号	1998.11.11
90	文化部	关于音像制品连锁经营管理问题的通知	市函[1998]401号	1998.11.20
91	新闻出版署	关于加强版号管理和规范使用中国标准音像制品编码的通	新出音[1999]155号	1999.3.3
92	新闻出版署	关于报纸年度核验和重新登记的通知	新出报刊[1999]216号	1999.3.12
93	新闻出版署	关于期刊核验及重新登记的通知	新出报刊[1999]242号	1999.3.17

序号	发布机关	文件名称	文号	发布时间
94	新闻出版署	关于归口管理统一组织法兰克福书展的通知	新出外[1999]500 号	1999.5.4
95	全国“扫黄”“打非”工作小组办公室、新闻出版署、国家版权局	关于进一步贯彻落实最高人民法院《关于审理非法出版物刑事案件具体应用法律若干问题的解释》的通知	新出联[1999]7 号	1999.6.4
96	新闻出版署	关于印发《2000 年出版物印刷企业总量、结构、布局宏观调控规划》的通知	新出技[1999]680 号	1999.6.4
97	新闻出版署、公安部、国家工商局	关于印发《清理整顿印刷业工作验收条件及办法》的通知	新出联[1999]14 号	1999.6.29
98	新闻出版署	关于清理整顿印刷业工作中两个具体问题的补充通知	新出技[1999]911 号	1999.7.15
99	新闻出版署	关于重申有关法轮功出版物处理意见的通知	新出图[1999]933 号	1999.7.22
100	新闻出版署	关于查禁印刷法轮功类非法出版物，进一步加强出版物印刷管理的通知	新出技[1999]989 号	1999.8.5
101	新闻出版署	关于国务院办事机构所办期刊与其脱离主办关系等问题的通知	新出报刊[1999]1187 号	1999.10.11
102	新闻出版署	关于落实中央“两办”30 号文件调整报刊结构的意见	新出报刊[1999]1299 号	1999.11.11
103	新闻出版署	关于贯彻国家电脑软件产品(电子出版物)税收优惠政策有关问题的通知	新出技[1999]1336 号	1999.11.23
104	新闻出版署	关于《关于期刊核验及重新登记的通知》的补充通知	新出报刊[1999]1372 号	1999.12.2
105	新闻出版总署	关于进一步加强报刊摘转稿件管理的通知	新出报刊[2000]201 号	2000.2.25
106	新闻出版署	关于进一步加强时事政治类、综合文化生活类、信息文摘类和学术理论类期刊管理的通知	新出报刊[2000]753 号	2000.3.2
107	新闻出版署	关于限定气功、练功类音像制品的出版单位的通知	新出音[2000]454 号	2000.4.14
108	新闻出版署	关于清理整顿军事报刊的通知	新出报刊[2000]772 号	2000.6.30
109	新闻出版署	关于坚决制止发表和出版政治观点错误的文章和图书的通知	新出办[2001]1288 号	2000.9.28
110	全国“扫黄”“打非”工作小组办公室、新闻出版署、教育部、国家版权局	关于坚决制止各级各类学校使用盗版教材的通知	新出联[2000]31 号	2000.9.29
111	全国“扫黄”“打非”工作小组办公室、新闻出版署	关于进一步加强报刊管理的意见	新出联[2000]33 号	2000.10.17
112	新闻出版署	关于继续做好出版物征订发行委托有关工作的批复	新出发[2000]1621 号	2000.11.28
113	全国“扫黄”“打非”工作小组办公室、新闻出版署、文化部、国家工商局	关于取缔、关闭、限期整治有关出版物市场的通知	新出联(2000)46 号	2000.12.20
114	新闻出版署	关于严格审核期刊封面刊登党和国家领导人图片的通知	新出报刊[2001]141 号	2001.2.22
115	新闻出版署	关于印发《建设“中国期刊方阵”工作方案》的通知	新出报刊[2001]472 号	2001.4.24

序号	发布机关	文件名称	文号	发布时间
116	新闻出版署	关于进一步调整高校学报结构的通知	新出报刊[2001]513号	2001.4.28
117	新闻出版总署	关于进一步加强和改进报刊审读工作的通知	新出报刊[2001]826号	2001.6.18
118	新闻出版总署	关于印发《关于坚决制止报刊摊派，切实做好当前减轻农民负担工作实施方案》并开展专项检查的通知	新出报刊[2001]901号	2001.7.3
119	新闻出版总署	关于进一步加强社会生活类报刊管理的通知	新出报刊[2001]902号	2001.7.3
120	新闻出版总署	关于维护报纸正常发行秩序的通知	新出报刊[2001]962号	2001.7.16
121	全国“扫黄”“打非”工作小组办公室、新闻出版总署、公安部、工商总局、质检总局	关于整顿和规范印刷市场秩序的通知	新出联[2001]16号	2001.8.22
122	新闻出版总署	关于认真贯彻落实《印刷业管理条例》的通知	新出技[2001]1362号	2001.9.20
123	新闻出版总署	关于中小学教材发行费用标准的通知	新出发[2001]1376号	2001.9.28
124	新闻出版总署	关于限量进口伊斯兰教类书刊的通知	新外出[2001]1524号	2001.11.13
125	新闻出版总署	关于做好《出版物征订发行委托书》印制发放工作的通知	新出办[2002]245号	2002.3.7
126	新闻出版总署	关于加强实验教材用书发行管理的紧急通知	新出发[2002]564号	2002.5.9
127	新闻出版总署	关于印发《关于贯彻落实<关于深化新闻出版广播影视业改革的若干意见>的实施细则》的通知	新出办[2002]591号	2002.5.17
128	新闻出版总署	关于加强中越友好宣传和文化交流力度的通知	新出外[2002]911号	2002.8.2
129	新闻出版总署	关于切实加强对印刷复制企业监管的通知	(2002)新出明电13号	2002.8.8
130	新闻出版总署	关于禁止报纸期刊刊载以军队名义发布医疗广告的通知	新出报刊[2002]1198号	2002.10.8
131	新闻出版总署	关于进一步规范出版物订货、展销活动的紧急通知	新出办[2002]1345号	2002.11.27
132	新闻出版总署	关于报送限期整改印刷企业基本情况的通知	新出印[2002]1468号	2002.12.24
133	新闻出版总署	关于国家期刊获奖徽标使用办法的通知	新出报刊[2003]115号	2003.1.13
134	新闻出版总署	关于印发《印刷企业“十五”后三年总量、结构、布局宏观调控指导意见》的通知	新出印[2003]389号	2003.4.11
135	全国“扫黄”“打非”工作小组办公室、新闻出版总署、工商总局、质检总局	关于印发《关于对不符合资格条件的印刷单位进行限期整改的方案》的通知	新出联[2003]11号	2003.6.25
136	全国“扫黄”“打非”工作小组办公室、新闻出版总署、教育部、国家版权局	关于开展2003年秋季盗版教材、教辅读物专项治理行动的通知	新出联[2003]15号	2003.7.17
137	新闻出版总署	关于全国统一换发新闻记者证的通知	新出报刊[2003]1222号	2003.11.20
138	新闻出版总署	关于委托省级新闻出版行政部门代行部分报刊审批权限的通知	新出报刊〔2003〕1410号	2003.12.11
139	新闻出版总署	关于坚决禁止违法印刷活动和取缔非法出版物的通知	新出监管[2004]900号	2004.7.21

序号	发布机关	文件名称	文号	发布时间
140	中共中央宣传部、全国“扫黄”“打非”工作小组办公室、全国整规领导小组办公室、新闻出版总署、公安部、工商总局、质检总局、国家版权局	关于印发印刷复制业专项整治工作方案的通知	新出联[2004]22号	2004.10.8
141	新闻出版总署	关于文摘、选刊类期刊不得转载和编摘非法出版物内容的通知	新出报刊[2004]1347号	2004.12.17
142	新闻出版总署	关于重申报刊应遵守出版宗旨规范出版秩序的通知	新出报刊[2004]1366号	2004.12.27
143	新闻出版总署	关于认真贯彻落实《新闻记者证管理办法》及《报社记者站管理办法》的通知	新出报刊[2005]139号	2005.3.4
144	新闻出版总署、科技部	关于调整科技期刊申报程序和审批办法的通知	新出联[2005]9号	2005.4.20
145	新闻出版总署、信息产业部、教育部、国务院新闻办公室、全国妇联、共青团中央	关于开展“全国中小学生网络安全与德育教育活动”的通知	新出联[2005]10号	2005.5.10
146	新闻出版总署	关于加强对报刊刊载广告的管理杜绝虚假违法广告的通知	新出报刊[2005]507号	2005.5.23
147	新闻出版总署	关于严格控制人体美术和人体艺术音像制品出版的通知	新出音[2005]880号	2005.8.22
148	中共中央宣传部、国务院纠风办、新闻出版总署	关于开展规范报刊发行秩序工作的通知	新出联[2005]14号	2005.8.24
149	新闻出版总署	关于印发《全国书市申办条件》的通知	新出厅字[2005]266号	2005.11.2
150	新闻出版总署	关于开展规范报刊社记者站管理专项工作的通知	新出报刊[2006]428号	2006.4.25
151	新闻出版总署	关于认真做好查处违规光盘复制单位专项行动停业整顿单位验收工作的通知	新出印[2006]556号	2006.5.31
152	新闻出版总署	关于做好第13届北京国际图书博览会版权输出工作暨办好出版交流活动的通知	新出外[2006]836号	2006.8.14
153	新闻出版总署	关于进一步规范报社记者站管理的通知	新出报刊[2007]271号	2007.3.18
154	全国“扫黄”“打非”工作小组办公室、新闻出版总署	关于加强少数民族语言文字出版物出版、印刷管理和市场监管的通知	新出联[2007]6号	2007.4.16
155	全国“扫黄”“打非”工作小组办公室、新闻出版总署	关于开展印刷复制业专项检查行动的通知	新出联[2008]3号	2008.5.8

序号	发布机关	文件名称	文号	发布时间
156	新闻出版总署	关于加强音像制品市场建设与管理的通知	新出厅字[2008]268 号	2008.10.17
157	新闻出版总署	关于开展对印刷、复制企业，出版物市场进行专项检查的通知	新出印发[2009]191 号	2009.2.20
158	新闻出版总署	关于开展迎接新中国成立 60 周年出版物印刷复制质量监督检测活动的通知	新出印发[2009]264 号	2009.3.10
159	新闻出版总署	关于在十九届全国图书交易博览会期间对参展图书印制质量进行检测的通知	新出印发[2009]299 号	2009.3.25
160	新闻出版总署	关于转发中央八部门《整治手机媒体低俗之风工作方案》的通知	新出机字[2009]125 号	2009.4.14
161	新闻出版总署	关于对印刷复制企业和图书市场加强监管工作的通知	新出厅字[2009]368 号	2009.9.7

新闻出版总署关于进一步加强出版单位总编辑工作的意见

新出政发[2011]5 号　2011 年 3 月 11 日

各省、自治区、直辖市新闻出版局，新疆生产建设兵团新闻出版局，解放军总政治部宣传部新闻出版局，中央和国家机关各部委、各民主党派、各人民团体新闻出版主管部门，各出版单位：

长期以来，总编辑岗位一直是我国出版单位管理体制中不可或缺的重要岗位。作为出版单位的主要负责人之一，总编辑在出版单位领导班子的集体领导下，负责出版导向、落实出版制度、保证出版物内容质量、培养编辑队伍等工作，在业务方面承担着主要责任，具有重要作用。

按照中央关于文化体制改革的总体要求，经营性出版单位将陆续完成转制任务，其今后的发展将面临许多新要求、新任务，但作为我国社会主义文化企业和内容生产企业，其意识形态属性不会改变。出版单位转制之后，出版单位的总编辑岗位不能缺失，其地位更加重要、责任更加重大，各出版单位应按董事长（社长）、总编辑、总经理依次配备主要干部。在新的形势下，进一步加强总编辑工作，把好出版物内容质量关，对于出版单位坚持正确的发展方向，对于社会主义文化的繁荣发展和国家文化软实力的提升，都具有十分重要的意义。根据《出版管理条例》等有关规定和《中共中央国务院关于深化文化体制改革的若干意见》有关精神，现就进一步加强出版单位总编辑工作提出以下意见：

一、总编辑岗位设置

1.高度重视总编辑岗位的设置和总编辑工作。无论是转企改制后成为企业的出版单位还是继续实行事业体制的出版单位，均必须设置总编辑岗位。总编辑属行政职务，为出版单位第二责任人，负责业务工作的领导。中小型出版社可由符合总编辑任职条件的社长兼任总编辑，行使总编辑职责。

2.在总编辑岗位之下，应根据出版规模设置专职或兼职副总编辑岗位，并设置相应的编辑业务部门，形成以总编辑为首的编辑业务工作体系，以保障总编辑领导下的编辑工作顺利开展。

二、总编辑任职条件

1.政治立场坚定，坚持正确的出版方向，有强烈的事业心和责任感。

2.具有出版专业副高级以上专业技术职务，具备对编辑出版业务把关和管理的能力，熟悉国家有关出版的法律、法规及相关政策。

3.一般应具有 5 年以上编辑工作实践经验，3 年以上出版单位副职领导工作经历。

4.须经过新闻出版行政部门组织的岗位培训，取得岗位培训合格证书后持证上岗。

三、总编辑工作职责

1.把握出版导向和出版方向，坚持以社会效益为最高准则，努力实现社会效益与经济效益的有机结合。

2.负责组织制订并落实中长期选题规划、年度选题计划和出版计划；负责组织选题策划和产品研发，特别是加强具有原创性内容的选题策划和产品研发；组织选题的论证和审批；组织重点选题的立项工作。

3.组织、指挥、协调出版物特别是重点出版物的组稿、编辑、校对、生产等工作，确保出版业务流程各环节畅通有序；负责组织实施新技术在出版业务中的运用，促进出版主业的科学发展和提升。

4.负责出版物质量工作，实施出版物质量保障体系，落实出版物责任编辑制度和三审责任制度，组织制定并落实出版物质量管理办法，确保出版物质量。

5.协助法定代表人进行经营管理工作，提出出版物营销方案建议，并且推动营销计划的实施。

6.负责版权管理工作，受法定代表人的委托，代表出版单位与作者签订“约稿合同”及“出版合同”，做好作者队伍建设工作。负责出版业务的对外交流与合作工作。

7.负责出版单位编辑等出版专业技术人员的人力资源建设工作，指导出版专业技术人员的业务培训和考核工作。

8.负责完成法定代表人授权、交办的其他工作任务。

各级新闻出版行政部门和各出版单位要认真贯彻落实本意见精神，确保总编辑岗位设置、任职条件和工作职责的落实，切实监督和加强总编辑工作，并于2011年6月底前将落实情况报新闻出版总署人事司。

新闻出版总署

二□一一年三月十一日

国务院关于修改《音像制品管理条例》的决定

中华人民共和国国务院令 第595号 2011年3月19日

国务院决定对《音像制品管理条例》作如下修改：

一、将第四条修改为：国务院出版行政主管部门负责全国音像制品的出版、制作、复制、进口、批发、零售和出租的监督管理工作；国务院其他有关行政部门按照国务院规定的职责分工，负责有关的音像制品经营活动的监督管理工作。

县级以上地方人民政府负责出版管理的行政主管部门（以下简称出版行政主管部门）负责本行政区域内音像制品的出版、制作、复制、进口、批发、零售和出租的监督管理工作；县级以上地方人民政府其他有关行政部门在各自的职责范围内负责有关的音像制品经营活动的监督管理工作。

二、删去第五条第一款、第十九条、第二十四条、第三十一条、第三十二条、第三十三条、第三十九条、第四十四条、第四十七条中的“出租”，删去第三十九条、第四十七条中的“放映”。

三、将第六条修改为：“国务院出版行政主管部门负责制定音像业的发展规划，确定全国音像出版单位、音像复制单位的总量、布局和结构。”

四、将第八条至第十一条、第十四条、第十五条、第十七条、第十八条、第二十一条、第二十二条、第二十五条、第三十九条、第四十条、第四十二条至第四十四条中的“出版行政部门”修改为“出版行政主管部门”。

五、将第九条、第十七条、第二十一条中的“自收到申请书之日起60日内”修改为“自受理申请之日起60日内”。

六、将第十二条第二款修改为：“音像出版单位应当按照国家有关规定向国家图书馆、中国版本图书馆和国务院出版行政主管部门免费送交样本。”

七、将第二十一条、第四十二条中的“《音像制品复制许可证》”修改为“《复制经营许可证》”，将第三十二条中的“《音像制品经营许可证》”修改为“《出版物经营许可证》”。

八、将第二十三条第一款修改为：“音像复制单位接受委托复制音像制品的，应当按照国家有关规定，与委托的出版单位订立复制委托合同；验证委托的出版单位的《音像制品出版许可证》、营业执照副本、盖章的音像制品复制委托书以及出版单位取得的授权书；接受委托复制的音像制品属于非卖品的，应当验证委托单位的身份证明和委托单位出具的音像制品非卖品复制委托书。”

九、将第二十六条修改为：“音像复制单位接受委托复制境外音像制品的，应当经省、自治区、直辖市人民政府出版行政主管部门批准，并持著作权人的授权书依法到著作权行政管理部门登记；复制的音像制品应当全部运输出境，不得在境内发行。”

十、将第二十七条修改为：“音像制品成品进口业务由国务院出版行政主管部门批准的音像制品成品进口经营单位经营；未经批准，任何单位或者个人不得经营音像制品成品进口业务。”

十一、删去第三十二条第一款中的“申请设立全国性音像制品连锁经营单位，应当由其总部所在地省、自治区、直辖市人民政府文化行政部门审核同意后，报国务院文化行政部门审批”。

十二、将第三十三条、第三十六条、第四十七条中的“个人”修改为“个体工商户”。

十三、将第三十五条修改为：“国家允许设立从事音像制品发行业务的中外合作经营企业。”

十四、将第三十七条修改为：“出版行政主管部门或者其他有关行政部门及其工作人员，利用职务上的便利收受他人财物或者其他好处，批准不符合法定设立条件的音像制品出版、制作、复制、进口、批发、零售单位，或者不履行监督职责，或者发现违法行为不予查处，造成严重后果的，对负有责任的主管人员和其他直接责任人员依法给予降级直至开除的处分；构成犯罪的，依照刑法关于受贿罪、滥用职权罪、玩忽职守罪或者其他罪的规定，依法追究刑事责任。”

十五、将第三十八条中的“行政处分”修改为“处分”。

十六、将第三十九条中的“并处5万元以下的罚款”、第四十条中的“可以并处5万元以下的罚款”和第四十二条、第四十三条、第四十五条中的“并处1万元以上5万元以下的罚款”修改为“可以处5万元以下的罚款”。

十七、删去第四十条、第四十四条中的“文化行政部门”，将第二十八条、第三十条、第三十二条、第三十三条、第三十六条、第四十二条、第四十五条中的“文化行政部门”修改为“出版行政主管部门”。

十八、删去第四十五条第四项。

十九、将第四十九条修改为：“除本条例第三十五条外，电子出版物的出版、制作、复制、进口、批发、零售等活动适用本条例。”

本决定自公布之日起施行。

《音像制品管理条例》根据本决定作相应的修改，重新公布。

来源：国务院办公厅

音像制品管理条例

（2001年12月25日中华人民共和国国务院令第341号公布　根据2011年3月19日《国务院关于修改〈音像制品管理条例〉的决定》修订）

第一章　总　则

第一条　为了加强音像制品的管理，促进音像业的健康发展和繁荣，丰富人民群众的文化生活，促进社会主义物质文明和精神文明建设，制定本条例。

第二条　本条例适用于录有内容的录音带、录像带、唱片、激光唱盘和激光视盘等音像制品的出版、制作、复制、进口、批发、零售、出租等活动。

音像制品用于广播电视播放的，适用广播电视法律、行政法规。

第三条　出版、制作、复制、进口、批发、零售、出租音像制品，应当遵守宪法和有关法律、法规，坚持为人民服务和为社会主义服务的方向，传播有益于经济发展和社会进步的思想、道德、科学技术和文化知识。

音像制品禁止载有下列内容：

（一）反对宪法确定的基本原则的；

（二）危害国家统一、主权和领土完整的；

（三）泄露国家秘密、危害国家安全或者损害国家荣誉和利益的；

（四）煽动民族仇恨、民族歧视，破坏民族团结，或者侵害民族风俗、习惯的；

（五）宣扬邪教、迷信的；

（六）扰乱社会秩序，破坏社会稳定的；

（七）宣扬淫秽、赌博、暴力或者教唆犯罪的；

（八）侮辱或者诽谤他人，侵害他人合法权益的；

（九）危害社会公德或者民族优秀文化传统的；

（十）有法律、行政法规和国家规定禁止的其他内容的。

第四条　国务院出版行政主管部门负责全国音像制品的出版、制作、复制、进口、批发、零售和出租的监督管理工作；国务院其他有关行政部门按照国务院规定的职责分工，负责有关的音像制品经营活动的监督管理工作。

县级以上地方人民政府负责出版管理的行政主管部门（以下简称出版行政主管部门）负责本行政区域内音像制品的出版、制作、复制、进口、批发、零售和出租的监督管理工作；县级以上地方人民政府其他有关行政部门在各自的职责范围内负责有关的音像制品经营活动的监督管理工作。

第五条　国家对出版、制作、复制、进口、批发、零售音像制品，实行许可制度；未经许可，任何单位和个人不得从事音像制品的出版、制作、复制、进口、批发、零售等活动。

依照本条例发放的许可证和批准文件，不得出租、出借、出售或者以其他任何形式转让。

第六条　国务院出版行政主管部门负责制定音像业的发展规划，确定全国音像出版单位、音像复制单位的总量、布局和结构。

第七条　音像制品经营活动的监督管理部门及其工作人员不得从事或者变相从事音像制品经营活动，并不得参与或者变相参与音像制品经营单位的经营活动。

第二章　出　版

第八条　设立音像出版单位，应当具备下列条件：

（一）有音像出版单位的名称、章程；

（二）有符合国务院出版行政主管部门认定的主办单位及其主管机关；

（三）有确定的业务范围；

（四）有适应业务范围需要的组织机构和符合国家规定的资格条件的音像出版专业人员；

（五）有适应业务范围需要的资金、设备和工作场所；

（六）法律、行政法规规定的其他条件。

审批设立音像出版单位，除依照前款所列条件外，还应当符合音像出版单位总量、布局和结构的规划。

第九条　申请设立音像出版单位，由所在地省、自治区、直辖市人民政府出版行政主管部门审核同意后，报国务院出版行政主管部门审批。国务院出版行政主管部门应当自受理申请之日起60日内作出批准或者不批准的决定，并通知申请人。批准的，发给《音像制品出版许可证》，由申请人持《音像制品出版许可证》到工商行政管理部门登记，依法领取营业执照；不批准的，应当说明理由。

申请书应当载明下列内容：

（一）音像出版单位的名称、地址；

（二）音像出版单位的主办单位及其主管机关的名称、地址；

（三）音像出版单位的法定代表人或者主要负责人的姓名、住址、资格证明文件；

（四）音像出版单位的资金来源和数额。

第十条　音像出版单位变更名称、主办单位或者其主管机关、业务范围，或者兼并其他音像出版单位，或者因合并、分立而设立新的音像出版单位的，应当依照本条例第九条的规定办理审批手续，并到原登记的工商行政管理部门办理相应的登记手续。

音像出版单位变更地址、法定代表人或者主要负责人，或者终止出版经营活动的，应当到原登记的工商行政管理部门办理变更登记或者注销登记，并向国务院出版行政主管部门备案。

第十一条　音像出版单位的年度出版计划和涉及国家安全、社会安定等方面的重大选题，应当经所在地省、自治区、直辖市人民政府出版行政主管部门审核后报国务院出版行政主管部门备案；重大选题音像制品未在出版前报备案的，不得出版。

第十二条　音像出版单位应当在其出版的音像制品及其包装的明显位置，标明出版单位的名称、地址和音像制品的版号、出版时间、著作权人等事项；出版进口的音像制品，还应当标明进口批准文号。

音像出版单位应当按照国家有关规定向国家图书馆、中国版本图书馆和国务院出版行政主管部门免费送交样本。

第十三条　音像出版单位不得向任何单位或者个人出租、出借、出售或者以其他任何形式转让本单位的名称，不得向任何单位或者个人出售或者以其他形式转让本单位的版号。

第十四条　任何单位和个人不得以购买、租用、借用、擅自使用音像出版单位的名称或者购买、伪造版号等形式从事音像制品出版活动。

图书出版社、报社、期刊社、电子出版物出版社，不得出版非配合本版出版物的音像制品；但是，可以按照国务院出版行政主管部门的规定，出版配合本版出版物的音像制品，并参照音像出版单位享有权利、承担义务。

第十五条 音像出版单位可以与香港特别行政区、澳门特别行政区、台湾地区或者外国的组织、个人合作制作音像制品。具体办法由国务院出版行政主管部门制定。

第十六条 音像出版单位实行编辑责任制度，保证音像制品的内容符合本条例的规定。

第十七条 音像出版单位以外的单位申请设立独立从事音像制品的制作业务的单位（以下简称音像制作单位），由所在地省、自治区、直辖市人民政府出版行政主管部门审批。省、自治区、直辖市人民政府出版行政主管部门应当自受理申请之日起60日内作出批准或者不批准的决定，并通知申请人。批准的，发给《音像制品制作许可证》，由申请人持《音像制品制作许可证》到工商行政管理部门登记，依法领取营业执照；不批准的，应当说明理由。广播、电视节目制作经营单位的设立，依照有关法律、行政法规的规定办理。

申请书应当载明下列内容：

（一）音像制作单位的名称、地址；

（二）音像制作单位的法定代表人或者主要负责人的姓名、住址、资格证明文件；

（三）音像制作单位的资金来源和数额。

审批设立音像制作单位，除依照前款所列条件外，还应当兼顾音像制作单位总量、布局和结构。

第十八条 音像制作单位变更名称、业务范围，或者兼并其他音像制作单位，或者因合并、分立而设立新的音像制作单位的，应当依照本条例第十七条的规定办理审批手续，并到原登记的工商行政管理部门办理相应的登记手续。

音像制作单位变更地址、法定代表人或者主要负责人，或者终止制作经营活动的，应当到原登记的工商行政管理部门办理变更登记或者注销登记，并向省、自治区、直辖市人民政府出版行政主管部门备案。

第十九条 音像出版单位不得委托未取得《音像制品制作许可证》的单位制作音像制品。

音像制作单位接受委托制作音像制品的，应当按照国家有关规定，与委托的出版单位订立制作委托合同；验证委托的出版单位的《音像制品出版许可证》或者本版出版物的证明及由委托的出版单位盖章的音像制品制作委托书。

音像制作单位不得出版、复制、批发、零售音像制品。

第三章 复 制

第二十条 设立音像复制单位应当具备下列条件：

（一）有音像复制单位的名称、章程；

（二）有确定的业务范围；

（三）有适应业务范围需要的组织机构和人员；

（四）有适应业务范围需要的资金、设备和复制场所；

（五）法律、行政法规规定的其他条件。

审批设立音像复制单位，除依照前款所列条件外，还应当符合音像复制单位总量、布局和结构的规划。

第二十一条 申请设立音像复制单位，由所在地省、自治区、直辖市人民政府出版行政主管部门审核同意后，报国务院出版行政主管部门审批。国务院出版行政主管部门应当自受理申请之日起60日内作出批准或者不批准的决定，并通知申请人。批准的，发给《复制经营许可证》，由申请人持《复制经营许可证》到工商行政管理部门登记，依法领取营业执照；不批准的，应当说明理由。

申请书应当载明下列内容：

（一）音像复制单位的名称、地址；

（二）音像复制单位的法定代表人或者主要负责人的姓名、住址；

（三）音像复制单位的资金来源和数额。

第二十二条 音像复制单位变更业务范围，或者兼并其他音像复制单位，或者因合并、分立而设立新的音像复制单位的，应当依照本条例第二十一条的规定办理审批手续，并到工商行政管理部门办理相应的登记手续。

音像复制单位变更名称、地址、法定代表人或者主要负责人，或者终止复制经营活动的，应当到原登记的工商行政管理部门办理变更登记或者注销登记，并向国务院出版行政主管部门备案。

第二十三条 音像复制单位接受委托复制音像制品的，应当按照国家有关规定，与委托的出版单位订立复制委托合同；验证委托的出版单位的《音像制品出版许可证》、营业执照副本、盖章的音像制品复制委托书以及出版单位取得的授权书；接受委托复制的音像制品属于非卖品的，应当验证委托单位的身份证明和委托单位出具的音像制品非卖品复制委托书。

音像复制单位应当自完成音像制品复制之日起 2 年内，保存委托合同和所复制的音像制品的样本以及验证的有关证明文件的副本，以备查验。

第二十四条　音像复制单位不得接受非音像出版单位或者个人的委托复制经营性的音像制品；不得自行复制音像制品；不得批发、零售音像制品。

第二十五条　从事光盘复制的音像复制单位复制光盘，必须使用蚀刻有国务院出版行政主管部门核发的激光数码储存片来源识别码的注塑模具。

第二十六条　音像复制单位接受委托复制境外音像制品的，应当经省、自治区、直辖市人民政府出版行政主管部门批准，并持著作权人的授权书依法到著作权行政管理部门登记；复制的音像制品应当全部运输出境，不得在境内发行。

第四章　进　口

第二十七条　音像制品成品进口业务由国务院出版行政主管部门批准的音像制品成品进口经营单位经营；未经批准，任何单位或者个人不得经营音像制品成品进口业务。

第二十八条　进口用于出版的音像制品，以及进口用于批发、零售、出租等的音像制品成品，应当报国务院出版行政主管部门进行内容审查。

国务院出版行政主管部门应当自收到音像制品内容审查申请书之日起 30 日内作出批准或者不批准的决定，并通知申请人。批准的，发给批准文件；不批准的，应当说明理由。

进口用于出版的音像制品的单位、音像制品成品进口经营单位应当持国务院出版行政主管部门的批准文件到海关办理进口手续。

第二十九条　进口用于出版的音像制品，其著作权事项应当向国务院著作权行政管理部门登记。

第三十条　进口供研究、教学参考的音像制品，应当委托音像制品成品进口经营单位依照本条例第二十八条的规定办理。

进口用于展览、展示的音像制品，经国务院出版行政主管部门批准后，到海关办理临时进口手续。

依照本条规定进口的音像制品，不得进行经营性复制、批发、零售、出租和放映。

第五章　批发、零售和出租

第三十一条　设立音像制品批发、零售单位，应当具备下列条件：

（一）有音像制品批发、零售单位的名称、章程；

（二）有确定的业务范围；

（三）有适应业务范围需要的组织机构和人员；

（四）有适应业务范围需要的资金和场所；

（五）法律、行政法规规定的其他条件。

第三十二条　申请设立音像制品批发单位，应当报所在地省、自治区、直辖市人民政府出版行政主管部门审批。申请从事音像制品零售业务，应当报县级地方人民政府出版行政主管部门审批。出版行政主管部门应当自受理申请书之日起 30 日内作出批准或者不批准的决定，并通知申请人。批准的，应当发给《出版物经营许可证》，由申请人持《出版物经营许可证》到工商行政管理部门登记，依法领取营业执照；不批准的，应当说明理由。

《出版物经营许可证》应当注明音像制品经营活动的种类。

第三十三条　音像制品批发、零售单位变更名称、业务范围，或者兼并其他音像制品批发、零售单位，或者因合并、分立而设立新的音像制品批发、零售单位的，应当依照本条例第三十二条的规定办理审批手续，并到原登记的工商行政管理部门办理相应的登记手续。

音像制品批发、零售单位变更地址、法定代表人或者主要负责人或者终止经营活动，从事音像制品零售经营活动的个体工商户变更业务范围、地址或者终止经营活动的，应当到原登记的工商行政管理部门办理变更登记或者注销登记，并向原批准的出版行政主管部门备案。

第三十四条　音像出版单位可以按照国家有关规定，批发、零售本单位出版的音像制品。从事非本单位出版的音像制品的批发、零售业务的，应当依照本条例第三十二条的规定办理审批手续，并到原登记的工商行政管理部门办理登记手续。

第三十五条　国家允许设立从事音像制品发行业务的中外合作经营企业。

第三十六条　音像制品批发单位和从事音像制品零售、出租等业务的单位或者个体工商户，不得经营非音像出版单位出版的音像制品或者非音像复制单位复制的音像制品，不得经营未经国务院出版行政主管部门批准进口的音像制品，不得经营侵犯他人著作权的音像制品。

第六章 罚 则

第三十七条 出版行政主管部门或者其他有关行政部门及其工作人员，利用职务上的便利收受他人财物或者其他好处，批准不符合法定设立条件的音像制品出版、制作、复制、进口、批发、零售单位，或者不履行监督职责，或者发现违法行为不予查处，造成严重后果的，对负有责任的主管人员和其他直接责任人员依法给予降级直至开除的处分；构成犯罪的，依照刑法关于受贿罪、滥用职权罪、玩忽职守罪或者其他罪的规定，依法追究刑事责任。

第三十八条 音像制品经营活动的监督管理部门的工作人员从事或者变相从事音像制品经营活动的，参与或者变相参与音像制品经营单位的经营活动的，依法给予撤职或者开除的处分。

音像制品经营活动的监督管理部门有前款所列行为的，对负有责任的主管人员和其他直接责任人员依照前款规定处罚。

第三十九条 未经批准，擅自设立音像制品出版、制作、复制、进口、批发、零售单位，擅自从事音像制品出版、制作、复制业务或者进口、批发、零售经营活动的，由出版行政主管部门、工商行政管理部门依照法定职权予以取缔；依照刑法关于非法经营罪的规定，依法追究刑事责任；尚不够刑事处罚的，没收违法经营的音像制品和违法所得以及进行违法活动的专用工具、设备；违法经营额1万元以上的，并处违法经营额5倍以上10倍以下的罚款；违法经营额不足1万元的，可以处5万元以下的罚款。

第四十条 出版含有本条例第三条第二款禁止内容的音像制品，或者制作、复制、批发、零售、出租、放映明知或者应知含有本条例第三条第二款禁止内容的音像制品的，依照刑法有关规定，依法追究刑事责任；尚不够刑事处罚的，由出版行政主管部门、公安部门依据各自职权责令停业整顿，没收违法经营的音像制品和违法所得；违法经营额1万元以上的，并处违法经营额5倍以上10倍以下的罚款；违法经营额不足1万元的，可以处5万元以下的罚款；情节严重的，并由原发证机关吊销许可证。

第四十一条 走私音像制品的，依照刑法关于走私罪的规定，依法追究刑事责任；尚不够刑事处罚的，由海关依法给予行政处罚。

第四十二条 有下列行为之一的，由出版行政主管部门责令停止违法行为，给予警告，没收违法经营的音像制品和违法所得；违法经营额1万元以上的，并处违法经营额5倍以上10倍以下的罚款；违法经营额不足1万元的，可以处5万元以下的罚款；情节严重的，并责令停业整顿或者由原发证机关吊销许可证：

（一）音像出版单位向其他单位、个人出租、出借、出售或者以其他任何形式转让本单位的名称，出售或者以其他形式转让本单位的版号的；

（二）音像出版单位委托未取得《音像制品制作许可证》的单位制作音像制品，或者委托未取得《复制经营许可证》的单位复制音像制品的；

（三）音像出版单位出版未经国务院出版行政主管部门批准擅自进口的音像制品的；

（四）音像制作单位、音像复制单位未依照本条例的规定验证音像出版单位的委托书、有关证明的；

（五）音像复制单位擅自复制他人的音像制品，或者接受非音像出版单位、个人的委托复制经营性的音像制品，或者自行复制音像制品的。

第四十三条 音像出版单位违反国家有关规定与香港特别行政区、澳门特别行政区、台湾地区或者外国的组织、个人合作制作音像制品，音像复制单位违反国家有关规定接受委托复制境外音像制品，未经省、自治区、直辖市人民政府出版行政主管部门审核同意，或者未将复制的境外音像制品全部运输出境的，由省、自治区、直辖市人民政府出版行政主管部门责令改正，没收违法经营的音像制品和违法所得；违法经营额1万元以上的，并处违法经营额5倍以上10倍以下的罚款；违法经营额不足1万元的，可以处5万元以下的罚款；情节严重的，并由原发证机关吊销许可证。

第四十四条 有下列行为之一的，由出版行政主管部门责令改正，给予警告；情节严重的，并责令停业整顿或者由原发证机关吊销许可证：

（一）音像出版单位未将其年度出版计划和涉及国家安全、社会安定等方面的重大选题报国务院出版行政主管部门备案的；

（二）音像制品出版、制作、复制、批发、零售单位变更名称、地址、法定代表人或者主要负责人、业务范围等，未依照本条例规定办理审批、备案手续的；

（三）音像出版单位未在其出版的音像制品及其包装的明显位置标明本条例规定的内容的；

（四）音像出版单位未依照本条例的规定送交样本的；

（五）音像复制单位未依照本条例的规定留存备查的材料的；

（六）从事光盘复制的音像复制单位复制光盘，使用未蚀刻国务院出版行政主管部门核发的激光数码储存片来源识别码的注塑模具的。

第四十五条　有下列行为之一的，由出版行政主管部门责令停止违法行为，给予警告，没收违法经营的音像制品和违法所得；违法经营额1万元以上的，并处违法经营额5倍以上10倍以下的罚款；违法经营额不足1万元的，可以处5万元以下的罚款；情节严重的，并责令停业整顿或者由原发证机关吊销许可证：

（一）批发、零售、出租、放映非音像出版单位出版的音像制品或者非音像复制单位复制的音像制品的；

（二）批发、零售、出租或者放映未经国务院出版行政主管部门批准进口的音像制品的；

（三）批发、零售、出租、放映供研究、教学参考或者用于展览、展示的进口音像制品的。

第四十六条　单位违反本条例的规定，被处以吊销许可证行政处罚的，应当到工商行政管理部门办理变更登记或者注销登记；逾期未办理的，由工商行政管理部门吊销营业执照。

第四十七条　单位违反本条例的规定，被处以吊销许可证行政处罚的，其法定代表人或者主要负责人自许可证被吊销之日起10年内不得担任音像制品出版、制作、复制、进口、批发、零售单位的法定代表人或者主要负责人。

从事音像制品零售业务的个体工商户违反本条例的规定，被处以吊销许可证行政处罚的，自许可证被吊销之日起10年内不得从事音像制品零售业务。

第四十八条　依照本条例的规定实施罚款的行政处罚，应当依照有关法律、行政法规的规定，实行罚款决定与罚款收缴分离；收缴的罚款必须全部上缴国库。

第七章　附　则

第四十九条　除本条例第三十五条外，电子出版物的出版、制作、复制、进口、批发、零售等活动适用本条例。

第五十条　依照本条例发放许可证，除按照法定标准收取成本费外，不得收取其他任何费用。

第五十一条　本条例自2002年2月1日起施行。1994年8月25日国务院发布的《音像制品管理条例》同时废止。

本决定自公布之日起施行。

来源：新闻出版总署政策法规司2011年03月19日

订户订购进口出版物管理办法

新闻出版总署第51号 2011年3月25日

第一条　为了满足国内单位和个人、在华外国机构、外商投资企业外籍人士和港、澳、台人士对进口出版物的阅读需求，加强对进口出版物的管理，根据《出版管理条例》和有关法律、法规，制定本办法。

第二条　在中国境内订户订购进口出版物适用本办法。

本办法所称进口出版物，是指由出版物进口经营单位进口的，在外国以及在中国香港特别行政区、澳门特别行政区和台湾地区出版的图书、报纸（含过期报纸）、期刊（含过期期刊）、电子出版物等。

本办法所称出版物进口经营单位，是指依照《出版管理条例》设立的从事出版物进口业务的单位。

本办法所称订户，是指通过出版物进口经营单位订购进口出版物的国内单位和个人、在华外国机构、外商投资企业和在华长期工作、学习、生活的外籍人士以及港、澳、台人士。

本办法所称订购，是指订户为满足本单位或者本人的阅读需求，向出版物进口经营单位预订购买进口出版物。

第三条　进口出版物分为限定发行范围的和非限定发行范围的两类，国家对其发行实行分类管理。

进口限定发行范围的报纸、期刊、图书、电子出版物等实行订户订购、分类供应的发行方式；非限定发行范围的进口报纸、期刊实行自愿订户订购和市场销售相结合的发行方式；非限定发行范围的进口图书、电子出版物等实行市场销售的发行方式。

限定发行范围的进口报纸、期刊、图书、电子出版物的种类由新闻出版总署确定。

第四条　订户订购进口出版物由出版物进口经营单位经营。其中，订户订购限定发行范围的进口报纸、期刊、图书、电子出版物的业务，须由新闻出版总署指定的出版物进口经营单位经营。

未经新闻出版总署批准，任何单位和个人不得从事订户订购进口出版物的经营活动。

出版物进口经营单位委托非出版物进口经营单位代理征订或者代理配送进口出版物，须事先报新闻出版总署同意。

第五条　国内单位订户订购非限定发行范围的进口报纸、期刊，持单位订购申请书，直接到新闻出版总署批准的报纸、期刊进口经营单位办理订购手续。国内个人订户应通过所在单位办理订购手续。

第六条　可以订购限定发行范围的进口报纸、期刊、图书和电子出版物的国内单位订户由新闻出版总署确定。

第七条　国内单位订户订购限定发行范围的进口报纸、期刊、图书、电子出版物等，中央单位订户由所属中央各部委审批；地方单位订户经所在地省、自治区、直辖市新闻出版行政部门审核后报送同级党委宣传部审批。获得批准的订户持单位订购申请书和有关批准文件,到新闻出版总署指定的出版物进口经营单位办理订购手续。

国内单位订户订购限定发行范围的进口报纸、期刊、图书、电子出版物等，应制定相应的使用管理办法。

第八条　在华外国机构、外商投资企业和在华长期工作、学习、生活的外籍人士和港、澳、台人士订购进口报纸、期刊，应持单位订购申请书或者本人身份证明，到新闻出版总署批准或者指定的报纸、期刊进口经营单位办理订购手续。

第九条　出版物进口经营单位负责对订购限定发行范围的进口报纸、期刊、图书、电子出版物的订户进行审核，并将审核后的订户名单、拟订购进口报纸、期刊、图书、电子出版物的品种和数量报送新闻出版总署批准。出版物进口经营单位依照批准后的订户名单及进口报纸、期刊、图书、电子出版物的品种和数量供应订户。

第十条　未经批准，擅自从事进口出版物的订户订购业务，按照《出版管理条例》第六十一条处罚。

违反本办法其他规定的，由新闻出版行政部门责令改正，给予警告；情节严重的，并处3万元以下的罚款。

第十一条　本办法自公布之日起施行。新闻出版总署2004年12月31日颁布的《订户订购进口出版物管理办法》同时废止。

来源：新闻出版总署网站政策法规“部门规章”

音像制品进口管理办法

新闻出版总署 海关总署 第53号 2011年4月6日

第一章　总　则

第一条　为了加强对音像制品进口的管理，促进国际文化交流与合作，丰富人民群众的文化生活，根据《音像制品管理条例》及国家有关规定，制定本办法。

第二条　本办法所称音像制品，是指录有内容的录音带、录像带、唱片、激光唱盘、激光视盘等。

第三条　凡从外国进口音像制品成品和进口用于出版及其他用途的音像制品，适用本办法。

前款所称出版，包括利用信息网络出版。

音像制品用于广播电视播放的，适用广播电视法律、行政法规。

第四条　新闻出版总署负责全国音像制品进口的监督管理和内容审查等工作。

县级以上地方人民政府新闻出版行政部门依照本办法负责本行政区域内的进口音像制品的监督管

理工作。

各级海关在其职责范围内负责音像制品进口的监督管理工作。

第五条　音像制品进口经营活动应当遵守宪法和有关法律、法规，坚持为人民服务和为社会主义服务的方向，传播有益于经济发展和社会进步的思想、道德、科学技术和文化知识。

第六条　国家禁止进口有下列内容的音像制品：

（一）反对宪法确定的基本原则的；

（二）危害国家统一、主权和领土完整的；

（三）泄漏国家秘密、危害国家安全或者损害国家荣誉和利益的；

（四）煽动民族仇恨、民族歧视，破坏民族团结，或者侵害民族风俗、习惯的；

（五）宣扬邪教、迷信的；

（六）扰乱社会秩序，破坏社会稳定的；

（七）宣扬淫秽、赌博、暴力或者教唆犯罪的；

（八）侮辱或者诽谤他人，侵害他人合法权益的；

（九）危害社会公德或者民族优秀文化传统的；

（十）有法律、行政法规和国家规定禁止的其他内容的。

第七条　国家对设立音像制品成品进口单位实行许可制度。

第二章　进口单位

第八条　音像制品成品进口业务由新闻出版总署批准的音像制品成品进口单位经营；未经批准，任何单位或者个人不得从事音像制品成品进口业务。

第九条　设立音像制品成品进口经营单位，应当具备以下条件：

（一）有音像制品进口经营单位的名称、章程；

（二）有符合新闻出版总署认定条件的主办单位及其主管机关；

（三）有确定的业务范围；

（四）具有进口音像制品内容初审能力；

（五）有与音像制品进口业务相适应的资金；

（六）有固定的经营场所；

（七）法律、行政法规和国家规定的其他条件。

第十条　设立音像制品成品进口经营单位，应当向新闻出版总署提出申请，经审查批准，取得新闻出版总署核发的音像制品进口经营许可证件后，持证到工商行政管理部门依法领取营业执照。

设立音像制品进口经营单位，还应当依照对外贸易法律、行政法规的规定办理相应手续。

第十一条　图书馆、音像资料馆、科研机构、学校等单位进口供研究、教学参考的音像制品成品，应当委托新闻出版总署批准的音像制品成品进口经营单位办理进口审批手续。

第十二条　音像出版单位可以在批准的出版业务范围内从事进口音像制品的出版业务。

第三章　进口审查

第十三条　国家对进口音像制品实行许可管理制度，应在进口前报新闻出版总署进行内容审查，审查批准取得许可文件后方可进口。

第十四条　新闻出版总署设立音像制品内容审查委员会，负责审查进口音像制品的内容。委员会下设办公室，负责进口音像制品内容审查的日常工作。

第十五条　进口音像制品成品，由音像制品成品进口经营单位向新闻出版总署提出申请并报送以下文件和材料：

（一）进口录音或录像制品报审表；

（二）进口协议草案或订单；

（三）节目样片、中外文歌词；

（四）内容审查所需的其他材料。

第十六条　进口用于出版的音像制品，应当向新闻出版总署提出申请并报送以下文件和材料：

（一）进口录音或录像制品报审表；

（二）版权贸易协议中外文文本草案，原始版权证明书，版权授权书和国家版权局的登记文件；

（三）节目样片；

（四）中外文曲目、歌词或对白；

（五）内容审查所需的其他材料。

第十七条　进口用于展览、展示的音像制品，由展览、展示活动主办单位提出申请，并将音像制品目录和样片报新闻出版总署进行内容审查。海关按暂时进口货物管理。

第十八条　进口单位不得擅自更改报送新闻出版总署进行内容审查样片原有的名称和内容。

第十九条　新闻出版总署自受理进口音像制品申请之日起30日内作出批准或者不批准的决定。批准的，发给进口音像制品批准单；不批准的，应当说明理由。

进口音像制品批准单内容不得更改，如需修改，应重新办理。进口音像制品批准单一次报关使用有效，不得累计使用。其中，属于音像制品成品的，批准单当年有效；属于用于出版的音像制品的，批准单有效期限为1年。

第四章 进口管理

第二十条 未经审查批准进口的音像制品，任何单位和个人不得出版、复制、批发、零售、出租和营业性放映。

第二十一条 任何单位和个人不得将供研究、教学参考或者用于展览、展示的进口音像制品进行经营性复制、批发、零售、出租和营业性放映。

用于展览、展示的进口音像制品确需在境内销售、赠送的，在销售、赠送前，必须依照本办法按成品进口重新办理批准手续。

第二十二条 进口单位与外方签订的音像制品进口协议或者合同，应当符合中国法律、法规的规定。

第二十三条 出版进口音像制品，应当符合新闻出版总署批准文件要求，不得擅自变更节目名称和增删节目内容，要使用经批准的中文节目名称；外语节目应当在音像制品及封面包装上标明中外文名称；出版进口音像制品必须在音像制品及其包装的明显位置标明国家版权局的登记文号和新闻出版总署进口批准文号；利用信息网络出版进口音像制品必须在相关节目页面标明以上信息。

第二十四条 在经批准进口出版的音像制品版权授权期限内，音像制品进口经营单位不得进口该音像制品成品。

第二十五条 出版进口音像制品使用的语言文字应当符合国家公布的语言文字规范。

第二十六条 进口单位持新闻出版总署进口音像制品批准单向海关办理音像制品的进口报关手续。

第二十七条 个人携带和邮寄音像制品进出境，应以自用、合理数量为限，并按照海关有关规定办理。

第二十八条 随机器设备同时进口以及进口后随机器设备复出口的记录操作系统、设备说明、专用软件等内容的音像制品，不适用本办法，海关验核进口单位提供的合同、发票等有效单证验放。

第五章 罚 则

第二十九条 未经批准，擅自从事音像制品成品进口经营活动的，依照《音像制品管理条例》第三十九条的有关规定给予处罚。

第三十条 有下列行为之一的，由县级以上新闻出版行政部门责令停止违法行为，给予警告，没收违法音像制品和违法所得；违法经营额1万元以上的，并处违法经营额5倍以上10倍以下的罚款；违法经营额不足1万元的，并处5万元以下罚款；情节严重的，并责令停业整顿或者由原发证机关吊销许可证：

出版未经新闻出版总署批准擅自进口的音像制品；

批发、零售、出租或者放映未经新闻出版总署批准进口的音像制品的；

批发、零售、出租、放映供研究、教学参考或者用于展览、展示的进口音像制品的。

第三十一条 违反本办法，出版进口音像制品未标明本办法规定内容的，由省级以上新闻出版行政部门责令改正，给予警告，情节严重的，并责令停业整顿或者由原发证机关吊销许可证。

第三十二条 违反本办法，有下列行为之一的，由省级以上新闻出版行政部门责令改正，给予警告，可并处3万元以下的罚款：

（一）出版进口音像制品使用语言文字不符合国家公布的语言文字规范的；

（二）出版进口音像制品，违反本办法擅自变更节目名称、增删节目内容的。

擅自增删经审查批准进口的音像制品内容导致其含有本办法第六条规定的禁止内容的，按照《音像制品管理条例》有关条款进行处罚。

第三十三条 违反海关法及有关管理规定的，由海关依法处理。

第六章 附 则

第三十四条 从中国香港特别行政区、澳门特别行政区和台湾地区进口音像制品，参照本办法执行。

第三十五条 电子出版物的进口参照本办法执行。

第三十六条 本办法由新闻出版总署负责解释。涉及海关业务的，由海关总署负责解释。

第三十七条 本办法自公布之日起施行，2002年6月1日文化部、海关总署发布的《音像制品进口管理办法》同时废止。

来源：新闻出版总署出版管理司“部门规章”

国家工商行政管理总局等12部委关于印发《大众传播媒介广告发布审查规定》的通知

商广字〔2012〕26号 2012年2月9日

各省、自治区、直辖市工商行政管理局、党委宣传部、政府新闻办公室、公安厅（局）、监察厅（局）、纠风办、通信管理局、卫生厅（局）、广播电影电视局、新闻出版局、食品药品监督管理局（药品监督管理局）、中医药管理局：

广告经营单位的广告发布前审查是保证广告内容真实、合法、符合社会主义精神文明建设要求的重要措施，也是广告法律法规规定的一项法定义务。为进一步完善广告审查制度，强化广告审查把关意识，切实落实大众传播媒介广告审查责任，预防和最大限度减少违法广告的发布，整治虚假违法广告专项行动部际联席会议成员单位联合制定了《大众传播媒介广告发布审查规定》。现予以印发，请认真贯彻落实。

国家工商行政管理总局 中央宣传部 国务院新闻办公室 公安部 监察部 国务院纠风办 工业和信息化部 卫生部 国家广播电影电视总局 新闻出版总署 国家食品药品监督管理局 国家中医药管理局

二〇一二年二月九日

大众传播媒介广告发布审查规定

根据《中华人民共和国广告法》等法律法规有关广告发布者应查验证明文件、核实广告内容、建立健全广告管理制度的要求，为进一步落实大众传播媒介的广告发布审查责任，制定本规定。

一、大众传播媒介应当履行法定的广告审查义务，在广告发布前查验相关广告证明文件、核实广告内容，确保广告真实、合法，符合社会主义精神文明建设要求。

二、大众传播媒介应当明确广告审查责任。广告审查员负责广告审查的具体工作，广告经营管理部门负责人负责广告复审，分管领导负责广告审核。

三、大众传播媒介应当配备广告审查员。广告审查员应当参加广告法律法规及广告业务培训，经培训合格后，履行以下职责：

(1) 审查本单位发布的广告，提出书面意见；

(2) 管理本单位的广告审查档案；

(3) 提出改进本单位广告审查工作的意见和建议；

(4) 协助处理本单位广告管理的其他有关事宜。

四、大众传播媒介的广告审查员应当按照下列程序进行审查：

(1) 查验各类广告证明文件的真实性、合法性、有效性，对证明文件不全的，要求补充证明文件；

(2) 审核广告内容是否真实、合法，是否符合社会主义精神文明建设的要求；

(3) 检查广告表现形式和使用的语言文字是否符合有关规定；

(4) 审查广告整体效果，确认其不致引起消费者的误解；

(5) 提出对该广告同意、不同意或者要求修改的书面意见。

广告审查员应当主动登录相关政府网站，查询了解相关部门公布的广告批准文件、违法广告公告、广告监测监管等信息。

五、大众传播媒介的广告经营管理部门负责人、分管领导应当对广告审查员审查通过的广告进行复查、审核。经复查、审核符合广告法律法规规定的广告，方可发布。

六、大众传播媒介应当依法建立广告业务的承接登记、审核、档案管理制度。广告审查的书面意见应当与广告档案一同保存备查。

七、大众传播媒介对群众举报、投诉的广告，应当责成广告审查员重新审查核实，要求广告主就被举报、投诉的事项做出说明，补充提供有关证明材料。

对广告主不能提供证明材料或者提供的有关证明材料不足以证实广告内容的真实性、合法性，大众传播媒介应当立即停止发布该广告。

八、大众传播媒介每年度应当对广告审查员、广告经营管理部门负责人进行广告审查工作绩效考核。

对年度内未认真履行广告审查职责，致使违法广告多次发布的，大众传播媒介应当对广告审查员及相关负责人给予批评教育、调离工作岗位等处理。

九、广告监督管理机关应当加强广告发布审查工作的行政指导，在日常广告监测监管、处理广告举报投诉、查办广告违法案件等工作中，了解掌握大众传播媒介及广告审查员落实广告发布审查制度、履行审查职责的情况，并向有关部门通报情况，提出有关建议。

十、广告监督管理机关应当加强大众传播媒介广告审查员、广告经营管理部门负责人的广告法律法规培训工作，定期组织新任广告审查员培训和广告审查员广告法律法规知识更新培训。

十一、大众传播媒介的行政主管部门应当监督、督促大众传播媒介认真执行广告发布的有关规定，切实落实广告发布审查责任，依法审查广告。

十二、大众传播媒介的行政主管部门应当对不执行广告发布审查规定，导致严重虚假违法广告屡禁不止、广告违法率居高不下，造成恶劣社会影响及后果的大众传播媒介，予以警示告诫、通报批评等处理，依照有关规定追究主管领导和相关责任人的责任。

十三、本规定所称大众传播媒介是指广播电视播出机构、报纸期刊出版单位以及互联网信息服务单位。

大众传播媒介以外的其他广告发布者，参照本规定执行。

新闻出版总署部署报刊编辑部体制改革工作

新闻出版总署　2012 年 8 月 2 日发布

根据《中央办公厅、国务院办公厅关于深化非时政类报刊出版单位体制改革的意见》精神，新闻出版总署制定了《关于报刊编辑部体制改革的实施办法》，对经新闻出版总署批准从事报刊出版活动、获得国内统一连续出版物号、但不具有独立法人资格的报刊编辑部体制改革作出部署。

《办法》指出，报刊编辑部体制改革必须按照中央有关报刊出版单位体制改革的总体部署和要求，与调整报刊业结构、转变报刊业发展方式相结合，与实现报刊业集约化经营、培育大型报刊传媒集团相结合，与推动传统报刊业向数字化、网络化现代传媒业转型相结合，与建立健全报刊准入和退出机制、科学配置报刊资源相结合。通过改革、解放和发展报刊生产力，破解报刊业“小、散、滥”的结构性弊端，实现报刊业转型和升级，推动报刊业又好又快发展，增强报刊出版传播能力。

《办法》强调，原则上不再保留报刊编辑部体制。对现有报刊编辑部，区别不同情况实施不同改革办法。应转企改制的报刊出版单位所属的报刊编辑部，一律随隶属单位进行转企改制。

《办法》要求，党政部门、民主党派、人民团体、行业协会、社会团体、事业单位和国有企业主管主办的报刊编辑部，并入本部门本单位新闻出版传媒企业；本部门本单位没有新闻出版传媒企业、其主管主办的报刊编辑部有 3 个（含 3 个）以上的，经新闻出版总署批准，可合并建立 1 家报刊出版企业；主管主办报刊编辑部不够 3 个的，并入其他新闻出版传媒企业。党政部门、民主党派、人民团体、行业协会、社会团体、事业单位和国有企业主管主办的用于指导工作、面向本系统发行的报刊，一律改为内部资料性出版物。

《办法》鼓励和支持党报党刊出版单位和大型新闻出版传媒集团公司对报刊编辑部进行整合，鼓励和支持以党报党刊的子报子刊、实力雄厚的行业性报刊出版企业为龙头对报刊编辑部进行整合，形成大型综合性或专业性报刊出版传媒集团公司。

对于科技期刊和学术期刊编辑部体制改革，《办法》指出，原则上不再保留科技期刊和学术期刊编辑部体制。现有科技期刊和学术期刊编辑部均并入新闻出版传媒企业；对其中具备建立报刊出版企业条件的，经新闻出版总署批准，可转为期刊出版企业。主管主办多种科技期刊和学术期刊编辑部的科研部门和高等学校，经新闻出版总署批准，可对所主管的科技期刊和学术期刊编辑部实行整体转企改制，组建专业性期刊出版传媒集团公司。

《办法》明确指出，非时政类报刊出版单位体制改革的各项政策适用所有报刊编辑部体制改革。鼓励中央各部门各单位和各地区结合实际，研究制定支持和扶持报刊编辑部体制改革的各项配套政策。要严格按照国家有关政策和法规规范报刊编辑部体制改革工作。报刊编辑部停办和撤销的，按照谁主管谁负责的原则，由主管主办单位负责做好人员安置、资产处置和债权债务处理工作。

新闻出版总署于已7月30日印发《办法》并发出通知，要求中央各部门各单位和各地区切实加强对报刊编辑部体制改革工作的组织领导，周密部署，精心组织，抓好落实，积极稳妥地推进改革。

来源：http://www.bkpcn.com（2012年8月3日）

关于报刊编辑部体制改革的实施办法

新闻出版总署2012年7月30日印发　2012年8月3日发布

根据《中央办公厅、国务院办公厅关于深化非时政类报刊出版单位体制改革的意见》（中办发〔2011〕19号）精神，依照《出版管理条例》有关规定，结合报刊编辑部的实际情况，制定本实施办法。

本实施办法适用于所有经新闻出版总署批准从事报刊出版活动、获得国内统一连续出版物号、但不具有独立法人资格的报刊编辑部。

一、报刊编辑部体制改革的指导思想和原则要求

报刊编辑部体制改革要坚持以邓小平理论和“三个代表”重要思想为指导，深入贯彻落实科学发展观，按照高举旗帜、围绕大局、服务人民、改革创新的总要求，解放思想、实事求是、与时俱进、求真务实，全面推进体制机制创新；坚持社会主义先进文化前进方向，把握正确舆论导向，不断巩固和发展主流舆论阵地，始终把社会效益放在首位，努力实现社会效益和经济效益的有机统一；坚持行政推动与市场运作相结合，以资本为纽带，推进资源重组和结构调整，提高报刊业集中度；坚持以改革促发展，把深化改革与加快发展紧密结合起来，推动改革不断深入；坚持加强党的领导，把握正确改革方向，统筹规划、分类指导、突出重点、稳步推进，按照谁主管谁负责原则，落实改革任务，明确管理责任，确保改革顺利进行。

报刊编辑部体制改革必须按照中央有关报刊出版单位体制改革的总体部署和要求，与调整报刊业结构、转变报刊业发展方式相结合，与实现报刊业集约化经营、培育大型报刊传媒集团相结合，与推动传统报刊业向数字化、网络化现代传媒业转型相结合，与建立健全报刊准入和退出机制、科学配置报刊资源相结合。通过改革，解放和发展报刊生产力，破解报刊业“小、散、滥”的结构性弊端，实现报刊业转型和升级，推动报刊业又好又快发展，增强报刊出版传播能力。

二、报刊编辑部体制改革的实施办法

原则上不再保留报刊编辑部体制。对现有报刊编辑部，区别不同情况实施不同改革办法。

应转企改制的报刊出版单位所属的报刊编辑部，一律随隶属单位进行转企改制。

党政部门、民主党派、人民团体、行业协会、社会团体、事业单位和国有企业主管主办的报刊编辑部，并入本部门本单位新闻出版传媒企业；本部门本单位没有新闻出版传媒企业、其主管主办的报刊编辑部有3个（含3个）以上的，经新闻出版总署批准，可合并建立1家报刊出版企业；主管主办报刊编辑部不够3个的，并入其他新闻出版传媒企业。

对于党政部门、民主党派、人民团体、行业协会、社会团体、事业单位和国有企业主管主办的用于指导工作、面向本系统发行的报刊，一律改为内部资料性出版物，仅限于在本部门本系统内部交流，不得征订发行，不得刊登广告，不得拉赞助和开展经营性活动。

对于不适用上述改革办法的报刊编辑部予以停办，对违法违规出版情节严重的报刊编辑部予以撤销。对停办和撤销的报刊编辑部，由新闻出版总署注销其报刊出版许可证。

此外，对于极少数有符合国家规定的主管主办单位、有符合国家规定资格条件的专职采编人员、有固定办公场所、有法定资金来源，全国发行量较大，经营状况良好，能够承担法律规定的责任和义务，具备转为报刊出版企业条件的报刊编辑部，经新闻出版总署批准，可转为报刊出版企业。

鼓励和支持党报党刊出版单位和大型新闻出版传媒集团公司对报刊编辑部进行整合，鼓励和支持以党报党刊的子报子刊、实力雄厚的行业性报刊出版企业为龙头对报刊编辑部进行整合，形成大型综合性或专业性报刊出版传媒集团公司。

三、科技期刊和学术期刊编辑部体制改革的实施办法

科研部门和高等学校主管主办的科技期刊和学术期刊，是报刊业的重要组成部分。科技期刊和学术期刊编辑部体制改革要根据科技期刊和学术期刊的实际和特点，本着突出重点、打造品牌、整合资源、加强保障的原则实施改革。

原则上不再保留科技期刊和学术期刊编辑部体制。现有科技期刊和学术期刊编辑部均并入新闻出版传媒企业；对其中具备建立报刊出版企业条件的，经新闻出版总署批准，可转为期刊出版企业。主管主办多种科技期刊和学术期刊编辑部的科研部门和高等学校，经新闻出版总署批准，可对所主管的科技期刊和学术期刊编辑部实行整体转企改制，组建专业性期刊出版传媒集团公司。

对于高等学校主管主办的学报编辑部，并入本校新闻出版传媒企业；对于本校没有新闻出版传媒企业但具备建立期刊出版企业条件的学报编辑部，经新闻出版总署批准，可转为期刊出版企业；对于本校没有新闻出版传媒企业且不能转为期刊出版企业的学报编辑部，经新闻出版总署批准，以相同相近的专业和学科为基础，并入其他新闻出版传媒企业或专业性期刊出版传媒集团公司。

对于科研部门主要承担专业学术领域工作指导、情况交流任务的期刊和高等学校校报，一律改为内部资料性出版物。

对于在国家基础学科和前沿学科中具有领先水平、能代表国家学术水准，并入新闻出版传媒企业或转为期刊出版企业条件不成熟的重点科技期刊和学术期刊编辑部，可暂时保留，但要建立由科研部门分别编辑、出版企业统一出版发行的运行模式，依托大型新闻出版传媒集团公司搭建学术出版经营平台。

四、报刊编辑部体制改革的政策保障

国家有关非时政类报刊出版单位体制改革的各项政策适用于所有报刊编辑部体制改革。鼓励中央各部门各单位和各地区结合实际，研究制定支持和扶持报刊编辑部体制改革的各项配套政策。

积极争取国家各种基金对学术期刊的支持，将国家基础学科和前沿学科的重点科技期刊和学术期刊纳入国家自然科学、社会科学和出版基金资助范围；积极争取中央和地方财政通过安排文化产业发展专项资金、宣传文化发展专项资金等渠道，对重点科技期刊和学术期刊出版单位予以扶持；积极争取支持重点科技期刊和学术期刊发展的财税优惠政策。通过建立国家级学术水平及学术标准的评价体系、构建国家重点科技期刊和学术期刊数字化平台、实施国家重点科技期刊和学术期刊品牌工程等措施，加大对重点科技期刊和学术期刊支持力度。

严格按照国家有关政策和法规规范报刊编辑部体制改革工作。加强和完善报刊编辑部转为报刊出版企业后的主管主办制度，探索建立主管主办管理体制和出资人管理体制有机衔接的工作机制；严格主管主办单位职责，要求主管主办单位切实担负起管导向、管干部、管资产的任务。按照国家有关规定，在报刊编辑部转制或合并建立报刊出版企业中，不得有非公有资本进入。

报刊编辑部停办和撤销的，按照谁主管谁负责的原则，由主管主办单位负责做好人员安置、资产处置和债权债务处理工作。制定专门的人员分流安置办法，采取多种渠道进行安置，并优先考虑在本部门本单位内部进行安置；经协商一致自谋职业的，由主管主办单位依照国家有关规定兑现经济合同、接续社会保险关系。

五、报刊编辑部体制改革的组织领导

报刊编辑部体制改革涉及面广，情况复杂，政策性强。中央各部门各单位和各地区要切实加强对报刊编辑部体制改革工作的组织领导，周密部署，精心组织，抓好落实，依照本通知积极稳妥地推进改革。

中央各部门各单位报刊编辑部体制改革工作，在非时政类报刊出版单位体制改革工作联席会议和新闻出版总署的组织协调下进行；各省自治区直辖市报刊编辑部体制改革工作，在各省自治区直辖市文化体制改革和发展工作领导小组和新闻出版局的组织协调下进行。报刊编辑部的主管主办单位具体负责所属报刊编辑部体制改革工作的组织实施。在实施改革过程中，要认真做好政治思想工作，切实解决好各种具体问题。要始终掌握对主要干部的任免权、重大事项的决策权和报刊内容的终审权，确保正确导向和持续发展。要切实维护职工的合法权益，充分调动职工参与改革的积极性和主动性。严禁在体制改革中转移和私分财物。

中央各部门各单位所属报刊编辑部体制改革方案，通过其主管单位向非时政类报刊出版单位体制改革工作联席会议办公室报送，非时政类报刊出版单位体制改革工作联席会议办公室对所报方案予以审核和批复。各省自治区直辖市报刊编辑部体制改革方案，由各省自治区直辖市文化体制改革和发展工作领导小组办公室和新闻出版局分别向中央文化体制改革和发展工作领导小组办公室和新闻出版总署报送，经新闻出版总署审核并征求中央文化体制改革和发展工作领导小组办公室意见后，由中央文化体制改革和发展工作领导小组办公室和新闻出版总署分别予以批复。

中央各部门各单位主管主办在各地区的报刊编辑部体制改革方案，在协商一致的基础上，由中央各部门各单位或地方按照上述程序报送。

来源：中国新闻出版网/报、中国图书出版网 http://www.bkpcn.com（2012年8月6日）

关于《设立外商投资印刷企业暂行规定》的补充规定（二）

新闻出版总署　商务部　第54号令　2012年12月12日

为促进香港、澳门与内地建立更紧密经贸关系，鼓励香港、澳门服务提供者在内地设立商业企业，根据国务院批准的《〈内地与香港关于建立更紧密经贸关系的安排〉补充协议九》及《〈内地与澳门关于建立更紧密经贸关系的安排〉补充协议九》，现就《设立外商投资印刷企业暂行规定》（新闻出版总署、对外贸易经济合作部令第16号）作出如下补充规定：

一、允许香港、澳门服务提供者在前海、横琴试点设立合资企业，从事出版物和其他印刷品的印刷业务。香港或者澳门服务提供者拥有的股权比例不超过70%。

二、本规定中的香港、澳门服务提供者应分别符合《内地与香港关于建立更紧密经贸关系的安排》及《内地与澳门建立更紧密经贸关系的安排》中关于“服务提供者”定义及相关规定的要求。

三、香港、澳门服务提供者在内地投资图书、报纸、期刊印刷领域的其他事项，仍按照《设立外商投资印刷企业暂行规定》执行。

四、本规定自2013年1月1日起施行。

中国医药卫生期刊年鉴 2011—2012

期刊研究

版面费难题的破解呼唤评价机制、管理体制创新

———关于学术刊物版面费问题论争的述评

□木 星

(山西广播电视大学,山西 太原 030027)

摘要:随着越来越多的学术刊物开始收取版面费,版面费问题引起了广泛关注。充分交锋的各种观点,主要涉及版面费是否合理合法、产生原因与破解路径等。对于版面费的存废,学术期刊本身无能为力,需要通过政府行为,以政策创新各种评价机制和考核机制,从源头上控制论文发表的非正常需求;强化对期刊的综合治理,淘汰"害群之马";加大对期刊的经费投入,保障刊物正常运转。所以,版面费难题的破解呼唤学术评价机制和刊物管理体制创新。

关键词:学术刊物;版面费;述评;学术评价机制;刊物管理体制;破解;创新

人们对于版面费并不陌生。版面费一般指正式学术期刊编辑部刊用作者文章时向作者收取的费用。版面费又称发表费、文章处理费。目前不少学术刊物收取作者的版面费成了"潜规则"。有时版面费改头换面以"订刊费"的面目出现。[①]随着社会主义市场经济的深入发展,越来越多的学术刊物开收版面费,已经受到了广泛关注。[②]多年来,社会各界对版面费褒贬不一,争论不休。谁是谁非,很难遽下结论,但理性的、公开的讨论还是有价值的,也是必要的[③]。充分交锋的各种观点,主要涉及版面费是否合理合法,成因与破解路径等。笔者尽可能地对各种有代表性的观点进行梳理、盘点与探究,希望能为进一步的研究提供参考。

一、学术刊物版面费之乱象

学术刊物版面费之乱象,大致可以归纳为六个方面。一是无法可依,纷纷收取。国家有关行政管理部门对于版面费应不应该收、哪些学术刊物可以收哪些不能收、收取的标准、惩治措施等,尚无明确规定。所以,收者有之,不收者亦有之;昂贵者有之,低廉者亦有之;费以字计者有之,以版面计者有之,以篇计者亦有之;研究学人,认为该收者有之,认为不该收者亦有之。杂乱无章,自行其是,异彩纷呈。[④]二是自定标准。刊物按照档次,一般都有自己的标准,几乎明码标价。但一般发"内稿",多数不收费或者少收费。有的则不论内外稿,一律收费。三是有些核心期刊,版面费高出京沪房价。无怪乎许朝明先生说"核心期刊,在学术繁荣的幻景前真实狂欢"。[④]四是去向各异,以上缴"集体"为主,流入单位小金库,变成了"集体"经费和奖金,[⑤]有的竟然光明正大地显示在单位的财务公开中。五是社会效果差。滥收版面费的期刊,一般没什么社会效果,收了人钱财,文章质量就难以保证。除了作者自己关注自己的文章,其他作用大概就和宋丹丹饰演的白云写的那本《月子》差不多[⑥]。六是渐成产业。学术期刊竞相征收版面费,引出了琳琅满目的学术产业、期刊产业,进而又引出"歪期刊"。"歪期刊"的特点是:期刊行色"歪"、出刊周期"歪"、办刊单位"歪"和编辑脾气"歪"。[④]

二、学者们对版面费的两种截然不同的态度

对于学术期刊收取版面费,持各种态度的都有,更不乏言辞激烈者。刘长秋指出,多数学者对于版面费存在的不合理性,都有清醒认识。然而,也有为版面费唱赞歌的。[⑦]在支持和反对版面费的两大阵营中,比较具有代表性的是蒋永华和刘长秋,二位学者锋芒毕露而又坦诚相见。

(一) 持否定态度者认为学术期刊收取版面费危害严重

近年来,对版面费的批评铺天盖地。"研究生卖血发论文"、"论文中介'叫卖'核心期刊发表权"等报道不时见诸报端,引起各界关注。因为对"版面费"不满,有位老师多年来没在期刊上发论文,而是把论文挂在教学博客里,并将这块虚拟空间耕耘成与学生交流的园地,其"关注指数"与"好评指数"名列该校教师前茅。[8]刘长秋曾发表"反版面费系列文章",深入分析版面费危害。中科院院士何祚庥认为"收取版面费绝不是学术界的'国际惯例'! 这种观点混淆了国内外不同期刊运作的区别,掩盖了某些不良期刊'花钱才能发论文'暗箱操作的真相! "[9]如此尖锐的批评声音也绝非个例。反对者认为收取版面费会造成以下危害:

1.催生学术腐败。版面费使学术期刊的形象、信誉和质量受损。熊丙奇指出,版面费收了好几年了,就算文章达到了发表水平,他还是要收你钱。将金钱摆在学术质量之前,这是催生学术腐败的一个原因[10]。收取版面费无疑助长了学术腐败,助长了权学钱"三角贸易"的不良风气[5]。曾革楠认为,版面费人为地提高了学术的金钱"门槛",学术研究似乎成了有钱人才玩得起的"游戏"。所谓的"学术成就"可以用钱来买,学术岂有不腐败的道理?![11]

2.影响学术诚信。曾革楠指出,版面费蚕食学者与期刊编辑职业道德,破坏了学术界的诚信原则。在金钱凌驾于学术研究之上的择稿标准下,版面费很容易在稿件质量的选取上打折扣,影响学术的公正与纯洁。[11] 李成言认为版面费危害有三,一是严重影响学术公正、纯洁的良好形象。版面费使交钱就能发文章成为可能。二是容易使期刊在导向上走入误区。期刊本来承担社会导向的义务,版面费很容易使一些质量低下、观点错误的文章"登上"期刊。三是使政府管理杂志的公信力受损。因为多数期刊是由相关政府部门主办的,版面费会严重影响政府形象。[12]

3.助推学术虚假繁荣。有的学者曾对学术期刊市场调研后指出,某半月刊杂志,1997 年即改为半月刊(有的竟然是旬刊、周刊),一年 24 期,300 多页码,每期 300 余篇文章,有一期竟然刊发了近 400 篇文章。如此泡沫,烘托出浮华的繁荣,蕴藏着深刻的危机。[13] 其实,与社科期刊一样,我国科技论文总数已跃居世界第六位,学术期刊数量仅次于美国,排世界第二位[14]。江晓原指出,虽然我国的论文发表数量已进入世界前列,但在单篇论文被引用次数之类的指标上,我们在世界上排名第 126 位! 这就是说,对于我们发表的大量"泡沫论文",国际同行不屑一顾![15] 杨曾宪认为,每年数万种学术出版物,数十万篇学术文章,有原创价值的不超过 1~2%。[16]贺林平惊呼:"真闹不明白,中国的人文社会科学果真发展到如此繁荣昌盛的地步了吗? 那么多所谓的核心期刊, 每月一期、每期好几十篇论文,都是学术? 都是科研?"[4]

4.情节严重者构成单位受贿罪。张舒从出版法角度分析后指出,学术期刊征收版面费行为是蔑视法律、践踏法律的违法以至犯罪行为,符合单位受贿罪的构成要件,情节严重者构成单位受贿罪,应该依法予以制裁。[17]

(二) 持肯定态度者认为学术期刊收取版面费合情合理合法,与学术腐败无关

面对版面费受到的指责, 持肯定态度者认为,版面费的成因在于适应市场经济的转型。学术期刊收取版面费合情合理合法,与学术腐败、学术诚信、学术虚假繁荣、单位受贿罪等,并没有必然的联系。以蒋永华、关陈、游苏宁、陈浩元等学者的观点比较具有代表性。

1.版面费合理。蒋永华认为,适当收取版面费,在某种程度上具有现实的可行性和逻辑的合理性。一是与面向市场的其他刊物不一样,学术刊物很难市场化运作, 大笔办刊经费是一个非常严肃的现实问题。二是学术刊物处理稿件带来了沉重的经济负担,版面费可以确保刊物的经济来源。三是支付版面费是科研投入的一个组成部分,学术论文的发表是课题完成的标志之一。另外,收版面费是一种国际惯例,已成为学者自觉遵守的"公理"。当其成了公开的规定时,劣质论文出笼与收取版面费无关,因为行贿受贿也可能导致劣质论文发表。[18] 张贺指出, 学术期刊收取版面费不是中国特有的,而是国际通行的做法,且收费相当昂贵。比如,《美国生物化学会会刊》10 页之内每页论文收 75 美元,超过 10 页每页收 150 美元,彩图每幅收 300 美元; 《欧洲分子生物协会会刊》每页收费 242 美元。[19] 针对版面费引起的争议,石朝云、游苏宁等学者对我国医药卫生期刊版面费收取情况进行调查,从历史、政策、现实、国际对比等角度对收取版面费的合理性和必要性进行了论证,可谓有理有据。调查结果表明, 版面费对医药卫生期刊的生存与可持

续发展至关重要，大多数期刊收取的过程较为公正透明。[20]

2.版面费合情合法。关陈对版面费进行了多角度深入研究后认为，版面费是在学术期刊和学术研究兴盛的环境下产生的，它的出场并非偶然，无须大惊小怪；从版面费自身形成的构件和程序看，它是两方的自觉自愿的合约行为，是两个巴掌拍出的响，无违法违纪可言；从遭来的骂声、挨的板子看，不该挨板子的版面费挨得好疼，因而版面费是冤枉和委屈的，无端地指责实属过分；从现实状况和人们对其取舍态度看，版面费是办刊中很普通的正常的自然现象，版面费退场与否都是平常事，不必横加干涉，重要的是全面有效地净化和规范学术环境，整体提高学术研究水平。[21]游苏宁、陈浩元认为，科技学术期刊收取论文版面费合理合法[22]。徐拥军认为，收取版面费实属合情合理，并非于法无据[23]。

3.与学术腐败无关。版面费并不等于学术腐败。李正元指出，有人认为版面费破坏了学术界的诚信原则，有损学术公正、纯洁的良好形象，是滋生学术腐败之源。将这两个本不相干的东西联系在一起，虽然能找到一点“蛛丝马迹”，但未免有些牵强附会，结果让版面费成为学术腐败的“替罪羊”。[24]王斌认为，版面费似乎违背了学术研究者的创作初衷。其实，收取版面费并非学术腐败的诱因与根源，也不等于“出卖版面”[25]。所以，我们不应妖魔化版面费[23]。

三、版面费的成因

对版面费的成因，诸多学者进行了深入分析，诸多观点大致可以归纳为以下三个方面。

(一) 畸形的评价机制，导致供求关系严重失衡

我国学术评价机制、职称评审机制以及研究生培养机制的不合理，是版面费种种乱象的深刻根源。这种畸形的评价机制，催生了一个供不应求的庞大的消费市场。[26]

1.长期以来，多数学校教师考核、职称评定的衡量手段之一，就是统计其论文发表数量。而职称 又与教师的许多切身利益紧密相联。这种重论文发表轻工作实绩、重论文数量轻质量的评价机制，导致一些科研人员急功近利，版面费成了缺乏职业素养的学者和学术期刊谋求各自利益诉求的桥梁与纽带。[11]张海通认为，随着高校扩招，在读研究生数量剧增。可供发表论文的刊物相对不多，核心刊物却还是那几家。大量师生和各种等待评定和晋升职称的人发表论文的需求，“培育”了版面费市场。此外，科研、卫生、出版等系统都逃不出这个中国式的规定。[27]据统计，2010 年我国共出版期刊 9884 种，其中发表论文的学术期刊 5000 多种，每年刊发的论文数量约为 100 万篇。仅就期刊数量而言，我国是仅次于美国的世界学术期刊出版大国。但与发表论文的各种需求（约为 480 万篇）相比，数量如此庞大的学术期刊仍不敷使用。供需严重失衡，是造成‘非法办刊’、‘版面买卖’、‘论文中介’等现象的深层原因。[30]在这个浮躁、功利、激进的大环境中自然而然的就有了版面费现象的愈演愈烈[4]，伪学术、歪期刊也就如火如荼。很多人愿意出钱发表文章，为的就是职称评定或获得学位。[3]

2.国家对大学的评估机制欠完善。张海通认为，大学排名榜和教育部对高校的评估中，都与论文发表数量、刊物档次有关，直接扩大了高校对论文的“需求”。一些有“上进心”的高校管理者们，要在大学排名榜、教育部评估上力争上游，要为自己的“仕途”创造“政绩”。而在最高级别的学术刊物上多发文章正是显示政绩的最易见效的指标。于是拿发表论文和学生的毕业和学位挂钩，和教师评职称、升职挂钩就是天经地义的事情了。[27]这种畸形的评价机制，催生了一个供大于求的庞大的消费市场。[16]“据统计，目前全国合法刊物发表论文的供需比约为 1: 5，可见竞争性有多激烈，版面费也因之水涨船高”。[27]

(二) 学术期刊缺乏完善的监管体系和追惩制度

一旦有了刊号，学术期刊一般就有了一劳永逸的生存权。对期刊出版质量，有关行政管理部门疏于跟踪审读，严格、科学的期刊质量评估标准缺失，评估体系、监管体系、追惩制度乏力，学术期刊行为主要靠“道德自律”。因此，确实出现了一些惟利是图的不良期刊[11]，疯狂扩容（增加版面，缩短周期，缩小字号，一号多刊、多版等），滥收版面费。这些害群之马，给版面费招来骂声不断。

(三)体制导致学术期刊经费不，足缺乏市场竞争力

陈吉德认为，近年来出版单位实行“事业单位企业化管理”，自负盈亏，接受商品交换原则的考验。更为滑稽的是，有的主管部门还给杂志社下达了创收指标。[28]邱源、刘亚民认为，我国期刊业基本脱胎于计划经济体制，无纯粹的期刊出版者，却无一例外地有个期刊主办单位，由主办单位决定期刊的级别。期刊出版单位直接与其相关的机关、部门、企事业挂钩，或是其二级单位。在这种情况下，期刊的企业人格和社会

化程度无法全部实现，管理程度无法深入，市场竞争能力弱化。经费短缺已成为制约学术期刊发展的重要因素。[29] 实际上，我国绝大多数期刊，没有独立的法人资格和投入市场的权力，市场竞争乏力，基本没有发行、广告收入，政府停止或减少拨款后，期刊生存危机，不得不以收取版面费生存。

四、破解路径：学术评价机制的创新和学术期刊监管体系的完善

滥收版面费对学术发展的危害日益严重，整治乱象关键在于打破目前僵化而畸形的评价机制。对此，学者们提出了许多很好的建议，大致可以归纳为以下三个方面。

（一）调整研究生考核机制，完善政府对大学和研究机构的评价体系，从源头上控制论文发表的非正常需求

一要弱化论文在研究生评价中的作用，尤其需要将论文的数量、质量结合起来。可以把论文发表作为评价机制之一，但不能作为惟一形式。根据不同学科，按照不同层次人才培养定位，建立一套系统科学、分类管理的科研评价机制。其实，光靠发表几篇论文，并不能说明一个学生的整体能力。熊丙奇认为，评价学生的能力有很多方面，如实验能力、创新能力等。[10]只有坚决废除单纯用发表论文来评判学生优劣的惟一标准，才能从源头上控制论文发表的非正常需求，版面费乱象也才能得到有效治理。二要完善政府对大学和研究机构的评价体系。张海通认为，只有打破政府对大学和研究机构的垄断，重树大学的独立、自由精神，排除行政干扰，大学才能摆脱行政权利的附庸，才能避免不懂学术规律的官员为了面子工程，利用权力向大学强求论文数量，而不看质量的荒唐要求。大学、科研机构、单位的学位授予、职称论文质量评定，应委托第三方的独立学术委员会进行，让那些单位自设的学位、职称的授予和发表论文挂钩的规定失去生存的土壤。[27] 陈蓉霞、李旭认为，若是有关部门不是硬性规定科研人员、研究生，发多少论文才能评职称、才能毕业（获得学位），那些靠版面费生存甚至创收的杂志自然就会销声匿迹。[30]

（二）政府要强化期刊的综合治理，淘汰滥收版面费的“害群之马”

彻底治理版面费乱象，是个多层面、多领域、全方位的综合联动过程，需要政府出台许多配套措施。李成言建议：政府要出台相关法规，规范期刊的出版。同时发动社会监督期刊，使民众自觉抵制滥收版面费行为。[5]让市场淘汰那些挂羊头卖狗肉的几乎没有读者的核心期刊，让读者来选择真正有学术精神的权威期刊。这样，学术期刊选文就只能以论文质量为第一标准。版面费自然就没有了市场。[31] 令人欣喜的是，北京市新闻出版局将推出规范性的政策和标准，坚决清理滥收版面费、产生“学术垃圾”的期刊。[32] 建议国家新闻出版总署制定可操作性强的期刊质量评估标准，加大对期刊的整顿力度，淘汰“害群之马”。李正元认为，对于违规收费、搞权钱交易的不法分子要坚决查处，公开曝光，情节严重者，吊销刊号，取消从业资格。建立学术期刊准入和退出机制。[33] 可喜的是，陕西省新闻出版局严肃查处了《医学信息》出版“鸳鸯刊”事件。国家新闻出版总署通过重点监测和专项治理等方式，跟踪审读，对8种超越业务范围刊载学术论文、质量低劣的期刊，予以行政处罚。要求各地集中开展对期刊超越办刊宗旨违规刊载学术论文问题的重点监测和专项治理，并逐步对学术期刊进行分类评估，形成学术期刊产品评价体系和引导激励机制；分类指导学术期刊出版单位改革，推进体制机制创新，增强出版经营能力；建设国家重点学术期刊工程，培育一批以重点期刊为龙头、有发展潜力和专业影响力的学术期刊群；培育百家左右具备较高水平、有潜力快速发展的学术期刊，提升我国学术期刊的整体学术质量，扩大国际学术影响。[34]

（三）政府要加大投入，保障学术期刊的正常运转

政府在对现行的科研评价体制与教育制度进行反省的同时，应加大对学术期刊的投入。李霁认为，全新的学术期刊办刊模式亟须重新探索和构建。根据“谁受益，谁付费”的经济规则，最大受益者是国家和民族，但目前政府对学术期刊的财政拨款明显不足；政府引导下的学术期刊 “民资准入”、“民资办刊”手段也乏善可陈。政府在加大对学术期刊的整顿和经费投入上，“两手抓两手都要硬”，将是解决学术刊物版面费问题、提高我国学术期刊国际地位和让我们的学术文化蓬勃发展的必由之路。[34] 制定鼓励性政策，优化学术期刊在市场经济中的发展环境。

（四）政府出台文件明确版面费存废问题

对于版面费问题，各种意见已经进行了很长时间的激烈交锋，也都从不同角度进行了充分探讨。苟德培认为，对于版面费的尖锐批评，一是版面费之存在合不合理，合不合法，该不该收？二是既然征收版面

费，就得有章可循，有法可依，而不能混乱无序。如果以无章无序状态存在，以赢利为目的，就无怪学人诟病。[4]因此，国家新闻出版总署应尽快出台文件，从政策上明确解决版面费存废问题。明确学术期刊到底能不能收取版面费？哪些刊物可以收哪些不能收？各种档次刊物收取的标准是什么？对违规收取的惩处办法是什么？做到有法可依，便于操作，标准公开，过程规范。石朝云、游苏宁等对规范科技学术期刊收取版面费的工作提出了建议：期刊管理部门制定版面费收取标准；各期刊版面费收取项目及标准须写入《投稿须知》等文件中公布；收取版面费是出版环节的工作，务必与审稿环节严格区分，从而尽可能减少“先收费后发稿”的钱权交易的可能；对文章水平较高但作者确实无力支付版面费者，设立相应的减免原则予以照顾；对版面费的应用设立指导原则或定期在期刊中公告其用途，严格按照相应的财务制度进行管理，等等。[24] 徐拥军认为，应该深入思考如何有效地规范版面费，使其取之有据、用之合理，减少负面影响。[25]

五、结语

通过以上梳理、分析后可以明确，版面费是中国向市场经济转型中出现的一种“转型之痛”，这与住房、医疗、教育等领域的体制改革导致诸多弊端并无二致。[3]对学术期刊收取版面费的两种不同态度的共同点有三：一是滥收版面费使学术期刊市场乱象丛生，规整势在必行。二是对版面费成因认识也基本一致：科研评价机制欠科学、国家对大学的评估机制欠完善，出现了大量论文发表的非正常需求，使期刊市场供求关系失衡，刊物成了卖方市场，这是滋生版面费的主要原因；国家对学术期刊缺乏科学的监管体系和追惩制度，出现了滥收版面费的“害群之马”；学术期刊办刊经费紧张；僵化的体制导致学术期刊缺乏市场竞争力等。三是版面费存废问题，需要政府出台文件予以明确。不同点是：在版面费难题的破解路径方面，持否定态度者认为，应该严禁收取；持肯定态度者认为，应该规范化收取。因此，建立一个适应市场化的、比较完善的体制就是当务之急。而这样的体制应该有多种选择，比如，如果废除版面费，国家就得从给科研部门的资金中划拨一部分给学术期刊，然后要求期刊社独立办刊；如果允许版面费存在，就需要建立一个完善的标准体系和监管体系，杜绝违规行为。[3]但不论是废除也好，还是规范也好，都不是学术期刊可以决定的事情，学术期刊本身无能为力，都需要通过政府行为予以解决。所以，版面费难题的破解呼唤学术评价机制和刊物管理体制创新。

注释：

1 杨荣星．“版面费”难题的成因与破解[J]．中国出版，2006，(05)．

2 刘志超．论学术期刊收取版面费的非法性[EB/OL]．新浪博客，2009-10-18．

3 9成期刊称收版面费合理合法 不要简单否定？[N]．中华读书报，2007-08-03．

4 荀德培．版面费、伪学术、歪期刊的编辑观察[EB/OL]．光明网－光明观察，2008-11-30．

5 李松，杨钟红．催化学术腐败 助长不正之风“版面费”竟成明规则[N]．文汇报，2005-04-15．

6 张军瑜．是谁制造了论文版面费“潜规则”[N]．沈阳晚报，2011-01-19．

7 刘长秋．论版面费的非法性[EB/OL]．互联网，2008-03-24．

8 记者朱玲，通讯员党波涛．不满潜规则 副教授11年没发期刊论文[N]．楚天都市报，2011-01-18．

9 杨猛．我国在读研究生超百万 毕业论文版面费过亿[N]．法制晚报，2007-4-16．

10 张炯强．论文“版面费”网上叫价万元 高校学术评价体系需改革[EB/OL]．东方网，2010-09-18．

11 曾革楠．滥收版面费 学术“潜规则”何以成“明规则”[N]．人民日报，2007-07-23．

12 李松，杨钟红．论文“版面费”：无处不在的学术腐败[N]．文汇报，2005-04-15．

13 曹坤明．由“版面费”变味看我国学术期刊的悲哀[J]．云梦学刊，2006，(5)．

14 陈祖峰，马应森．如何评价高校学报的经济效益和社会效益[A]．学报编辑论丛(第七集)[C]．上海：上海科技大学出版社，1998．

15 江晓原．我们要虚假的学术繁荣干什么呢？[J]．民主与科学，2006，(1)．

16 杨曾宪．泡沫学术：“多赢”背后的“多输”[N]．南方周末，2005-11-10．

17 张舒．学术期刊征收版面费可构成单位受贿罪[J]．法学，2007，(4)．

18 蒋永华．版面费怎么就上不了台面[N]．东方早报，2007-8-21．

19 张贺．学术期刊大国的尴尬与梦想 [N]．人民日报,2012-03-02.

20 石朝云,游苏宁,唐栋,姜玮．中国医药卫生期刊收取版面费情况调查及分析 [J]．编辑学报,2007,(04)．

21 关陈．论学术期刊“版面费”问题[EB/OL]．学术批评网,2005 -5 -21.

22 游苏宁, 陈浩元．科技学术期刊收取论文版面费合理合法[J]．编辑学报,2007,(1)．

23 徐拥军．不应妖魔化学术期刊的版面费 [J]．自然辩证法通讯,2010,(01)．

24 李正元．版面费并不等于学术腐败 [N]．中国社会科学报,2010-5-28.

25 王斌．版面费并非学术腐败的诱因 [J]．自然辩证法通讯,2010,(02)．

26 蛮子．版面费乱象源于畸形的评价机制[EB/OL]．红网,http://www.gmw.cn 2011-02- 05.

27 张海通．论文“版面费”是毒瘤[EB/OL]．中国新闻网,http://www.xlmz.net 2008-03 -28.

28 陈吉德．是体制滋生了版面费 [N]．科学时报,2008-04-28.

29 邱源,刘亚民．学术期刊的市场化运作[J]．青年记者,2002,(12)．

30 陈蓉霞, 李旭．版面费的问题在版面费之外[N]．东方早报,2007-09-03.

31 张海通．国际出版巨头给高校学术断粮根在哪里[EB/OL]．大洋网,2008-06-05.

32 李霁．学术刊物“版面费”所折射的深层问题[N]．中华读书报,2005-4-27.

33 田国磊．学术期刊不能借版面费敛财[N]．中国青年报,2009-04 -22.

34 晋雅芬．从“根”解决学术期刊违规问题[N]．中国新闻出版报,2012-1-12.

参考文献:

1 刘英雄．市场规律决定学术期刊收取“版面费”的必然性与合理性———兼与李松、杨钟红先生商榷[J]．科技与出版,2006,(3)．

2 薛瑞汉．学术期刊收取版面费的现状分析及治理对策[J]．红旗文稿,2008,(6)．

3 贺林平．学校鼓励多发表论文 争发论文造就虚假学术繁荣[N]．人民日报,2007-12-25.

4 唐勇．美国学术期刊：不收版面费是主流[N]．人民日报,2007- 01-25.

5 核心期刊论文发表非法经营罪 [EB/OL]．新浪博客,2009-08-21.

6 肖国忠．情况愈演愈烈 学术期刊该不该收取版面费？[N].光明日报,2006-06-07.

7 王洪波．几位科研人员对版面费的看法[N]．中华读书报,2007-7-25.

8 李孝弟．谁该为学术期刊买单？[EB/OL]．中国网,china.com.cn 2007-10-28.

9 张立玲,夏松涛,黄伟等．学术期刊版面费众说纷纭[N]．中国教育报,2009-06-15.

10 陈永杰,魏刚．学术期刊版面费调查[N]．北京科技报,2008-12-01.

11 熊丙奇．不坏的版面费制度为何变坏[N]．北京青年报,2008- 12 - 15.

12 蒋永华．釜底抽薪治理“版面费”[N]．东方早报,2011-02-25.

13 王洪波．版面费缘何引争议？中华读书报[N]．2007-07-25.

14 学术期刊为什么要收“版面费”[EB/OL]．大拇指论文网,ht-tp://www.lunwen001.

15 苗蛮子．整治期刊版面费乱象须标本兼治[N]．中国文化报,2011-01-21.

16 李松, 杨钟红等．“版面费”: 学术腐败的催化剂[N]．中国改革报,2005-04 -18.

17 学术腐败的催化剂———检讨“版面费”[N].山西日报,2005-04- 21.

注:1. 基金项目: 本文为山西省社科联重点课题“学报编辑学热点问题研究”(课题号 SSKLZD-KT2009108) 的阶段性研究成果之一。

2.原载《山西广播电视大学学报》,2013,(3)．

作者简介: 木 星(1961—) ,男,山西万荣人,山西广播电视大学,编审。

山西广播电视大学学报 2012 年 9 月第 3 期(总第 88 期)P93~98

探索医学期刊的国际化之路

金　生1)　游苏宁2)　任　红1)　张大志1)

收稿日期:2011204202 修回日期:2011206217

1)重庆医科大学附属第二医院《中华肝脏病杂志》编辑部, 400010　重庆市临江路74号,E-mail: sheng_jin@163.com

2)中华医学会杂志社, 100710　北京市东四西大街42号,E-mail: yousuning@cma.org.cn

摘要:随着2001年我国加入世界贸易组织,实现国际化就成了我国科技期刊的主要追求之一。经过10年的实践,积累了不少经验;首先,加强集团化建设,增强科技期刊自身的竞争力和影响力是基础,数字化建设和推进立足本土的国际化战略是行之有效的重要手段,加强国际合作是我国科技期刊实现国际化的重要推进器。加强国际化建设仍是我国科技期刊今后不断探索的重要主题。

关键词:科技期刊　国际化　集团化　办刊质量

随着2001年我国加入世界贸易组织, 我国科技期刊工作者们开始践行科技期刊国际化的理念,因为这不仅仅是时代发展的潮流,也是我国科技期刊不得不面对的现实。学术期刊国际化是经济全球化的必然结果[1]。转眼十年已过,我国各类期刊也对“跨出国门、走向世界”之路进行了不少有益的探索,作为我国最大科技期刊群体的医学类期刊更是当仁不让,积极探索科技期刊的国际化之路,积累了大量经验,也丰富了科技期刊国际化的内涵。如今,如何更好地实现国际化仍是我国科技期刊不断探索的主题。

1　十年树木, 我国医学科技期刊正阔步迈入国际化之路

简言之,科技期刊的国际化包括形式和内容的国际化。科技期刊形式的国际化包括论文作者的国际化、编委和审稿专家的国际化、期刊语种的国际化、论文编排的国际化、出版发行的国际化;科技期刊内容的国际化主要指期刊中主要科学论文的研究对象国际化和研究水平始终保持世界领先水平,在科技领域具有权威性和指导作用, 表现在为全世界科研机构、广大作者、读者对期刊的认可,其重要标志之一是能否被国际著名检索系统所收录[2]。经过我国广大医学科技期刊工作者的不懈努力,我国大部分医学科技期刊已经初步实现了其形式和内容的国际化。形式上均采用了国际通用的版式,同时发表了重要论文的英文摘要,不少期刊还推出了英文版期刊,并采用了铜版纸印刷,实现了其设计、装祯、印刷、出版的国际化。此外,随着期刊出版的电子化和网络化,期刊的时效性得到加强,我国医学研究的前沿成果均能及时向国内外发表;期刊为我国医学研究构筑了展示平台,也促进了我国医学研究的发展, 其内容紧跟国际进展,部分领域的研究成果甚至处于国际领先水平。医学期刊正通过其国际编委、国际作者、国际交流、积极加入国际检索系统等多渠道、多途径融入国际医学期刊之林。据2009年报道,1076种医药类期刊中,有国际编委的期刊为55种,约占总数的5.1%;从整体来看,国际化编委的程度还比较低, 但众多期刊人已认识到,建设国际化编委制度对建立国际合作关系和学术联络、推动期刊的国际化,从而提高学术水平有极大的促进作用; 在国际化审稿方面,41.9%期刊实现了国际审稿, 有的期刊在国际化审稿上做得非常成功;对1076种的90%抽样获得对939种期刊的调查结果,近50%医药类期刊刊发有海外论文[3]。学术期刊国际化最重要的体现就是被当今本行业国际上最著名的专业数据库收录,对医学期刊而言,被美国国立医学图书馆PubMed数据库所收录的科学价值丝毫不逊色于被SCI收录;PubMed数据库不仅是全球医药领域最著名的专业数据库,而且由于其良好的界面和无

表1 2000—2009年SCI收录的我国医学论文数

年份	2000	2001	2002	2003	2004	2005	2006	2007	2008	2009
收录论文数	3774	4190	5059	6872	7042	8412	11545	13259	16714	20777

偿使用也使其成为全球使用率最高的专业数据库[4]。该数据库收录我国科技期刊2002年为64种[5],2008年达到124种，其中我国大陆编辑或出版的期刊97种,台湾19种,香港地区8种[6]。SCI收录我国科技期刊2002年为76种[5],2009年共114种[7]。2000年，SCIE收录期刊刊出我国医学论文3774篇,其后逐年上升,10年来,SCI期刊收录的中国医学论文的几何平均增长速度为20.87%(表1)[8]。

2 加强集团化建设，增强科技期刊的国际竞争力

随着我国改革开放的深入,国家对国外科技期刊的限制减少,使国外的优秀科技期刊获得在国内发展的机会,加上国内一些科研机构对研究成果评估和科研论文发表的一些特殊要求,国内外期刊对作者与稿件资源的争夺会愈演愈烈。国际知名期刊也在不断开拓中国市场并加大吸引我国优秀人才和稿源的力度。如*Nature*的主编专门针对我国科学家写了“*Nature*杂志和中国科学家”一文,声称“一直把中国作为优先考虑的对象”[9]。面对着国际竞争压力,我国科技期刊将何去何从?

科技期刊是科技成果与文化传播的结合体,在高科技产业化与文化产业化的市场经济中,它理应成为一个发达的产业,科技期刊国际化是世界经济全球化的一种反映。科技期刊的单打独斗情况在国际上已经逐渐减少,期刊经营的规模化、集团化已经成为发展的潮流和趋势。在国外,无论是学会、协会主办的期刊,还是商业出版社经营的期刊,都具有规模化、系列化的特征,每种期刊分别有自己的编辑队伍,但期刊的发行、宣传、选题策划以及广告由统一的专职部门和人员负责，集中资源发挥数量和规模上的整体优势。中华医学会系列杂志率先踏上集团化建设之路。至2000年,中华医学会主办期刊共有69种;在后来的发展中,部分“中国”系列期刊和刊登二次文献信息类的“国外”系列期刊及《医师进修杂志》等卫生部所属32种期刊被纳入中华医学会系列杂志[10]。截至2011年3月，中华医学会系列杂志已包括125种医学期刊,成为我国目前最大、最强的医学期刊群,在国内外期刊界和医学界的地位迅速提升。随着2009年《中华医学杂志》社有限责任公司的诞生[11],拉开了我国医学科技期刊国际化经营的序幕。

3 加强数字化建设,提高国际市场占有率

随着计算机和网络技术的快速发展,已越来越多地应用于期刊工作的各个环节中,成为现代期刊出版发展的重要影响因素。2011年5月,我国的互联网用户即已接近5亿,跃居世界之首,无疑拓宽了我国科技期刊的巨大市场;在面向国际发展过程中,加快期刊出版的现代化进程,取得与国际期刊同行相同的速度也是我国科技期刊国际化的必由之路。

经过我国科技期刊人近十年的奋斗与拼搏,我国大多科技期刊已实现全文上网。2011年6月,中国知网显示,已有9500余种期刊实现了全文上网,其中医药卫生科技期刊1192种，这还不包括与万方数据库等其他数据库独家合作的期刊或自有全文开放存取网站的期刊。随着期刊现代化的发展,全文上网的科技期刊将会越来越多。为了打造数字化期刊平台,深度开发医学文献的数字化产品，更好地服务于读者，中华医学会于2008年与万方数据股份有限公司签订期刊数据库独家合作协议，并于2010年续签了独家合作协议。通过强强联合,中华医学会成为期刊数字化传播转型第一家“吃螃蟹”的出版机构,对百年医学期刊实现数字化传播转型具有深远的意义和影响[12]。随着中华医学网的建立,远程稿件处理系统的投入使用，中华医学会系列杂志的现代化编辑部已形成,从投稿、收稿、专家审稿,到作者修改、稿件查询、印前编排等整个过程实现了数字化和网络化,从而提高了编辑效率、缩短论文发表时滞。《中华肝脏病杂志》2007~2010年发表时滞小于90天论文的比例分别为17·1%,20·4%,21·0%,22·5%。部分期刊建立了自己的主页或网站,提供期刊内容的检索、目次浏览、全文阅览,并且发布学科发展最新消息、提供研究最新进展情况以及论文摘要推送等信息服务功能,加快了期刊信息传播速度,扩大影响。2000年1月,《中华肝脏病杂志》网站—中华肝病网正式上线开通;随后的10

年中，杂志网络建设长足进步，已成为读者、作者和编者交流的重要平台。

4 立足本土，推进国际化进程

近年来，随着国家有关期刊主管部门对“期刊国际化”要求的日益迫切、各级主管部门对被SCI收入论文越来越重视、以及情报部门对期刊评价指标的隆重发布和某些出版机构对“影响因子”、“被引频次”等的商业炒作，使得国内几乎所有高水平科技期刊和广大作者均面临前所未有的“国际化”压力。面对这种不利的大环境，中华医学会系列杂志矢志不渝地坚持立足本土的国际化战略：通过开展学术争鸣、约请有关权威人士就我国广大临床工作者所关心的各种问题进行深入浅出地阐述、加快论文的刊出速度等措施推进期刊的国际化[13－15]。经过多年的实践，信息交流的国际化、编委成员的国际化、编辑工作的规范化、编辑人员的专业化、出版语言的国际化、出版经营的规范化、市场化在我国医学科技期刊中基本形成，并快速推进了我国医学科技期刊的国际化进程，各领域均有大量科研成果先于发达国家首发。为此，其中一些杂志还险些因先于西方国家报道某项研究成果而卷入知识产权纠纷。邓小平同志说得好，发展才是硬道理。只有立足国内，面向世界，跻身于国际优秀期刊之林，才能更好地肩负起国际学术交流、传递国家和民族科技形象的重任。

5 加强国际合作，提升期刊影响力

5.1 与国际期刊及检索机构合作以扩大国际影响力

1982年，中华医学会首开与美国医学会合作办刊的先河，编译出版了《美国医学会杂志中文版》；1998年，中华医学会与英国医学会合作，创办了《英国医学杂志中文版》，根据中国读者的需要，从原版中精选文稿精心翻译，成为临床医生了解世界医学最新进展的重要窗口。自2001年起，《中国医学论坛报》开始与*New England Journal of Medicine*合作，作为其指定的中方代理机构，负责中文版本的翻译和单行本的发行，开设“新英格兰医学杂志专版”，同步刊出*New England Journal of Medicine*部分文章的译文。近年，*Journal of Viral Hepatitis*和*Hepatology*也开设了中文版服务。

目前，世界上公认的仍然是六大重要检索系统：IM/MEDLINE，SCI，SCIE，CA，BA，EMbase。2000年，六大检索系统收录的我国期刊数量(排除重复)不到500种[16]，收录的论文数量不多，所占比例也很小。为使我国更多的科技期刊进入国际六大检索系统，我们加强了对国际六大检索系统收录范围、收录标准、收录特点、检索系统的结构及要求的研究和介绍，追踪这些系统收录我国期刊的变化情况，剖析我国期刊进入这些检索系统的现状和存在的问题，使我国期刊的编辑出版符合检索系统的要求。近些年，被世界权威检索系统收录的我国医药卫生期刊平均每年增加约120种(次)[17]，可见我国医药卫生期刊的国际显示度越来越高。如今，中华医学会系列杂志不仅拥有了自己的DOI编号，而且《中华肝脏病杂志》在MEDLINE中的检索刊名还由“ChungHwa Kan Tsang Pin Tsa Chi”更名为“Zhonghua Gan Zang Bing Za Zhi”。

5.2 与大众媒体合作宣传科技期刊

大众媒体如报纸、网站、杂志、广播、电视及手机信息新闻播报等，其信息发放渠道丰富，受众广泛；科技期刊提供的信息科学、严谨、准确，可极大地提高新闻的公信力。二者的有机结合对提高我国国民的科学素质和科技期刊的影响力均有着重要意义。《中华医学杂志》率先进行了对公众媒体宣传合作，取得了一年后被引频次增加1700余次的良好效果[18]。目前，《中华病理学杂志》和《中华眼科杂志》的手机报也运营良好。

5.3 与企业合作搭建国际化运营平台

科技期刊不仅具有科学属性，也具有社会服务属性。它不仅服务于专家，服务于大众，同样也服务于相关的各类企业。随着改革开放的深入，由科技期刊组织、参与的国际学术活动越来越多。科技期刊不仅仅是科技成果和科学知识的载体，它也是科学、技术及其相关经营的平台，是科学技术发展和经济建设的服务平台。近年来，我国医药卫生期刊论文的整体水平有了显著提高，各学科领域设立包括“医文影响力提名奖”、“医文影响力奖”、“医文创新奖”、“医文贡献奖”、“医文典范奖”等奖项的“中华医学论文奖”等将会进一步提升我国医学期刊论文的质量与影响力，通过评审表彰机制，树立优秀论文典范，鼓励具有较高学术影响力的优秀、原创作品在国内高水平的期刊上发表；其次，可以净化学术氛围，规避模仿、抄袭、剽窃等学术创作上的不良风气；本着提倡原创、表彰创新、激励贡献的宗旨，将会逐步在行业内树立并宣扬原创、科学、务实的医学论文创作观，为推动我国医学期刊向高水准方向迈进作出贡献。

为了进一步提高期刊的国际显示度,中华医学会与荷兰威科集团最近签署新的合作协议,将中华医学会系列杂志中的英文期刊《中华医学杂志英文版》和《中华创伤杂志英文版》全文资源尽快上传到Ovid平台,向海外用户提供服务,将中国优秀的医学信息资源介绍到全球。

虽然我国已成为仅次于美国的第二大论文产出国,但我国科技期刊的国际化道路仍然任重而道远。进入国家“十二五”的开局之年,我国科技期刊人使命在肩,梦想依旧,“一万年太久,只争朝夕”[19]。在期刊改革的大潮中,吾辈只有勇立潮头,迎接挑战,才能在不断响起的掌声中实现“踏出国门,走向世界”的梦想。

参考文献:

1 钱俊龙,熊樱菲,潘小伦等.国际化———学术期刊必走之路.中国科技期刊研究,2003,14(5):749-753

2 刘健超.科技期刊国际化的内涵与实现.编辑学报,2001,13(4):216-217

3 游苏宁,石朝云.中国医药卫生期刊六十年.中国科技期刊研究,2009,20(5):777-782

4 游苏宁.对科技期刊国际化有关问题的反思.编辑学报,2008,20(1):1-4

5 中国科学技术信息研究所.2002年度中国科技论文统计与分析年度研究报告.2003

6 孙凤梅.国内医学期刊被MEDLINE收录现状统计分析.中外健康文摘,2010,7(8):31-32

7 ISI. Journal Citation Report//http://isiwebofknowledge.com/products_tools/analytical/jcr.

8 付晓霞,李贵存.SCI对我国科技期刊的影响:我国在SCI收录期刊发表的医学论文10年数据分析.中华儿科杂志,2011,49(4):276-281

9 Campbell P.《Nature》杂志与中国科学家.中国科学基金,1998,12(3):230-231

10 蔡丽枫,游苏宁,王旌等.传承经典再创辉煌———中华医学会系列期刊的发展历程.中国科技期刊研究,2010,21(1):1-7

11 游苏宁,陈浩元.久有凌云志 喜迎决胜年.编辑学报,2010,22(1):1-3

12 王旌,游苏宁,王云亭等.强强联合:探索百年期刊数字化发展道路.编辑学报,2008,20(5):436-438

13 游苏宁.对我国医学期刊现状的反思.中华内科杂志,2002,41:4-5

14 游苏宁.期刊国际化应选择恰当的参照物.中国科技期刊研究,2005,16(4):545-546

15 游苏宁,王海燕.立足本土化的国际化战略.中华内科杂志,2005,44(4):241

16 张玉华.中国科技期刊进入世界重要检索系统的现状与问题.中国科技期刊研究,2000,11(1):12-13

17 袁桂清,李群,徐弘道.我国医药卫生期刊的发展及今后趋势.中国科技期刊研究,1999,10(3):181-182

18 高健,陈新石,游苏宁.应充分利用大众媒体宣传科技期刊.编辑学报,2008,20(3):235-237

19 游苏宁.光荣与梦想.编辑学报,2011,23(1):1-2

转载自:《中国科技期刊研究》2011,22(6):931~933.

突出办刊特色 传承百年经典

——中华医学会杂志社办刊实践

王 旌 游苏宁 蔡丽枫 袁桂清 金 东 刘 冰 石朝云

中华医学会杂志社,100710 北京市东四西大街42号,E-mail:wangjjk@cma.org.cn

收稿日期:2011204212 修回日期:2011206222

摘要:通过总结分析中华医学会杂志社办刊特色,全面介绍中华医学会系列杂志的办刊实践及所取得的成果,探索科技期刊的可持续发展途径。

关键词:医学期刊 办刊特色 办刊实践

中华医学会杂志社是以编辑出版中华医学会主办的各类医学期刊为主要任务的全国医学期刊出版机构,也是中华医学会对其主办的各类医学期刊实施管理的重要业务部门。在各级期刊主管部门的领导及支持下,中华医学会杂志社坚持以提高期刊质量为中心,以打造中华医学期刊出版集团为发展方向,以提高杂志的社会效益和经济效益为目标,全面推进中华医学会系列杂志的集团化、品牌化、国际化、数字化、网络化、企业化、专科化发展。目前,中华医学会杂志社编辑出版与管理的期刊数量已经增加到125种,约占我国医药卫生科技期刊总数的10%,已形成"中华"、"中国"、"国际"三个医学系列期刊群,基本涵盖了我国临床医学各个学科并满足不同层次读者与作者的需要,是目前国内医药卫生界数量最多并最具影响力的期刊群。

1 系列期刊特色

中华医学会杂志社创建于1988年,设有办公室、总编室、出版发行部、财务室、各刊编辑部,以及北京华康广告公司等部门。杂志社总部直接编辑出版22种杂志,拥有专职编辑出版人员近200名,其中30%具有高级职称,承担学会主办期刊管理职责,对各省市医学会及医学院校、科研院所编辑的103种期刊进行宏观管理和业务指导。中华医学会系列杂志历经百年发展壮大,已形成自己的品牌特色。

1.1 历史悠久

《中华医学杂志英文版》的前身《博医会报》1887年创刊[1],为我国目前仍在连续出版的历史最悠久的医学期刊;1915年创刊的《中华医学杂志》[2]是国内目前少有的医学学术周刊。在整个系列中,1955年前创刊的杂志有17种。随着我国社会政治、经济、文化的变迁与发展,中华医学会系列杂志经过期刊创建期、调整期、复苏期、繁荣与发展期等几个发展历程,直至改革开放后,期刊蓬勃发展,历史悠久的期刊焕发出了年轻的活力。杂志社在多年办刊和管理的实践中,逐步形成了自己的管理模式和办刊理念,以学术严谨、求真务实赢得了同行的认可,并被业内公认为"中华牌"杂志,被上级主管部门誉为"中国科技期刊的一面旗帜",以及"代表国家最高水平的三大期刊群之一"[3]。

1.2 覆盖全面

系列杂志学科结构和专业布局涵盖医学各个领域,期刊分布全国18个省、直辖市、自治区。期刊中临床医学66种,综合28种,基础医学19种,预防医学7种,护理学3种,中医学1种,科普1种;中文期刊122种,英文期刊2种,中外合作期刊(中文版)1种。根据学科发展需要,杂志社采取有利于期刊发展的灵活管办模式:在125种期刊中,中华医学会杂志社直接编辑出版22种,委托各大医学院(校)承办65种,与其他院所共同主办38种,充分展示了中华医学会系列杂志"开放兼容、与时俱进、共同发展"的办刊理念。

1.3 制度完善

中华医学会系列杂志在百余年的办刊历史中逐步形成了自己独特的管理模式和办法,随着系列杂志影响力的提升,杂志的封面设计、版式及编排规范,均被同行业期刊仿效,同时被上级主管部门推荐至各期刊借鉴,在行业内影响深远。2007年组织专家完成卫生部委托《中国医药卫生期刊监管评估体系》的起草及修订工作,对规范我国医药卫生期刊的行业管理有较大促进作用。为加强对期刊的管理,确保杂志质量,进一步明确杂志主办单位、承办单位的职责,中华医学会杂志社分别于1984、1987、1992、2001年及2008

年召开了五次全系列杂志工作会议,完善期刊管理的规章制度和质量控制管理体系,制定了系列杂志的中长期发展规划。杂志社有计划地组织召开系列杂志地区性的工作会议,及时了解、解决各系列杂志在办刊中遇到的困难、问题,并进行答疑解惑等等。以上措施,对促进中华医学会系列杂志的发展,以及期刊的质量建设起到了推动作用。

1.4 严格审稿

质量是期刊的生命, 严格审稿是期刊生存的根本。系列杂志均严格遵守《中华医学会系列杂志审稿要求通则》及“三审五定”制度,组建期刊编委会,严把编辑和学术质量关。“三审”包括编辑初审、专家(至少2位)外审,定稿会终审。“五定”即通过定稿会的稿件在发表流程上要经过供稿编辑→责任编辑→编辑部主任→各期刊总编辑→杂志社社长或总编辑五道程序。多年来,“三审五定“制度有力地保证了系列杂志整体具有较高的学术水平和编辑质量。

1.5 依靠专家办刊

系列杂志通过组建高水平的编辑委员会对杂志的学术质量审稿把关,编委人员的遴选严格按照《中华医学会系列杂志编辑委员会通则》、《中华医学会系列杂志编辑委员会换届调整工作实施细则》等规定进行,编委会实行聘任制,4年为一个聘期。编委会注重选择知名学者和学科(学术)带头人担任期刊总编辑或副总编辑,遴选优秀的中青年和(或)学科(学术)带头人担任编辑委员, 以保证各刊编辑委员会的学术力量。编委成员涵盖了我国医药卫生领域的各个学科知名学者和学科(学术)带头人,其学术水平和权威性为国内最高的编委队伍,在引领学科发展、提升中华医学会系列杂志的品牌、扩大期刊影响力等方面,发挥了重要的作用。

1.6 勇担社会责任

中华医学会系列杂志作为代表我国医学学术研究最高水平的科技期刊群,在突发事件中,勇于承担社会责任,发挥期刊的特殊作用[4]。特别在“SARS”肆虐、“5·12”汶川大地震等突发事中,各杂志纷纷邀请奋战在抗“SARS”、抗震救灾第一线的医务工作者及专家撰稿, 并启动稿件快速处理程序, 利用期刊的专业视角,及时报道救援工作的情况和经验,为抗病救灾工作作出了重要贡献。据不完全统计,本系列中有近三十种杂志刊登了近百篇与抗“SARS”和抗震救灾工作有关的学术文章。《中华结核和呼吸杂志》、《中华内科杂志》、《中华预防医学杂志》、《中华医学信息导报》、《中华创伤骨科杂志》等期刊还出版了专刊或进行专题报道。2008年9月,我国发生食用奶粉导致婴幼儿泌尿系统结石的事件后,中华医学会系列杂志再次展示科技期刊的优势进行深度报道。由于各杂志在重大突发事件中贡献突出,游苏宁社长兼总编辑被中国科协评为抗击“SARS”先进个人,中华医学会杂志社被评为“抗震救灾宣传报道先进期刊”。

1.7 影响力和地位不断提升

近年来,中华医学会系列杂志的学术影响力不断提高,总被引频次和影响因子等始终位居我国科技期刊前列。在最新版《中文核心期刊要目总览》入选的我国医药卫生核心期刊中,中华医学会系列杂志占入选总数的27.0%(61种)。中华医学会系列杂志被遴选为统计源核心期刊的有109种,被美国国立医学图书馆(MEDLINE)数据库收录的期刊有26种,同时有多种刊物被国际著名权威检索系统或数据库收录。2009年被引频次最高的前百位(1868种)核心科技期刊中,中华医学会系列杂志占22种;有52种大于所属学科的平均总被引频次。有74种期刊的他引率超过全国核心期刊他引率的平均值。在综合排名中,中华医学会系列杂志中有12种保持本学科排名第一。在历届国家期刊奖评选中,本系列杂志12刊次榜上有名,有8刊次荣获“百种重点期刊”称号。2000年以后有47种期刊分别荣获卫生部、中国科协、新闻出版总署优秀期刊奖,约占整个系列的40%。2008年,在国家科技基础条件平台建设项目的324种精品期刊中,中华医学会有43种期刊入围,占医药卫生(90余种)的47.3%。在历届中国科协优秀论文评比中,系列杂志优秀论文数量持续上升,获奖比例由6%上升至21%。2006—2010年荣获中国科协自然科学基础性、高科技学术期刊及精品科技期刊工程资助项目有74刊次; 历年获国家自然科学基金委资助经费有12刊次。

2 办刊实践

近年来,中华医学会杂志社为了增强期刊学术信息的时效性,提高期刊学术竞争力,在坚持严格评审制度的基础上,积极采取多种措施培育精品期刊,取得了一定效果。

2.1 期刊管理制度及质控体系更加完善

2.1.1 建章立制

为保证中华医学会系列杂志健康有序地发展,杂志社建立和完善了中华医学会系列杂志的各项管理规章制度和质量控制体系。如:行政管理15项,期刊质量管理11项,出版管理3项以及网络管理和财务管理制度[5]。从行政管理、质量管理、出版管理、网络管理及财务管理多个角度,完善制度建设体系,使管理有法可依,办事有章可循,为期刊群的科学管理奠定基石。这些规章制度是我国科技期刊出版界第一个全面细致的管理规范,被中国科协推荐给全国各学会期刊借鉴。

2.1.2 质控体系

通过建立期刊综合质量管理体系,促进了系列杂志出版质量的提高:

(1)严格执行"三审五定"出版审稿程序。

(2)建立期刊评价体系:在多年期刊管理实践基础上,建立并完善期刊评价体系(政治质量、学术质量、编辑和出版质量、运营质量)共26项评价指标。

(3)实行二级审读制度:刊后自检(出刊后15日内提交自检审读报告)和专家集中审读,公布审读结果及审读排名。

(4)制定奖惩措施,根据《中华医学会杂志社编辑出版质量管理办法》,对杂志在编辑出版中出现的问题按差错性质分级处罚。

(5)其他措施:编辑出版内刊《杂志工作通讯》交流信息,开展学术研讨,承担编辑学国家及省部级课题研究等。

2.1.3 管理出效益

科技期刊是精神文化产品,中华医学会系列杂志始终将社会效益放在首位,以学术引导经营,取得社会效益与经济效益最佳结合。2006年,根据学会常务理事会审议并通过的《中华医学会期刊管理改革方案》,在中华医学会杂志社直接编辑出版的期刊中实行了编辑部主任运营负责制,各编辑部与杂志社签订"目标管理责任书",即工作指标(社会效益)和经济指标,实施分级目标管理,独立核算。经过5年多的实践,各杂志编辑部成员转变了观念,从"单纯编辑型"转变为"编辑-策划-经营型",从"被动坐等销售"转变为"主动营销服务",不断尝试开展多种经营,期刊的社会效益和经济效益不断提高,各杂志的年平均利润增长达28%。

2.2 注重人才培养

期刊的发展关键在于拥有高素质的编审人才队伍。

2.2.1 编辑队伍培养

自中华医学会杂志社成立以来,注重开展岗前培训,组织医学编辑进行临床实习,并根据医药卫生期刊特点编写教材,由杂志社资深编审及业内专家授课,对初、中级编辑每年进行业务培训。经过多年培养,造就了中华医学会杂志社一支稳定的、高水平编辑出版队伍,培养多名编辑出版界的领军人才,几乎囊括了所有编辑出版界的全国大奖,包括:全国百佳出版工作者(3位)、中国出版政府奖优秀出版人物(4位)、出版行业领军人才(2位)、韬奋出版新人奖(1位)、卫生部有突出贡献中青年专家(2位)、青年文明号手(1位)、中央国家机关优秀青年(2位)、中央国家机关五四青年奖章(1位)等。中华医学会杂志社还被卫生部、全国妇联、团中央、国家机关连续多年评为"巾帼文明岗"和"青年文明号",并荣获第二届中国出版政府奖先进出版单位,杂志社党支部连续多年被卫生部评为"先进党支部"。

2.2.2 审稿专家队伍建设

重视杂志编辑委员会、编审专家队伍的建设。目前中华医学会系列杂志编辑委员总人数逾万名,其中院士百余名,另外还有审稿人、通讯编委、特邀编委约5000名。杂志社通过举办编辑业务培训班、主编岗位培训班、审稿专家培训班、读者作者医学论文写作培训班等,全面、分层次、分级别构建立体培训体系,使读者、作者、编辑、审稿专家、总编辑等了解国家相关出版工作的政策、方针,以及相关的法律、法规,掌握编辑出版的学科知识,做好期刊的编审工作。在2008年召开的中华医学会第五次杂志工作会议上,隆重表彰了10位长期关注杂志发展、热心杂志审稿工作、为杂志发展作出巨大贡献的优秀总编辑。

2.3 国际化程度不断提高

通过多项措施加快期刊"走出去"的步伐。在系列杂志编委会中,我国港澳台地区和国际编委人数约占期刊编委会人数的10%,《中华医学杂志英文版》的外籍编委比例接近30%。系列杂志也采取多种措施吸引国际投稿,《中华医学杂志英文版》70%以上的稿件均经外籍编委审稿,以提高英文编校质量。目前,《中华医学杂志英文版》和《中华创伤杂志英文版》已经实现免费全文上网。近年来,杂志社通过交流与互访,不断增进国际交流与合作。如,邀请BritishMedical Journal总编辑来华讲学;分期、分批将编辑人员派往北欧、美国、英国等大刊名社进修培训;与荷兰威科集团高层互访,进行国际检索系统与期刊数字化考察与洽谈;组团参加国际期刊大会、国际图联大会、法兰克福书展等,加强国际间同行交流,开拓视野。

2·4 期刊网络化与数字化发展成效显著

期刊网络化和数字化发展是当今社会科技期刊发展重要趋势之一。2008年2月,中华医学会与万方数据股份有限公司实施独家期刊数据库数字化网络信息传播合作[6],推动了期刊数字化出版的转型,首开科技期刊数字化、网络化强强联合之先河,推动我国的科技期刊数字化进程,同时大幅度提高了科技期刊的市值。目前,近60%的系列杂志建立有独立的网站,完成了系列杂志的“稿件远程管理系统”、“广告管理系统”、“发行管理系统”和期刊“在线订阅与支付平台”建设。截至2011年5月,中华医学会稿件远程处理系统注册审稿专家万余人,注册投稿作者5.4万人,年处理稿件较2008年增加1倍,网上期刊销售额也逐年递增。

2·5 深化改革,集团化建设初具规模

出版业集团化建设、市场化经营和产业化发展是目前改革的方向。中华医学会系列杂志多年积累的品牌优势为其走向市场打下了坚实的基础。2006年,中华医学会杂志社对直接编辑出版的期刊进行管理机制上的创新与探索,按照《中华医学会期刊管理改革方案》拟定了适应社会主义市场经济体制的“中华医学期刊出版集团”的发展目标,创建精品期刊群,以实现社会与经济效益的最大化。通过整合期刊资源、明确改革目标、尝试人事制度改革、对内实行目标管理、拓展营销手段、提高信息化水平、努力增收节支、实施财务预算管理制度等一系列措施,全方位推进改革,在激励机制、管理体制等多方面进行有益的尝试和探索。经过期刊整合,杂志社期刊的品种大大增加,整体实力进一步增强,初具期刊集团化、规模化、集约化的雏形。随着文化体制改革的不断深入,中华医学会杂志社实行“统一办刊指导思想、统一管理办法、统一模式、统一编排标准、统一经营(条件成熟期刊)”原则,逐步形成了集团化优势和规模效应,使整个系列杂志在竞争激烈的市场经济中保持稳定发展,获得了较好的社会效益和经济效益。按照新闻出版总署的要求,科技期刊将在新形势下进行集团化、集约化发展。2009年,为顺应改革,增强自身发展活力和综合实力,转变发展方式,促进科技期刊企业化发展,经新闻出版总署批准成立《中华医学杂志》社有限责任公司[7],中华医学会杂志社向深化文化体制改革又迈出了坚实的一步。

3 结语

经过几代人的共同努力,已使中华医学会系列杂志成为我国科技期刊界的品牌期刊和我国医学科学重要的核心期刊群,并被业内人士亲切地誉为“中华牌”杂志,同时被公认为国内医药卫生领域内学术水平最高、编辑出版质量最好、最具学术权威性的医学期刊。无论世事如何变迁,中华医学会杂志社始终勇立传播最新医学知识、交流最新科研成果、引导学术发展方向、推动医学科技进步的潮头,将打造“双效”、“双爱”的期刊为己任[8]。目前,中华医学会杂志社从规模效应和集约化上初具集团化雏形;在办刊理念、期刊管理、编辑规范、出版流程、编辑培训等方面取得了一些经验;在体制机制改革、组织机构建设、信息化建设、多元化经营以及品牌延伸等方面还需要进行不断探索。为了创办出更多高水平、高质量的精品期刊,中华医学会杂志社肩负着对昨天的传承、对今天的鞭策和对明天的引领的重任,在“传承百年经典,铸就精品中华期刊群;再现世纪华章,打造医学信息新航母”目标指引下,中华医学会杂志社的发展必将更加辉煌。

参考文献:

1 袁桂清,燕鸣,刘小梅等.《中华医学杂志》编辑出版史.中国科技期刊研究,2003,14(5):580-586

2 袁桂清,徐宏道.中华医学杂志史略.中华医学杂志,1996,76(8):635-639

3 蔡丽枫,游苏宁,王旌等.传承经典,再创辉煌——中华医学会系列杂志期刊的发展历程.中国科技期刊研究,2010,21(1):1-7

4 游苏宁,石朝云.应重视科技学术期刊的社会责任.编辑学报,2008,20(6):471-473

5 中华医学会杂志社.中华医学会第五次杂志工作会议资料汇编.北京:中华医学会,2009:47-190

6 王旌,游苏宁.强强联合:探索百年期刊数字化发展道路,编辑学报,2008,25(5):436-438

7 王旌,游苏宁.医学期刊出版单位转企改制面临的问题与应对策略——基于中华医学会系列杂志的思考,编辑学报,2010,22(4):331-333

8 游苏宁.“双效”“双爱”期刊:办刊人的最高追求.编辑学报,2005,17(2):79-80

转载自:《中国科技期刊研究》2011,22(6):908~911.

中文医药卫生科技查新常用数据库收录期刊的比较分析

谷景亮,贾培民,段永璇,岳 媛,张 睿,孙小飞

[摘要]对医药卫生科技查新工作中常用的中国生物医学文献数据库、中国期刊全文数据库、重庆维普中文科技期刊数据库和万方数据知识服务平台收录的期刊资源进行了对比分析，客观地描述了各数据库的收录特征以及数据库收录高质量期刊、医药卫生核心期刊比例和重复情况，并对数据库的未来发展做了 SWOT 分析,以期能为从事医药卫生科技查新人员和文献数据库研发人员提供指导和借鉴。

[关键词]比较分析; SWOT 分析; 科技查新; 医药卫生; 中文期刊数据库

[中图分类号]R-058 [文献标志码]A [文章编号]1671-3982(2011)08-0061-04

Journals covered in databases commonly used in novelty assessment of Chinese medical and health literature: A comparative analysis

GU Jing-liang, JIA Pei-min, DUAN Yong-xuan, YUE Yuan, ZHANG Rui, SUN Xiao-fei

(Shandong Medical and Health Information Institute, Shandong Academy of Medical Sciences, Jinan 250062, Shandong Province, China)

[**Abstract**]Journals covered in CBM, CNKI, VIP, and WANFANGDATA commonly used in novelty assessment of Chinese medical and health literature were comparatively analyzed.The features of journals, high academic level journals, medical and health core journals, and duplications covered in such databases were objectively described, and a SWOT analysis of the future development of these databases was performed in order to provide guidance and lesions for those engaged in novelty assessment of medical and health literature, and in research and development of literature databases.

[**Key words**]comparative analysis; SWOT analysis; novelty assessment of scientific literature; medicine and health; Chinese journals database

科技查新以文献为基础,以文献检索和情报调研为手段,以检出结果为依据,通过综合分析,对科技查新项目的新颖性进行情报学审查,写出有依据、有分析、有对比、有结论的查新报告。它有较严格的年限、范围和程序规定,有查全、查准的严格要求。

医学是一门特殊的专业学科,与人民群众的身体健康紧密相关,因此医药卫生科技查新工作的标准和要求更高。医药科技查新工作的基础就是科技查新的方法和医药卫生数据库,其中数据库的收录范围和差异对查全率有着十分重要的影响。虽然用医药卫生数据库查找文献能避免大量繁重的手工劳动,节约大量时间,但不同数据库的收录范围、更新周期和检索方式不同,检索结果也不同。如何选择数据库进行检索成了用户最关心的问题[1]。尽管田金徽等[1]对四大文献数据库收录医药卫生期刊资源的范围、分类体系、检索功能、结果处理和个性化服务等方面作了对比分析,但没有详细揭示各数据库间的文献收录差异。

本文对医药卫生科技查新工作中常用的中国生物医学文献数据库(以下简称 CBM)、中国期刊全文数据库(以下简称 CNKI)、重庆维普中文科技期刊数据库(以下简称 VIP)和万方数据知识服务平台(以下简称万方)收录的医药卫生期刊资源进行分析与对比研究,描绘各数据库的本质特征,以期能为从事医药卫生科技人员有效利用上述数据库提供借鉴。

1 医药卫生科技查新常用数据库简介

1.1 中国生物医学文献数据库(CBM)

该库收录 1978 年以来 1 800 余种中国生物医学

期刊及汇编、会议论文的文献题录540余万篇,年增文献40余万篇,每月更新,根据《医学主题词表》(MeSH)、《中国中医药学主题词表》和《中国图书馆分类法·医学专业分类表》进行主题标引和分类标引,具有智能检索、多内容限定检索、主题词表辅助检索、主题与副主题扩展检索、分类表辅助检索、定题检索、作者机构限定、多知识点链接检索、检出结果统计分析等功能,检索结果更精确。可在线阅读学位论文,直接获取免费原文,提供非免费原文链接和在线索取等服务[2]。

1.2 中国期刊全文数据库(CNKI)

该库是世界上最大的连续动态更新的中国期刊全文数据库,收录国内8 200多种重要期刊,覆盖自然科学、工程技术、哲学、医学、人文社会科学等各领域,全文文献总量2 200多万篇。医药卫生专辑收录了医药领域及其相关边缘领域学科期刊1 100多种,内容包括基础医学、临床医学、药学、中医学、卫生、保健等[3]。

1.3 重庆维普中文科技期刊数据库(VIP)

维普中文科技期刊数据库(全文版)收录了1989年以来我国自然科学、工程技术、农业科学、医药卫生、经济管理、教育科学和图书情报等学科15000余种中文期刊,其中核心期刊1 810种,文献总量2300余万篇。医药卫生专辑收录了临床医学、基础医学、预防医学、中医中药、药学等医学类期刊1900多种[4]。

1.4 万方数据知识服务平台(万方)

其医药卫生专辑收录医学期刊1 000多种[5]。

2 数据库收录的医药卫生期刊

2.1 统计源期刊、核心期刊和高被引期刊收录的医药卫生期刊

统计源期刊是指由中国科技信息研究所发布的《2010年中国科技论文统计源期刊(中国科技核心期刊)目录》收录期刊[6],核心期刊是指由北京大学图书馆编辑发布的《中文核心期刊要目总览》(2008年版)收录期刊[7],高被引期刊是指2010年版《中国期刊高被引指数》收录期刊[8]。

由表1得出,统计源期刊、核心期刊和高被引期刊收录的医药卫生期刊分别为579种,251种和1038种。核心期刊与统计源期刊和高被引期刊重复收录的期刊分别为229种和246种,占医药卫生核心期刊总数的90%以上。

高被引期刊与统计源期刊重复收录的期刊525种,占统计源期刊的90.7%以上,占高被引期刊的50%左右。而且高被引期刊收录中华医学会所辖期刊达到85.4%,说明高被引期刊收录数可作为衡量数据库收录质量优劣的一个重要指标。

2.2 中文医药卫生科技查新常用数据库收录资源比较

表2和表3揭示了中文医药卫生科技查新常用数据库都以收录高质量期刊作为其核心竞争力,都非常重视核心期刊的收录。各数据库收录统计源期刊、核心期刊和高被引期刊的数量相差无几,收录率达到了83%以上。CBM收录2 646种期刊,远远超过其他

表1 统计源期刊、核心期刊和高被引期刊收录的医药卫生期刊 种

评价体系	统计源期刊	核心期刊	高被引期刊	中华医学会
统计源期刊(2010版)	579	229(占39.6%)	525(占90.7%)	76(占61.8%)
核心期刊(2008版)	229(占91.2%)	251	246(占98.0%)	63(占51.2%)
高被引期刊(2010版)	525(占50.6%)	246(占23.7%)	1038	105(占85.4%)
中华医学会所辖期刊	76(占61.8%)	63(占51.2%)	102(占85.4%)	123

注:表格中的数据单位,除特殊标注外,均为所收录期刊数量,数据统计时间为2010年9月

表2 数据库收录的医药卫生高质量期刊数量 种

数据库	收录期刊总数	统计源期刊	核心期刊	高被引期刊	中华医学会
CBM	2646	552	250	930	114
CNKI	1099	493	247	868	110
VIP	1902	491	243	836	108
万方	1076	481	247	853	117

表 3　数据库收录的医药卫生高质量期刊比例

数据库	统计源期刊	核心期刊	高被引期刊	中华医学会
CBM	95.3%	99.6%	89.6%	92.7%
CNKI	85.1%	98.4%	83.6%	89.4%
VIP	84.8%	96.8%	80.5%	87.8%
万方	83.1%	98.4%	82.2%	95.1%

表 4　数据库重复收录的医药卫生期刊　　　　　　　　　　种

数据库	CBM	CNKI	VIP	万方
CBM	2649	996(占 37.6%)	1624(占 61.3%)	967(占 36.5%)
CNKI	996(占 90.6%)	1099	964(占 87.7%)	962(占 87.5%)
VIP	1624(占 85.4%)	964(占 50.7%)	1902	965(占 50.7%)
万方	967(占 89.9%)	962(占 89.4%)	965(占 89.7%)	1076

3 个数据库的收录数量,其收录的统计源期刊、核心期刊、高被引期刊和中华医学会期刊也高居榜首,说明 CBM 数据库收录期刊覆盖面广，收录质量最高,在医药卫生行业中占据权威位置。因 CBM 是文摘型数据库,尽管也提供了全文推送服务,但不如其他数据库获取全文方便。

除此以外,2010 年 6 月底,万方与中华医学会续签了战略合作协议,独家获得中华医学会旗下遍布全国 24 个省、直辖市、自治区的 123 种医学期刊的数字化信息网络传播权[5]。因此,万方较 CNKI 和 VIP 具有更好的资源优势,收录的医药卫生期刊资源质量较好。综合以上分析,结合高被引期刊被收录这一指标和重要期刊收录情况,CBM 和万方质量最好。

2.3 中文医药卫生科技查新常用数据库重复收录资源的比较

表 4 揭示,资源重复建设问题特别突出。各数据库重复收录期刊的比例极高,超过 900 种。重复收录期刊占 CNKI 或万方收录期刊的 87%以上，占 CBM 或 VIP 的 50% 左右。万方与 CNKI、VIP 重复收录期刊 960 多种，占万方收录总数的 89% 。可以看出,VIP 收录期刊种类齐全,信息量大,与 CNKI 和万方的差异最大。因目前 CNKI、VIP 中还含有中华医学会旗下的 123 种医学期刊，若再从他们的收录目录中去除这些断档期刊,万方将是收录质量较高的医药卫生科技期刊全文数据库。

3 医药卫生科技查新常用数据库 SWOT 分析

SWOT 分析方法是一种企业内部使用的分析方法,即根据企业自身的既定内在条件进行分析,找出企业的优势、劣势及核心竞争力。其中,S 代表 strength(优势) ,W 代表 weakness(弱势) ,O 代表 opportunity(机会) ,T 代表 threat(威胁) 。S、W 是内部因素,O、T 是外部因素[9]。采用 SWOT 法对医药卫生科技查新常用数据库的发展进行分析(图 1) 。

4 分析

4.1 合理选择和使用数据库

目前,各个数据库盲目追求大而全,没有走特色化创新路子,相互之间收录的期刊重复度极高。因此,科技查新机构和查新人员必须熟悉每个数据库的情况,合理选择和使用数据库。

优　势	劣　势
①具有稳固的研究开发团队，已经做出具有特色的产品和服务； ②有稳固的业务合作和销售渠道； ③具有一定的资源和经验积累； ④业已形成自我品牌。	①面临产品特色不明显，个性化不足； ②业务搜集重复劳动多，成本高，效率底； ③产品开发、制作、生产规模小，还没有形成大的产业集团； ④相互之间竞争压力大，内耗多。
机　会	**威　胁**
①国家对科技创新投入的增加，政府对公共图书馆投资规模的日益加大； ②未来数字化图书馆建设带来的广阔市场； ③用户端设备升级和对数字信息需求的加大； ④网络技术的进步，使得网络主干速度提升，对大数据量的网络传输已不是问题； ⑤与其他公司的战略合作； ⑥海外市场的拓展。	①期刊版权问题的潜在威胁； ②数据更新周期长； ③期刊网站飞速发展，部分能下载全文； ④其他行业的业务延伸和扩张； ⑤数字技术的进步； ⑥未来政策的变化（公益化）； ⑦相互之间的竞争（价格、独立授权出版、特色资源的独占等）。

图 1 中文医药卫生科技查新常用数据库 SWOT 分析

通过前面的分析可以看出,各数据库收录资源既相互重复又有各自的特点和优势。CBM 是文摘型数据库,收录资源的版权受限程度小,有独有的资源获取优势,期刊收录全面,收录医学期刊数量最多、时间长、标引质量高、检索功能强,并可使用检索式进行随机组配[10],是目前查找国内医药卫生文献最权威的检索工具。万方全文数据库收录医药卫生期刊质量较好。CBM 和万方是医药卫生科技查新咨询机构的必备资源。在检索过程中应合理选择、使用全文数据库与文摘数据库,充分发挥两者的优势,扬长避短,最大限度地利用文献信息资源,取得最佳的检索效果。科技查新工作不仅要检索中文数据库,还要检索博硕士学位论文数据库、外文文献数据库,以得出客观的查新结论。跨学科查新更要注重对综合数据库的检索利用。

4.2 联合协作,推动数据库建设

应当鼓励国内数据库服务企业进行合作经营,实现强强联合。打破现有数据库间的信息共享壁垒,实现数据库之间的信息共享。政府应大力扶持医药卫生科技文献资源建设工程,积极鼓励并引导著作版权所有人在不损害其利益情况下,允许数据库服务企业将其作品依照相应规则进行收录。在这样的发展环境中,收刊难、更新速度慢、上网周期长等诸多问题将很快解决[11-12]。也只有这样,才能推动我国医药卫生科技体系创新和医药卫生改革,开创医学信息服务的新局面。

参考文献:

1 田金徽,杨克虎,宋 戈,等.我国四大文献数据库医药卫生期刊资源比较研究 [J]. 图书与情报,2008(5):65-67.

2 中国生物医学文献数据库[EB/OL].[2011-03-28].http://si-nomed.imicams.ac.cn.

3 中国期刊全文数据库 [EB/OL].[2011-03-28].http://www.cnki.net.

4 重庆维普中文科技期刊数据库[EB/OL].[2011-03-28].http://www.cqvip.com.

5 万方数据知识报名平台[EB/OL].[2011-03-28].http://www.wanfangdata.com.cn.

6 中国科技信息研究所.2010 年中国科技论文统计源期刊(中国科技核心期刊)目录总览[EB/OL].[2010-11-26].http://www.istic.ac.cn/tabid/518/default.aspx.

7 朱 强,戴龙基,蔡蓉华.中文核心期刊要目总览[M].北京:北京大学出版社,2008.

8 曾建勋.2010 年版中国期刊高被引指数[M].北京:科学技术文献出版社,2010.

9 SWOT 分析方法 [EB/OL].[2011-03-28] http://baike.baidu.com /view/2055.htm#sub322768.

10 刘 宁, 刘宪珍.CBMdisc 与 CJFD 医药卫生专辑的比较分析[J].医学信息学杂志,2006,27(5):343-344.

11 杜云祥,雷春炳,陈建青,等.国内 5 大中文生物医学期刊数据库文献收录比较研究[J].预防医学情报杂志,2006,22(2):162-166.

12 张秀梅,曹勇刚.中外生物医药类数据库的对比分析:透视中国数据库服务业存在的问题[J].图书情报工作,2007,5(5):102-105.

[作者单位]山东省医药卫生科技信息研究所,山东省医学科学院,山东济南 250062

[作者简介]谷景亮(1975-),男,山东莘县人,硕士,助理研究员,获省科技进步三等奖 1 项、省软科学成果奖 2 项,发表论文 10 余篇。

转载自:《中华医学图书情报杂志》2011 年 8 月
第 20 卷第 8 期 P61~64

编 者 按

这是一份有趣的、全球期刊编辑对学术抄袭容忍度的调查报告，这是中国编辑在国际学术出版界的亮眼表现——作为非欧美国家的期刊编辑首次荣获国际出版伦理委员会 (Committee on Publication Ethics, COPE)的研究资助项目，《浙江大学学报(英文版)》编辑申报的“对不同学科典型抄袭案例的分析指南”(Crosscheck CrossCheck Guidance: An Analysis of Typical Cases of Plagiarism in Different Disciplines)项目，受到了国际学术出版界的一致关注。

2012 年 10 月期的《学术出版》(Learned Publishing)以当期最长的篇幅(17 页)刊登了该研究项目的前期结果。该刊主编艾伦·希格莱顿(Alan Singleton)评述：“该文并不是简单阐述我们过去所谈及的常规检测，而是论及不同学科、不同语言背景的学术期刊编辑们，对周围所发生的各种典 型抄袭现象的态度。”

而对我国编辑出版界而言，此一项目和前期成果表明，中国编辑正在积极参与国际出版业学术伦理标准的讨论和研究，正积极提升在国际出版界的话语权和影响力。鉴于此，本刊将以系列形式，刊发项目的阶段成果，以期为学术期刊出版者提供借鉴。

全球期刊编辑对学术抄袭容忍度调查 *

文 / 张月红

COPE COMMITTEE ON PUBLICATION ETHICS Volume 3 Issue 1 Spring 2011

THE SCOOP FROM COPE

Y. H. (Helen) Zhang (right) and her research group (above)

COPE grant awarded for first time to recipients from China

COPE's December 2010 research grant was awarded to Yuehong (Helen) Zhang and Xiaoyan Jia of Zhejiang University in Hangzhou, China, for the project "CrossCheck Guidance: An Analysis of Typical Cases of Plagiarism in Different Disciplines."

cases of plagiarism based on input from other CrossCheck users.

They plan to compile a handbook listing typical cases for CrossCheck users and authors worldwide. With this handbook, editors can learn how to deal with different kinds of plagiarism in different

图 1 英国《伦理编辑》2011 年第 1 期的报道：中国编辑首获国际伦理委员会(COPE)研究基金资助

2008 年 9 月《浙江大学学报(英文版)》获国家自然科学基金“重点期刊项目”的资助后，《浙江大学学报(英文版)》即刻申请成为中国第一家反剽窃文献检测系统(CrossCheck)的会员。在工作实践与使用 CrossCheck 过程中，我们有震惊、有感悟，也有问题。[1~4]客观地说，CrossCheck 在一定程度上的确帮助期刊编辑查处了一些抄袭和不合理重复出版的内容。但我们困惑的是，用什么标准去分析和判别这些抄袭现象以及抄袭程度，尤其是想知道国内外同行对这个工具的认同度以及伦理标准等，当然也想借助调查了解和规范作者的投稿行为，严肃科学出版的原创性与纯洁性。所以，从 2010 年起我们想继续做一些深入研究。作为国际出版伦理委员会(COPE)6000 多会员中的一员，2010 年年底，我们申请了 COPE 的研究基金，并在 2011 年年初获知，我们的申请在竞争与国际评估中中项，从而有了下面这个调查的成果和一些亟待刊发的研究内容。

一、课题的实施

1. 概念依据

抄袭(剽窃)一词由来久远,与文字历史一样久远,无地域之分。抄袭(剽窃)是指对他人文章中的内容或观点未加引注或承认的拷贝行为。对它的界定一直较为模糊，至今还游离在知识产权和版权法条款的边缘，它所产生的不良后果会触及法律或侵犯法律。[5]关于本调查问卷中几个常用概念,如抄袭、自我抄袭、团队抄袭等,我们不仅参考了《牛津大辞典》和最新的《韦氏词典》(Merriam–Webster 网络词典)的规范定义,还特别引证了《科学期刊的同行评议与稿件管理的规范指南》(Hames) 等更为严格规范的定义。[6] 这些国际出版界公认的权威定义是这份调查问卷的设计、讨论与分析的佐证与依据。

2.CrossCheck 是本调查的重要前提与要素

CrossCheck 由国际出版链接协会研发,全球六家国际出版集团共同参与实验,2008 年 6 月 19 日正式向全球发布。CrossCheck 的功能由两部分组成 :一个基于全球学术出版物所组成的庞大数据库和一个基于网页的检验工具。这个基于网页的工具可用于编辑过程中鉴别相似文档,生成对比报告,并通过分析判断是否存有学术剽窃行为。

CrossCheck 项目已经引起全球学术界和出版界的广泛关注和积极响应。目前,一些大的国际科学出版集团,如爱思唯尔(Elsevier)、斯普林格(Springer)、威立–布莱克威尔 (Wiley–Blackwell)、英国医学 杂志(BMJ)、泰勒弗朗西斯(Taylor & Francis)、牛津出版社等，以及许多科学学会如美国科学进步协会(AAAS)、美国物理学会(APS)、植物生物学会等多家专业协会与学术学会，均成为 CrossCheck 的正式会员。当然,要加入 CrossCheck 成为会员是要付费的,CrossCheck 软件系统不是免费的。

目前我国一些英文版学术期刊也陆续申请成为其会员或者通过与国际出版集团的合作而使用 CrossCheck 工具检测抄袭。

3. 问卷设计与实施

考虑到本调查涉及自然科学、社会科学以及计算机与工程等多个学科期刊编辑所困惑的共性与特性问题,同时也涉及不同语言背景下编辑的态度的曲合异同。我们紧扣住三个关键主题 :①学术期刊编辑是如何使用 CrossCheck/iThenticate 检测工具和分析论文对比相似度报告的? ②学术期刊编辑对不同学科所表现的典型抄袭现象的态度和容忍度。③讲英语的国家与非英语国家的期刊编辑对各种典型抄袭现象的认识异同。调查的题目设定为《期刊使用 CrossCheck 检测抄袭情况的调查问卷》。

根据 CrossCheck 使用分布情况与不同语言背景，调查问卷设计了 2 张(SV1 和 SV2)。有 3305 位期刊编辑或期刊出版者收到了 SVI 问卷,他们大多为 CrossCheck 的会员,且多为讲英语国家的期刊工作,SV1 包括 22 个问题。由于大多数非母语国家的期刊还没有使用 CrossCheck, 所以 SV2 包括了 SV1 中的 10 个主要态度问题，具体问卷请见本文附件。[7] 有 607 位非英语国家的期刊编辑收到了 SV2 问卷。受调查者均为汤姆森路透的 JCR (期刊引证报告)数据库的期刊编辑。

2011 年 5 月至 7 月,SV1 和 SV2 调查报告通过网上 SurveyMonkey 系统发出并完成反馈。

4. 信息反馈

通过调查反馈统计，参加调查的期刊分别来自 21 个国家和地区(见图 2),其中 95%为英文学术刊物。两组问卷的平均反馈率为 5.6%,共 219 份。其中问卷 SV1 为 161 份,在这 161 份期刊中,有 51%的期刊已经使用 CrossCheck 检测工具。SV2 为 58 份(汇总后,实际非英语反馈期刊总数为 78),其中有 19%的期刊使用 CrossCheck。在反馈信息中发现,SV1 组

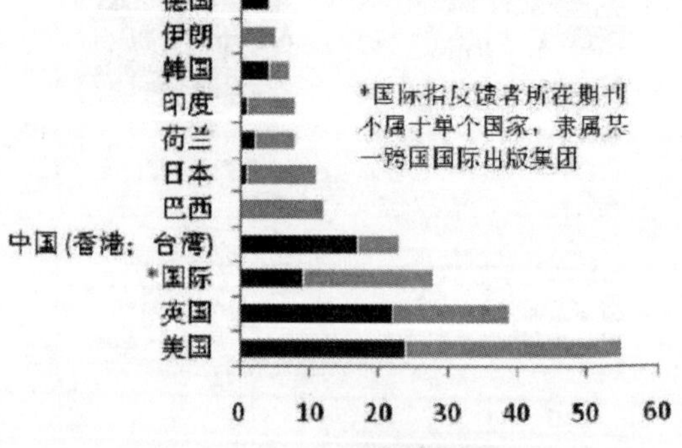

图 2 调查反馈期刊的地理分布与是否使用 CrossCheck 的概况

反馈期刊主要来自国际知名出版集团以及各专业学术协会(学会)组织,如爱思唯尔、斯普林格、剑桥大学出版社、自然出版集团、美国教育研究协会(AERA)、美国心理学协会、美国癌症研究协会(ACRA)、美国物理学会(APS)、计算机(ACM)等多家专业协会与学会组织,其中不乏为行业顶尖杂志,如《新英格兰医学杂志》、《柳叶刀》等(见图3)。而非英语国家(如中国、日本、韩国、新加坡、巴西、印度、伊朗等国)的期刊也均为在本国首屈一指的优秀刊物 (均为 SCI/SSCI 期刊)。

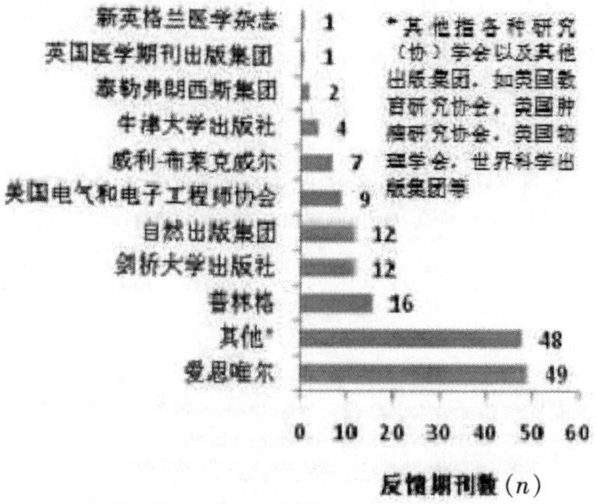

图3 母语为英语的期刊多来自国际知名出版集团或期刊社

二、调查要点分析

我们聘请了专业统计研究生,针对反馈信息中问卷的答案,按照不同学科、不同问题、不同语种的文化背景,对相关问题的反馈结果,采用中位数或平均数取值的方法,进行了多组交叉与聚类统计分析。

这一调查报告对学术出版中存在的5种典型的抄袭现象(复制粘贴、自我抄袭、团队抄袭、综述性文章的相似度高、会议论文发表后再发期刊)进行了综合的要点解析,通过对受调查的期刊编辑对这5个问题的反馈态度与容忍度逐一分组归类,最后对调查统计做出直观的对比图表解。以期这些成果与结论对期刊同行、研究人员、作者等有启示与规范作用。

下面根据问卷题目顺序与涉及的调查要点分别进行概述。

1. 对使用 CrossCheck 检测工具和对论文相似度报告处理的态度

在问题 Q4 ~ Q7 中, 调查设计是了解编辑对使用检测工具分析文本抄袭的取向原则以及对检测结果 相似比率与抄袭严重程度的心理认同参数。

在 SV1 组,有大部分期刊已是 CrossCheck 的会员, 且有 51%的期刊已经使用这一工具检测来稿文本抄袭与否,其他会员表示将很快使用这个工具。另外一部分期刊没有使用 CrossCheck, 但使用了其他检测工具, 如 eTBLAST, Medknow's 或其他免费在线检查手段。在表1中,有82个期刊编辑表示并不是对所有来稿一律检测, 平均有 32%的期刊是对所有投稿进行检测;有平均 34%的期刊编辑(尤其是在工程和计算机领域的期刊) 只对有嫌疑的文章进行检测; 约有平均 15%的期刊编辑仅检测准备刊用的文章;社会科学的期刊更偏向于后者(即对接受的稿件进行检测),比率高达 27%;另有一些编辑只检查文字较多、含少量图表公式的论文。这些调查反馈表明,目前的检测工具对一些技术性较强的公式推理与图表类论文的检测还存有设计缺陷。

表1 期刊编辑使用 CrossCheck 检测论文的统计

学科	选项百分比			
	所有投稿	有嫌疑的稿件	接受的稿件	其他
物理化学工程等(n=26)	38%	50%	4%	8%
生命科学(n=39)	31%	28%	18%	23%
计算机与电子(n=5)	20%	40%	20%	20%
社会科学(n=11)	27%	18%	27%	27%
其他 (n=1)	0	0	0	100%
总 (n=82)	32%	34%	15%	20%

针对工具检测出的相似度(%)报告,编辑根据问题 Q6 ~ Q7,按严重、中度、轻度不同检测结果给出了相应的数值(见表2)。从统计结果看,由于一部分期刊编辑对单篇相似度的概念模糊,所以调查结果超乎了预期可参考的范围。

表 2　对检测相似度(%)结果的心理接受度统计

严重性(抄袭)	值得怀疑的总相似度 *(n=51)		值得怀疑的单篇相似度 *(n=46)	
	平均数	标准差 ±	平均数	标准差 ±
轻微	8.99%	4.23%	8.99%	4.23%
中等	21.69%	5.65%	21.69%	2.38%
严重	38.78%	10.77%	38.78%	10.78%
拒稿	50.49%	13.35%	43.42%	14.66%
修改	17.60%	9.92%	13.96%	6.76%

* 总相似度：指与比对数据库中多篇文本相似百分比的总和；单篇相似度：指与比对数据库中单篇文本相似百分比。

2. 对复制粘贴问题的态度

问题 Q8～Q14 和 Q19～20 比较集中涉及此类问题。调查显示，66% 的期刊编辑在检测中是把 CrossCheck 作为辅助工具，同时结合审稿结果分析而做出定论；有 20%的期刊编辑以检测结果为主要依据，如果相似度高，无须送审，直接拒稿；另外约 14%的期刊编辑选择较为灵活的处理方法(见图 4)。

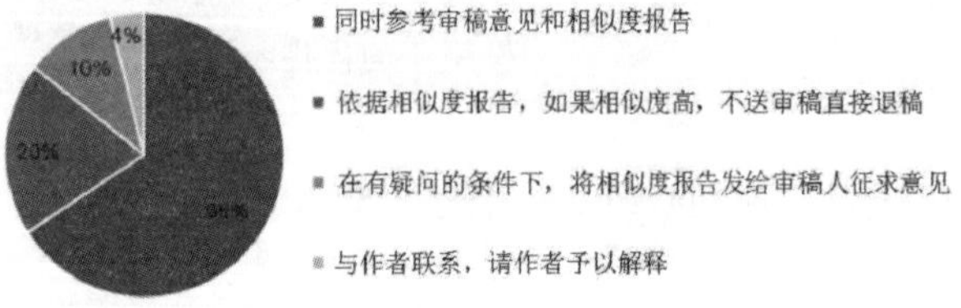

图 4 检测相似度与期刊编辑使用 CrossCheck 时的取向

表 3 是对 Q9 的统计分析结果。在引用和不引用两种条件下，对逐字抄袭的最高字数接受度在社会科学类与自然学科类期刊的编辑中有区别。在不引用的情况下，社会科学类期刊编辑认为一个字也不能抄(<1)，而自然学科编辑的接受度则在 8～10 字之间。引用的条件下，平均为 50 个字为下限。

表 3　引用和不引用情况下，逐字抄袭能够接受的参考字数

学科	单词数(中位数)*	
	不引用 (<)	引用 (<)
物理化学与工程等(n=42)	10	50
生命科学 (n=54)	8	30
计算机与电子等(n=14)	10	50
社会科学 (n=28)	1	50
All (n=138)	7	50

* 单词数采用中位数来表示是由于反馈的数字范围较宽。

针对 Q10"如果作者复制粘贴已经刊发的文本，并据为己有，贵刊的态度？"的设问，调查统计结果显示了不同语言背景、不同学科、不同国家(根据反馈期刊的计数，这里仅取了美国、中国、英国，余下 18 个国家作为"其他"一个整体)的期刊编辑对复制粘贴的态度。无论讲英语的期刊编辑或非英语的期刊编辑，82%以上的态度是退稿。对有创新的稿件，可以考虑退回修改，但是必须改用自己的语言或者直接引用。自然学科组的态度也基本趋同，社会科学组似乎更加严格，约 95%要求退或改写。从国家的分组分析结果看，相比美国、英国与其他"退稿"选项约高于 60%，而中国期刊编辑更多选择"退回修改且引用"(见图 5)。

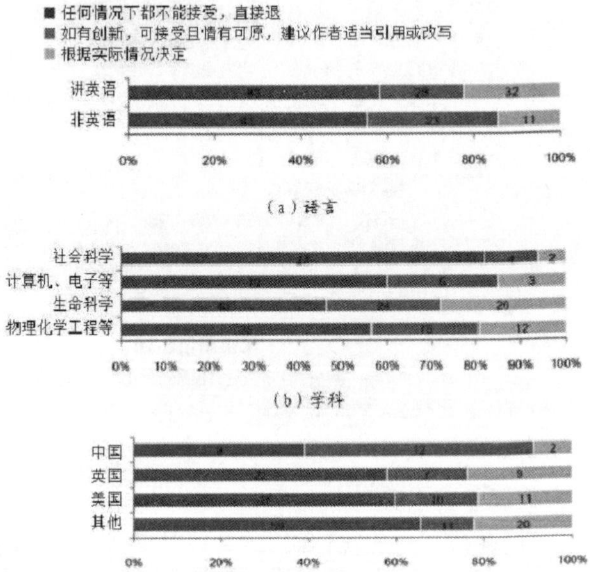

(a) 语言

(b) 学科

(c) 国家

图 5　期刊编辑对作者复制粘贴的态度

* 条柱中的数字表示反馈者的实际数目，下图同。

3. 对综述性论文中复制粘贴问题的态度

复制粘贴的另一种现象集中在综述性论文中，该类文章的特点是探讨与预展本学科的发展趋势及要点，参考文献较多。有些作者，尤其是非英语国家的作者，习惯在文章中直接复制参考的原文本，造成 Crosscheck 相似度极高，有的高达 60%～70%。针对这一情况，我们特别设计了 Q19～Q20 题，以了解全球期刊编辑如何看待或处理这类问题的态度(见图 6 与图 7)。其中，80%的期刊编辑反对直接粘贴原文内容，同时要求作者用自己的语言诠释文献内容，即使引用原文，相似度最高也不能超过 35%。

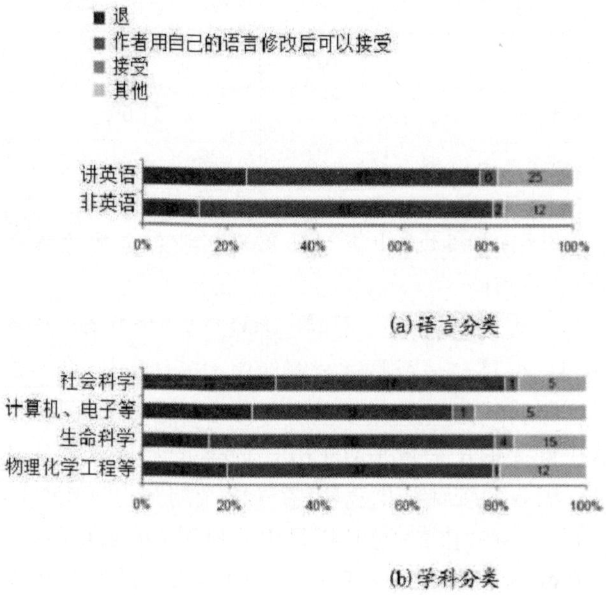

图 6　对高相似度综述性论文的态度

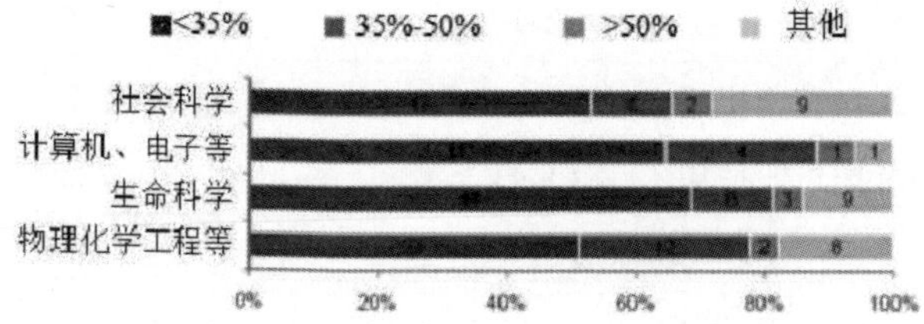

图 7　对综述性论文可以接受的总相似度范围

4. 对自我与团队抄袭以及重复发表的态度

作者以及研究团队成员间将自己已经刊发的文本未经引用标注，直接粘贴拷贝在新的论文中使用，即使有引用，但未注明原刊发文本或做引号标注，均是不可以接受的抄袭行为。我们通过 Q15~Q18 的设问，希望了解编辑对此类问题的态度(见图 8)。两组中近 40%的期刊编辑表示，仅在引用的条件下可以接受；有 25%的编辑表示无论引用否，坚决退稿；其他约 15%的编辑选择如果相似的部分不是核心内容，可考虑；约有 20%的编辑选择据情而定。从中可以看出理化工程类期刊的编辑们更为严格，而社会科学退稿率最低，低于 10%。

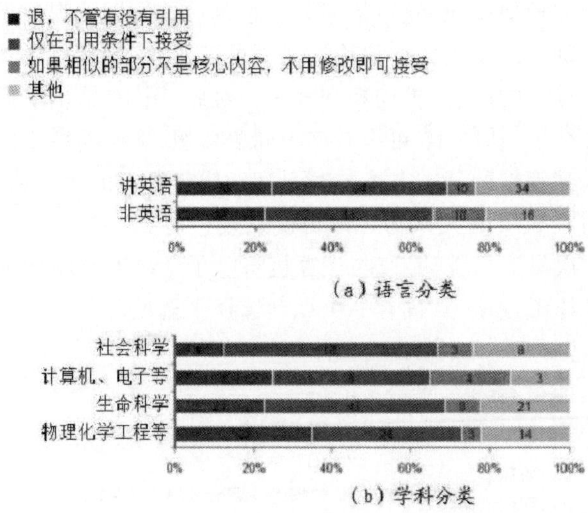

图 8　对明显的自我抄袭(作者声称是系列研究)的态度

图 9 是不同语言与不同学科的期刊编辑对疑似团队抄袭现象的态度。讲英语与非英语期刊编辑约有 50%持反对态度，选择退稿；另有约 42%的人认为如果论文有创新，必须在论文中加注引用，方可考虑接受。与语言组比较，学科组选择前两个选项的合为 95%。这表明两组的取向非常吻合，表达了他们对团队抄袭的主流态度。

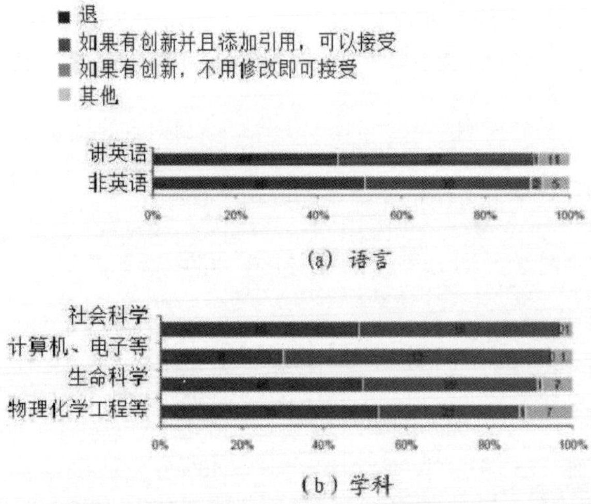

图 9　期刊编辑对疑似团队抄袭的态度

5. 对会议论文刊发后再投期刊的态度

Q16 的设计背景是为近年有一些作者(如计算机与电子电器工程(EEE)等领域的作者)先在本学科的会议论文集发表文章后，又将该文投给期刊的现象而设计的。随着 CrossCheck 使用的普及，对这类文章检测的相似度较高,审稿人以及编辑对这一做法提出了质疑。已发表的会议论文是否可以再次(或者仅增加一点新的内容)投向期刊发表？对此,图 10 给出了调查结果。从图 10 可以看出不同语言组、不同学科组的期刊编辑的基本态度与容忍度。比较各组的平均值,约有 60%的人认为可以再次发表，有 22%的人反对再次发表。统计发现,计算机与电子学科近 90%的人选择了选项一,仅有一个期刊选择了选项四。

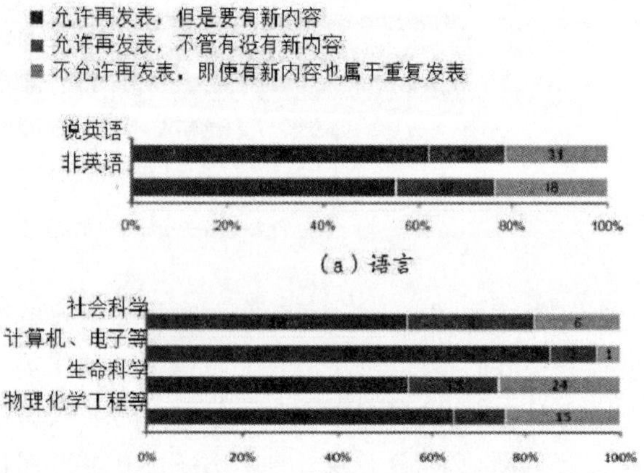

图 10　期刊编辑对会议论文是否可以在期刊上再发表的态度

Q16 还设问,如果补充新内容可以再发表,新内容应占多少比例?表 4 给出了各组要求新增内容下限的平均比例为 46%以上。

表 4　会议论文在期刊上再发表所需增补新内容的百分比

学科	n	新内容的百分比
物理化学与工程等	40	50%
生命科学	51	45%
计算机与电子等	17	35%
社会科学	18	45%
其他	5	43%
总(数 / 平均)	131	46%

6. 不同语言组对抄袭的退稿比率的调查统计

Q21 的设问是“贵刊因抄袭原因退稿的比率占多少？”有 153 家期刊回答了这个问题。表 5 是两组的反馈统计。从表 5 可以看出,非英语国家期刊退稿率高出英语国家期刊约 2 倍之多。

表 5　不同语言背景的期刊对抄袭的退稿率统计

语言组	n	%(百分比平均数)
英语	102	3.5%
非英语	51	11.0%
总(数 / 平均)	153	5.9%

7.“作者须知”中声明使用检测抄袭工具的意愿的调查统计

调查问卷最后一个问题(Q22)是“贵刊在‘作者须知’栏目，是否愿意声明使用 CrossCheck 检测抄袭？是否认为声明有恐吓作者之意而适得其反呢？”这个问题的反馈皆来自 CrossCheck 的会员或者准会员。表 6 的统计结果表明,在 148 个期刊中有 45%的期刊已经在“作者须知”栏目声明使用 CrossCheck;另有 28%的期刊正在考虑加注声明;有 8%的期刊还没有使用;有 19%的期刊的确担心如加注声明,可能有恐吓作者的效果,不会考虑采用。

表 6　期刊是否在“作者指南”中声明使用 CrossCheck 检测抄袭

选项	%
已经声明使用 CrossCheck	45%
正考虑声明使用 CrossCheck	28%
尚未声明使用 CrossCheck	8%
不会考虑声明使用 CrossCheck,感觉有恐吓作者之嫌,会适得其反	19%

三、调查统计结果的讨论热点

1. 学科的视角

图 11 是不同学科期刊对 5 种典型现象说“不”的统计。①从图中可以看出,各个学科对复制粘贴都非常反感,退稿率居 5 个问题之首,平均为 61.5%;其中社会科学类期刊的容忍度最低,退稿率达到 82%。在“在不引用情况下最多可以复制多少字？”的调查中，在学科组的反馈中，社会科学给出的数值是<1(即小于 1 个字)。换言之,就是一个字都不能抄(见表 3)。由此可以看出社会科学类论文的特点在于语言的原创性。②计算机与电子科学类期刊对刊发会议论文的容忍度最高,只有 5%的退稿率。③对于团队抄袭的态度,各学科的平均退稿已近 1/2,其中工程学科的容忍度较为宽泛,为 30%。④对自我抄袭的态度,社会科

学类期刊表现出极高的容忍度，为 12%。⑤各学科对综述性论文高相似度的态度比较接近，各学科退稿率平均为 22.5%，这意味着多数编辑建议作者要用自己的语言诠释文献内容，不应直接粘贴。

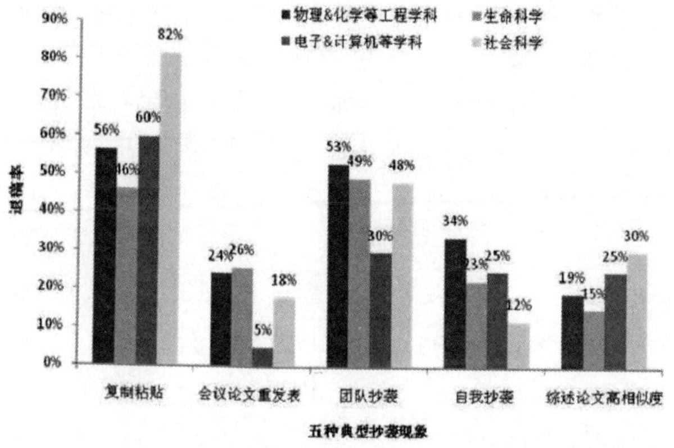

图 11　不同学科的期刊编辑对五种典型抄袭现象的退稿比率统计

2. 语言背景的视角

(1)不同语言背景期刊编辑的主流观点。对 5 个典型的问题，来自母语为英语和非英语两组的意见非常吻合。说明全球的期刊编辑对抄袭的伦理规范不分国界，不分语言，不分学科，取向标准基本一致。即对粘贴的论文，约 60%的编辑表示坚决杜绝，91%的编辑对团队抄袭高呼退稿，68%的编辑反对自我抄袭；对于综述性文章的相似度高的问题，79%的编辑要求作者用自己的语言诠释参考内容或者直接引用，即使考虑到综述文章参考文献多的特点，其相似度也不易超过 35%，否则应该退稿；59%的编辑认为，会议已经刊发的论文再发期刊须增添 46%的新内容，并且要引注已刊内容，而约 22%的编辑始终坚持会议论文再刊发期刊属于重复发表，应该抵制(见图 12a)。

(2) 不同语言背景期刊编辑的严格程度的差异。由于语言背景以及出版历史的不同，讲英语与非英语国家的期刊编辑对这些典型问题处理的严格程度表现出一定差异。例如，讲英语国家期刊的退稿率数值要高于非英语国家的数值。换言之，非英语国家尤其是发展中国家的期刊编辑对学术抄袭的容忍度要略高于发达的讲英语的西方国家，尽管调查的对象主要来自非英语国家的优秀期刊(见图 12b)。

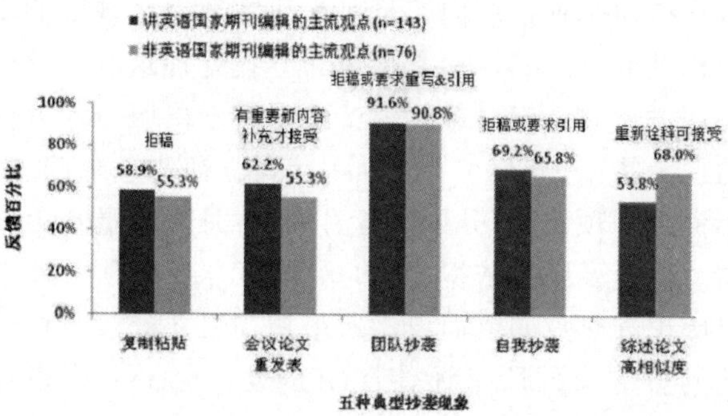

图 12(a)　英语与非英语国家期刊编辑对 5 个典型问题的主流观点趋向一致

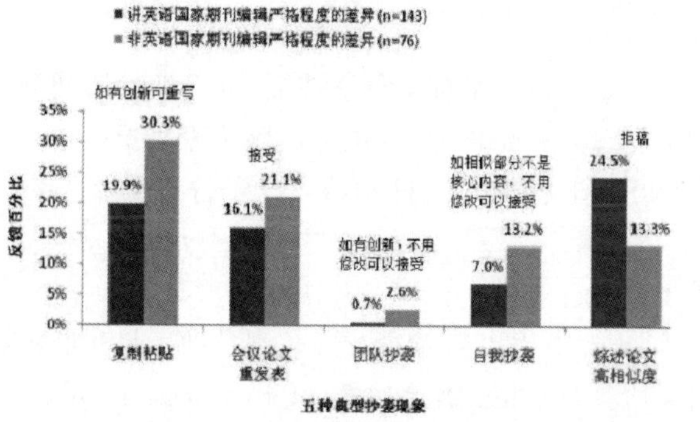

图 12 (b)　英语与非英语国家期刊编辑对 5 个问题处理的严格程度的差异

解析这些差异的原因，一方面版权法的诞生在西方已有 300 多年历史，而版权法的建立与实施在发展中国家历史较短，由于时滞作用，需要一个认识与认同的过程；另一方面是非英语国家的作者存在语言的差异，而目前国际顶尖或行业优秀期刊，约 83%是英文期刊。所以版权认同的时滞与语言磨合的差异的确是存在异同的两个主要原因。

这份关于期刊使用 CrossCheck 检测抄袭情况的查报告，首次在国际出版论坛上报告了中国编辑在国际出版伦理领域中的一些研究成果。这项课题的后期成果，将涉及不同学科的特殊问题。如关于生命科学领域研究论文中方法部分的抄袭与规范，以及顶尖期刊处理此类问题的调查与比较；计算机科学会议论文刊发后再投期刊发表的伦理与量化问题；工程科学论文中公式推理与图表抄袭的案例分析与解决方案等研究均在调查、整理与发表中。

相关链接：

国际出版伦理委员会(COPE)成立于 1997 年，

旨在应对全球范围内违反科学研究及出版规则的学术伦理问题，其目标是探讨和寻找处理这些问题的实用方法和良好对策，尝试界定科学出版伦理方面的规范指南。COPE 从 2008 年设立研究基金起，每年资助两项课题，分别于 6 月和 12 月由会员自由申请。研究课题多依据 COPE 每年学术论坛所关注的出版伦理热点问题而设，所申请项目要经过几位国际同行专家的严格评估，COPE 委员会最后终审和讨论，批准立项。

（作者单位：浙江大学学报（英文版））

* 本文系国家自然科学基金"重点学术期刊"资助项目(No.30824802) 和国际出版伦理委员会(COPE) 研究基金项目(2010-12) 部分成果。

参考文献：

1　5 张月红．重视学术伦理是学术界和出版界共同的责任 [N]．科学时报，2011-1-3 21:34:16

2 张月红．透过几种现象看学术不端来源 [N]．科学时报，2009-5-7 14:36:53

3 林汉枫，张欣欣，翟自洋，伍秀芳，张月红．遏止学术不端行为　保护科研原创成果—《浙江大学学报（英文版）》作为 CrossCheck 中国第一家会员的实践与体会，中国科技期刊研究，2009，20(4)：581-584

4 林汉枫，贾晓燕，张月红，张纯洁，金美青，张欣欣，翟自．重视学术伦理是期刊编辑义不容辞的责任——浙江大学学报（英文版）初探 crosscheck 的工作模式和规范标准．中国科技期刊研究，2011，22(3)：328-333

6 Hames，I．科学期刊的同行评议与稿件管理的规范指南（Peer Review and Manuscript Management in Scientific Journals: Guidelines for Good Practice，1st Ed，Oxford，Wiley-Blackwell，2007：177－181

7 http://www.zju.edu.cn/jzus/download/editorpapers/questionnaire.pdf

转载自：《中国出版》2012 年 12 月下 P3~11

附件:关于期刊使用 CrossCheck 检查抄袭(剽窃)的情况调查问卷

本调查是 COPE 研究项目资助的一部分。

(SV1 问卷包含 22 个问题,其中 10 个标记星号的问题为 SV2 问卷内容)

***Q1 贵刊的学科范围?请选择一个大类**

●化学 / 物理 / 工程(机械 / 土木 / 环境 / 工业 / 控制,航空航天等),建筑,数学 / 统计

●生命科学(包括生物科学,医学,农学)

●计算机科学 / 电子 / 电气工程 / 自动化 / 人工智能等

●社会科学(人类学 / 经济 / 教育 / 地理 / 历史 / 法律/ 语言学 / 政治学 / 公共管理 / 心理学 / 社会学)

●其他

***Q2 贵刊的基本信息**

国家

语言

***Q3 贵刊是否使用 CrossCheck ?**

●是

●否

Q4 贵刊如何使用 CrossCheck 检测投稿论文的原创性?

●检查所有稿件

●只检查接受的稿件

●只检查有嫌疑的稿件

●其他(请注明)

Q5 贵刊是如何依据 CrossCheck 检测报告对投稿论文判断取向?

●完全参考 CrossCheck 报告,拒绝检测结果令人无法接受的高相似度的论文

●完全参考于审稿人的意见,不考虑 CrossCheck 报告

●同时参考两个审稿人的意见和 CrossCheck 报告

●在可疑的情况下,将 CrossCheck 报告发送给审稿人征求意见

●其他(请注明)

***Q6 总相似度是论文潜在抄袭的一个重要参数,请指出其抄袭程度的参数?**

轻度抄袭,最小%

中度抄袭,最少%

严重抄袭,最少%

导致拒绝,最少%

要求作者重写,最少%

(SV2 类似的问题是 :贵刊对投稿论文中相似比的容忍度?)

Q7 单篇相似度是另一个重要参数,请指出其抄袭程度的参数?

轻度抄袭,最小%

中度抄袭,最少%

严重抄袭,最少%

导致拒绝,最少%

要求作者重写,最少%

Q8 贵刊对逐字抄袭或近乎于抄袭行为的态度?

●如果复制的文本并不构成论文的核心内容,可以接受

●如果同时有引用和引号,可以接受

●如果只有引用或只有引号,可以接受

●在任何情况下都不能接受,会导致自动拒绝

Q9 以下两种情况下,逐字抄袭字数,贵刊的容忍参数?

没有引用(字数)

与引用(字数)

*** Q10 如果作者复制粘贴已经刊发的文本,并据为己有,贵刊的态度?**

●如果文章有创新,或许接受, 并建议作者注明引用或用自己的话复述

●所有情况下都不能接受，文章将被拒绝

●其他(请注明)

Q11 在摘要 / 引言 / 讨论部分，如果有 1/4 或 1/3 复制内容且无引用，贵刊的态度？

●拒绝

●请作者引用或重写

●接受

Q12 在摘要 / 引言 / 讨论部分，在引用的条件下对复制内容，贵刊的容忍参数？

●无

● 1%~ 20%

● 21%~ 40%

● 41%~ 60%

●超过 60%

Q13 在材料与方法部分，如果有 1/4 和 1/3 复制内容，且无引用，贵刊态度？

●接受，因为大多数方法可以重复或重复使用，这种相似性对论文的原创性影响不大

●建议作者使用自己的话修改

●建议笔者采用给出引用，不必重复的方法

●其他(请注明)

Q14 在材料与方法部分，在引用条件下，贵刊能够容忍的相似参数为？

●无

● 1%~ 20%

● 21%~ 40%

● 41%~ 60%

●超过 60%

Q15 结果和结论的部分，作者对自己已经刊发的图表直接或少有改动，并未有引用的复制粘贴，贵刊的态度？

●拒绝

●请作者引用以前的工作

●如果有创新可以接受

●其他(请注明)

*Q16 对会议论文正式发表后再次，或仅增加一点新内容，重新以新文章投向期刊，贵刊的态度？

●不可以，即便是有新内容也是重复发表

●可以，不论是否有新内容

●可以，但是要根据新内容的百分比。请注明新内容的最低百分比

*Q17 对投稿文章从标题、目的和方法均与同一课题组等其他作者已刊的文本类同或相似，仅范例或材料不同时，贵刊的态度？

●拒绝

●如果作者可以修改突出新发现，并引用以前的出版物，可以接受

●如果创新，除了引用以前的论文，其他部分不用修改就能接受

●其他(请注明)

*Q18 作者复制自己已刊发的文本，无论逐字或近于逐字抄袭(自我剽窃)，并声称是系列或有相同背景的研究，导致文本相似，对此，贵刊的态度？

●拒绝，不管引用还是不引用

●接受，但只有引用

●接受没有修订，如果类似的文字是没有核心的纸张

●其他(请注明)

*Q19 对于综述性论文，作者汇总(并引用)所索引文献时，大量直接拷贝原文本，贵刊的态度？

●拒绝

●无条件接受

●接受，如果作者能用自己的话改写

●其他(请注明)

Q20 对于综述性论文的总相似度，贵刊容忍的参数为？

●低于 35% ● 35% ~ 50%

●超过 50%

●其他(请指明)

*Q21 贵刊约有多少比率的论文因抄袭而退稿？

Q22 在贵刊的“作者须知”栏目中，是否声明使用 CrossCheck 检测工具？或是否认为其有适得其反的用？

工作动态

中国期刊协会第五次会员代表大会在京举行

中国期刊协会第五次会员代表大会于2012年8月21日在北京隆重举行。这次代表大会是在全国上下喜迎党的十八大和我国期刊出版业深化改革的大背景下召开的。来自全国各省（区、市）新闻出版局的领导、业界专家学者、全国期刊社及期刊业相关单位近四百名会员代表出席了会议。新闻出版总署副署长邬书林、中宣部出版局副局长刘建生、民政部民间组织服务中心常务副主任廖鸿、中国出版协会常务副理事长兼秘书长刘建国出席大会并致辞。新闻出版总署相关司领导，中国出版协会、中国印刷技术协会、中国编辑协会等兄弟协会领导出席了大会。会议由大会执行主席、新闻出版总署报刊司司长王国庆和当代贵州杂志社社长赵宇飞主持。

邬书林副署长代表总署向大会的召开表示祝贺，并对中国期刊业过去五年的发展以及中国期刊协会第四届理事会成立以来取得的成绩予以充分肯定。他说，五年来，中国期刊协会第四届理事会在新闻出版总署和民政部的领导和指导下，科学把握新形势下期刊业发展的新要求，积极探索新环境下行业协会开展工作的新思路，紧紧围绕协会的宗旨和业界的需求，不断优化职能定位和工作思路，大胆创新服务理念和运行模式，充分发挥了政府部门和期刊行业之间的桥梁和纽带作用。特别是在改进协会自身工作、加强行业自律、引导产业发展、助推体制改革、扩大对外交流等方面认真工作，成效显著，得到了全国期刊单位的认同和各级新闻出版部门的肯定。当前，我国期刊业正处在关键的转型期和改革发展的攻坚期，希望中国期刊协会继续发挥功能、努力工作，作出更大贡献，尤其要在六个方面下功夫，力求取得新进展：在发挥桥梁纽带作用上下工夫，在分类指导上下工夫，在盘活行业资源上下工夫，在促进期刊质量上下工夫，在研究新情况和新机制上下工夫，在开拓国际舞台上下工夫。

刘建生副局长代表中宣部出版局向大会表示祝贺。他说，五年来，四届刊协领导班子，认真履行职责使命，发扬光大了刊协的优良传统，使刊协的工作迈进了一大步，扩大了中国期刊协会在海外的影响，有力促进了期刊界的繁荣发展，得到了期刊业界、出版业界和社会各界的充分肯定和褒扬。这次换届会议是刊协各项工作的新起点，刊协未来的工作至少面临外部环境的三重转换，任重而道远。一是政府管理职能转换，中国期刊协会的担子更加繁重。反馈基层情况，传递政策信息，增进相互沟通，保证改革平稳有序，促进行业自律，维护行业利益，形成完善的社会管理。协会工作的链条和环节必不可少，丝毫不能松懈；二是期刊组织形式转换，中国期刊协会的任务更为艰巨。深入调查研究，帮助管理者理顺改革思路，提出决策建议，引领科学发展。协会的作用只能加强巩固，不能削弱损伤；三是期刊出版业态转换，中国期刊协会的工作更加复杂。树立危机意识，应对发展风险，启动前瞻思维，服务队伍建设，刊协的价值必将在面对新情况新问题的新考验中，得到进一步全面提升，成为文化繁荣和发展中一面永不退色的旗帜。

廖鸿常务副主任代表民政部向大会表示祝贺。他说，中国期刊协会成立二十年来，团结全国各期刊社，全面贯彻落实科学发展观，围绕中心、服务大局，发挥优势、开拓创新，为我国期刊业发展做出了积极的努力。党的十七届六中全会，明确提出了我国今后经济社会发展目标。随着学会、协会、商会等民间组织的迅速发展，党和政府做出了一系列发展民间组织的重大战略决策，有力地促进我国民间组织的健康发展。民政部将按照这些部署，大力支持中国期刊协会的工作，为期刊产业发展提供良好条件。本次会议将产生新的理事会，我们希望协会在新一届理事会的领导下，进一步发挥党和政府与期刊业的桥梁和纽带作用，不断提高服务意识，增强协会的凝聚力、影响力和综合实力，为推动我国期刊产业的发展，促进社会和谐做出新的更大的贡献。

中国出版协会、中国印刷技术协会、中国编辑协会等兄弟协会到会致辞、祝贺。

会议上，新闻出版总署人事司司长余昌祥代表总署宣读了新闻出版总署《关于同意中国期刊协会召开第五次会员代表大会并进行换届选举的批复》。中国期刊协会第四届理事会会长石峰作了关于中国期刊协会第四届理事会工作报告；副会长张友元作了关于修改中国期刊协会章程的报告；执行秘书长刘晓玲作了关于中国期刊协会第四届理事会财务工作的报告。

会议通过举手表决的方式，审议通过了关于中国期刊协会第四届理事会工作报告、第四届理事会财务工作报告、《中国期刊协会章程》（修改草案）、《中国期刊协会选举办法》、《中国期刊协会会员管理办法》及《中国期刊协会会费标准及管理办法》共六项决议；表决通过中国期刊协会第五届理事候选人预备人选建议名单；推举出换届选举工作总监票人、监票人。

大会进行了理事会换届选举。大会以无记名投票方式选举出第五届理事会理事339名；第五届理事会常务理事111名。选举石峰同志担任中国期刊协会第五届理事会会长，侯正新同志担任中国期刊协会第五届理事会常务副会长并兼任秘书长，王国庆、王涛、文建明、冯俊科、刘江、刘建生、刘泽林、刘旗辉、严真友、张延扬、张晓楠、李栓科、周洪滨、林鹏、胡勋璧、胡宪武、赵宇飞、夏一鸣、彭长城、游苏宁、韩湘景、颜帅、魏天顺23位同志当选为副会长（以姓氏笔画为序）。

会议还审议通过了关于聘任张伯海同志为第五届理事会顾问的决定、关于聘任聂震宁等12位同志为第五届理事会特聘专家的决定、关于聘任刘晓玲同志为第五届理事会常务副秘书长的决定。

中国期刊协会第五次会员代表大会结束后，随即召开了第五届一次常务理事会。会议由第五届理事会常务副会长兼秘书长侯正新主持。会议讨论通过中国期刊协会新一届理事会的工作安排及新一届领导班子的工作分工。第五届理事会会长石峰作了总结讲话。

石峰会长在讲话中说，这次大会的召开，对于团结和动员全国期刊界同仁紧紧围绕党和国家工作大局，贯彻落实党的十七届六中全会精神，投身社会主义文化建设，推动期刊业的又好又快发展，具有重要的意义。这次换届选举工作是中国期刊协会各项工作的新起点，对新一届理事会的工作，我们将坚持在《中国期刊协会章程》设定的职责范围内，找准定位，做我们该做的事，初步设想要在五个方面有所作为：

一是在促进行业改革发展上有所作为。一要深入学习贯彻党的十七届六中全会精神，增强会员单位的文化自觉和文化自信，以高度的历史使命感和责任感，投身社会主义先进文化建设，以开拓进取的精神推进期刊业的体制机制改革，以主人翁的姿态促进期刊业又好又快地发展。二要加强调查研究，及时准确地反映业界对改革发展的诉求，通过社团特有的方式聚人气、聚正气，为营造和谐的改革发展环境多做工作。三要积极开展研讨交流活动，活跃业界思想，促进创新发展。要改进研讨方式，增强研讨效果，使研讨交流活动成为业界开启创新思维的平台。

二是在配合主管部门加强行业管理上有所作为。一要结合期刊出版单位多在系统外的特点，通过刊协的渠道做好有关行业政策法规的宣传工作，使更多期刊出版单位知法守法。二要以多种方式倡导行业自律。自律是一种无穷的力量，而行业协会在推动行业自律上有无可替代的作用。三要关注行业发展动态，了解倾向性问题，及时向主管部门反映，并提出建议。四要发挥协会广泛联系业界专家学者的优势，组织专家学者对事关行业改革发展的关键性问题进行调查研究，提供给主管部门决策参考。

三是在为会员单位服务上有所作为。一要把为会员服务真正成为协会的根本宗旨，做任何一件事都从会员的利益出发，都要符合刊界的意愿，多服务，少打扰，使会员对“协会是期刊人之家”的感受更加强烈。二要扩大服务对象，广聚会员人气。要解决只与少数期刊打交道的问题，主动与更多的期刊社联系接触，主动为更多期刊社提供服务。三要拓宽服务领域，创新服务方式。协会可以为会员服务的事很多，会员期望协会做的事也很多，协会为会员服务的平台应该搭得更宽一些，争取更多的刊社利用协会这个平台。四要提高为会员服务的能力。要进一步加强协会自身建设，提高工作人员素质，提高服务效率，提高服务质量。要健全服务机制，逐步形成基本的服务抓手。五要充分发挥各分会联系广泛的优势，鼓励各分会开展活动，以延伸服务手段，丰富服务内容。

四是在推动期刊数字化发展上有所作为。一要把促进数字化发展作为协会今后几年工作的重点，每年做一两件对期刊数字化发展有一定影响的工作。二要根据期刊数字化的特点，发挥协会作为期刊社与技术提供商、产品运营商合作的纽带作用，促进双方合作共赢。三要进一步发挥数字期刊分会的作用，把更多数字出版机构团结在协会的周围。四要密切关注世界期刊业发展趋势，充分利用协会的渠道加强期刊数字化的国际交流。

五是在推动期刊“走出去”上有所作为。一要继续保持与国际期刊联盟的合作关系，通过积极组织刊社参与国际交流活动，提升中国期刊国际影响力。二要通过多种方式大力推广学习国外期刊经营理念，在打造国际期刊品牌上下功夫。三要及时总结交流期刊“走出去”的成功经验和做法，推动更多期刊走进国际市场。

这次大会得到民政部、新闻出版总署相关职能部门，各省市（区）新闻出版局、期刊协会以及全国期刊界同仁的大力支持。大会各项议程顺利圆满完成，达到了预期的目的和效果。

中国期刊协会

2012 年 8 月 28 日

来源：中国期刊协会网 http://www.cpa-online.org.cn/Web/NewList.aspx?artid=000805&cateid=A0402

中国期刊协会医药卫生期刊分会 2012 年工作概述

在中国期刊协会、卫生部的领导与指导下，在卫生部新闻宣传中心的大力支持与帮助下，不断完善医药卫生期刊分会（下简称：分会）工作机构组织建设与业务拓展活动，经过不断的努力，在各方面取得了一定的成效。2012 年是深化医药卫生体制改革和新闻出版体制改革进入关键的一年，医药卫生期刊也面临着变革时期的挑战。在这不平凡的一年里，分会做了以下主要工作：

（一）召开在京常务理事单位座谈会

2012 年 1 月，为了更好地开展分会工作，在京召开了常务理事单位座谈会。大家群策群力，提出很好意见与建议。

（二）召开全国医药卫生期刊社长、编辑部主任培训班

分会于 2012 年 3 月 28~31 日在武汉召开了全国医药卫生期刊社长、编辑部主任培训班，参会代表 113 人。其中社长、主编及编辑部主任参加人数占总人数的 90%。与会学员表示，在报刊转企改制的大环境下，此次培训紧扣期刊的生存与发展，内容充实，实用性强，有助于全国医药卫生期刊的全面发展。为保证此次培训质量，做到有的放矢，贴近多数期刊需求。分会在培训之前做了大量的调研工作，并就学员情况和会议要求，与每位授课老师进行了认真而细致的沟通。

本次培训分四个部分进行，中华医学会杂志社袁桂清副社长对品牌经营是期刊经营的高级阶段，也是科技期刊发展与经营的最高层面进行了深入的阐述。他重点围绕期刊品牌是科技期刊发展的无形资产与核心竞争力，是科技期刊经营制胜的无形资源和制高点，特别是在科技期刊如林与竞争激烈的今天，谁拥有了期刊品牌，谁就能赢得期刊经营与发展的主动权，缺乏品牌的科技期刊很难在市场中长期生存与发展的观点展开演讲；并以创立品牌要靠双翼，内容为王，服务至上的观点给与会者带来启示。

朱靖雯教授经过分析中外期刊发展，讲述了广告在期刊发展中的重要作用，以及期刊广告的三次售卖，大大地开拓了学员们的视野。

王晓光博士针对学术类期刊发展趋势，介绍了编辑出版新技术，以及新技术在期刊编辑出版各个环节的应用，为学员提供了切实的帮助。

郭晓洁老师对编辑在工作中如何解压，并通过肢体语言给大家上了一堂非常生动的心理学课。学员们在此次培训中获得了很多实实在在的收益。

为了更好地满足分会会员的需求，提高培训质量，培训结束后，会务组设计了一份培训满意度问卷，通过问卷反馈，我们看到，本次会议收到了预期的效果。绝大多数学员对此次培训综合评价较高。

（三）医药卫生期刊工作大会

2012 年 5 月 16~18 日由卫生部办公厅主办，卫生部新闻宣传中心与分会共同承办的“卫生部主管报刊工作会暨医药卫生期刊改革与发展培训研讨会”在厦门召开。会议围绕卫生部期刊工作及国家新闻出版总署对期刊改革的最新精神与要求开展相

关培训。

（四）召开医药卫生期刊工作大会

2012年12月1~4日，在杭州召开了全国医药卫生期刊工作大会，来自全国160多位代表、期刊负责人及有关专家参加了此次大会。同时，邀请了中国期刊协会常务秘书长刘晓玲、浙江省卫生厅副厅长马伟杭参会，并分别在开幕式上发表了热情洋溢的致辞和讲话。毛群安会长作了《关于医药卫生期刊发展的思考》的精彩演讲，强调办好医药卫生期刊的重要性，特别是办刊的管理者与专业从业人员不仅要关注行业学术水平，还要及时了解国家的方针、政策，让有效的信息快速地传播出去。同时，就管理体制、运营机制等提出了指导性建议与工作思路。毛群安会长指出，改革是为了更好地发展，希望办刊人以积极的心态面对改革。

（五）启动《中国医药卫生期刊年鉴》2011-2012卷编撰工作

为了更好地记录与展示我国医药卫生期刊现状，整合行业资源，促进行业发展，分会与卫生部新闻宣传中心决定共同主编《中国医药卫生期刊年鉴》(2011-2012卷)。于2012年10月开始筹备此项工作，2012年12月正式启动该项工作，完成了年鉴的前期筹备和编辑方案的制定，启动认刊、收集全国医药卫生期刊信息等相关工作。

行业信息

A

期刊名称：《癌变．畸变．突变》
主管单位：中国科学技术协会
主办单位：中国环境诱变剂学会
主编：程书钧
编辑部主任：黄天华
刊期：双月刊
国际标准刊号：ISSN 1004-616X
国内统一刊号：CN 44-1063/R
邮发代号：80-285
地址：广东省汕头市新陵路22号汕头大学医学院
邮编：515041
电话：0754-88900267
Email：cemsctm@stu.edu.cn
网址：www.egh.net.cn

期刊名称：《癌症》
主管单位：中华人民共和国教育部
主办单位：中山大学肿瘤防治中心
主编：曾益新
编辑部主任：阮继
刊期：月刊
国际标准刊号：ISSN 1000-467X
国内统一刊号：CN 44-1195/R
邮发代号：46-21
地址：广东省广州市东风东路651号　邮编：510060
电话：020 87343065　87343064
Email：cjc@cjcsysu.cn
网址：www.cjcsysu.com

期刊名称：《癌症进展》
主管单位：中华人民共和国卫生部
主办单位：中国医学科学院　北京协和医学院
主编：赵平
刊期：双月刊
国际标准刊号：ISSN 1672-1535
国内统一刊号：CN 11-4971/R
邮发代号：80-243
地址：北京市（东城区）东单三条9号　邮编：100730
电话：010-65597082
电话：010-65105880
Email：aizhengjinzhan@126.com

期刊名称：《癌症康复》
主管单位：中国科学技术协会
主办单位：中国抗癌协会　北京市肿瘤防治研究办公室
北京大学临床肿瘤学院
主编：徐光炜
编辑部主任：张文英
刊期：季刊
国际标准刊号：ISSN 1007-8193
国内统一刊号：CN 11-3882/R
邮发代号：82-288
地址：北京市海淀区阜成路52号北京肿瘤医院科研楼一层206室　邮编：100142
电话：010-88127938　88196152
Email：azkfbj@163.com
网址：www.js120.net

期刊名称：《癌症生物学与医学（英文版）》
主管单位：中国科学技术协会
主办单位：中国抗癌协会
主编：郝希山
编辑部主任：赵文华
刊期：季刊
国际标准刊号：ISSN 2095-3941
国内统一刊号：CN 12-1431/R
邮发代号：6-173
地址：天津市河西区体院北环湖西路天津市肿瘤医院C座综合楼三楼　邮编：300060
电话：022-23522919
Email：editor@cancerbiomed.org
网址：www.cancerbiomed.org

期刊名称：《安徽卫生职业技术学院学报》
主管单位：安徽省卫生厅
主办单位：安徽医学高等专科学校
主编：高开焰
编辑部主任：刘文华
刊期：双月刊
国际标准刊号：ISSN 1671-8054
国内统一刊号：CN 34-1213/Z　邮发代号：26-197
地址：安徽省合肥市芜湖路387号　邮编：230061
电话：0551-2860320 3901283
Email：amcxbb@163.com
网址：www.ahwz.chinajournal.net.cn

期刊名称：《安徽医科大学学报》
主管单位：安徽省教育厅
主办单位：安徽医科大学
主编：张学军
编辑部主任：夏青
刊期：月刊
国际标准刊号：ISSN 1000-1492
国内统一刊号：CN 34-1065/R
邮发代号：26-36
地址：安徽省合肥市梅山路安徽医科大学校内
邮编：230032
电话：0551-5161192
Email：aydxb@vip.163.com
网址：www.aydxb.cn

期刊名称：《安徽医学》
主管单位：安徽省卫生厅
主办单位：安徽省医学情报研究所
主编：高开焰
编辑部主任：陈蓓
刊期：月刊
国际标准刊号：ISSN 1000-0399
国内统一刊号：CN 34-1077/R
邮发代号：26-22
地址：安徽省合肥市永红路15号　邮编：230061
电话：0551-2827688
Email：ahyxzz@163.com
网址：www.ahyxh.org.cn

期刊名称：《安徽医药》
主管单位：安徽省食品药品监督管理局
主办单位：安徽省药学会
主编：刘自林
编辑部主任：官洪义
刊期：月刊
国际标准刊号：ISSN 1009-6469
国内统一刊号：CN 34-1229/R
邮发代号：26-175
地址：安徽省合肥市包河大道与纬山路交叉口安徽省食品药品检验所院内　邮编：230051
电话：0551-4672615
Email：ahyyzz@126.com
网址：http://ahyy.chinajournal.net.cn

期刊名称：《安徽预防医学杂志》
主管单位：安徽省卫生厅
主办单位：安徽省预防医学会
安徽省疾病预防控制中心
主编：杜昌智
编辑部主任：刘永孝
刊期：双月刊
国际标准刊号：ISSN 1007-1040
国内统一刊号：CN 34-1154/R
邮发代号：自办发行
地址：安徽省合肥市经济技术开发区繁华大道12560号
邮编：230061
电话：0551-3674959
Email：ahyf@chinajournal.net.cn

期刊名称：《安徽中医学院学报》
主管单位：安徽省教育厅
主办单位：安徽中医学院
主编：马宗华
编辑部主任：姚实林
刊期：双月刊
国际标准刊号：ISSN 1000-2219
国内统一刊号：CN 34-1066/R
邮发代号：26-23
地址：安徽省合肥市梅山路103号　邮编：230038
电话：0551-5169048
Email：ahxbbjb@163.com
网址：xuebao.ahtcm.edu.cn

期刊名称：《按摩与康复医学》
主管单位：广东省中医药局
主办单位：广东省中医研究所
主编：孙冬梅
编辑部主任：杜建平
刊期：月刊
国际标准刊号：ISSN 1008-1879
国内统一刊号：CN 44-1667/R
邮发代号：46-114
地址：广东省广州市恒福路60号
邮编：510095
电话：020-83482266
Email：gd83482266@163.com
网址：www.020kangfu.com

期刊名称：《安全·健康和环境》
主管单位：中国石化集团公司
主办单位：中国石油化工股份有限公司青岛安全工程研究院
主编：张海峰
刊期：月刊
国际标准刊号：ISSN 1672-7932
国内统一刊号：CN 37-1388/X
邮发代号：124-01
地址：山东省青岛市延安三路218号
邮编：266071
电话：0532-83786258　83786259
Email：hsebjb@163.com

B

期刊名称：《安全与健康》（上半月）
主管单位：福建省人民政府安全生产委员会办公室
主办单位：福建省劳动保护科学研究所
主编：郑玲玲
编辑部主任：黄征
刊期：半月刊
国际标准刊号：ISSN 1671-4636
国内统一刊号：CN 35-1256/R
邮发代号：自办发行
地址：福建省福州市北环中路45号
邮编：350003
电话：0591-87841789　87834877
Email：safetyhealth@163　corenchelu@163.com
网址：www.fjsafety.com

期刊名称：《白求恩军医学院学报》
主管单位：白求恩军医学院
主办单位：白求恩军医学院
主编：刘爱国
编辑部主任：计惠民
刊期：双月刊
国际标准刊号：ISSN 1672-2876
国内统一刊号：CN 13-1335/R
邮发代号：18-34
地址：河北省石家庄市中山西路450号　邮编：050081
电话：0311-87977092　87977091
Email：bqnjyxyxb@periodicals.net.cn

期刊名称：《白血病·淋巴瘤》
主管单位：中华人民共和国卫生部
主办单位：中华医学会　山西省肿瘤研究所　山西省肿瘤医院
主编：陈赛鹃
编辑部主任：贾力涛
刊期：月刊
国际标准刊号：ISSN 1009-9921
国内统一刊号：CN 11-5356/R
邮发代号：22-107
地址：山西省太原市职工新街3号
邮编：030013
电话：0351-4650389
Email：bxblbl@163.com
网址：www.bxblbl.com.cn

期刊名称：《保健医学研究与实践》
主管单位：中华人民共和国教育部
主办单位：西南大学
主编：张龙杰
编辑部主任：潘文峰
刊期：季刊
国际标准刊号：ISSN 1673-873X
国内统一刊号：CN 50-1184/R
邮发代号：78-149
地址：重庆市北碚区西南大学医院
邮编：400715
电话：023-68252265　68253954
Email：bjyx@swu.edu.cn

期刊名称：《保健医苑》
主管单位：中华人民共和国卫生部
主办单位：卫生部北京医院
主编：刘秀琴
刊期：月刊
国际标准刊号：ISSN 1671-3583
国内统一刊号：CN 11-4679/R
邮发代号：82-33
地址：北京市（东城区）东单大华路1号
邮编：100010
电话：010-58115074　58115075
Email：health-care@163.com
网址：www.baojianyiyuan.com

期刊名称：《保健与生活》
主管单位：安徽出版集团有限责任公司
主办单位：安徽科学技术出版社
主编：方菲
刊期：月刊
国际标准刊号：ISSN 1005-5371
国内统一刊号：CN 34-1122/R
邮发代号：26-96
地址：安徽省合肥市政务文化新区圣泉路 1118 号出版集团大厦 10 楼　　邮编：230063
电话：0551-3533360
Email：yougoubu@sina.com
网址：www.bjysh.net

期刊名称：《包头医学》
主管单位：包头市卫生局
主办单位：包头市医学信息研究所
主编:：孙德俊
编辑部主任：于洪
刊期：季刊
国际标准刊号：ISSN 1007-3507
国内统一刊号：CN 15-1171/R
邮发代号：16-149
地址：内蒙古自治区包头市昆区乌兰道 33 号
邮编：014010
电话：0472-6919015　6919016
Email：btyxbjb@163.com
网址：http://btyi.chinajournal.net.cn

期刊名称：《包头医学院学报》
主管单位：内蒙古自治区教育厅
主办单位：内蒙古科技大学　包头医学院
主编：李成义
编辑部主任：陈晓东
刊期：双月刊
国际标准刊号：ISSN 1006-740X
国内统一刊号：CN 15-1182/R
邮发代号：16-292
地址：内蒙古自治区包头市东河区建设路 31 号
邮编：014040
电话：0472-7167860
Email：btyxyxb@sohu.com
网址：btyx.chinajournal.net.cn

期刊名称：《北方药学》
主管单位：内蒙古自治区食品药品监督管理局
主办单位：内蒙古自治区食品药品学会
主编：王玉杰
刊期：月刊
国际标准刊号：ISSN　1672-8351
国内统一刊号：CN 15-1333/R
邮发代号：16-421
地址：内蒙古自治区呼和浩特市金桥开发区世纪六路
邮编：010010
电话：0471-3256158　8938592
Email：nmgbfyx@163.com

期刊名称：《北京大学学报（医学版)》
主管单位：中华人民共和国教育部
主办单位：北京大学
主编：韩启德
编辑部主任：曾桂芳
刊期：双月刊
国际标准刊号：ISSN 1671-167X
国内统一刊号：CN 11-4691/R
邮发代号：2-489
地址：北京市海淀区学院路 38 号
邮编：100191
电话：010-82801551
Email：xbbjb2@bjmu.edu.cn
网址：xuebao.bjmu.edu.cn

期刊名称：《北京口腔医学》
主管单位：北京市卫生局
主办单位：首都医科大学附属北京口腔医院
　　　　　北京口腔医学会
主编：孙正
编辑部主任：邢汝森
刊期：双月刊
国际标准刊号：ISSN 1006-673X
国内统一刊号：CN 11-3639/R
邮发代号：82-708
地址：北京市崇文区天坛西里 4 号
邮编：100050
电话：010-67013675　57099045
Email：bjkqyx@yahoo.com.cn
网址：www.bjkqyx.com

期刊名称：《北京生物医学工程》
主管单位：北京市卫生局
主办单位：北京生物医学工程学会
北京市心肺血管疾病研究所
主编：孙衍庆
刊期：双月刊
国际标准刊号：ISSN 1002-3208
国内统一刊号：CN 11-2261/R
邮发代号：82-885
地址：北京市朝阳区安定门外安贞医院
邮编：100029
电话：010-64456508
Email：llbl910219@126.com

期刊名称：《北京医科大学（医学版）》
主管单位：中华人民共和国教育部
主办单位：北京大学
主编：韩启德
编辑部主任：曾桂芳
刊期：双月刊
国际标准刊号：ISSN 1671-167X
国内统一刊号：CN 11-4691/R
邮发代号：2-489
地址：北京市海淀区学院路 38 号
邮编：100730
电话：010-82801551-601
Email：xbbjb2@bjmu.edu.cn
网址：xuebao.bjmu.edu.cn

期刊名称：《北京医学》
主管单位：北京市卫生局
主办单位：中华医学会北京分会
主编：金大鹏
编辑部主任：蒂丽热芭
刊期：月刊
国际标准刊号：ISSN 0253-9713
国内统一刊号：CN 11-2273/R
邮发代号：2-72
地址：北京市（东城区）东单三条甲 7 号
邮编：100005
电话：010-65223466
Email：bjyxzz@yahoo.com.cn

期刊名称：《北京中医药》
主管单位：北京市中医管理局
主办单位：北京中医药学会　北京中西医结合学会
主编：谢阳谷
编辑部主任：张琨
刊期：月刊
国际标准刊号：ISSN 1674-1307
国内统一刊号：CN 11-5635/R
邮发代号：2-587
地址：北京市（东城区）东单三条甲 7 号
邮编：100005
电话：010-6251589
Email：bjzy1589@126.com
网址：www.bjtcm.net

期刊名称：《蚌埠医学院学报》
主管单位：安徽省教育厅
主办单位：蚌埠医学院
主编：祝延
编辑部主任：姚仁斌
刊期：月刊
国际标准刊号：ISSN 1000-2200
国内统一刊号：CN 34-1067/R
邮发代号：26-37
地址：安徽省蚌埠市东海大道 2600 号
邮编：233030
电话：0552-3175456　3173807（主任室）
Email：bang@chinajournal.net.cn
网址: xuebao.bbmc.edu.cn

期刊名称：《标记免疫分析与临床》
主管单位：中国核工业集团公司
主办单位：中国同位素有限公司
主编：田亚平
刊期：双月刊
国际标准刊号：ISSN 1006-1703
国内统一刊号：CN 11-3294/R
邮发代号：2-307
地址：北京市西城区三里河二区甲 1 号 305 室
邮编：100045
电话：010-68525141
Email：bjmy@china-isotope.com
网址：www.chinabjmy.com

期刊名称：《滨州医学院学报》
主管单位：山东省教育厅
主办单位：滨州医学院
主编：王滨
刊期：双月刊
国际标准刊号：ISSN 1001-9510
国内统一刊号：CN 37-1184/R
邮发代号：自办发行
地址：山东省烟台市莱山区观海路 346 号
邮编：264003
电话：0535-6913981　3256845
Email：bzyb@chinajournal.net.cn

期刊名称：《病毒学报》
主管单位：中国科学技术协会
主办单位：中国微生物学会
主编：侯云德
刊期：双月刊
国际标准刊号：ISSN 1000-8721
国内统一刊号：CN 11-1865/R
邮发代号：82-227
地址：北京市宣武区迎新街 100 号
邮编：100052
电话：010-63536460
Email：bdxb@chinajournal.net.cn

C

期刊名称：《长春中医药大学学报》
主管单位：吉林省教育厅
主办单位：长春中医药大学
主编：曲晓波
编辑部主任：王雪威
刊期：双月刊
国际标准刊号：ISSN 1007-4813
国内统一刊号：CN 22-1375/R
邮发代号：12-152
地址：吉林省长春市净月经济开发区博硕路 1035 号
邮编：130117
电话：0431-86172608
Email：jlzyybjb@126.com
网址：www.ccucm.edu.cn

期刊名称：《长江大学学报医学卷》
主管单位：湖北省教育厅
主办单位：长江大学
主编：张昌民
编辑部主任：万邵华
刊期：季刊
国际标准刊号：ISSN 1673-1409
国内统一刊号：CN 42-1741/N
邮发代号：自办发行
地址：湖北省荆州市南环路 1 号　邮编：434023
电话：0716-8060972
Email：xb-yxb@yangtzeu.edu.cn
网址：qks.yangtzeu.edu.cn

期刊名称：《长寿》
主管单位：天津市新闻出版局
主办单位：天津科学技术出版社
主编：蔡颢
编辑部主任：杨素梅
刊期：月刊
国际标准刊号：ISSN 1006-2742
国内统一刊号：CN 12-1040/N
邮发代号：6-66
地址：天津市和平区西康路 35 号康岳大厦 1113 室
邮编：300051
电话：022-23332365
Email：yxws321@126.com

期刊名称：《肠外与肠内营养》
主管单位：南京军区联勤部卫生部
主办单位：南京军区南京总医院
解放军普通外科研究所
主编：黎介寿
编辑部主任：全竹福
刊期：双月刊
国际标准刊号：ISSN 1007-810X
国内统一刊号：CN 32-1447/R
邮发代号：28-247
地址：江苏省南京市中山东路 305 号
邮编：110002
电话：025-80860942
Email：cwcn@chinajournal.net.cn

期刊名称：《长治医学院学报》
主管单位：长治医学院
主办单位：长治医学院
主编：王庸晋
刊期：双月刊
国际标准刊号：ISSN 1006-0588
国内统一刊号：CN 14-1183/R
邮发代号：自办发行
地址：山西省长治市解放东路 161 号
邮编：046000
电话：0355-3036648
Email：czyxyxuebao@163.com

期刊名称：《承德医学院学报》
主管单位：河北省教育厅
主办单位：承德医学院
主编：张树峰
编辑部主任：陈志宏
刊期：季刊
国际标准刊号：ISSN 1004-6879
国内统一刊号：CN 13-1154/R
邮发代号：自办发行
地址：河北省承德市翠桥路西 6 号承德医学院学报
邮编：067000
电话：0314-2291125　2290739
Email：xb@cdmc.edu.cn
网址：xuebao.cdmc.edu.cn

期刊名称：《成都医学院学报》
主管单位：四川省教育厅
主办单位：成都医学院
主编：王亮军
编辑部主任：魏常友
刊期：季刊
国际标准刊号：ISSN 1674-2257
国内统一刊号：CN 51-1705/R
邮发代号：62-314
地址：四川省成都市金牛区蓉都大道天回路 601 号
邮编：610015
电话：028-68289082
Email：cdyxyxb2005@sina.com
网址：cdyu.cbpt.cnki.net

期刊名称：《成都中医药大学学报》
主管单位：四川省教育厅
主办单位：成都中医药大学
主编：梁繁荣
编辑部主任：陈钢
刊期：季刊
国际标准刊号：ISSN　1004-0668
国内统一刊号：CN　51-1501/R
邮发代号：62--64
地址：四川省成都市十二桥路 37 号　邮编：610075
电话：028-87779907
Email：cdzy-xb@163.net
网址：cqyx.jourserv.com

期刊名称：《重庆医科大学学报》
主管单位：重庆市教育委员会
主办单位：重庆医科大学
主编：雷寒
编辑部主任：罗萍
刊期：月刊
国际标准刊号：ISSN 0253-3626
国内统一刊号：CN 50-1046/R
邮发代号：78-132
地址：重庆市渝中区医学院路 1 号重庆医科大学
邮编：400016
电话：023-68485032　传真：023-68485013
Email：cyxbbjb@126.com
网址：cyxb.alljournals.ac.cn

期刊名称：《重庆医学》
主管单位：重庆市卫生局
主办单位：重庆市卫生信息中心　重庆市医学会
主编：吴开明
编辑部主任：徐川平
刊期：旬刊
国际标准刊号：ISSN 1671-8348
国内统一刊号：CN 50-1097/R
邮发代号：78-27
地址：重庆市渝中区长江一路 30 号广璐大厦 4 楼 1 单元 503 室　邮编：400014
电话：023-63604477
Email：cqyx@cqwsj.gov.cn
网址：www.wcbx.cn

期刊名称：《川北医学院学报》
主管单位：四川省教育厅
主办单位：川北医学院
主编：康健
编辑部主任：李宾中
刊期：双月刊
国际标准刊号：ISSN 1005-3697
国内统一刊号：CN 51-1254/R
邮发代号：自办发行
地址：四川省南充市涪江路 234 号
邮编：637000
电话：0817-2242637　2242099
Email：xuebao@nsmc.edu.cn

期刊名称：《传染病信息》
主管单位：中国人民解放军总后勤部政治部宣传部
主办单位：解放军第三〇二医院
主编：陈菊梅　张玲霞
编辑部主任：李军
刊期：双月刊
国际标准刊号：ISSN 1007-8134
国内统一刊号：CN 11-3886/R
邮发代号：82-990
地址：北京市海淀区西四环中路 100 号
邮编：100039
电话：010-66933254
Email：crb302@163.com

期刊名称：《创伤外科杂志》
主管单位：第三军医大学
主办单位：第三军医大学 大坪医院 野战外科研究所
主编：蒋耀光 张连阳 (常务副主编)
编辑部主任：贺羽
刊期：双月刊
国际标准刊号：ISSN 1009-4237
国内统一刊号：CN 50-1125/R
邮发代号：78-111
地址：重庆市渝中区大坪长江支路 10 号
邮编：400042
电话：023-68706804　68757484
Email：traum9910@yahoo.com.cn
网址：http://cswk.paperopen.com

期刊名称：《磁共振成像》
主管单位：中华人民共和国卫生部
主办单位：中国医院协会
首都医科大学附属北京天坛医院
主编：戴建平
编辑部主任：贺光军
刊期：双月刊
国际标准刊号：ISSN 1674-8034
国内统一刊号：CN 11-5902/R
邮发代号：2-379
地址：北京市海淀区中关村东路 95 号智能大厦 9 层
邮编：100061
电话：010-67113815
Email：editor@cjmri.cn
网址：www.cjmri.cn

期刊名称:《CT 理论与应用研究 》
主管单位：中国地震局
主办单位：中国地震局地球物理研究所
同方威视技术股份有限公司
主编：王椿镛　编辑部主任：毛国敏
刊期：季刊
国际标准刊号：ISSN 1004-4140
国内统一刊号：CN 11-3017/P
邮发代号：自办发行
地址：北京市海淀区民族大学南路 5 号　邮编：100190
电话：010-68729234
Email：cttacn@cea-igp.ac.cn
网址：www.cttacn.org

期刊名称：《卒中与神经疾病杂志 》
主管单位：中华人民共和国教育部
主办单位：武汉大学人民医院（湖北省人民医院）
总编：张兆辉　曾庆杏
编辑部主任：吴国祥
刊期：双月刊
国际标准刊号：ISSN 1007-0478
国内统一刊号：CN 42-1402/R
邮发代号：38-305
地址：湖北省武汉市武昌区紫阳路 5 号　邮编：430060
电话：027-88041919-88839（86456）　88328261
Email：czhyshjjb@yahoo.com.cn
网址：www.wanfangdata.com.cn

D

期刊名称：《大家健康》
主管单位：吉林省卫生厅
主办单位：吉林省卫生厅新闻宣传中心　现代医卫报刊社
主编：徐金良
刊期：月刊
国际标准刊号：ISSN 1009-6019
国内统一刊号：CN 22-1109/R
邮发代号：12-121
地址：吉林省长春市虎林街和光胡同 476 号
邮编：130021
电话：0431-88405025
Email：jkwd2003@163.com
网址：www.wsxwxc.com

期刊名称：《大理学院学报医学版》
主管单位：云南省教育厅
主办单位：大理学院
主编：钱金栿
编辑部主任：李明
刊期：季刊
国际标准刊号：ISSN 1004-4442
国内统一刊号：CN 53-1088/R
邮发代号：自办发行
地址：云南省大理市古城弘圣路 2 号
邮编：671000
电话：0872-2127715　2219110
Email：eoj@dali.edu.cn

期刊名称：《大连医科大学学报》
主管单位：辽宁省教育厅
主办单位：大连医科大学
主编：唐建武
刊期：双月刊
国际标准刊号：ISSN 1671-7295
国内统一刊号：CN 21-1369/R
邮发代号：自办发行
地址：辽宁省大连市旅顺南路西段 9 号
邮编：116044　　电话：0411-86110140
Email：dlykdxxb@yahoo.com.cn
网址：home.dlmedu.edu.cn/magazine/index.asp

期刊名称：《大众健康》
主管单位：中华人民共和国卫生部
主办单位：健康报社
主编：周冰
编辑部主任：刘平
刊期：月刊
国际标准刊号：ISSN 1002-574X
国内统一刊号：CN 11-1023/R
邮发代号：2-234
地址：北京市东城区东直门外小街甲 6 号
邮编：100027
电话：010-57804833
Email：dzjk@jkb.com.cn

期刊名称：《大众医学》
主管单位：上海世纪出版股份有限公司
主办单位：上海世纪出版股份有限公司
　　　　　科学技术出版社
主编：毛文涛
编辑部主任：姚毅华
刊期：月刊
国际标准刊号：ISSN 1000-8470
国内统一刊号：CN 31-1369/R
邮发代号：4-11
地址：上海市钦州南路 71 号　邮编：200235
电话：021-64845061
Email：popularmedicine@sstp.com
网址：www.popumed.com

期刊名称：《当代护士》
主管单位：湖南省卫生厅
主办单位：湖南省护理协会
主编：孙向明
编辑部主任：蒋冬梅
刊期：月刊
国际标准刊号：ISSN 1006-6411
国内统一刊号：CN 43-1229/R
邮发代号：42-319
地址：湖南省长沙市湘雅路 30 号
邮编：410008
电话：0731-84413126
Email：ddhszz@163.com
网址：www.ddhszz.com

期刊名称：《当代医学》
主管单位：中华人民共和国卫生部
主办单位：中国医疗保健国际交流促进会
主编：俞晖
编辑部主任：胡双双
刊期：旬刊
国际标准刊号：ISSN 1009-4393
国内统一刊号：CN 11-4449/R
邮发代号：82-829
地址：北京市朝阳区芍药居38号楼3层8308室
邮编：100029
电话：010-84289947
Email：edit@seeingmedia.com
网址：www.cmed.org.cn

期刊名称：《第二军医大学学报》
主管单位：第二军医大学
主办单位：第二军医大学
主编：吴孟超
编辑部主任：邓晓群
刊期：月刊
国际标准刊号：ISSN 0258-879X
国内统一刊号：CN 31-1001/R
邮发代号：4-373
地址：上海市杨浦区翔殷路800号　邮编：200433
电话：021-81870791
Email：bxue@smmu.edu.cn
网址：www.ajsmmu.cn

期刊名称：《第三军医大学学报》
主管单位：第三军医大学
主办单位：第三军医大学
主编：王正国
编辑部主任：冷怀明
刊期：半月刊
国际标准刊号：ISSN 1000-5404
国内统一刊号：CN 50-1126/R
邮发代号：78-91
地址：重庆市沙坪坝区高滩岩30号
邮编：400038
电话：023-68752187
Email：aammt@mail.tmmu.com.cn
网址：aammt.tmmu.edu.cn

期刊名称：《癫痫与神经电生理学杂志》
主管单位：贵阳医学院
主办单位：贵阳医学院
中华医学会神经病学分会脑电图与癫痫学组
主编：张文渊
编辑部主任：范兰
刊期：双月刊
国际标准刊号：ISSN 1674-8972
国内统一刊号：CN 52-1152/R
邮发代号：66-56
地址：贵州省贵阳市贵医街28号
邮编：550004
电话：0851-6850654
Email：obed@chinajournal.net.cn
网址：obed@chinajoumal.net.cn

期刊名称：《东方食疗与保健》
主管单位：湖南省科学技术协会
主办单位：国际东方药膳食疗学会
湖南省药膳食疗研究会
主编：廖泉清
刊期：月刊
国际标准刊号：ISSN 1672-5018
国内统一刊号：CN 43-1418/R
邮发代号：42-206
地址：湖南省长沙市韶山中路113号
邮编：410007
电话：0731-85540052
0731-85556807
Email：papershome@163.com

期刊名称：《东方药膳》
主管单位：湖南中医大学
主办单位：湖南中医大学
主编：谭兴贵
刊期：月刊
国际标准刊号：ISSN 1671-3591
国内统一刊号：CN 43-1461/R
邮发代号：42-148
地址：湖南省长沙市韶山中路113号
邮编：410007
电话：0731-85381509　85540052
Email：xyssl@chinajournal.net.cn

期刊名称：《东南大学学报医学版》
主管单位：中华人民共和国教育部
主办单位：东南大学
主编：唐萌
刊期：双月刊
国际标准刊号：ISSN 1671-6264
国内统一刊号：CN 32-1647/R
邮发代号：28-265
地址：江苏省南京市丁家桥 87 号
邮编：210009
电话：025-83272483
Email：bjb@pub.seu.edu.cn
网址：www.ddxbyxb.cn

期刊名称：《东南国防医药》
主管单位：南京军区联勤部卫生部
主办单位：南京军区医学科学技术委员会
主编：曹文献
编辑部主任：王大勇
刊期：双月刊
国际标准刊号：ISSN 1672-271X
国内统一刊号：CN 32-1713/R
邮发代号：自办发行
地址：江苏省南京市明故宫路 6 号
邮编：210016
电话：025-80868555（地方线）
0501-868555（军线）
Email：dngfyy@163.com

期刊名称：《毒理学杂志》
主管单位：北京市卫生局
主办单位：北京市预防医学研究中心
北京大学医学部公共卫生学院
主编：高星
刊期：双月刊
国际标准刊号：ISSN 1002-3127
国内统一刊号：CN 11-5263/R
邮发代号：82-178
地址：北京市东城区和平里中街 16 号
邮编：100013
电话：010-64407284
Email：dulixuezz@163.com

E

期刊名称：《儿科药学杂志》
主管单位：重庆市卫生局
主办单位：重庆医科大学附属儿童医院
中国药学会儿科药学专业组
主编：李廷玉
编辑部主任：赵晓东
刊期：双月刊
国际标准刊号：ISSN 1672-108X
国内统一刊号：CN 50-1156/R
邮发代号：78-133
地址：重庆市渝中区中山二路 136 号重庆医科大学儿童医院院内　邮编：400014
电话：023-63633143　63626877
Email：ymjd2003@163.com
网址：www.ekyxzz.com

期刊名称：《儿童与健康》
主管单位：中华人民共和国教育部
主办单位：西安交通大学
主编：毛磊
刊期：月刊
国际标准刊号：ISSN 1004-969X
国内统一刊号：CN 61-1258/R
邮发代号：52-123
地址：陕西省西安市东四路 18 号　邮编：710061
电话：029-82655427
Email：youjiaocankao@163.com

F

期刊名称：《法医学杂志》
主管单位：司法部
主办单位：司法部司法鉴定科学技术研究所
主编：朱广友　编辑部主任：于笑天
刊期：双月刊
国际标准刊号：ISSN 1004-5619
国内统一刊号：CN 31-1472/R
邮发代号：1986
地址：上海市普陀区光复西路 1347 号　邮编：200063
电话：021-52360413
Email：fyxzz@126.com

期刊名称：《放射免疫学杂志》
主管单位：中华人民共和国教育部
主办单位：同济大学
主编：萧祥熊
编辑部主任：刘春芬
刊期：双月刊
国际标准刊号：ISSN 1008-9810
国内统一刊号：CN 31-1680/R
邮发代号：4-665
地址：上海市杨浦区四平路1239号同济大学内
邮编：200092
电话：021-65988795
Email：ffsmyxzz@tongji.edu.cn

期刊名称：《放射学实践》
主管单位：中华人民共和国教育部
主办单位：华中科技大学同济医学院
主编：郭俊渊　胡道予　Paul Gerhardt（德国）
编辑部主任：夏黎明　汪晓
刊期：月刊
国际标准刊号：ISSN 1000-0313
国内统一刊号：CN 42-1208/R
邮发代号：38-122
地址：湖北省武汉市解放大道1095号同济医院内
邮编：430030
电话：027-83662875
Email：fsxsj@yahoo.cn　fsxsjzz@163.com
网址：www.fsxsj.net

期刊名称：《分子诊断与治疗杂志》
英文名称：Journal of Molecular Diagnostics and Therapy
主管单位：中山大学
主办单位：中山大学
主编：李明
编辑部主任：夏邦顺
刊期：双月刊
国际标准刊号：ISSN 1674-6929
国内统一刊号：CN 44-1656/R
邮发代号：46-283
地址：广东省广州市天河区天河北路179号祥龙大厦10-11楼　邮编：510620
电话：020-28098414　32290177
Email：jmdt@vip.163.com

期刊名称：《腹部外科》
主管单位：武汉市卫生局
主办单位：中华医学会武汉分会
主编：陈孝平
编辑部主任：喻俊
刊期：双月刊
国际标准刊号：ISSN 1003-5591
国内统一刊号：CN 42-1252/R
邮发代号：38-157
地址：湖北省武汉市汉口胜利街155号　邮编：430014
电话：027-82789737
Email：fubuwaike@163.com　fubuwaike@tom.com
网址：http://www.zhazhi.com/qikan/yyws/wkyx/2229.html

期刊名称：《妇产与遗传（电子版）》
主管 单位：中华人民共和国教育部
主办 单位：高等教育出版社　南方医科大学
主编：余艳红
编辑部主任：陈春林
刊期：季刊
国际标准刊号：ISSN 2095-1558
国内统一刊号：CN -9305/R
邮发代号：自办发行
地址：广东省广州市广州大道北1838号南方医院妇产科《妇产与遗传（电子版）》编辑部
邮编：510515
电话：020-62787562
Email：fcyycbjb@163.com
网址：http://ogg.hep.com.cn

期刊名称：《复旦学报医学版》
主管单位：中华人民共和国教育部
主办单位：复旦大学
主编：姚泰
刊期：双月刊
国际标准刊号：ISSN 1672-8467
国内统一刊号：CN 31-1885/R
邮发代号：4-262
地址：上海市徐汇区医学院路138号
邮编：200032
电话：021-54237164　54237314
Email：xbyxb@shmu.edu.cn
网址：http://jms.fudan.edu.cn

期刊名称：《福建医科大学学报》
主管单位：福建医科大学
主办单位：福建医科大学
主编：陈元仲
编辑部主任：常志卫
刊期：双月刊
国际标准刊号：ISSN 1672-4194
国内统一刊号：CN 35-1192/R
邮发代号：34-66
地址：福建省福州市交通路88号
邮编：350004
电话：0591-83569293
Email：fmuxb@mail.fjmu.edu.cn
网址:www.fjmu.edu.cn

期刊名称：《福建医药杂志》
主管单位：福建省卫生厅
主办单位：中华医学会福建分会
主编：陈秋立
编辑部主任：金晓明
刊期：双月刊
国际标准刊号：ISSN 1002-2600
国内统一刊号：CN 35-1071/R
邮发代号：34-6
地址：福建省福州市五四路7号
邮编：350001
电话：0591-87516804
Email：fjyyzz@yahoo.com.cn
网址：www.fjsyky.com

期刊名称：《福建中医药》
主管单位：福建省卫生厅
主办单位：福建省中医药学会　福建中医学院
主编：李灿东
刊期：双月刊
国际标准刊号：ISSN 1000-338X
国内统一刊号：CN 35-1073/R
邮发代号：34-10
地址：福建省福州市闽侯上街大学城华佗路1号
邮编：350122
电话：0591-22861121
Email：fjzy@fjtcm.edu.cn

期刊名称：《福建中医药大学学报》
主管单位：福建中医药大学
主办单位：福建中医药大学
主编：陈立典
刊期：双月刊
国际标准刊号：ISSN 1004-5627
国内统一刊号：CN 35-1308/R
邮发代号：34-59
地址：福建省福州市闽侯上街华佗路1号
邮编：350122
电话：0591-22861121
0591-22861612
Email：xb@fjtcm.edu.cn

期刊名称：《腹腔镜外科杂志》
主管单位：中华人民共和国教育部
主办单位：山东大学
主编：郑民华　胡三元
编辑部主任：于文斌
刊期：月刊
国际标准刊号：ISSN 1009-6612
国内统一刊号：CN 37-1361/R
邮发代号：24-171
地址：山东省济南市市文化西路107号
邮编：250012
电话：0531-86920598
Email：fqjbjb@163.com
网址：www.fqjwkzz.cn

G

期刊名称：《肝博士》
主管单位：重庆市卫生局
主办单位：重庆医科大学附属第二医院
主编：任红
编辑部主任：张大志
刊期：双月刊
国际标准刊号：ISSN 1673-0550
国内统一刊号：CN 50-1171/R
邮发代号：78-155
地址：重庆市渝中区临江路74号
邮编：400010
电话：023-63702581
Email：ganboshi2010@163.com

期刊名称：《肝胆外科杂志》
主管单位：安徽医科大学 中华医学会
主办单位：安徽医科大学
主编：吴孟超
编辑部主任：耿小平
刊期：双月刊
国际标准刊号：ISSN 1006-4761
国内统一刊号：CN 34-1143/R
邮发代号：26-115
地址：安徽省合肥市绩溪路 218 号
邮编：230022
电话：0551-2922335
Email：gdwkzz@ah163.com

期刊名称：《肝胆胰外科杂志》
主管单位：浙江省教育厅
主办单位：温州医学院
主编：施维锦
编辑部主任：郑俊海
刊期：双月刊
国际标准刊号：ISSN 1007-1954
国内统一刊号：CN 33-1196/R
邮发代号：32-107
地址：浙江省温州市茶山高教园区温州医学院内
邮编：325035
电话：0577-86699363
Email：gdywkzz@vip.126.com
网址：www.wzmc.net/wyqkw

期刊名称：《赣南医学院学报》
主管单位：赣南医学院
主办单位：赣南医学院
主编：黄林邦
刊期：双月刊
国际标准刊号：ISSN 1001-5779
国内统一刊号：CN 36-1154/R
邮发代号：自办发行
地址：江西省赣州市医学院路 1 号
邮编：341000
电话：0797-8269729
Email：gnyxxb@163.com
网址: gnyx.chinajournal.net.cn

期刊名称：《感染·炎症·修复》
主管单位：解放军总医院
主办单位：解放军总医院第一附属医院
主编：盛志勇
编辑部主任：付小兵
刊期：季刊
国际标准刊号：ISSN 1672-8521
国内统一刊号：CN 11-5225/R
邮发代号：4-491
地址：北京市海淀区阜成路 51 号
邮编：100048
电话：010-66867399
Email：gryzxf@vip.sina.com

期刊名称：《甘肃医药》
主管单位：甘肃省卫生厅
主办单位：甘肃省医学科学研究院
主编：陈学忠
编辑部主任：张钦忠
刊期：月刊
国际标准刊号：ISSN 1004-2725
国内统一刊号：CN 62-1076/R
邮发代号：54-63
地址：甘肃省兰州市七里河区小西湖东街 2 号
邮编：730050
电话：0931-2614521-2028　2610585
Email：gansuyy2006@126.com
网址：gsyy.chinajournal.net.cn

期刊名称：《甘肃中医学院学报》
主管单位：甘肃省教育厅
主办单位：甘肃中医学院
主编：李金田
编辑部主任：高慧琴
刊期：双月刊
国际标准刊号：ISSN 1003-8450
国内统一刊号：CN 62-1062/R
邮发代号：54-70
地址：甘肃省兰州市定西东路 35 号
邮编：730000
电话：0931-8765458
Email：gszyxyxb@163.com
网址：gszx.chinajournal.net.cn

期刊名称：《高校医学教学研究（电子版）》
主管单位：中华人民共和国教育部
主办单位：高等教育出版社
主编：王庭槐
刊期：季刊
国际标准刊号：ISSN 2095-1582
国内统一刊号：CN 11-9308/R
邮发代号：自办发行
电话：0538-6229805　6222213
地址：山东省泰安市长城路中段 619 号泰山医学院
邮编：271016
Email：medteach@pub.hep.cn
网址：medteach.hep.com.cn

期刊名称：《高原医学杂志》
主管单位：青海省卫生厅
主办单位：青海省医学卫生学会联合办公室
　　　　　中华医学高原医学分会
主编：吴天一
刊期：季刊
国际标准刊号：ISSN 1007-3809
国内统一刊号：CN 63-1019/R
邮发代号：56-7
地址：青海省西宁市南川西路 69 号
邮编：810012
电话：0971-6266201
Email：qheyzz@163.com

期刊名称：《公共卫生与预防医学》
主管单位：湖北省卫生厅
主办单位：湖北省预防医学会　中华预防医学会
　　　　　湖北省疾病预防控制中心
主编：孙昌松
编辑部主任：刘家发
刊期：双月刊
国际标准刊号：ISSN 1006-2483
国内统一刊号：CN 42-1734/R
邮发代号：38-434
地址：湖北省武汉市洪山区卓刀泉北路 6 号
邮编：430079
电话：027-87652172
Email：fbyf@chinajournal.net.cn

期刊名称：《工企医刊》
主管单位：哈尔滨市卫生局
主办单位：哈尔滨市工厂企业医院管理委员会
主编：纪效民
编辑部主任：白淑兰
刊期：双月刊
国际标准刊号：ISSN 1001-814X
国内统一刊号：CN 23-1296/R
邮发代号：14-183
地址：黑龙江省哈尔滨市道里区民安街 12 号 4 楼
邮编：150076
电话：0451-84502510
Email：hrbcmda@yahoo.com.cn

期刊名称：《工业卫生与职业病》
主管单位：中国钢铁工业协会
主办单位：鞍山钢铁集团公司
主编：李涛
编辑部主任：辛颖
刊期：双月刊
国际标准刊号：ISSN 1000-7164
国内统一刊号：CN 21-1147/R
邮发代号：8-113
地址：辽宁省鞍山市铁东区千山路 42 号鞍钢劳动卫生研究所　邮编：114001
电话：0412-5537140
Email：gywsyzyb@163.com
　　　gywsyzyb@vip.163.com
网址：http://gywz.chinajournal.net.cn/

期刊名称：《骨科》
主管单位：湖北省卫生厅
主办单位：中华医学会武汉分会
主编：陈安民
编辑部主任：徐卫国
刊期：季刊
国际标准刊号：ISSN 1007-5534
国内统一刊号：CN 42-1414/R
邮发代号：38-26
地址：湖北省武汉市解放大道 1095 号同济医院内
邮编：430030
电话：027-83662649
Email：hzyx913@163.com

期刊名称：《骨科动态》
主管单位：中国科学技术协会
主办单位：中华医学会
主编：邱贵兴
编辑部主任：胡永成
刊期：季刊
国际标准刊号：ISSN 0253-2352
国内统一刊号：CN 12-1113/R
邮发代号：自办发行
地址：天津市河西区解放南路 406 号　邮编：300211
电话：022-28334734　28278929
Email：zgqkw818@163.com
网址：www.ejbjs.org

期刊名称：《广东微量元素科学》
主管单位：广东省科学技术厅
主办单位：广东省科学技术情报研究所　广州地区微量元素与健康研究会　广州市微量元素研究所
主编：李增禧
编辑部主任：李增禧
刊期：月刊
国际标准刊号：ISSN 1006-446X
国内统一刊号：CN 44-1396/T
邮发代号：42-119
地址：广东省广州市先烈中路 100 号 58 号楼 1001 室
邮编：510070
电话：020-87683123　87688993
Email：gdwlyskx@periodicals.net.cn
网址：gdwlyskx.periodicals.net.cn

期刊名称：《广东牙病防治》
主管单位：广东省卫生厅
主办单位：广东省口腔医院　广东省牙病防治指导组
主编：章锦才
编辑部主任：徐平平
刊期：月刊
国际标准刊号：ISSN 1006-5245
国内统一刊号：CN 44-1407/R
邮发代号：46-225
地址：广东省广州市江南大道南 366 号
邮编：510280
电话：020-84403311　84445386
Email：gdybfz@126.com　bjb1993@21cn.com

期刊名称：《广东药学院学报》
主管单位：广东省教育厅
主办单位：广东药学院
主编：朱家勇
编辑部主任：王昌栋
刊期：双月刊
国际标准刊号：ISSN 1006-8783
国内统一刊号：CN 44-1413/R
邮发代号：46-148
地址：广东省广州市大学城外环东路 280 号
邮编：510006
电话：020-39352063
Email：gdpu2599@163.net
网址：http://branch.gdpu.edu.cn/xuebao

期刊名称：《广东医学》
主管单位：广东省卫生厅
主办单位：广东省医学情报研究所
主编：苏焕群
编辑部主任：庄晓文
刊期：半月刊
国际标准刊号：ISSN 1001-9448
国内统一刊号：CN 44-1192/R
邮发代号：46-66
地址：广东省广州市越秀区惠福西路进步里 2 号之 6
邮编：510180
电话：020-81906074
Email：gdyx1963@163.com

期刊名称：《广东医学院学报》
主管单位：广东省教育厅
主办单位：广东医学院
主编：周克元
刊期：双月刊
国际标准刊号：ISSN 1005-4057
国内统一刊号：CN 44-1375/R
邮发代号：自办发行
地址：广东省湛江市霞山区文明东路 2 号广东医学院内
邮编：524023
电话：0759-2388525
　　　0759-2388427
Email：gdmcxb@gdmc.edu.cn
网址：gdy.gdmc.edu.cn/xuebao

期刊名称：《光明中医》
主管单位：国家中医药管理局
主办单位：中华中医药学会
主编：杨建宇
刊期：月刊
国际标准刊号：ISSN 1003-8914
国内统一刊号：CN 11-1592/R
邮发代号：82-525
地址：北京市西城区三里河南一巷11号院2号楼401室
邮编：100036
电话：010-68581039
Email：gmzyzy@sina.com
网址：www.gmzy.com

期刊名称：《广西医科大学学报》
主管单位：广西医科大学
主办单位：广西医科大学
主编：黄光武
编辑部主任：江德吉
刊期：双月刊
国际标准刊号：ISSN 1005-930X
国内统一刊号：CN 45-1211/R
邮发代号：自办发行
地址：广西壮族自治区南宁市双拥路22号
邮编：530021
电话：0771-5358453
Email：gxykdxxb@163.com

期刊名称：《广西医学》
主管单位：广西壮族自治区卫生厅
主办单位：广西壮族自治区医学情报研究所
主编：杨光业
编辑部主任：杨柱星
刊期：月刊
国际标准刊号：ISSN 0253-4304
国内统一刊号：CN 45-1122/R
邮发代号：48-29
地址：广西壮族自治区南宁市东葛路20-7号
邮编：530022
电话：0771-5871020
Email：gxyx@gxmi.net
网址：www.gxmi.net

期刊名称：《广州医学院学报》
主管单位：广州医学院
主办单位：广州医学院
主编：陈敏生
编辑部主任：黄少华
刊期：双月刊
国际标准刊号：ISSN 1008-1836
国内统一刊号：CN 44-1136/R
邮发代号：自办发行
地址：广东省广州市东风西路195号
邮编：510100
电话：020-81340157 81341480
Email：gyxb2008@163.net

期刊名称：《广州医药》
主管单位：广州市卫生局
主办单位：广州市卫生信息中心
主编：谭光强
编辑部主任：陈珊茗
刊期：双月刊
国际标准刊号：ISSN 1000-8535
国内统一刊号：CN 44-1199/R
邮发代号：46-34
地址：广东省广州市西华路534、536号
邮编：510170
电话：020-81088143
Email：gzyyzz@21cn.com

期刊名称：《广州中医药大学学报》
主管单位：广东省教育厅
主办单位：广州中医药大学
主编：陈蔚文
编辑部主任：陈彩英
刊期：双月刊
国际标准刊号：ISSN 1007-3213
国内统一刊号：CN 44-1425/R
邮发代号：46-275
地址：广东省广州市机场路12号大院
邮编：510405
电话：020-36585268 36585013
Email：gzzyxb@gzhtcm.edu.cn
网址：www.cnki.com.cn

期刊名称：《贵阳医学院学报》
主管单位：贵州省教育厅
主办单位：贵阳医学院
主编：宋宇峰
编辑部主任：潘娅
刊期：双月刊
国际标准刊号：ISSN 1000-2707
国内统一刊号：CN 52-5012/R
邮发代号：66-48
地址：贵州省贵阳市北京路 9 号
邮编：550004
电话：0851-6908166
Email：gyyxyxb@126.com
网址：xbbjb.gmc.edu.cn

期刊名称：《贵阳中医学院学报》
主管单位：贵阳中医学院
主办单位：贵阳中医学院
主编：梁光义
编辑部主任：李良栋
刊期：双月刊
国际标准刊号：ISSN 1002-1108
国内统一刊号：CN 52-5011/G2
邮发代号：66-31
地址：贵州省贵阳市东路 50 号
邮编：550002
电话：0851-5652096
邮箱：gyzyxyxb@126.com

期刊名称：《贵州医药》
主管单位：贵州省卫生厅
主办单位：贵州省医药卫生学会办公室
主编：吴利平
刊期：月刊
国际标准刊号：ISSN 1000-744X
国内统一刊号：CN 52-1062/R
邮发代号：8-66
地址：贵州省贵阳市市北路 11 号
邮编：550004
电话：0851-6850451 6836377
Email：gzyy1976@163.com

期刊名称：《国际病毒学杂志》
主管单位：中华人民共和国卫生部
主办单位：中华医学会
主编：贺雄
编辑部主任：李秋生
刊 期：双月刊
国际标准刊号：ISSN 1673-4092
国内统一刊号：CN 11-5394/R
邮发代号：18-223
地址：北京市东城区和平里中街 16 号 邮编：100013
电话：010-64407020 82801617
Email：gjbdxzz@163.com
网址：www.medline.org.cn

期刊名称：《国际病理科学与临床杂志》
主管单位：中华人民共和国教育部
主办单位：中南大学
主编：李元建 何建行
编辑部主任：昌兰
刊期：双月刊
国际标准刊号：ISSN 1673-2588
国内统一刊号：CN 43-1458/R
邮发代号：42-35
地址：湖南省长沙市湘雅路 110 号中南大学湘雅医学院 50 号信箱 邮编：410078
电话：0731-84805496 84805495
Email：gwwyxxy@vip.163.com
网址：www.gjbl.net

期刊名称：《国际耳鼻咽喉头颈外科杂志》
主管单位：中华人民共和国卫生部
主办单位：中华医学会 北京市耳鼻咽喉科研究所
主编：韩德民
编辑部主任：王琪
刊 期：双月刊
国际标准刊号：ISSN 1673-4106
国内统一刊号：CN 11-5395
邮发代号：2-610
地址：北京市东城区崇内后沟胡同 17 号
邮编：100005
电话：010-65596373
Email：entbjb@vip.sina.com entbjb@yahoo.com.cn
网址：www.medline.org.cn

期刊名称：《国际儿科学杂志》
主管单位：中华人民共和国卫生部
主办单位：中华医学会　中国医科大学
主编：李书琴
编辑部主任：王晓茵
刊期：双月刊
国际标准刊号：ISSN 1673-4408
国内统一刊号：CN 21-1529/R
邮发代号：4-491
地址：辽宁省沈阳市和平区三好街 36 号
邮编：110004
电话：024-23845727　96615-13719
Email：ekfcbjb@online.ln.cn

期刊名称：《国际放射医学核医学杂志》
主管单位：中华人民共和国卫生部
主办单位：中华医学会
主编：樊飞跃
编辑部主任：宋娜玲
刊期：双月刊
国际标准刊号：ISSN 1673-4114
国内统一刊号：CN 12-1381/R
邮发代号：6-102
地址：天津市南开区白堤路 238 号
邮编：300192
电话：022-87890607
Email：gjfh2006@sina.com
网址：www.medline.org.cn

期刊名称：《国际妇产科学杂志》
主管单位：中华人民共和国卫生部
主办单位：天津市医学科学技术信息研究所
主编：朗景和
编辑部主任：马海燕
刊期：双月刊
国际标准刊号：ISSN 1674-1870
国内统一刊号：CN 12-1399/R
邮发代号：6-1
地址：天津市和平区贵州路 96 号 D 座
邮编：300041
电话：022-23337521
Eamll:fuchanfence@163.com
网址：www.gjfckx.ac.cn

期刊名称：《国际骨科学杂志》
主管单位：上海市卫生局
主办单位：上海市医学科学技术情报研究所
主编：杨庆铭
编辑部主任：蔡承骅
刊期：双月刊
国际标准刊号：ISSN 1009-9255
国内统一刊号：CN 31-1838/R
邮发代号：4-268
地址：上海市闵行区建国西路 602 号　邮编：200031
电话：021-64667456　64728661-20
Eamil：intjorthop@163.com　intjorthop@yahoo.com.cn
intjorthop@sina.com
网址：http://gjgkx.paperopen.com

期刊名称：《国际护理学杂志》
主管单位：中华人民共和国卫生部
主办单位：中华医学会　吉林省医学期刊社
主编：刘万车
编辑部主任：牛铁兵
刊期：月刊
国际标准刊号：ISSN 1673-4351
国内统一刊号：CN 22-1370/R
邮发代号：12-116
地址：吉林省长春市建政路 971 号　邮编：130061
电话：0431-88920584
Email：gjhlxzz@126.com
网址：www.medline.org

期刊名称：《国际呼吸杂志》
主管单位：中华人民共和国卫生部
主办单位：中华医学会
主 编：白春学
编辑部主任：胡桂英
刊期：半月刊
国际标准刊号：ISSN 1673-436X
国内统一刊号：CN 13-1368/R
邮发代号：18-12
地址：河北省石家庄市中山东路 361 号
邮编：050017
电话：0311-86266873
Email：guojihuxi@163.com
网址：www.guojihuxi.com

期刊名称：《国际检验医学杂志》
主管单位：中华人民共和国卫生部
主办单位：中华医学会
主编：府伟灵
刊期：双月刊
国际标准刊号：ISSN 1006-3730
国内统一刊号：CN 50-1176/R
邮发代号：78-26
地址：重庆市渝中区长江一路30号广播大厦四楼
邮编：400014
电话：023-63616134
Email：gwyxwd@163.com
网址：gj.jourserv.com

期刊名称：《国际精神病学杂志》
主管单位：中华人民共和国教育部
主办单位：中南大学
主编：赵靖平
编辑部主任：陈晓岗
刊期：季刊
国际标准刊号：ISSN 1673-2952
国内统一刊号：CN 43-1457/R
邮发代号：42-12
地址：湖南省长沙市人民路139号湘雅二医院内
邮编：410011
电话：0731-85531571　85292158
Email：gjjsbxzz@yahoo.com.cn

期刊名称：《国际口腔科学杂志（英文版）》
主管单位：中华人民共和国教育部
主办单位：四川大学
主编：周学东
编辑部主任：王晴
刊期：季刊
国际标准刊号：ISSN 1674-2818
国内统一刊号：CN 51-1707/R
邮发代号：62-324
地址：四川省成都市一环路南一段24号
邮编：610041
电话：028-85502414
Email：ijos@scu.edu.cn

期刊名称：《国际口腔医学杂志》
主管单位：中华人民共和国教育部
主办单位：四川大学
主编：巢永烈
编辑部主任：王晴
刊期：双月刊
国际标准刊号：ISSN 1673-5749
国内统一刊号：CN 51-1698/R
邮发代号：62-19
地址：四川省成都市人民南路三段14号
邮编：610041
电话：028-85502414　85503479
Email：gwyxkqyxfc@vip.163.com
网址：www.gjkqyxzz.cn

期刊名称：《国际老年医学杂志》
主管单位：中华人民共和国教育部
主办单位：吉林大学
主编：林栋
编辑部主任：林栋
刊期：双月刊
国际标准刊号：ISSN 1674-7593
国内统一刊号：CN 22-1399/R
邮发代号：12-29
地址：吉林省长春市朝阳区新民大街828号
邮编：130021
电话：0431-85619282
Email：lnyx@jlu.edu.cn
网址：gwyx.periodicals.net.cn

期刊名称：《国际流行病学传染病学杂志》
主管单位：中华人民共和国卫生部
主办单位：浙江省医学科学院　中华医学会
主编：毛江森
编辑部主任：舒畅
刊期：双月刊
国际标准刊号：ISSN 1673-4149
国内统一刊号：CN 33-1340/R
邮发代号：32-29
地址：浙江省杭州市天目山路182号　邮编：310013
电话：0571-88850214
Email：gjlczz@sohu.com
网址：www.medline.org.cn

期刊名称：《国际麻醉学与复苏杂志》
主管单位：中华人民共和国卫生部
主办单位：徐州医学院 中华医学会
主编：曾因明
编辑部主任：曾因明
刊期：双月刊
国际标准刊号：ISSN 1673-4378
国内统一刊号：CN 32-1761/R
邮发代号：28-44
地址：江苏省徐州市淮海西路 99 号 邮编：221002
电话：0516-85708135
Email：gjmzyfs@163.com
网址：www.gjmzyfs.com

期刊名称：《国际泌尿系统杂志》
主管单位：中华人民共和国卫生部
主办单位：中华医学会
总编：齐琳
编辑部主任：李乐德
刊期：双月刊
国际标准刊号：ISSN 1001-4594
国内统一刊号：CN 43-1460/R
邮发代号：42-80
地址：湖南省长沙市湘雅路 30 号
邮编：410008
电话：0731-84472665
Email：fmujuan@163.com
网址：www.medline.org.cn

期刊名称：《国际免疫学杂志》
主管单位：中华人民共和国卫生部
主办单位：中华医学会
主编：李殿俊
编辑部主任：张华
刊期：双月刊
国际标准刊号：ISSN 1001-1048
国内统一刊号：CN 23-1535/R
邮发代号：14-54
地址：黑龙江省哈尔滨市南岗区保健路 157 号
邮编：150081
电话：0451-86669596
Email: guojimianyi@126.com
网址：www.medline.org.cn

期刊名称：《国际脑血管病杂志》
主管单位：中华人民共和国卫生部
主办单位：中华医学会
主编：田增民
刊期：月刊
国际标准刊号：ISSN 1673-4165
国内统一刊号：CN 11-5541/R
邮发代号：28-211
地址：江苏省南京市江宁区麒麟门锦秀花园 8-204 室
邮编：211135
电话：025-84121542
Email：foreignmed@vip.sina.com
网址：www.foreignmed.com

期刊名称：《国际内分泌代谢杂志》
主管单位：中华人民共和国卫生部
主办单位：中华医学会 天津医科大学
主编：方佩华
编辑部主任：杨晓荧
刊期：双月刊
国际标准刊号：ISSN 1673-4157
国内统一刊号：CN 12-1383/R
邮发代号：6-53
地址：天津市和平区气象台路 22 号天津医科大学院内
邮编：300070
电话：022-83336730
Email：nfmfc@126.com
网址：www.endocrine.com.cn

期刊名称：《国际皮肤性病学杂志》
主管单位：中华人民共和国卫生部
主办单位：中国医学学会
中国医学科学院皮肤病研究所
主编：徐文严
编辑部主任：吴晓初
刊期：双月刊
国际标准刊号：ISSN 1673-4173
国内统一刊号：CN 32-1763/R
邮发代号：28-6
地址：江苏省南京市蒋王庙街 12 号 邮编：210042
电话：025-85478144
Email：gjpf144@yahoo.com.cn
网址：www.pifukezazhi.com.cn

期刊名称：《国际神经病学神经外科学杂志》
主管单位：中华人民共和国教育部
主办单位：中南大学
主编：肖波　袁贤瑞
编辑部主任：杨欢
刊期：双月刊
国际标准刊号：ISSN 1673-2642
国内统一刊号：CN 43-1456/R
邮发代号：42-11
地址：湖南省长沙市湘雅路 87 号　邮编：410008
电话：0731-84327401
Email：jinn@vip.163.com
网址：www.jinn.org.cn

期刊名称：《国际生物医学工程杂志》
主管单位：中华人民共和国卫生部
主办单位：中华医学会
中国医学科学院生物医学工程研究所
主编：李迎新　编辑部主任：马少怡
刊期：双月刊
国际标准刊号：ISSN 1001-4937
国内统一刊号：CN 43-15231R
邮发代号：18-86
地址：天津市南开区科研东路 7 号
邮编：300192
电话：022-87895652
Email：guobjb@yahoo.com.cn
网址：www.giswyxgc.com

期刊名称：《国际生物制品学杂志》
主管单位：中华人民共和国卫生部
主办单位：中华医学会　上海生物制品研究所
总编：晏子厚
编辑部主任：陈敏
刊期：双月刊
国际标准刊号：ISSN 1673-4211
国内统一刊号：CN 31-1962/R
邮发代号：4-228
地址：上海市长宁区延安西路 1262 号
邮编：200052
电话：021-62803189 转 3003
Email：gjswzp@163.com
网址：www.medline.org.cn

期刊名称：《国际生殖健康/计划生育杂志》
主管单位：天津市卫生局
主办单位：天津市医学科学技术信息研究所
主 编：王一飞
编辑部主任：马海燕
刊 期：双月刊
国际标准刊号：ISSN 1674-1889
国内统一刊号：CN 12-1400/R
邮发代号：6-63
地址：天津市和平区贵州路 94 号 D 座　邮编：300070
电话：022-23337521
Email：jishengfence@163.com
网址：www.gjszjk.ac.cn

期刊名称：《国际输血及血液学杂志》
主管单位：中华人民共和国卫生部
主办单位：中华医学会　四川大学华西第二医院
中国医学科学院输血研究所
总编：廖清魁　编辑部主任：孙激
刊期：双月刊
国际标准刊号：ISSN 1673-419X
国内统一刊号：CN 51-1693/R
邮发代号：62-59
地址：四川省成都市人民南路三段 20 号
邮编：610041
电话：028-85422797
Email：sxxy@vip.163.com
网址：www.medline.org.cn

期刊名称：《国际外科学杂志》
主管单位：中华人民共和国卫生部
主办单位：中华医学会
首都医科大学附属北京友谊医院
主编：刘建
编辑部主任：谷俊朝
刊期：月刊
国际标准刊号：ISSN 1673-4203
国内统一刊号：CN 11-5396/R
邮发代号：2-606
地址：北京市西城区永安路 95 号　邮编：100050
电话：010-63138570　63025849
Email：gjwkx@263.net
网址：www.gjwkxzz.com

期刊名称：《国际消化病杂志》
主管单位：上海市卫生局
主办单位：上海市医学科学技术情报研究所
上海交通大学医学院
主编：邱德凯
编辑部主任：王立明
刊期：双月刊
国际标准刊号：ISSN 1673-534X
国内统一刊号：CN 31-1953/R
邮发代号：4-299
地址：上海市闵行区建国西路 602 号 邮编：200031
电话：021-64159094
Email：xiaohuafence@sina.com
网址：gjxhb.paperopen.com

期刊名称：《国际心血管病杂志》
主管单位：上海市卫生局
主办单位：上海市医学科学技术情报研究所
主编：沈卫锋
编辑部主任：丁嫒嫒
刊期：双月刊
国际标准刊号：ISSN 1673-6583
国内统一刊号：CN 31-1951/R
邮发代号：4-188
地址：上海市闵行区建国西路 602 号
邮编：200031
电话：021-64159094
Email：xin_xg@yahoo.com.cn
网址：www.shmstic.com

期刊名称：《国际眼科纵览》
主管单位：中华人民共和国卫生部
主办单位：中华医学会
总编：徐亮
刊期：双月刊
国际标准刊号：ISSN 1673-5803
国内统一刊号：CN 11-5500/R
邮发代号：2-609
地址：北京市东城区崇内大街后沟胡同 17 号
邮编：100005
电话：010-65288427
Email：IJO.2000@163.com
网址：www.ies.net.cn

期刊名称：《国际药学研究杂志》
主管单位：军事医学科学院
主办单位：军事医学科学院毒物药物研究所
主编：刘克良
编辑部主任：刘耀文
刊期：双月刊
国际标准刊号：ISSN 1674-0440
国内统一刊号：CN 11-5619/R
邮发代号：82-135
地址：北京市海淀区太平路 27 号六所
邮编：100850
电话：010-66931618 66931637
Email：guol@nic.bmi.ac.cn
网址：www.pharmacy.ac.cn

期刊名称：《国际遗传学杂志》
主管单位：中华人民共和国卫生部
主办单位：中华医学会
主编：傅松滨
刊期：双月刊
国际标准刊号：ISSN 1001-1048
国内统一刊号：CN 23-1536/R
邮发代号：14-55
地址：黑龙江省哈尔滨市南岗区保健路 157 号
邮编：150081
电话：0451-86662947

期刊名称：《国际医学放射学杂志》
主管单位：天津市卫生局
主办单位：天津市医学科学技术信息研究所
主编：祁吉
编辑部主任：刘英红
刊期：双月刊
国际标准刊号：ISSN 1674-1897
国内统一刊号：CN 12-1398/R
邮发代号：6-21
地址：天津市和平区贵州路 96 号 D 座
邮编：300070
电话：022-23337523
Email：lffc@vip.tom.com
网址：www.tjmic.ac.cn

期刊名称：《国际医学寄生虫病杂志》
主管单位：中华人民共和国卫生部
主办单位：中华医学会
中国疾病预防控制中心寄生虫病预防控制所
主编：汤林华
编辑部主任：陈勤
刊期：双月刊
国际标准刊号：ISSN 1673-4122
国内统一刊号：CN 31-1961/R
邮发代号：4-190
地址：上海市卢湾区瑞金二路207号　邮编：200025
电话：021-64451195
Email：shmpd@126.com
网址：www.ijmpd.cn

期刊名称：《国际医药卫生导报》
主管单位：中华人民共和国卫生部
主办单位：中华医学会
主编：钟国华
编辑部主任：钟国华
刊期：半月刊
国际标准刊号：ISSN 1007-1245
国内统一刊号：CN 44-1417/R
邮发代号：46-156
地址：广东省广州市中山三路11号越秀区工商联大厦11楼1101室　邮编：510080
电话：020-83823782
Email：imhgn@vip.sina.com
网址：www.imhgn.com

期刊名称：《国际移植与血液净化杂志》
主管单位：中华人民共和国卫生部
主办单位：中华医学会
总编：李学旺
刊期：双月刊
国际标准刊号：ISSN 1673-4238
国内统一刊号：CN 11-5399/R
邮发代号：80-162
地址：北京市朝阳区白家庄路8号
邮编：100020
电话：010-65935007
Email：WXY1988@263.net
网址：www.medline.org.cn

期刊名称：《国际肿瘤学杂志》
主管单位：中华人民共和国卫生部
主办单位：中华医学会　山东省医学科学院
主编：韩金祥
编辑部主任：刘亚民
刊期：月刊
国际标准刊号：ISSN 1673-422X
国内统一刊号：CN 37-1439/R
邮发代号：24-64
地址：山东省济南市经十路18877号　邮编：250062
电话：0531-82949227　82919917
Email：gjzlxjn@126.com
网址：www.gjzlx.cn

期刊名称：《国际中医中药杂志》
主管单位：中华人民共和国卫生部
主办单位：中华医学会
中国中医科学院中医药信息研究所
主编：曹洪欣
编辑部主任：樊红雨
刊期：月刊
国际标准刊号：ISSN 1673-4246
国内统一刊号：CN 11-5398/R
邮发代号：2-611
地址：北京市东城区东直门内南小街16号
邮编：100700
电话：010-64014411-3225
Email：guowaiyixue@yahoo.com.cn
网址：gjzy.cintcm.com

期刊名称：《国外医学（卫生经济分册）》
主管单位：中华人民共和国卫生部
主办单位：江苏省医学情报研究所
主编：刘晓强
编辑部主任：张红萍
刊期：季刊
国际标准刊号：ISSN 1001-1137
国内统一刊号：CN 32-1133/R
邮发代号：28-32
地址：江苏省南京市汉中路129号
邮编：210029
电话：025-84706094
Email：gwwsjj82@163.com

期刊名称：《国外医学（地理分册）》
主管单位：中华人民共和国教育部
主办单位：西安交通大学
主编：郭雄
编辑部主任：黄崇亚
刊期：季刊
国际标准刊号：ISSN 1001-8883
国内统一刊号：CN 61-1102/R
邮发代号：52-26
地址：陕西省西安市雁塔西路 76 号 6 号信箱《国外医学（地理分册）》编辑部
邮编：710061
电话：029-82655064
Email：medgeography@mail.xjtu.edu.cn
网址：gwyx-yx.periodicals.net.cn

期刊名称：《国外医学（妇幼保健分册）》
主管单位：中华人民共和国教育部
主办单位：西安交通大学
主编：李旭
刊期：双月刊
国际标准刊号：ISSN 1008-2514
国内统一刊号：CN 61-1259/R
邮发代号：52-135
地址：陕西省西安市雁塔西路 76 号医学院 009 信箱
邮编：710061
电话：029-88546568
Email：bjbllm@mail.xjtu.edu.cn

期刊名称：《国外医药》
主管单位：中国医药集团总公司
主办单位：中国医药集团总公司四川抗菌素工业研究所
中国医学科学院医药生物技术研究所
主编：赵文杰
刊期：双月刊
国际标准刊号：ISSN 1001-8751
国内统一刊号：CN 51-1127/R
邮发代号：62-88
地址：四川省成都市成华区龙潭都市工业集中发展区华冠路 168 号　邮编：610052
电话：028-84216030
Email：kssfc@vip.163.com
网址：www.cjap.org

期刊名称：《国医论坛》
主管单位：河南省中医管理局
主办单位：河南省南阳中医药学校
主编：方家选
编辑部主任：赵体浩
刊期：双月刊
国际标准刊号：ISSN 1002-1078
国内统一刊号：CN 41-1110/R
邮发代号：36-100
地址：河南省南阳市卧龙路 1439 号
邮编：473061
电话：0377-63529058
Email：gylt1986@126.com

H

期刊名称：《哈尔滨医科大学学报》
主管单位：黑龙江省教育厅
主办单位：哈尔滨医科大学
主编：杨宝峰
刊期：双月刊
国际标准刊号：ISSN 1000-1905
国内统一刊号：CN 23-1159/R
邮发代号：14-101
地址：黑龙江省哈尔滨市南岗区保健路 157 号
邮编：150081
电话：0451-86669613
Email：hydxb@yahoo.cn

期刊名称：《哈尔滨医药》
主管单位：哈尔滨市卫生局
主办单位：哈尔滨市医学会
主编：张叶萍
刊期：双月刊
国际标准刊号：ISSN 1001-8131
国内统一刊号：CN 23-1164/R
邮发代号：14-80
地址：黑龙江省哈尔滨市道里区民安街 12 号
邮编：150076
电话：0451-83080757
Email：zyp-yxh@163.com

期刊名称：《海军医学杂志》
主管单位：海军后勤部卫生部
主办单位：海军医学研究所
主编：管柏林
编辑部主任：甘辉亮
刊期：双月刊
国际标准刊号：ISSN 1009-0754
国内统一刊号：CN 31-1823/R
邮发代号：4-858
地址：上海市杨浦区翔殷路880号
邮编：200433
电话：021-81883316（地方线）
0531-883316（军线）
Email：hjyx@chinajournal.net.cn

期刊名称：《海军总医院学报》
主管单位：海军后勤部卫生部
主办单位：海军总医院
主编：钱阳明
刊期：季刊
国际标准刊号：ISSN 1009-3427
国内统一刊号：CN 11-4208/R
邮发代号：自办发行
地址：北京市海淀区阜成路6号
邮编：100048
电话：010-66958440
Email：hjzyyxb@163.com

期刊名称：《海南医学》
主管单位：海南省卫生厅
主办单位：海南省医学会
主编：云露（兼）
刊期：半月刊
国际标准刊号：ISSN 1003-6350
国内统一刊号：CN 46-1025/R
邮发代号：84-1
地址：海南省海口市海府路69号艺苑大厦702室
邮编：570203
电话：0898-65381895　65392410
Email：hnyx@vip.163.com
网址：www.hainanyixue.cn

期刊名称：《海南医学院学报》
主管单位：海南省教育厅
主办单位：海南医学院
主编：刘军保
编辑部主任：屈顺海
刊期：月刊
国际标准刊号：ISSN 1007-1237
国内统一刊号：CN 46-1049/R
邮发代号：84-14
地址：海南省海口市学院路行政楼318室
邮编：571199
电话：0898-66893391　66890465
Email：hnyxyxb@126.com
网址: hnyy.cbpt.cnki.net

期刊名称：《海峡药学》
主管单位：福建省食品药品监督管理局
主办单位：中国药学会福建分会
主编：张炳祥
编辑部主任：邓福孝
刊期：月刊
国际标准刊号：ISSN 1006-3765
国内统一刊号：CN 35-1173/R
邮发代号：自办发行
地址：福建省福州市通湖路330号
邮编：350001
电话：0591-87663829
E-mail：hxyxbjb@163.com
网址：www.wanfangdata.com.cn

期刊名称：《海峡预防医学杂志》
主管单位：福建省卫生厅
主办单位：中华预防医学会　福建省预防医学会
主编：许龙善
编辑部主任：方林
刊期：双月刊
国际标准刊号：ISSN 1007-2705
国内统一刊号：CN 35-1185/R
邮发代号：自办发行
地址：福建省福州市津泰路76号福建省疾病预防控制中心　邮编：350001
电话：0591-87519605
Email：hxyf@vip.sina.com

期刊名称：《罕少疾病杂志》
主管单位：深圳市卫生局
主办单位：深圳市卫生局
主编：王成林
刊期：双月刊
国际标准刊号：ISSN 1009-3257
国内统一刊号：CN 44-1497/R
邮发代号：46-207
地址：广东省深圳市福田区福中路福景大厦中座602号
邮编：518026
电话：0755-83695204　83695203
Email：hs1999@vip.163.com

期刊名称：《航空航天医学杂志》
主管单位：中国航空工业集团公司
主办单位：中航工业哈尔滨二四二医院
主编：王玉国
刊期：月刊
国际标准刊号：ISSN 2095-1434
国内统一刊号：CN 23-1571/R
邮发代号：14-8
地址：黑龙江省哈尔滨市平房区卫健街3号
邮编：150066
电话：0451-86598031　86598488
Email：bjb242@126.com
hkhtyy@163.com
网址：www.hkhtyy.cn

期刊名称：《航天医学与医学工程》
主管单位：中国航天员科研训练中心
主办单位：中国航天员科研训练中心
主编：陈善广
编辑部主任：梁宏
刊期：双月刊
国际标准刊号：ISSN 1002-0837
国内统一刊号：CN 11-2774/R
邮发代号：82-616
地址：北京市海淀区北清路26号（北京5132-25分箱）
邮编：100094
电话：010-66365788-8002
Email：htyx-lianghong@126.com

期刊名称：《杭州师范大学学报（医学版）》
主管单位：杭州市教育局
主办单位：杭州师范学院
主编：郭清
刊期：双月刊
国际标准刊号：ISSN 1008-4894
国内统一刊号：CN 33-1221/R
邮发代号：自办发行
地址：浙江省杭州市下沙高教园区学林街16号
邮编：310036
电话：0571-28869726　28865871
Email：yxws321@126.com

期刊名称：《杭州师范学院学报》
主管单位：杭州市教育委员会
主办单位：杭州师范学院
主编：郭清
刊期：双月刊
国际标准刊号：ISSN 1008-4894
国内统一刊号：CN 33-1221/R
邮发代号：自办发行
地址：浙江省杭州市下沙高教园学林街16号
邮编：310012
电话：0571-28869726
Email：yxws321@163.com

期刊名称：《河北联合大学学报（医学版）》
主管单位：河北省教育厅
主办单位：华北煤炭医学院
主编：蒋炳武
编辑部主任：张文才
刊期：双月刊
国际标准刊号：ISSN 2095-2694
国内统一刊号：CN 13-1411/R
邮发代号：18-329
地址：河北省唐山市建设南路57号
邮编：063000
电话：0315-3725938
Email：jnccmc@sina.com.cn

期刊名称：《河北医科大学学报》
主管单位：河北省教育厅
主办单位：河北医科大学
主编：段惠军
刊期：月刊
国际标准刊号：ISSN 1007-3205
国内统一刊号：CN 13-1209/R
邮发代号：18-31
地址：河北省石家庄市中山东路 361 号
邮编：050017
电话：0311-86266947
Email：hbydxb@126.com
网址：hbyx.chinajournal.net.cn

期刊名称：《河北医学》
主管单位：河北省卫生厅
主办单位：河北省医学会
主编：孟庆仁
编辑部主任：孟庆仁
刊期：月刊
国际标准刊号：ISSN 1006-6233
国内统一刊号：CN 13-1199/R
邮发代号：18-242
地址：河北省承德市翠桥路河北医学杂志社
邮编：067000
电话：0314-2155002
Email：hbyxzzs@heinfo.net

期刊名称：《河北医药》
主管单位：河北省卫生厅
主办单位：河北省医学情报研究所
主编：狄岩
编辑部主任：狄岩
刊期：半月刊
国际标准刊号：ISSN 1002-7386
国内统一刊号：CN 13-1090/R
邮发代号：18-3
地址：河北省石家庄市和平西路 299 号
邮编：050071
电话：0311-85989639　85989635
Email：hb85882942@126.com

期刊名称：《河北中西医结合杂志》
主管单位：河北省科学技术协会
主办单位：河北省中西医结合学会
　　　　　中华中医药学会
主编：戴砚田
刊期：旬刊
国际标准刊号：ISSN 1008-8849
国内统一刊号：CN 13-1283/R
邮发代号：18-167
地址：河北省石家庄市北城路 35 号 D 区 8 号楼 1 单元 201 号
邮编：050061
电话：0311-87738668
Email：qikan5@163.com

期刊名称：《河北中医》
主管单位：河北省中医管理局
主办单位：河北省医学情报研究所
主编：李立
刊期：月刊
国际标准刊号：ISSN 1002-2619
国内统一刊号：CN 13-1067/R
邮发代号：18-30
地址：河北省石家庄市青园街 241 号
邮编：050021
电话：0311-85883896
Email：hbzhyi@tom.com　hbzhyi@163.com

期刊名称：《河北中医药学杂志》
主管单位：河北省教育厅
主办单位：河北医科大学
主编：宗全和
刊期：季刊
国际标准刊号：ISSN 1007-5615
国内统一刊号：CN 13-1214/R
邮发代号：自办发行
地址：河北省石家庄市新石南路 326 号
邮编：050091
电话：0311-6265053
Email：zyxb407@hebmu.edu.cn
　　　zyxb407@126.com

期刊名称：《河南大学学报（医学版）》
主管单位：河南省教育厅
主办单位：河南大学
主编：程民生
刊期：季刊
国际标准刊号：ISSN 1672-7606
国内统一刊号：CN 41-1361/R
邮发代号：36-214
地址：河南省开封市明伦街85号
邮编：475001
电话：0378-2860394
Email：xbyxb@henu.edu.cn
网址: xb.henu.edu.cn

期刊名称：《河南科技大学学报（医学版）》
主管单位：河南省教育厅
主办单位：河南科技大学
主编：苏娟华
编辑部主任：苏娟华
刊期：季刊
国际标准刊号：ISSN 1672-688X
国内统一刊号：CN 41-1363/R
邮发代号：36-287
地址：河南省洛阳市安徽路6号
邮编：471003
电话：0379-64830340
Email：ykxb@mail.haust.edu.cn
网址：xbbjb.haust.edu.cn

期刊名称：《河南外科学杂志》
主管单位：河南省教育厅
主办单位：郑州大学
主编：于明达
编辑部主任：杜绍先
刊期：双月刊
国际标准编号：ISSN 1007-8991
国内统一刊号：CN 41-1235/R
邮发代号：136-32
地址：河南省郑州市经八路2号（郑州大学第二附属医院内） 邮编：450014
电话：0371-63620587
Email：hnwkxzz@126.com
网址：http://hlwk.chinajournal.net.cn

期刊名称：《河南医学研究》
主管单位：河南省卫生厅
主办单位：河南省医学科学院
主编：关方霞
刊期：季刊
国际标准刊号：ISSN 1004-437X
国内统一刊号：CN 41-1180/R
邮发代号：36-172
地址：河南省郑州市纬五路47号
邮编：450003
电话：0371-65952931 65952914
Email：yxyj2006@yahoo.com.cn

期刊名称：《河南预防医学杂志》
主管单位：河南省卫生厅
主办单位：河南省预防医学会
主编：黄玮
编辑部主任：吕郑侠
刊期：双月刊
国际标准刊号：ISSN 1006-8414
国内统一刊号：CN 41-1220/R
邮发代号：自办发行
地址：河南省郑州市郑东新区农业东路105号
邮编：450016
电话：0371-68089029 68089260
Email：hnyf@hncdc.com.cn
hnyfj@126.com
网址：http://hnyf.cbpt.cnki.net

期刊名称：《河南职工医学院学报》
主管单位：河南省教育厅
主办单位：河南职工医学院
主编：杨朝宽
编辑部主任：王黎
刊期：双月刊
国际标准刊号：ISSN 1008-9276
国内统一刊号：CN 41-1292/R
邮发代号：6-199
地址：河南省郑州市纬五路8号
邮编：450003
电话：0371-65585453
Email：hnzyxb@371.net

期刊名称：《河南肿瘤学杂志》
主管单位：河南省科学技术协会
主办单位：河南省抗癌协会 郑州大学
河南海上肿瘤医院 河南省肿瘤研究所
主编：王留兴
刊期：双月刊
国际标准刊号：ISSN 1003-1464
国内统一刊号：CN 41-1165/R
邮发代号：36-133
地址：河南省郑州市大学路 40 号
邮编：450052
电话：0371-66658178
Email：hnzl@zzu.edu.cn

期刊名称：《河南中医》
主管单位：河南省中医管理局
主办单位：河南省中医药学会 河南中医学院
主编：郑玉玲
编辑部主任：蒋士卿
刊期：月刊
国际标准刊号：ISSN 1003-5028
国内统一刊号：CN 41-1114/R
邮发代号：36-40
地址：河南省郑州市金水路 1 号
邮编：450008
电话：0371-65962977 65676805
Email：hnzy@hactcm.edu.cn
网址：www.hnzy.net.cn

期刊名称：《菏泽医学专科学校学报》
主管单位：山东省教育厅
主办单位：菏泽医学专科学校
主编：于信民
编辑部主任：吴效普
刊期：季刊
国际标准刊号：ISSN 1008-4118
国内统一刊号：CN 37-1289/R
邮发代号：自办发行
地址：山东省菏泽市牡丹区大学路 1950 号
邮编：274000
电话：0530-5925771 5631052
Email：hzyzxb@163.com

期刊名称：《黑龙江医学》
主管单位：黑龙江省卫生厅
主办单位：中华医学会黑龙江分会
主编：杜广洲
刊期：月刊
国际标准刊号：ISSN 1004-5775
国内统一刊号：CN 23-1326/R
邮发代号：14-297
地址：黑龙江省哈尔滨市南岗区阿什河街 122 号
邮编：150001
电话：0451-53638483
Email：hljyx08@163.com
网址：HLYX.chinajournal.net.cn

期刊名称：《黑龙江医药》
主管单位：黑龙江省食品药品监督管理局
主办单位：黑龙江省药品审评认证中心
主编：李二林
编辑部主任：任春晓
刊期：双月刊
国际标准刊号：ISSN 1006-2882
国内统一刊号：CN 23-1383/R
邮发代号：14-248
地址：黑龙江省哈尔滨市南岗区闽江路 222 号
邮编：150090
电话：0451-51983683
Email：heilongjiangyiyao@126.com

期刊名称：《黑龙江医药科学》
主管单位：黑龙江省教育厅
主办单位：佳木斯大学
主编：江清林
刊期：双月刊
国际标准刊号：ISSN 1008-0104
国内统一刊号：CN 23-1421/R
邮发代号：14-193
地址：黑龙江省佳木斯市德祥街 409 号
邮编：154003
电话：0454-8623618
Email：kxjy@chinajournal.net.cn

期刊名称：《黑龙江中医药》
主管单位：黑龙江省中医管理局
主办单位：黑龙江省中医研究院
主编：王学军
刊期：双月刊
国际标准刊号：ISSN 1000-9906
国内统一刊号：CN 23-1221/R
邮发代号：14-29
地址：黑龙江省哈尔滨市香坊区三辅街142号
邮编：150036
电话：0451-55643615　55653086-6683
Email：hljtcm@163.com　hljzyy@yahoo.com.cn
网址：www.hljzyy.cn

期刊名称：《湖北科技学院学报（医学版）》
主管单位：湖北省新闻出版局
主办单位：湖北科技学院
主编：吴基良
刊期：双月刊
国际标准刊号：ISSN 2095-4646
国内统一刊号：CN 42-1839/R
邮发代号：自办发行
地址：湖北省咸宁市温泉咸宁大道88号
邮编：437100
电话：0715-8266018
Email：xncxb@126.com
网址：xb.hbust.com.cn

期刊名称：《湖北民族学院学报（医学版）》
主管单位：湖北省教育厅
主办单位：湖北民族学院
主编：吴建清
编辑部主任：毛正天
刊期：季刊
国际标准刊号：ISSN 1008-8164
国内统一刊号：CN 42-1590/R
邮发代号：自办发行
地址：湖北省恩施市湖北民族学院
邮编：445000
电话：0718-8438535
Email：FBMZ@chinajournal.net.cn
网址：www.hbmy.edu.cn

期刊名称：《湖北医药学院学报》
主管单位：湖北省教育厅
主办单位：湖北医药学院
主编：涂汉军
编辑部主任：汤红明
刊期：双月刊
国际标准刊号：ISSN 1006-9674
国内统一刊号：CN 42-1815/R
邮发代号：38-152
地址：湖北省十堰市人民南路30号
邮编：442000
电话：0719-8891063
Email：hbumxb@163.com
网址：xb.hbmu.edu.cn

期刊名称：《湖北中医药大学学报》
主管单位：湖北省教育厅
主办单位：湖北中医药大学
主编：王华
编辑部主任：邵企红
刊期：月刊
国际标准刊号：ISSN 1008-987X
国内统一刊号：CN 42-1452/R
邮发代号：38-337
地址：湖北省武汉市洪山区黄家湖西路1号
邮编：430065
电话：027-68890235
　　　15727040219
Email：hbzy@vip.163.com
网址：qks.hbtcm.edu.cn

期刊名称：《湖北中医杂志》
主管单位：湖北省教育厅
主办单位：湖北中医学院
主编：王华
刊期：月刊
国际标准刊号：ISSN 1000-0704
国内统一刊号：CN 42-1189/R
邮发代号：38-52
地址：湖北省武汉市洪山区黄家湖西路1号
邮编：430065
电话：027-68890234
Email：fb59165@126.com

期刊名称：《护理管理杂志》
主管单位：中国人民解放军北京军区联勤部卫生部
主办单位：北京军区总医院
主编：张秀英
编辑部主任：陈海花
刊期：月刊
国际标准刊号：ISSN 1671-315X
国内统一刊号：CN 11-4716/C
邮发代号：82-926
地址：北京市东城区南门仓5号 邮编：100010
电话：010-66721461
Email：hlgl@chinajoumal.net.cn
网址：www.hlglzz.com.cn

期刊名称：《护理实践与研究》
主管单位：河北省卫生厅
主办单位：河北省儿童医院
主编：周莲茹
编辑部主任：曹素文
刊期：半月刊
国际标准刊号：ISSN 1672-9676
国内统一刊号：CN 13-1352/R
邮发代号：18-112
地址：河北省石家庄市建华南大街133号
邮编：050031
电话：0311-85911163
Email：hlsjyj@hlsjyj.com 网址：www.hlsjyj.com

期刊名称：《护理学报》
主管单位：广东省教育厅
主办单位：南方医科大学
主编：李亚洁
编辑部主任：方玉桂
刊期：半月刊
国际标准刊号：ISSN 1008-9969
国内统一刊号：CN 44-1483/R
邮发代号：46-200
地址：广东省广州市广州大道北1838号
邮编：510515
电话：020-87280550 61641193 61641192
Email：hlxb@fimmu.com
网址：www.hlxb.com.cn

期刊名称：《护理学杂志（外科版）》
主管单位：中华人民共和国教育部
主办单位：华中科技大学同济医学院
主编：赵光红
刊期：月刊
国际标准刊号：ISSN 1001-4152
国内统一刊号：CN 42-1154/R
邮发代号：38-342
地址：湖北省武汉市解放大道1095号
邮编：430030
电话：027-83662666
Email：jns@tjh.tjmu.edu.cn

期刊名称：《护理学杂志（综合版）》
主管单位：中华人民共和国教育部
主办单位：华中科技大学同济医学院
主编：赵光红
刊期：月刊
国际标准刊号：ISSN 1001-4152
国内统一刊号：CN 42-1154/R
邮发代号：38-125
地址：湖北省武汉市解放大道1095号
邮编：430030
电话：027-83662666 83663697
Email：jns@tjh.tjmu.edu.cn

期刊名称：《护理研究》
主管单位：中华护理学会 山西省卫生厅
主办单位：中华护理学会山西分会
山西医科大学第一医院
山西医科大学汾阳学院
山西医科大学护理学院
主编：王斌全
编辑部主任：韩世范
刊期：月刊
国际标准刊号：ISSN 1009-6493
国内统一刊号：CN 14-1272/R
邮发代号：22-130
地址：山西省太原市解放南路85号
邮编：037001
电话：0351-8825007
Email：sxhulizz@vip.163.com

期刊名称：《护理与康复》
主管单位：浙江省卫生厅
主办单位：浙江省护理学会
主编：胡斌春
编辑部主任：周燕平
刊期：月刊
国际标准刊号：ISSN 1671-9875
国内统一刊号：CN 33-1298/R
邮发代号：32-127
地址：浙江省杭州市环城东路 108 号翰林花园 1 幢 1 单元 203　邮编：310009
电话：0571-87152049
Email：hlykf@hotmail.com
网址：hlykf.periodicals.net.cn

期刊名称：《湖南师范大学学报（医学版）》
主管单位：湖南省教育厅
主办单位：湖南师范大学
主编：符晓华
刊期：季刊
国际标准刊号：ISSN 1673-016X
国内统一刊号：CN 43-1449/R
邮发代号：自办发行
地址：湖南省长沙市岳麓区咸嘉湖校区医学院办公楼 3 楼　邮编：410006
电话：0731-88912508
Email：hnnms@126.com
网址：qkw.hunnu.edu.cn

期刊名称：《湖南中医药大学学报》
主管单位：湖南省教育厅
主办单位：湖南中医药大学
主编：黄惠勇
刊期：月刊
国际标准刊号：ISSN 1674-070X
国内统一刊号：CN 43-1472/R
邮发代号：42-64
地址：湖南省长沙市含浦科教园区学士路 300 号湖南中医药大学含浦校区
邮编：410208
电话：0731-88458339
Email：xuebaotcm@126.com　xuebaomed@126.com
网址：www.39008.com.com

期刊名称：《湖南中医药导报》
主管单位：湖南省卫生厅
主办单位：湖南省中医药学会　湖南省中医管理局
主编：袁长津
刊期：月刊
国际标准刊号：ISSN 1007-547X
国内统一刊号：CN 43-1446/R
邮发代号：42-144
地址：湖南省长沙市湘雅路 30 号湖南省卫生厅二办公楼
邮编：410008
电话：0731-4828502　4365506
Email：cnkizg@163.com

期刊名称：《湖南中医杂志》
主管单位：湖南省卫生厅
主办单位：湖南省中医药研究院
主编：谭达全
编辑部主任：黄惠勇
刊期：月刊
国际标准刊号：ISSN 1003-7705
国内统一刊号：CN 43-1105/R
邮发代号：42-71
地址：湖南省长沙市麓山路 58 号
邮编：410006
电话：0731-88888572
Email：hnzy188@sohu.com

期刊名称：《护士进修杂志》
主管单位：贵州省医药卫生学会办公室
主办单位：贵州省医药卫生学会办公室
主编：过慧谨
编辑部主任：黄玉柱
刊期：半月刊
国际标准刊号：ISSN 1002-6975
国内统一刊号：CN 52-1063/R
邮发代号：66-40
地址：贵州省贵阳市市北路 11 号
邮编：550004
电话：0851-6854912　6826371　6867129
Email：jont2@126.com
网址：FSJX.Chinajournal.net.cn

期刊名称：《华北煤炭医学院学报》
主管单位：河北省教育厅
主办单位：华北煤炭医学院
主编：蒋炳武
刊期：双月刊
国际标准刊号：ISSN 1008-6633
国内统一刊号：CN 13-1267/R
邮发代号：18-329
地址：河北省唐山市建设南路 57 号
邮编：063000
电话：0315-3725938
Email：YXWS789@163.com

期刊名称：《华南国防医学杂志》
主管单位：广州军区联勤部卫生部
主办单位：广州军区医学科学技术委员会
主编：宋华
编辑部主任：宋华
刊期：月刊
国际标准刊号：ISSN 1009-2595
国内统一刊号：CN 42-1602/R
邮发代号：38-219
地址：湖北省武汉市武珞路 627 号
邮编：430070
电话：027-68878685
Email：hngfyx@163.com

期刊名称：《华南预防医学》
主管单位：广东省卫生厅
主办单位：广东省疾病预防控制中心
中华预防医学会
主编：杨杏芬
编辑部主任：袁华晖
刊期：双月刊
国际标准刊号：ISSN 1671-5039
国内统一刊号：CN 44-1550/R
邮发代号：自办发行
地址：广东省广州市新港西路 176 号
邮编：510300
电话：020-84186084
Email：hnyfyx@cdcp.org.cn

期刊名称：《华西口腔医学杂志》
主管单位：中华人民共和国教育部
主办单位：四川大学
主编：陈谦明
编辑部主任：王晴
刊期：双月刊
国际标准刊号：ISSN 1000-1182
国内统一刊号：CN 51-1169/R
邮发代号：62-162
地址：四川省成都市人民南路三段 14 号华西口腔医学院教学楼 8 层
邮编：610041
电话：028-85502414　85503479
Email：hxkqyxzz@vip.163.com
网址：www.hxkqyxzz.net

期刊名称：《华西药学杂志》
主管单位：中华人民共和国教育部
主办单位：四川大学　四川省药学会
主编：张志荣
编辑部主任：杨红芸
刊期：双月刊
国际标准刊号：ISSN 1006-0103
国内统一刊号：CN 51-1218/R
邮发代号：62-79
地址：四川省成都市人民南路三段 17 号　邮编：610041
电话：028-85501400
Email：hxyxzz@scu.edu.cn

期刊名称：《华西医学》
主管单位：中华人民共和国教育部
主办单位：四川大学华西医院
主编：石应康
编辑部主任：朱敏
刊期：月刊
国际标准刊号：ISSN 1002-0179
国内统一刊号：CN 51-1356/R
邮发代号：62-70
地址：四川省成都市武侯区国学巷 37 号四川大学华西医院　邮编：610041
电话：028-85421298
Email：hxyxqk@yahoo.com.cn
网址：www.hxyxqk.com.cn

期刊名称：《华夏医学》
主管单位：桂林医学院
主办单位：桂林医学院
主编：雷迅
编辑部主任：邓德灵
刊期：双月刊
国际标准刊号：ISSN 1008-2409
国内统一刊号：CN 45-1236/R
邮发代号：48-103
地址：广西壮族自治区桂林市环城北二路 109 号
邮编：541004
电话：0773-2805467
Email：huaxia@glmc.edu.cn

期刊名称：《华中科技大学学报（医学版）英德版》
主管单位：中华人民共和国卫生部
主办单位：华中科技大学同济医学院
主编：龚非力　冯敢生
编辑部主任：郑铭
刊期：双月刊
国际标准刊号：ISSN 1672-0733
国内统一刊号：CN 42-1679/R
邮发代号：38-56
地址：湖北省武汉市航空路 13 号同济医学院学报
邮编：430030
电话：027-83692514
Email：jtmu@tjmu.edu.cn

期刊名称：《华中科技大学学报（医学版）》
主管单位：中华人民共和国教育部
主办单位：华中科技大学　同济医学院
主编：冯友梅
编辑部主任：郑铭
刊期：双月刊
国际标准刊号：ISSN 1672-0741
国内统一刊号：CN 42-1678/R
邮发代号：38-37
地址：湖北省武汉市航空路 13 号
邮编：430030
电话：027-83692530
Email：tjxb@mails.tjmu.edu.cn

期刊名称：《华中医学杂志》
主管单位：湖北省卫生厅
主办单位：中华医学会武汉分会
主编：陈安民
刊期：双月刊
国际标准刊号：ISSN 1007-5534
国内统一刊号：CN 42-1414/R
邮发代号：38-26
地址：湖北省武汉市中山大道 755 号同济医院内
邮编：430030
电话：027-83662649
Email：hzyx913@163.com

期刊名称：《淮海医药》
主管单位：安徽省卫生厅
主办单位：蚌埠市医学科学情报站
《淮海医药》编辑部
主编：王文琦
编辑部主任：钱大喜
刊期：双月刊
国际标准刊号：ISSN 1008-7044
国内统一刊号：CN 34-1189/R
邮发代号：26-152
地址：安徽省蚌埠市南湖路 568 号
邮编：233040
电话：0552-2047063　3132072
Email：bbhhyy@vip.163.com

期刊名称：《环境卫生工程》
主管单位：天津市市容和园林管理委员会
主办单位：天津市市容环境工程设计研究所
主编：张范
编辑部主任：张秀军
刊期：双月刊
国际标准刊号：ISSN 1005-8206
国内统一刊号：CN 12-1218/X
邮发代号：6-191
地址：天津市河西区围堤道 107 号
邮编：300201
电话：022-28365069
Email：hjwsgc@163.com

期刊名称：《环境卫生学杂志》
主管单位：中华人民共和国卫生部
主办单位：中国疾病预防控制中心
主编：金银龙
编辑部主任：史黎薇
刊期：双月刊
国际标准刊号：ISSN 2095-1906
国内统一刊号：CN 11-6000/R
邮发代号：2-608
地址：北京市西城区南纬路29号
邮编：100050
电话：010-83132331
Email：hjwsxzz@126.com
网址：www.hjwsxzz.com

期刊名称：《环境与健康杂志》
主管单位：中华人民共和国卫生部
主办单位：中华预防医学会　天津市疾病预防控制中心
主编：王撷秀
编辑部主任：杜宇欣
刊期：月刊
国际标准刊号：ISSN 1001-5914
国内统一刊号：CN 12-1095/R
邮发代号：6-221
地址：天津市河东区华越道6号　邮编：300011
电话：022-24333577　24333576
Email：hjyjk@263.net
网址：hjyjk.chinajournal.net.cn

期刊名称：《环境与职业医学》
主管单位：上海市卫生局
主办单位：上海市疾病预防控制中心
中华预防医学会
主编：吴凡
编辑部主任：丁瑾瑜
刊期：月刊
国际标准刊号：ISSN 1006-3617
国内统一刊号：CN 31-1879/R
邮发代号：4-568
地址：上海市长宁区延安西路1326号
邮编：200052
电话：021-61957508，512，515，518;
Email：zazhi2@scdc.sh.cn

期刊名称：《环球中医药》
主管单位：中华人民共和国卫生部
主办单位：中华国际医学交流基金会
主编：王永炎（名誉）　张伯礼（总编辑）
编辑部主任：张磊
刊期：双月刊
国际标准刊号：ISSN 1674-1749
国内统一刊号：CN 11-5652/R
邮发代号：80-726
地址：北京市东城区东四西大街46号红楼597室
邮编：100711
电话：010-65269860
Email：hqzyy@126.com　hqzhyy@163.com
网址：www.hqzyy.com

期刊名称：《婚育与健康》
主管单位：河南省卫生厅
主办单位：医药卫生报社
主编：杨立勇
刊期：旬刊
国际标准刊号：ISSN 1006-9488
国内统一刊号：CN 41-1245/R
邮发代号：36-328
地址：河南省郑州市纬五路47号
邮编：450003
电话：0371-65972750
Email：hyyjkzzs@126.com

J

期刊名称：《疾病监测》
主管单位：中华人民共和国卫生部
主办单位：中国疾疾预防控制中心
主编：徐建国
编辑部主任：杨小平
刊期：月刊
国际标准刊号：ISSN 1003-9961
国内统一刊号：CN 11-2928/R
邮发代号：82-859
地址：北京市昌平区昌百路155号　邮编：102206
电话：010-58900732
Email：jbjc@icdc.cn
网址：www.jbjc.org

期刊名称：《疾病监测与控制杂志》
主管单位：中华预防医学会 内蒙古医科大学
主办单位：内蒙古医科大学附属人民医院
主编：王德权
编辑部主任：王德权
刊期：月刊
国际标准刊号：ISSN 1673-9388
国内统一刊号：CN 15-1350/R
邮发代号：16-294
地址：内蒙古自治区呼和浩特市战备路邮政支局 16 号信箱
邮编：010050
电话：0471-2255789
Email：jbjkzz@163.com

期刊名称：《疾病预防控制通报》
主管单位：新疆维吾尔自治区卫生厅
主办单位：新疆疾病预防控制中心
主编：曹汉礼
编辑部主任：温娟
刊期：双月刊
国际标准刊号：ISSN 1000-3711
国内统一刊号：CN 65-1286/R
邮发代号：58-95
地址：新疆维吾尔自治区乌鲁木齐市碱泉一街 380 号
邮编：830002
电话：0991-2632857
Email：xjdfbtb@163.com

期刊名称：《基层医学论坛》
主管单位：山西省科学技术协会
主办单位：山西科技报刊总社
主编：候志敏
编辑部主任：赵绛英
刊期：旬刊
国际标准刊号：ISSN 1672-1721
国内统一刊号：CN 14-1314/R
邮发代号：22-455
地址：北京市丰台区京铁家园二区 8 号楼 0321 室
邮编：100039
电话：（010）51801672
Email：sxjc12@163.com sxjc818@163.com
网址：www.hifoo.net

期刊名称：《基础医学教育》
主管单位：山西医科大学
主办单位：山西医科大学
主编：段志光
刊期：双月刊
国际标准刊号：ISSN 2095-1450
国内统一刊号：CN 14-1364/R
邮发代号：22-285
地址：山西省太原市新建南路 56 号
邮编：030001
电话：0351-4135432
Email：shanxixuebao@yahoo.com.cn

期刊名称：《基础医学与临床》
主管单位：北京市科学技术协会
主办单位：北京生理科学会
主编：章静波
编辑部主任：朱广谨
刊期：月刊
国际标准刊号：ISSN 1001-6325
国内统一刊号：CN 11-2652/R
邮发代号：82-358
地址：北京市东城区东单三条 5 号
邮编：100005
电话：010-69156964
Email：basic_clinic@vip.163.com
网址：http://jcyxylc.pumc.edu.cn

期刊名称：《吉林大学学报（医学版）》
主管单位：中华人民共和国教育部
主办单位：吉林大学
主编：李玉林
编辑部主任：王丽
刊期：双月刊
国际标准刊号：ISSN 1671-587X
国内统一刊号：CN 22-1342/R
邮发代号：12-23
地址：吉林省长春市新民大街 828 号
邮编：130021
电话：0431-85619278
Email：xuebao@jlu.edu.cn
网址：bqeb.cbpt.cnki.net

期刊名称：《吉林医学》
主管单位：吉林省卫生厅
主办单位：吉林省人民医院
主编：琴钢
编辑部主任：郑英善
刊期：旬刊
国际标准刊号：ISSN 1004-0412
国内统一刊号：CN 22-1115/R
邮发代号：12-41
地址：吉林省长春市建政路 971 号
邮编：130061
电话：0431-88929506
Email：jlyx@vip.163.com
网址：http://jlyx.net

期刊名称：《吉林医学（护理版）》
主管单位：吉林省卫生厅
主办单位：吉林省人民医院
主编：谭毓铨 郭齐祥
编辑部主任：郑英善
刊期：旬刊
国际标准刊号：ISSN 1004-0412
国内统一刊号：CN 22-1115/R
邮发代号：12-41
地址：吉林省长春市建政路 971 号
邮编：130061
电话：0431-8929506
Email：jlxy@vip.163.com

期刊名称：《吉林医药学院学报》
主管单位：吉林省教育厅
主办单位：吉林医药学院
主编：隋万林
编辑部主任：马洪波
刊期：双月刊
国际标准刊号：ISSN 1673-2995
国内统一刊号：CN 22-1368/R
邮发代号：自办发行
地址：吉林省吉林市吉林大街 5 号
邮编：132013
电话：0432-64560127 64560137
Email：jlmcxb@yahoo.com.cn
网址：bjb.jlmpc.cn

期刊名称：《吉林中医药》
主管单位：吉林省教育厅
主办单位：长春中医药大学
主编：曲晓波
编辑部主任：阎琪
刊期：月刊
国际标准刊号：ISSN 1003-5699
国内统一刊号：CN 22-1119/R
邮发代号：12-42
地址：吉林省长春市净月经济开发区博硕路 1035 号
邮编：130117
电话：0431-86172608
0431-86172610
Email：jlzyybjb@126.com
网址：www.ccucm.edu.cn/zyzz/goustadd.jsp

期刊名称：《暨南大学学报（自然科学与医学版）》
主管单位：广东省教育厅
主办单位：暨南大学
主编：刘颖
刊期：双月刊
国际标准刊号：ISSN 1000-9965
国内统一刊号：CN 44-1282/N
邮发代号：46-257
地址：广东省广州市石牌暨南大学
邮编：510632
电话：020-85224092
Email：oxbwk@jnu.edu.cn
网址：jnxb.jnu.edu.cn

期刊名称：《济宁医学院学报》
主管单位：山东省教育厅
主办单位：济宁医学院
主编：白波
编辑部主任：林琳
刊期：双月刊
国际标准刊号：ISSN 1000-9760
国内统一刊号：CN 37-1143/R
邮发代号：自办发行
地址：山东省济宁市北湖新区荷花路 16 号
邮编：272067
电话：0537-3616266
Email：jyxbbjb0909@163.com

期刊名称：《寄生虫病与感染性疾病》
主管单位：四川省卫生厅
主办单位：四川省疾病预防控制中心
中华预防医学会
主编：卓凯星
编辑部主任：胡亚君
刊期：季刊
国际标准刊号：ISSN 1672-2116
国内统一刊号：CN 51-1636/R
邮发代号：62-293
地址：四川省成都市武侯区中学路6号
邮编：610041
电话：028-85586157
Email：jscbygrxjb@tom.com

期刊名称：《寄生虫与医学昆虫学报》
主管单位：军事医学科学院
主办单位：中国动物学会 中国昆虫学会
军事医学科学院微生物流行病研究所
主编：赵彤言
编辑部主任：叶慕慕
刊期：季刊
国际标准刊号：ISSN 1005-0507
国内统一刊号：CN 11-3158/R
邮发代号：80-105
地址：北京市丰台区丰台东大街20号
邮编：100071
电话：010 66948579
Email：jscyxkc1@126.com jscyxkc@126.com

期刊名称：《继续医学教育》
主管单位：天津市卫生局
主办单位：天津医学高等专科学校
主编：王贺胜
编辑部主任：王金盾 乔政
刊期：月刊
国际标准刊号：ISSN 1004-6763
国内统一刊号：CN 12-1206/G4
邮发代号：6-181
地址：北京市西城区红莲南路30号7层
邮编：100055
电话：010-63265066
Email：cmezazhi@163.com

期刊名称：《脊柱外科杂志》
主管单位：上海市卫生局
主办单位：中华医学会上海分会
主编：贾连顺
编辑部主任：叶晓健
刊期：双月刊
国际标准刊号：ISSN 1672-2957
国内统一期刊：CN 31-1907/R
邮发代号：4-750
地址：上海市黄浦区凤阳路415号 邮编：200003
电话：021-81885651
Email：spinejournal@gmail.com spine@sh163.net
网址：www.spinejournal.net

期刊名称：《家庭保健》
主管单位：湖北省卫生厅
主办单位：湖北日报传媒集团期刊中心
湖北省预防医学科学院
主编：胡蔓
编辑部主任：陈道英
刊期：半月刊
国际标准刊号：ISSN 1003-8183
国内统一刊号：CN 42-1143/R
邮发代号：38-167
地址：北京大学（北京市海淀区）100871-001信箱（学术部） 邮编：100871
电话：010-52302800 027-88568065
Email：jtbjzz@126.com

期刊名称：《家庭医生（上半月）》
主管单位：广东省教育厅
主办单位：中山大学
主编：黄倚生
刊期：半月刊
国际标准刊号：ISSN 1004-6348
国内统一刊号：CN 44-1121/R
邮发代号：46-126
地址：广东省广州市天河北路179号祥龙商务大厦（尚层国际）11楼 邮编：510620
电话：020-28812300
Email：fdsby@jtys.cn （上半月）
fdxby@jtys.cn（下半月）
网址：www.jtys.cn

期刊名称：《家庭医学》
主管单位：中华人民共和国卫生部
主办单位：中华预防医学会
总编：张绍武
编辑部主任：杨涛
刊期：半月刊
国际标准刊号：ISSN 1001-0203
国内统一刊号：CN 41-1076/R
邮发代号：36-43（上半月） 80-151（下半月）
地址：河南省郑州市经二路13号
邮编：450003
电话：0371-65954441
Email：jtyxzz@sina.com
网址：www.jtyxzz.com

期刊名称：《家庭医药》
主管单位：广西科学技术协会
主办单位：广西科学技术协会
主编：罗耀民
编辑部主任：谭翔
刊期：半月刊
国际标准刊号：ISSN 1671-4954
国内统一刊号：CN 45-1301/R
邮发代号：48-170
地址：广西壮族自治区南宁市古城路31号
邮编：530022
电话：0771-2623155
Email：editor@jtyy.com
网址：www.jtyy.com

期刊名称：《家庭用药》
主管单位：中国科学院
主办单位：中国科学院上海药物研究所
上海市药理学会
主编：冯林音
刊期：月刊
国际标准刊号：ISSN 1009-6620
国内统一刊号：CN 31-1845/R
邮发代号：4-682
地址：上海市徐汇区太原路294号16号楼308
邮编：200031
电话：021-54922861
Email：yxws321@126.com

期刊名称：《家庭·育儿》
主管单位：今晚传媒集团
主办单位：今晚传媒集团 天津市科学技术协会
主编：伯镛（执行）
编辑部主任：伯镛
刊期：月刊
国际标准刊号：ISSN 1004-3039
国内统一刊号：CN 12-1013/G
邮发代号：6-100
地址：天津市南开区南京路358号
邮编：300100
电话：022-27500950
Email：baobei0950@163.com facc2006@126.com
网址：blog.sina.com.cn/jwbbaby

期刊名称：《健康》
主管单位：北京市卫生局
主办单位：北京市疾病预防控制中心
主编：傅瑆
执行主编：王雪
刊期：月刊
国际标准刊号：ISSN 1002-297X
国内统一刊号：CN 11-2185/R
邮发代号：2-105
地址：北京市东城区和平里中街16号北院
邮编：100013
电话：010-64407356
Email：jkzz2012@163.com

期刊名称：《健康必读（上旬刊）》
主管单位：湖南省卫生厅
主办单位：湖南省健康教育所
主编：刘爱华
编辑部主任：叶正芳
刊期：旬刊
国际标准刊号：ISSN 1672-3783
国内统一刊号：CN 43-1386/R
邮发代号：42-119
地址：湖南省长沙市湘雅路30号
邮编：410008
电话：0731-84822034
Email：jiankangbidu@126.com
网址：www.jkbd.cn

期刊名称：《健康必读（下旬刊）》
主管单位：湖南省卫生厅
主办单位：湖南省健康教育所
主编：张文
编辑部主任：叶正芳
刊期：旬刊
国际标准刊号：ISSN 1672-3783
国内统一刊号：CN 43-1386/R
邮发代号：42-119
地址：北京市朝阳区北三环中路100088信箱22分箱
邮编：100088
电话：010-86103292　59481502　89623240
Email：jkbd@vip.163.com
网址：www.jkbdzz.com

期刊名称：《健康必读（中旬刊）》
主管单位：湖南省卫生厅
主办单位：湖南省健康教育所
主编：李朝辉（执行）
编辑部主任：叶正芳
刊期：旬刊
国际标准刊号：ISSN1672-3783
国内统一刊号：CN 43-1386/R
邮发代号：42-119
地址：北京市海淀区邮电大学155信箱
邮编：100876
电话：010-52880640　57117353　52880603
Email：jkbd155@163.com
网址：www.jkbdzxk.com www.jkbd.org

期刊名称：《健康博览》
主管单位：浙江省爱国卫生运动委员会
主办单位：浙江省健康教育所
主编：周坤
编辑部主任：赵湘
刊期：月刊
国际标准刊号：ISSN 1006-415X
国内统一刊号：CN 33-1192/R
邮发代号：32-43
地址：浙江省杭州市滨江区信诚路630号
邮编：310051
电话：0571-87115241　87115243
Email：health_review@sina.com

期刊名称：《健康大视野》
主管单位：中华人民共和国卫生部
主办单位：中国保健协会
主编：刘佳　沈建华
编辑部主任：苗小芹
刊期：月刊
国际标准刊号：ISSN 1005-0019
国内统一刊号：CN 11-3252/R
邮发代号：82-584
地址：北京市海淀区阜成路28号航医大厦1216室
邮编：100084
电话：010-80108819　80101159
Email：yixue8819@163.com
网址：www.jkdsy-yy.cn

期刊名称：《健康顾问》
主管单位：中国体育报业总社
主办单位：中国体育报业总社
主编：裴家荣
刊期：月刊
国际标准刊号：ISSN 1003-000X
国内统一刊号：CN 11-3886/R
邮发代号：82-402
地址：北京市崇文区体育馆路8号人民体育出版社
邮编：100061
电话：010-67118398
Email：health@healthadvice.cn

期刊名称:《健康管理》
主管单位：新疆书报刊发展中心
主办单位：《健康管理》杂志社
社长：王炎
主编：吴海云
刊期：月刊
国际标准刊号：ISSN 1674-8808
国内统一刊号：CN 65-1283/R
邮发代号：58-166
地址：北京市东城区朝阳门内南小街2号B809
邮编：100020
电话：010-58644260
Email：Jgkl88@126.om

期刊名称：《健康人生》
主管单位：浙江大学
主办单位：浙江大学医学院
主编：黄怀德
编辑部主任：李兰娟　罗建红
刊期：双月刊
国际标准刊号：ISSN 1671-0061
国内统一刊号：CN 33-1257/R
邮发代号：32-76
地址：浙江省杭州市余杭塘路 388 号浙江大学紫金港校区医学院综合楼 1011 室
邮编：310058
电话：0571-88208364　88208363
Email：healthyg@126.com

期刊名称：《健康生活》
主管单位：广西壮族自治区卫生厅
主办单位：广西壮族自治区健康教育所
主编：莫基新
编辑部主任：黄勇俐
刊期：半月刊
国际标准刊号：ISSN 1005-6645
国内统一刊号：CN 45-1192/R
邮发代号：48-77
地址：广西壮族自治区南宁市金洲路 18 号
邮编：530028
电话：0771-2518962
Email：jksh@vip.sina.com
网 址 ：http://jksh.gxjk.cn

期刊名称：《健康世界》
主管单位：中国科学技术协会
主办单位：中华医学会
主编：杨秉辉
刊期：月刊
国际标准刊号：ISSN 1005-4596
国内统一刊号：CN 11-3251/R
邮发代号：82-531
地址：北京市西城区西直门南大街 11 号北京大学人民医院科研楼 0213 室
邮编：100044
电话：010-88324245
Email：jkslzzs@126.com

期刊名称：《健康天地》
主管单位：河北省卫生厅
主办单位：河北省疾病预防控制中心
主编：梁占恒
编辑部主任：刘树力
刊期：半月刊
国际标准刊号：ISSN 1002-431X
国内统一刊号：CN 13-1075/R
邮发代号：18-40
地址：河北省保定市红旗路 36 号
邮编：071000
电话：0312-5086669
Email：jktdzzs@126.com

期刊名称：《健康文摘》
主管单位：天津市卫生局
主办单位：天津市健康教育所
主编：赵克正
刊期：月刊
国际标准刊号：ISSN 1004-2393
国内统一刊号：CN 12-1059/R
邮发代号：6-91
地址：天津市河东区华龙道 76 号
邮编：300011
电话：022-24333656　24333657
Email：jkwz@sina.com

期刊名称：《健康向导 》
主管单位：山西省卫生厅
主办单位：山西省医学会
主编：董海原
编辑部主任：索煜墉
刊期：双月刊
国际标准刊号：ISSN 1006-9038
国内统一刊号：CN 14-1211/R
邮发代号：22-244
地址：山西省太原市小南关街 8 号
邮编：030001
电话：0351-4155095 4155062
Email：jkxdnew@163.com

期刊名称：《健康研究》
主管单位：杭州市教育局
主办单位：杭州师范大学
主编：郭清
编辑部主任：杨艳宏
刊期：双月刊
国际标准刊号：ISSN 1674-6449
国内统一刊号：CN 33-1359/R
邮发代号：自办发行
地址：浙江省杭州市下沙高教园区学林街 16 号
邮编：310036
电话：0571-28869726　28865871
Email：jkyj@hznu.edu.cn
网址：qks.hznu.edu.cn

期刊名称：《健康与美容》
主管单位：中华人民共和国卫生部
主办单位：全国卫生产业企业管理协会
主编：孟玲颌
刊期：半月刊
国际标准刊号： ISSN 1007-3671
国内统一刊号：CN 11-3088/R
邮发代号：82-493
地址：北京市西城区西外大街新兴东巷 2 号楼甲 15 号
邮编：100044
电话：010-68335113
Email：health@hb-bj.com

期刊名称：《健康指南》
主管单位：中华人民共和国卫生部
主办单位：中国老年保健医学研究会
主编：安静
编辑部主任：刘素华
刊期：月刊
国际标准刊号：ISSN 1002-7270
国内统一刊号：CN 11-1758/R
邮发代号：2-709
地址：北京市海淀区学院路 38 号北京大学医学部内
邮编：100191
电话：010-82028652
Email：jkzn8652@126.com
网址：www.jkzn.com

期刊名称：《健康之友》
主管单位：国家体育总局
主办单位：中国体育报业总社
主编：刘猛
刊期：月刊
国际标准刊号：ISSN 1002-8714
国内统一刊号：CN 11-1460/R
邮发代号：82-81
地址：北京市东城区建国门外大街甲 6 号
邮编：100022
电话：010-85261037
Email：sherry.lin@hearst.com.cn

期刊名称：《检验检疫学刊》
主管单位：国家质量监督检验检疫总局
主办单位：中国检验检疫科学研究院
主编：陈会明
刊期：双月刊
国际标准刊号：ISSN 1674-5354
国内统一刊号：CN 11-5795/R
邮发代号：自办发行
地址：北京市朝阳区高碑店北路甲 3 号中国检科院
邮编：100026
电话：010-85773355-2274
010-85745896-8816
Email：jyjykx@sina.com

期刊名称：《检验医学》
主管单位：上海市卫生局
主办单位：上海市临床检验中心
主编：吕元
刊期：月刊
国际标准刊号：ISSN 1673-8640
国内统一刊号：CN 31-1915/R
邮发代号：4-472
地址：上海市浦东新区洪山路 528 号
邮编：200126
电话：021-68316300-1102
Email：shjyyxzz@126.com

期刊名称：《检验医学与临床》
主管单位：重庆市卫生局
主办单位：重庆市卫生信息中心
重庆市临床检验中心
主编：廖璞
编辑部主任：辜明铭
刊期：半月刊
国际标准刊号：ISSN 1672-9455
国内统一刊号：CN 50-1167/R
邮发代号：78-157
地址：重庆市渝中区长江一路30号广璐大厦5楼
邮编：400014
电话：023-63613484
Email：cqwsxx@163.com
网址：www.labmc.com.cn

期刊名称：《江苏大学学报（医学版）》
主管单位：江苏省教育厅
主办单位：江苏大学
主编：许化溪
刊期：双月刊
国际标准刊号：ISSN 1671-7783
国内统一刊号：CN 32-1669/R
邮发代号：28-192
地址：江苏省镇江市梦溪园巷30号
邮编：212003
电话：0511-84446824
Email：xbyx@ujs.edu.cn
网址：zzs.ujs.edu.cn

期刊名称：《江苏实用心电学杂志》
主管单位：江苏省卫生厅
主办单位：江苏大学
主编：卢喜烈
刊期：双月刊
国际标准刊号：ISSN 1008-0740
国内统一刊号：CN 32-1484/R
邮发代号：248-438
地址：江苏省镇江市梦溪园巷30号
邮编：212003
电话：0511-84446662　84440033
Email：syxdxzz@sina.com
网址：zzs.ujs.edu.cn

期刊名称：《江苏卫生保健（学术版）》
主管单位：江苏省爱国卫生运动委员会
主办单位：江苏省疾病预防控制中心
主编：汪华
编辑部主任：潘毅
刊期：双月刊
国际标准刊号：ISSN 1008-7338
国内统一刊号：CN 32-1540/R
邮发代号：28-262
地址：江苏省南京市江苏路172号
邮编：210009
电话：025-83759435/6
Email：jswsbj@jscdc.cn

期刊名称：《江苏卫生事业管理》
主管单位：江苏省卫生厅
主办单位：江苏省医学会
主编：唐维新
编辑部主任：曹家和
刊期：双月刊
国际标准刊号：ISSN 1005-7803
国内统一刊号：CN 32-1419/R
邮发代号：28-348
地址：江苏省南京市中央路42号B楼406号
邮编：210008
电话：025-83620738　83620735
Email：jswssygl@163.com

期刊名称：《江苏医药》
主管单位：江苏省卫生厅
主办单位：江苏省人民医院
主编：黄峻
编辑部主任：王建华
刊期：半月刊
国际标准刊号：ISSN 0253-3685
国内统一刊号：CN 32-1221/R
邮发代号：28-4
地址：江苏省南京市广州路300号
邮编：210029
电话：025-57711507
Email：yiya@chinajournal.net.cn
网址：yiya.cbpt.cnki.net

期刊名称：《江苏预防医学》
主管单位：江苏省卫生厅
主办单位：江苏省疾病预防控制中心
江苏省预防医学会
主编：汪华
编辑部主任：潘毅
刊期：双月刊
国际标准刊号：ISSN 1006-9070
国内统一刊号：CN 32-1446/R
邮发代号：自办发行
地址：江苏省南京市江苏路 172 号　邮编：210009
电话：025-83759440
Email：jsyf@chinajournal.net.cn
网址：jsyf.cbpt.cnki.net

期刊名称：《江苏中医药》
主管单位：江苏省卫生厅
主办单位：江苏省中医药学会　江苏省中西医结合学会　江苏省针灸学会
主编：黄亚博
刊期：月刊
国际标准刊号：ISSN 1672-397X
国内统一刊号：CN 32-1630/R
邮发代号：28-8
地址：江苏省南京市汉中路 282 号　邮编：210029
电话：025-86617285
Email：jstcm@vip.163.com
网址：www.jstcm.com　www.jstcm.cn

期刊名称：《江西医药》
主管单位：江西省卫生厅
主办单位：江西省医学会
主编：陶曦　李利
编辑部主任：邓若望
刊期：月刊
国际标准刊号：ISSN 1006-2238
国内统一刊号：CN 36-1094/R
邮发代号：44-2
地址：江西省南昌市省政府大院西二路 6 号
邮编：330046
电话：0791-86258724　86207587　86217591
Email：jxyy6258724@126.com
网址：www.jxma.org

期刊名称：《江西中医学院学报》
主管单位：江西中医学院
主办单位：江西中医学院
主编：刘红宁
刊期：双月刊
国际标准刊号：ISSN 1005-9431
国内统一刊号：CN 36-1192/R
邮发代号：44-79
地址：江西省南昌市阳明路 56 号
邮编：330006
电话：0791-7119831
0791-7119829
Email：jxzybjb@vip.sina.com
网址：www.ajutcm.com

期刊名称：《交通医学》
主管单位：江苏省教育厅
主办单位：南通大学
主编：顾晓松
编辑部主任：廖宏建
刊期：双月刊
国际标准刊号：ISSN 1006-2440
国内统一刊号：CN 32-1412/R
邮发代号：28-164
地址：江苏省南通市启秀路 19 号
邮编：226001
电话：0513-85051571
Email：jtyx@ntu.edu.cn

期刊名称：《解放军保健医学杂志》
主管单位：中国人民解放军总后勤部卫生部
主办单位：中国人民解放军总后勤部卫生部保健局
主编：郑秋甫
刊期：季刊
国际标准刊号：ISSN 1673-1913
国内统一刊号：CN 11-4234/R
邮发代号：80-614
地址：北京市海淀区复兴路 28 号
邮编：100853
电话：010-66935373
Email：mwdebk@sina.com

期刊名称：《解放军护理杂志》
主管单位：中国人民解放军总后勤部卫生部
主办单位：第二军医大学
主编：姜安丽
编辑部主任：袁长蓉
刊期：半月刊
国际标准刊号：ISSN 1008-9993
国内统一刊号：CN 31-1825/R
邮发代号：4-663
地址：上海市杨浦区翔殷路 800 号
邮编：200433
电话：021-81871496
Email：jfjhlzz@163.com
网址：cpnj.smmu.edu.cn

期刊名称：《解放军检验医学杂志》
主管单位：解放军科学技术委员会
主办单位：解放军检验医学专业委员会
主编：丛玉隆
刊期：季刊
国际标准刊号：ISSN 1008-9993
国内统一刊号：CN 31-1825/R
邮发代号：4-663
地址：广东省广州市广州大道北 1838 号
邮编：510515
电话：020-61642144
Email：lmjpla@fimmu.com

期刊名称：《解放军健康》
主管单位：济南军区联勤部卫生部
主办单位：解放军健康杂志社
主编：李金生
刊期：双月刊
国际标准刊号：ISSN 1000-9701
国内统一刊号：CN 37-1171/R
邮发代号：24-80
地址：山东省济南市文化东路 36 号
邮编：250014
电话：0531-88952314
Email：JFJJK@163.com

期刊名称：《解放军药学学报》
主管单位：中国人民解放军总后勤部卫生部
主办单位：中国人民解放军总后勤部卫生部药品仪器检验所
主编：叶晓炜
编辑部主任：狄亚敏
刊期：双月刊
国际标准刊号：ISSN 1008-9926
国内统一刊号：CN 11-4227/R
邮发代号：82-974
地址：北京市丰台区丰台西路 17 号　邮编：100071
电话：010-66949020　66949021
Email：jfjn2004@163.com
网址：jfjyxxb.cn

期刊名称：《解放军医学院学报》
主管单位：解放军总医院-军医进修学院
主办单位：解放军总医院-军医进修学院
主编：陈香美
编辑部主任：谭燕
刊期：月刊
国际标准刊号：ISSN 2095-5227
国内统一刊号：CN 10-1117/R
邮发代号：82-811
地址：北京市海淀区复兴路 28 号解放军总医院学报编辑部　邮编：100853
电话：010-66936767　68210643
Email：xuebao301@vip.163.com
网址: jyjxxyxb.paperopen.com

期刊名称：《 解放军医学杂志 》
主管单位：中国人民解放军总后勤部卫生部
主办单位：人民军医出版社
主编：盛志勇　编辑部主任：范晨芳
刊期：月刊
国际标准刊号：ISSN 0577-7402
国内统一刊号：CN 11-1056/R
邮发代号：2-74
地址：北京市海淀区复兴路 22 号甲 3 号人民军医出版社北京 100036 信箱 188 分箱
邮编：100036　电话：010-51927306
Email：jfjyxzz@sohu.com mjcpla@pmmp.com.cn
网址：www.jfjyxzz.org.cn

期刊名称：《解放军医药杂志》
主管单位：北京军区联勤部卫生部
主办单位：北京军区医学科学技术委员会
主编：陈晓红
刊期：双月刊
国际标准刊号：ISSN 1009-0878
国内统一刊号：CN 13-1313/R
邮发代号：8-232
地址：河北省石家庄市中山西路 398 号
邮编：050082
电话：0311-87978599-6006
Email：jfjyyzz@126.com

期刊名称：《解放军医院管理杂志》
主管单位：总后勤部卫生部
主办单位：第二军医大学
主编：黄伟灿
编辑部主任：张鹭鹭
刊期：月刊
国际标准刊号：ISSN 1008-9985
国内统一刊号：CN 31-1826/R
邮发代号：4-662
地址：上海市杨浦区翔殷路 800 号
邮编：200433
电话：021-81871436
Email：glzzsmmu@yahoo.com.cn
网址：www.jfyg.org

期刊名称：《解放军预防医学杂志》
主管单位：军事医学科学院
主办单位：军事医学科学院卫生学环境医学研究所
中国人民解放军预防医学中心
主编：晁福寰
编辑部主任：陈奇洲
刊期：双月刊
国际标准刊号：ISSN 1001-5248
国内统一刊号：CN 12-1198/R
邮发代号：18-105
地址：天津市和平区大理道 1 号
邮编：300050
电话：022-84655185
Email：JYYX@chinajournal.net.cn
网址：JYYX.chinajournal.net.cn

期刊名称：《解剖科学进展》
主管单位：中国科学技术协会
主办单位：中国解剖学会
主编：方秀斌
编辑部主任：佟晓杰
期刊：双月刊
国际标准刊号：ISSN 1006-2947
国内统一刊号：CN 21-1347/Q
邮发代号：8-116
地址：辽宁省沈阳市和平区北二马路 92 号中国医科大学
邮编：110001
电话：024-23252582
Email：jpkxjz@mail.cmu.edu.cn

期刊名称：《解剖学报》
主管单位：中国科学技术协会
主办单位：中国解剖学会
主编：章静波
编辑部主任：安晓意
期刊：双月刊
国际标准刊号：ISSN 0529-1356
国内统一刊号：CN 11-2228/R
邮发代号：2-249
地址：北京市海淀区学院路 38 号　邮编：100083
电话：010-82802969
Email：jpxb@bjmu.edu.cn
网址：jpxb.bjmu.edu.cn

期刊名称：《解剖学研究》
主管单位：广东省科学技术协会
主办单位：广东省解剖学会　中国解剖学会
主编：姚志彬
编辑部主任：徐杰
刊期：双月刊
国际标准刊号：ISSN 1671-0770
国内统一刊号：CN 44-1485/R
邮发代号：46-269
地址：广东省广州市中山二路 74 号中山大学北校区
邮编：510080
电话：020-87332599
Email：gdjp-editor@126.com
网址：gdjp.cbpt.cnki.net

期刊名称：《解剖与临床》
主管单位：中华人民共和国卫生部
主办单位：中国医师协会　蚌埠医学院
主编：苗华 周建生（执行）
编辑部主任：张萍
刊期：双月刊
国际标准刊号：ISSN 1671-7163
国内统一刊号：CN 11-5357/R
邮发代号：26-190
地址：安徽省蚌埠市长淮路 287 号
邮编：233004
电话：0552-3062505
Email：3062505@163.com
jpylc@byyfy.com.cn

期刊名称：《解剖学杂志》
主管单位：广东省科学技术协会
主办单位：广东省解剖学会　中国解剖学会
主编：姚志彬
编辑部主任：徐杰
刊期：双月刊
国际刊号：ISSN 1001-1633
国内刊号：CN 31-1285/R
邮发代号：46-269
地址：上海市杨浦区翔殷路 800 号第二军医大学
邮编：200433
电话：021-87332599
Email：gdjp_editor@126.com
网址：www.jpxzz.org

期刊名称：《介入放射学杂志 》
主管单位：上海市卫生局
主办单位：上海市医学会
主编：滕皋军
编辑部主任：程英升
刊期：月刊
国际标准刊号：ISSN 1008-794X
国内统一刊号：CN 31-1796/R
邮发代号：4-634
地址：上海市静安区华山路 1328 号（八五医院内）
邮编：200052
电话：021-81818191　62409496
Email：jrfsxzz@163.com

期刊名称：《结直肠肛门外科杂志》
主管单位：广西壮族自治区卫生厅
主办单位：广西医科大学第一附属医院
主编：高枫
编辑部主任：张典炎
刊期：双月刊
国际标准刊号：ISSN 1674-0491
国内统一刊号：CN 45-1343/R
邮发代号：48-116
地址：广西壮族自治区南宁市双拥路 22 号
邮编：530021
电话：0771-5358436
Email：dcgm@chinajournal.net.cn

期刊名称：《今日药学》
主管单位：广东省食品药品监督管理局
主办单位：广东省药学会
主编：陶剑虹
编辑部主任：陈元胜
刊期：月刊
国际标准刊号：ISSN 1674-229X
国内统一刊号：CN 44-1650/R
邮发代号：46-170
地址：广东省广州市东风东路 753-2 号 1019 室
邮编：510080
电话：020-37886325
Email：jinriyaoxue@gmail.com
网址：www.jinriyaoxue.com

期刊名称：《井冈山医专学报》
主管单位：江西省教育厅
主办单位：井冈山学院
主编：曾建平
刊期：双月刊
国际标准刊号：ISSN 1008-2735
国内统一刊号：CN 36-1215/R
邮发代号：44-99
地址：江西省吉安市吉福路 23 号
邮编：343009
电话：0796-8100483
Email：qikan5@163.com

期刊名称：《精神医学杂志》
主管单位：山东省卫生厅
主办单位：山东省精神卫生中心
主编：卢传华
刊期：双月刊
国际标准刊号：ISSN 1009-7201
国内统一刊号：CN 37-1454/R
邮发代号：24-208
地址：山东省济南市市文化东路 49 号
邮编：250014
电话：0531-86336634
Email：jsyxzz@163.com

期刊名称：《颈腰痛杂志》
主管单位：安徽省教育厅
主办单位：安徽医科大学
主编：李嘉寿
编辑部主任：吴成茹
刊期：双月刊
国际标准刊号：ISSN 1005-7234
国内统一刊号：CN 34-1117/R
邮发代号：26-117
地址：安徽省合肥市长江西路 424 号
邮编：230031
电话：0551-5136335
Email：jiashou3211@163.com

期刊名称：《九江医学》
主管单位：江西省卫生厅
主办单位：九江学院
主编：涂明华
刊期：季刊
国际标准刊号：ISSN 1006-3838
国内统一刊号：CN 36-1188/R
邮发代号：自办发行
地址：江西省九江市前进东路 551 号
邮编：332005
电话：0792-8334007
Email：800788788@163.com

期刊名称：《九江医学院学报（自然科学版）》
主管单位：江西省教育厅
主办单位：九江学院
主编：杨耀防
编辑部主任：杨耀防
刊期：季刊
国际标准刊号：ISSN 1006-3838
国内统一刊号：CN 36-1188/R
邮发代号：自办发行
地址：江西省九江市前进东路 551 号
邮编：332005
电话：0792-8334007
Email：jjyx1986@jju.edu.cn
网址：www.jjtu.edu.cn

期刊名称：《局解手术学杂志》
主管单位：重庆市科学技术协会
主办单位：重庆市解剖学会　第三军医大学
主编：张绍祥
编辑部主任：郭光金
刊期：双月刊
国际标准刊号：ISSN 1672-5042
国内统一刊号：CN 50-1162/R
邮发代号：78-161
地址：重庆市沙坪坝区高滩岩正街 30 号
邮编：400038　电话：023-68752649
Email：jjssxzz@yahoo.com.cn
guogjin@yahoo.com.cn
网址：www.jraos.com.cn

期刊名称：《军事医学 》
主管单位：军事医学科学院
主办单位：中国人民解放军军事医学科学院
主编：吴祖泽
编辑部主任：姜晓舜
刊期：月刊
国际标准刊号：ISSN 1674-9960
国内统一刊号：CN 11-5950/R
邮发代号：82-757
地址：北京市海淀区太平路 27 号
邮编：100850
电话：010-66931131
Email：yuankan@nic.bmi.ac.cn

K

期刊名称：《开卷有益求医问药》
主管单位：天津市医药集团有限公司
主办单位：天津医药集团有限公司
主编：赵录生
编辑部主任：付兰芝
刊期：月刊
国际标准刊号：ISSN 1007-2950
国内统一刊号：CN 12-1216/R
邮发代号：6-68
地址：天津市和平区沙市道同康里小区 3-502
邮编：300051
电话：022-23346706　23346701
Email：kjyyqywy@126.com/kjtougao@163.com
网址：www.pharm.com.cn/kw

期刊名称：《抗癌》
主管单位：上海市科学技术协会
主办单位：上海市抗癌协会
主编：郭小毛
刊期：季刊
国际标准刊号：ISSN 1008-3065
国内统一刊号：CN 31-1664/R
邮发代号：自办发行
地址：上海市徐汇区东安路 270 号
邮编：200032
电话：021-64043766
Email：anti-cancer@163.com

期刊名称：《抗癌之窗》
主管单位：中华人民共和国卫生部
主办单位：中国医学科学院
主编：赵平
刊期：双月刊
国际标准刊号：ISSN 1673-5757
国内统一刊号：CN 11-5458/R
邮发代号：80-512
地址：北京市宣武区广安门外红莲南路 6 号院 1 号楼
邮编：100055
电话：010-63378980
Email：kazc2006@163.com

期刊名称：《康复》
主管单位：上海市科学技术协会
主办单位：上海教育报刊总社
主编：宋旭辉
刊期：月刊
国际标准刊号：ISSN 1005-832X
国内统一刊号：CN 31-1380/R
邮发代号：4-445
地址：上海市长宁区番禺路 390 号 19 楼
邮编：200052
电话：021-62525555-448　62839898
Email：kangfuzazhi@126.com

期刊名称：《抗感染药学》
主管单位：江苏省卫生厅
主办单位：中国药学会医院药学专业委员会感染药学专业组　江苏省苏州市第五人民医院
主编：丁龙其
编辑部主任：丁龙其
刊期：季刊
国际标准刊号：ISSN 1672-7878
国内统一刊号：CN 32-1726/R
邮发代号：28-194
地址：江苏省苏州市通园路 368 号大森商务楼 209A
邮编：215007
电话：0512-62950899
Email：kgryx@126.com
网址：aiph.yywkt.cn

期刊名称：《科学养生》
主管单位：黑龙江省卫生厅
主办单位：中国医院管理杂志社
主编：鲁湾
编辑部主任：张玉春
刊期：月刊
国际标准刊号：ISSN 1672-9714
国内统一刊号：CN 23-1414/R
邮发代号：14-168
地址：黑龙江省哈尔滨市南岗区邮政街 42 号
邮编：150001
电话：0451-53001169
Email：kxys888@126.com
网址：kxys.qikan.com

期刊名称：《空军医学杂志》
主管单位：空军后勤部卫生部
主办单位：空军总医院
主编：马中立
编辑部主任：陈玲　张向阳
刊期：季刊
国际标准刊号：ISSN 2095-3402
国内统一刊号：CN 11-5996/R
邮发代号：自办发行
地址：北京市海淀区阜成路30号
邮编：100142
电话：010-66928309
Email：kjyxzz@163.com

期刊名称：《口岸卫生控制》
主管单位：天津出入境检验检疫局
主办单位：天津国际旅行卫生保健协会
主编：殷观亮
编辑部主任：殷观亮
刊期：双月刊
国际标准刊号：ISSN 1008-5777
国内统一刊号：CN 12-1297/R
邮发代号：自办发行
地址：天津市河西区浦口道6号
邮编：300042
电话：022-23314871
Email：tciq@vip.sina.com

期刊名称：《口腔材料器械杂志》
主管单位：浙江省卫生厅
主办单位：浙江省人民医院
　　　　　上海生物材料研究测试中心
主编：薛淼　孙皎
编辑部主任：陈红卫
刊期：季刊
国际标准刊号：ISSN 1004-7565
国内统一刊号：CN 33-1153/TH
邮发代号：32-56
地址：上海市卢湾区局门路427号2号楼201室
邮编：200023
电话：021-63034903　85893205
Email：jdmd001@hotmail.com
　　　chendemin1952@sina.com

期刊名称：《口腔颌面外科杂志》
主管单位：中华人民共和国教育部
主办单位：同济大学
主编：王佐林
刊期：双月刊
国际标准刊号：ISSN 1005-4979
国内统一刊号：CN 31-1671/R
邮发代号：4-532
地址：上海市普陀区延长中路399号
邮编：200072
电话：021-66527963
Email：omsj399@hotmail.com
网址：www.kqhmwkzz.com

期刊名称：《口腔颌面修复学杂志》
主管单位：北京市卫生局
主办单位：首都医科大学附属北京口腔医院
　　　　　解放军总医院
主编：王邦康　刘洪臣
编辑部主任：刘洪臣（兼）
刊期：双月刊
国际标准刊号：ISSN 1009-3761
国内统一刊号：CN 11-4424/R
邮发代号：2-424
地址：北京市海淀区复兴路28号解放军总医院
邮编：100853
电话：010-66936254
Email：cnkqxf@301hospital.com.cn
网址：www.301dent.com

期刊名称：《口腔生物医学》
主管单位：江苏省教育厅
主办单位：南京医科大学
主编：陈宁　王松灵
编辑部主任：吴凤鸣
刊期：季刊
国际标准刊号：ISSN 1674-8603
国内统一刊号：CN 32-1813/R
邮发代号：28-64
地址：江苏省南京市汉中路136号
邮编：210029
电话：025-85031861
Email：kqswyx@126.com

期刊名称：《口腔医学》
主管单位：南京医科大学
主办单位：南京医科大学口腔医学院
主编：王林
编辑部主任：吴凤鸣
刊期：月刊
国际标准刊号：ISSN 1003-9872
国内统一刊号：CN 32-1255/R
邮发代号：28-78
地址：江苏省南京市汉中路 136 号　邮编：210029
电话：025-86658322
Email：kqyx@njmu.edu.cn
网址：www.stomatology.cn

期刊名称：《口腔医学研究》
主管单位：中华人民共和国教育部
主办单位：武汉大学口腔医学院
主编：樊明文
编辑部主任：汤纪宪
刊期：月刊
国际标准刊号：ISSN 1671-7651
国内统一刊号：CN 42-1682/R
邮发代号：38-119
地址：湖北省武汉市武昌珞瑜路 237 号
邮编：430079
电话：027-87686117　87873260
Email：kqyxyj@163.com
网址：www.kqyxyj.com

期刊名称：《昆明医科大学学报》
主管单位：云南省教委
主办单位：昆明医学院
主编：姜润生
编辑部主任：王殿华
刊期：月刊
国际标准刊号：ISSN 1003-4706
国内统一刊号：CN 53-1049/R
邮发代号：64-82
地址：云南省昆明市呈贡新城雨花街道春融西路 1168 号　邮编：650031
电话：0871-5333437　5936489
Email: kmyxyxb@126.com
网址：www.kmmc.cn/kmmc/DisplayPages/index_259.aspx

期刊名称：《昆明医学院学报》
主管单位：云南省教育厅
主办单位：昆明医学院
主编：姜润生
刊期：月刊
国际标准刊号：ISSN 1003-4706
国内统一刊号：CN 53-1049/R
邮发代号：64-82
地址：云南省昆明市人民西路 191 号
邮编：650031
电话：0871-5333437　5356020
Email：kmyxyxb@126.com

L

期刊名称：《兰州大学学报医学版》
主管单位：中华人民共和国教育部
主办单位：兰州大学
主编：李玉民
刊期：季刊
国际标准刊号：ISSN 1000-2812
国内统一刊号：CN 62-1194/R
邮发代号：54-61
地址：甘肃省兰州市东岗西路 199 号（兰州大学医学校区）
邮编：730000
电话：0931-8915032
Email：xueb@lzu.edu.cn
网址：xuebao.lzu.edu.cn

期刊名称：《老年健康》
主管单位：吉林省科学技术协会
主办单位：吉林省健康协会
主编：战克
刊期：月刊
国际标准刊号：ISSN 1666-409
国内统一刊号：CN 22-1109/R
邮发代号：12-328
地址：吉林省长春市建政路 1005 号
邮编：130061
电话：0431-88405505
Email：lnjk2006@126.com

期刊名称：《老年心脏病学杂志（英文版）》
主管单位：解放军总医院
主办单位：老年心血管病研究所
主编：叶大训
刊期：季刊
国际标准刊号：ISSN 1671-5411
国内统一刊号：CN 11-5329/R
邮发代号：自办发行
地址：北京市海淀区复兴路28号老年心脏病学杂志（英文版）编辑部
邮编：100853
电话：010-59790736-8056
Email：jgc@mail.sciencep.com 或 journalgc@126.com
网址：www.jgc301.com/

期刊名称：《老年医学与保健》
主管单位：上海市卫生局
主办单位：复旦大学附属华东医院
主编：王传馥
编辑部主任：夏世金
刊期：双月刊
国际标准刊号：ISSN 1008-8296
国内统一刊号：CN 31-1798/R
邮发代号：4-671
地址：上海市长宁区延安西路221号
邮编：200040
电话：021-62483180-63617，63616
Email：lnyxybj@Yahoo.com.cn

期刊名称：《立体定向和功能性神经外科杂志》
主管单位：安徽省卫生厅
主办单位：安徽省脑立体定向神经外科研究所
主编：汪业汉
编辑部主任：牛朝诗
刊期：双月刊
国际标准刊号：ISSN 1008-2425
国内统一刊号：CN 34-1168/R
邮发代号：26-84
地址：安徽省合肥市庐江路17号
邮编：230001
电话：0551-2282374　2283273
Email：LTDXSJWK@163.com
网址：www.ltdx.com

期刊名称：《辽宁医学院学报》
主管单位：辽宁省教育厅
主办单位：辽宁医学院
主编：秦书俭
编辑部主任：王萍
刊期：双月刊
国际标准刊号：ISSN 1674-0424
国内统一刊号：CN 21-1552/R
邮发代号：自办发行
地址：辽宁省锦州市松坡路3段40号
邮编：121002
电话：0416-4673173
Email：lnyxyxb@sina.com
网址：xbzrb.lnmu.edu.cn

期刊名称：《辽宁医学杂志》
主管单位：辽宁省卫生厅
主办单位：辽宁省医学会
主编：门振兴
编辑部主任：刘社民
刊期：双月刊
国际标准刊号：ISSN 1001-1722
国内统一刊号：CN 21-1129/R
邮发代号：8-99
地址：辽宁省沈阳市和平区集贤街79号
邮编：110005
电话：024-23394801
Email：LNYXZZ@sohu.com

期刊名称：《辽宁中医药大学学报》
主管单位：辽宁省教育厅
主办单位：辽宁中医药大学
主编：康廷国
编辑部主任：覃芳
刊期：月刊
国际标准刊号：ISSN 1673-842X
国内统一刊号：CN 21-1543/R
邮发代号：8-179
地址：辽宁省沈阳市皇姑区崇山东路79号
邮编：110032
电话：024-31207232
Email：zyxb@vip.163.com
lzxb@vip.163.com

期刊名称：《辽宁中医杂志》
主管单位：辽宁省卫生厅
主办单位：辽宁中医药大学　辽宁省中医药学会
主编：康廷国
编辑部主任：覃芳
刊期：月刊
国际标准刊号：ISSN 1000-1719
国内统一刊号：CN 21-1128/R
邮发代号：8-87
地址：辽宁省沈阳市皇姑区崇山东路 79 号
邮编：110032
电话：024-31207233
Email：lnzy@vip.163.com
网址：www.lnzyzz.cn

期刊名称：《临床超声医学杂志》
主管单位：重庆市卫生局
主办单位：重庆医科大学第二临床学院附属第二医院
主编：王志刚
编辑部主任：冉海涛
刊期：月刊
国际标准刊号：ISSN 1008-6978
国内统一刊号：CN 50-1116/R
邮发代号：78-116
地址：重庆市渝中区临江路 74 号
邮编：400010
电话：023-63811304
Email：lccscq@vip.163.com

期刊名称：《临床耳鼻咽喉头颈外科杂志》
主管单位：中华人民共和国教育部
主办单位：华中科技大学同济医学院附属协和医院
主编：孔维佳　黄选兆
刊期：半月刊
国际标准刊号：ISSN 1001-1781
国内统一刊号：CN 42-1764/R
邮发代号：38-146
地址：湖北省武汉市解放大道 1277 号
邮编：430022
电话：027-85726342-8818
Email：lcebh22@QQ.com

期刊名称：《临床儿科杂志》
主管单位：上海市卫生局
主办单位：上海市儿科医学研究所
上海交通大学医学院附属新华医院
主编：吴圣楣
刊期：月刊
国际标准刊号：ISSN 1000-3606
国内统一刊号：CN 31-1377/R
邮发代号：4-426
地址：上海市杨浦区控江路 1665 号
邮编：200092
电话：021-65793912
Email：jcperk@sina.com

期刊名称：《临床放射学杂志》
主管单位：湖北省黄石市卫生局
主办单位：黄石市医学科技情报所
主编：冯敢生
编辑部主任：袁德启
刊期：月刊
国际标准刊号：ISSN 1001-9324
国内统一刊号：CN 42-1187/R
邮发代号：38-57
地址：湖北省黄石市杭州路 23-22 号
邮编：435000
电话：0714-6222015
Email：lcfs@chinajournal.net.cn

期刊名称：《临床肺科杂志》
主管单位：安徽省教育厅
主办单位：安徽医科大学　解放军 105 医院
主编：许学受
刊期：月刊
国际标准刊号：ISSN 1009-6663
国内统一刊号：CN 34-1230/R
邮编：26-174
地址：安徽省合肥市濉溪东路星海·世纪广场 B 座 1601
邮编：230041
电话：0551-5533500
Email：xuxuesh@vip.sohu.com　xuxuesh@mail.hf.ah.cn

期刊名称：《临床肝胆病杂志》
主管单位：中华人民共和国教育部
主办单位：吉林大学
主编：牛俊奇
编辑部主任：朱耀权
刊期：双月刊
国际标准刊号：ISSN 1001-5256
国内统一刊号：CN 22-1108/R
邮发代号：12-80
地址：吉林省长春市新民大街71号
邮编：130021
电话：0431-85612542
Email：Lcgdbzz@163.com
网址：www.Lcgdbzz.org

期刊名称：《临床和实验医学杂志》
主管单位：北京市卫生局
主办单位：首都医科大学附属北京友谊医院
主编：刘建
编辑部主任：马兰
刊期：半月刊
国际标准刊号：ISSN 1671-4695
国内统一刊号：CN 11-4749/R
邮发代号：80-494
地址：北京市宣武区永安路95号
邮编：100176
电话：010-63139243　51260832　51260831
Email：LCHYX111@163.com
网址：www.lchyx.com

期刊名称：《临床骨科杂志》
主管单位：安徽省教育厅
主办单位：安徽医科大学　安徽省医学会
主编：戴尅戎　江曙
编辑部主任：卜海富
刊期：双月刊
国际标准刊号：ISSN 1008-0287
国内统一刊号：CN 34-1166/R
邮发代号：26-147
地址：安徽省合肥市梅山路安徽医科大学校内
邮编：230032
电话：0551-2923133
Email：gukezazh@yahoo.com.cn

期刊名称：《临床护理杂志》
主管单位：安徽省卫生厅
主办单位：安徽省医学会　安徽医科大学第一附属医院
主编：姚庆玲
编辑部主任：丁佩玉
刊期：双月刊
国际标准刊号：ISSN 1671-8933
国内统一刊号：CN 34-1251/R
邮发代号：26-203
地址：安徽省合肥市绩溪路218号
邮编：230022
电话：0551-2922020
Email：lchlzz@126.com

期刊名称：《临床合理用药杂志》
主管单位：河北省科学技术协会
主办单位：河北省科学技术协会
主编：马智
编辑部主任：马艳丽
刊期：半月刊
国际标准刊号：ISSN 1674-3296
国内统一刊号：CN 13-1389/R
邮发代号：18-115
地址：河北省石家庄市和平东路20号自由港月座26层B-03室　邮编：050000
电话：0311-85119009　85520899
Email：lchlyy08@163.com　lchlyy09@126.com
网址：www.lchlyy.com

期刊名称：《临床荟萃》
主管单位：河北省教育厅
主办单位：河北医科大学
主编：祖炜
编辑部主任：武峪峰
刊期：半月刊
国际标准刊号：ISSN 1004-583X
国内统一刊号：CN 13-1062/R
邮发代号：18-233
地址：河北省石家庄市中山东路361号
邮编：050017
电话：0311-86266841　86266984
Email：lchc@hebmu.edu.cn
网址：www.icfc.chinajournal.net.cn

期刊名称：《临床急诊杂志》
主管单位：中华人民共和国教育部
主办单位：华中科技大学同济医学院
主编：胡豫
刊期：双月刊
国际标准刊号：ISSN 1009-5918
国内统一刊号：CN 42-1607/R
邮发代号：38-353
地址：湖北省武汉市汉口解放大道1277号
邮编：430022
电话：027-85726342-8817
传真：027-85727988
Email：lcjzzz@qq.com
网址：www.whuhzzs.com

期刊名称：《临床检验杂志》
主管单位：江苏省卫生厅
主办单位：江苏省医学会
主编：许文荣
编辑部主任：陈维忠
刊期：双月刊
国际标准刊号：ISSN 1001-764X
国内统一刊号：CN 32-1204/R
邮发代号：28-104
地址：江苏省南京市中央路42号
邮编：210008
电话：025-83620683
Email：editor@lcjyzz.com
网址:www.lcjyzz.com

期刊名称：《临床精神医学杂志》
主管单位：南京市卫生局
主办单位：南京医科大学附属脑科医院
主编：姚芳传
刊期：双月刊
国际标准刊号：ISSN 1005-3220
国内统一刊号：CN 32-1391/R
邮发代号：28-224
地址：江苏省南京市广州路264号
邮编：210029
电话：025-83700011-6109
Email：lcjsyx@126.com

期刊名称：《临床军医杂志》
主管单位：解放军沈阳军区卫生部
主办单位：解放军沈阳军区卫生人员训练基地
主编：褚常春
编辑部主任：丁晨光
刊期：单月刊
国际标准刊号：ISSN 1671-3826
国内统一刊号：CN 21-1365/R
邮发代号：8-13
地址：辽宁省大连市解放路655号
邮编：116017
电话：0411-82679439　85846149
Email：LCJY655@eyou.com　lcjyzz@foxmail.com

期刊名称：《临床口腔医学杂志》
主管单位：湖北省科学技术学会
主办单位：中华医学会武汉分会　华中科技大学同济医学院附属同济医院
中华口腔医学会口腔黏膜病专业委员会
主编：陈卫民
编辑部主任：马净植
刊期：月刊
国际标准刊号：ISSN 1003-1634
国内统一刊号：CN 42-1182/R
邮发代号：38-117
地址：湖北省武汉市解放大道1095号同济医院内
邮编：430030
电话：027-83663149
Email：lckqyx@yahoo.com.cn

期刊名称：《临床麻醉学杂志》
主管单位：南京市卫生局
主办单位：中华医学会南京分会
主编：张国楼　徐建国
编辑部主任：万茹
刊期：月刊
国际标准刊号：ISSN 1004-5805
国内统一刊号：CN 32-1211/R
邮发代号：28-35
地址：江苏省南京市紫竹林3号
邮编：210003
电话：025-83472912
Email：jca@lcmzxzz.com

期刊名称：《临床泌尿外科杂志》
主管单位：中华人民共和国教育部
主办单位：华中科技大学同济医学院附属协和医院
同济医院
主编：曾甫清
编辑部主任：王栓
刊期：月刊
国际标准刊号：ISSN 1001-1420
国内统一期刊：CN 42-1131/R
邮发代号：38-124
地址：湖北省武汉市解放大道1277号
邮编：430022
电话：027-85726342-8015
Email：LCMNWKZZ@qq.com

期刊名称：《临床内科杂志》
主管单位：湖北省卫生厅
主办单位：中华医学会湖北分会
主编：宋善俊
编辑部主任：杨泽平
刊期：月刊
国际标准刊号：ISSN 1001-9057
国内统一刊号：CN 42-1139/R
邮发代号：38-93
地址：湖北省武汉市丁字桥路100号
邮编：430064
电话：027-87893477
Email：lcnk@tom.com lcnkzz@sina.com
网址：www.lcnkzz.com

期刊名称：《临床皮肤科杂志》
主管单位：江苏省卫生厅
主办单位：江苏省人民医院
主编：朱文元
编辑部主任：耿建丽
刊期：月刊
国际标准刊号：ISSN 1000-4963
国内统一刊号：CN 32-1202/R
邮发代号：28-7
地址：江苏省南京市广州路300号
邮编：210029
电话：025-83729951
Email：lcpfkzz@china.com

期刊名称：《临床神经病学杂志》
主管单位：南京医科大学
主办单位：南京医科大学附属脑科医院
主编：张颖冬
编辑部主任：余军
刊期：双月刊
国际标准刊号：ISSN 1004-1648
国内统一刊号：CN 32-1337/R
邮发代号：28-206
地址：江苏省南京市广州路264号
邮编：210029
电话：025-83700011-6108 82296108
Email：83700011@163.com

期刊名称：《临床神经电生理学杂志》
主管单位：贵阳医学院
主办单位：贵阳医学院
中华医学会神经病学分会
脑电图与癫痫学组
主编：刘健
刊期：双月刊
国际标准刊号：ISSN 1674-8972
国内统一刊号：CN 52-1152/R
邮发代号：66-56
地址：贵州省贵阳市贵医街28号
邮编：550004
电话：0851-6850654

期刊名称：《临床神经外科杂志》
主管单位：江苏省卫生厅
主办单位：南京医科大学附属脑科医院
主编：常义
编辑部主任：章文斌
刊期：季刊
国际标准刊号：ISSN 1672-7770
国内统一刊号：CN 32-1727/R
邮发代号：28-316
地址：江苏省南京市广州路264号
邮编：210029
电话：025-82296070
Email：lcsjwk@163.com

期刊名称：《临床肾脏病杂志》
主管单位：湖北省科学技术协会
主办单位：中华医学会武汉分会
湖北微循环学会
主编：徐钢
刊期：月刊
国际标准刊号：ISSN 1671-2390
国内统一刊号：CN 42-1637/R
邮发代号：38-375
地址：湖北省武汉市胜利街 155 号
邮编：430014
电话：027-82784570
Email：linchuangsbzz@yeah.net

期刊名称：《临床输血与检验》
主管单位：安徽省卫生厅
主办单位：安徽省输血协会
安徽省立医院
主编：权循珍
编辑部主任：王红梅
刊期：季刊
国际标准刊号：ISSN 1671-2587
国内统一刊号：CN 34-1239/R
邮发代号：26-186
地址：安徽省合肥市庐江路 17 号安徽省立医院内
邮编：230001
电话：0551-2283662
Email：cbtls01@163.com
网址：lsxy.chinajournal.net.cn

期刊名称：《临床外科杂志》
主管单位：湖北省卫生厅
主办单位：中华医学会湖北分会
主编：邹声泉
编辑部主任：黎文
刊期：月刊
国际标准刊号：ISSN 1005-6483
国内统一刊号：CN 42-1334/R
邮发代号：38-124
地址：湖北省武汉市武昌丁字桥路 60 号
邮编：430064
电话：027-87893476
Email：whlcwk@126.com

期刊名称：《临床误诊误治》
主管单位：北京军区联勤部卫生部
主办单位：白求恩国际和平医院
主编：陈晓红
刊期：月刊
国际标准刊号：ISSN 1002-3429
国内统一刊号：CN 13-1105/R
邮发代号：18-46
地址：河北省石家庄市中山西路 398 号
邮编：050082
电话：0311-83658278
Email：lcwzwz@126.com
网址：mag.zgw.cn//cwzwz

期刊名称：《临床消化病杂志》
主管单位：中华人民共和国教育部
主办单位：华中科技大学同济医学院协和医院
中国协和医科大学协和医院
主编：易粹琼；鲁重美
编辑部主任：徐三平
刊期：双月刊
国际标准刊号：ISSN 1005-541X
国内统一刊号：CN 42-1315/R
邮发代号：38-115
地址：湖北省武汉市汉口解放大道 1277 号
邮编：430022
电话：027-85726447
Email：cjcg_1989@yahoo.com.cn

期刊名称：《临床小儿外科杂志》
主管单位：湖南省科技技术协会
主办单位：湖南省医学会
主编：周小渔
编辑部主任：王爱莲
刊期：双月刊
国际标准刊号：ISSN　1671-6353
国内统一刊号：CN　43-1380/R
邮发代号：42-261
地址：湖南省长沙市梓园路 86 号
邮码：410007
电话：0731-85356896
Email：china_jcps@sina.com
网址：www.jcps2002.com

期刊名称：《临床心电学杂志》
主管单位：安徽省卫生厅
主办单位：中华医学会安徽分会
中华医学会心电生理和起搏分会
北京大学人民医院
主编：郭继鸿
编辑部主任：胡立群 张丽萍
刊期：双月刊
国际标准刊号：ISSN 1005-0272
国内统一刊号：CN 34-1107/R
邮发代号：26-81
地址：安徽省合肥市永红路15号中华医学会安徽分会
邮编：230061
电话：0551-2283178
Email：lcxdxzz@sina.com

期刊名称：《临床心身疾病杂志》
主管单位：河南省卫生厅
主办单位：河南省精神病医院
主编：吕路线
编辑部主任：吕应春
刊期：双月刊
国际标准刊号：ISSN 1672-187X
国内统一刊号：CN 41-1353/R
邮发代号：36-259
地址：河南省新乡市建设中路388号 邮编：453002
电话：0373-3373898
Email：lcxsjb@yahoo.com.cn lcxsjb@126.com
网址：lcsx.chinajournal.net.cn

期刊名称：《临床心血管病杂志》
主管单位：中华人民共和国教育部
主办单位：华中科技大学心血管病研究所
华中科技大学附属协和医院
主编：廖玉华
刊期：月刊
国际标准刊号：ISSN 1001-1439
国内统一刊号：CN 42-1130/R
邮发代号：38-123
地址：湖北省武汉市解放大道1277号 邮编：430022
电话：027-85726342-8821 85727988
Email：lcxb@chinajournal.net.cn
网址：www.whuhzzs.com

期刊名称：《临床血液学杂志》
主管单位：中华人民共和国教育部
主办单位：华中科技大学同济医学院血液病研究所
北京医科大学血液病研究所
主编：宋善俊 陆道培
刊期：月刊
国际标准刊号：ISSN 1004-2806
国内统一刊号：CN 42-1284/R
邮发代号：38-169
地址：湖北省武汉市解放大道1277号协和医院内
邮编：430022
电话：027-85726342-8806
Email：lcxyxzz@qq.com xyzz006@sohu.com
lcxyzz8806@sina.com
网址：www.whuhzzs.com

期刊名称：《临床血液学杂志（输血与检验版）》
主管单位：中华人民和共国教育部
主办单位：华中科技大学同济医学院附属协和医院
北京大学血液病研究所
主编：宋善俊 陆道培
刊期：月刊
国际标准刊号：ISSN 1004-2806
国内统一刊号：CN 42-1284/R
邮发代号：38-171
地址：湖北省武汉市解放大道1277号
邮编：430022
电话：027-85726342-8806
Email：xyz2006@sohu.com

期刊名称：《临床眼科杂志》
主管单位：安徽医科大学 安徽眼科研究所
主办单位：安徽医科大学 安徽眼科研究所
主编：陈逖
编辑部主任：方严
刊期：双月刊
国际标准刊号：ISSN 1006-8422
国内统一刊号：CN 34-1149/R
邮发代号：26-110
地址：安徽省合肥市绩溪路218号安徽医科大学第一附院内 邮编：230022
电话：0551-2923182 2923235
Email：hnfy@sohu.com

期刊名称：《临床药物治疗杂志》
主管单位：北京市食品药品监督管理局
主办单位：北京药学会
主编：方来英
编辑部主任：杨觉熊
刊期：双月刊
国际标准刊号：ISSN 1672-3384
国内统一刊号：CN 11-4989/R
邮发代号：82-110
地址：北京市朝阳区惠新东街8号2号楼（设计大厦）九层
邮编：100029
电话：010-84662187
Email：zazhi@vip.sina.com

期刊名称：《临床医学》
主管单位：河南省卫生厅
主办单位：中华医学会河南分会
主编：王应太
刊期：月刊
国际标准刊号：ISSN 1003-3548
国内统一刊号：CN 41-1116/R
邮发代号：36-38
地址：河南省郑州市经三路七号
邮编：450003
电话：0371-65995212
Email：clinmed@vip.163.com

期刊名称：《临床医学工程》
主管单位：广东省科学技术厅
主办单位：国家医疗保健器具工程技术研究中心
主编：常海庆
编辑部主任：王晓燕
刊期：月刊
国际标准刊号：ISSN 1674-4659
国内统一刊号：CN 44-1655/R
邮发代号：46-130
地址：广东省广州市广州大道中1307号（原广州大道北507号）　邮编：510500
电话：020-87211107
Email：lcyxgc001@126.com　lcyxgc006@sina.com　gdhyb@163.com
网址：www.lcyxgc.com

期刊名称：《临床医药实践》
主管单位：山西省卫生厅
主办单位：山西医科大学第二医院
主编：卫小春
编辑部主任：贺富荣
刊期：月刊
国际标准刊号：ISSN 1671-8631
国内统一刊号：CN 14-1300/R
邮发代号：22-39
地址：山西省太原市五一路382号
邮编：034000
电话：0351-3365280　3365139
Email：lcyysj@vip.163.com
网址：SXLC.chinajournal.net.cn

期刊名称：《临床与实验病理学杂志》
主管单位：安徽省教育厅
主办单位：安徽医科大学　中华医学会安徽分会
主编：龚西騟
刊期：双月刊
国际标准刊号：ISSN 1001-7399
国内统一刊号：CN 34-1073/R
邮发代号：26-54
地址：安徽省合肥市梅山路81号安徽医科大学内
邮编：230032
电话：0551-5161102
Email：lcsybl@yahoo.com.cn　jcepw@sohu.com
网址：www.cjcep.com

期刊名称：《临床肿瘤学杂志》
主管单位：解放军南京军区联勤部卫生部
主办单位：解放军第八一医院
主编：秦叔逵
编辑部主任：华海清
刊期：月刊
国际标准刊号：ISSN 1009-0460
国内统一刊号：CN 32-1577/R
邮发代号：28-267
地址：江苏省南京市杨公井34标34号
邮编：210002
电话：025-84400143　80864363
Email：lczlx@vip.163.com
网址：www.lczlx.com

期刊名称：《岭南急诊医学杂志》
主管单位：广东省卫生厅
主办单位：广东省医学会
主编：黄子通
编辑部主任：蒋龙元
刊期：双月刊
国际标准刊号：ISSN 1671-301X
国内统一刊号：CN 44-1539/R
邮发代号：46-303
地址：广东省广州市沿江西路 107 号　邮编：510120
电话：020-81332462　传真：020-81332650
Email：lnjz@china-em.com
网址：www.china-em.com

期刊名称：《岭南现代临床外科》
主管单位：广东省卫生厅
主办单位：广东省医学学术交流中心
主编：王捷
编辑部主任：常建星
刊期：双月刊
国际标准刊号：ISSN 1009-976X
国内统一刊号：CN 44-1510/R
邮发代号：自办发行
地址：广东省广州市沿江西路 107 号中山大学孙逸仙纪念医院
邮编：510120
电话：020-34071463　81332549
Email：lingnanwk@163.net

期刊名称：《岭南心血管病杂志》
主管单位：广东省卫生厅
主办单位：广东省心血管病研究所
主编：林曙光
编辑部主任：谭宁
刊期：中文版为双月刊，英文版为季刊
国际标准刊号：ISSN 1007-9688
国内统一刊号：CN 44-1436/R
邮发代号：46-201
地址：广东省广州市东川路 96 号广东省心血管病研究所二楼 233 室　邮编：510100
电话：020-83827812-10295
Email：lnzzh1230@126.com　tanning100@vip.163.com
网址：www.jcd.org.cn

期刊名称：《旅行医学科学》
主管单位：中华人民共和国卫生部
主办单位：中国国际旅行卫生保健协会
主编：陈晓枫
刊期：季刊
国际标准刊号：ISSN 1006-7159
国内统一刊号：CN 11-3688/R
邮发代号：自办发行
地址：北京市西城区德外大街华严北里甲 1 号健翔山庄 B12 座
邮编：100029
电话：010-62054212
Email：itha@itha.org.cn
网址：www.itha.org.cn

M

期刊名称：《麻醉与镇痛》
主管单位：中华人民共和国卫生部
主办单位：中国医学科学院　北京协和医学院
主编：罗爱伦
刊期：双月刊
国际标准刊号：ISSN 1673-3134
国内统一刊号：CN 11-5377/R
邮发代号：80-534
地址：北京市东城区东单三条 9 号
邮编：100730
电话：010-85002936

期刊名称：《泌尿外科杂志（电子版）》
主管单位：中华人民共和国卫生部
主办单位：人民卫生出版社
主编：金讯
编辑部主任：肖传国
邮发代号：月刊
国际标准期刊：ISSN 1674-7410
国内统一期刊：CN 11-9302/R
刊期：2-51
地址：山东省济南市经五路 324 号
邮编：250021
电话：0531-66953263
Email：urologymag@hotmail.com

期刊名称：《免疫学杂志》
主管单位：第三军医大学
主办单位：第三军医大学 中国免疫学会
主编：吴玉章
编辑部主任：倪兵
刊期：月刊
国际标准刊号：ISSN 1000-8861
国内统一刊号：CN 51-1332/R
邮发代号:78-32
地址：重庆市沙坪坝区高滩岩
邮编：400038
电话：023-68752237
Email：myzxx@tmmu.edu.cn
网址：myxzz.tmmu.com.cn

期刊名称：《牡丹江医学院学报》
主管单位：黑龙江省教育厅
主办单位：牡丹江医学院
主编：冯克俭
刊期：双月刊
国际标准刊号：ISSN 1001-7550
国内统一刊号：CN 23-1270/R
邮发代号：14-283
地址：黑龙江省牡丹江市爱民区通乡街 3 号
邮编：157011
电话：0453-6984206
Email：mdjyxyxb@126.com
网址：www.mdjmu.cn/xbbjb/templates/page.asp?id=300

期刊名称：《母子健康》
主管单位：中华人民共和国卫生部
主办单位：中国优生科学协会
主编：马骉 陈阳 马芳
刊期：月刊
国际标准刊号：ISSN 1005-3859
国内统一刊号：CN 11-4821/R
邮发代号：82-534
地址：北京市朝阳区建国路 89 号华贸公寓 1 号楼 1101/1109
邮编：100027
电话：010-56290006
Email：baby@opus.net.cn
网址：www.mzjk.com

N

期刊名称：《南昌大学学报医学版》
主管单位：南昌大学医学院
主办单位：南昌大学医学院
主编：谢明勇 编辑部主任：潘小玲
刊期：月刊
国际标准刊号：ISSN 2095-4727
国内统一刊号：CN 36-1323/R
邮发代号：44-138
地址：江西省南昌市八一大道 461 号
邮编：330006
电话：0791-86361259 6361267
Email：ndyxb@ncu.edu.cn
网址: qks.ncu.edu.cn

期刊名称：《南方医科大学学报》
主管单位：广东省教育厅
主办单位：南方医科大学
主编：陈敏生 编辑部主任：陈望忠
刊期：月刊
国际标准刊号：ISSN 1673-4254
国内统一刊号：CN 44-1627/R
邮发代号：46-10
地址：广东省广州市广州大道北 1838 号
邮编：510515
电话：020-61648175
Email：xbbjb@fimmu.com
网址: www.j-smu.com

期刊名称：《南京医科大学学报（英文版）》
主管单位：江苏省教育厅
主办单位：南京医科大学
主编：陈琪
刊期：双月刊
国际标准刊号：ISSN 1007-4368
国内统一刊号：CN 32-1442/R
邮发代号：28-61
地址：江苏省南京市汉中路边 140 号
邮编：210029
电话：025-86862862
Email：jbr@njmu.edu.cn

期刊名称：《南京医科大学学报（自然科学版）》
主管单位：江苏省教育厅
主办单位：南京医科大学
主编：陈琪
编辑部主任：邹建刚
刊期：月刊
国际标准刊号：ISSN 1007-4368
国内统一刊号：CN 32-1442/R
邮发代号：28-61
地址：江苏省南京市汉中路 140 号
邮编：210029
电话：025-86862862　86862036
Email：nyxb@njmu.edu.cn
网址：jnmu.njmu.edu.cn

期刊名称：《南京中医药大学学报》
主管单位：江苏省教育厅
主办单位：南京中医药大学
主编：范欣生
刊期：双月刊
国际标准刊号：ISSN 1000-5005
国内统一刊号：CN 32-1247/R
邮发代号：28-232
地址：江苏省南京市仙林大道 138 号
邮编：210046
电话：025-85811769　85811934　85811935
Email：xbnjutcm@126.com
网址：xb.njutcm.edu.cn

期刊名称：《南通大学学报（医学版）》
主管单位：江苏省教育厅
主办单位：南通大学
主编：徐鸿飞
刊期：双月刊
国际标准刊号：ISSN 1674-7887
国内统一刊号：CN 32-1807/R
邮发代号：28-157
地址：江苏省南通市启秀路 19 号
邮编：226001
电话：0513-85051570
Email：xbbjb@ntu.edu.cn
网址：zzs.ntu.edu.cn

期刊名称：《脑与神经疾病杂志》
主管单位：河北省卫生厅
主办单位：河北医科大学第二医院
华北地区三省二市神经病学学会协作组
主编：郭立
刊期：双月刊
国际标准刊号：ISSN 1006-351X
国内统一刊号：CN 13-1191/R
邮发代号：18-231
地址：河北省石家庄市和平西路 215 号
邮编：050000
电话：0311-66002451
Email：nysjjbzz@vip.163.com

期刊名称：《内科急危重症杂志》
主管单位：中华人民共和国教育部
主办单位：华中科技大学同济医学院
主编：陆再英
编辑部主任：刘文励
刊期：双月刊
国际标准刊号：ISSN 1007-1024
国内统一刊号：CN 42-1394/R
邮发代号：38-223
地址：湖北省武汉市解放大道 1095 号 (同济医院内)
邮编：430030
电话：027-83663644
Email：kjwzzzz@163.com　nkzz@tjh.tjmu.edu.cn

期刊名称：《内科理论与实践》
主管单位：中华人民共和国教育部
主办单位：上海交通大学医学院附属瑞金医院
主编：王振义　陈家伦
刊期：双月刊
国际标准刊号：ISSN 1673-6087
国内统一刊号：CN 31-1978/R
邮发代号：4-797
地址：上海市卢湾区瑞金二路 197 号
邮编：200025
电话：021-54653351
Email：physirj@yahoo.com.cn
网址：www.concepts-pract.com

期刊名称：《内科杂志》
主管单位：广西壮族自治区卫生厅
主办单位：广西壮族自治区医学科学情报研究所
主编：杨光业
刊期：双月刊
国际标准刊号：ISSN 1673-7768
国内统一刊号：CN 45-1347/R
邮发代号：48-37
地址：广西壮族自治区南宁市东葛路20-7号
邮编：530022
电话：0771-5887259
0771-5869823
Email：nkxwz@gxmi.net
网址：www.gxmi.net

期刊名称：《内蒙古医学院学报》
主管单位：内蒙古医学院
主办单位：内蒙古医学院
主编：杜茂林
编辑部主任：程立新
刊期：双月刊
国际标准刊号：ISSN 1004-2113
国内统一刊号：CN 15-1129/R
邮发代号：46-141
地址：内蒙古自治区呼和浩特市新华大街5号
邮编：010059
电话：0471-6266059
Email：nykjcxb@163.com
网址：nmgyxy.cnjournals.net

期刊名称：《内蒙古医学杂志》
主管单位：内蒙古自治区卫生厅
主办单位：内蒙古自治区医学会
主编：李玉成　编辑部主任：许荐华
刊期：月刊
国际标准刊号：ISSN 1004-0951
国内统一刊号：CN 15-1108/R
邮发代号：16-63
地址：内蒙古自治区呼和浩特市新华大街63号
邮编：010055
电话：0471-6922845　6946513
Email：NMYZ@chinajournal.net.cn
网址：NMYZ.chinajournal.net.cn

期刊名称：《内蒙古中医药》
主管单位：内蒙古自治区卫生厅
主办单位：内蒙古自治区中医药学会
内蒙古自治区中蒙医研究所
主编：苏根元　赛西娅
编辑部主任：陈玉华
刊期：半月刊
国际标准刊号：ISSN 1006-0979
国内统一刊号：CN 15-1101/R
邮发代号：16-78
地址：内蒙古自治区呼和浩特市健康街11号
邮编：010020　电话：0471-6920167
Email：nmgzyyhhht@126.com
nmgzyy518@126.com
网址：www.nmgzyy.com

期刊名称：《宁夏医科大学学报》
主管单位：宁夏医科大学
主办单位：宁夏医科大学
主编：孙涛　编辑部主任：宋琦如
刊期：月刊
国际标准刊号：ISSN 1674-6309
国内统一刊号：CN 64-1064/R
邮发代号：74-35
地址：宁夏回族自治区银川市胜利街692号
邮编：750004
电话：0951-4091605
Email：ljx2616@163.com
网址：xbonline.nxmu.edu.cn

期刊名称：《宁夏医学杂志》
主管单位：宁夏回族自治区卫生厅
主办单位：中华医学会宁夏分会
主编：刘天锡　编辑部主任：李洁
刊期：月刊
国际标准刊号：ISSN 1001-5949
国内统一刊号：CN 64-1008/R
邮发代号：74-15
地址：宁夏回族自治区银川市北京东路340号
邮编：750001
电话：0951-6723824　6727262　6710061
Email：nxyx@public.yc.nx.cn
网址：www.nxyxh.com.cn

期刊名称：《农垦医学》
主管单位：石河子大学医学院
主办单位：石河子大学医学院
主编：彭心宇
刊期：双月刊
国际标准刊号：ISSN 1008-1127
国内统一刊号：CN 65-1176/R
邮发代号：58-143
地址：新疆维吾尔自治区石河子市北二路医学院内
邮编：832002
电话：0993-2057053
Email：nkyx@shzu.edu.cn

P

期刊名称：《皮肤病与性病》
主管单位：昆明报业传媒集团
主办单位：中华医学会昆明分会
主编：何黎
编辑部主任：李和辉
刊期：季刊
国际标准刊号：ISSN 1002-1310
国内统一刊号：CN 53-1082/R
邮发代号：64-64
地址：云南省昆明市环城南路双龙新村 243 号
邮编：650011　　电话：0871-3536231
Email：kmpfbxb@163.com
网址：www.kmyxhorg.cn

期刊名称：《皮肤性病诊疗学杂志》
主管单位：广东省卫生厅
主办单位：广东省皮肤性病防治中心
主编：曾凡钦
编辑部主任：曾仁山
刊期：双月刊
国际标准刊号：ISSN 1674-8468
国内统一刊号：CN 44-1671/R
邮发代号：46-247
地址：广东省广州市麓景路 2 号广东省皮肤病医院 11 楼
邮编：510091
电话：020-87256677
Email：pfxbzlx@vip.163.com
网址：pfxbzlx.gdvdc.com

Q

期刊名称：《器官移植》
主管单位：中华人民共和国教育部
主办单位：中山大学
主编：陈规划　编辑部主任：吴秋玲
刊期：双月刊
国际标准刊号：ISSN 1674-7445
国内统一刊号：CN 44-1665/R
邮发代号：46-35
地址：广东省广州市天河路 600 号中山大学附属第二医院　邮编：510630
电话：020-38736410
Email：organtranspl@163.com
网址：www.organtranspl.com

期刊名称：《齐鲁护理杂志》
主管单位：山东省卫生厅
主办单位：山东省护理学会
主编：刘岩　编辑部主任：王宾
刊期：旬刊
国际标准刊号：ISSN 1006-7256
国内统一刊号：CN 37-1257/R
邮发代号：24-127
地址：山东省济南市市燕东沂路 6 号
邮编：250014　电话：0531-88591031
Email：qlhlzzs@163.com
网址：www.qlhlzzs.com

期刊名称：《齐鲁药事》
主管单位：山东省食品药品监督管理局
主办单位：山东省药品检验所
主编：李涛　编辑部主任：王燕
刊期：月刊
国际标准刊号：ISSN 1672-7738
国内统一刊号：CN 37-1420/R
邮发代号：自办发行
地址：山东省济南市高新技术开发区新泺大街 2749 号
邮编：250101
电话：0531-81216586
Email：qiluyaoshi@163.com　qiluyaoshi@sohu.com　editor@cndrug.net
网址：sdyg.chinajournal.net.cn

期刊名称：《齐鲁医学杂志》
主管单位：山东省教育厅
主办单位：青岛大学医学院
主编：于国艺
编辑部主任：于国艺
刊期：双月刊
国际标准刊号：ISSN 1008-0341
国内统一刊号：CN 37-1280/R
邮发代号：24-130
地址：山东省青岛市登州路38号
邮编：266021
电话：0532-82991350 82991320
Email：qdyxqk@qdu.edu.cn

期刊名称：《齐齐哈尔医学院学报》
主管单位：黑龙江省教育厅
主办单位：齐齐哈尔医学院
主编：刘吉成
编辑部主任：迟殿元
刊期：半月刊
国际标准刊号：ISSN 1002-1256
国内统一刊号：CN 23-1278/R
邮发代号：14-257
地址：黑龙江省齐齐哈尔市建华区卜奎北大街333号
邮编：161006
电话：0452-2663532 2663533
Email：oac@vip.163.com

期刊名称：《黔南民族医专学报》
主管单位：黔南民族医学高等专科学校
主办单位：黔南民族医专高等专科学校
主编：张贵源
编辑部主任：陶晨
刊期：季刊
国际标准刊号：ISSN 1008-4983
国内统一刊号：CN 52-5030/R
邮发代号：自办发行
地址：贵州省都匀市黔医路黔南民族医专学报编辑部
邮编：558003
电话：0854-8308031
Email：qnmzyzxb@163.com

期刊名称：《青春期健康》
主管单位：中华人民共和国卫生部
主办单位：国家卫生计生委人口文化发展中心
中国人口宣传教育中心
主编：李茂中
编辑部主任：王继红
刊期：月刊
国际标准刊号：ISSN 1672-6502
国内统一刊号：CN 11-5125/R
邮发代号：82-66
地址：北京市丰台区菜户营天伦北里7号楼
邮编：100054
电话：010-65179181-8007/8009 63385617转0
Email：13910924498@139.com
网址：www.qcqjy.com

期刊名称：《青岛大学医学院学报》
主管单位：山东省教育厅
主办单位：青岛大学医学院
主编：谢俊霞
刊期：双月刊
国际标准刊号：ISSN 1672-4488
国内统一刊号：CN 37-1356/R
邮发代号：24-126
地址：山东省青岛市登州路38号
邮编：266021
电话：0532-82991350 82991320
Email：qdyxqk@qdu.edu.cn

期刊名称：《青岛医药卫生》
主管单位：山东省卫生厅青岛市卫生局
主办单位：青岛市医学会
主编：孙金阁
编辑部主任：焦丰叶
刊期：双月刊
国际标准刊号：ISSN 1006-5571
国内统一刊号：CN 37-1249/R
邮发代号：自办发行
地址：山东省青岛市市南区龙山路1号甲青岛市医学会青岛医药卫生编辑部 邮编：266003
电话：0532-87634766
Email：qingdaoyiyao@qq.com
网址：yxh.qdphb.gov.cn

期刊名称：《青海医药杂志》
主管单位：青海省卫生厅
主办单位：青海省医药卫生学会联合办公室
主编：赵德跃
编辑部主任：冯光卉
刊期：月刊
国际标准刊号：ISSN 1007-3795
国内统一刊号：CN 63-1018/R
邮发代号：56-6
地址：青海省西宁市南川西路69号
邮编：810012
电话：0971-6266201
Email：qheyzz@163.com

期刊名称：《求医问药》
主管单位：吉林医药学院
主办单位：求医问药杂志社
主编：欣格（执行总编）
编辑部主任：秦国权
刊期：月刊
国际标准刊号：ISSN 1672-2523
国内统一刊号：CN 22-1350/R
邮发代号：12-310
地址：吉林省吉林市船营区解放中路华南小区27号楼3单元24号
邮编：132011
电话：0432-66988995 66988759
Email：qywy2003@126.com
网址：www.qywyzz.com.cn

期刊名称：《求医问药·女人健康》
主管单位：吉林医药学院
主办单位：求医问药杂志社
主编：欣格
编辑部主任：秦国权
刊期：月刊
国际标准刊号：ISSN 1672-2523
国内统一刊号：CN 22-1350/R
邮发代号：12-133
地址：吉林省吉林市北京路82号
邮编：132011
电话：0432-62026301
Email：nrjk2009@126.com

期刊名称：《全科护理》
主管单位：山西省卫生厅
主办单位：中华护理学会山西分会
主编：韩世范
刊期：旬刊
国际标准刊号：ISSN 1674-4748
国内统一刊号：CN 14-1349/R
邮发代号：22-118
地址：山西省太原市广场收投分局1号信箱
邮编：030001
电话：0351-7230748 7242007
Email：qkhl@vip.163.com
网址：www.suol.cn

期刊名称：《全科医学临床与教育》
主管单位：中华人民共和国教育部
主办单位：浙江大学
主编：何超
编辑部主任：蔡华波
刊期：双月刊
国际标准刊号：ISSN 1672-3686
国内统一刊号：CN 33-1311/R
邮发代号：自办发行
地址：浙江省杭州市庆春东路3号（邵逸夫医院）
邮编：310016
电话：0571-86974588
Email：quankeyixue@hotmail.com

R

期刊名称：《热带病与寄生虫学》
主管单位：安徽省卫生厅
主办单位：安徽省寄生虫病防治研究所
主编：蒋作君 编辑部主任：李启杨
刊期：季刊
国际标准刊号：ISSN 1672-2302
国内统一刊号：CN 34-1263/R
邮发代号：自办发行
地址：安徽省合肥市芜湖路377号安徽省寄生虫病防治研究所东楼
邮编：230061
电话：0551-2864635 3834437
Email：rdbyjscxzz@163.net rdbzz@163.com

期刊名称：《热带医学杂志》
主管单位：广东省科学技术协会
主办单位：中华预防医学会 广东省寄生虫学会
主编：余新炳　编辑部主任：徐劲
刊期：月刊
国际标准刊号：ISSN 1672-3619
国内统一刊号：CN 44-1503/R
邮发代号：自办发行
地址：广东省广州市中山二路74号中山大学中山医学院内　邮编：510089
电话：020-87333191
Email：xulyw@tom.com
网址：www.rdyxzz.com

期刊名称：《人民军医》
主管单位：总后勤部卫生部
主办单位：人民军医出版社
编辑部主任：王敏
刊期：月刊
国际标准刊号：ISSN 1000-9736
国内统一刊号：CN 11-2657/R
邮发代号：82-380
地址：北京市海淀区复兴路22号甲3号《人民军医》杂志编辑部
邮编：100842
电话：010-51927300-8012
Email：rmjy@pmmp.com.cn
网址：www.rmjy.org.cn

期刊名称：《人人健康》
主管单位：山西省卫生厅
主办单位：山西省健康教育所
主编：金朝晖
编辑部主任：王琳
刊期：半月刊
国际标准刊号：ISSN 1004-597X
国内统一刊号：CN 14-1033/R
邮发代号：22-29（上半月）　22-47（下半月）
地址：山西省太原市漪汾街千峰北路茂华小区4号楼1602室
邮编：030024
电话：0351-6861522　6861533
Email：rrjk365@yahoo.com.cn

期刊名称：《人参研究》
主管单位：吉林省经济委员会
主办单位：吉林省人参研究院
主编：赵锐
编辑部主任：宋心东
刊期：季刊
国际标准刊号：ISSN 1671-1521
国内统一刊号：CN 22-1156/S
邮发代号：24-023
地址：吉林省通化市龙泉路666号
邮编：134001
电话：0435-3269804
Email：thrsyj@163.com

S

期刊名称：《山东大学学报（医学版）》
主管单位：中华人民共和国教育部
主办单位：山东大学
主编：龚瑶琴
刊期：月刊
国际标准刊号：ISSN 1671-7554
国内统一刊号：CN 37-1390/R
邮发代号：24-16
地址：山东省济南市经十路17923号
邮编：250061
电话：0531-88395367
Email：xbyxb@sdu.edu.cn
网址：njournal.sdu.edu.cn

期刊名称：《山东医学高等专科学校学报》
主管单位：山东省教育厅
主办单位：山东医学高等专科学校
主编：王兴武
刊期：双月刊
国际标准刊号：ISSN 1674-0947
国内统一刊号：CN 37-1451/R
邮发代号：自办发行
地址：山东省临沂市聚才六路
邮编：276002
电话：0539-8212659　8075539
Email：Lyyzxb@Lymc.edu.cn

期刊名称：《山东医药》
主管单位：山东省卫生厅
主办单位：山东卫生报刊社
主编：戴良科
刊期：周刊
国际标准刊号：ISSN 1002-266X
国内统一刊号：CN 37-1156/R
邮发代号：24-8
地址：山东省济南市市历下区经十路13777号中润世纪广场A3座12楼
邮编：250014
电话：0531-88957404
Email：w639@sina.com
网址：www.sdwsbks.com.cn

期刊名称：《汕头大学医学院学报》
主管单位：广东省教育厅
主办单位：汕头大学医学院
主编：石刚刚
编辑部主任：祁玉芳
刊期：季刊
国际标准刊号：ISSN 1007-4716
国内统一刊号：CN 44-1060/R
邮发代号：自办发行
地址：广东省汕头市新陵路22号
邮编：515031
电话：0754-8900404
Email：yfqi@stu.edu.cn

期刊名称：《山东中医药大学学报》
主管单位：山东省教育厅
主办单位：山东中医药大学
主编：皋永利
刊期：双月刊
国际标准刊号：ISSN 1007-659X
国内统一刊号：CN 37-1279/R
邮发代号：24-023
地址：山东省济南市长清大学科技园山东中医药大学
邮编：250355
电话：0531-89628059
Email：xuebao@sdutcm.edu.cn

期刊名称：《山西医科大学学报》
主管单位：山西省教育厅
主办单位：山西医科大学
主编：段志光　郭政
编辑部主任：李军纪
刊期：月刊
国际标准刊号：ISSN 1007-6611
国内统一刊号：CN 14-1216/R
邮发代号：22-11
地址：山西省太原市新建南路56号
邮编：030001
电话：0351-4135432
Email：sxyxxb@yahoo.com.cn

期刊名称：《山东中医杂志》
主管单位：山东省卫生厅
主办单位：山东中医药学会　山东中医药大学
主编：皋永利
刊期：月刊
国际标准刊号：ISSN 0257-358X
国内统一刊号：CN 37-1164/R
邮发代号：24-044
地址：山东省济南市长清大学科技园山东中医药大学
邮编：250355
电话：0531-89628058
Email：zazhi@sdutcm.edu.cn

期刊名称：《陕西医学杂志》
主管单位：陕西省卫生厅
主办单位：陕西省中医药研究院
主编：杨世兴
刊期：月刊
国际标准刊号：ISSN 1000-7377
国内统一刊号：CN 61-1104/R
邮发代号：52-40
地址：陕西省西安市西华门2号
邮编：710003
电话：029-87257807
Email：Shanxiyixue@sohu.com

期刊名称：《山西医药杂志》
主管单位：山西省卫生厅
主办单位：中华医学会山西分会
主编：董海原
编辑部主任：董海原
刊期：半月刊
国际标准刊号：ISSN 0253-9926
国内统一刊号：CN 14-1108/R
邮发代号：22-38
地址：山西省太原市东华门23号
邮编：030013
电话：0351-5261401　5261402　5261403
Email：sxyyzz@163.com
网址：www.sxyxqk.com
www.sxyxqk.cn
www.sxyxqk.com.cn

期刊名称：《山西职工医学院学报》
主管单位：山西省卫生厅
主办单位：山西职工医学院
主编：于明江
刊期：双月刊
国际标准刊号：ISSN 1671-0126
国内统一刊号：CN 14-1266/R
邮发代号：自办发行
地址：山西省太原市双塔寺街22号
邮编：030012
电话：0351-4293234
Email：zy-bjb@163.com

期刊名称：《山西中医》
主管单位：山西省卫生厅
主办单位：山西省中医药学会
山西省中医药研究院
主编：王晞星
刊期：月刊
国际标准刊号：ISSN 1000-7156
国内统一刊号：CN 14-1110/R
邮发代号：22-30
地址：山西省太原市并州西街16号
邮编：030012
电话：0351-4668082
Email：sxzy.j@163.com

期刊名称：《陕西中医》
主管单位：陕西省中医管理局
主办单位：陕西省中医药学会
主编：杨世兴
刊期：月刊
国际标准刊号：ISSN 1000-7369
国内统一刊号：CN 61-1105/r
邮发代号：52-24
地址：陕西省西安市西华门2号
邮编：710003
电话：029-87257807
Email：shanxizhongyixue@sina.com

期刊名称：《山西中医学院学报》
主管单位：山西省教育厅
主办单位：山西中医学院
主编：冯前进
编辑部主任：穆俊霞
刊期：双月刊
国际标准刊号：ISSN 1671-0258
国内统一刊号：CN 14-1265/R
邮发代号：52-2
地址：山西省太原市晋祠路一段89号
邮编：030024
电话：0351-2272176　6336638
Email：sxzyxyxb@126.com

期刊名称：《陕西中医学院学报》
主管单位：陕西省教育厅
主办单位：陕西中医学院
主编：张喜德
刊期：双月刊
国际标准刊号：ISSN 1002-168X
国内统一刊号：CN 61-1083/R
邮发代号：52-2
地址：陕西省咸阳市世纪大道中段
邮编：712046
电话：029-38185250
Email：shxzhzs@163.com
网址：sxxy.chinajournal.net.cn

期刊名称：《上海护理》
主管单位：上海市卫生局
主办单位：上海市护理学会
主编：翁素贞
编辑部主任：孙莉萍
刊期：双月刊
国际标准刊号：ISSN 1009-8399
国内统一刊号：CN 31-1846/R
邮发代号：4-766
地址：上海市静安区胶州路358弄1号楼606室
邮编：200040
电话：021-62671836
Email：shhlbjb@163.com

期刊名称：《上海交通大学学报（医学版）》
主管单位：上海交通大学
主办单位：上海交通大学
主编：陈国强
刊期：月刊
国际标准刊号：ISSN 1674-8115
国内统一刊号：CN 31-2045/R
邮发代号：4-338
地址：上海市黄浦区重庆南路227号
邮编：200025
电话：021-63846590-776493
Email：xuebao@shsmu.edu.cn
网址：xuebao.shsmu.edu.cn

期刊名称：《上海精神医学》
主管单位：上海市卫生局
主办单位：上海市精神卫生中心
主编：费立鹏
编辑部主任：王立伟
刊期：双月刊
国际标准刊号：ISSN 1002-0829
国内统一刊号：CN 31-1564/R
邮发代号：4-798
地址：上海市徐汇区宛平南路600号
邮编：200030
电话：021-64387250-3296　64685661
Email：webmaster@saponline.org

期刊名称：《上海医学》
主管单位：上海市卫生局
主办单位：上海市医学会
主编：葛均波
编辑部主任：王小燕
刊期：月刊
国际标准刊号：ISSN 0253-9934
国内统一刊号：CN 31-1366/R
邮发代号：4-191
地址：上海市静安区北京西路1623号
邮编：200040
电话：021-62178606
Email：shmj@xy00030.com
网址：www.smasmj.com

期刊名称：《上海医学影像》
主管单位：复旦大学
主办单位：复旦大学附属肿瘤医院
主编：常才
编辑部主任：秦娟
刊期：季刊
国际标准刊号：ISSN 1008-617X
国内统一刊号：CN 31-1793/R
邮发代号：4-653
地址：上海市徐汇区东安路270号
邮编：200032
电话：021-54244927
Email：imaging109@163.com

期刊名称：《上海医药》
主管单位：上海市经济和信息化委员会
主办单位：上海医药行业协会
主编：张永信
刊期：月刊
国际标准刊号：ISSN 1006-1533
国内统一刊号：CN 31-1663/R
邮发代号：4-592
地址：上海市黄浦区凤阳路250号
邮编：200041
电话：021-63276921
Email：shppa@shppa.net
网址：blog.sina.com.cn/shanghaiyiyao
www.shppa.net

期刊名称：《上海预防医学》
主管单位：上海市卫生局
主办单位：上海市预防医学会
主编：彭靖
编辑部主任：姚正鸣
刊期：月刊
国际标准刊号：ISSN 1004-9231
国内统一刊号：CN 31-1635/R
邮发代号：4-703
地址：上海市长宁区延安西路1326号22楼
邮编：200052
电话：021-61957522/1　62788894
Email：zazhi@scdc.sh.cn

期刊名称：《上海针灸杂志》
主管单位：上海市卫生局
主办单位：上海市中医药研究院　上海市针灸学会
主编：黄琴峰
编辑部主任：马晓芃
刊期：月刊
国际标准刊号：ISSN 1005-0957
国内统一刊号：CN 31-1317/R
邮发代号：4-360
地址：上海市徐汇区宛平南路650号3F301室
邮编：200030
电话：021-64382181
Email：zhenjiush@126.com
网址：www.acumoxj.com

期刊名称：《上海中医药大学学报》
主管单位：上海市教育委员会
主办单位：上海市教育委员会　上海中医药大学
上海市中医药研究院
主编：谢建群
编辑部主任：肖元春
刊期：双月刊
国际标准刊号：ISSN 1008-861X
国内统一刊号：CN 31-1788/R
邮发代号：4-619
地址：上海市浦东新区蔡伦路1200号
邮编：201203
电话：021-51322541
Email：shzyyxb@126.com

期刊名称：《上海中医药杂志》
主管单位：上海市教育委员会
主办单位：上海中医药大学
上海市中医药学会
主编：谢建群
刊期：月刊
国际标准刊号：ISSN 1007-1334
国内统一刊号：CN 31-1276/R
邮发代号：4-13
地址：上海市浦东新区蔡伦路1200号114信箱
邮编：201203
电话：021-51322541
Email：shzyyzz@126.com

期刊名称：《蛇志》
主管单位：广西壮族自治区科学技术协会
主办单位：中国蛇协
主编：李其斌
编辑部主任：刘晓丹
刊期：季刊
国际标准刊号：ISSN 1001-5639
国内统一刊号：CN 45-1168/R
邮发代号：48-52
地址：广西壮族自治区南宁市长福路6号
邮编：530222
电话：0771-5330221
Email：shezhi0771@163.com
网址：www.snake89.com

期刊名称：《社区卫生保健》
主管单位：上海市卫生局
主办单位：上海市卫生工作者协会
主编：彭靖
刊期：双月刊
国际标准刊号：ISSN 1684-5757
国内统一刊号：CN 4175-8602/R
邮发代号：自办发行
地址：上海市黄浦区大田路129号嘉发大厦A幢22楼F座
邮编：200041
电话：021-62674212　62674221

期刊名称：《社区医学杂志》
主管单位：中华人民共和国卫生部
主办单位：中华预防医学会 山东省农村卫生协会
主编：张爱国
编辑部主任：庞传武
刊期：半月刊
国际标准刊号：ISSN 1672-4208
国内统一刊号：CN 10-1026/R
邮发代号：24-211
地址：山东省济南市燕东新路9号 邮编：250014
电话：0531-88934668
Email：pcwpcw@163.com
网址：www.chinesecm.com

期刊名称：《神经病学与精神病康复学杂志》
主管单位：上海市卫生局
主办单位：上海市中西医结合学会
上海交通大学医学院附属仁济医院
主编：钱可久 李焰生
刊期：季刊
国际标准刊号：ISSN 1672-7061
国内统一刊号：CN 31-1927/R
邮发代号：自办发行
地址：上海市黄浦区山东中路145号上海市交通大学医学院附属仁济医院（西部）
邮编：200001
电话：021-58752345-2313
Email：njnr2004@gmail.com

期刊名称：《神经疾病与精神卫生》
主管单位：黑龙江省教育厅
主办单位：齐齐哈尔医学院
主编：崔德华 吴中学 贾建平
编辑部主任：赵金鑫
刊期：双月刊
国际标准刊号：ISSN 1009-6574
国内统一刊号：CN 23-1479/R
邮发代号：82-353
地址：北京市西城区宣武门外大街香炉营东巷2号院1号楼7单元302室
邮编：100051
电话：010-83191160 83191161
Email：ndmh@ndmh.com

期刊名称：《神经解剖学杂志》
主管单位：中国科学技术协会
主办单位：中国解剖学会 第四军医大学
主编：李云庆
编辑部主任：许昌泰
刊期：双月刊
国际标准刊号：ISSN 1000-7547
国内统一刊号：CN 61-1061/R
邮发代号：52-214
地址：陕西省西安市长乐西路17号 邮编：710032
电话：029-84772169
Email：chinjna@fmmu.edu.cn
网址：chinjna.cn

期刊名称：《神经科学通报（英文版）》
主管单位：中国科学院
主办单位：中国科学院上海生命科学研究院
中国神经科学学会
主编：段树民
刊期：双月刊
国际标准刊号：ISSN 1673-7067
国内统一刊号：CN 31-1975/R
邮发代号：4-608
地址：上海市徐汇区岳阳路319号31B楼405室
邮编：200031
电话：021-54922863
Email：nsb@sibs.ac.cn
网址：www.neuosci.cn

期刊名称：《神经损伤与功能重建》
主管单位：中华人民共和国教育部
主办单位：华中科技大学同济医学院
主编：王伟
编辑部主任：卜碧涛
刊期：双月刊
国际标准刊号：ISSN 1001-117X
国内统一刊号：CN 42-1759/R
邮发代号：38-47
地址：湖北省武汉市解放大道1095号同济医院内
邮编：430030
电话：027-83662639
Email：sjsscj@tjh.tjmu.edu.cn
网址：www.sjsscj.com

期刊名称：《神经药理学报》
主管单位：河北省教育厅
主办单位：河北北方学院　中国药理学会
主编：张丹参
编辑部主任：李蓟龙
刊期：双月刊
国际标准刊号：ISSN 2095-1396
国内统一刊号：CN 13-1404/R
邮发代号：18-345
地址：河北省张家口市钻石南路 11 号
邮编：075000
电话：0313-4029195　4029555
Email：neuropharm2011@126.com
网址：www.actanp.com

期刊名称：《沈阳药科大学学报》
主管单位：辽宁省教育厅
主办单位：沈阳药科大学
主编：吴春福
编辑部主任：刘仁勇
刊期：月刊
国际标准刊号：ISSN 1006-2858
国内统一刊号：CN 21-1349/R
邮发代号：8-53
地址：辽宁省沈阳市文化路 103 号
邮编：110016
电话：024-23986086　23986082　23994540
Email：syyd@chinajournal.net.cn
网址：www.syydxb.cn

期刊名称：《沈阳医学院学报》
主管单位：沈阳市教育委员会
主办单位：沈阳医学院
主编：肖纯凌
刊期：季刊
国际标准刊号：ISSN 1008-2344
国内统一刊号：CN 21-1393/R
邮发代号：8-115
地址：辽宁省沈阳市皇姑区黄河北大街 146 号
邮编：110034
电话：024-62215753
Email：sy_xb@163.com
网址：www.syyxyxb.com

期刊名称：《肾脏病与透析肾脏移植杂志》
主管单位：江苏省卫生厅
主办单位：金陵医院肾脏病研究所
主编：刘志红
编辑部主任：陈惠萍
刊期：双月刊
国际标准刊号：ISSN 1006-298X
国内统一刊号：CN 32-1425/R
邮发代号：28-237
地址：江苏省南京市中山东路 305 号
邮编：210002
电话：025-80860040
Email：cndt2002@163.com

期刊名称：《深圳中西医结合杂志》
主管单位：深圳市卫生和人口计划生育委员会
主办单位：深圳市中西医结合临床研究所
主编：蔡志明
编辑部主任：李晓萍
刊期：双月刊
国际标准刊号：ISSN 1007-0893
国内统一刊号：CN 44-1419/R
邮发代号：46-167
地址：广东省深圳市笋岗西路市二医院中研所
邮编：518035
电话：0755-83228956
Email：szzxyjhzz@yahoo.com.cn

期刊名称：《生活与健康》
主管单位：中华人民共和国卫生部
主办单位：人民卫生出版社
主编：陈贤义
编辑部主任：麻春玲
刊期：月刊
国际标准刊号：ISSN 1009-3613
国内统一刊号：CN 11-4435/R
邮发代号：2-702
地址：北京市朝阳区潘家园南里 19 号 B 座
邮编：100021
电话：010-59787219
Email：machunling2000@sohu.com
网址：www.pmph.com

期刊名称：《生理学报》
主管单位：中国科学院
主办单位：中国科学院上海生命科学院研究院
中国生理学会
主编：赵志奇
编辑部主任：魏彬
期刊：双月刊
国际标准刊号：ISSN 0371-0874
国内统一刊号：CN 31-1352/Q
邮发代号： 4-157
地址：上海市徐汇区岳阳路 319 号 31B 楼 405 室
邮编：200031
电话：021-54922832
Email：actaps@sibs.ac.cn
网址：www.actaps.com.cn

期刊名称：《生物骨科材料与临床研究》
主管单位：湖北省食品药品监督管理局
主办单位：湖北省医疗器械协会
主编：陈安民
刊期：双月刊
国际标准刊号：ISSN 1672-5972
国内统一刊号: CN 42-1715/R
邮发代号：38-114
地址：湖北省武汉市洪山区书城路 28 号北港工业园
邮编：430070
电话：027-87374285　13871155570
Email：swgkcl@163.com　magazine@dragonbio.com

期刊名称：《生物医学工程学进展》
主管单位：上海市科学技术协会
主办单位：上海市生物医学工程学会
主编：徐学敏
刊期：季刊
国际标准刊号：ISSN 1674-1242
国内统一刊号：CN 31-1999/R
邮发代号：4-558
地址：上海市徐汇区交通大学教学三楼 110 室
邮编：200041
电话：021-62932257
Email：todaymd@yahoo.com

期刊名称：《生物医学工程学杂志》
主管单位：四川省科学技术协会
主办单位：四川大学华西医院
四川省生物医学工程学会
主编：陈槐卿
编辑部主任：杨晶
期刊：双月刊
国际标准刊号：ISSN 1001-5515
国内统一刊号：CN 51-1258/R
邮发代号：62-65
地址：四川省成都市武侯区外南国学巷 37 号四川大学华西医院
邮编：610041
电话：028-85501507　85422073
Email：swyxgcxzz@163.com　swyxgcxzz@yahoo.cn
网址：www.swyxgcxzz.cn

期刊名称：《生物医学工程研究》
主管单位：山东省科学技术协会
主办单位：山东生物医学工程学会
山东省医疗器械研究所
山东省千佛山医院
主编：康永军　王勤
刊期：季刊
国际标准刊号：ISSN 1672-6278
国内统一刊号：CN 37-1413/R
邮发代号：自办发行
地址：山东省济南市解放路 11 号　邮编：250013
电话：0531-88933885　88562189
Email：sdbme@163.com

期刊名称：《生物医学工程与临床》
主管单位：天津市卫生局
主办单位：天津市生物医学工程学会
天津市第三中心医院
主编：杜智
刊期：双月刊
国际标准刊号：ISSN 1009-7090
国内统一刊号：CN 12-1329/R
邮发代号：6-147
地址：天津市河东区津塘路 83 号　邮编：300170
电话：022-24382234
Email：SGLCTJ@163.com

期刊名称：《生物医学与环境科学（英文版）bes》
主管单位：中华人民共和国卫生部
主办单位：中国疾病预防控制中心
主编：陈春明
刊期：季刊
国际标准刊号：ISSN 0895-3988
国内统一刊号：CN 11-2816/Q
邮发代号：82-367
地址：北京市昌平区昌百路155号
邮编：102206
电话：010-58900404　58900452
Email：besjournal@sina.com

期刊名称：《生殖医学杂志》
主管单位：国家计划生育委员会
主办单位：北京协和医院
　　　　　国家计划生育委员会科学技术研究所
主编：郎景和
编辑部主任：宋济范
刊期：双月刊
国际标准刊号：ISSN 1004-3845
国内统一刊号：CN 11-4645/R
邮发代号：80-419
地址：北京市东城区帅府园1号
邮编：100730
电话：010-65295669　65295670
Email：SZYX@chinajournal.net.cn
　　　SZYXZZ@periodicals.net.cn

期刊名称：《生殖与避孕》
主管单位：国家人口与计划生育委员会
主办单位：上海计划生育科学研究所
主编：乔杰
编辑部主任：王黎茜
刊期：月刊
国际标准刊号：ISSN 0253-357X
国内统一刊号：CN 31-1344/R
邮发代号：4-294
地址：上海市徐汇区斜土路2140号
邮编：200032
电话：021-64438169
Email：reproduction_journal@hotmail.com
网址：www.randc.cn

期刊名称：《生殖与避孕（英文版）》
主管单位：国家与人口计划生育委员会
主办单位：上海计划生育科学研究所
主编：高尔生
编辑部主任：王黎茜
刊期：季刊
国际标准刊号：ISSN 1001-7844
国内统一刊号：CN 31-1555/R
邮发代号：自办发行
地址：上海市徐汇区斜土路2140号　邮编：200032
电话：021-64432022
Email：randc@sippr.stc.sh.cn
网址：www.randc.cn

期刊名称：《世界华人消化杂志》
主管单位：山西省科学技术厅
主办单位：太原消化病研治中心
主编：江学良
编辑部主任：李军亮
刊期：旬刊
国际标准刊号：ISSN 1009-3079
国内统一刊号：CN 14-1260/R
邮发代号：82-262
地址：北京市朝阳区东四环中路62号远洋国际中心
　　　D座903室　邮编：030001
电话：010-85381893　59080035
Email：wcjd@wjgnet.com
网址：www.wjgnet.com

期刊名称：《世界科学技术中药现代化》
主管单位：中国科学院
主办单位：中国科学院科技政策与管理科学研究所
　　　　　中国高技术产业发展促进会
主编：陈凯先
刊期：双月刊
国际标准刊号：ISSN 1674-3849
国内统一刊号：CN 11-5699/R
邮发代号：2-534
地址：北京市海淀区中关村东路55号思源楼5
邮编：100190
电话：010-62616352
Email：wst@casipm.ac.cn
网址：www.wst.ac.cn

期刊名称：《世界临床药物》
主管单位：上海医药工业研究院
主办单位：上海医药工业研究院
主编：周斌
刊期：月刊
国际标准刊号：ISSN 1672-9188
国内统一刊号：CN 31-1939/R
邮发代号：4-302
地址：上海市静安区北京西路1320号
邮编：200040
电话：021-62894305
Email：wcd@pharmadl.com
网址：www.pharmadl.com

期刊名称：《世界针灸杂志（英文版）》
主管单位：国家中医药管理局
主办单位：世界针灸学会联合会 中国中医科学院
主编：黄龙祥
刊期：季刊
国际标准刊号：ISSN 1003-5257
国内统一刊号：CN 11-2892/R
邮发代号：82-679
地址：北京市东城区东直门内南小街16号
邮编：100700
电话：010-84046331 84014607 64014411-2946
Email：sjzj2468@sina.com

期刊名称：《世界中西医结合杂志》
主管单位：中国科学技术协会
主办单位：中华中医药学会
主编：路志正
编辑部主任：刘润兰
刊期：月刊
国际标准刊号：ISSN 1673-6613
国内统一刊号：CN 11-5511/R
邮发代号：80-538
地址：北京市朝阳区北四环东路115号院6号楼109室
邮编：100101
电话：010-64822253 64822178
Email：sjzxyjh@126.com
网址：www.zhongxi.org

期刊名称：《世界中医骨科杂志》
主管单位：世界中医骨科联合会
主办单位：美国针灸骨伤研究院
主编：韦以宗
刊期：年刊
国际标准刊号：ISSN 1523-5602
邮发代号：自办发行
地址：北京市昌平区南大街东巷
邮编：102200
电话：010-69715143
Email：wftco2002@163.com
网址：www.wftco.org

期刊名称：《世界中医药》
主管单位：国家中医药管理局
主办单位：世界中医药学联合会
主编：李振吉
刊期：双月刊
国际标准刊号：ISSN 1673-7202
国内统一刊号：CN 11-5529/R
邮发代号：80-596
地址：北京市朝阳区小营路19号财富嘉园A座303室
邮编：100101
电话：010-58650023
010-58239055
Email：sjzyyzz@vip.126.com
wfcms2006zzs@163.com

期刊名称：《世界最新医学信息文摘（电子版）》
主管单位：中国出版集团公司
主办单位：世界图书出版有限公司
主编：刘国树
刊期：旬刊
国际标准刊号：ISSN 1671-3141
国内统一刊号：CN 11-9234/R
邮发代号：52-252
地址：北京市3108信箱
邮编：100044
电话：010-88516893
Email：sjzxyx88@163.com
网址：www.sjzxyx.com

期刊名称：《食品安全导刊》
主管单位：中国商业联合会
主办单位：商业科技质量中心　北京肉类食品协会
主编：贾自力
编辑部主任：王崇明
刊期：月刊
国际标准刊号：ISSN 1674-0270
国内统一刊号：CN 11-5478/R
邮发代号：80-702
地址：北京市石景山区鲁谷路74号中国瑞达大厦M1707室　邮编：100040
电话：010-88825687
Email：fsg@cnfoodsafety.com
网址：www.cnfoodsafety.com

期刊名称：《食品与健康》
主管单位：天津市科学技术协会
主办单位：天津市科技期刊编辑学会
主编：叶缘民
编辑部主任：韩霜
刊期：月刊
国际标准刊号：ISSN 1004-0137
国内统一刊号：CN 12-1188/R
邮发代号：6-46
地址：天津市河西区吴家窑大街22号天津市科学技术信息研究所302室　邮编：300074
电话：022-23374664 23330583
Email：spyjk@tisti.ac.cn
网址：www.spyjk.com

期刊名称：《食品与药品》
主管单位：山东省药学科学院
主办单位：山东省生物药物研究院
主编：凌沛学
编辑部主任：丁林佳
刊期：月刊
国际标准刊号：ISSN 1672-979X
国内统一刊号：CN 37-1438/R
邮发代号：24-74
地址：山东省济南市高新区新泺大街989号
邮编：250101
电话：0531-88779125
Email：food_drug@sina.com

期刊名称：《实验动物科学》
主管单位：北京市科学技术研究院
主办单位：北京实验动物学会　北京实验动物研究中心　北京实验动物管理办公室
主编：荣瑞章
编辑部主任：戈苏国
刊期：双月刊
国际标准刊号：ISSN 1006-6179
国内统一刊号：CN 11-5508/N
邮发代号：18-131
地址：北京市朝阳区北苑路28号院1号楼9层
邮编：100012
电话：010-84922374　84922666-3210
Email：sydg@chinajournal.net.cn

期刊名称：《实验动物与比较医学》
主管单位：上海科学院
主办单位：上海市实验动物学会　上海实验动物研究中心
主编：高诚
编辑部主任：富群华
刊期：双月刊
国际标准刊号：ISSN 1674-5817
国内统一刊号：CN 31-1954/Q
邮发代号：4-789
地址：上海市浦东新区金科路3577号　邮编：201203
电话：021-50793648-81018　50793657
Email：qhfu.6204@yahoo.com.cn
网址：med.wanfangdata.com.cn

期刊名称：《实验与检验医学》
主管单位：江西省卫生厅
主办单位：《江西省医学会》
主编：李利
编辑部主任：桂炳东
刊期：双月刊
国际标准刊号：1674-1129
国内统一刊号：36-1298/R
邮发代号：44-94
地址：江西省南昌市省政府大院西二路4号
邮编：330046　　电话：0791-86226580
Email：jxj11983@126.com
网址：www.jxsma.org

期刊名称：《实用癌症杂志》
主管单位：江西省卫生厅
主办单位：江西省肿瘤医院
江西省肿瘤研究所
主编：黄欧平
编辑部主任：王新春
刊期：双月刊
国际标准刊号：ISSN 1001-5930
国内统一刊号：CN 36-1101/R
邮发代号：44-37
地址：江西省南昌市北京东路519号
邮编：330029
电话：0791-8329442
Email：syazzz@163.net

期刊名称：《实用儿科临床杂志》
主管单位：新乡医学院
主办单位：新乡医学院
主编：郭学鹏
刊期：半月刊
国际标准刊号：ISSN 1003-515x
国内统一刊号：CN 41-1106/r
邮发代号：36-102
地址：河南省新乡市新乡医学院
邮编：453003
电话：0373-3029144
Email：syqk@xxmu.edu.cn

期刊名称：《实用防盲技术》
主管单位：安徽省卫生厅
主办单位：安徽省立医院
主编：袁华音
编辑部主任：张国梅　吴章友
刊期：季刊
国际标准刊号：ISSN 1673-3835
国内统一刊号：CN 34-1292/R
邮发代号：26-218
地址：安徽省合肥市庐江路17号省立医院内
邮编：230001
电话：0551-2283431
Email：eye_pb@126.com

期刊名称：《实用放射学杂志》
主管单位：陕西省卫生厅
主办单位：西安市医学科学研究所
主编：宦怡　郭佑民
刊期：月刊
国际标准刊号：ISSN 1002-1671
国内统一刊号：CN 61-1107/R
邮发代号：52-93
地址：陕西省西安市环城南路西段20号海联大厦6层605室
邮编：710054
电话：029-82122004　88404722（社长）
Email：syfsxzz@sina.com
网址：www.syfsxzz.com.cn

期刊名称：《实用妇产科杂志》
主管单位：四川省卫生厅
主办单位：四川省医学会
主编：赵霞
编辑部主任：韩川
刊期：月刊
国际标准刊号：ISSN 1003-6946
国内统一刊号：CN 51-1145/R
邮发代号：62-44
地址：四川省成都市上汪家拐街39号
邮编：610041
电话：028-86136595
Email：jpog1985@163.com

期刊名称：《实用肝脏病杂志》
主管单位：安徽省科学技术协会
主办单位：中华医学会安徽分会
总编：周天仇　范建高
编辑部主任：陈宗炳
刊期：双月刊
国际标准刊号：ISSN 1672-5069
国内统一刊号：CN 34-1270/R
邮发代号：26-201
地址：安徽省合肥市长江西路424号
邮编：230031
电话：0551-5142835
Email：sygzbzz@foxmail.com
网址：www.sygzbzz.org

期刊名称：《实用骨科杂志》
主管单位：山西省卫生厅
主办单位：中华医学会山西分会
北京医科大学第三医院
主编：卫小春
编辑部主任：卢汉生
刊期：月刊
国际标准刊号：ISSN 1008-5572
国内统一刊号：CN 14-1223/R
邮发代号：22-174
地址：山西省太原市五一路 382 号　邮编：030001
电话：0351-3365826 3365705
Email：sygkzz@163.com
网址：www.sygkzz.com

期刊名称：《实用检验医师杂志》
主管单位：中华人民共和国卫生部
主办单位：中国医师协会
天津市天津医院
主编：丛玉隆　王学谦
刊期：季刊
国际标准刊号：ISSN 1008-6973
国内统一刊号：CN 11-5864/R
邮发代号：6-245
地址：天津市河东区成林道 220 号　邮编：300162
电话：022-60577729
Email：jianyanyishi@163.com
网址：www.cmdal.org

期刊名称：《实用口腔医学杂志》
主管单位：第四军医大学
主办单位：第四军医大学口腔医学院
主编：赵铱民
编辑部主任：袁璐
刊期：双月刊
国际标准刊号：ISSN 1001-3733
国内统一刊号：CN 61-1062/R
邮发代号：52-90
地址：陕西省西安市长乐西路 145 号第四军医大学口腔医院　邮编：710032
电话：029-83224470
Email：j-pr-s@fmmu.edu.cn
网址：www.sykqyxzz.com

期刊名称：《实用临床医学》
主管单位：南昌大学
主办单位：南昌大学
主编：谢明勇
编辑部主任：潘小玲
刊期：月刊
国际标准刊号：ISSN 1009-8194
国内统一刊号：CN 36-1242/R
邮发代号：44-119
地址：江西省南昌市八一大道 461 号
邮编：330006
电话：0791-86361259
Email：ncsylc@ncu.edu.cn
网址：qks.ncu.edu.cn

期刊名称：《实用临床医药杂志》
主管单位：中华人民共和国教育部
江苏省卫生厅
主办单位：扬州大学　中国高校科技期刊研究会
主编：卜平　编辑部主任：赵金文
刊期：半月刊
国际标准刊号：ISSN 1672-2353
国内统一刊号：CN 32-1697/R
邮发代号：28-172
地址：江苏省扬州市淮海路 11 号扬州大学医学院院内
邮编：225001
电话：0514-87978989　87978917　87978807
Email：jcm@yzu.edu.cn
网址：hlb@yzu.edu.cn

期刊名称：《实用皮肤病学杂志》
主管单位：中国人民解放军北京军区联勤部卫生部
主办单位：中国人民解放军北京军区总医院
主编：杨蓉娅
编辑部主任：敖俊红
刊期：季刊
国际标准刊号：ISSN 1674-1293
国内统一刊号：CN 11-5654/R
邮发代号：2-946
地址：北京市朝阳区农展馆北路 8 号　邮编：100125
电话：010-65384568
Email：sypfbx@vip.sina.com
网址：sypf.cnmanu.net

期刊名称：《实用手外科杂志》
主管单位：辽宁省卫生厅
主办单位：沈阳市手外科研究所
主编：蔡林方
编辑部主任：王钰
刊期：月刊
国际标准刊号：ISSN 1671-2722
国内统一刊号：CN 21-1466/R
邮发代号：8-132
地址：辽宁省沈阳市铁西区南七西路5号沈阳医学院奉天医院　邮编：100024
电话：024-25704346　85715296
Email：zhangxiaotong555@sina.com
zhy25741541@sina.com
网址：www.sy-handsurgery.com

期刊名称：《实用糖尿病杂志》
主管单位：辽宁省卫生厅
主办单位：辽宁省医学会
主编：齐今吾
编辑部主任：刘国良
刊期：双月刊
国际标准刊号：ISSN 1673-9191
国内统一刊号：CN 21-1523/R
邮发代号：8-149
地址：辽宁省沈阳市南京北街155号（中国医科大学第一临床学院内）　邮编：110001
电话：024-23242525
Email：tnbbianjibu@sina.com

期刊名称：《实用疼痛学杂志》
主管单位：河北省教育厅
主办单位：河北医科大学
主编：石文成
刊期：双月刊
国际标准刊号：ISSN 1672-9633
国内统一刊号：CN 13-1353/R
邮发代号：18-336
地址：河北省石家庄市健康路12号
邮编：050011
电话：0311-86095279
Email：pain-clinic@vip.163.com
网址：www.hbydsy.com

期刊名称：《实用心脑肺血管病杂志》
主管单位：河北省卫生厅　中华预防医学会
主办单位：河北省卫生厅　中华预防医学会
主编：朱曼璐 袁湘芷
编辑部主任：陈明
刊期：月刊
国际标准刊号：ISSN 1008-5971
国内统一刊号：CN 13-1258/R
邮发代号：80-684
地址：北京市宣武区广义街5号广益大厦A座907
邮编：100053
电话：0310-2067118　15188828922
010-63295466
Email：syxnfzz@126.com

期刊名称：《实用新医学》
主管单位：中国医药协会
主办单位：中国医药情报专业委员会
主编：何国平
刊期：月刊
国际标准刊号：ISSN 1561-5464
国内统一刊号：CN 61-5507/R
邮发代号：自办发行
地址：陕西省宝鸡市曙光路5号楼
邮编：721000
电话：0917-2710310　2710313
Email：syxyxzz@yahoo.com.cn

期刊名称：《实用药物与临床》
主管单位：辽宁省卫生厅
主办单位：辽宁省药学会
中国医科大学附属盛京医院
主编：滕卫平
编辑部主任：肇丽梅
刊期：月刊
国际标准刊号：ISSN 1673-0070
国内统一刊号：CN 21-1516/R
邮发代号：8-36
地址：辽宁省沈阳市和平区三好街36号
邮编：110004
电话：024-83955067转96615-13759
Email：syywylch2004@yahoo.com.cn

期刊名称：《实用医技杂志》
主管单位：山西省卫生厅
主办单位：山西省医学会
主编：董海原
编辑部主任：王炳彦
刊期：月刊
国际标准刊号：ISSN 1671-5098
国内统一刊号：CN 14-1298/R
邮发代号：22-94
地址：山西省太原市广场收投分局 010029 信箱
邮编：030001
电话：0351-3580187 4155062 7554063
Email：syyjzznew@163.com
网址：www.sxyxqk.com www.sxyxqk.cn
www.sxyxqk.com.cn

期刊名称：《实用医学进修杂志》
主管单位：湖北省教育厅
主办单位：三峡大学
主编：耿志国
刊期：季刊
国际标准刊号：暂无
国内统一刊号：CN 42-1440/R
邮发代号：自办发行
地址：湖北省宜昌市大学路 8 号 邮编：443002
电话：0717-6392653
Email：syyx@ctgu.edu.cn
网址：xb.ctgu.edu.cn

期刊名称：《实用医学杂志》
主管单位：广东省卫生厅
主办单位：广东省医学情报研究所
主编：苏焕群
编辑部主任：吴淑金
刊期：半月刊
国际标准刊号：ISSN 1006-5725
国内统一刊号：CN 44-1193/R
邮发代号：46-44
地址：广东省广州市越秀区惠福西路进步里 2 号之 6
邮编：510180
电话：020-81872080
Email：syyxzz@syyxzz.com
网址：www.syyxzz.com

期刊名称：《实用医药杂志》
主管单位：济南市军区联勤部
主办单位：济南市军区卫生部
主编：李炳汝
编辑部主任：董冰媛
刊期：月刊
国际标准刊号：ISSN 1671-4008
国内统一刊号：CN 37-1383/R
邮发代号：24-182
地址：山东省济南市市段店南路 217 号
邮编：250022
电话：0531-87526989
Email：syyyzz@126.com

期刊名称：《实用医院临床杂志》
主管单位：四川省卫生厅
主办单位：四川省医学科学院四川省人民医院
主编：韩盛玺
编辑部主任：戴光敏
刊期：双月刊
国际标准刊号：ISSN 1672-6170
国内统一刊号：CN 51-1669/R
邮发代号：62-261
地址：四川省成都市一环路西二段三十二号
邮编：610072
电话：028-87714683 87714685
Email：syyylc@vip.sina.com
网址：www.samsph.com

期刊名称：《实用预防医学》
主管单位：中华人民共和国卫生部
主办单位：中华预防医学会 湖南省预防医学会
主编：李俊华
编辑部主任：彭进平
刊期：月刊
国际标准刊号：ISSN 1006-3110
国内统一刊号：CN 43-1223/R
邮发代号：42-129
地址：湖南省长沙市芙蓉中路一段 450 号湖南省疾病预防控制中心内
邮编：410005
电话：0731-84305941 84305942
Email：zhppm@vip.163.com

期刊名称：《实用肿瘤学杂志》
主管单位：黑龙江省卫生厅
主办单位：黑龙江省、辽宁省、吉林省肿瘤防治办公室
主编：庞达
编辑部主任：林英姬
刊期：双月刊
国际标准刊号：ISSN 1002-3070
国内统一刊号：CN 23-1212/R
邮发代号：14-159
地址：黑龙江省哈尔滨市南岗区保健路 6 号
邮编：150081
电话：0451-86298293 86623347
Email：syzlxzz@126.com
网址：www.syzlxzz.com

期刊名称：《实用肿瘤杂志》
主管单位：中华人民共和国教育部
主办单位：浙江大学
主编：张苏展
刊期：双月刊
国际标准刊号：ISSN 1001-1692
国内统一刊号：CN 33-1074/R
邮发代号：32-87
地址：浙江省杭州市解放路 88 号
邮编：310009
电话：0571-87783654
Email：shyzhl@zju.edu.cn

期刊名称：《实用中西医结合临床》
主管单位：江西省卫生厅
主办单位：江西省中医药研究院
江西省中西医结合学会
主编：熊墨年
刊期：双月刊
国际标准刊号：ISSN 1671-4040
国内统一刊号：CN 36-1251/R
邮发代号：44-126
地址：江西省南昌市文教 529 号
邮编：330046
电话：0791-8852562 8528704
Email：jxnc5621@tom.com

期刊名称：《实用中医内科杂志》
主管单位：辽宁省卫生厅
主办单位：辽宁省中医药学会　中华中医药学会
辽宁省中医药研究院
主编：丛丹江
编辑部主任：周淑华
刊期：月刊
国际标准刊号：ISSN 1671-7813
国内统一刊号：CN 21-1187/R
邮发代号：8-129
地址：辽宁省沈阳市皇姑区黄河北大街 60 号
邮编：110034　电话：024-86803478
Email：syzynk@126.com
网址：syzynkzz.periodicals.net.cn

期刊名称：《实用中医药杂志》
主管单位：重庆市教育委员会
主办单位：重庆医科大学中医药学院
主编：罗荣汉
编辑部主任：杨昶
刊期：月刊
国际标准刊号：ISSN 1004-2814
国内统一刊号：CN 50-1056/R
邮发代号：78-100
地址：重庆市渝中区上清寺太平洋广场 B 座 14-7
邮编：400015
电话：023-63720745　63736801
Email：ZYAO198506@163.com　zyao@chinajournal.net.cn
网址：zyao.cbpt.cnki.net

期刊名称：《时珍国医国药》
主管单位：湖北省黄石市卫生局
主办单位：时珍国医国药杂志社
主编：朱保华
刊期：月刊
国际标准刊号：ISSN 1008-0805
国内统一刊号：CN 42-1436/R
邮发代号：36-168
地址：湖北省黄石市黄石大道 874 号
邮编：435000
电话：0714-6224836　6225102
Email：shizhenchina@163.com
网址：www.shizhenchina.com　www.cnki.net

期刊名称：《首都公共卫生》
主管单位：北京市卫生局
主办单位：北京市疾病预防控制中心
主编：梁万年
编辑部主任：赵超英
刊期：双月刊
国际标准刊号：ISSN 1673-7830
国内统一刊号：CN 11-5533/R
邮发代号：自办发行
地址：北京市东城区和平里中街16号
邮编：100013
电话：010-64407286
Email：shdggwsh@163.com

期刊名称：《首都医科大学学报》
主管单位：北京市教育委员会
主办单位：首都医科大学
主编：王晓民
编辑部主任：张俊敏
刊期：双月刊
国际标准刊号：ISSN 1006-7795
国内统一刊号：CN 11-3662/R
邮发代号：82-56
地址：北京市丰台区右安门外首都医科大学内
邮编：100069
电话：010-83911346 83911347
Email：xuebao@ccmu.edu.cn
网址：xuebao.ccmu.edu.cn

期刊名称：《首都医药》
主管单位：北京市药品监督管理局
主办单位：首都医药杂志社
主编：方来英
编辑部主任：郝田仓
刊期：半月刊
国际标准刊号：ISSN 1005-8257
国内统一刊号：CN 11-3507/R
邮发代号：82-792
地址：北京市丰台区宋家庄苇子坑路148号
邮编：100079
电话：010-83226401 83285413
Email：sdyyzz@sina.com

期刊名称：《数理医药学杂志》
主管单位：湖北省教育厅
主办单位：武汉大学
中国工业与应用数学学会
医药数学专业委员会
主编：张选群 罗泮祥
刊期：双月刊
国际标准刊号：ISSN 1004-4337
国内统一刊号：CN 42-1303/R
邮发代号：38-174
地址：湖北省武汉市大学医学院
邮编：430071
电话：027-62226004
Email：slyyzz@163.com

期刊名称：《双足与保健》
主管单位：中华人民共和国卫生部
主办单位：中国足部反射区健康法研究会
主编：杭雄文
刊期：双月刊
国际标准刊号：ISSN 1004-6569
国内统一刊号：CN 11-3086/R
邮发代号：82-634
地址：北京市西城区后海北沿14号
邮编：100026
电话：010-65068309
Email：yxws321@163.com

期刊名称：《四川大学学报（医学版）》
主管单位：中华人民共和国教育部
主办单位：四川大学
主编：魏于全
刊期:双月刊
国际标准刊号：ISSN 1672-173X
国内统一刊号：CN 51-1644/R
邮发代号：62-72
地址：四川省成都市人民南路三段17号
邮编：610041
电话：028-85501320
Email：huaxixb@sina.com
网址： ykxb.scu.edu.cn

期刊名称：《四川解剖学杂志》
主管单位：四川省科学技术协会
主办单位：四川省解剖学会
主编：羊惠君
编辑部主任：周鸿鹰
期刊：季刊
国际标准刊号：ISSN 1005-1457
国内统一刊号：CN 51-1429/R
邮发代号：4-380
地址：四川省成都市武侯区人民南路三段17号一教学楼《四川解剖学杂志》编辑部
邮编：610041
电话：028-85502287
Email：jcyjylc@163.com
jcyjylc@126.com

期刊名称：《四川精神卫生》
主管单位：四川省卫生厅
主办单位：绵阳市精神卫生中心
主编：刘协和
编辑部主任：黄宜银
刊期：季刊
国际标准刊号：ISSN 1007-3256
国内统一刊号：CN 51-1457/R
邮发代号：自办发行
地址：四川省绵阳市剑南路190号
邮编：612000
电话：0816-2285679
Email：scjsws@163.com

期刊名称：《四川生理科学杂志》
主管单位：四川省科学技术协会
主办单位：四川省生理科学会
主编：周黎明
编辑部主任：杨云霞
刊期：季刊
国际标准刊号：ISSN 1671-3885
国内统一刊号：CN 51-1160/R
邮发代号：自办发行
地址：四川省成都人民南路三段十七号四川大学内
邮编：610041
电话：028-85501278
Email：shenglizazhi@163.com

期刊名称：《四川省卫生管理干部学院学报》
主管单位：四川省卫生厅
主办单位：四川省卫生管理干部学院
主编：范昕建
刊期：季刊
国际标准刊号：ISSN 1003-403X
国内统一刊号：CN 51-1209/R
邮发代号：自办发行
地址：四川省成都下汪家拐街16号
邮编：610041
电话：028-86137393
Email：wgyxuebao@163.com

期刊名称：《四川生殖卫生学院学报》
主管单位：四川省人口和计划生育委员会
主办单位：四川生殖卫生学院
主编：安劬
刊期：双月刊
国际标准刊号：ISSN 1672-5824
国内统一刊号：CN 51-1657/Z
邮发代号：62-267
地址：四川省成都市人民南路四段15号
邮编：610041
电话：028-85235408
Email：jnl.scrhi@163.com

期刊名称：《四川医学》
主管单位：四川省卫生厅
主办单位：四川省医学会
主编：卓凯星
编辑部主任：邓晓明
刊期：月刊
国际标准刊号：ISSN 1004-0501
国内统一刊号：CN 51-1144/R
邮发代号：62-103
地址：四川省成都市文庙西街80号
邮编：610041
电话：028-86133009
Email：scyxbjb@163.com

期刊名称：《四川中医》
主管单位：四川省中医药管理局
主办单位：四川省中医药学会　四川省中西医结合学会
　　　　　四川省针灸学会　四川省中医院科学院
主编：杨殿兴
编辑部主任：胡绍刚
刊期：月刊
国际标准刊号：ISSN 1000-3649
国内统一刊号：CN 51-1186/R
邮发代号：62-26
地址：四川省成都市人民南路 4 段 51 号
邮编：610041
电话：028-85228345 85213152
Email：schzhy@sina.com

期刊名称：《苏州大学医学院学报》（医学版）
主管单位：江苏省教育厅
主办单位：苏州大学
主编：黄瑞
编辑部主任：孙茂民
刊期：双月刊
国际标准刊号：ISSN 1673-0399
国内统一刊号：CN 32-1674/R
邮发代号：28-81
地址：江苏省苏州市十梓街 1 号
邮编：215006
电话：0512-65225512
Email：xbyk@suda.edu.cn
网址：www.sudapress.com

T

期刊名称：《泰山医学院学报》
主管单位：山东省教育厅
主办单位：泰山医学院
主编：王学春
刊期：月刊
国际标准刊号：ISSN 1004-7115
国内统一刊号：CN 37-1199/R
邮发代号：自办发行
地址：山东省泰安市长城路　邮编：271016
电话：0538-6236719
Email：6719xb@163.com
网址：tsyxyxb.paperonce.org

期刊名称：《糖尿病天地》
主管单位：中国科学技术协会
主办单位：中华中医药学会
主编：黄列军（执行）
刊期：月刊
国际标准刊号：ISSN 1672-7851
国内统一刊号：CN 11-5210/R
邮发代号：80-225
地址：北京市海淀区上地信息路甲 28 号科实大厦 A 座 12 层 A2 室
邮编：100085
电话：010-51260912
Email：tnb365@yahoo.com.cn
网址：www.tnb365.com

期刊名称：《糖尿病新世界》
主管单位：中国科学技术协会
主办单位：中国病理生理学会
主编：张艳　编辑部主任：罗春燕
刊期：月刊
国际标准刊号：ISSN 1672-4062
国内统一刊号：CN 11-5019/R
邮发代号：82-120
地址：北京市朝阳区朝阳北路 237 号复星国际 1606
邮编：100020
电话：010-85715291-608
Email：tnbxsj2010@163.com
网址：www.chinatnbxsj.com

期刊名称：《特别健康》
主管单位：湖北省教育厅
主办单位：武汉大学
主编：胡程立
国际标准刊号：ISSN 1672-6383
国内统一刊号：CN 42-1709/R
邮发代号：38-533
地址：湖北省武汉市武汉大学工学部邮局旁中外妇儿健康杂志社
邮编：430072
电话：027-68772482
Email：jkwdp@163.com

期刊名称：《天津护理》
主管单位：天津市卫生局
主办单位：天津中心妇产科医院 天津护理学会
天津市医科大学护理学院
主编：张愈
编辑部主任：隋爱慈
刊期：双月刊
国际标准刊号：ISSN 1006-9143
国内统一刊号：CN 12-1260/R
邮发代号：自办发行
地址：天津市南开区南开三马路156号中心妇产科医院内 邮编：300100
电话：022-58287910
Email：tianjinhuli@yahoo.cn

期刊名称：《天津药学》
主管单位：天津市医药集团有限公司
主办单位：天津市医药集团有限公司
天津市药学会
主编：董志立
编辑部主任：付兰芝
刊期：双月刊
国际标准刊号：ISSN 1006-5687
国内统一刊号：CN 12-1230/R
邮发代号：6-175
地址：天津市和平区沙市道同康里3门502室
邮编：300051
电话：022-23346705
Email：tjyaoxue@126.com
网址：www.pharm.com.cn

期刊名称：《天津医科大学学报》
主管单位：天津市教育委员会
主办单位：天津医科大学
主编：尚永丰
编辑部主任：王莹玉
刊期：季刊
国际标准刊号：ISSN 1006-8147
国内统一刊号：CN 12-1259/R
邮发代号：6-31
地址：天津市和平区气象台路22号 邮编：300070
电话：022-22542692 23542815
Email：xuebao@tijmu.edu.cn

期刊名称：《天津医学院学报》
主管单位：天津市教育委员会
主办单位：天津医科大学
主编：郝希山
刊期：季刊
国际标准刊号：ISSN 1006-8147
国内统一刊号：CN 12-1339/R
邮发代号：自办发行
地址：天津市和平区气象台路22号
邮编：300070
电话：022-23542692
Email：qikantg12@126.com

期刊名称：《天津医药》
主管单位：天津市卫生局
主办单位：天津市医学科学技术信息研究所
主编：王贺胜
刊期：月刊
国际标准刊号：ISSN 0253-9896
国内统一刊号：CN 12-1116/R
邮发代号：6-3
地址：天津市和平区贵州路96号D座
邮编：300070
电话：022-23337519 23337508
Email：tjyybjb@sina.com
网址：www.tjyybjb.ac.cn

期刊名称：《天津中医药》
主管单位：天津市卫生局
主办单位：天津市中医药大学 天津中西医结合学会
天津中医药学会
主编：张伯礼
编辑部主任：于春泉
刊期：双月刊
国际标准刊号：ISSN 1672-1519
国内统一刊号：CN 12-1349/R
邮发代号：6-83
地址：天津市南开区鞍山西道312号
邮编：300193
电话：022-59596310
Email：xuebaobj@126.com
网址：www.tjutcm.edu.cn

期刊名称：《天津中医药大学学报》
主管单位：天津市教育委员会
主办单位：天津中医药大学
主编：张伯礼
编辑部主任：于春泉
刊期：季刊
国际标准刊号：ISSN 1673-9043
国内统一刊号：CN 12-1391/R
地址：天津市南开区鞍山西道312号
邮编：300193
电话：022-59596310
Email：xuebao@tjutcm.edu.cn
网址：www.tjutcm.edu.cn

期刊名称：《听力学及言语疾病杂志》
主管单位：中华人民共和国教育部
主办单位：武汉大学人民医院
主编：陶泽璋　韩德民　韩东一
编辑部主任：周涛
刊期：双月刊
国际标准刊号：ISSN 1006-7299
国内统一刊号：CN 42-1391/R
邮发代号：38-224
地址：湖北省武汉市武昌区紫阳路5号
邮编：430060
电话：027-88043958
027-88041911-86459
Email：jasptl@126.com

期刊名称：《同济大学学报医学版》
主管单位：中华人民共和国教育部
主办单位：同济大学
主编：傅继
编辑部主任：陈华
刊期：双月刊
国际标准刊号：ISSN 1008-0392
国内统一刊号：CN 31-1901/R
邮发代号：4-722
地址：上海市杨浦区四平路1239号
邮编：200092
电话：021-65980705
Email：yxxb@tongji.edu.cn
网址：tjyx.qikan.com

期刊名称：《透析与人工器官》
主管单位：天津市教育委员会
主办单位：天津市泌尿外科研究所
中国生物医学工程学会人工器官分会
主编：韩瑞发
刊期：季刊
国际标准刊号：ISSN 1005-0809
国内统一刊号：CN 12-1219/R
邮发代号：自办发行
地址：天津市河西区平江道23号
邮编：300211
电话：022-88326305
Email：cjbmee@263.net

W

期刊名称：《外科理论与实践》
主管单位：上海市教育委员会
上海交通大学医学院附属瑞金医院
主编：林言箴　李宏卫
编辑部主任：朱正纲
刊期：双月刊
国际标准刊号：ISSN 1007-9610
国内统一刊号：CN 31-1758/R
邮发代号：4-607
地址：上海市卢湾区瑞金二路197号　邮编：200025
电话：021-64374749　64370045-611432
Email：surgrj@yahoo.com.cn

期刊名称：《皖南医学院学报》
主管单位：安徽省教育厅
主办单位：皖南医学院
主编：章尧
编辑部主任：钱尔凡
刊期：双月刊
国际标准刊号：ISSN 1002-0217
国内统一刊号：CN 34-1068/R
邮发代号：自办发行
地址：安徽省芜湖市戈江区文昌西路22号
邮编：241002
电话：0553-3932553
Email：wnyxyxb@yahoo.com.cn
网址：wnyx.chinajournal.net.cn

期刊名称：《胃肠病学和肝病学杂志》
主管单位：郑州大学
主办单位：郑州大学
主编：段芳龄
编辑部主任：马军　陈香芋
刊期：月刊
国际标准刊号：ISSN 1006-5709
国内统一刊号：CN 41-1221/R
邮发代号：36-159
地址：河南省郑州市大学路 40 号　邮编：450052
电话：0371-66792002
Email：wcbx@chinajournal.net.cn
网址：www.wcbx.cn

期刊名称：《胃肠病学杂志》
主管单位：中华人民共和国教育部
主办单位：上海交通大学医学院附属仁济医院
主编：萧树东
编辑部主任：仇晓华　蒋晓玲
刊期：月刊
国际标准刊号：ISSN 1008-7125
国内统一刊号：CN 31-1797/R
邮发代号：4-624
地址：上海市黄浦区山东中路 145 号
邮编：200001
电话：021-63286942
Email：shwcbx@gmail.com
网址：www.cjge-manuscriptcentral.com

期刊名称：《微创医学》
主管单位：广西壮族自治区卫生厅
主办单位：广西医学情报研究所
主编：杨光业
编辑部主任：陈斌冠
刊期：双月刊
国际标准刊号：ISSN 1673-6575
国内统一刊号：CN 45-1341/R
邮发代号：48-72
地址：广西壮族自治区南宁市东葛路 20-7 号
邮编：530022
电话：0771-5869823
Email：wcyx@gxmi.net
网址：www.gxmi.net

期刊名称：《潍坊医学院学报》
主管单位：山东省教育厅
主办单位：潍坊医学院
主编：石增立
刊期：双月刊
国际标准刊号：ISSN 1004-3101
国内统一刊号：CN 37-1195/R
邮发代号：自办发行
地址：山东省潍坊市潍城区宝通西街 7166 号
邮编：261053
电话：0536-8462229　8462225
Email：wyxb@wfmc.edu.cn

期刊名称：《微量元素与健康研究》
主管单位：贵阳中医学院
主办单位：贵阳中医学院
主编：梁光义
刊期：双月刊
国际标准刊号：ISSN 1005-5320
国内统一刊号：CN 52-1081/R
邮发代号：66-53
地址：贵州省贵阳市东路 50 号
邮编：550002
电话：0851-5928845　5616973
Email：wyjk@chinajournal.net.cn
wyjk@periodicals.net.cn

期刊名称：《微侵袭神经外科杂志》
主管单位：广州军区联勤部卫生部
主办单位：广州军区广州总医院
主编：王伟民
编辑部主任：高燕华
刊期：月刊
国际标准刊号：ISSN 1009-122X
国内统一刊号：CN 44-1459/R
邮发代号：46-217
地址：广东省广州市流花路 111 号
邮编：510010
电话：020-36654596
Email：cminsj@vip.163.com
网址：www.cminsj.com

期刊名称：《卫生经济研究》
主管单位：浙江省卫生厅
主办单位：华东卫生经济研究协作会
主编：杨敬
刊期：月刊
国际标准刊号：ISSN 1004-7778
国内统一刊号：CN 33-1056/F
邮发代号：自办发行
地址：浙江省杭州市大学路 91 号
邮编：310009
电话：0571-87047596 87047613
Email：wsjjyj@mail.hz.zj.cn
网址：wsjjyj.zjwst.gov.cn

期刊名称：《卫生软科学》
主管单位：中华人民共和国卫生部
主办单位：中国卫生经济学会 云南省卫生厅
主编：蔡仁华
编辑部主任：肖杰
刊期：月刊
国际标准刊号：ISSN 1003-2800
国内统一刊号：CN 53-1083/R
邮发代号：64-51
地址：云南省昆明市昆师路 2 号 3-8 信箱
邮编：650118 电话：0871-5323117
Email：WRKX5323117@126.com
网址：wrkx.chinajoumal.net.cn

期刊名称：《微生物学免疫学进展》
主管单位：中华人民共和国卫生部
主办单位：兰州生物制品研究所有限责任公司
主编：朱莉萍
编辑部主任：陈冬梅
期刊：双月刊
国际标准刊号：ISSN 1005-5673
国内统一刊号：CN 62-1120/R
邮发代号：自办发行
地址：甘肃省兰州市盐场路 888 号
邮编：730046
电话：0931-8316208 8340711
Email：bjb5866@sina.com
网址：wsmy.cbpt.cnki.net

期刊名称：《微生物与感染》
主管单位：中华人民共和国教育部
主办单位：复旦大学
主编：闻玉梅
编辑部主任：童文燕
刊期：季刊
国际标准刊号：ISSN 1673-6184
国内统一刊号：CN 31-1966/R
邮发代号：4-341
地址：上海市徐汇区医学院路 138 号
邮编：200032
电话：021-54237633
Email：jmi@fudan.edu.cn
网址：jmi.fudan.edu.cn

期刊名称：《卫生研究》
主管单位：中华人民共和国卫生部
主办单位：中国疾病预防控制中心
主编：段国兴
编辑部主任：陈海峰
刊期：双月刊
国际标准刊号：ISSN 1000-8020
国内统一刊号：CN 11-2158/R
邮发代号：82-720
地址：北京市宣武区南纬路 29 号
邮编：100050
电话：010-83132376 83132329
Email：wsyj2012@126.com

期刊名称：《卫生职业教育》
主管单位：卫生部科教司 甘肃省卫生厅
主办单位：甘肃省医学科学研究院
主编：黄刚
编辑部主任：黄刚
刊期：半月刊
国际标准刊号：ISSN 1671-1246
国际统一刊号：CN 62-1167/R
邮发代号：54-85
地址：甘肃省兰州市东岗西路 60 号
邮编：730000
电话：0931-8271279 8266171
Email：dzgiwx@zzs.gs.bnet.cn
网址：www.wszyjy.com

期刊名称:《微循环学杂志》
主管单位:中华人民共和国教育部
主办单位:武汉大学人民医院
中国病理生理学会微循环专业委员会
主编:李艳
编辑部主任:谢忠明
期刊:季刊
国际标准刊号:ISSN 1005-1740
国内统一刊号:CN 42-1321/R
邮发代号:38-201
地址:湖北省武汉市张之洞路9号
邮编:430060
电话:027-88075389
Email:micch@sina.com 308903796@qq.com
网址:wxhx.chinajournal.net.cn

期刊名称:《温州医学院学报》
主管单位:温州医学院
主办单位:温州医学院
主编:瞿佳
编辑部主任:吴健敏
刊期:双月刊
国际标准刊号:ISSN 1000-2138
国内统一刊号:CN 33-1100/R
邮发代号:32-117
地址:浙江省温州市高教园区
邮编:325035
电话:0577-86699365
Email:wzyxyxb@gm ail.com

期刊名称:《武汉大学学报(医学版)》
主管单位:中华人民共和国教育部
主办单位:武汉大学
主编:黄从新
刊期:双月刊
国际标准刊号:ISSN 1671-8852
国内统一刊号:CN 42-1677/R
邮发代号:38-403
地址:湖北省武汉市武汉大学出版社大楼前楼6楼东侧
邮编:430071
电话:027-68755966
Email:mjwhu@whu.edu.cn
网址:wuj.whu.edu.cn/mjwhu/

期刊名称:《武警后勤学院学报(医学版)》
主管单位:武警医学院
主办单位:武警医学院
主编:王奕飞
刊期:月刊
国际标准刊号:ISSN 1008-5041
国内统一刊号:CN 12-1294/R
地址:天津市河东区成林道222号
邮编:300162
电话:022-60578423
Email:he5@tom.com
网址:xbm.lu-capf.org

期刊名称:《武警医学》
主管单位:中国人民武装警察部队后勤部
主办单位:中国人民武装警察部队后勤部卫生部
主编:李小萍
编辑部主任:李小萍
刊期:月刊
国际标准刊号:ISSN 1004-3594
国内统一刊号:CN 11-3002/R
邮发代号:82-441
地址:北京市海淀区永定路69号
邮编:100039
电话:010-57976436 57976439
Email:wjyx@vip.163.com

X

期刊名称:《西安交通大学学报(医学版)》
主管单位:中华人民共和国教育部
主办单位:西安交通大学
主编:闫剑群
刊期:双月刊
国际标准刊号:ISSN 1671-8259
国内统一刊号:CN 61-1399/R
邮发代号:52-39
地址:陕西省西安市雁塔西路76号
邮编:710061
电话:029-82655412
Email:yxxuebao@mail.xjtu.edu.cn
网址:www.jdxyb.cn

期刊名称：《细胞与分子免疫学杂志》
主管单位：中国免疫学会　第四军医大学
主办单位：第四军医大学　中国免疫学会
主编：杨安钢
主任：黄晓峰
刊期：月刊
国际标准刊号：ISSN 1007-8738
国内统一刊号：CN 61-1304/R
国际邮发代号：BM4882
地址：陕西省西安市长乐西路 169 号第四军医大学《细胞与分子免疫学杂志》编辑部
邮政编码：710032
电话：029-84774550
Email：immuedit@fmmu.edu.cn

期刊名称：《西北国防医学杂志》
主管单位：兰州军区政治部宣传部
主办单位：兰州军区联勤部卫生部
主编：王秦玲
编辑部主任：王秦玲　蔡琳
刊期：双月刊
国际标准刊号：ISSN 1007-8622
国内统一刊号：CN 61-1033/R
邮发代号：54-101
地址：甘肃省兰州市小西湖西街 98 号
邮编：730050
电话：0931-8994616
Email：xbgy@263.net

期刊名称：《西北药学杂志》
主管单位：陕西省教育厅
主办单位：西安交通大学　陕西省药学会
主编：杨世民　　编辑部主任：屈清慧
刊期：双月刊
国际标准刊号：ISSN 1004-2407
国内统一刊号：CN 61-1108/R
邮发代号：52-106
地址：陕西省西安市雁塔西路 76 号西安交通大学医学校区药学系　　邮编：710061
电话：029-82655134
Email：xbyxzz@xjtu.edu.cn
网址：xbyz.cbpt.cnki.net

期刊名称：《西北医学教育》
主管单位：陕西省科学技术协会
主办单位：西安交通大学
陕西省医学会
主编：邱曙东
刊期：双月刊
国际标准刊号：ISSN 1006-2769
国内统一刊号：CN 61-1257/G4
邮发代号：52-133
地址：陕西省西安市雁塔西路 76 号 12 信箱
邮编：710061
电话：029-82657860
Email：xbyj@mail.xjtu.edu.cn
网址：xbyx.cbpt.cnki.net

期刊名称：《西部医学》
主管单位：四川省卫生厅
主办单位：四川省南充市中心医院
主编：李光明　何兴华（执行）
编辑部主任：何兴华
刊期：月刊
国际标准刊号：ISSN 1672-3511
国内统一刊号：CN 51-1654/R
邮发代号：62-243
地址：四川省成都市武侯区浆洗街 8 号国嘉南苑 10F-6 号　　邮编：610041
电话：028-85570072　85588403
Email：xibu@chinajournal.net.cn
网址：www.xbyxqk.cn

期刊名称：《西部中医药》
主管单位：甘肃省卫生厅
主办单位：甘肃中医药研究院
主编：潘文
编辑部主任：康开彪
刊期：月刊
国际标准刊号：ISSN 1004-6852
国内统一刊号：CN 62-1204/R
邮发代号：54-78
地址：甘肃省兰州市七里河区瓜州路 418 号
邮编：730050
电话：0931-2337364
Email：gszyyk@126.com

期刊名称：《西南国防医药》
主管单位：成都军区联勤部卫生部
主办单位：成都军区医学科学技术委员会
主编：王国健　牛文忠
编辑部主任：牛文忠
刊期：旬刊
国际标准刊号：ISSN 1004-0188
国内统一刊号：CN 51-1361/R
邮发代号：自办发行
地址：四川省成都市锦江区天仙桥北路12号
邮编：610021
电话：028-86679082　86598516　86598539
Email：xinanguofang@126.com

期刊名称：《西南军医》
主管单位：中国人民解放军成都军区联勤部卫生部
主办单位：中国人民解放军成都军区总医院
主编：赵升阳
刊期：双月刊
国际标准刊号：ISSN 1672-7193
国内统一刊号：CN 51-1673/R
邮发代号：62-317
地址：四川省成都市金牛区蓉都大道270号成都军区总医院内
邮编：610083
电话：028-86570488
Email：xnjyzz@163.com
网址：www.xnjyzz.org

期刊名称：《现代保健》
主管单位：中华人民共和国卫生部
主办单位：中国保健协会
主编：郭敏
编辑部主任：杨硕
刊期：月刊
国际标准刊号：ISSN 1671-7821
国内统一刊号：CN 11-4855/R
邮发代号：82-198
地址：北京市丰台区文体路5号
邮编：100071
电话：010-51177808
Email：xdyxyj@163.com
网址：www.yxcxyj.com

期刊名称：《现代保健·医学创新研究杂志》
主管单位：中华人民共和国卫生部
主办单位：中国保健协会
主编：李永志
刊期：月刊
国际标准刊号：ISSN 1671-7821
国内统一刊号：CN 11-4855/R
邮发代号：82-189
地址：北京市丰台区文体路5号院
邮编：100071
电话：010-83637135
Email：xdyxyj@163.com
网址：www.yxcxyj.com

期刊名称：《现代电生理学杂志》
主管单位：河北省卫生厅
主办单位：河北省电生理学会
　　　　　河北省医科大学第四医院
主编：刘名顺
编辑部主任：刘青蕊
期刊：季刊
国际标准刊号：ISSN 1672-0458
国内统一刊号：CN 13-1327/R
邮发代号：18-295
地址：河北省石家庄市健康路12号
邮编：050011
电话：0311-86095213
Email：phjmep@tom.com

期刊名称：《现代妇产科进展》
主管单位：中华人民共和国教育部
主办单位：山东大学
主编：江森　孔兆华
编辑部主任：孙竹平
刊期：月刊
国际标准刊号：ISSN 1004-7379
国内统一刊号：CN 37-1211/R
邮发代号：24-104
地址：山东省济南市文化西路107号山东大学齐鲁医院
邮编：250012
电话：0531-82169201
Email：xdfckjz@sina.com

期刊名称：《现代护理》
主管单位：黑龙江省教育厅
主办单位：齐齐哈尔医学院
主编：胡凤岚
刊期：半月刊
国际标准刊号：ISSN 1009-9689
国内统一刊号：CN 23-1489/R
邮发代号：82-352
地址：北京市宣武区宣武门外大街香炉营东巷2号院1号楼7单元301室
邮编：100051
电话：010-83191170
Email：2848908169@qq.com

期刊名称：《现代健康人》
主管单位：重庆市科学技术协会
主办单位：重庆市科学技术协会
主编：王苏星
刊期：月刊
国际标准刊号：ISSN 1009-704X
国内统一刊号：CN 50-1133/R
邮发代号：78-118
地址：重庆市渝中区大坪长江支路10号
邮编：400013
电话：023-68757194
Email：xdjkr@21cn.com
网址：www.xdjkr.net

期刊名称：《现代检验医学杂志》
主管单位：陕西省卫生厅
主办单位：陕西省临床检验中心
陕西省人民医院
主编：刘勤社
编辑部主任：王华
刊期：双月刊
国际标准刊号：ISSN 1671-7414
国内统一刊号：CN 61-1398/R
邮发代号：52-116
地址：陕西省西安市友谊西路256号陕西省人民医院
邮编：710068
电话：029-85216794
Email：xdjyyx@126.com
网址：http://www.cnki.net

期刊名称：《现代口腔医学杂志》
主管单位：河北省卫生厅
主办单位：河北医科大学口腔医学院
主编：俞光岩
编辑部主任：王植三
刊期：双月刊
国际标准刊号：ISSN 1003-7632
国内统一刊号：CN 13-1070/R
邮发代号：18-59
地址：河北省石家庄市中山东路361号
邮编：050017
电话：0311-86064410
Email：xdkqyxzz@sohu.com

期刊名称：《现代临床护理》
主管单位：中华人民共和国教育部
主办单位：中山大学
主编：张振路
编辑部主任：郑志惠
刊期：月刊
国际标准刊号：ISSN 1671-8283
国内统一刊号：CN 44-1570/R
邮发代号：46-296
地址：广东省广州市中山二路58号中山大学附属第一医院　邮编：510080
电话：020-87755766-8050
Email：huli2002@21cn.net
网址：www.xdlchl.com

期刊名称：《现代临床医学》
主管单位：成都市卫生局
主办单位：成都市医学信息所　成都医学会
主编：丁烯
编辑部主任：贾曙光
刊期：双月刊
国际标准刊号：ISSN 1673-1557
国内统一刊号：CN 51-1688/R
邮发代号：62-222
地址：四川省成都市贝森南路18号
邮编：610091
电话：028-81710294
Email：cdyy@vip.163.com
网址：www.24h.gov.cn

期刊名称：《现代泌尿生殖肿瘤杂志》
主管单位：中华人民共和国教育部
主办单位：华中科技大学
主编：那彦群　叶章群
编辑部主任：甘友斌
刊期：双月刊
国际标准刊号：ISSN 1674-4624
国内统一刊号：CN 42-1790/R
邮发代号：38-156
地址：湖北省武汉市航空路13号同济医学院图书馆
邮编：430030
电话：027-83692502　83657957
Email：curo@vip.163.com
网址：curo.tjmu.edu.cn

期刊名称：《现代泌尿外科杂志》
主管单位：中华人民共和国教育部
主办单位：西安交通大学
主编：贺大林　编辑部主任：胡爱玲
邮发代号：双月刊
国际标准刊号：ISSN 1009-8291
国内统一刊号：CN 61-1374/R
刊期：52-244
地址：陕西省西安市雁塔西路76号　邮编：710061
电话：029-82657054
Email：xdmnwk@126.com
网址：www.zgmnwk.com

期刊名称：《现代生物医学进展》
主管单位：黑龙江省卫生厅
主办单位：黑龙江省红十字医院
　　　　　哈尔滨医科大学附属第四医院
主编：申宝忠
编辑部主任：刘同奎
刊期：半月刊
国际标准刊号：ISSN 1673-6273
国内统一刊号：CN 23-1544/R
邮发代号：14-12
地址：黑龙江省哈尔滨市54号信箱 哈尔滨市花园街184号　邮编：150001
电话：0451-53658268
Email：biomagnetism@163.com
网址：www.shengwuyixue.com

期刊名称：《现代实用医学》
主管单位：浙江省卫生厅
主办单位：宁波市医学会
　　　　　宁波市医学信息研究所
主编：徐薇
刊期：月刊
国际标准刊号：ISSN 1671-0800
国内统一刊号：CN 33-1268/R
邮发代号：32-121
地址：浙江省宁波市迎凤街21-23号
邮编：315010
电话：0574-87326759　87293011
Email：xdsyyx@126.com

期刊名称：《现代消化及介入诊疗 》
主管单位：广东省卫生厅
主办单位：广东省医学学术交流中心
主编：张万岱
编辑部主任：张振书
刊期：双月刊
国际标准刊号：ISSN 1672-2159
国内统一刊号：CN 44-1580/R
邮发代号：46-356　M4270（国外）
地址：广东省广州市广州大道北1838号南方医科大学南方医院
邮编：510515
电话：020-61641547
Email：jmdi@vip.163.com

期刊名称：《现代养生》
主管单位：河北省卫生厅
主办单位：河北省医疗气功医院
主编：陈家忠
编辑部主任：徐晓毅
刊期：半月刊
国际标准刊号：ISSN 1671-0223
国内统一刊号：CN 13-1305/R
邮发代号：18-99
地址：河北省北戴河海滨东经路198号
邮编：066100
电话：0335-4041257　4034209
Email：xdyszzs@126.com　xdyszzs@sina.com
网址：www.xdyangsheng.com

期刊名称：《现代养生 B》
主管单位：河北省卫生厅
主办单位：河北省医疗气功医院
主编：田向阳
编辑部主任：张月亭
刊期：半月刊
国际标准刊号：ISSN 1671-0223
国内统一刊号：CN 13-1305/R
邮发代号：18-245
地址：北京市石景山区七星园新华社第二工作区 26-901
邮编：100040
电话：010-56227554
Email：ljwh09@sina.com
网址：www.xdyangsheng.com

期刊名称：《现代药物与临床》
主管单位：天津市科技技术委员会
主办单位：天津药物研究院 中国药学会
主编：邹美香
编辑部主任：解学星
刊期：双月刊
国际标准刊号：ISSN 1674-5515
国内统一刊号：CN 12-1407/R
邮发代号：自办发行
地址：天津市南开区鞍山西道 308 号
邮编：300193
电话：022-23006823
Email：dc@tiprpress.com
网址：www.tiprpress.com

期刊名称：《现代医学》
主管单位：中华人民共和国教育部
主办单位：东南大学
主编：唐萌
刊期：双月刊
国际标准刊号：ISSN 1671-7562
国内统一刊号：CN 32-1659/R
邮发代号：28-69
地址：江苏省南京市丁家桥 87 号
邮编：210009
电话：025-83272479　83272481
Email：xdyx@pub.seu.edu.cn
网址：www.xdyx.org.cn

期刊名称：《现代医药卫生》
主管单位：重庆市卫生局
主办单位：重庆厂矿卫生管理协会
主编：杜晓峰
编辑部主任：何敏
刊期：半月刊
国际标准刊号：ISSN 1009-5519
国内统一刊号：CN 50-1129/R
邮发代号：78-47
地址：重庆市渝中区人民路 148 号
邮编：400015
电话：023-63853583　63621701
Email：xdyyws@vip.126.com
网址：xdyy.jourserv.com

期刊名称：《现代医用影像学》
主管单位：陕西省卫生厅
主办单位：陕西省肿瘤防治研究所　陕西省肿瘤医院
《现代医用影像学》杂志社
主编：窦克菲
编辑部主任：邢海凤
刊期：双月刊
国际标准刊号：ISSN 1006-7035
国内统一刊号：CN 61-1289/R
邮发代号：52-147
地址：陕西省西安市南二环路西段祥和花园
邮编：710068
电话：029-85225982　85219414

期刊名称：《现代医院》
主管单位：广东省医院协会
主办单位：广东省医院协会
主编：梁若椏　编辑部主任：陈冰
刊期：月刊
国际标准刊号：ISSN 1671-332X
国内统一刊号：CN 44-1534/Z
邮发代号：46-249
地址：广东省广州市惠福西路进步里 2 号之一
邮编：510180
电话：020-83310901　83310902
Email：xxddy@163.com
网址：www.xdyy.net

期刊名称：《现代医院管理》
主管单位：中华人民共和国卫生部
主办单位：中国医院协会　中国医科大学
主编：郭启勇
编辑部主任：马兰
刊期：双月刊
国际标准刊号：ISSN 1672-4232
国内统一刊号：CN 21-1490/R
邮发代号：8-90
地址：辽宁省沈阳市和平区三好街36号中国医大盛京医院8号楼5楼
邮编：110004
电话：024-96615转13749　23840326
Email：xdyygl@sina.com
网址：www.xdyygl.com.cn

期刊名称：《现代预防医学》
主管单位：中华人民共和国卫生部
主办单位：中华预防医学会
四川大学华西公共卫生学院
主 编：李晓松　编辑部主任：宛小燕
刊 期：半月刊
国际标准刊号：ISSN 1003-8507
国内统一刊号：CN 51-1365/R
邮发代号：62-183
地址：四川省成都市人民南路三段17号《现代预防医学》杂志社　邮编：610041
电话：028-85503354
Email：mpmbjb@163.com
网址：www.xdyfyx.com

期刊名称：《现代诊断与治疗》
主管单位：南昌市卫生局
主办单位：南昌市医学会　南昌市医学科学研究所
主编：邹国华
刊期：双月刊
国际标准刊号：ISSN 1001-8174
国内统一刊号：CN 36-1160/R
邮发代号：44-60
地址：江西省南昌市何坊西路168号
邮编：330001
电话：0791-5203402
Email：xdzd@chinajournal.net.cn　xdzd@163.com

期刊名称：《现代肿瘤医学》
主管单位：陕西省科学技术协会
主办单位：中国抗癌协会　陕西省抗癌协会
陕西省肿瘤防治研究所　陕西省医学会
主编：李树业
刊期：月刊
国际标准刊号：ISSN 1008-7001
国内统一刊号：CN 61-1344/R
邮发代号：52-297
地址：陕西省西安市雁塔西路309号　邮编：710061
电话：029-85276012　85277356
Email：xdzlyx@263.net
网址：www.XDZLYX.com

期刊名称：《现代中西医结合杂志》
主管单位：河北省科学技术协会
主办单位：中国中西医结合学会河北分会
中华中医药学会
主编：戴砚田
编辑部主任：赵磊
刊期：旬刊
国际标准刊号：ISSN 1008-8849
国内统一刊号：CN 13-1283/R
邮发代号：18-167
地址：河北省石家庄市北城路35号万信花园D区8号楼1单元201室　邮编：050061
电话：0311-87738668
Email：xdjh126@126.com

期刊名称：《现代中药研究与实践》
主管单位：安徽省教育厅
主办单位：安徽中医药高等专科学校
中华中医药学会中药鉴定委员会
主编：胡世林　赵国胜
编辑部主任：王道玉
刊期：双月刊
国际标准刊号：ISSN 1673-6427
国内统一刊号：CN 34-1267/R
邮发代号：26-85
地址：安徽省芜湖市乌霞山西路18号　邮编：241002
电话：0553-4836136　4836139
Email：jczy@chinajournal.net.cn
网址：jzzy.chinajournal.net.cn

期刊名称：《现代中医药》
主管单位：陕西省教育厅
主办单位：陕西中医学院 中华中医药学会
主编：张喜德
刊期：双月刊
国际标准刊号：ISSN 1672-0571
国内统一刊号：CN 61-1397/R
邮发代号：52-23
地址：陕西省咸阳市世纪大道中段
邮编：712046
电话：029-38185250
Email：shxzhzs@163.com
网址：xdzy.chinajouynal.net.cn

期刊名称：《咸宁学院学报（医学版）》
主管单位：湖北省教育厅
主办单位：咸宁学院
主编：吴基良
编辑部主任：王汉生
刊期：双月刊
国际标准刊号：ISSN 1008-0635
国内统一刊号：CN 42-1719/R
邮发代号：自办发行
地址：湖北省咸宁市温泉咸宁大道 88 号
邮编：437100
电话：0715-8266018
Email：qikantg@126.com

期刊名称：《湘南学院学报（医学版）》
主管单位：湖南省卫生厅
主办单位：湘南学院
主编：陈家玉
编辑部主任：曹石珠
刊期：双月刊
国际标准刊号：ISSN 1673-498X
国内统一刊号：CN 43-1464/R
邮发代号：12-35
地址：湖南省郴州市苏仙北路 8 号
邮编：423000
电话：0735-2865219
Emai：xnxyyxb@163.com
网址：www.xnumed.com

期刊名称：《湘南学院学报（英文版）》
主管单位：湖南省卫生厅
主办单位：湘南学院
主编：陈家玉
编辑部主任：曹石珠
刊期：双月刊
国际标准刊号：ISSN 1673-498X
国内统一刊号：CN 43-1464/R
邮发代号：12-35
地址：湖南省郴州市苏仙北路 8 号
邮政编码：423000
电话：0735-2865219
Email：xnxyyxb@163.com
网址：www.xnumed.com

期刊名称：《消化肿瘤杂志（电子版）》
主管单位：中华人民共和国卫生部
主办单位：人民卫生出版社
主编：何裕隆
编辑部主任：蔡世荣
刊期：季刊
国际标准刊号：ISSN 1674-7402
国内统一刊号：CN 11-9301/R
邮发代号：自办发行
地址：广东省广州市中山二路 58 号
邮编：510080
电话：020-87755766-8664
Email：digestiveoncology@tom.com

期刊名称：《协和医学杂志》
主管单位：中华人民共和国卫生部
主办单位：中国医学科学院 北京协和医院
主编：赵玉沛
编辑部主任：钟紫红
刊期：季刊
国际标准刊号：ISSN 1674-9081
国内统一刊号：CN 11-5882/R
邮发代号：2-719
地址：北京市东城区王府井帅府园 1 号
邮编：100730
电话：010-69154261
Email：mjpumch@126.com

期刊名称：《心电与循环》
主管单位：浙江省卫生厅
主办单位：浙江省医学会
主编：王建安
编辑部主任：钱元俭
刊期：双月刊
国际标准刊号：ISSN 1002-1094
国内统一刊号：CN 33-1124/R
邮发代号：32-61
地址：浙江省杭州市武林广场浙江省科协大楼
邮编：310003
电话：0571-87567813　87567809
Email：hzxdx@yahoo.com.cn

期刊名称：《心肺血管病杂志 》
主管单位：北京市卫生局
主办单位：北京市心肺血管疾病研究所
首都医科大学附属北京安贞医院
主编：陈宝田　编辑部主任：张虹
刊期：双月刊
国际标准刊号：ISSN 1007-5062
国内统一刊号：CN 11-3097/R
邮发代号：82-636
地址：北京市朝阳区安定门外安贞医院内
邮编：100029
电话：010-64456220
Email：xfxg8888@163.com
网址：www.xfxz.cbpt.cnki.net

期刊名称：《心理发展与教育》
主管单位：中华人民共和国教育部
主办单位：北京师范大学
主编：林崇德
编辑部主任：刘霞
刊期：双月刊
国际标准刊号：ISSN 1001-4918
国内统一刊号：CN 11-1608/B
邮发代号：2-913
地址：北京市新街口外大街 19 号发展心理研究所
《心理发展与教育》编辑部　邮编：100875
电话：010-58807700
Email：pdae@bnu.edu.cn
网址：www.devpsy.com.cn

期刊名称：《心理科学》
主管单位：中国科学技术学会
主办单位：中国心理学会
主编：李其维
刊期：双月刊
国际标准刊号：ISSN 1671-6981
国内统一刊号：CN 31-1582/B
邮发代号：4-317
地址：上海市中山北路 3663 号华东师范大学（内）
田家炳楼 1202 室《心理科学》编辑部
邮编：200062
电话：021-62232236
Email：xinlikexue@vip.163.com

期刊名称：《心理科学进展》
主管单位：中国科学院
主办单位：中国科学院心理研究所
主编：隋南
编辑部主任：邱炳武
期刊：月刊
国际标准刊号：ISSN 1671-3710
国内统一刊号：CN 11-4766/R
邮发代号：2-938
地址：北京市朝阳区林萃路 16 号院 中国科学院心理研究所《心理科学进展》编辑部
邮编：100101
电话：010-64850861
Email：qiubw@psych.ac.cn

期刊名称：《心理学报》
主管单位：中国科学技术协会
主办单位：中国心理学会　中国科学院心理研究所
主编：林文娟
编辑部主任：邱炳武
刊期：月刊
国际标准刊号：ISSN　0439-755X
国内统一刊号：CN　11-1911/B
邮发代号：82-12　Q147（国外发行代号）
地址：北京市朝阳区林萃路 16 号院中国科学院心理研究所《心理学报》编辑部
邮编：100101
电话：010-64850861
Email：qiubw@psych.ac.cn

期刊名称：《心理学探新》
主管单位：江西省教育厅
主办单位：江西师范大学
主编：胡竹菁
刊期：双月刊
国际标准刊号：ISSN 1003-5184
国内统一刊号：CN 36-1228/B
邮发代号：44-108
地址：江西南昌北京西路437号江西师范大学《心理学探新》编辑部
邮编：330027
电话：0791-8120281
Email：tanxin@nc.jx.cn
tanxin0791@sina.com

期刊名称：《心理研究》
主管单位：河南大学
主办单位：河南大学
主编：赵国祥
刊期：双月刊
国际标准刊号：ISSN 2095-1159
国内统一刊号：CN 41-1393/B
邮发代号：2-983
地址：河南省开封市明伦街85号
邮编：475001
电话：0378-2869137
Email：xinliyj@henu.edu.cn

期刊名称：《心理与健康》
主管单位：中国科学技术协会
主办单位：中国心理卫生协会
主编：蔡焯基
编辑部主任：李占江
刊期：月刊
国际标准刊号：ISSN 1005-7064
国内统一刊号：CN 11-3387/R
邮发代号：82-582
地址：北京市德胜门外安康胡同5号（北京安定医院内）
邮编：100088
电话：010-58303004
Email：wuqiongXL@163.com
网址：www.xlyjk.com

期刊名称：《心理月刊》
主管单位：国家体育总局
主办单位：中国体育报业总社
主编：范承玲
刊期：月刊
国际标准刊号：ISSN 1003-000X
国内统一刊号：CN 11-5488/R
邮发代号：82-402
地址：北京体育馆路8号
邮编：100061
电话：010-67101011

期刊名称：《心理与行为研究》
主管单位：天津市教育委员会
主办单位：天津师范大学心理与行为研究院
主编：白学军
编辑部主任：吴国来
刊期：双月刊
国际标准刊号：ISSN 1672-0628
国内统一刊号：CN 12-1348/B
邮发代号：6-178
地址：天津市河西区吴家窑大街57号增1号
天津师范大学八里台校区106#信箱
邮编：300074
电话：022-23540172/8222
Email：wuguolai@126.com
网址：journal.psytj.net

期刊名称：《心脑血管病防治》
主管单位：浙江省卫生厅
主办单位：浙江省心脑血管病防治办公室
浙江省预防医学会　浙江医院
主编：金宏义
编辑部主任：唐新华　郑海农
刊期：双月刊
国际标准刊号：ISSN 1009-816X
国内统一刊号：CN 33-1252/R
邮发代号：自办发行
地址：浙江省杭州市灵隐路12号浙江医院5号楼
邮编：310013
电话：0571-87962132　87987373-5182
Email：xnxgbfz@163.com

期刊名称：《新疆医科大学学报》
主管单位：新疆维吾尔自治区教育厅
主办单位：新疆医科大学
主编：哈木拉提·吾甫尔
刊期：月刊
国际标准刊号：ISSN 1009-5551
国内统一刊号：CN 65-1204/R
邮发代号：58-100
地址：新疆维吾尔自治区乌鲁木齐市新医路 393 号
邮编：830011
电话：0991-4366313　4365141　4362335
Email：xjykdxxb@163.com
网址：xjmuxb.yywkt.cn

期刊名称：《新疆医学》
主管单位：新疆维吾尔自治区卫生厅
主办单位：新疆维吾尔自治区医学会
主编：姜波
刊期：月刊
国际标准刊号：ISSN 1001-5183
国内统一刊号：CN 65-1070/R
邮发代号：58-82
地址：新疆维吾尔自治区乌鲁木齐市龙泉街 191 号
邮编：830004
电话：0991-8559596　8569011
Email：xjyx0991@sina.com

期刊名称：《新疆中医药》
主管单位：新疆维吾尔自治区卫生厅
主办单位：新疆维吾尔自治区中医药学会
主编：牟全胜
编辑部主任：柯刚
刊期：双月刊
国际标准刊号：ISSN 1009-3931
国内统一刊号：CN 65-1067/R
邮发代号：58-88
地址：新疆维吾尔自治区乌鲁木齐市天山区龙泉街 191 号
邮编：830004
电话：0991-8561035
Email：xjzyybjb@163.com

期刊名称：《新乡医学院学报》
主管单位：新乡医学院
主办单位：新乡医学院
主编：李东亮
编辑部主任：徐刚珍
刊期：双月刊
国际标准刊号：ISSN 1004-7239
国内统一刊号：CN 41-1186/R
邮发代号：36-145
地址：河南省新乡市金穗大道东段新乡医学院院内
邮编：453003
电话：0373-3029086
Email：xxyxyxb@163.com
网址：www.xxyxyxb.com

期刊名称：《心血管病防治知识（下半月)》
主管单位：中国广东科学技术协会
主办单位：广东介入心脏学会
广东岭南心血管病研究所
主编：冯建章
刊期：双月刊
国际标准刊号：ISSN 1672-3015
国内统一刊号：CN 44-1581/R
邮发代号：46-192
地址：广东省广州市越秀区东川路 96 号广东省心血管病医院英东楼 209 室　邮编：510080
电话：020-83868176
Email：gzxxgbfzzs@163.com
网址：www.heartpt.com/Index.aspx

期刊名称：《心血管病学进展 》
主管单位：成都市卫生局
主办单位：成都市心血管病研究所
成都市第三人民医院
主编：赵聪
编辑部主任：姜兰
刊期：双月刊
国际标准刊号：ISSN 1004-3934
国内统一刊号：CN 51-1187/R
邮发代号：62-165
地址：四川省成都市青龙街 82 号　邮编：610031
电话：028-61318656
Email：xxgbxjzcd@aliyun.com

期刊名称：《心血管康复医学杂志》
主管单位：福建省科学技术协会
主办单位：福建省康复医学会
中国康复医学会
主编：刘江生
刊期：双月刊
国际标准刊号：ISSN 1008-0074
国内统一刊号：CN 35-1193/R
邮发代号：34-83
地址：福建省福州市333号邮政信箱
邮编：350003
电话：0591-87841459 87831230
Email：xxgljs@163.com

期刊名称：《新医学》
主管单位：中华人民共和国教育部
主办单位：中山大学
主编：陈规划
刊期：月刊
国际标准刊号：ISSN 0253-9802
国内统一刊号：CN 44-1211/R
邮发代号：46-33
地址：广东省广州市中山二路74号
邮编：510089
电话：020-87331647
Email：xinyixuezazhi@163.com

期刊名称：《新中医》
主管单位：国家中医药管理局
主办单位：广州中医药大学 中华中医药学会
主编：郭桃美
刊期：月刊
国际标准刊号：ISSN 0256-7415
国内统一刊号：CN 44-1231/R
邮发代号：46-38
地址：广东省广州市机场路12号大院广州中医药大学
邮编：510405
电话：020-36585485 36585489
Email：139002863@qq.com

期刊名称：《心脏杂志》
主管单位：第四军医大学
主办单位：第四军医大学 中国老年保健医学研究会心脏学会 中国医药信息学会心功能学会
主编：裴建明
编辑部主任：樊荣
刊期：双月刊
国际标准刊号：ISSN 1009-7236
国内统一刊号：CN 61-1268/R
邮发代号：52-131
地址：陕西省西安市长乐西路169号
邮编：710032
电话：029-84774525
Email：xinzang@fmmu.edu.cn
网址：www.heartj.cn

期刊名称：《徐州医学院学报》
主管单位：江苏省教育厅
主办单位：徐州医学院
主编：吴永平
编辑部主任：罗杰
刊期：月刊
国际标准刊号：ISSN 1000-2065
国内统一刊号：CN 32-1248/R
邮发代号：28-156
地址：江苏省徐州市淮海西路84号
邮编：221002
电话：0516-85748483
Email：xzmcxb@xzmc.edu.cn
网址：www.xzmc.edu.cn

期刊名称：《血栓与止血学》
主管单位：广州医学院
主办单位：广州医学院第二附属医院
主编：刘泽霖
刊期：双月刊
国际标准刊号：ISSN 1009-6213
国内统一刊号：CN 44-1513/R
邮发代号：38-304
地址：广东省广州市昌岗东路250号
邮编：510260
电话：020-34152578 34152013
Email：liu15-303@163.com

期刊名称：《循证医学》
主管单位：广东省卫生厅
主办单位：广东省循证医学科研中心
广东省人民医院中山大学附属第三医院
主编：吴一龙
编辑部主任：于琳
刊期：双月刊
国际标准刊号：ISSN 1671-5144
国内统一刊号：CN 44-1548/R
邮发代号：46-326
地址：广东省广州市中山二路 106 号省人民医院
邮编：510080　电话：020-83844620
Email：xzyxzz@163.net
网址：www.jebm.cn

Y

期刊名称：《亚太传统医药》
主管单位：湖北省科技厅
主办单位：中国民族医药学会
湖北省科技信息研究院
主编：焉良　编辑部主任：宋刚勇
刊期：半月刊
国际标准刊号：ISSN 1673-2197
国内统一刊号：CN 42-1727/R
邮发代号：38-143
地址：湖北省武汉市武昌洪山路 2 号省科教大厦 D 座 5 楼　邮编：430071
电话：027-59706853
Email：ytctyy@126.com
网址：www.aptm.com.cn

期刊名称：《牙体牙髓牙周病学杂志》
主管单位：第四军医大学
主办单位：第四军医大学口腔医学院
主编：倪龙兴　刊期：月刊
国际标准刊号：ISSN 1005-2593
国内统一刊号：CN 61-1254/R
邮发代号：52-128
地址：陕西省西安市长乐西路 145 号第四军医大学口腔学院　邮编：710032
电话：029-84776082
Email：kqytbk@fmmu.edu.cn

期刊名称：《亚洲男性学杂志（英文版）》
主管单位：中国科学院
主办单位：中科院上海药物研究所
上海交通大学
主编：王一飞
编辑部主任：郑芳珠
刊期：双月刊
国际标准刊号：ISSN 1008-682X
国内统一刊号：CN 31-1795/R
邮发代号：4-648
地址：上海市徐汇区太原路 294 号 16 号楼 302 号
邮编：200031
电话：021-54922824
Email：aja@sibs.ac.cn

期刊名称：《延安大学学报（医学科学版）》
主管单位：陕西省教育厅
主办单位：延安大学
主编：廉振民
编辑部主任：刘国荣
刊期：季刊
国际标准刊号：ISSN 1672-2639
国内统一刊号：CN 61-1408/R
邮发代号：52-241
地址：陕西省延安市杨家岭延安大学附属医院
邮编：716000
电话：0911-2881039
Email：ydyxb1039@sina.com
网址：xuebao.yau.edu.cn

期刊名称：《延边大学医学学报》
主管单位：吉林省教育厅
主办单位：延边大学
主编：金昱
编辑部主任：方金女
刊期：季刊
国际标准刊号：ISSN 1000-1824
国内统一刊号：CN 22-1260/R
邮发代号：12-35
地址：吉林省延吉市局子街 1327 号
邮编：133000
电话：0433-2660262
Email：yxxb@ybu.edu.cn

期刊名称：《眼科》
主管单位：中华人民共和国卫生部
主办单位：中日友好医院　北京同仁医院
　　　　　北京市眼科研究所
主编：徐亮
编辑部主任：李建军
刊期：双月刊
国际标准刊号：ISSN 1004-4469
国内统一刊号：CN 11-3025/R
邮发代号：82-578
地址：北京市东城区崇内大街后沟胡同 17 号
邮编：100005
电话：010-65288427
Email：bioi@sina.com

期刊名称：《眼科新进展》
主管单位：新乡医学院
主办单位：新乡医学院
主编：杨尊之
编辑部主任：刘雪立
刊期：月刊
国际标准刊号：ISSN 1003-5141
国内统一刊号：CN 41-1105/R
邮发代号：36-42
地址：河南省新乡市金穗大道东段新乡医学院
邮编：453003
电话：0373-3029404
Email：ykxjz@xxmc.edu.cn
网址：www.ykxjz.com

期刊名称：《眼科学报（英文版）》
主管单位：中华人民共和国教育部
主办单位：中山大学
主编：葛坚
刊期：季刊
国际标准刊号：ISSN 1000-4432
国内统一刊号：CN 44-1119/R
邮发代号：46-304
地址：广东省广州市先烈南路 54 号
邮编：510060
电话：020-87333099
Email：eyes@mail.sysu.edu.cn

期刊名称：《养生保健指南》（中旬刊）
主管单位：内蒙古新华报业中心
主办单位：内蒙古新华报业中心
主编：高彦锋
编辑部主任：孙霞
刊期：月刊
国际标准刊号：ISSN 1006-6845
国内统一刊号：CN 15-1353/R
邮发代号：16-420
地址：北京市海淀区清华大学 84-182 信箱
邮编：100084
电话：010-57456913/17　57455610/1
Email：baojianzhinan@163.com
网址：www.baojianzhinan.com

期刊名称：《养生大世界 A 版》
主管单位：中国老年保健协会
主办单位：中国老年保健协会
主编：李深
刊期：月刊
国际标准刊号：ISSN 1671-2269
国内统一刊号：CN 11-4709/Z
邮发代号：82-997
地址：北京市宣武区宣外大街 6 号庄胜广场北办公楼
　　　西翼 1007 室
邮编：100052
电话：010-63101620
E-mail：bjb@yangsheng.sina.net

期刊名称：《养生大世界 B 版》
主管单位：中国老年保健协会
主办单位：中国老年保健协会
主编：王青玉
刊期：月刊
国际标准刊号：ISSN 1671-2269
国内统一刊号：CN 11-4709/Z
邮发代号：82-928
地址：北京市通州区新华大街 171 号怡佳家园 1-2201
邮编：101100
电话：010-89501909
Email：yshdsj@sina.com
网址：www.yshdsj.zk.cn

期刊名称：《养生月刊》
主管单位：浙江省中医药管理局
主办单位：浙江省中医药研究院
主编：陈永灿 （社长兼主编）
刊期：月刊
国际标准刊号：ISSN 1671-1734
国内统一刊号：CN 33-1265/R
邮发代号：12-32
地址：浙江省杭州市天目山路 132 号
邮编：310007
电话：0571-88849074
Email：ysyk1980@163.com
网址：www.zjtcm.gov.cn

期刊名称：《药品评价》
主管单位：江西省食品药品监督管理局
主办单位：江西省药学会
主编：高国兰
编辑部主任：谭志学
刊期：月刊
国际标准刊号：ISSN 1672-2809
国内统一刊号：CN 36-1259/R
邮发代号：44-58
地址：江西省南昌市省府大院南一路 12 号
　　　北京市朝阳区安外北苑路 3 号院
邮编：330046
电话：010-51099090　0791-6279953
Email：yppj2004@163.com

期刊名称：《药物不良反应杂志》
主管单位：中国科学技术协会
主办单位：中华医学会
总编：王育琴
刊期：双月刊
国际标准刊号：ISSN 1008-5734
国内统一刊号：CN 11-4015/R
邮发代号：2-420
地址：北京市西城区长椿街 45 号
邮编：100053
电话：010-83198246
Email：cadrj@sina.com
网址：www.cadrj.com

期刊名称：《药物分析杂志》
主管单位：中国科学技术协会
主办单位：中国药学会
主编：金少鸿
编辑部主任：杨腊虎
刊期：月刊
国际标准刊号：ISSN 0254-1793
国内统一刊号：CN 11-2224/R
邮发代号：2-237
地址：北京市东城区天坛西里 2 号　邮编：100050
电话：010 67095772
Email：ywfx@nicpbp.org.cn
网址：www.ywfxzz.cn

期刊名称：《药物流行病学杂志》
主管单位：中国科学技术协会
主办单位：中国药学会
　　　　　武汉医药 (集团) 股份有限公司
主编：曾繁典
编辑部主任：颜敏华
刊期：月刊
国际标准刊号：ISSN 1005-0698
国内统一刊号：CN 42-1333/R
邮发代号：38-187
地址：湖北省武汉市兰陵路 2 号　邮编：430014
电话：027-82835077　82778580
Email：acjpe077@public.wh.hb.cn
　　　cnjpetg@163.com（投稿）
网址：www.cnjpe.org

期刊名称：《药物生物技术》
主管单位：中华人民共和国教育部　国家食品药品监督管理局　中国科学技术协会
主办单位：中国药科大学中国医药科技出版社
　　　　　中国药学会
主编：吴梧桐　编辑部主任：吴文俊
刊期：双月刊
国际标准刊号：ISSN 1005-8915
国内统一刊号：CN 32-1488/R
邮发代号：28-243
地址：江苏省南京市童家巷 24 号　邮编：210009
电话：025-83220372
Email：ywswjs@cpu.edu.cn

期刊名称：《药物与人》
主管单位：北京市药品监督管理局
主办单位：北京药学会
主编：刘之椰
编辑部主任：李国泰
刊期：月刊
国际标准刊号：ISSN 1002-3763
国内统一刊号：CN 11-2233/R
邮发代号：82-624
地址：北京市朝阳区安贞西里仟村商务大厦A座1402室 邮编：100029
电话：010-64425272

期刊名称：《药学服务与研究》
主管单位：第二军医大学
主办单位：第二军医大学
主编：胡晋红
编辑部主任：姚春芳
刊期：双月刊
国际标准刊号：ISSN 1671-2838
国内统一刊号：CN 31-1877/R
邮发代号：4-706
地址：上海市杨浦区长海路168号
邮编：200433
电话：021-65519829 25074639
Email：PharmCR@163.com
网址：www.pcarjournal.net.cn

期刊名称：《药学教育》
主管单位：中华人民共和国教育部
主办单位：中国药科大学 广东药学院
中国医药教育协会
主编：吴晓明
编辑部主任：沙琴
刊期：双月刊
国际标准刊号：ISSN 1007-3531
国内统一刊号：CN 32-1352/G4
邮发代号：28-314
地址：江苏省南京市童家巷24号
邮编：210009
电话：025-83271476
Email：pharm@163.com
网址：qk.cpu.edu.cn/edu

期刊名称：《药学进展》
主管单位：中华人民共和国教育部
主办单位：中国药科大学
主编：廖清江
编辑部主任：孙大柠
刊期：月刊
国际标准刊号：ISSN 1001-5094
国内统一刊号：CN 32-1109/R
邮发代号：28-112
地址：江苏省南京市童家巷24号中国药科大学内
邮编：210009
电话：025-83271475 83271227
Email：yxjz@cpu.edu.cn
网址：www.cpuyxjz.net

期刊名称：《药学实践杂志》
主管单位：第二军医大学
主办单位：第二军医大学
中国药学会药事管理专业委员会
主编：柴逸峰
编辑部主任：陈盛新
刊期：双月刊
国际标准刊号：ISSN 1006-0111
国内统一刊号：CN 31-1685/R
邮发代号：4-664
地址：上海市杨浦区国和路325号 邮编：200433
电话：021-81871321-21 81871325
Email：yxsjzzs@163.com 网址：www.yxsjzz.cn

期刊名称：《药学学报》
主管单位：中国科学技术协会
主办单位：中国药学会 中国医学科学院药物研究所
主编：王晓良
编辑部主任：郑爱莲
刊期：月刊
国际标准刊号：ISSN 0513-4870
国内统一刊号：CN 11-2163/R
邮发代号：2-233
地址：北京市宣武区先农坛街1号
邮编：100050
电话：010-63026192
Email：yxxb@imm.ac.cn
网址：www.yxxb.com.cn

期刊名称：《药学与临床研究》
主管单位：江苏省食品药品监督管理局
主办单位：江苏省药学会
主编：王明时
编辑部主任：袁东海
刊期：双月刊
国际标准刊号：ISSN 1673-7806
国内统一刊号：CN 32-1773/R
邮发代号：28-371
地址：江苏省南京市中山东路448号南大门607
邮编：210002
电话：025-84547112
Email：yxylcyj@163.com
网址：www.pcr.org.cn

期刊名称：《医疗卫生装备》
主管单位：中国人民解放军军事医学科学院
主办单位：军事医学科学院卫生装备研究所
主编：孙景工
编辑部主任：李玉坤
刊期：月刊
国际标准刊号：ISSN 1003-8868
国内统一刊号：CN 12-1053/R
邮发代号：6-32
地址：天津市河东区万东路106号
邮编：300161
电话：022-84656750　84656825　84656790
Email：ynws@chinajournal.net.cn
网址：www.ylwszb.cn

期刊名称：《医疗装备》
主管单位：北京市药监局
主办单位：国家食品药品监督管理局　北京医疗器械质量监督检验中心　北京市医疗器械检验所
主编：马永春
编辑部主任：马永春
刊期：月刊
国际标准刊号：ISSN 1002-2376
国内统一刊号：CN 11-2217/R
邮发代号：2-965
地址：北京市海淀区北三环中路2号　邮编：100011
电话：010-62024422-9236　62016364
Email：YLZBZZS@126.com

期刊名称：《疑难病杂志》
主管单位：中华人民共和国卫生部
主办单位：中国医师协会
主编：马智
刊期：月刊
国际标准刊号：ISSN 1671-6450
国内统一刊号：CN 13-1316/R
邮发代号：18-187
地址：河北省石家庄市天山大街238号
邮编：050035
电话：0311-85901735
Email：ynbzz@163.com
网址：www.ynbzz.com

期刊名称：《医学参考报》
主管单位：中华人民共和国卫生部
主办单位：中国水利电力医学科学技术学会
主编：乔政
编辑部主任：王晓燕
刊期：周报
报号：CN-0269
邮发代号：自办发行
地址：北京市西城区红莲南路30号7层
邮编：100055
电话：010-63265066　63497683
Email：editor.ditan@gmail.com

期刊名称：《医学动物防制》
主管单位：中国民主促进会河北省委员会
主办单位：中国民主促进会河北省委员会
　　　　　中华预防医学会
主编：段利国
编辑部主任：王玉霞
刊期：月刊
国际标准刊号：ISSN 1003-6245
国内统一刊号：CN 13-1068/R
邮发代号：18-335
地址：河北省石家庄市平安北大街99号
邮编：050011
电话：0311-86992439　87226188
Email：yxdwfz888@163.com
网址：www.yxdwfz.com

期刊名称：《医学分子生物学杂志》
主管单位：中华人民共和国教育部
主办单位：华中科技大学同济医学院
主编：邓耀祖
刊期：双月刊
国际标准刊号：ISSN 1672-8009
国内统一刊号：CN 42-1720/R
邮发代号：38-35
地址：湖北省武汉市航空路 13 号
邮编：430030
电话：027-83692515
Email：fzsw@mails.tjmu.edu.cn

期刊名称：《医学检验与临床》
主管单位：山东省卫生厅
主办单位：山东省千佛山医院
主编：袭燕
编辑部主任：林梅清
刊期：双月刊
国际标准刊号：1673-5013
国内统一刊号：37-1443/R
地址：山东省济南市经十路 16766 号
邮编：250014
电话：0531-82962100
Email：yxjyylc@163.com
网址：www.medimg.org

期刊名称：《医学理论与实践》
主管单位：河北省科学技术协会
主办单位：河北省预防医学会　河北省药学会
主编：宋玉华
编辑部主任：吴明启
刊期：半月刊
国际标准刊号：ISSN 1001-7585
国内统一刊号：CN 13-1122/R
邮发代号：18-104
地址：河北省石家庄市农科路 1 号第 46 号信箱
邮编：050051
电话：0311-87306708
Email：yxzz601@188.com
网址：www.yixuezazhi.com

期刊名称：《医学临床研究》
主管单位：湖南省卫生厅
主办单位：湖南省医学会
主编：詹道友
编辑部主任：王泸湘
刊期：月刊
国际标准刊号：ISSN 1671-7171
国内统一刊号：CN 43-1382/R
邮发代号：42-13
地址：湖南省长沙市湘雅路 30 号
邮编：410008
电话：0731-84824007
Email：jcr_cs.hn@vip.163.com
网址：hnzy.chinajournal.net.cn

期刊名称：《医学美学美容》（财智）
主管单位：陕西省东方美容文化研究所
主办单位：陕西省东方美容文化研究所
主编：王鼎钧
编辑部主任：王立军
刊期：旬刊
国际标准刊号：ISSN 1004-4949
国内统一刊号：CN 61-1231/R
邮编代号：52-205
地址：陕西省西安市新科路 1 号东兴科技大厦 12 层（西安市 188 号信箱）　邮编：710043
电话：029-82251091-8822
Email：caizhi@1m9m.com
网址：www.1m9m.com

期刊名称：《医学美学美容》（瘦佳人）
主管单位：陕西省东方美容文化研究所
主办单位：陕西省东方美容文化研究所
主编：王鼎钧　程莉
编辑部主任：程莉
刊期：旬刊
国际标准刊号：ISSN 1004-4949
国内统一刊号：CN 61-1231/R
邮发代号：52-96
地址：陕西省西安市 188 号信箱《瘦佳人》
邮编：710043
电话：029-82251091-8825
Email：sjrzazhie@163.com

期刊名称：《医学美学美容》（中旬刊）
主管单位：陕西省东方美容文化研究所
主办单位：陕西省东方美容文化研究所
主编：孙夏
编辑部主任：沈静
刊期：旬刊
国际标准刊号：ISSN 1004-4949
国内统一刊号：CN 61-1231/R
邮发代号：52-96
地址：北京市昌平区政府街邮局 4 号信箱
邮编：102200
电话：010-57456913　57455610
Email：yixue1152@126.com
网址：www.yxxzzz.com

期刊名称：《医学前沿》
主管单位：中华人民共和国教育部
主办单位：高等教育出版社
主编：吴孟超　陈孝平
刊期：季刊
国际标准刊号：ISSN 2095-0217
国内统一刊号：CN 11-5983/R
邮发代号：80-967
地址：北京市朝阳区惠新东街 4 号富盛大厦 15 层
邮编：100029
电话：010-58556313

期刊名称：《医学信息》
主管单位：中华人民共和国科学技术部
主办单位：国家卫生部信息化管理领导小组
　　　　　中国电子学会中国医药信息学分会
　　　　　陕西文博生物信息工程研究所
主编：常安
刊期：旬刊
国际标准刊号：ISSN 1006-1959
国内统一刊号：CN 61-1278/R
邮发代号：52-88
地址：陕西省西安市新科路 1 号东兴大厦 12 层
邮编：710043
电话：029-82213414　82251091-8836
Email：yxxx1987@126.com
网址：yxxx.chinajournal.net.cn

期刊名称：《医学信息》（下旬刊）
主管单位：中华人民共和国科学技术部
主办单位：中华中药学会中医美容分会
　　　　　陕西文博生物信息研究所
主编：辛映继
刊期：旬刊
国际标准刊号：ISSN 1006-1959
国内统一刊号：CN 61-1278/R
邮发代号：52-98
地址：北京市西城区 100088-166 信箱
邮编：100088
电话：010-69712694　87137725
Email：baiguo58@163.com
网址：www.zgbjzz.com　www.yxxxzz.com

期刊名称：《医学信息》（中旬刊）
主管单位：陕西文博生物信息工程研究所
主办单位：国家医学教育发展中心
　　　　　陕西文博生物信息工程研究所
主编：郭巍
编辑部主任：曹荣桂
刊期：旬刊
国际标准刊号：ISSN 1006-1959
国内统一刊号：CN 61-1278/R
邮发代号：52-98
地址：陕西省西安市钟镂邮局 15 号信箱
邮编：710003
电话：029-86690297/9515
Email：yxxx88@126.com

期刊名称：《医学信息学杂志》
主管单位：中华人民共和国卫生部
主办单位：中国医学科学院
主编：王青
刊期：季刊
国际标准刊号：ISSN 1673-6036
国内统一刊号：CN 11-5447/R
邮发代号：2-664
地址：北京市朝阳区雅宝路 3 号
邮编：100020
电话：010-52328671
Email：jmi@imicams.ac.cn
网址：www.yxxxx.ac.cn

期刊名称：《医学新知杂志》
主管单位：中国农工民主党湖北省委员会
主办单位：武汉大学中南医院
中国农工民主党湖北省委医药卫生工作委员会
主编：周云峰
编辑部主任：朱利武
刊期：双月刊
国际标准刊号：ISSN 1004-5511
国内统一刊号：CN 42-1220/R
邮发代号：38-339
地址：湖北省武汉市东湖路 169 号武汉大学中南医院
邮编：430071
电话：027-67813036
Email：yxxzbjb@gmail.com

期刊名称：《医学研究生学报》
主管单位：南京军区联勤部卫生部
主办单位：南京军区南京总医院
主编：易学明
编辑部主任：鲁立
刊期：月刊
国际标准刊号：ISSN 1008-8199
国内统一刊号：CN 32-1574/R
邮发代号：28-280
地址：江苏省南京市中山东路 305 号
邮编：210002
电话：025-80860347
Email：JLYB@chinajournal.net.cn
网址: www.yxyjsxb.com

期刊名称：《医学研究与教育》
主管单位：河北省教育厅
主办单位：河北大学
主编：冯浩楼
刊期：双月刊
国际标准刊号：ISSN 1674-490X
国内统一刊号：CN 13-1393/R
地址：河北省保定市五四东路 180 号
邮编：071002
电话：0312-5079312
Email：Bianjibuyxb@hbu.edu.cn

期刊名称：《医学研究杂志》
主管单位：中华人民共和国卫生部
主办单位：中国医学科学院
主编：赵瑞芹
刊期：月刊
国际标准刊号：ISSN 1673-548X
国内统一刊号：CN 11-5453/R
邮发代号：2-590
地址：北京市朝阳区雅宝路 3 号
邮编：100020
电话：010-52358679
传真：010-65230946
Email：xyz85637883@126.com　jmr@imicams.ac.cn
网址：www.yxyjzz.cn

期刊名称：《医学影像学杂志》
主管单位：山东省卫生厅
主办单位：山东省医学影像学研究会
山东省医学影像学研究所
主编：赵斌
编辑部主任：时季成　崔国明
刊期：月刊
国际标准刊号：ISSN 1006-9011
国内统一刊号：CN 37-1426/R
邮发代号：24-134
地址：山东省济南市市经四纬九路 37 号
邮编：250021
电话：0531-87920996
Email：yxyxxzz@126.com

期刊名称：《医学与法学》
主管单位：泸州医学院
主办单位：泸州医学院　中国卫生法学会
主编：程文玉
编辑部主任：涂凯
刊期：季刊
国际标准刊号：ISSN 1674-7526
国内统一刊号：CN 51-1721/R
邮发代号：62-335
地址：四川省泸州市忠山泸州医学院　邮编：646000
电话：0830-3163635
Email：medjur@163.com
网址: www.yxyfx.com

期刊名称：《医学与社会》
主管单位：中华人民共和国教育部
主办单位：华中科技大学同济医学院
主编：刘建凡
编辑部主任：胡继春
刊期：月刊
国际标准刊号：ISSN 1006-5563
国内统一刊号：CN 42-1387/R
邮发代号：38-227
地址：湖北省武汉市航空路 13 号
邮编：430030
电话：027-83692517　83657967
Email：bjbabc@163.com

期刊名称:《医学与哲学》
主管单位：中国科学技术协会
主办单位：中国自然辩证法研究会
主编：杜治政　胡大一
刊期：半月刊
国际标准刊号：ISSN 1002-0772
国内统一刊号：CN 21-1093/R
邮发代号：8-122（人文社会医学版）
8-128（中国临床决策版）
地址：辽宁省大连市旅顺南路西段 9 号
邮编：116044
电话：0411-86110142
Email：yizhe@yizhe.org

期刊名称：《医学争鸣》（原第四军医大学学报）
主管单位：中国人民解放军总后勤部政治部
主办单位：第四军医大学
主编：樊代明
编辑部主任：袁天峰
刊期：双月刊
国际标准刊号：ISSN 1674-8913
国内统一刊号：CN 61-1481/R
邮发代号：52-86
地址：陕西省西安市长乐西路 169 号
邮编：710003
电话：029-84774674
Email：edjfmmu@fmmu.edu.cn
网址: www.fmmuxb.cn

期刊名称：《医学综述》
主管单位：中华人民共和国卫生部
主办单位：中国医疗保健国际交流促进会
主编：刘桂蕊
编辑部主任：孙洪芳
刊期：半月刊
国际标准刊号：ISSN 1006-2084
国内统一刊号：CN 11-3553/R
邮发代号：6-106
地址：北京市通州区北苑通典铭居 F 座 0806 室
邮编：100100
电话：010-60551103
Email：yxzs2005@126.com
网址：www.yxzszz.com

期刊名称：《医药导报》
主管单位：湖北省食品药品监督管理局
主办单位：中国药理学会　华中科技大学同济医学院附属同济医院　中国医药商业协会
主编：曾繁典
编辑部主任：张带荣
刊期：月刊
国际标准刊号：ISSN 1004-0781
国内统一刊号：CN 42-1293/R
邮发代号：38-173
地址：湖北省武汉市解放大道 1095 号
邮编：430030
电话：027-83643083　83666619
Email：yydbzz@163.com

期刊名称：《医药工程设计》
主管单位：中石化上海工程有限公司
主办单位：全国医药设计信息中心站
主编：王江义
刊期：双月刊
国际标准刊号：ISSN　1008-455X
国内统一刊号：CN　31-1429/R
地址：上海市长宁区延安西路 376 弄 22 号永兴商务大楼 11 楼
邮编：200040
电话：021-32140428
Email：ssec02@163.com
网址：www.nicpd.com.cn

期刊名称：《医药论坛杂志》
主管单位：中华人民共和国卫生部
主办单位：中华预防医学会
　　　　　河南省医学情报研究所
主编：乔国祥
刊期：半月刊
国际标准刊号：ISSN 1672-3422
国内统一刊号：CN 11-5479/R
邮发代号：36-165
地址：河南省郑州市纬五路47号
邮编：450003
电话：0371-65937776
Email：yylt@371.net

期刊名称：《医药前沿》
主管单位：河北省卫生厅
主办单位：河北省疾病预防控制中心
主编：崔泽
编辑部主任：刘树力
刊期：旬刊
国际标准刊号：ISSN 2095-1752
国内统一刊号：CN 13-1405/R
邮发代号：18-40
地址：河北省保定市南市区红旗大街625号
邮编：071000
电话：0312-5021315　5086669
Email：lsl163xx@163.com

期刊名称：《医药与保健》
主管单位：中华人民共和国教育部
主办单位：西安交通大学
主编：魏大成
编辑部主任：雷应豹
刊期：月刊
国际标准刊号：ISSN 1004-8650
国内统一刊号：CN 61-1246/R
邮发代号：52-207
地址：陕西省西安市高新区唐延路旺座国际城D座33楼
邮编：710075
电话：029-88445515
Email：xayybj@126.com

期刊名称：《医用生物力学》
主管单位：中华人民共和国教育部
主办单位：上海交通大学
主编：戴尅戎
编辑部主任：于志锋
刊期：双月刊
国际标准刊号：ISSN 1004-7220
国内统一刊号：CN 31-1624
邮发代号：4-633
地址：上海市黄浦区制造局路639号
邮编：200011
电话：021-23271133
Email：zgqkwtg@163.com

期刊名称：《医院管理论坛》
主管单位：中华人民共和国教育部
主办单位：北京大学
主编：周子君
编辑部主任：梁晓然
刊期：月刊
国际标准刊号：ISSN 1671-9069
国内统一刊号：CN 11-4830/R
邮发代号：2-614
地址：北京市海淀区学院路38号
邮编：100191
电话：010-82802481　82802265
Email：hospital@hsc.pku.edu.cn
　　　hospital@bjmu.edu.cn

期刊名称:《医院领导决策参考》
主管：中华人民共和国卫生部
主办：中国医师协会
　　　北京华奥国际医院管理有限公司
主编：石镪
编辑部主任：鞠坤凌
刊期：半月刊
地址：北京市朝阳区双井邮局165信箱
邮编：100022
电话：010-58632687　58632787
传真：010-58632787
邮箱：ywjcck@vip.163.com
　　　ywjcck@163.com
网址：www.wsneican.com

期刊名称：《医院院长论坛》
主管单位：北京市卫生局
主办单位：首都医科大学
主编：金大鹏
编辑部主任：闫梦兰
刊期：双月刊
国际标准刊号：ISSN 1673-1700
国内统一刊号：CN 11-5246/C
邮发代号：80-565
地址：北京市丰台区右安门外西头条10号首都医科大学内
邮编：100069
电话：010-83911607
Email：yyyzlt@vip.sohu.net
网址：yyyzlt.com

期刊名称：《英国医学杂志（中文版）》（BMJ)
主管单位：中国科学技术协会
主办单位：中华医学会
主编：王辰
刊期：双月刊
国际标准刊号：ISSN 1007-9742
国内统一刊号：CN 11-3904/R
邮发代号：82-932
地址：北京市东城区东四西大街42号
邮编：100710
电话：010-85158314 85158315
Email：cmabmi@cma.org.cn

期刊名称：《影像诊断与介入放射学》
主管单位：中华人民共和国教育部
主办单位：中山大学
主编：孟悛非
刊期：季刊
国际标准刊号：ISSN 1005-8001
国内统一刊号：CN 44-1391/R
邮发代号：46-221
地址：广东省广州市中山二路58号
邮编：510080
电话：020-87331859
Email：yxzdyjr@126.com
网址：www.yxyjr.com

期刊名称：《营养学报》
主管单位：军事医学科学院
主办单位：中国营养学会
卫生学环境医学研究所
主编：郭长江
编辑部主任：郭长江
刊期：双月刊
国际标准刊号：ISSN 0512-7955
国内统一刊号：CN 12-1074/R
邮发代号：6-22
地址：天津市和平区大理道一号
邮编：000050
电话：022-84655402
Email：yyxx@chinajournal.net.cn

期刊名称：《营养与食品卫生》
主管单位：广东省经济贸易委员会
主办单位：广东省食品行业协会
主编：刘荔琛
刊期：月刊
国际标准刊号：ISSN 1674-2044
国内统一刊号：CN 44-1646/TX
邮发代号：46-158
地址：广东省广州市广州大道北5号综合楼
邮编：510075
电话：020-37605118
Email：yxws321@163.com

期刊名称：《应用心理学》
主管单位：浙江省科学技术协会
主办单位：浙江省心理学会
浙江大学
主编：沈模卫
编辑部主任：水仁德
刊期：季刊
国际标准刊号：ISSN 1006-6020
国内统一刊号：CN 33-1012/B
邮发代号：自办发行
地址：浙江省杭州市天目山路148号
邮编：310028
电话：0571-88273352
Email：AppliedPsy@css.zju.edu.cn

期刊名称：《应用预防医学》
主管单位：广西壮族自治区卫生厅
主办单位：广西壮族自治区疾病预防控制中心
主编：王树声
编辑部主任：吕元聪
刊期：双月刊
国际标准刊号：ISSN 1673-758X
国内统一刊号：CN 45-1345/R
邮发代号：自办发行
地址：广西壮族自治区南宁市金洲路18号
邮编：530028
电话：0771-2518653
Email：GXYX@chinajournal.net.cn

期刊名称：《右江民族医学院学报》
主管单位：右江民族医学院
主办单位：右江民族医学院
主编：廖品虎
编辑部主任：梁光铁
刊期：双月刊
国际标准刊号：ISSN 1001-5817
国内统一刊号：CN 45-1085/R
邮发代号：自办发行
地址：广西壮族自治区百色市城乡路98号
邮编：533000
电话：0776-2843414
Email：shijilunwen@163.com

期刊名称：《右江医学》
主管单位：广西壮族自治区卫生厅
主办单位：右江民族医学院附属医院
主编：黄照权
刊期：双月刊
国际标准刊号：ISSN 1003-1383
国内统一刊号：CN 45-1126/R
邮发代号：48-193
地址：广西壮族自治区百色市中山二路18号
邮编：533000
电话：0776-2825575
Email：youjiangyixue@163.com
网址：yjyx.yywkt.cn

期刊名称：《预防医学论坛》
主管单位：中华人民共和国卫生部
主办单位：中华预防医学会
山东省疾病预防控制中心
主编：齐小秋
刊期：月刊
国际标准刊号：1672-9153
国内统一刊号：37-1428/R
邮发代号：24-169
地 址：山东省济南市经十路16992号
邮编：250014
电 话：0531-82941186
Email：yfyxlt@vip.163.com

期刊名称：《预防医学情报杂志》
主管单位：四川省卫生厅
主办单位：中华预防医学会
四川省疾病预防控制中心
主编：康均行
编辑部主任：胡亚君
刊期：月刊
国际标准刊号：ISSN 1006-4028
国内统一刊号：CN 51-1276/R
邮发代号：62-18
地址：四川省成都市武侯区中学路6号
邮编：610041
电话：028-85586157
Email：yfyxqbzz@tom.com
网址：author.docoa.com.cn

期刊名称：《云南中医学院学报》
主管单位：云南省教育厅
主办单位：云南中医学院
主编：周青
刊期：双月刊
国际标准刊号：ISSN 1000-2723
国内统一刊号：CN 53-1048/R
邮发代号：64-43
地址：云南省昆明市呈贡新城雨花路1076号
邮编：650500
电话：0871-65918212 65918211
Email：ynzyxyxb@yahoo.com.cn
网址：www.ynzyxyxb.cn

期刊名称：《云南中医中药杂志》
主管单位：云南省卫生厅
主办单位：云南省中医中药研究所
云南省中医药学会
主编：郑进
编辑部主任：陈黎明
刊期：月刊
国际标准刊号：ISSN 1007-2349
国内统一刊号：CN 53-1120/R
邮发代号：64-19
地址：云南省昆明市学府路 139 号
邮编：650223
电话：0871-5183005
Email：yzyy@chinajournal.net.cn
网址：http://yzyy.chinajournal.net.cn

期刊名称：《郧阳医学院学报》
主管单位：湖北省教育厅
主办单位：郧阳医学院
主编：涂汉军
刊期：双月刊
国际标准刊号：ISSN 1006-9674
国内统一刊号：CN 42-1401/R
邮发代号：38-152
地址：湖北省十堰市人民南路 30 号
邮编：442000
电话：0719-8891120
Email：yymcxb@163.com

Z

期刊名称：《浙江创伤外科》
主管单位：浙江省教育厅
主办单位：温州医学院
主编：刘伟国
编辑部主任：沈宏　杨小锋
刊期：双月刊
国际标准刊号：ISSN 1009-7147
国内统一刊号：CN 33-1253/R
邮发代号：32-122
地址：浙江省杭州市解放路 88 号　邮编：310009
电话：0571-87784518　87783757
Email：zjcswk@163.net

期刊名称：《浙江大学学报（医学版）》
主管单位：中华人民共和国教育部
主办单位：浙江大学
主编：来茂德
编辑主任：张荣连
刊期：双月刊
国际标准刊号：ISSN 1008-9292
国内统一刊号：CN 33-1248/R
邮发代号：32-2
地址：浙江省杭州市天目山 148 号
邮编：310028
电话：0571-88272797
Email：zdxbyxb@zju.edu.cn

期刊名称：《浙江临床医学》
主管单位：浙江省教育厅
主办单位：浙江中医药大学
浙江省科普作家协会医学卫生委员会
主编：彭淑牖
编辑部主任：黄良夫
刊期：月刊
国际标准刊号：ISSN 1008-7664
国内统一刊号：CN 33-1233/R
邮发代号：32-111
地址：浙江省杭州市中河北路 83 号茂泰世纪大楼 9FA9
邮编：310003
电话：0571-85779349　85779003
Email：zjlcyx@163.com

期刊名称：《浙江实用医学》
主管单位：浙江省卫生厅
主办单位：浙江省医学情报研究所
主编：马伟杭
刊期：双月刊
国际标准刊号：ISSN 1007-3299
国内统一刊号：CN 33-1207/R
邮发代号：自办发行
地址：浙江省杭州市天目山路 182 号浙江省医学科学院内
邮编：310013
电话：0571-88861362
Email：zjsyyx1996@sina.com

期刊名称：《浙江医学》
主管单位：浙江省卫生厅
主办单位：浙江省医学会
主编：李兰娟
刊期：月刊
国际标准刊号：ISSN 1006-2785
国内统一刊号：CN 33-1109/R
邮发代号：32-9
地址：浙江省杭州市武林广场浙江省科协大楼十楼
邮编：310003
电话：0571-87567843
Email：85109568@163.com

期刊名称：《浙江医学教育》
主管单位：浙江省卫生厅
主办单位：浙江省医学教育研究室
主编：陈勇
刊期：双月刊
国际标准刊号：ISSN 1672-0024
国内统一刊号：CN 33-1297/R
邮发代号：自办发行
地址：浙江省杭州市滨江区滨文路481号
邮编：310053
电话：0571-87692724　87692725
Email：zjme@zjmc.net.cn

期刊名称：《浙江预防医学》
主管单位：浙江省科学技术协会
主办单位：浙江省预防医学会
主编：丛黎明
编辑部主任：韩晓军
刊期：月刊
国际标准刊号：ISSN 1007-0931
国内统一刊号：CN 33-1200/R
邮发代号：自办发行
地址：浙江省杭州市滨江区信诚路630号
邮编：310051
电话：0571-87115309
Email：zjyfyx@mail.hz.zj.cn
网址：www.zjyfyx.com/.net

期刊名称：《浙江中西医结合杂志》
主管单位：浙江省卫生厅
主办单位：浙江省中西医结合学会
　　　　　浙江省中西医结合医院
主编：何革
编辑部主任：李晓玲
刊期：月刊
国际标准刊号：ISSN 1005-4561
国内统一刊号：CN 33-1177/R
邮发代号：32-112
地址：浙江省杭州市环城东路208号
邮编：310003
电话：0571-56109558
Email：zjzxyjhzz@yahoo.com.cn
　　　zj85186890@126.com

期刊名称：《浙江中医药大学学报》
主管单位：浙江中医药大学
主办单位：浙江中医药大学
主编：肖鲁伟
编辑部主任：徐光星
刊期：双月刊
国际标准刊号：ISSN 1005-5509
国内统一刊号：CN 33-1349/R
邮发代号：32-14
地址：浙江省杭州市滨江区滨文路548号
邮编：310053
电话：0571-86613504
Email：zjzyxb@163.com

期刊名称：《浙江中医杂志》
主管单位：浙江省中医药管理局
主办单位：浙江省中医药研究院
主编：柴可群
刊期：月刊
国际标准刊号：ISSN 0411-8421
国内统一刊号：CN 33-1083/R
邮发代号：32-12
地址：浙江省杭州市天目山路132号
邮编：310007
电话：0571-88849074
Email：zjzyzz1956@163.com
网址：www.zjtcm.gov.cn

期刊名称：《针刺研究》
主管单位：国家中医药管理局
主办单位：中国中医科学院针灸研究所
　　　　　中国针灸学会
主编：朱兵
编辑部主任：韩焱晶
刊期：双月刊
国际标准刊号：ISSN 1000-0607
国内统一刊号：CN 11-2274/R
邮发代号：82-171
地址：北京市东城区东直门内南小街16号
邮编：100700
电话：010-84014607　64014411-2946
Email：zcyj2468@sina.com
网址：www.zhenciyanjiu.cn

期刊名称：《针灸临床杂志》
主管单位：黑龙江省教育厅
主办单位：中华中医药学会　黑龙江省中医药大学
　　　　　中国针灸学会临床分会
主编：孙申田
刊期：月刊
国际标准刊号：ISSN 1005-0779
国内统一刊号：CN 23-1354/R
邮发代号：14-117
地址：黑龙江省哈尔滨市香坊区和平路24号
邮编：150040
电话：0451-82117809
Email：zjlczz@sina.com

期刊名称：《针灸推拿医学（英文版）》
主管单位：上海市卫生局
主办单位：上海市针灸经络研究所
主编：陈汉平
编辑部主任：马晓芃
刊期：双月刊
国际标准刊号：ISSN 1672-3597
国内统一刊号：CN 31-1908/R
邮发代号：4-734
地址：上海市徐汇区宛平南路650号
邮编：200030
电话：021-64382181
Email：zjtnyx@126.com

期刊名称：《诊断病理学杂志》
主管单位：北京军区联勤部卫生部
主办单位：北京军区总医院
主编：韦立新
编辑部主任：常建国
刊期：月刊
国际标准刊号：ISSN 1007-8096
国内统一刊号：CN 11-3883/R
邮发代号：82-882
地址：北京市东城区东四南门仓5号
邮编：100700
电话：010-66721843
Email：zdblx@263.net
网址：zdblx.cnmanu.cn

期刊名称：《诊断学理论与实践》
主管单位：上海交通大学
主办单位：上海交通大学医学院附属瑞金医院
主编：王鸿利
刊期：双月刊
国际标准刊号：ISSN 1671-2870
国内统一刊号：CN 31-1876/R
邮发代号：4-687
地址：上海市卢湾区瑞金二路197号瑞金医院科教大厦14F　邮编：200025
电话：021-64374749
Email：diagnrj@yahoo.com.cn
网址：www.concepts-pract.com

期刊名称：《整形再造外科杂志》
主管单位：江西省卫生厅
主办单位：江西省第二人民医院
　　　　　江西省整形外科医院
主编：张涤生　陈宗基
编辑部主任：王新春
刊期：季刊
国际标准刊号：ISSN 1672-4615
国内统一刊号：CN 36-1260/R
邮发代号：46-107
地址：江西省南昌市北京东路519号
邮编：330029
电话：0791-8334825
Email：cnjprs@163.com

期刊名称：《郑州大学学报（医学版)》
主管单位：河南省教育厅
主办单位：郑州大学
主编：辛世俊
刊期：双月刊
国际标准刊号：ISSN 1671-6825
国内统一刊号：CN 41-1340/R
邮发代号：36-111
地址：河南省郑州市大学路40号
邮编：450052
电话：0371-66658056　67781729
Email：jzzums@zzu.edu.cn
网址: www.zdxbyxb.com

期刊名称：《职业卫生与病伤》
主管单位：四川省卫生厅
主办单位：四川省疾病预防控制中心
主编：王锦文
编辑部主任：胡亚君
刊期：双月刊
国际标准刊号：ISSN 1006-172X
国内统一刊号：CN 51-1246/R
邮发代号：62-144
地址：四川省成都市武侯区中学路6号
邮编：610041
电话：028-85583690　85586157
Email：zywsybs@tom.com
网址：author docoa.com.cn

期刊名称：《职业卫生与应急救援》
主管单位：上海市安全生产监督管理局
主办单位：上海市化工职业病防治院
主编：胡建屏
编辑部主任：胡训军
刊期：双月刊
国际标准刊号：ISSN 1007-1326
国内统一刊号：CN 31-1719/R
邮发代号：自办发行
地址：上海市徐汇区中漕路94号职业卫生与应急救援杂志编辑部
邮编：200030
电话：021-54894373
Email：zyws@chinajournal.net.cn

期刊名称：《职业与健康》
主管单位：天津市卫生局
主办单位：天津市疾病预防控制中心
中华预防医学会
主编：王撷秀
编辑部主任：张军
刊期：半月刊
国际标准刊号：ISSN 1004-1257
国内统一刊号：CN 12-1133/R
邮发代号：6-124
地址：天津市河东区华龙道76号
邮编：300011
电话：022-24333471　24333472
Email：zgzyyjk@yahoo.com.cn
网址：www. zyyjk. com. cn

期刊名称：《中草药》
主管单位：中国药学会
主办单位：天津市药物研究院　中国药学会
主编：汤立达
刊期：月刊
国际标准刊号：ISSN 0253-2670
国内统一刊号：CN 12-1108/R
邮发代号：6-77
地址：天津市南开区鞍山西道308号　邮编：300193
电话：022-27474913 23006821
Email：zcy@tiprpress.com
网址：www.tiprpress.com

期刊名称：《中成药》
主管单位：上海市卫生局
主办单位：国家食品药品监督管理局
信息中心中成药信息站
主编：朱立中
刊期：月刊
国际标准刊号：ISSN 1001-1528
国内统一刊号：CN 31-1368/R
邮发代号：4-249
地址：上海市黄浦区汉口路239号131室
邮编：200002
电话：021-63213275
Email：zcy.med@foxmail.com
网址：www.zcyjournal.com

期刊名称：《中德临床肿瘤学杂志（英文版）》
主管单位：中华人民共和国教育部
主办单位：华中科技大学
主编：陈安民
刊期：月刊
国际标准刊号：ISSN 1610-1979
国内统一刊号：CN 42-1654/R
邮发代号：38-121
地址：湖北省武汉市解放大道 1095 号 同济医院内
邮编：430030
电话：027-83662630
Email：dmedizin@tjn.tjmu.edu.cn

期刊名称：《中风与神经疾病杂志》
主管单位：中华人民共和国教育部
主办单位：吉林大学
主编：吴江
刊期：月刊
国际标准刊号：ISSN 1003-2754
国内统一刊号：CN 22-1137/R
邮发代号：12-100
地址：吉林省长春市新民大街 71 号
邮编：130021
电话：0431-85612862
Email：zf_bjb@126.com

期刊名称：《中国癌症防治杂志》
主管单位：中华人民共和国卫生部
主办单位：中国医师协会
广西肿瘤防治研究所
主编：黎乐群
编辑部主任：游雪梅
刊期：季刊
国际标准刊号： ISSN 1674-5671
国内统一刊号：CN 45-1366/R
邮发代号：48-33
地址：广西壮族自治区南宁市河堤路 71 号
邮编：530021
电话：0771-5332455
Email：zgazfz2008@126.com
网址：www.zgazfz.org

期刊名称：《中国癌症研究（英文版）》
主管单位：中国科学技术协会
主办单位：中国抗癌协会 北京市肿瘤研究所
主编：游伟程
刊期：季刊
国际标准刊号：ISSN 1000-9604
国内统一刊号：CN 11-2591/R
邮发代号：自办发行
地址：北京市海淀区阜成路 52 号
邮编：100142
电话：010-88196611　88196593
Email：chicacnr@126.com

期刊名称：《中国癌症杂志》
主管单位：中华人民共和国教育部
主办单位：复旦大学附属肿瘤医院
主编：沈镇宙
编辑部主任：秦娟
刊期：月刊
国际标准刊号：ISSN 1007-3639
国内统一刊号：CN 31-1727/R
邮发代号：4-575
地址：上海市徐汇区东安路 270 号
邮编：200032
电话：021-64188274　64175590-3574
Email：zgaz@chinajournal.net.cn
网址：www.china_oncology.com

期刊名称：《中国艾滋病性病》
主管单位：中华人民共和国卫生部
主办单位：中国性病艾滋病防治协会
主编：戴志澄
编辑部主任：刘霞
刊期：双月刊
国际标准刊号：ISSN1672-5662
国内统一刊号：CN11-4818/R
邮发代号：82-912
地址：北京市宣武区南纬路 27 号
邮编：100050
电话：010-63030828
Email：aids2006@sina.com
aidsbjb@126.com

期刊名称：《中国保健营养》
主管单位：中华人民共和国卫生部
主办单位：全国卫生产业企业管理协会
主编：董湘辉
编辑部主任：袁征
刊期：半月刊
国际标准刊号：ISSN 1004-7484
国内统一刊号：CN 14-1172/R
邮发代号：82-911
地址：山西省太原市五一路 266 号　邮编：300001
电话：010-68211792
Email：zgbjyy@gmail.com
网址：www.zgbjyy.com

期刊名称：《中国比较医学杂志》
主管单位：中国科学技术协会
主办单位：中国实验动物学会
　　　　　中国医学科学院医学实验动物研究所
主编：秦川
编辑部主任：周文号
刊期：月刊
国际标准刊号：ISSN 1671-7856
国内统一刊号：CN 11-4822/R
邮发代号：82-917
地址：北京市朝阳区潘家园南里 5 号　邮编：100021
电话：010-67779337
Email：b67761337@126.com
网址：/zgsydw.alljournal.ac.cn

期刊名称：《中国病案》
主管单位：中华人民共和国卫生部
主办单位：中国医院协会
主编：刘爱民
编辑部主任：吴爱华
刊期：月刊
国际标准刊号：ISSN 1672-2566
国内统一刊号：CN 11-4998/R
邮发代号：80-109
地址：北京市朝阳区白家庄路 8 号首都医科大学附属北京朝阳医院　邮编：100020
电话：010-85231071　65916817
Email：mrzazhi@chmra.org
网址：www.zgba.org.cn

期刊名称：《中国病理生理杂志》
主管单位：中国科学技术协会
主办单位：中国病理生理学会
主编：陆大祥
编辑部主任：胡巢凤
刊期：月刊
国际标准刊号：ISSN 1000-4718
国内统一刊号：CN 44-1187/R
邮发代号：46-98
地址：广东省广州市黄埔大道西 601 号
邮编：510632
电话：020-85220269
Email：obsbjb@jnu.edu.cn
网址：www.cjpp.net

期刊名称：《中国病原生物学杂志》
主管单位：中华人民共和国卫生部
主办单位：中国保健营养
主编：庄辉
编辑部主任：王利磊
刊期：双月刊
国际标准刊号：ISSN 1673-5234
国内统一刊号：CN 11-5457/T
邮发代号：24-81
地址：北京市宣武区广安门内大街 319 号 B 座 22E
邮编：100037
电话：010-83131597 82801517
Email：cjpd@vip.163.com
网址：www.cjpd.org

期刊名称：《中国产前诊断杂志（电子版）》
主管单位：中华人民共和国卫生部
主办单位：人民卫生出版社
主编：段涛
编辑部主任：孙路明
期刊：季刊
国际标准刊号：ISSN 1674-7399
国内统一刊号：CN 11-9300/R
邮发代号：自办发行
地址：上海市静安区长乐路 536 号编辑部
邮编：200040
电话：021-54030916
Email：cjpd2008@gmail.com

期刊名称：《中国超声医学杂志》
主管单位：中华人民共和国科学技术部
主办单位：中国科学技术信息研究所
　　　　　中国超声医学工程学会
主编：李建国　编辑部主任：马晓猛
刊期：月刊
国际标准刊号：ISSN 1002-0101
国内统一刊号：CN 11-2110/R
邮发代号：82-151
地址：北京市海淀区大钟寺东路太阳园 6 号楼 608
邮编：100098
电话：010-64941874　64980708
Email：csys66@126.com
网址：www.caume.org.cn

期刊名称：《中国超声诊断杂志》
主管单位：中华人民共和国科学技术部
主办单位：中国可续而技术信息研究所（ISTIC）
　　　　　中国超声诊断情报中心
主编：王建勋
刊期：月刊
国际标准刊号：ISSN 1009-8380
国内统一刊号：CN 11-4485/R
邮发代号：2-729
地址：北京市朝阳区小营路 9 号亚运豪庭 A 座 1-E
　　　北京 9770 信箱
邮编：100101
电话：010 64936142
Email：csyx66@163.com

期刊名称：《中国城乡企业卫生》
主管单位：中华人民共和国卫生部
主办单位：中华预防医学会
主编：陈丽声
编辑部主任：周建峰
刊期：双月刊
国际标准刊号：ISSN 1003-5052
国内统一刊号：CN 12-1170/R
邮发代号：6-129
地址：天津市和平区昆明路 148 号　邮编：300050
电话：022-23312219
Email：cls.2006@163.com
网址：zcxw.chinajournal.net.cn

期刊名称：《中国处方药》
主管单位：国家食品药品监督管理局（SFDA）
主办单位：国家食品药品监督管理局南方医药经济研究所
主编：陶剑虹
编辑部主任：刘正午
刊期：月刊
国际标准刊号：ISSN 1671-945X
国内统一刊号：CN 44-1549/T
邮发代号：46-260
地址：广东省广州市东风东路 753 号天誉商务大厦西
　　　塔 6 楼　邮编：510080
电话：020-37886675　37886676
Email：yyjjbfxb@163.com

期刊名称：《中国初级卫生保健》
主管单位：中华人民共和国卫生部
主办单位：中国初级卫生保健基金会
主编：李长明
编辑部主任：金艳
刊期：月刊
国际标准刊号：ISSN 1001-568X
国内统一刊号：CN 23-1040/R
邮发代号：14-108
地址：黑龙江省哈尔滨市香坊区香顺街 41 号
邮编：150036
电话：0451-87253030　87253031
Email：phc@vip.163.com

期刊名称：《中国 CT 和 MRI 杂志》
主管单位：中华人民共和国教育部
主办单位：北京大学深圳临床医学院
　　　　　北京大学第一医院
主编：王成林
编辑部主任：王成林
刊期：双月刊
国际标准刊号：ISSN 1672-5131
国内统一刊号：CN 44-1592/R
邮发代号：46-276
地址：广东省深圳市福田区福中路福景大厦中座 602 号
邮编：518036
电话：0755-83695204　83695203
Email：ctmri@vip.163.com

期刊名称：《中国创伤骨科杂志》
主管单位：中国科学技术协会
主办单位：中华医学会
主编：裴国献
编辑部主任：余斌
刊期：月刊
国际标准刊号：ISSN 1671-7600
国内统一刊号：CN 11-5530/R
邮发代号：46-248
地址：广东省广州市广州大道北 1838 号第一军医大学南方医院
邮编：510515
电话：020-85141748
Email：chinjot@yahoo.com.cn
网址：www.cjot.org

期刊名称：《中国当代儿科杂志》
主管单位：中华人民共和国教育部
主办单位：中南大学
主编：杨于嘉
刊期：月刊
国际标准刊号：ISSN 1008-8830
国内统一刊号：CN 43-1301/R
邮发代号：42-188
地址：湖南省长沙市湘雅路 87 号
邮编：410008
电话：0731-84327402
Email：ddek7402@163.com

期刊名称：《中国当代医药》
主管单位：中华人民共和国卫生部
主办单位：中国保健协会
主编：王霞
刊期：半月刊
国际标准刊号：ISSN 1009-3362
国内统一刊号：CN 11-5786/R
邮发代号：2-515
地址：北京市朝阳区通惠家园惠润园 5-3-602
邮编：100025
电话：010-59679056
Email：ddyy@vip.163.com
网址： www.dangdaiyiyao.com

期刊名称：《中国地方病防治杂志》
主管单位：中华人民共和国卫生部
主办单位：中华预防医学会
主编：徐伟
编辑部主任：许卫东　张爱君
刊期：月刊
国际标准刊号：ISSN 1001-1889
国内统一刊号：CN 22-1136/R
邮发代号：12-111
地址：吉林省吉林市重庆大街 23 号
邮编：132001
电话：0432-2493530-8607
Email：cjced@126.com（吉林）
sunning163@tom.com (白城)

期刊名称：《中国动脉硬化杂志》
主管单位：中国科学技术协会
主办单位：中国病理生理学会 南华大学
主编：杨永宗
编辑部主任：李小玲
刊期：月刊
国际标准刊号：ISSN 1007-3949
国内统一刊号：CN 43-1262/R
邮发代号：42-165
地址：湖南省衡阳市南华大学
邮编：421001
电话：0734-8160765
Email：dmzzbjb@163.net
网址：www.dmzzbjb.net

期刊名称：《中国儿童保健杂志》
主管单位：中华人民共和国教育部
主办单位：西安医科大学　中华预防医学会
主编：杨玉凤
编辑部主任：雷晓梅
刊期：月刊
国际标准刊号：ISSN 1008-6579
国内统一刊号：CN 61-1346/R
邮发代号：52-180
地址：陕西省西安市西五路中段 157 号　邮编：710004
电话：029-87679391
Email：cjchcl@163.com
网址：www.cjchc.net

期刊名称：《中国耳鼻咽喉颅底外科杂志 》
主管单位：中华人民共和国教育部
主办单位：中南大学
主编：田勇泉　肖健云
编辑部主任：李远斌　蒋卫红
刊期：双月刊
国际标准刊号：ISSN 1007-1520
国内统一刊号：CN 43-1241/R
邮发代号：42-171
地址：湖南省长沙市湘雅路 87 号
邮编：410008
电话：0731-84327469
Email：xyent@126.com

期刊名称：《中国耳鼻咽喉头颈外科》
主管单位：中华人民共和国卫生部
主办单位：中国医疗保健国际交流促进会
　　　　　北京市耳鼻咽喉科研究所
主编：韩德民
编辑部主任：王琪
刊期：月刊
国际标准刊号：ISSN 1672-7002
国内统一刊号：CN 11-5175/R
邮发代号：82-613
地址：北京市东城区崇内后沟胡同 17 号
邮编：100005
电话：010-65596373
Email：entbjb@yahoo.com.cn　entbjb@vip.sina.com

期刊名称：《中国法医学杂志》
主管单位：中华人民共和国公安部
主办单位：中国法医学会
主编：刘耀
刊期：双月刊
国际标准刊号：ISSN 1001-5728
国内统一刊号：CN 11-1721/R
邮发代号：自办发行
地址：北京市西城区木樨地南里 17 号楼 303 室（北京市 3817 信箱）
邮编：100038
电话：010-63495531　83901261
Email：bjb303@sina.com
网址：www.fyxh.org

期刊名称：《中国防痨杂志》
主管单位：中国科学技术协会
主办单位：中国防痨协会
主编：王撷秀
编辑部主任：薛爱华
刊期：月刊
国际标准刊号：ISSN 1000-6621
国内统一刊号：CN 11-2761/R
邮发代号：2-488
地址：北京市西城区东光胡同 5 号
邮编：100035
电话：010-68857587
Email：zgflzz@yahoo.com.cn
网址：www.zgflzz.cn

期刊名称：《中国肺癌杂志》
主管单位：中国科学技术协会
主办单位：中国抗癌协会　中国防痨协会
　　　　　天津医科大学总医院
主编：周清华
编辑部主任：刘谦
刊期：月刊
国际标准刊号：ISSN 1009-3419
国内统一刊号：CN 12-1395/R
邮发代号：6-230
地址：天津市和平区南京路 228 号
邮编：300020
电话：022-27219052　27219219
Email：cnlungca@gmail.com
网址：www.lungca.org

期刊名称：《中国分子心脏病学杂志》
主管单位：中华人民共和国卫生部
主办单位：中国协和医学科学院阜外心血管病医院
主编：惠汝太
刊期：双月刊
国际标准刊号：ISSN 1671-6272
国内统一刊号：CN 11-4726/R
邮发代号：80-535
地址：北京市西城区北礼士路 167 号
邮编：100037
电话：010-88398154
Email：mcc@sglab.org,mcceditor@gmail.com

期刊名称：《中国妇产科临床杂志》
主管单位：中华人民共和国教育部
主办单位：北京大学
主编：魏丽惠
刊期：双月刊
国际标准刊号：ISSN 1672-1861
国内统一刊号：CN 11-4967/R
邮发代号：80-248
地址：北京市西城区西直门南大街11号
邮编：100044
电话：010-88324270
Email：zgog@163.net

期刊名称：《中国辐射卫生》
主管单位：中华人民共和国卫生部
主办单位：中华预防医学会
　　　　　山东医学科学院放射医学研究所
主编：潘自强
编辑部主任：李福生
刊期：季刊
国际标准刊号：ISSN 1004-714X
国内统一刊号：CN 37-1206/R
邮发代号：24-94
地址：山东省济南市市经十路89号
邮编：250062
电话：0531-82919955
Email：REDI@chinajournal.net.cn
网址：REDI.chinajournal.net.cn

期刊名称：《中国妇幼保健》
主管单位：中华人民共和国卫生部
主办单位：中华预防医学会
主编：孙铎
编辑部主任：邹庆红
刊期：旬刊
国际标准刊号：ISSN 1001-4411
国内统一刊号：CN 22-1127/R
邮发代号：12-94
地址：吉林省长春市建设路15号
邮编：130061
电话：0431-8929639
Email：zgfybj@jl.gov.cn

期刊名称：《中国妇幼健康研究》
主管单位：中华人民共和国教育部
主办单位：西安交通大学
　　　　　中国疾病控制中心妇幼保健中心
主编：李旭
编辑部主任：刘黎明
刊期：双月刊
国际标准刊号：ISSN 1673-5293
国内统一刊号：CN 61-1448/R
邮发代号：52-135
地址：陕西省西安市雁塔西路76号西安交通大学医学院　邮编：710061
电话：029-82655049　82655049
Email：bjbllm@mail.xjtu.edu.cn
网址：www.mchchina.com

期刊名称：《中国妇幼卫生杂志》
主管单位：中华人民共和国卫生部
主办单位：中国疾病预防控制中心
主编：张彤
编辑部主任：段江娟
刊期：双月刊
国际标准刊号：ISSN 1674-7763
国内统一刊号：CN 11-5816/R
邮发代号：18-77
地址：北京市宣武区南纬路29号　邮编：100050
电话：010-67791292
Email：zgfywszz@sina.com
网址：www.zgfywszz.com

期刊名称：《中国感染控制杂志》
主管单位：中华人民共和国教育部
主办单位：中南大学
主编：吴安华
编辑部主任：任南
刊期：双月刊
国际标准刊号：ISSN 1671-9638
国内统一刊号：CN 43-1390/R
邮发代号：42-203
地址：湖南省长沙市湘雅路87号　邮编：410008
电话：0731-84327658
Email：zggrkz2002@yahoo.com.cn
网址：www.zggrkz.com

期刊名称：《中国感染与化疗杂志》
主管单位：中华人民共和国教育部
主办单位：复旦大学
主编：汪复
编辑部主任：施耀国
刊期：双月刊
国际标准刊号：ISSN 1009-7708
国内统一刊号：CN 31-1965/R
邮发代号：4-686
地址：上海市徐汇区乌鲁木齐中路12号
邮编：200040
电话：021-62489999-6508 62488290
Email：cjic@fudan.edu.cn
网址：www.cjic.com.cn

期刊名称：《中国肝脏病杂志（电子版）》
主管单位：中华人民共和国卫生部
主办单位：人民卫生出版社
主编：毛羽 张永利 成军
编辑部主任：曾辉
刊期：季刊
国际标准刊号：ISSN 1674-7380
国内统一刊号：CN 11-9299/R
邮发代号：自办发行
地址：北京市朝阳区京顺东街8号 邮编：100015
电话：010-84322058 84322059
Email：editor.ditan@gmail.com
网址：www.zggzbzz.yywkt.cn

期刊名称：《中国高等医学教育》
主管单位：中华人民共和国教育部
主办单位：浙江大学 全国高等医学教育学会
主编：来茂德
编辑部主任：郭永松
刊期：月刊
国际标准刊号：ISSN 1002-1701
国内统一刊号：CN 33-1050/G4
邮发代号：32-92
地址：浙江省杭州市余杭塘路388号浙江大学医学院
邮编：310058
电话：0571-88208078 88208080
Email：gdyxjy@yahoo.com.cn
网址：www.gdyxjy.cn

期刊名称：《中国公共卫生》
主管单位：中华人民共和国卫生部
主办单位：中华预防医学会
主编：王宇
编辑部主任：潘雯
刊期：月刊
国际标准刊号：ISSN 1001-0580
国内统一刊号：CN 21-1234/R
邮发代号：8-204
地址：辽宁省沈阳市和平区砂阳路242号
邮编：110005
电话：024-83380011 23388770
Email：zgggws@vip.sina.com
网址：www.zgggws.com

期刊名称：《中国公共卫生管理》
主管单位：中华人民共和国卫生部
主办单位：中华预防医学会
黑龙江省疾病预防控制中心
主编：李立明 编辑部主任：孟友
刊期：双月刊
国际标准刊号：ISSN 1001-9561
国内统一刊号：CN 23-1318/R
邮发代号：14-319
地址：黑龙江省哈尔滨市香坊区油坊街40号
邮编：150030
电话：0451-55153630
Email：phm85@163.com

期刊名称：《中国工业医学杂志》
主管单位：中华人民共和国卫生部
主办单位：中华预防医学会
沈阳市劳动卫生职业病研究所
主编：周安寿 阎波
编辑部主任：曹明琳
刊期：双月刊
国际标准刊号：ISSN 1002-221X
国内统一刊号：CN 21-1267/R
邮发代号：8-215
地址：辽宁省沈阳市铁西区南十一西路18号
邮编：110024
电话：024-25731414
Email：zggyyx80@126.com

期刊名称：《中国骨科临床与基础研究杂志》
主管单位：广州军区联勤部卫生部
主办单位：广州军区广州总医院
主编：尹庆水
编辑部主任：章莹
刊期：季刊
国际标准刊号：ISSN 1674-666X
国内统一编号：CN 44-1654/R
邮发代号：自办发行
地址：广东省广州市流花路 111 号 1 号楼 4 楼
邮编：510010
电话：020-36652180　36655961
Email：cjorth@126.com　cjocbs@126.com
网址：www.cjorthop.com

期刊名称：《中国骨伤》
主管单位：国家中医药管理局
主办单位：中国中西医结合学会　中国中医科学院
主编：董福慧
编辑部主任：李为农
刊期：月刊
国际标准刊号：ISSN 1003-0034
国内统一刊号：CN 11-2483/R
邮发代号：82-393
地址：北京市东城区东直门内南小街甲 16 号
邮编：100700
电话：010-84020925
Email：zggszz@sina.com
网址：www.zggszz.com

期刊名称：《中国骨与关节损伤杂志》
主管单位：中华人民共和国卫生部
主办单位：中华预防医学会
　　解放军第 175 医院
主编：刘大雄　郭林新
编辑部主任：张东涛
刊期：月刊
国际标准刊号：ISSN 1672-9935
国内统一刊号：CN 11-5265/R
邮发代号：34-51
地址：福建省漳州市第 175 医院内　邮编：363000
电话：0596-2989185
Email：gygjsszzbjb175@263.net

期刊名称：《中国骨与关节外科》
主管单位：中华人民共和国卫生部
主办单位：中国医学科学院
主编：邱贵兴　郝晓健
编辑部主任：翁习生
刊期：双月刊
国际标准刊号：ISSN 1674-1439
国内统一刊号：CN 11-5662/R
邮发代号：自办发行
地址：北京市东城区东单三条 9 号
邮编：100730
电话：010-65281306
Email：guguanjie@126.com

期刊名称：《中国骨与关节杂志》
主管单位：中华人民共和国卫生部
主办单位：中国医疗保健国际交流促进会
　　北京中科康辰骨关节伤病研究所
主编：徐万鹏　编辑部主任：吴文闻
刊期：月刊
国际标准刊号：ISSN 2095-252X
国内统一刊号：CN 10-1022/R
邮发代号：82-259
地址：北京市海淀区阜成路 51 号解放军总医院第一附属医院（原 304 医院）　邮编：100048
电话：010-66848868/9
Email：1022gk@sina.com
网址：www.cjb304.com

期刊名称：《中国骨质疏松杂志》
主管单位：中华人民共和国民政部
主办单位：中国老年学学会
主编：刘忠厚　编辑部主任：郭亦娅
刊期：月刊
国际标准刊号：ISSN 1006-7108
国内统一刊号：CN 11-3701/R
邮发代号：82-198
地址：北京市朝阳区望京西园 3 区 309 楼 703 室
邮编：100102
电话：010-64705247
Email：info@china-osteofound.org
　　2001@china-osteofound.org
网址：www .china-osteofound.org

期刊名称：《中国国境卫生检疫杂志》
主管单位：国家质量监督检验检疫总局
主办单位：中国质检报刊社
社长：刘洪生
主编：罗荣杰
刊期：双月刊
国际标准刊号：ISSN 1004-9770
国内统一刊号：CN 11-3254/R
邮发代号：自办发行
地址：北京市朝阳区麦子店街22号楼　邮编：100026
电话：010-59194058
Email：gjwsjy@sina.com/gjwsjy@tom.com
网址：www.gjwsjy.com

期刊名称：《中国海洋药物》
主管单位：中国科学技术协会
主办单位：中国药学会
主编：关美君
编辑部主任：吕志华
刊期：双月刊
国际标准刊号：ISSN 1002-3461
国内统一刊号：CN 37-1155/R
邮发代号：24-57
地址：山东省青岛市延安三路101号国风药业院内
邮编：266071
电话：0532-88083130　82795937
Email：zghyyw@growful.com
网址：www.cpa.crg.cn

期刊名称：《中国呼吸与危重监护杂志》
主管单位：中华人民共和国教育部
主办单位：四川大学华西医学中心
　　　　　四川大学华西医院
主编：刘春涛　编辑部主任：刘春涛
刊期：双月刊
国际标准刊号：ISSN 1671-6205
国内统一刊号：CN 51-1631/R
邮发代号：62-246
地址：四川省成都市武侯区国学巷37号
邮编：610041
电话：028-85422382
Email：huxizazhi@vip.163.com
网址：www.cjrccm.com

期刊名称：《中国护理管理》
主管单位：中华人民共和国卫生部
主办单位：卫生部医院管理研究所
主编：严谓然　编辑部主任：幺莉
刊期：月刊
国际标准刊号：ISSN 1672-1756
国内统一刊号：CN 11-4979/R
邮发代号：80-106
地址：北京市海淀区学院路38号卫生部医院管理研究所
邮编：100191
电话：010-82805039　82801460
Email：zghlgl@263.net
网址：www.nursingmanagement.com.cn

期刊名称：《中国护理杂志》
主管单位：中华科学技术出版社
主办单位：中华科学技术出版社
主编：卢功标
刊期：月刊
国际标准刊号：ISSN 1729-2190
国内统一刊号：CN 72-2005/R
邮发代号：自办发行
地址：广东省广州市洛溪南浦160号
邮编：511431
电话：020-33990665
Email：zghuli666@163.com

期刊名称：《中国基层医药》
主管单位：中华人民共和国卫生部
主办单位：中华医学会
　　　　　安徽医科大学
主编：吴孟超　郑芙林
编辑部主任：黄政
刊期：半月刊
国际标准刊号：ISSN 1008-6706
国内统一刊号：CN 34-1190/R
邮发代号：82-948
地址：安徽省淮南市洞山中路16号
邮编：232001
电话：0554-6665318
Email：cjpmpvip@163.com
网址：www.cjpmp.com

期刊名称：《中国激光医学杂志》
主管单位：中国科学技术协会
主办单位：中国光学学会
主编：顾瑛
编辑部主任：顾瑛
刊期：双月刊
国际标准刊号：ISSN 1003-9430
国内统一刊号：CN 11-2926/R
邮发代号：82-251
地址：北京市海淀区复兴路28号
邮编：100853
电话：010-66937194 68222584
Email：a937194@163.com
网址：www.chinainfo.gov.cn

期刊名称：《中国计划生育和妇产科》
主管单位：中华人民共和国卫生部
主办单位：中国医师协会
四川省医学情报研究所
主编：雷贞武 甘华平
编辑部主任：向晓莉
刊期：双月刊
国际标准刊号：ISSN 1674-4020
国内统一刊号：CN 51-1708/R
邮发代号：10-62
地址：四川省成都市上汪家拐街39号
邮编：610041
电话：028-86137409
Email：bjbqbs@sina.com

期刊名称：《中国计划生育学杂志》
主管单位：国家人口和计划生育委员会
主办单位：国家人口计生委科学技术研究所
主编：马旭
编辑部主任：董琳
刊期：月刊
国际标准刊号：ISSN 1004-8189
国内统一刊号：CN 11-4550/R
邮发代号：2-960
地址：北京市海淀区大慧寺路12号
邮编：100081
电话：010-62185784
Email：zjx1992@163.com

期刊名称:《中国急救复苏与灾害医学杂志》
主管单位：中华人民共和国卫生部
主办单位：中国医学救援协会
主编：李宗浩
编辑部主任：侯世科
刊期：月刊
国际标准刊号：ISSN 1673-6966
国内统一刊号：CN 11-5452/R
邮发代号：80-520
地址：北京市海淀区永定路69号行政楼617室
邮编：100039
电话：010-57976165 57976164
Email：cadem2006@sina.com
网址：www.caderm.org

期刊名称：《中国急救医学》
主管单位：中华人民共和国卫生部
主办单位：中国医师协会
黑龙江科学技术情报研究所
主编：单静 编辑部主任：裴俏
刊期：月刊
国际标准刊号：ISSN 1002-1949
国内统一刊号：CN 23-1201/R
邮发代号：14-75
地址：黑龙江省哈尔滨市南岗区银行街74号
邮编：150001
电话：0451-53643877
Email：zgjjyx@163.com
网址：www.cnemergency.com

期刊名称：《中国寄生虫学与寄生虫病杂志》
主管单位：中华人民共和国卫生部
主办单位：中华预防医学会
主编：汤林华
编辑部主任：盛慧锋
刊期：双月刊
国际标准刊号：ISSN 1000-7423
国内统一刊号：CN 11-5457/R
邮发代号：4-362
地址：上海市卢湾区瑞金二路207号 邮编：200025
电话：021-64377008-1205
Email：zgjsczz@vip.163.com/zgjsczz@126.com
网址：www.jsczz.cn

期刊名称：《中国继续医学教育》
主管单位：中华人民共和国卫生部
主办单位：中国水利电力医学科学技术学会
主编：魏海明
编辑部主任：王晓燕
刊期：月刊
国际标准刊号：ISSN 1674-9308
国内统一刊号：CN 11-5709/R
邮发代号：3-116
地址：北京市宣武区红莲南里30号新华书店总店7层
邮编：100325
电话：010-63265066　63497683
Email：chinesecme@163.com　chinacme@sohu.com

期刊名称：《中国脊柱脊髓杂志》
主管单位：中华人民共和国卫生部
主办单位：中国康复医学会 中日友好医院
主编：张光铂　侯树勋
编辑部主任：李中实
刊期：月刊
国际标准刊号：ISSN 1004-406X
国内统一刊号：CN 11-3027/R
邮发代号：82-457
地址：北京市朝阳区樱花园东街中日友好医院内
邮编：100029　电话：010-64284923
Email：cspine@263.net.cn
网址：www.cspine.org.cn

期刊名称：《中国健康教育》
主管单位：中华人民共和国卫生部
主办单位：中国健康教育中心
中国健康促进与教育协会
主编：陶茂萱
编辑部主任：王雅琢
刊期：月刊
国际标准刊号：ISSN 1002-9982
国内统一刊号：CN 11-2513/R
邮发代号：82-716
地址：北京市朝阳区安定门外安华西里一区12楼
邮编：100011
电话：010-64252850
Email：wangyazhuo@vip.163.com
网址：www.zgjkjy.org

期刊名称：《中国健康心理学杂志》
主管单位：中国科学技术协会
主办单位：中国心理卫生协会
主编：马辛　李建明
编辑部主任：段建勋
刊期：月刊
国际标准刊号：ISSN 1005-1252
国内统一刊号：CN 11-5257/R
邮发代号：18-285
地址：河北省唐山市兴源道，幸福花园505-9-201
信箱　邮编：063000
电话：0315-2245110
Email：zgjkxlx@163.com
网址：jkxl.chinajournal.net.cn

期刊名称：《中国健康月刊》
主管单位：中华人民共和国卫生部
主办单位：中国健康教育协会
总编：刘懿卿
刊期：月刊
国际标准刊号：ISSN 1005-0515
国内统一刊号：CN 21-1302/R
邮发代号：8-577
地址：北京市东城区安定路甲26号
邮编：110016
Email：chc6681@126.com
网址：www.zgjkxw.org

期刊名称：《中国矫形外科杂志》
主管单位：中国残疾人联合会
主办单位：中国残疾人康复协会
中国人民解放军第八十八医院
主编：宁志杰
编辑部主任：赵汉平
刊期：半月刊
国际标准刊号：ISSN 1005-8478
国内统一刊号：CN 37-1247/R
邮发代号：24-097
地址：山东省泰安市华山路第88医院
邮编：271000
电话：0538-6213228
Email：jxwk1994@sina.com
jiaoxingtougao@163.com

期刊名称：《中国结合医学杂志（英文版）》
主管单位：国家中医药管理局
主办单位：中国中西医结合学会
中国中医研究院
主编：陈可冀
刊期：双月刊
国际标准刊号：ISSN 1672-0415
国内统一刊号：CN 11-4928/R
邮发代号：82-825
地址：北京海淀区西苑操场1号
邮编：100091
电话：010-62877592
Email：cjim@cjim.cn
网址：www.cjim.cn www.springer.com/journal/11655

期刊名称：《中国介入心脏病学杂志》
主管单位：中华人民共和国教育部
主办单位：北京大学
主编：霍勇
刊期：双月刊
国际标准刊号：ISSN 1004-8812
国内统一刊号：CN 11-3155/R
邮发代号：82-662
地址：北京市西城区大红罗厂街1号
邮编：100034
电话：010-83572299
Email：cjic@vip.163.com

期刊名称：《中国介入影像与治疗学》
主管单位：中国科学院
主办单位：中科院声学研究所
主编：邹英华
刊期：双月刊
国际标准刊号：ISSN 1672-8475
国内统一刊号：CN 11-5213/R
邮发代号：80-220
地址：北京市海淀区罗庄南里宏嘉丽园1号楼301
邮编：100088
电话：010-82050373
Email：cjiit@mail.ioa.ac.cn
网址：www.cjiit.com

期刊名称：《中国康复》
主管单位：中华人民共和国教育部
中国残疾人联合会
主办单位：中国残疾人康复协会
华中科技大学同济医学院
主编：南登崑
编辑部主任：黄晓琳
刊期：双月刊
国际标准刊号：ISSN 1001-2001
国内统一刊号：CN 42-1251/R
邮发代号：38-137
地址：湖北省武汉市解放大道1095号　邮编：430030
电话：027-83662686
Email：kfk@tjh.tjmu.edu.cn
网址：www.zgkfzz.com

期刊名称：《中国康复理论与实践》
主管单位：中国残疾人联合会
主办单位：中国康复研究中心
中国残疾人康复协会　中国医师协会
主编：吴弦光　李建军
编辑部主任：张爱民
刊期：月刊
国际标准刊号：ISSN 1006-9771
国内统一刊号：CN 11-3759/R
邮发代号：82-35
地址：北京市丰台区角门北路10号　邮编：100068
电话：010-67567673
Email：cjrtponline@263.net
网址：www.cjrtponline.com

期刊名称：《中国康复医学杂志》
主管单位：中华人民共和国卫生部
主办单位：中国康复医学会
主编：卓大宏　编辑部主任：王爽娟
刊期：月刊
国际标准刊号：ISSN 1001-1242
国内统一刊号：CN 11-2540/R
邮发代号：82-361
地址：北京市朝阳区和平街北口中日友好医院
邮编：100029
电话：010-64218095
Email：rehabi@263.net　网址：www.rehabi.com.cn

期刊名称：《中国抗感染化疗杂志》
主管单位：中华人民共和国卫生部
主办单位：复旦大学附属华山医院
主编：汪复
编辑部主任：施耀国
刊期：双月刊
国际标准刊号：ISSN 1009-7708
国内统一刊号：CN 31-1965/R
邮发代号：4-686
地址：上海市徐汇区乌鲁木齐中路12号
邮编：200040
电话：021-62488190 传真：62488290
Email：cjic@fudan.edu.cn
网址：www.cjic.com.cn

期刊名称：《中国抗生素杂志》
主管单位：中国医药集团总公司
主办单位：中国医药集团总公司四川抗菌素工业研究所
中国医学科学院医药生物技术研究所
主编：赵文杰 编辑部主任：张主任
刊期：月刊
国际标准刊号：ISSN 1001-8689
国内统一刊号：CN 51-1126/R
邮发代号：62-193
地址：四川省成都市成华区龙潭都市工业集中发展区华冠路168号 邮编：610052
电话：028-84216021
Email：siiacjap@126.com
网址：www.zgksszz.com.cn

期刊名称：《中国科学美容》
主管单位：中国科学技术协会
主办单位：中国科学技术协会
大众科技报社 北京天然香妆品研究所
主编：马志刚
刊期：月刊
国际标准刊号：ISSN 1004-9681
国内统一刊号：CN 11-3244/R
邮发代号：82-519
地址：北京市朝阳区西直门北大街41号天兆家园1号楼C座201室 邮编：100044
电话：010-62227567
Email：cscdj@163bj.com

期刊名称：《中国口腔颌面外科杂志》
主管单位：中华人民共和国卫生部
主办单位：中华口腔医学会
主编：邱蔚六
编辑部主任：郑家伟
刊期：双月刊
国际标准刊号：ISSN 1672-3244
国内统一刊号：CN 11-4980/R
邮发代号：4-759
地址：上海市黄浦区制造局路639号
邮编：200011
电话：021-33183312 63121780 23271699-5290
Email：cjoms@omschina.org.cn
网址：csoms.cndent.com/cjoms

期刊名称：《中国口腔医学继续教育杂志》
主管单位：中华人民共和国卫生部
主办单位：中华口腔医学会
主编：王兴
刊期：双月刊
国际标准刊号：ISSN 1009-2900
国内统一刊号：CN 11-4430/R
邮发代号：82-211
地址：北京市海淀区中关村南大街22号
邮编：100081
电话：010-62165938-225/226
Email：948769066@qq.com

期刊名称：《中国口腔种植学杂志》
主管单位：中华人民共和国卫生部
主办单位：卫生部口腔种植科技中心
主编：王模堂
编辑部主任：刘果生
刊期：季刊
国际标准刊号：ISSN 1007-3957
国内统一刊号：CN 51-1493/R
邮发代号：自办发行
地址：四川省成都市小天竺街75号
邮编：610041
电话：028-85559219-8101
Email：cdicchina@yahoo.com.cn
网址：www.cdic.com.cn

期刊名称：《中国老年保健医学》
主管单位：中华人民共和国卫生部
主办单位：中国老年保健医学研究会
主编：钱贻简
编辑部主任：单鸣华
刊期：双月刊
国际标准刊号：ISSN 1672-4860
国内统一刊号：CN 11-4981/R
邮发代号：自办发行
地址：北京市朝阳区北三环东路11号中医药大学164号
邮编：100029
电话：010-64205334
Email：chinalnbj@yahoo.com.cn

期刊名称：《中国老年学杂志》
主管单位：中国老年学学会
主办单位：中国老年学学会 吉林省卫生厅
主编：陈可冀 赵吉光
刊期：半月刊
国际标准刊号：ISSN 1005-9202
国内统一刊号：CN 22-1241/R
邮发代号：12-74
地址：吉林省长春市朝阳区建政路971号
邮编：130061
电话：0431-88923384 88940685
Email：okgood911@126.com

期刊名称：《中国疗养医学》
主管单位：国家安全生产监督管理局
主办单位：中国煤矿工人北戴河疗养院
主编：张志浩
编辑部主任：丛乃霞
刊期：月刊
国际标准刊号：ISSN 1005-619X
国内统一刊号：CN 13-1332/R
邮发代号：18-246
地址：河北省秦皇岛市北戴河区保二路13号
邮编：066104
电话：0335-4030054 4045267
Email：zglyyx@126.com
网址：www.zglyyx.com

期刊名称：《中国临床保健杂志》
主管单位：中华人民共和国卫生部
主办单位：卫生部北京医院 安徽省保健医学会
主编：胡世莲
编辑部主任：蓝安
刊期：双月刊
国际标准刊号：ISSN 1672-6790
国内统一刊号：CN 34-1273/R
邮发代号：26-184
地址：安徽省合肥市红星路1号省委大院715信箱
邮编：230001
电话：0551-62608457
Email：J.C.Healthcare@163.com
网址：bjzz.ahbj.cn

期刊名称：《中国临床护理》
主管单位：中华人民共和国卫生部
主办单位：中国医师协会
主编：邹碧荣
编辑部主任：孙红霞
刊期：双月刊
国际标准刊号：ISSN 1674-3768
国内统一刊号：CN 42-1787/R
邮发代号：38-116
地址：湖北省武汉市汉口黎黄陂路47号市医学科学研究所 邮编：430014
电话：027-82808461 82789571
Email：zglchl@163.com
网址：www.zglchl.cn

期刊名称：《中国临床解剖学杂志》
主管单位：中国科学技术协会
主办单位：中国解剖学会
主编：徐达传
刊期：双月刊
国际标准刊号：ISSN 1001-165X
国内统一刊号：CN 44-1153/R
邮发代号：46-108
地址：广东省广州市沙太南路1023号南方医科大学解剖学教研室 邮编：510515
电话：020-61648203
Email：chjcana@126.com
网址：www.chjcana.com

期刊名称：《中国临床神经科学》
主管单位：中华人民共和国教育部
主办单位：复旦大学神经病学研究
　　　　　复旦大学附属华山医院
主编：蒋雨平
编辑部主任：洪震
刊期：双月刊
国际标准刊号：ISSN 1008-0678
国内统一刊号：CN 31-1752/R
邮发代号：4-602
地址：上海市乌鲁木齐中路 12 号
邮编：200040
电话：021-62490808
Email：cjcn1993@hotmail.com
　　　cjcn1993@126.com

期刊名称：《中国临床神经外科杂志》
主管单位：广州军区联勤部卫生部
主办单位：广州军区武汉总医院
主编：马连亭
编辑部主任：吴佐泉
刊期：月刊
国际标准刊号：ISSN 1009-153X
国内统一刊号：CN 42-1603/R
邮发代号：38-347
地址：湖北省武汉市武昌武珞路 627 号
邮编：430070
电话：027-68878533
Email：zglcsjwk@163.com

期刊名称：《中国临床实用医学》
主管单位：中华人民共和国卫生部
主办单位：中华医学会
主编：王健
刊期：月刊
国际标准刊号：ISSN 1673-8799
国内统一刊号：CN 11-5570/R
邮发代号：80-605
地址：北京市东城区和平里七区 15 号楼 101 室
邮编：100013
电话：010-64299468
Email：zglcsyyx@tom.com
网址：www.zglcsyyx.com

期刊名称：《中国临床心理学杂志》
主管单位：中华人民共和国教育部
主办单位：中国心理卫生协会
主编：姚树桥
编辑部主任：周世杰
期刊：双月刊
国际标准刊号：ISSN 1005-3611
国内统一刊号：CN 43-1214/R
邮发代号：42-122
地址：湖南省长沙市中南大学湘雅二医院内
邮编：410011
电话：0731-85292472
Email：cjcp_china@163.com
　　　zlcy@chinajournal.net.cn

期刊名称：《中国临床新医学》
主管单位：中华人民共和国卫生部
主办单位：中国医师协会　广西壮族自治区人民医院
主编：张法灿
执行总编辑：韦挥德
刊期：月刊
国际标准刊号：ISSN 1674-3806
国内统一刊号：CN 45-1365/R
邮发代号：48-173
地址：广西壮族自治区南宁市桃源路 6 号
邮编：530021
电话：0771-2186013
Email：zglcxyxzz@163.com
网址：www.zglcxyxzz.com

期刊名称：《中国临床研究》
主管单位：中华人民共和国卫生部
主办单位：中华预防医学会
主编：徐肇敏
编辑部主任：王国品
刊期：月刊
国际标准刊号：ISSN 1674-8182
国内统一刊号：CN 32-1811/R
邮发代号：28-234
地址：江苏省南京市山西路 57 号　邮编：210009
电话：025-83243580
Email：zgckyx@163.com
网址：www.zglczz.com

期刊名称：《中国临床药理学与治疗学》
主管单位：中国科学技术协会
主办单位：中国药理学会
主编：孙瑞元
编辑部主任：李娟
刊期：月刊
国际标准刊号：ISSN 1009-2501
国内统一刊号：CN 34-1206/R
邮发代号：26-165
地址：安徽省芜湖市皖南医学院弋矶山医院
邮编：241001
电话：0553-5738350 5739333
Email：cjcpt96@163.com
网址：www.cjcpt.com

期刊名称：《中国临床药理学杂志》
主管单位：中国科学技术协会
主办单位：中国药学会
主编：韩启德
编辑部主任：单爱莲
刊期：月刊
国际标准刊号：ISSN 1001-6821
国内统一刊号：CN 11-2220/R
邮发代号：82-142
地址：北京市海淀区学院路38号
邮编：100191
电话：010-82802540
Email：cjcp1985@126.com cjcp1985@163.com

期刊名称：《中国临床药学杂志》
主管单位：中国科学技术协会
主办单位：中国药学会
主编：王永铭
编辑部主任：王继鸣
刊期：双月刊
国际标准刊号：ISSN 1007-4406
国内统一刊号：CN 31-1726/R
邮发代号：4-573
地址：上海市徐汇区医学院路138号6号楼
邮编：200032
电话：021-54237256
Email：lcyx@fudan.edu.cn cjcpfdu@citiz.net
网址：zglcyxzz.periodicals.net.cn

期刊名称：《中国临床医生》
主管单位：中华人民共和国卫生部
主办单位：人民卫生出版社
主编：陈贤义
编辑部主任：王晓军
刊期：月刊
国际标准刊号：ISSN 1008-1089
国内统一刊号：CN 11-3943/R
邮发代号：2-48
地址：北京市朝阳区潘家园南里19号B座
邮编：100021
电话：010-59787248
Email：wxj@pmph.com
网址：www.pmph.com

期刊名称：《中国临床医学》
主管单位：中华人民共和国教育部
主办单位：复旦大学附属中山医院
主编：王玉奇
编辑部主任：陶祥元
刊期：双月刊
国际标准刊号：ISSN 1008-6358
国内统一刊号：CN 31-1794/R
邮发代号：4-636
地址：上海市徐汇区医学院路136号1号楼7F
邮编：200032
电话：021-64037955
Email：zglcyx@126.com
网址：http://www.zglcyx.com

期刊名称：《中国临床医学影像杂志》
主管单位：中华人民共和国卫生部
主办单位：中国医科大学 中国医学影像技术研究会
主编：郭启勇
编辑部主任：邓丽洁
刊期：月刊
国际标准刊号：ISSN 1008-1062
国内统一刊号：CN 21-1381/R
邮发代号：8-25
地址：辽宁省沈阳市和平区三好街36号 邮编：110004
电话：024-23925069
Email：jccmisy2005@yahoo.com.cn
网址：www.zglcxyxzz.org www.jccmi.com.cn

期刊名称：《中国临床医学杂志》
主管单位：中华人民共和国教育部
主办单位：复旦大学附属中山医院
主编：王玉琦
编辑部主任：陶祥元
期刊：双月刊
国际标准刊号：ISSN 1008-6358
国内统一刊号：CN 31-1794/R
邮发代号：4-636
地址：上海市徐汇区医学院路136号1号楼9F
邮编：200032
电话：021-64037955
Email：zglcyx@126.com
网址：www.zglcyx.com

期刊名称：《中国麻风皮肤病杂志》
主管单位：中华人民共和国卫生部
主办单位：中国麻风防治协会和山东省皮肤病性病防治研究所
主编：张福仁
编辑部主任：陈树民
刊期：月刊
国际标准刊号：ISSN 1009-1157
国内统一刊号：CN 37-1348/R
邮发代号：24-173
地址：山东省济南市槐荫区经十路27397号
邮编：250022
电话：0531-87515643　87298817
Email：skinmag@public.jn.sd.cn

期刊名称：《中国慢性病预防与控制》
主管单位：中华人民共和国卫生部
主办单位：中华预防医学会
主编：王撷秀
编辑部主任：何雅晖
刊期：双月刊
国际标准刊号：ISSN 1004-6194
国内统一刊号：CN 12-1196/R
邮发代号：6-71
地址：天津市河东区华龙道76号　邮编：300011
电话：022-26022878
Email：mbzz1992@yahoo.com.cn
网址：www.cdctj.com.cn

期刊名称：《中国媒介生物学及控制杂志》
主管单位：中华人民共和国卫生部
主办单位：中国疾病预防控制中心
主编：刘起勇
编辑部主任：陈秀丽
刊期：双月刊
国际标准刊号：ISSN 1003-4692
国内统一刊号：CN 13-1142/R
邮发代号：18-265
地址：北京市昌平区昌百路155号　邮编：102206
电话：010-58900731
Email：bingmei@icdc.cn
网址：www.bmsw.net.cn

期刊名称：《中国美容医学》
主管单位：中华人民共和国教育部
主办单位：西安交通大学 第四军医大学
主编：朱宏亮
编辑部主任：张惠娟
刊期：月刊
国际标准刊号：ISSN 1008-6455
国内统一刊号：CN 61-1347/R
邮发代号：52-27
地址：陕西省西安市新科路1号东兴科技大厦
邮编：710043
电话：029-82218513　82251091-8833
Email：zgmryx@163.com/yishi010@163.com
网址：www.zgmryx.com

期刊名称：《中国美容整形外科杂志》
主管单位：中华人民共和国卫生部
主办单位：中国医师协会
主编：董齐
编辑部主任：高树奎
刊期：月刊
国际标准刊号：ISSN 1673-7040
国内统一刊号：CN 21-1542/R
邮发代号：8-56
地址：辽宁省沈阳市沈河区文艺路33号
邮编：110016
电话：024-24131293
Email：apsjournal@163.com
网址：www.apsjournal.com

期刊名称：《中国煤炭工业医学杂志》
主管单位：国家煤矿安全监察局
主办单位：华北煤炭医学院
主编：姚林
编辑部主任：栾奕
刊期：月刊
国际标准刊号：ISSN 1007-9564
国内统一刊号：CN 13-1221/R
邮发代号：18-284
地址：河北省唐山市建设南路57号 邮编：063000
电话：0315-3725999 3725386
Email：mtyx@heinfo.net
网址：www.zgkw.cn

期刊名称：《中国免疫学杂志》
主管单位：中国科学技术协会
主办单位：中国免疫学会 吉林省医学期刊社
主编：杨贵贞
编辑部主任：许四平
刊期：月刊
国际标准刊号：ISSN 1000-484X
国内统一刊号：CN 22-1126/R
邮发代号：12-85
地址：吉林省长春市建政路971号 邮编：130061
电话：0431-88925027
Email：zhmizazh@126.com
网址：www.immune99.com

期刊名称：《中国民间疗法》
主管单位：国家中医药管理局
主办单位：中国中医药出版社
中国民间中医医药研究开发协会
主编：王国辰 编辑部主任：芮立新
刊期：月刊
国际标准刊号：ISSN 1007-5798
国内统一刊号：CN 11-3555/R
邮发代号：82-695
地址：北京市朝阳区三环东路28号易亨大厦1602
邮编：100013
电话：010-64405735 64405732
Email：zgmjlf@periodicals.net.cn zgmjlf@163.com
zgmjlf98@126.com
网址：zgmjlf.periodicals.net.cn

期刊名称：《中国民康医学》
主管单位：中华人民共和国民政部
主办单位：中国社会工作协会
总编：王国涛
常务副总编辑：周华丘
刊期：半月刊
国际标准刊号：ISSN 1672-0369
国内统一刊号：CN 11-4917/R
邮发代号：82-503
地址：北京市西城区白广路7号（中民大厦院内）
邮编：100053
电话：010-63510974
Email：mkzz@sohu.com
网址：www.zgmkyx.com

期刊名称：《中国民族民间医药杂志》
主管单位：云南省科学技术协会
主办单位：云南省民族民间医药研究会
主编：黄传贵
编辑部主任：康云山
刊期：半月刊
国际标准刊号：ISSN 1007-8517
国内统一刊号：CN 53-1102/R
邮发代号：64-56
地址：云南省昆明市关通路57号
邮编：650200
电话：0871-5349183 5339255
Email：zgyy1992@163.com
网址：http://zgmzmjyyzz.periodicals.net.cn

期刊名称：《中国民族医药杂志》
主管单位：国家中医药管理局
主办单位：全国中医药图书情报工作委员会
内蒙古中蒙医研究所
主编：苏根元
刊期：月刊
国际标准刊号：ISSN 1006-6810
国内统一刊号：CN 15-1175/R
邮发代号：16-94
地址：内蒙古自治区呼和浩特市健康路11号
邮编：010020
电话：0471-6920167
Email：ZGMZYYZZ@126.com

期刊名称：《中国男科学杂志》
主管单位：中华人民共和国国家人口和计划生育委员会
主办单位：上海交通大学医学院
国家人口和计划生育委员会科学技术研究所
主编：江鱼
编辑部主任：戴继灿
刊期：月刊
国际标准刊号：ISSN 1008-0848
国内统一刊号：CN 31-1762/R
邮发代号：4-484
地址：上海市黄浦区山东中路145号
邮编：200001
电话：021-63282126　53882005
Email：chinajournal@hotmail.com

期刊名称：《中国脑血管病杂志》
主管单位：中华人民共和国卫生部
主办单位：中国医师协会
主编：刘承基　凌锋
编辑部主任：史元
刊期：月刊
国际标准刊号：ISSN 1672-5921
国内统一刊号：CN 11-5126/R
邮发代号：80-155
地址：北京市宣武区长椿街45号宣武医院介入中心五楼　邮编：100053
电话：010-83128791
Email：cjcvd@vip.163.com

期刊名称：《中国内镜杂志》
主管单位：中华人民共和国教育部
主办单位：中国医师协会　中南大学
中华人民共和国卫生部肝胆肠外科研究中心
中国医师协会内镜医师分会
主编：张阳德　编辑部主任：张阳德
刊期：月刊
国际标准刊号：ISSN 1007-1989
国内统一刊号：CN 43-1256/R
邮发代号：42-142
地址：湖南省长沙市湘雅路87号　邮编：410008
电话：0731-84327991
Email：zgnjzz@163.com
网址:www.cen_cn.com

期刊名称：《中国农村卫生》
主管单位：中华人民共和国卫生部
主办单位：中国农村卫生协会
主编：朱宝铎
编辑部主任：宋世琦
刊期：月刊
国际标准刊号：ISSN 1674-361X
国内统一刊号：CN11-5704/R
邮发代号：80-907
地址：北京市东城区广渠门南小街领行国际1号楼2单元1701房　邮编：100061
电话：010-67155255　67155391
Email：zgncws@163.com　zgncws2008@sohu.com
网址：www.zhongweiwang.org

期刊名称：《中国农村卫生事业管理》
主管单位：中华人民共和国卫生部
主办单位：中华预防医学会
主编：朱敖荣
编辑部主任：汪时东
刊期：月刊
国际标准刊号：ISSN 1005-5916
国内统一刊号：CN 11-5269/R
邮发代号：26-53
地址：安徽省合肥市安徽医科大学校内110号信箱
邮编：230032
电话：0551-65111474
Email：nwbjb@ahmu.edu.cn
网址：www.zgnwzz.cn

期刊名称：《中国皮肤性病学杂志》
主管单位：中华人民共和国教育部
主办单位：西安交通大学
主编：彭征辉
编辑部主任：马慧群
刊期：月刊
国际标准刊号：ISSN 1001-7089
国内统一刊号：CN 61-1197/R
邮发代号：52-17
地址：陕西省西安市西五路157号　邮编：710004
电话：029-87217312　87678312
Email：cjdv_xg@126.com
网址：www.cjdv.net

期刊名称：《中国普通外科杂志》
主管单位：中华人民共和国教育部
主办单位：中南大学
主编：吕新生
编辑部主任：陈子华
刊期：月刊
国际标准刊号：ISSN 1005-6947
国内统一刊号：CN 43-1213/R
邮发代号：42-121
地址：湖南省长沙市湘雅路87号
邮编：410008
电话：0731-84327400
Email：pw4327400@126.com

期刊名称：《中国普外基础与临床杂志》
主管单位：中华人民共和国教育部
主办单位：四川大学华西医院
主编：严律南
编辑部主任：李缨来
刊期：月刊
国际标准刊号：ISSN 1007-9424
国内统一刊号：CN 51-1505/R
邮发代号：62-7
地址：四川省成都市国学巷37号四川大学华西医院
邮编：610041
电话：028-85422072
Email：zgpwzz@vip.163.com

期刊名称：《中国全科医学》
主管单位：中华人民共和国卫生部
主办单位：中华医院协会
主编：梁万年
编辑部主任：许岩丽
刊期：旬刊
国际标准刊号：ISSN 1007-9572
国内统一刊号：CN 13-1222/R
邮发代号：80-258
地址：北京市宣武区广义街5号广益大厦A座907
邮编：100053
电话：010-63052088 83525550
Email：zgqkyx@126.com
网址：www.chinagp.net

期刊名称：《中国热带医学》
主管单位：中华人民共和国卫生部
主办单位：中华预防医学会
海南省疾病预防控制中心
主编：杜建伟
编辑部主任：崔宜庆
刊期：月刊
国际标准刊号：ISSN 1009-9727
国内统一刊号：CN 46-1064/R
邮发代号：84-20
地址：海南省海口市海府路44号
邮编：570203
电话：0898-65326675 65377298
Email：ctmffff@vip.163.com
ctmffff@163.com
网址：www.cntropmed.com

期刊名称：《中国人民解放军军医大学学报（医学版）》
主管单位：中国人民解放军总后勤卫生部
主办单位：第一（现南方医科大学）、二、三、四军医大学
主编：朱诚 王正国 周树复 姚开泰
刊期：双月刊
国际标准刊号：ISSN 1000-1948
国内统一刊号：CN 31-1002/R
邮发代号：4-725
地址：上海市杨浦区翔殷路800号
邮编：200433
电话：021-81870791
Email：jydxxb@yahoo.com.cn

期刊名称：《中国人民解放军军医大学学报（英文版）》
主管单位：中国人民解放军总政治部
主办单位：第二、三、四军医大学南方医科大学
主编：戚中田 张绍祥 李云庆 姚开泰
刊期：双月刊
国际标准刊号：ISSN 1000-1948
国内统一刊号：CN 1002/R
邮发代号：4-725
地址：上海市杨浦区翔殷路800号
邮编：200433
电话：021-81870791
Email：jydxxb@yahoo.com.cn

期刊名称：《中国人兽共患病学报》
主管单位：中国科学技术协会
主办单位：中国微生物学会
主编：严延生
编辑部主任：李友松
刊期：月刊
国际标准刊号：ISSN 1002-2694
国内统一刊号：CN 35-1284/R
邮发代号：34-46
地址：福建省福州市津泰路 76 号　邮编：350001
电话：0591-87552018
Email：rsghb@fjcdc.com.cn
网址：www.rsghb.cn
zgrsghbzz.periodicals.net.cn

期刊名称：《中国伤残医学》
主管单位：中华人民共和国卫生部
主办单位：中国康复医学会　黑龙江省截瘫研究所
主编：刘长荣
编辑部主任：李凤鸣
刊期：双月刊
国际标准刊号：ISSN 1673-6567
国内统一刊号：CN 11-5516/R
邮发代号：14-314
地址：黑龙江省哈尔滨市南区邮政街 23 号
邮编：150001
电话：0451-85552550
Email：zgscyxzz@126.com
网址：www.zgscyxzz.com

期刊名称：《中国烧伤创疡杂志》
主管单位：中华人民共和国卫生部
主办单位：中国医师协会
主编：宋荣祥　编辑部主任：张萍萍
刊期：双月刊
国际标准刊号：ISSN 1001-0726
国内统一刊号：CN 11-2650/R
邮发代号：82-600
地址：北京市朝阳区东大桥路 8 号尚都国际中心 A 座 31 层　邮编：100020
电话：010-58701592　58700001-608
Email：periodical@chinaburn.com
网址：www.chinaburn.com.cn

期刊名称：《中国社会医学杂志》
主管单位：中华人民共和国教育部
主办单位：华中科技大学同济医学院
主编：卢祖洵
编辑部主任：王红
刊期：双月刊
国际标准刊号：ISSN 1001-1234
国内统一刊号：CN 42-1185/R
邮发代号：38-90
地址：湖北省武汉市航空路 13 号
邮编：430030
电话：027-83692719
Email：whd9800@163.com　shyx2006@126.com

期刊名称：《中国社区医师》
主管单位：中华人民共和国卫生部
主办单位：中国健康教育协会
主编：单书健
编辑部主任：张丽敏
刊期：周刊
国际标准刊号：ISSN 1007-614X
国内统一刊号：CN 11-5189/R
邮发代号：80-358
地址：北京市西城区西直门外 1 号西环广场 A 座 17 层
邮编：100044
电话：010-58302828-6809
Email：sqys@sqys.com
网址：www.sqys.com

期刊名称：《中国社区医师（医学专业）》
主管单位：中华人民共和国卫生部
主办单位：中国健康教育协会
主编：单书健
编辑部主任：赵旭阳
刊 期：半月刊
国际标准刊号：ISSN 1007-614X
国内统一刊号：CN 11-5189/R
邮发代号：80-358
地址：北京市西城区西直门外 1 号西环广场 A 座 17 层
邮编：100044
电 话：010-58302828-6809
Email：YXLW999@sina.com

期刊名称：《中国社区医学》
主管单位：中华人民共和国卫生部
主办单位：阜阳市卫生局
主编：戴光强
刊期：季刊
国际标准刊号：ISSN 1007-1873
邮发代号：26-160
地址：安徽省阜阳市36信箱
邮编：236000
电话：0558-2118741
Email：bjb@ws.fy.cn
网址：www.wsw.fy.gov.cn

期刊名称：《中国神经精神疾病杂志》
主管单位：中华人民共和国教育部
主办单位：中山大学
主编：曾进胜
编辑部主任：增进胜
刊期：月刊
国际标准刊号：ISSN 1002-0152
国内统一刊号：CN 44-1213/R
邮发代号：46-45
地址：广东省广州市中山二路74号
邮编：510089
电话：020-87332686　87331494
Email：zgsjjs@126.com

期刊名称：《中国神经免疫学和神经病学杂志》
主管单位：中华人民共和国卫生部
主办单位：卫生部北京医院
　　　　　中国免疫学会神经免疫学分会
主编：陈海波　胡学强
刊期：双月刊
国际标准刊号：ISSN 1006-2963
国内统一刊号：CN 11-3552/R
邮发代号：82-718
地址：北京市东城区东单大华路1号
邮编：100010
电话：010-58115071
Email：zgsm@263.net
网址：www.cjnnnet.com

期刊名称：《中国神经再生研究（英文版）》
主管单位：中华人民共和国卫生部
主办单位：中国康复医学会
主编：苏国辉
刊期：旬刊
国际标准刊号：ISSN 1673-5374
国内统一刊号：CN 11-5422/R
邮发代号：8-585
地址：辽宁省沈阳市1234邮政信箱
邮编：110004
电话：024-23394178　23380579
Email：bwb@nrronline.com

期刊名称：《中国神经肿瘤杂志》
主管单位：中山大学肿瘤防治中心
主办单位：中国抗癌协会神经肿瘤专业委员会
主编：陈忠平
刊期：季刊
国际标准刊号：ISSN 1726-8192
邮发代号：自办发行
地址：广东省广州市东风东路651号
邮编：510060
电话：020-87343064
Email：cjno@mail.sysu.edu.cn

期刊名称：《中国生化药物杂志》
主管单位：江苏省南京市生物化学制药研究所
主办单位：江苏省南京市生物化学制药研究所
　　　　　全国生化制药情报中心
　　　　　中国生化制药工业协会
　　　　　中国药品生物制品检定所
主编：孙欣
刊期：双月刊
国际标准刊号：ISSN 1005-1678
国内统一刊号：CN 32-1355/R
邮发代号：28-233
地址：江苏省南京市浦口区浦东北路9号
邮编：210031
电话：025-58588537
Email：shyw1976@hotmail.com

期刊名称：《中国生物美容》
主管单位：中华人民共和国卫生部
主办单位：中国整形美容协会
主编：吴开华
刊期：季刊
国际标准刊号：ISSN 1674-7577
国内统一刊号：CN 11-5465/R
邮发代号：45-43
地址：北京市西城区鼓楼西大街154号卫生部机关服务局东楼222室
邮编：100009
电话：010-64015609
Email：chinambb@vip.163.com

期刊名称：《中国生物医学工程学报》
主管单位：中国科学技术协会
主办单位：中国生物医学工程学会
主编：刘德培
编辑部主任：彭屹
刊期：双月刊
国际标准刊号：ISSN 0258-8021
国内统一刊号：CN 11-2057/R
邮发代号：82-73
地址：北京市东城区东单三条9号
邮编：100005
电话：010-65248786
Email：cjbmecjbme@163.com
网址：www.csbme.org.cn

期刊名称：《中国生物制品学杂志》
主管单位：中华人民共和国卫生部
主办单位：中华预防医学会
主编：封多佳
编辑部主任：任志霞
刊期：月刊
国际标准刊号：ISSN 1004-5503
国内统一刊号：CN 22-1197/Q
邮发代号：12-128
地址：吉林省长春市西安大路137号
邮编：130062
电话：0431-87923344
Email：zgsw1988@163.com
网址：www.zgswj.com.cn

期刊名称：《中国生育健康杂志》
主管单位：中华人民共和国教育部
主办单位：北京大学
主编：仁爱国　编辑部主任：张乐
刊期：双月刊
国际标准刊号：ISSN 1671-878X
国内统一刊号：CN 11-4831/R
邮发代号：82-29
地址：北京市海淀区学院路38号北京大学医学部科学研究中心楼4-11室　邮编：100191
电话：010-82802942
Email：bianjb@ncmih.bjmu.edu.cn　zgsyjk@vip.163.com
网址：www.cjrh.org

期刊名称：《中国食品卫生杂志》
主管单位：中华人民共和国卫生部
主办单位：中华预防医学会
中国疾病预防控制中心营养与食品安全所
主编：何来英　编辑部主任：何来英
刊期：双月刊
国际标准刊号：ISSN 1004-8456
国内统一刊号：CN 11-3156/R
邮发代号：82-450
地址：北京市朝阳区潘家园南里7号行政楼208室
邮编：100021
电话：010-67791542
Email：spws462@163.com
网址：www.zgspws.com

期刊名称：《中国实验方剂学杂志》
主管单位：国家中医药管理局
主办单位：中国中医科学院中药研究所
中国中西医结合学会中药专业委员会
主编：姜廷良　编辑部主任：蔡仲德
刊期：半月刊
国际标准刊号：ISSN 1005-9903
国内统一刊号：CN 11-3495/R
邮发代号：2-417
地址：北京市东城区东直门内南小街16号
邮编：100700
电话：010-64014411-2849
Email：syfjx_2010@188.com
网址：www.syfjxzz.com

期刊名称：《中国实验血液学杂志》
主管单位：中国科学技术协会
主办单位：中国病理生理学会
主编：唐佩弦
刊期：双月刊
国际标准刊号：ISSN 1009-2137
国内统一刊号：CN 11-4423/R
邮发代号：2-389
地址：北京市海淀区太平路27号
邮编：100850
电话：010-66930873　68215932
Email：jexphema@263.net

期刊名称：《中国实验诊断学》
主管单位：中华人民共和国教育部
主办单位：吉林大学中日联谊医院
　　　　　上海第二医科大学附属瑞金医院
主编：孙荣武
编辑部主任：安治国
刊期：月刊
国际标准刊号：ISSN 1007-4287
国内统一刊号：CN 22-1257/R
邮发代号：12-172
地址：吉林省长春市仙台大街126号
邮编：130033
电话：0431-84647852　84995294
Email：zszd@chinajournal.net.cn
网址：zszd.chinajournal.net.cn

期刊名称：《中国实用儿科杂志》
主管单位：中华人民共和国卫生部
主办单位：中国医师协会
主编：薛辛东
刊期：月刊
国际标准刊号：ISSN 1005-2224
国内统一刊号：CN 21-1333/R
邮发代号：8-171
地址：辽宁省沈阳市和平区南京南街9号
邮编：110005
电话：024-23394795
Email：zgsyek@163.com

期刊名称：《中国实用妇科与产科杂志》
主管单位：中华人民共和国卫生部
主办单位：中国医师协会
主编：张淑兰
编辑部主任：耿克勤
刊期：月刊
国际标准刊号：ISSN 1005-2216
国内统一刊号：CN 21-1332/R
邮发代号：1005-2216
地址：辽宁省沈阳市和平区南京南街9号
邮编：110005
电话：024-23866489
Email: fck23394474@sina.com　网址：www.zgsyz.com

期刊名称：《中国实用护理杂志》
主管单位：中华人民共和国卫生部
主办单位：中华医学会
主编：王国强
编辑部主任：刘霞
刊期：旬刊
国际标准刊号：ISSN 1672-7088
国内统一刊号：CN 21-1501/R
邮发代号：8-88
地址：辽宁省大连市南石道街丙寅巷3号
邮编：116013
电话：0411-82499048　82490723
Email：huli@yizhe.net
网址：www.zgsyhlzz.com

期刊名称：《中国实用口腔科杂志》
主管单位：中华人民共和国卫生部
主办单位：中国医师协会
主编：路振富
编辑部主任：赵丽颖
刊期：月刊
国际标准刊号：ISSN 1674-1595
国内统一刊号：CN 21-1561/R
邮发代号：8-156
地址：辽宁省沈阳市和平区南京南街9号
邮编：110001
电话：024-23256666-5500　23866526
Email：zgsykq@163.com
网址：www.zgsyz.com

期刊名称：《中国实用美容整形外科杂志》
主管单位：中华人民共和国卫生部
主办单位：中国医师协会　辽宁省人民医院
沈阳军区总医院
主编：高景恒
刊期：月刊
国际标准刊号：ISSN 1673-7040
国内统一刊号：CN 21-1542/R
邮发代号：8-56
地址：辽宁省沈阳市沈河区文艺路33号　邮编：110016
电话：024-24125660　24131293
Email：apsjournal@163.com
网址：www.apsjournal.com

期刊名称：《中国实用内科杂志》
主管单位：中华人民共和国卫生部
主办单位：中国医师协会
主编：康健
编辑部主任：任延刚
刊期：月刊
国际标准刊号：ISSN 1005-2194
国内统一刊号：CN 21-1330/R
邮发代号：8-126
地址：辽宁省沈阳市和平区南京南街9号
邮编：110005
电话：024-23395218　23256666
Email：journalnk@sohu.com
网址：www.zgsyz.com

期刊名称：《中国实用神经疾病杂志》
主管单位：中华人民共和国教育部
主办单位：郑州大学
主编：李建章
编辑部主任：娄季宇　姚淑芳　郑蔚
刊期：半月刊
国际标准刊号：ISSN 1673-5110
国内统一刊号：CN 41-1381/R
邮发代号：36-178
地址：河南省郑州市经八路2号（郑州大学第二附属医院内）
邮编：450014
电话：0371-63974256　63974663
Email：hnsysjjbzz@126.com

期刊名称：《中国实用手外科杂志》
主管单位：辽宁省卫生厅
主办单位：沈阳市手外科研究所　沈阳医学院奉天医院
主编：蔡林方
刊期：季刊
国际标准刊号：ISSN 1671-2722
国内统一刊号：CN 21-1466/R
邮发代号：8-132
地址：辽宁省沈阳市铁西区南七西路5号沈阳医学院附属中心医院
邮编：110024
电话：024-25704346
Email：zhangxiaotong555@sina.com

期刊名称：《中国实用外科杂志》
主管单位：中华人民共和国卫生部
主办单位：中国医师协会　中国实用医学杂志社
主编：刘永锋
编辑部主任：田利国
刊期：月刊
国际标准刊号：ISSN 1005-2208
国内统一刊号：CN 21-1331/R
邮发代号：8-127
地址：辽宁省沈阳市和平区南京南街9号五层
邮编：110001
电话：024-23866561
Email：sywkzz@126.com
网址：www.zgsyz.com

期刊名称：《中国实用乡村医生杂志》
主管单位：中华人民共和国卫生部
主办单位：中国医师协会 中国医科大学
主编：韩民堂
编辑部主任：吕兴权
刊期：月刊
国际标准刊号：ISSN 1672-7185
国内统一刊号：CN 21-1502/R
邮发代号：8-222
地址：辽宁省沈阳市和平区北二马路92号
邮编：110001
电话：024-23268576
Email：zgsyxcyszz@sina.com
网址：www.zgncys.com

期刊名称：《中国实用眼科杂志》
主管单位：中华人民共和国卫生部
主办单位：中华医学会　中国医科大学
主编：张忠志
编辑部主任：张忠志
刊期：月刊
国际标准刊号：ISSN 1006-4443
国内统一刊号：CN 21-1348/R
邮发代号：8-169
地址：辽宁省沈阳市和平区南京北街 155 号
邮编：110001
电话：024-83282622　62539805
Email：cjpo@mail.cmu.edu.cn

期刊名称：《中国实用医刊》
主管单位：中华人民共和国卫生部
主办单位：中华医学会
主编：秦省　编辑部主任：杨亚辉
刊期：半月刊
国际标准刊号：ISSN 1674-4756
国内统一刊号：CN 11-5689/R
邮发代号：36-23
地址：河南省郑州市金水区经三路七号
邮编：450003
电话：0371-65920096
Email：zgsyyk@163.com
网址：www.medline.org.cn

期刊名称：《中国实用医药》
主管单位：中华人民共和国卫生部
主办单位：中国康复医学会
主编：杜占明　编辑部主任：左贤明
刊期：旬刊
国际标准刊号：ISSN 1673-7555
国内统一刊号：CN 11-5547/R
邮发代号：80-600
地址：北京市东城区和平里七区乙 16 号楼 314 室
邮编：100013
电话：010-64299142　81674222
Email：zgsyyy2007@yahoo.com.cn
网址：http://www.zgsyyy.cn/

期刊名称：《中国输血杂志》
主管单位：中华人民共和国卫生部
主办单位：中国输血协会
　　　　　中国医学科学院输血研究所
主编：王憬惺
编辑部主任：蔡辉
刊期：月刊
国际标准刊号：ISSN 1004-549X
国内统一刊号：CN 51-1394/R
邮发代号：62-186
地址：四川省成都市成华区东三环路二段龙潭总部经济城华彩路 26 号　邮编：610052
电话：028-83378357
Email：cjbt@cjbt.cn
网址：www.cjbt@cjbt.cn

期刊名称：《中国数字医学》
主管单位：中华人民共和国卫生部
主办单位：卫生部医院管理研究所
主编：李包罗
刊期：月刊
国际标准刊号：ISSN 1673-7571
国内统一刊号：CN 11-5550/R
邮发代号：80-133
地址：北京市朝阳区光华路甲 8 号和乔大厦 B 座 210A 室　邮编：100026
电话：010-65815163
Email：digmedyiliao@yahoo.com.cn
网址：www.chindigitalmedicine.org

期刊名称：《中国糖尿病杂志》
主管单位：中华人民共和国教育部
主办单位：北京大学
主编：纪立农
编辑部主任：张婷婷
刊期：月刊
国际标准刊号：ISSN 1006-6187
国内统一刊号：CN 11-5449/R
邮发代号：82-623
地址：北京市西城区大红罗厂街 1 号　邮编：100034
电话：010-66515929
Email：journal@cds.org.cn
网址：www.cds.org.cn

期刊名称：《中国疼痛医学杂志》
主管单位：中华人民共和国教育部
主办单位：北京大学　中华医学会疼痛学分会
主编：韩济生
编辑部主任：刘强　马达
刊期：月刊
国际标准刊号：ISSN 1006-9852
国内统一刊号：CN 11-3741/R
邮发代号：82-832
地址：北京市海淀区学院路 38 号 北京大学医学部
邮编：100191
电话：010-82801705
Email：pain1712@126.com
网址：http://casp.ijournals.cn

期刊名称：《中国体视学与图像分析》
主管单位：中国科学技术协会
主办单位：中国体视学学会
主编：刘国权
刊期：季刊
国际标准刊号：ISSN 1007-1482
国内统一刊号：CN 11-3739/R
邮发代号：自办发行
地址：北京市海淀区清华大学工物系（刘卿楼）211 室
邮编：100084
电话：010-62776336
Email：tscss@mail.tsinghua.edu.cn
网址：www.tscss.org

期刊名称：《中国体外循环杂志》
主管单位：中国人民解放军总医院
主办单位：中国人民解放军总医院
主编：龙村
编辑部主任：李佳春
刊期：季刊
国际标准刊号：ISSN 1672-1403
国内统一刊号：CN 11-4941/R
邮发代号：82-433
地址：北京市海淀区复兴路 28 号
邮编：100853
电话：010-66937810
Email：zgtwxhzz@sina.com.cn

期刊名称：《中国天然药物》
主管单位：中华人民共和国教育部
主办单位：中国药科大学 中国药学会
主编：吴晓明　孙汉董
编辑部主任：郑晓南
刊期：双月刊
国际标准刊号：ISSN 1672-3651
国内统一刊号：CN 32-1708/R
邮发代号：28-306
地址：江苏省南京市鼓楼区童家巷 24 号
邮编：210009
电话：025-83271565　83271568
Email：zgtryw@epu.edu.cn

期刊名称：《中国听力语言康复科学杂志》
主管单位：中国残疾人联合会
主办单位：中国聋儿康复研究中心
主编：孙喜斌　韩东一　陈振声
编辑部主任：于丽玫
刊期：双月刊
国际标准刊号：ISSN 1672-4933
国内统一刊号：CN 11-5138/R
邮发代号：82-915
地址：北京市朝阳区安外惠新里甲 8 号
邮编：100029
电话：010-84630488　84639344
Email：shjournal@263.net
网址：www.chsr.cn

期刊名称：《中国微创外科杂志》
主管单位：中华人民共和国教育部
主办单位：北京大学
主编：陈仲强
刊期：月刊
国际标准刊号：ISSN 1009-6604
国内统一刊号：CN 11-4526/R
邮发代号：2-742
地址：北京市海淀区花园北路 49 号
邮编：100083
电话：010-82025751　62017691-6602
Email：wcwkzazhi@163.com

期刊名称：《中国微侵袭神经外科杂志》
主管单位：广州军区联勤部卫生部
主办单位：中国人民解放军广州军区广州总医院
主编：王忠诚
编辑部主任：高燕华
刊期：月刊
国际标准刊号：ISSN 1009-122X
国内统一刊号：CN 44-1459/R
邮编代号：46-217
地址：广东省广州市流花路111号
邮编：510010
电话：020-36654596
Email：cminsj@vip.163.com
网址：www.cminsj.com

期刊名称：《中国卫生》
主管单位：中华人民共和国卫生部
主办单位：健康报社
主编：黄泽明
刊期：月刊
国际标准刊号：ISSN 1009-1424
国内统一刊号：CN 11-3708/D
邮发代号：2-783
地址：北京市东城区东直门外小街甲六号
邮编：100027
电话：010-64622997
Email：zgws@jkb.com.cn

期刊名称：《中国卫生标准管理》
主管单位：中华人民共和国卫生部
主办单位：中国水利电力医学科学技术学会
主编：陈军石
刊期：月刊
国际标准刊号：ISSN 1674-9316
国内统一刊号：CN 11-5908/R
邮发代号：自办发行
地址：北京市宣武区红莲南路30号7层
邮编：100055
电话：010-63265066
Email：caizengyu@vip.sina.com

期刊名称：《中国卫生产业》
主管单位：中华人民共和国卫生部
主办单位：全国卫生产业企业管理协会
主编：张文鸣
编辑部主任：刘宗铭
刊期：旬刊
国际标准刊号：ISSN 1672-5654
国内统一刊号：CN 11-5121/R
邮发代号：80-117
地址：北京市朝阳区百子湾西里金海商富中心402号楼A座503室
邮编：100124
电话：010-82291067
Email：zgwscy2011@163.com
网址：www.zgwscy.com

期刊名称：《中国卫生法制》
主管单位：中华人民共和国卫生部
主办单位：中国疾病预防控制中心
主编：王兆京
刊期：双月刊
国际标准刊号：ISSN 1004-6607
国内统一刊号：CN 11-3044/D
邮发代号：80-415
地址：北京市西城区旧鼓楼大街双寺胡同11号
邮编：100009
电话：010-64002768
Email：healthlaw@sohu.com

期刊名称：《中国卫生工程学》
主管单位：中华人民共和国卫生部
主办单位：中华预防医学会　吉林省预防医学会
主编：邵强
编辑部主任：曲莉
刊期：双月刊
国际标准刊号：ISSN 1671-4199
国内统一刊号：CN 22-1333/R
邮发代号：12-126
地址：吉林省长春市绿园区景阳大路3145号
邮编：130062
电话：0431-87980203
Email：jlpma@163.com

期刊名称：《中国卫生画报（社科）》
主管单位：中华人民共和国卫生部
主办单位：卫生部新闻宣传中心
中国疾病预防控制中心
主编：毛群安
刊期：月刊
国际标准刊号：ISSN 1005-1384
国内统一刊号：CN 11-3169/Z
邮发代号：2-971
地址：北京市朝阳区安外安华西里1区12楼
邮编：100011
电话：010-64227774-534
Email：haidian456@163.com

期刊名称：《中国卫生监督杂志》
主管单位：中华人民共和国卫生部
主办单位：卫生部卫生监督中心
主编：南俊华
编辑部主任：詹初航
刊期：双月刊
国际标准刊号：ISSN 1007-6131
国内统一刊号：CN 11-3803/R
邮发代号：2-437
地址：北京市东城区交道口北三条32号
邮编：100007
电话：010-84088671 84088678
Email：jianduzazhi@126.com

期刊名称：《中国卫生检验杂志》
主管单位：中华人民共和国卫生部
主办单位：中华预防医学会
主编：张甜
刊期：月刊
国际标准刊号：ISSN 1004-8685
国内统一刊号：CN 41-1192/R
邮发代号：80-152
地址：河南省郑州市经二路13号
邮编：450003
电话：0371-65954441
Email：wsjyzz@126.com
网址：www.cac999.com

期刊名称：《中国卫生经济》
主管单位：中华人民共和国卫生部
主办单位：中国卫生经济学会
主编：蔡仁华
编辑部主任：滕百军
刊期：月刊
国际标准刊号：ISSN 1003-0743
国内统一刊号：CN 23-1042/F
邮发代号：1003-0743
地址：黑龙江省哈尔滨市香坊区香顺街41号
邮编：150036
电话：0451-87253040 13945052278
Email：che1982@vip.163.com
网址：www.cn-he.cn

期刊名称：《中国卫生人才》
主管单位：中华人民共和国卫生部
主办单位：卫生部人才交流服务中心
社 长：张雪莉
主 编：赵虹
编辑部主任：刘晓英
刊 期：月刊
国际标准刊号：ISSN 1008-7370
国内统一刊号：CN 11-4063/D
邮发代号：2-658
地址：北京市西城区后海北沿14号 邮编：100009
电话：010-52468273 52468271
Email：wsh-rencai@sohu.com
网址：http://www.21wecan.com/rczz/

期刊名称：《中国卫生事业管理》
主管单位：四川省卫生厅
主办单位：四川省卫生事业管理杂志社
主编：范昕建
编辑部主任：刘书文
刊期：月刊
国际标准刊号：ISSN 1004-4663
国内统一刊号：CN 51-1201/R
邮发代号：62-66
地址：四川省成都市下汪家拐街19号
邮编：610041
电话：028-86126443 86110812
Email：wssyglgj@sina.com

期刊名称：《中国微生态学杂志》
主管单位：中华人民共和国卫生部
主办单位：中华预防医学会
　　　　　大连医科大学
主编：李兰娟
编辑部主任：袁杰利
刊期：半月刊
国际标准刊号：ISSN 1005-376/X
国内统一刊号：CN 21-1326/R
邮发代号：8-27
地址：辽宁省大连市七贤岭火炬路九号
邮编：116024
电话：0411-4721123
Email：wstzz@126.com

期刊名称：《中国卫生统计》
主管单位：中华人民共和国卫生部
主办单位：中国卫生统计学会
主编：陈育德
编辑部主任：孙高
刊期：双月刊
国际标准刊号：ISSN 1002-3674
国内统一刊号：CN 21-1153/R
邮发代号：8-39
地址：辽宁省沈阳市和平区北二马路 92 号
邮编：110001
电话：010-68792480
Email：zgwstj@126.com

期刊名称：《中国卫生信息管理杂志》
主管单位：中华人民共和国卫生部
主办单位：卫生部统计信息中心
主编：孟群
编辑部主任：李岳峰　彭南燕
刊期：双月刊
国际标准刊号：ISSN 1672-5166
国内统一刊号：CN 11-5120/R
邮发代号：自办发行
地址：北京市东城区东单北大街 3 号青年会大楼 4 层
邮编：100005
电话：010-85002952　85002993
Email：zhangyj@moh.gov.cn

期刊名称：《中国卫生政策研究》
主管单位：中华人民共和国卫生部
主办单位：中国医学科学院
主编：代涛
编辑部主任：何平
刊期：月刊
国际标准刊号：ISSN 1674-2982
国内统一刊号：CN 11-5694/R
邮发代号：80-955
地址：北京市朝阳区雅宝路 3 号医科院信息所
邮编：100020
电话：010-52328667
Email：cjhp@imicams.ac.cn　healthpolicycn@gmail.com
网址：journal.healthpolicy.cn

期刊名称：《中国卫生质量管理》
主管单位：中华人民共和国卫生部
主办单位：中国医院协会　陕西省人民医院
主编：曹荣桂
编辑部主任：刘兰辉
刊期：双月刊
国际标准刊号：ISSN 1006-7515
国内统一刊号：CN 61-1283/R
邮发代号：52-221
地址：陕西省西安市友谊西路 256 号
邮编：710068
电话：029-85214975　85253261-2494
Email：wszl@vip.sina.com
网址：www.cnwszl.com

期刊名称：《中国卫生资源》
主管单位：中华人民共和国卫生部
主办单位：中国卫生经济学会　卫生资源杂志社
主编：郝模
编辑部主任：胡焕庭
刊期：双月刊
国际标准刊号：ISSN 1007-953X
国内统一刊号：CN 31-1751/R
邮发代号：4-739
地址：上海市长宁区延安西路 1326 号 22 楼
邮编：200052
电话：021-52379538
Email：edchrj@yeah.net

期刊名称：《中国误诊学杂志》
主管单位：中华人民共和国卫生部
主办单位：中华预防医学会　漯河市中心医院
　　　　　重庆第九人民医院
主编：张经建　编辑部主任：许纬洲
刊期：旬刊
国际标准刊号：ISSN 1009-6647
国内统一刊号：CN 11-4518/R
邮发代号：2-763
地址：北京市朝阳区左家庄前街 1 号百灵大厦
邮编：100028
电话：010-64682836
Email：zgwzx@188.com
网址：zgwzxzz.periodicals.net.cn

期刊名称：《中国吸血虫病防治杂志》
主管单位：中华人民共和国卫生部
主办单位：中华预防医学会
　　　　　江苏省血吸虫病防治研究所
主编：周晓农　编辑部主任：洪青标
刊期：双月刊
国际标准刊号：ISSN 1005-6661
国内统一刊号：CN 32-1374/R
邮发代号：自办发行
地址：江苏省无锡市梅园江苏省血吸虫病防治研究所内
邮编：214064
电话：0510-68781021　6878102
Email：xfbjb@sohu.com　xfbjb@yahoo.com.cn
网址：www.zgxfzz.com

期刊名称：《中国现代精神疾病杂志》
主管单位：中华人民共和国卫生部
主办单位：中国医师协会　天津市科学技术协会
　　　　　天津市神经科学学会
主编：只达石　编辑部主任：马苹
刊期：双月刊
国际标准刊号：ISSN 1672-6731
国内统一刊号：CN 12-1363/R
邮发代号：6-182
地址：天津市河西区气象台路 122 号天津环湖医院内
邮编：300060
电话：022-60367623
Email：xdsjjbzz@263.net.cn

期刊名称：《中国现代普通外科进展》
主管单位：中华人民共和国教育部
主办单位：山东大学
主编：寿楠海
编辑部主任：徐克森
刊期：月刊
国际标准刊号：ISSN 1009-9905
国内统一刊号：CN 37-1369/R
邮发代号：24-190
地址：山东省济南市市文化西路 107 号山东大学齐鲁医院
邮编：250012
电话：0531-82169203
Email：puwai@sdu.edu.cn　puwaijinzhan@126.com

期刊名称：《中国现代神经疾病杂志》
主管单位：中华人民共和国卫生部
主办单位：中国医师协会
主编：只达石
刊期：双月刊
国际标准刊号：ISSN 1672-6731
国内统一刊号：CN 12-1363/R
邮发代号：6-182
地址：天津市河西区气象台路 122 号（天津市环湖医院内）
邮编：300060
电话：022-23552328
Email：xdsjjbzz@263.net.cn

期刊名称：《中国现代手术学杂志》
主管单位：中华人民共和国教育部
主办单位：中南大学湘雅二医院
主编：李永国
编辑部主任：魏红
刊期：双月刊
国际标准刊号：ISSN 1009-2188
国内统一刊号：CN 43-1335/R
邮发代号：42-230
地址：湖南省长沙市人民中路 86 号
邮编：410011
电话：0731-85524272　85292475
Email：joperativesurgery@yahoo.com.cn

期刊名称：《中国现代药物应用》
主管单位：中华人民共和国卫生部
主办单位：中国水利电力医学科学技术学会
主编：王炳护
刊期：半月刊
国际标准刊号：ISSN 1673-9523
国内统一刊号：CN 11-5581/R
邮发代号：80-705
地址：北京市东城区和平里七区18号楼207室
邮编：100013
电话：010-84254812
Email：zgxdywyy2@163.com
网址：www.zgxdywyy.cn

期刊名称：《中国现代医生》
主管单位：中华人民共和国卫生部
主办单位：中国医学科学院
主编：池慧
刊期：旬刊
国际标准刊号：ISSN 1673-9701
国内统一刊号：CN 11-5603/R
邮发代号：80-611
地址：北京市朝阳区百子湾西里402号楼403室
邮编：100123
电话：010-58200005　59693004
Email：zgxdys001@vip.163.com

期刊名称：《中国现代医学杂志》
主管单位：中华人民共和国教育部
主办单位：中国医师协会　中南大学
中华人民共和国卫生部肝胆肠外科研究中心
主编：张阳德
刊期：半月刊
国际标准刊号：ISSN 1005-8982
国内统一刊号：CN 43-1225/R
邮发代号：42-143
地址：湖南省长沙市湘雅路87号
邮编：410008
电话：0731-4327991　4803066
Email：zgxdyx@cen-cn.com
网址：www.cen-cn.com

期刊名称：《中国现代医药杂志》
主管单位：中国航天科技集团公司
主办单位：北京航天总医院
主编：王建国
编辑部主任：曾碧翔
刊期：月刊
国际标准刊号：ISSN 1671-4261
国内统一刊号：CN 11-5248/R
邮发代号：82-958
地址：北京市丰台区万源北路7号
邮编：100076
电话：010-68383759
Email：Bixiangz2002@263.net

期刊名称：《中国现代应用药学》
主管单位：中国科学技术协会
主办单位：中国药学会
主编：李连达
编辑部主任：梁天天
刊期：月刊
国际标准刊号：ISSN 1007-7693
国内统一刊号：CN 33-1210/R
邮发代号：32-67
地址：浙江省杭州市中河中路250号改革月报大楼十楼
邮编：310003
电话：0571-87297398
Email：xdyd@chinajournal.net.cn

期刊名称：《中国现代中药》
主管单位：国家中医药管理局
主办单位：中国中药协会　中国药材公司
中国医药集团总公司
主编：赵润怀
刊期：月刊
国际标准刊号：ISSN 1673-4890
国内统一刊号：CN 11-5442/R
邮发代号：82-302
地址：北京市海淀西四环北路15号依斯特大厦8层
邮编：100195
电话：010-88468213　88468211
Email：zybjb@163.com
网址：www.sino-tcm.com

期刊名称：《中国乡村医药》
主管单位：中华人民共和国卫生部
主办单位：中国农村卫生协会
主编：李德霖
刊期：半月刊
国际标准刊号：ISSN 1006-5180
国内统一刊号：CN 11-3458/R
邮发代号：82-76
地址：北京市东城区广渠门南小街领行国际 1-2-1702
邮编：100061
电话：010-67155142
Email：crmp@sina.com
网址: http://xcyy.chinajournal.net.cn

期刊名称：《中国消毒学杂志》
主管单位：军事医学科学院
主办单位：军事医学科学院疾病预防控制所
中华预防医学会
主编：张文福
编辑部主任：杨华明
刊期：双月刊
国际标准刊号：ISSN 1001-7658
国内统一刊号：CN 11-2672/R
邮发代号：82-328
地址：北京市丰台区东大街 20 号
邮编：100071
电话：010-66948537
Email：xd948537@126.com

期刊名称：《中国小儿急救医学》
主管单位：中华人民共和国卫生部
主办单位：中华医学会 中国医科大学
主编：赵群
编辑部主任：王晓茵
刊期：双月刊
国际标准刊号：ISSN 1673-4912
国内统一刊号：CN 11-5454/R
邮发代号：8-72
地址：辽宁省沈阳市和平区三好街 36 号
邮编：110004
电话：024-23926295
Email：xejjyxzzh@yahoo.com.cn
网址：www.medline.org.cn

期刊名称：《中国小儿血液与肿瘤杂志》
主管单位：中华人民共和国卫生部
主办单位：中日友好医院
中国抗癌协会
主编：胡亚美 袁伯伦
编辑部主任：夏光明 张佳仓
刊期：双月刊
国际标准刊号：ISSN 1673-5323
国内统一刊号：CN 11-5466/R
邮发代号：82-794
地址：北京朝阳区樱花园东街 2 号中日友好医院内
邮编：100029
电话：010-84205165
Email：zgxexy@periodicals.net

期刊名称：《中国校医》
主管单位：江苏省卫生厅
主办单位：中华预防医学会
江苏省预防医学
主编：张雷
编辑部主任：何洪江
刊期：月刊
国际标准刊号：ISSN 1001-7062
国内统一刊号：CN 32-1199/R
邮发代号：28-163
地址：江苏省徐州市淮海东路 169 号
邮编：221005
电话：0516-83714443　83755681
Email：zgxybjb@126.com

期刊名称：《中国斜视与小儿眼科杂志 》
主管单位：中华人民共和国教育部
主办单位：北京大学
主编：李巧娴
编辑部主任：田桂芬
刊期：季刊
国际标准刊号：ISSN 1005-328X
国内统一刊号：CN 11-3256/R
邮发代号：82-57
地址：北京市西城区西安门大街 1 号
邮编：100034
电话：010-66182180　66521013
Email：xeykzz@163.com

期刊名称：《中国心理卫生杂志》
主管单位：中国科学技术协会
主办单位：中国心理卫生协会
主编：于欣
社长兼编辑部主任：黄悦勤
刊期：月刊
国际标准刊号：ISSN 1000-6729
国内统一刊号：CN 11-1873/R
邮发代号：82-316
地址：北京市海淀区花园北路51号2号楼506室
邮编：100191
电话：010-62010890
Email：cmhj@bjmu.edu.cn
网址：www.cmhj.cn

期刊名称：《中国新生儿科杂志》
主管单位：中华人民共和国教育部
主办单位：北京大学
主编：冯琪
刊期：双月刊
国际标准刊号：ISSN 1673-6710
国内统一刊号：CN 11-5424/R
邮发代号：82-30
地址：北京市西城区西门安大街1号北京医科大学第一临床医学院妇儿医院新生儿科杂志编辑部
邮编：100034
电话：010-66181701
Email：xinshenger1122@126.com
网址：www.zgxsekzz.cn

期刊名称：《中国信息界-e医疗》
主管单位：国家发展和改革委员会
主办单位：中国信息协会
主编：陈钧
刊期：月刊
国际标准刊号：ISSN 1671-3370
国内统一刊号：CN 11-4721/TN
邮发代号：2-643
地址：北京市朝阳区安定路1号奥体中心国奥体育馆南区西-1
邮编：100029
电话：010-65157887-709
Email：Chen_jun@chinaehc.cn

期刊名称：《中国心血管病研究》
主管单位：中华人民共和国卫生部
主办单位：中国医师协会
主编：胡大一　万峰
执行主编：张伟
刊期：月刊
国际标准刊号：ISSN 1672-5301
国内统一刊号：CN 11-5122/R
邮发代号：80-123
地址：北京市朝阳区西坝河南里29号
邮编：100028
电话：010-84541195
Email：xxgzz@126.com
网址：www.heart100.com.cn

期刊名称：《中国心血管杂志》
主管单位：中华人民共和国卫生部
主办单位：卫生部北京医院
主编：何青
编辑部主任：于普林
刊期：双月刊
国际标准刊号：ISSN 1107-5410
国内统一刊号：CN 11-3805/R
邮发代号：80-928
地址：北京市东城区东单大华路1号　邮编：100730
电话：010-85136801
Email：zgxxgzz@sina.com
网址：www.cjcmnet.com

期刊名称：《中国新药与临床杂志》
主管单位：中国科学技术协会
主办单位：中国药学会　上海市食品药品监督管理局科技情报研究所
主编：唐希灿　编辑部主任：倪立强
刊期：月刊
国际标准刊号：ISSN 1007-7669
国内统一刊号：CN 31-1746/R
邮发代号：4-347
地址：上海徐汇区市柳州路615号
邮编：200233
电话：021-64511836
Email：xyylc_tougao@126.com
网址：www.drugsafety.sh.cn

期刊名称：《中国新药杂志》
主管单位：国家药品监督管理局
主办单位：中国医药科技出版社
中国医药公司中国药学会
主编：桑国卫　编辑部主任：韩培
刊期：半月刊
国际标准刊号：ISSN 1003-3734
国内统一刊号：CN 11-2850/R
邮发代号：82-488
地址：北京市西城区北三环中路乙6号伦洋大厦8层
邮编：100120
电话：010-82282300　82282301
Email：cndj2009@gmail.com
网址：www.newdrug.cn

期刊名称：《中国心脏起搏与心电生理杂志》
主管单位：中国科学技术协会
主办单位：中国生物医学工程学会
武汉大学人民医院
主编：黄从新　编辑部主任：向晋涛
刊期：双月刊
国际标准刊号：ISSN 1007-2659
国内统一刊号：CN 42-1421/R
邮发代号：38-145
地址：湖北省武汉市武昌紫阳路5号　邮编：430060
电话：027-88075495　88041919-86453
Email：cjpace@public.wh.hb.cn
cjpace0902@yahoo.com.cn
网址：www.electrocardiology.cn

期刊名称：《中国性科学》
主管单位：中华人民共和国卫生部
主办单位：中国性学会
主编：胡佩诚　编辑部主任：钱自强
刊期：月刊
国际标准刊号：ISSN 1672-1993
国内统一刊号：CN 11-4982/R
邮发代号：80-197
地址：北京市海淀区学院路38号北京大学医学部
邮编：100191
电话：010-82805043
Email：jcs@bjmu.edu.cn tougao@zgxkx.org
网址：www.zgxkx.org　www.chsa.org.cn

期刊名称：《中国胸心血管外科临床杂志》
主管单位：中华人民共和国教育部
主办单位：四川大学华西医院
主编：石应康
编辑部主任：冯运景
刊期：双月刊
国际标准刊号：ISSN 1007-4848
国内统一刊号：CN 51-1492/R
邮发代号：62-126
地址：四川省成都市国学巷37号
邮编：610041
电话：028-85422502　028-85422503
Email：zgxxzz@vip.163.com
网址：www.zgxxwkzz.com

期刊名称：《中国修复重建外科杂志》
主管单位：中华人民共和国卫生部
主办单位：中国康复医学会
主编：杨志明
编辑部主任：苟丽
刊期：月刊
国际标准刊号：ISSN 1002-1892
国内统一刊号：CN 51-1372/R
邮发代号：62-80
地址：四川省成都市武侯区国学巷37号
邮编：610041
电话：028-85422083
Email：cjrrs@163.net

期刊名称：《中国血管外科杂志（电子版）》
主管单位：中华人民共和国卫生部
主办单位：人民卫生出版社
主编：王深明
编辑部主任：李晓曦
刊期：季刊
国际标准刊号：ISSN 1674-7429
国内统一刊号：CN 11-9303/R
邮发代号：自办发行
地址：广东省广州市中山二路58号
邮编：510080
电话：020-28823189
Email：zgxgw@126.com

期刊名称：《中国血吸虫病防治杂志》
主管单位：中华人民共和国卫生部
主办单位：中华预防医学会
江苏省血吸虫病防治研究所
主编：周晓农
编辑部主任：洪青标
刊期：双月刊
国际标准刊号：ISSN 1005-6661
国内统一刊号：CN 32-1374/R
邮发代号：自办发行
地址：江苏省无锡市梅园杨巷117号（江苏省血吸血虫病防治研究所内） 邮编：214064
电话：0510-68781022
Email：xfbjb@vip.163.com
网址：www.zgxfzz.com

期刊名称：《中国学校卫生》
主管单位：中华人民共和国卫生部
主办单位：中华预防医学会
主编：季成叶 编辑部主任：李红影
刊期：月刊
国际标准刊号：ISSN 1000-9817
国内统一刊号：CN 34-1092/R
邮发代号：26-48
地址：安徽省蚌埠市胜利中路51号科学宫东三楼
邮编：233000
电话：0552-2054276 2074779
Email：xwbjb@cjsh.org.cn
网址：www.cjsh.org.cn

期刊名称：《中国血液净化》
主管单位：中华人民共和国卫生部
主办单位：中国医院协会
主编：王梅 编辑部主任：韦洮
刊期：月刊
国际标准刊号：ISSN 1671-4091
国内统一刊号：CN 11-4750/R
邮发代号：82-365
地址：北京市西城区阜城门内大街133号
邮编：100034
电话：010-66189482 66583655
Email：cjbpcjbp@163.com
网址：www.cjbp.org

期刊名称：《中国血液流变学杂志》
主管单位：中国科学技术协会
主办单位：中国生物医学工程学会
苏州大学
主编：王天佑
刊期：季刊
国际标准刊号：ISSN 1009-881X
国内统一刊号：CN 32-1625/R
邮发代号：1501Q（国外）
地址：江苏省苏州市人民路708号
邮编：215007
电话：0512-65122060
网址：www.sudapress.com

期刊名称：《中国循环杂志》
主管单位：中华人民共和国卫生部
主办单位：中国医学科学院
主编： 胡盛寿
编辑部主任：杜玉环
刊期：双月
国际标准刊号：ISSN 1000-3614
国内统一刊号：CN 11-2212/R
邮发代号：82-212
地址：北京市西城区北礼士路167号
邮编：100037
电话：010-88398359
Email：xunhuanzazhishe@sina.com

期刊名称：《中国循证儿科杂志》
主管单位：中华人民共和国教育部
主办单位：复旦大学
主编：桂永浩
编辑部主任：张崇凡
刊期：双月刊
国际标准刊号：ISSN 1673-5501
国内统一刊号：CN 31-1969/R
邮发代号：4-394
地址：上海市闵行区万源路339号5号楼底楼
邮编：201102
电话：021-64931936
Email：cjebp@fudan.edu.cn
网址：www.cjebp.net

期刊名称：《中国循证心血管医学杂志》
主管单位：中国人民解放军北京军区联勤部卫生部
主办单位：中国人民解放军北京军区总医院
主编：魏万林　胡大一
编辑部主任：魏万林
刊期：双月刊
国际标准刊号：ISSN 1674-4055
国内统一刊号：CN 11-5719/R
邮发代号：6-270
地址：北京市朝阳区农展馆北路8号　邮编：100125
电话：010-84008479
Email：ebcvm_cj@126.com
网址：www.ebcvm.com　www.xzxxgyx.com

期刊名称：《中国循证医学杂志》
主管单位：中华人民共和国教育部
主办单位：中国循证医学中心　四川大学
主编：李幼平
编辑部主任：杜亮
刊期：月刊
国际标准刊号：ISSN 1672-2531
国内统一刊号：CN 51-1656/R
邮发代号：62-245
地址：四川省成都市四川大学华西医院中国循证医学杂志编辑部　邮编：610041
电话：028-85422095
Email：cjebm@263.net
网址：www.cjcbm.org.cn

期刊名称：《中国眼耳鼻喉科杂志》
主管单位：中华人民共和国教育部
主办单位：复旦大学附属眼耳鼻喉科医院
主编：王正敏　王文吉
编辑部主任：薛枫
刊期：双月刊
国际标准刊号：ISSN 1671-2420
国内统一刊号：CN 31-1875/R
邮发代号：4-705
地址：上海市徐汇区汾阳路83号
邮编：200031
电话：021-64376491
Email：eentm@sina.com
网址：cjoo.fudan.edu.cn

期刊名称：《中国药店》
主管单位：中华人民共和国卫生部
主办单位：中国整形美容协会
主编：郝岚　编辑部主任：徐国
刊期：月刊
国际标准刊号：ISSN 1009-5012
国内统一刊号：CN 11-4476/R
邮发代号：2-387
地址：北京市东城区安外邮局88号信箱
邮编：100011
电话：010-51667828　51667829
Email：zgyd228@163.com
网址：www.zgyd.org

期刊名称：《中国药房》
主管单位：中华人民共和国卫生部
主办单位：中国医院协会　中国药房杂志社
社长：李小兵
分管副社长：杨庆华
编辑部主任：岑远明
刊期：周刊
国际标准刊号：ISSN 1001-0408
国内统一刊号：CN 50-1055/R
邮发代号：78-33
地址：重庆市渝中区大坪正街129号四环大厦8层
邮编：400042
电话：023-89809890
Email：info@china-pharmacy.com
网址：www.china-pharmacy.com

期刊名称：《中国药科大学学报》
主管单位：中华人民共和国教育部
主办单位：中国药科大学
主编：彭司勋
编辑部主任：邹栩
刊期：双月刊
国际标准刊号：ISSN 1000-5048
国内统一刊号：CN 32-1157/R
邮发代号：28-115
地址：江苏省南京市童家巷24号　邮编：210009
电话：025-83271566
Email：cpuxuebao@sohu.com
网址：zgykdxxb.cn

期刊名称：《中国药理学报（英文版）》
主管单位：中国科学技术协会
主办单位：中科院上海药物研究所
中国药理学会
主编：丁健
刊期：月刊
国际标准刊号：ISSN 1671-4083
国内统一刊号：CN 31-1347/R
邮发代号：4-295
地址：上海市徐汇区太原路 294 号 16 号楼
邮编：200031
电话：021-54922821　54922822
Email：aps@mail.shcnc.cn

期刊名称：《中国药理学通报》
主管单位：中国科学技术协会
主办单位：中国药理学会
主编：魏伟　李俊
编辑部主任：黄河胜
刊期：月刊
国际标准刊号：ISSN 1001-1978
国内统一刊号：CN 34-1086/R
邮发代号：26-52
地址：安徽省合肥市梅山路 81 号安徽医科大学校内
邮编：230032
电话：0551-5161222　5161221
Email：zgylxtb8@163.com　zgylxtb88@163.com

期刊名称：《中国药理学与毒理学杂志》
主管单位：军事医学科学院
主办单位：军事医学科学院毒物药物研究所
中国药理学会　中国毒理学会
主编：张永祥
编辑部主任：乔虹
刊期：双月刊
国际标准刊号：ISSN 1000-3002
国内统一刊号：CN 11-1155/R
邮发代号：82-140
地址：北京市海淀区太平路 27 号
邮编：100850
电话：010-68276743
Email：cjpt@nic.bmi.ac.cn
网址：www.cjpt.ac.cn

期刊名称：《中国药品标准》
主管单位：国家食品药品监督管理局
主办单位：国家药典委员会
主编：周福成
编辑部主任：张慧燕
刊期：双月刊
国际标准刊号：ISSN 1009-3656
国内统一刊号：CN 11-4422/R
邮发代号：2-509
地址：北京市崇文区法华南里 11 号楼　邮编：100061
电话：010-67157648　67157647
Email：zgypbzzz@chp.porg.cn
网址：www.chp.org.cn

期刊名称：《中国药师》
主管单位：国家食品药品监督管理局
主办单位：国家食品药品监督管理局培训中心
武汉医药（集团）股份有限公司
主编：江德元
编辑部主任：颜敏华
刊期：月刊
国际标准刊号：ISSN 1008-049X
国内统一刊号：CN 42-1626/R
邮发代号：38-325
地址：湖北省武汉市兰陵路 2 号　邮编：430014
电话：027-82835077
Email：zgysyg@163.com　zgys@periodicals.net.cn
网址：www.zgys.org

期刊名称：《中国药事》
主管单位：国家食品药品监督管理局
主办单位：中国食品药品检定研究院（中国药品生物制品检定所）
主编：桑国卫　编辑部主任：粟晓黎
刊期：月刊
国际标准刊号：ISSN 1002-7777
国内统一刊号：CN 11-2858/R
邮发代号：80-947
地址：北京市东城区天坛西里 2 号
邮编：100050
电话：010-67095523
Email：zhongguoyaoshi@sina.com
网址：www.zhgysh.org

期刊名称：《中国药物化学杂志》
主管单位：辽宁省教育厅
主办单位：沈阳药科大学　中国药学会
主编：张礼和
刊期：双月刊
国际标准刊号：ISSN 1005-0108
国内统一刊号：CN 21-1313/R
邮发代号：8-101
地址：辽宁省沈阳市文化路 103 号
邮编：110016
电话：024-23994540
Email：zgyhzz@126.com

期刊名称：《中国药物经济学》
主管单位：中国农工民主党中央委员会
主办单位：中国中医药研究促进会
主编：刘国恩
刊期：双月刊
国际标准刊号：ISSN 1673-5846
国内统一刊号：CN 11-5482/R
邮发代号：80-929
地址：北京市东城区南门仓 5 号北京军区总医院药剂科
邮编：100700
电话：010-85900115
Email：cjpe2010@163.com　cjpe2010@sina.cn
网址：www.cjpe.org.cn

期刊名称：《中国药物警戒》
主管单位：国家食品药品监督管理局
主办单位：国家食品药品监督管理局药品评价中心暨
国家药品不良反应监测中心
主编：金少鸿　编辑部主任：董放
刊期：月刊
国际标准刊号：ISSN 1672-8629
国内统一刊号：CN 11-5219/R
邮发代号：62-518
地址：北京市西城区三里河一区 3 号院 6 号楼
邮编：100045
电话：010-68586107　68586103
Email：ywjj@cdr.gov.cn
网址：www.zgywjj.com

期刊名称：《中国药物滥用防治杂志》
主管单位：中华人民共和国卫生部
主办单位：中国药物滥用防治协会
军事医学科学院毒物药物研究所
主编：李锦　编辑部主任：王宇娟
刊期：双月刊
国际标准刊号：ISSN 1006-902X
国内统一刊号：CN 11-3742/R
邮发代号：82-768
地址：北京市崇文区法华南里 11 号　邮编：100061
电话：010-67633679
Email：zylf1995@163.com
网址：http://zyif.chinajournd.net.cn

期刊名称：《中国药物依赖性杂志》
主管单位：中华人民共和国教育部
主办单位：北京大学
中国毒理学会
主编：陆林
编辑部主任：赵苳
刊期：双月刊
国际标准刊号：ISSN 1007-9718
国内统一刊号：CN 11-3920/R
邮发代号：82-775
地址：北京市海淀区学院路 38 号
邮编：100011
电话：010-62032625　82801341
Email：cjdd1992@bjmu.edu.cn
网址：www.nidd.ac.cn
nidd.bjmu.edu.cn

期刊名称：《中国药物应用与监测》
主管单位：中国人民解放军总医院
主办单位：中国人民解放军总医院
主编：郭代红
编辑部主任：武晓玉
刊期：双月刊
国际标准刊号：ISSN 1672-8157
国内统一刊号：CN 11-5227/R
邮发代号：80-623
地址：北京市海淀区复兴路 28 号　邮编：100853
电话：010-66937047
Email：zhgywyyyjc@263.net

期刊名称：《中国药物与临床》
主管单位：中华人民共和国卫生部
主办单位：中国医院协会
主编：董海原
刊期：月刊
国际标准刊号：ISSN 1671-2560
国内统一刊号：CN 11-4706/R
邮发代号：2-348
地址：山西省太原市东华门 23 号
邮编：030001
电话：0351-5261401　5261402
Email：zgywylc@163.com

期刊名称：《中国药学（英文版）》
主管单位：中国科学技术协会
主办单位：北京大学药学院
主编：张礼和
编辑部主任：黄和兴
刊期：双月刊
国际标准刊号：ISSN 1003-1057
国内统一刊号：CN 11-2863/R
邮发代号：2-232
地址：北京市海淀区学院路 38 号
邮编：100191
电话：010-82801713
Email：jcps@bjmu.edu.cn
网址：www.jcps.ac.cn

期刊名称：《中国药学杂志》
主管单位：中国科学技术协会
主办单位：中国药学会
主编：桑国卫
编辑部主任：韩凤
刊期：半月刊
国际标准刊号：ISSN 1001-2494
国内统一刊号：CN 11-2162/R
邮发代号：2-232
地址：北京市朝阳区建外大街四号建外 SOHO 九号楼 18 层
邮编：100022
电话：010-58699295　58699280
Email：zgyxzz@cpa.org.cn　zgyxzz@yahoo.com.cn
网址：www.zgyxzz.com.cn

期刊名称：《中国药业》
主管单位：国家食品药品监督管理局
主办单位：重庆市食品药品监督管理局
主编：刘斌
编辑部主任：杨巧虹　邓蓉
刊期：半月刊
国际标准刊号：ISSN 1006-4931
国内统一刊号：CN 50-1054/R
邮发代号：78-130
地址：重庆市江北区建新北路 8 号红鼎国际名苑 C 座（商务领馆）25 楼 23 号　邮编：400020
电话：023-86716348　86716332
Email：zgyaoye@tom.com　网址：zgyy.joursev.com

期刊名称：《中国冶金工业医学杂志》
主管单位：中国钢铁工业协会
主办单位：鞍山钢铁（集团）公司
主编：张家齐
编辑部主任：陈欣
刊期：双月刊
国际标准刊号：ISSN 1005-5495
国内统一刊号：CN 21-1340/R
邮发代号：8-219
地址：辽宁省鞍山市健康街 3 号
邮编：114002
电话：0412-6327774　6706584
Email：yjyx1984@vip.163.com
网址：www.yjyx1984.com

期刊名称：《中国医刊》
主管单位：中华人民共和国卫生部
主办单位：人民卫生出版社
主编：陈贤义
编辑部主任：范存斌
刊期：月刊
国际标准刊号：ISSN 1008-1070
国内统一刊号：CN 11-3942/R
邮发代号：2-49
地址：北京市朝阳区潘家园南里 19 号 B 座
邮编：100021
电话：010-59787200
Email：fcbzgyk@163.com
网址：www.pmph.com

期刊名称：《中国医科大学学报》
主管单位：辽宁省教育厅
主办单位：中国医科大学
主编：赵群
编辑部主任：徐孙
刊期：月刊
国际标准刊号：ISSN 0258-4646
国内统一刊号：CN 21-1227/R
邮发代号：8-175
地址：辽宁省沈阳市和平区北二马路 92 号
邮编：110001
电话：024-23250375
Email：journal@mail.cmu.edu.cn

期刊名称：《中国医疗器械信息》
主管单位：国家食品药品监督管理局
主办单位：中国医疗器械行业协会
编辑部主任：文彬
刊期：月刊
国际标准刊号：ISSN 1006-6586
国内统一刊号：CN 11-3700/R
邮发代号：82-256
地址：北京市西城区西直门南大街 2 号成铭大厦 C 座 602 室
邮编：100035
电话：010-51905307
Email：winter_wy@126.com/wenbin7548@163.com
网址：www.camdi.org

期刊名称：《中国医疗器械杂志》
主管单位：国家药品监督管理局
主办单位：国家药品监督管理局医疗器械信息中心站
上海市医疗器械检测所
主编：杨秀琼
编辑部主任：郁红漪
刊期：双月刊
国际标准刊号：ISSN 1671-7104
国内统一刊号：CN 31-1319/R
邮发代号：4-242
地址：上海市闸北区民和路 154 号
邮编：200070
电话：021-56637728　56635850
Email：chjmi@263.net

期刊名称：《中国医疗前沿学术版》
主管单位：中华人民共和国卫生部
主办单位：中国医院协会
主编：张静波
编辑部主任：夏凯艳
刊期：半月刊
国际标准刊号：ISSN 1673-5552
国内统一刊号：CN 11-5483/R
邮发代号：80-590
地址：北京市崇文区天坛西里 6 号天坛医院工会楼三层
邮编：100050
电话：010-67011577
Email：zgylqy@163.com

期刊名称：《中国医疗设备》
主管单位：中华人民共和国卫生部
主办单位：中国整形美容协会
主编：姜远海
编辑部主任：沈翀
刊期：月刊
国际标准刊号：ISSN 1007-7510
国内统一刊号：CN 11-5655/R
邮发代号：82-555
地址：北京市朝阳区东三环中路 39 号建外 SOHO6 号楼 3601
邮编：100022
电话：010-58697365
Email：cmd_ed@126.com
网址：www.china-cmd.org

期刊名称：《中国疫苗和免疫》
主管单位：中华人民共和国卫生部
主办单位：中国疾病预防控制中心
主编：王钊
编辑部主任：李黎
刊期：双月刊
国际标准刊号：ISSN 1006-916X
国内统一刊号：CN 11-5517/R
邮发代号：82-856
地址：北京市宣武区南纬路 27 号 719 室
邮编：100050
电话：010-83159534
Email：ymmy5517@sina.com

期刊名称：《中国医师进修杂志》
主管单位：中华人民共和国卫生部
主办单位：中华医学会
总编：姚健敏
编辑部主任：刘音
刊期：旬刊
国际标准刊号：ISSN 1673-4904
国内统一刊号：CN 11-5455/R
邮发代号： 8-89
地址：大连市南石道街丙寅巷3号
邮编：116013
电话：0411-82490721　82482314
Email：yishi@zgysjxzz.com
网址：www.zgysjxzz.com

期刊名称：《中国医师杂志》
主管单位：中华人民共和国卫生部
主办单位：中华医学会
主编：朱建华
刊期：月刊
国际标准刊号：ISSN 1008-1372
国内统一刊号：CN 43-1274/R
邮发代号：42-141
地址：湖南省长沙市湘雅路30号
邮编：410008
电话：0731-48470811
Email：zgyszz@163.com
网址：www.zgyszz.com

期刊名称：《中国医学创新》
主管单位：中华人民共和国卫生部
主办单位：中国保健协会
主编：李永志
编辑部主任：郎威
刊期：旬刊
国际标准刊号：ISSN 1674-4985
国内统一刊号：CN 11-5784/R
邮发代号：82-189
地址：北京市丰台区莱户营58号财富西环15A05室
邮编：100054
电话：010-63357546　63357548
Email：zgyxcx01@163.com
网址：www.zgyxcx.com

期刊名称：《中国医学工程》
主管单位：中华人民共和国卫生部
主办单位：中国医药生物技术协会
主编：张阳德
刊期：月刊
国际标准刊号：ISSN 1672-2019
国内统一刊号：CN 11-4983/R
邮发代号：82-632
地址：湖南省长沙市湘雅路87号
邮编：100037
电话：0731-4327991
Email：zgyxgc@sina.com
网址：www.zgyxgc.com

期刊名称：《中国医学计算机成像杂志》
主管单位：中华人民共和国教育部
主办单位：上海复旦大学附属华山医院
主编：沈天真　冯晓源
编辑部主任：李克
刊期：双月刊
国际标准刊号：ISSN 1006-5741
国内统一刊号：CN 31-1700/R
邮发代号：4-566
地址：上海市卢湾区乌鲁木齐中路12号
邮编：200040
电话：021-52888349
Email：62498318@163.com
网址：www.ccmin.cn

期刊名称：《中国医学教育技术》
主管单位：中华人民共和国教育部
主办单位：西安交通大学
主编：朱宏亮
刊期：双月刊
国际标准刊号：ISSN 1004-5287
国内统一刊号：CN 61-1317/G4
邮发代号：52-118
地址：陕西省西安市雁塔西路76号
邮编：710061
电话：029-82655088　82655089
Email：cmet@mail.xjtu.edu.cn

期刊名称：《中国医学科学院学报》
主管单位：中华人民共和国卫生部
主办单位：中国医学科学院　北京协和医学院
主编：刘德培
编辑部主任：钟紫红
刊期：双月刊
国际标准刊号：ISSN 1000-503X
国内统一刊号：CN 11-2237/R
邮发代号：2-365
地址：北京市东城区东单三条九号　邮编：100730
电话：010-65105898
传真：010-65133074
Email：actacams@263.net.cn
网址：www.actacams.com

期刊名称：《中国医学科学杂志（英文版）》
主管单位：中华人民共和国卫生部
主办单位：中国医学科学院
北京协和医学院
主编：刘德培　编辑部主任：钟紫红
刊 期：季刊
国际标准刊号：ISSN 1001-9294
国内统一刊号：CN 11-2752/R
邮发代号：自办发行
地址：北京市东城区东单三条 9 号中国医学科学杂志
邮编：100730
电话：010-65133074　65105897
Email：actacams@263.net.cn
网址：http://cmsj-e.periodicals.net.cn/default.html

期刊名称：《中国医学伦理学》
主管单位：中华人民共和国教育部
主办单位：西安交通大学
主编：王明旭　编辑部主任：李恩昌
刊期：双月刊
国际标准刊号：ISSN 1001-8565
国内统一刊号：CN 61-1203/R
邮发代号：52-83
地址：陕西省西安市雁塔西路 76 号西安交通大学医学院　邮编：710061
电话：029-82657517
Email：zgexllx@mail.xjtu.edu.cn　zgexllx@163.com
网址：yxllx.xjtu.edu.cn

期刊名称：《中国医学前沿杂志（电子版）》
主管单位：中华人民共和国卫生部
主办单位：人民卫生出版社
主编：霍勇
刊期：月刊
国际标准刊号：ISSN 1674-7372
国内统一刊号：CN 11-9298/R
邮发代号：自办发行
地址：北京市朝阳区西大望路 15 号外企大厦 A901 室
邮编：100022
电话：010 87723176　85867619
Email：yixueqianyan@sina.com
网址：www.chinesefms.com

期刊名称：《中国医学文摘耳鼻咽喉科学》
主管单位：中华人民共和国卫生部
主办单位：中国医师协会
北京市耳鼻咽喉科研究所
主编：韩德民
刊期：双月刊
国际标准刊号：ISSN 1001-1307
国内统一刊号：CN 11-2249/R
邮发代号：82-397
地址：北京市东城区崇内后沟胡同 17 号
邮编：100005
电话：010-65596373
Email：entnews@163.com
网址：www.entnews.net.cn

期刊名称：《中国医学文摘-内科分册（英文版）》
主管单位：中华人民共和国卫生部
主办单位：南京铁道医学院;中国医学科学院
主编：唐萌
刊期：季刊
国际标准刊号：ISSN 1000-9086
国内统一刊号：CN 32-1150/R
邮发代号：自办发行
地址：江苏省南京市丁家桥路 87 号
邮编：210009
电话：025-83272459
Email：infims@263.sina.com

期刊名称：《中国医学文摘-皮肤科学》
主管单位：中华人民共和国教育部
主办单位：西安交通大学
主编：肖生祥
刊期：双月刊
国际标准刊号：ISSN 1001-8077
国内统一刊号：CN 61-1101/R
邮发代号：52-72
地址：陕西省西安市西五路157号
邮编：710004
电话：029-87678312
Email：wenzhaixg@126.com

期刊名称：《中国医学文摘外科学分册（英文版）》
主管单位：中华人民共和国教育部
主办单位：同济大学
主编：王永武
刊期：季刊
国际标准刊号：ISSN 1004-0625
国内统一刊号：CN 31-1592/R
邮发代号：4-773
地址：上海市普陀区新村路389号
邮编：200065
电话：021-66111279
Email：cma1992@126.com

期刊名称：《中国医学物理学杂志》
主管单位：南方医科大学
主办单位：南方医科大学
　　　　　中国医学物理学会
主编：胡逸民
编辑部主任：徐海荣
刊期：双月刊
国际标准刊号：ISSN 1005-202X
国内统一刊号：CN 44-1351/R
邮发代号：46-259
地址：广东省广州市同和南方医科大学生物医学工程学院
邮编：510515
电话：020-61648280
Email：yxwl@263.net.cn

期刊名称：《中国医学·学术期刊》
主管单位：安徽省卫生厅
主办单位：中华中医药学会
主编：王键
编辑部主任：黄辉
刊期：月刊
国际标准刊号：ISSN 1672-7134
国内统一刊号：CN 34-1268/R
邮发代号：26-131
地址：安徽省合肥市永红路15号
邮编：230061
电话：0551-2821750
Email：cjtcm@163.com
网址：ahlc.chinajournal.net.cn

期刊名称：《中国医学影像技术》
主管单位：中国科学院
主办单位：中国科学院声学研究所
主编：李坤成
编辑部主任：杨海
刊期：月刊
国际标准刊号：ISSN 1003-3289
国内统一刊号：CN 11-1881/R
邮发代号：82-509
地址：北京市海淀区罗庄南里宏嘉丽园1号楼301号
邮编：100088
电话：010-82050373
Email：cjmit@mail.ioa.ac.cn

期刊名称：《中国医学影像学杂志》
主管单位：中华人民共和国卫生部
主办单位：中国医学影像技术研究会
主编：周诚　蔡幼铨
编辑部主任：程流泉
刊期：月刊
国际标准刊号：ISSN 1005-5185
国内统一刊号：CN 11-3154/R
邮发代号：82-712
地址：北京市海淀区复兴路28号解放军总医院内
邮编：100853
电话：010-66939381
Email：manuscript.cmi@gmail.com
网址：www.cmi-camit.net

期刊名称：《中国医学装备》
主管单位：中华人民共和国卫生部
主办单位：中国医学装备协会
主编：白知朋
编辑部主任：孟瑞雪
刊期：月刊
国际标准刊号：ISSN 1672-8270
国内统一刊号：CN 11-5211/TH
邮发代号：80-373
地址：北京市西城区南纬路 27 号　邮编：100050
电话：010-63026627-9869
Email：zgyxzbzz@yahoo.com.cn
网址：www.came-online.org

期刊名称：《中国医药》
主管单位：中华人民共和国卫生部
主办单位：中华医学会
总编：杨秋
编辑部主任：杨秋
刊期：月刊
国际标准刊号：ISSN 1673-4777
国内统一刊号：CN 11-5451/R
邮发代号：80-528
地址：北京市朝阳区首都医科大学附属北京安贞医院
（安全贞路 2 号）　邮编：100019
电话：010-64428528　64456116
Email：zgyy8888@163.com
网址：www.chinamedicinej.com

期刊名称：《中国医药导报》
主管单位：中华人民共和国卫生部
主办单位：中国医学科学院
主编：王丽
编辑部主任：孙君伟
刊期：旬刊
国际标准刊号：ISSN 1673-7210
国内统一刊号：CN 11-5539/R
邮发代号：80-372
地址：北京市朝阳区通惠家园惠润园 5-3-601
邮编：100025
电话：010-59679061
Email：yydb@vip.163.com
网址：www.yiyaodaobao.com.cn

期刊名称：《中国医药导刊》
主管单位：国家食品药品监督管理局
主办单位：国家食品药品监督管理局信息中心
主编：胡大一
编辑部主任：郭岩松
刊期：月刊
国际标准刊号：ISSN 1009-0959
国内统一刊号：CN 11-4395/R
邮发代号：2-492
地址：北京市西城区宣武门西大街 26 号院 2 号楼
邮编：100031
电话：010-62216517
Email：zhgyydk@sina.com　zhgyydk@126.com

期刊名称：《中国医药工业杂志》
主管单位：上海医药工业研究院
主办单位：上海医药工业研究院
中国化学制药工业协会
主编：朱宝泉
编辑部主任：黄志宏
刊期：月刊
国际标准刊号：ISSN 1001-8255
国内统一刊号：CN 31-1243/R
邮发代号：4-205
地址：上海市静安区北京西路 1320 号　邮编：200040
电话：021-62793151
Email：cjph@pharmadl.com
网址：www.pharmadl.com

期刊名称：《中国医药技术经济与管理》
主管单位：中华人民共和国科学技术部
主办单位：中国科学技术信息研究所
科学技术文献出版社
主编：芮国忠
编辑部主任：黄敏
刊期：月刊
国际标准刊号：ISSN 1673-9809
国内统一刊号：CN 11-5598/R
邮发代号：自办发行
地址：北京市西城区鼓楼西大街 154 号
邮编：100009
电话：010-51665863-870
Email：zazhi@pharmtec.org.cn

期刊名称：《中国医药科学杂志》
主管单位：中华人民共和国卫生部
主办单位：海峡两岸医药卫生协会
主编：詹洪春
编辑部主任：韦兰兰
刊期：半月刊
国际标准刊号：ISSN 2095-0616
国内统一刊号：CN 11-6006/R
邮发代号：82-519
地址：北京市朝阳区百子湾西里402号楼1004室
邮编：100124
电话：010-59693870
Email：zgyykx400@163.com
zgyykx@vip.163.com

期刊名称：《中国医药生物技术》
主管单位：中华人民共和国卫生部
主办单位：中国医药生物技术协会
主编：赵凯
编辑部主任：盛丰年
刊期：双月刊
国际标准刊号：ISSN 1673-713X
国内统一刊号：CN 11-5512/R
邮发代号：80-622
地址：北京市海淀区皂君庙乙7号
邮编：100081
电话：010-62135779
Email：cmbj01@126.com
网址：www.cbmp.net.cn

期刊名称：《中国医药卫生》
主管单位：中华医学科学研究会
主办单位：中国医药卫生杂志社
全国医药卫生科学技术研究会
主编：林静
刊期：月刊
国际标准刊号：ISSN 1810-5734
国内统一刊号：CN 43-7917/R
地址：山东省济南市市王官庄邮局8213信箱
邮编：250022
电话：0531-89193867

期刊名称：《中国医药研究》
主管单位：中华医药研究学会
主办单位：中国策划研究院
主编：孙志伟
刊期：双月刊
国际标准刊号：ISSN 1729-9306
国内统一刊号：CN 22-1913/NR
邮发代号2-374
地址：北京市东城区和平里邮局85号信箱
邮编：100013
电话：010-84062145

期刊名称：《中国医药指南》
主管单位：中华人民共和国卫生部
主办单位：中国保健协会
主编：孙延久
编辑部主任：罗欢坤
刊期：旬刊
国际标准刊号：ISSN 1671-8194
国内统一刊号：CN 11-4856/R
邮发代号：82-226
地址：北京市朝阳区东三环中路55号富力城双子座
B座902室
邮编：100022
电话：010-58767077 58768305
Email：zgyyzn2004@163.com

期刊名称：《中国医院》
主管单位：中华人民共和国卫生部
主办单位：中国医院协会
主编：张宝库
编辑部主任：郝秀兰
刊期：月刊
国际标准刊号：ISSN 1671-0592
国内统一刊号：CN 11-4674/R
邮发代号：2-743
地址：北京市丰台区南三环东路27号院劳群公寓6号楼
402室
邮编：100078
电话：010-87677703
Email：zgyy@vip.163.com
网址：www.chaj.com.cn

期刊名称：《中国医院管理》
主管单位：黑龙江省卫生厅
主办单位：中国医院管理杂志社
主编：王环增
编辑部主任：刘国栋
刊期：月刊
国际标准刊号：ISSN 1001-5329
国内统一刊号：CN 23-1041/C
邮发代号：14-76
地址：黑龙江省哈尔滨市香坊区香顺街41号
邮编：150036
电话：0451-87253023
Email：chm@vip.163.com
网址：www.zgyygl.com

期刊名称：《中国医院建筑与装备》
主管单位：中华人民共和国卫生部
主办单位：卫生部医院管理研究所
主编：梁铭会
编辑部主任：王海燕
刊期：旬刊
国际标准刊号：ISSN 1000-621
国内统一刊号：CN 21-4487
邮发代号：82-607
地址：北京市丰台区菜户营58号财富西环名苑2609室
邮编：100079
电话：010-67625791
Email：jwlh@vip.sina.com

期刊名称：《中国医院统计》
主管单位：中华人民共和国卫生部
主办单位：卫生部卫生统计信息中心
　　　　　滨州医学院
主编：孟群
编辑部主任：高永
刊期：季刊
国际标准刊号：ISSN 1006-5253
国内统一刊号：CN 37-1254/C
邮发代号：24-120
地址：山东省滨州市黄河三路522号　邮编：256603
电话：0543-3256888
　　　0535-6913980
Email：zzs@bzmc.edu.cn　yytj@163169.net

期刊名称：《中国医院药学杂志》
主管单位：中国科学技术协会
主办单位：中国药学会
主编：陈华庭
编辑部主任：徐继尧
刊期：半月刊
国际标准刊号：ISSN 1001-5213
国内统一刊号：CN 42-1204/R
邮发代号：38-50
地址：湖北省武汉市汉口胜利街155号
邮编：430014　电话：027-82836596
Email：pharmacy@vip.163.com
网址：www.zgyyyx.com

期刊名称：《中国医院用药评价与分析》
主管单位：中华人民共和国卫生部
主办单位：中国医药生物技术协会
　　　　　中国药房杂志社
社长：李小兵　主编：马劲
编辑部主任：张庆
刊期：月刊
国际标准刊号：ISSN 1672-2124
国内统一刊号：CN 11-4975/R
邮发代号：82-536
地址：北京市西城区广义街5号广益大厦C座511室
邮编：100053
电话：010-64813551
Email：pharmacy_bj@163.com
网址：yy.jourserv.com

期刊名称：《中国医院院长》
主管单位：吉林出版集团
主办单位：吉林出版集团
主编：赵红　编辑部主任：刘巍
刊期：半月刊
国际标准刊号：ISSN 1674-3989
国内统一刊号：CN 22-1377/R
邮发代号：80-597
地址：北京市西城区西环广场A座18层
邮编：100044
电话：010-58302828-6672
Email：yuanzhangbj@126.com
网址：www.h-ceo.com

期刊名称：《中国应急救援》
主管单位：中国地震局
主办单位：中国地震应急搜救中心
社长：吴建春
主编：谭先锋
刊期：双月刊
国际标准刊号：ISSN 1673-5579
国内统一刊号：CN 11-5524/P
邮发代号：自办发行
地址：北京市石景山区玉泉西街 1 号
邮编：100049
电话：010-59956411
Email：zgyjjy@126.com
网址：www.zgyjjy.org

期刊名称：《中国优生优育》
主管单位：中华人民共和国卫生部
主办单位：中国优生优育协会
主编：秦新华
编辑部主任：曹小华
刊期：双月刊
国际标准刊号：ISSN 1007-3434
国内统一刊号：CN 11-3804/R
邮发代号：82-29
地址：上海市杨浦区国泰路 11 号 701 室
邮编：200433
电话：021-55090530 65659022
Email：zgysyy@gmail.com
网址：www.zgysyy.org

期刊名称：《中国优生与遗传杂志》
主管单位：中华人民共和国卫生部
主办单位：中国优生科学协会
主编：李崇高
编辑部主任：李啸东
刊期：月刊
国际标准刊号：ISSN 1006-9543
国内统一刊号：CN 11-3743/R
邮发代号：80-418
地址：北京市海淀区玉泉路 15 号
邮编：100039
电话：010-88264543
Email：cjbhh@sina.com

期刊名称：《中国预防医学杂志》
主管单位：中华人民共和国卫生部
主办单位：中华预防医学会
主编：庄辉
编辑部主任：刘玮
刊期：月刊
国际标准刊号：ISSN 1009-6639
国内统一刊号：CN 11-4529/R
邮发代号：2-764
地址：北京市西城区鼓楼西大街 154 号中华预防医学会
邮编：100009
电话：010-64015653
Email：zyyz_cpm@126.com
网址：www.zgyfyxzz.cn

期刊名称：《中国运动医学杂志》
主管单位：国家体育总局
主办单位：中国体育科学学会
主编：李国平
编辑部主任：钱金华
刊期：月刊
国际标准刊号：ISSN 1000-6710
国内统一刊号：CN 11-1298/R
邮发代号：82-77
地址：北京市崇文区体育馆 4 号西门中国运动医学杂志编辑部
邮编：100061
电话：010-67192754 67116611-424
Email：ydyx@chinajournal.net.cn

期刊名称：《中国针灸》
主管单位：中国科学技术协会
主办单位：中国针灸学会 中国中医研究院针灸研究所
主编：刘炜宏 编辑部主任：齐淑兰
刊期：月刊
国际标准刊号：ISSN 0255-2930
国内统一刊号：CN 11-2024/R
邮发代号：2-53
地址：北京市东城区东直门内南小街 16 号
邮编：100700
电话：010-64014411-2946 84014607
Email：zhenjiubj@vip.sina.com
网址：www.cjacupuncture.com

期刊名称：《中国执业药师》
主管单位：国家药品监督管理局
主办单位：国家食品药品监督管理局执业药师资格认证中心
主编：张淑芳
编辑部主任：刘昕
刊期：月刊
国际标准刊号：ISSN 1672-5433
国内统一刊号：CN 11-5132/R
邮发代号：80-740
地址：北京市西城区北礼士路甲 38 号《中国执业药师》编辑部 邮编：100810
电话：010-68001428
Email：zz@zhongguoyaoshi.com
网址：www.zhongguoyaoshi.com

期刊名称：《中国职业医学》
主管单位：中华人民共和国卫生部
主办单位：中华预防医学会
主编：黄汉林
编辑部主任：郑倩玲
刊期：双月刊
国际标准刊号：ISSN 1000-6486
国内统一刊号：CN 44-1484/R
邮发代号：46-103
地址：广东省广州市新港西路海康街 68 号
邮编：510300 电话：020-89022188
Email：zgzyyx@21cn.com zgzyyx@gdoh.org
网址：xyyx.chinajournal.net.cn

期刊名称：《中国中西医结合耳鼻咽喉科杂志》
主管单位：中国科学技术协会
主办单位：中国中西医结合学会
主编：杨和钧 唐有法
编辑部主任：唐有法（兼）
刊期：双月刊
国际标准刊号：ISSN 1007-4856
国内统一刊号：CN 34-1159/R
邮发代号：26-143
地址：安徽省安庆市孝肃路 42 号 邮编：246004
电话：0556-5519852 5866225
Email：ent93@163.com entcw@126.com
网址：www.wanfangdata.com.cn

期刊名称：《中国中西医结合儿科学》
主管单位：中华人民共和国卫生部
主办单位：中国医师协会
辽宁省基础医学研究所
辽宁中医药大学附属医院
主编：王雪峰
刊期：半月刊
国际标准刊号：ISSN 1674-3865
国内统一刊号：CN 21-1569/R
邮发代号：8-162
地址：辽宁省沈阳市苏家屯区乔松路 2 号
邮编：110101
电话：024-89800910
Email：zxek@163.com

期刊名称：《中国中西医结合急救杂志》
主管单位：中国科学技术协会
主办单位：中国中西医结合学会
主编：张伯礼
刊期：双月刊
国际标准刊号：ISSN 1008-9691
国内统一刊号：CN 12-1312/R
邮发代号：6-93
地址：天津市和平区睦南道 122 号
邮编：300050
电话：022-23306917 23042150
Email：cccm@cm120.com

期刊名称：《中国中西医结合皮肤性病学杂志》
主管单位：中国科学技术协会
主办单位：中国中西医结合学会
天津市中西结合皮肤病研究所
主编：秦万章
编辑部主任：徐丽敏
刊期：双月刊
国际标准刊号：ISSN 1672-0709
国内统一刊号：CN 12-1380/R
邮发代号：6-172
地址：天津市红桥区北马路 354 号
邮编：300120
电话：022-27283090
Email：chzh01@eyou.com
chzhbjb@163.com

期刊名称：《中国中西医结合肾病杂志》
主管单位：中国科学技术协会
主办单位：中国中西医结合学会
主编：陈孝文　编辑部主任：方敬爱
刊期：月刊
国际标准刊号：ISSN 1009-587X
国内统一刊号：CN 14-1277/R
邮发代号：22-26
地址：山西省太原市解放路162号（太原市06079信箱）　邮编：030006
电话：0351-7965258
Email：sx7965258@126.com
网址：jxsb.chinajournal.net.cn

期刊名称：《中国中西医结合外科杂志》
主管单位：中国科学技术协会
主办单位：中国中西医结合学会
主编：吴咸中　编辑部主任：屈振亮
刊期：双月刊
国际标准刊号：ISSN 1007-6948
国内统一刊号：CN 12-1249/R
邮发代号：6-31
地址：天津市南开区三纬路122号　邮编：300100
电话：022-27420471
Email：zxyjhwk@hotmail.com

期刊名称：《中国中西医结合消化杂志》
主管单位：中华人民共和国教育部
主办单位：华中科技大学同济医学院　中国中西医结合学会消化系统疾病专业委员会　中华全国中医内科学会脾胃病专业委员会
主编：危北海　李乾构　李道本（常务）
编辑部主任：杨胜兰
刊期：双月刊
国际标准刊号：ISSN 1671-038X
国内统一刊号：CN 42-1612/R
邮发代号：38-212
地址：湖北省武汉市解放大道1277号华中科技大学同济医学院附属协和医院内
邮编：430022
电话：027-85726835
Email：zgzxyxhzz2011@sina.com
网址：www.zgzxy.cnjournals.net

期刊名称：《中国中西医结合影像学杂志》
主管单位：中国科学技术协会
主办单位：中国中西医结合学会
山东中医药大学附属医院
主编：杨培民　编辑部主任：刘斌
刊期：双月刊
国际标准刊号：ISSN 1672-0512
国内统一刊号：CN 11-4894/R
邮发代号：24-200
地址：山东省济南市市经十路16369号
邮编：100700　电话：0531-68616919
Email：yxbjb@vip.163.com

期刊名称：《中国中西医结合杂志》
主管单位：中国科学技术协会
主办单位：中国中西医结合学会
中国中医科学院
主编：陈可冀
编辑部主任：李焕荣
刊期：月刊
国际标准刊号：ISSN 1003-5370
国内统一刊号：CN 11-2787/R
邮发代号：2-52
地址：北京海淀区西苑操场1号
邮编：100091
电话：010-62877592　62886827
Email：cjim@cjim.cn
网址：www.cjim.cn

期刊名称：《中国中西医结合杂志（英文版）》
主管单位：国家中医药管理局
主办单位：中国中西医结合学会
中国中医研究院
主编：陈可冀
刊期：季刊
国际标准刊号：ISSN 1672-0415
国内统一刊号：CN 11-4928/R
邮发代号：82-825
地址：北京市海淀区西苑操场1号
邮编：100091
电话：010-62877592　62886827
Email：cjim@cjim.cn

期刊名称：《中国中药杂志》
主管单位：中国科学技术协会
主办单位：中国药学会
主编：王永炎
刊期：半月刊
国际标准刊号：ISSN 1001-5302
国内统一刊号：CN 11-2272/R
邮发代号：2-45
地址：北京市东城区东直门内南小街 16 号
邮编：100700
电话：010-64045830
Email：cjcmm2006@188.com
网址：www.cjcmm.com.cn

期刊名称：《中国中医骨伤科杂志》
主管单位：中国科学技术协会
主办单位：中华中医药学会
湖北省中医药研究院
主编：李同生
编辑部主任：方苏亭
刊期：月刊
国际标准刊号：ISSN 1005-0205
国内统一刊号：CN 42-1340/R
邮发代号：38-182
地址：湖北省武汉市珞瑜路 856 号
邮编：430074
电话：027-87409653
Email：admin@totcm.org
zgzygskzz@163.com
网址：www.totcm.org.cn

期刊名称：《中国中医基础医学杂志》
主管单位：国家中医药管理局
主办单位：中国中医科学院中医基础理论研究所
主编：孟庆云
刊期：月刊
国际标准刊号：ISSN 1006-3250
国内统一刊号：CN 11-3554/R
邮发代号：80-330
地址：北京市东城区东直门内南小街 16 号
邮编：100700
电话：010-64074751
Email：zyjc@chinajournal.net.cn

期刊名称：《中国中医急症》
主管单位：国家中医药管理局
主办单位：中华中医药学会
主编：晁恩祥
编辑部主任：江洪
刊期：月刊
国际标准刊号：ISSN 1004-745X
国内统一刊号：CN 50-1102/R
邮发代号：78-98
地址：重庆市渝中区北区路 1 号
邮编：400013
电话：023-63521390　86552990
Email：zgzyjzyx@126.com
网址：www.zgzyjz.com

期刊名称：《中国中医眼科杂志》
主管单位：中医药管理局
主办单位：中国中医科学院
主编：庄曾渊
编辑部主任：杨薇
刊期：双月刊
国际标准刊号：ISSN 1002-4379
国内统一刊号：CN 11-2849/R
邮发代号：82-434
地址：北京市石景山区鲁谷路 33 号
邮编：100040
电话：010-68668940
Email：zyophthal@163.com
网址：eyezy.yywkt.cn

期刊名称：《中国中医药科技》
主管单位：国家中医药管理局
主办单位：中华中医药学会
主编：陈可冀
刊期：双月刊
国际标准刊号：ISSN 1005-7072
国内统一刊号：CN 23-1353/R
邮发代号：14-240
地址：黑龙江省哈尔滨市南岗区阿什河街 122 号
邮编：150001
电话：0451-53671501
Email：jtcmst@163.com

期刊名称：《中国中医药图书情报杂志》
主管单位：国家中医药管理局
主办单位：中国中医科学院中医药信息研究所
主编：崔蒙
编辑部主任：魏民
刊期：双月刊
国际标准刊号：ISSN 2095-5707
国内统一刊号：CN 10-1113/R
邮发代号：2-633
地址：北京市东城区东直门内南小街16号
邮编：100700
电话：010-64014411-3212
Email：lwz@mail.cintcm.ac.cn
网址：wz.cintcm.com

期刊名称：《中国中医药现代远程教育》
主管单位：国家中医药管理局
主办单位：世中联（北京）远程教育科技发展中心
主编：孙光荣
刊期：月刊
国际标准刊号：ISSN 1672-2779
国内统一刊号：CN 11-5024/R
邮发代号：82-107
地址：北京市西城区复兴门南大街甲2号楼知医堂101室
邮编：100031
电话：010-51813298
Email：tougao@zyyycjy.com zhongyuan@ichinamd.com

期刊名称：《中国中医药信息杂志》
主管单位：国家中医药管理局
主办单位：中国中医研究院中医药信息研究所
主编：叶祖光
编辑部主任：蔡德英
刊期：月刊
国际标准刊号：ISSN 1005-5304
国内统一刊号：CN 11-3519/R
邮发代号：82-670
地址：北京市东城区东直门内南小街16号
邮编：100700
电话：010-64058131 64014411-3278
Email：Lxx@mail.cintcm.ac.cn
网址：xxzz.cintcm.com

期刊名称：《中国肿瘤》
主管单位：中华人民共和国卫生部
主办单位：中国医学科学院
主编：赫捷
刊期：月刊
国际标准刊号：ISSN 1004-0242
国内统一刊号：CN 11-2859/R
邮发代号：32-100
地址：浙江省杭州市半山桥广济路38号
邮编：310022
电话：0571-88122281
Email：zgzl@mail.hz.zj.cn

期刊名称：《中国肿瘤临床》
主管单位：中国科学技术协会
主办单位：中国抗癌协会
主编：郝希山
编辑部主任：赵文华
刊期：半月刊
国际标准刊号：ISSN 1000-8179
国内统一刊号：CN 12-1099/R
邮发代号：6-18
地址：天津市河西区体院北环湖西路
邮编：300060
电话：022-23527053
Email：cjco@cjco.cn
网址：www.cjco.cn

期刊名称：《中国肿瘤临床与康复》
主管单位：中华人民共和国卫生部
主办单位：中国癌症临床与康复杂编辑委员会
主编：李宝荣
刊期：双月刊
国际标准刊号：ISSN 1005-8664
国内统一刊号：CN 11-3494/R
邮发代号：82-601
地址：北京市朝阳区潘家园17号（中国医学科学院肿瘤医院内）
邮编：100021
电话：010-87788229
Email：jcba@medmail.com.cn

期刊名称：《中国肿瘤生物治疗杂志》
主管单位：中国科学技术协会
主办单位：中国免疫学会 中国抗癌协会
主编：曹雪涛
编辑部主任：徐红梅
刊期：双月刊
国际标准刊号：ISSN 1007-385X
国内统一刊号：CN 31-1725/R
邮发代号：4-576
地址：上海市杨浦区翔殷路 800 号
邮编：200433
电话：021-55620605-22
Email：cjcb@biother.org
网址：www.biother.org

期刊名称：《中国肿瘤外科杂志》
主管单位：中华人民共和国卫生部
主办单位：中国医师协会
江苏省医学情报研究所
江苏省肿瘤医院
主编：唐金海 金安娜
刊期：双月刊
国际标准刊号：ISSN 1674-4136
国内统一刊号：CN 32-1795/R
邮发代号：28-56
地址：江苏省南京市汉中路 129 号
邮编：210029
电话：025-84706094
Email：zgzlwkzz@sina.com

期刊名称：《中国自然医学杂志》
主管单位：中华人民共和国卫生部
主办单位：中华预防医学会
主编：张家喜
刊期：双月刊
国际标准刊号：ISSN 1008-7850
国内统一刊号：CN 11-4003/R
邮发代号：82-310
地址：北京市西城区鼓楼西大街 154 号
邮编：100009
电话：010-84035601
Email：zzyz_cpm@126.com

期刊名称：《中国综合临床》
主管单位：中华人民共和国卫生部
主办单位：中华医学会
主编：袁聚祥
编辑部主任：闫苏平
刊期：月刊
国际标准刊号：ISSN 1008-6315
国内统一刊号：CN 12-1361/R
邮发代号：18-55
地址：河北省唐山市建设南路 57 号
邮编：063000
电话：0315-3725988
Email：zgzhlc3725988@163.com
网址：www.heut.edu.cn

期刊名称：《中国卒中杂志》
主管单位：中华人民共和国科学技术部
主办单位：中国科学技术信息研究所（ISTIC）
主编：王拥军
编辑部主任：王春雪
刊期：月刊
国际标准刊号：ISSN 1673-5765
国内统一刊号：CN 11-5434/R
邮发代号：80-507
地址：北京市崇文区天坛西里 6 号北京天坛医院内
邮编：100050
电话：010-67098349 67060709 转 848873
Email：china_stroke2006@yahoo.com.cn
网址：www.chinastroke.org.cn

期刊名称：《中国组织工程研究与临床康复》
主管单位：中华人民共和国卫生部
主办单位：中国康复医学会
主编：刘昆
刊期：周刊
国际标准刊号：ISSN 1673-8225
国内统一刊号：CN 21-1539/R
邮发代号：8-584
地址：辽宁省沈阳市和平区南京南街 121 号
邮编：110004
电话：024-23380576 23389106
网址：www.crter.org

期刊名称：《中华保健医学杂志》
主管单位：中国人民解放军总后勤部卫生部
主办单位：中国人民解放军总后勤部卫生部保健局
主编：范利
编辑部主任：卢喜烈
刊期：双月刊
国际标准刊号：ISSN 1674-3245
国内统一刊号：CN 11-5698/R
邮发代号：80-614
地址：北京市海淀区复兴路 28 号
邮编：100853
电话：010-66935373
Email：plabjyx@301hospital.com.cn

期刊名称：《中华病理学杂志》
主管单位：中国科学技术协会
主办单位：中华医学会
主编：郑杰
编辑部主任：常秀青
刊期：月刊
国际标准刊号：ISSN 0529-5807
国内统一刊号：CN 11-2151/R
邮发代号：2-56
地址：北京市东城区东四西大街 42 号
邮编：100710
电话：010-85158243
Email：cjpa@cma.org.cn
网址：www.medline.org.cn

期刊名称：《中华超声影像学杂志》
主管单位：中国科学技术协会
主办单位：中华医学会
总编：姜玉新
编辑部主任：贾平
刊期：月刊
国际标准刊号：ISSN 1004-4477
国内统一刊号：CN 13-1148/R
邮发代号：18-136
地址：河北省石家庄市中山东路 361 号
邮编：050017
电话：0311-86266994
Email：cs@hebmu.edu.cn
网址:www.medline.org.cn

期刊名称：《中华传染病杂志》
主管单位：中国科学技术协会
主办单位：中华医学会
总编：缪晓辉
编辑部主任：金昱
刊期：月刊
国际标准刊号：ISSN 1000-6680
国内统一刊号：CN 31-1365/R
邮发代号：4-352
地址：上海市静安区北京西路1623 号　邮编：200040
电话：021-62670744
Email：cjid1983@yahoo.com.cn
网址：www.medline.org.cn

期刊名称：《中华创伤骨科杂志》
主管单位：中国科学技术协会
主办单位：中华医学会
主编：裴国献
刊期：月刊
国际标准刊号：ISSN 1671-7600
国内统一刊号：CN 11-5530/R
邮发代号：46-248
地址：广东省广州市广州大道北 1838 号南方医科大学大学南方医院
邮编：510515
电话：020-61641748
Email：chinjot@yahoo.com.cn
网址：www.cjot.cn

期刊名称：《中华创伤杂志》
主管单位：中国科学技术协会
主办单位：中华医学会
主编：王正国
编辑部主任：向勇
刊期：月刊
国际标准刊号：ISSN 1001-8050
国内统一刊号：CN 50-1098/R
邮发代号：78-83
地址：重庆市渝中区大坪长江支路 10 号
邮编：400042
电话：023-68757482
Email：zhcszz@163.com
网址：zhcs.chinajournal.net.cn

期刊名称：《中华创伤杂志（英文版）》
主管单位：中国科学技术协会
主办单位：中华医学会
主编：王正国
编辑部主任：宋双明
刊期：双月刊
国际标准刊号：ISSN 1008-1275
国内统一刊号：CN 50-1115/R
邮发代号：78-81
地址：重庆市渝中区大坪长江支路 10 号
邮编：400042　电话：023-68711977
Email：cjtrauma@163.com
网址：www.cjtrauma.com

期刊名称：《中华地方病学杂志》
主管单位：中华人民共和国卫生部
主办单位：中华医学会
主编：孙殿军
编辑部主任：王丹娜
刊期：双月刊
国际标准刊号：ISSN 1000-4955
国内统一刊号：CN 23-1583/R
邮发代号：14-30
地址：黑龙江省哈尔滨市南岗区保健路 157 号
邮编：150081
电话：0451-86675924
Email：cje2005@163.com
网址：www.medline.org.cn

期刊名称：《中华耳鼻咽喉头颈外科杂志》
主管单位：中国科学技术协会
主办单位：中华医学会
总编：韩东一
编辑部主任：魏均民
刊期：月刊
国际标准刊号：ISSN 1673-0860
国内统一刊号：CN 11-5330/R
邮发代号：2-68
地址：北京市东城区东四西大街 42 号
邮编：100710
电话：010-85158191
Email：cjorl@cma.org.cn
网址：www.entnet.org.cn

期刊名称：《中华耳科学杂志》
主管单位：解放军总医院
主办单位：解放军总医院耳鼻咽喉科研究所
主编：杨仕明
编辑部主任：张晶平
刊期：季刊
国际标准刊号：ISSN 1672-2922
国内统一刊号：CN 11-4882/R
邮发代号：82-114
地址：北京市海淀区复兴路 28 号
邮编：100853
电话：010-66939502
Email：zhek301@sina.com　zhek301@163.com
网址：www.301ent.org

期刊名称：《中华耳科学杂志（英文版）》
主管单位：解放军总医院
主办单位：解放军总医院耳鼻咽喉科研究所
主编：杨伟炎
编辑部主任：张晶平
刊期：半年刊
国际标准刊号：ISSN 1672-2930
国内统一刊号：CN 11-4883/R
邮发代号：82-114
地址：北京市海淀区复兴路 28 号
邮编：100853
电话：010-68286148
Email：zhangjp301@yahoo.com.cn
zhek301@sina.com
网址：www.301ent.org

期刊名称：《中华儿科杂志》
主管单位：中国科学技术协会
主办单位：中华医学会
总编：桂永浩
刊期：月刊
国际标准刊号：ISSN 0578-1310
国内统一刊号：CN 11-2140/R
邮发代号：2-62
地址：北京市东城区东四西大街 42 号
邮编：100710
电话：010-85158220
Email：cjp@cma.org.cn

期刊名称：《中华放射学杂志》
主管单位：中国科学技术协会
主办单位：中华医学会
主编：祁吉
刊期：月刊
国际标准刊号：1005-1201
国内统一刊号：11-2149/R
邮发代号：2-66
地址：北京市东四西大街 42 号
邮编：100710
电话：010-85158289
Email：cjr@cma.org.cn

期刊名称：《中华放射医学与防护杂志》
主管单位：中国科学技术协会
主办单位：中华医学会
主编：苏旭
编辑部主任：鲜花
刊期：双月刊
国际标准刊号：ISSN 0254-5098
国内统一刊号：CN 11-2271/R
邮发代号：18-93
地址：北京市西城区德外新康街 2 号
邮编：100088
电话：010-62389621
Email：cjrmp@cjrmp.sina.net
网址：www.cjrmp.net

期刊名称：《中华放射肿瘤学杂志》
主管单位：中国科学技术协会
主办单位：中华医学会
主编：李晔雄
编辑部主任：张红志
刊期：双月刊
国际标准刊号：ISSN 1004-4221
国内统一刊号：CN 11-3030/R
邮发代号：82-240
地址：北京市朝阳区潘家园南里 17 号医科院肿瘤医院
邮编：100021
电话：010-67700737
Email：cjron@cma.org.cn
网址：www.medline.org.cn

期刊名称：《中华肺部疾病杂志（电子版）》
主管单位：中华人民共和国卫生部
主办单位：中华医学会
主编：钱桂生
编辑部主任：任成山
刊期：双月刊
国际标准刊号：ISSN 1674-6902
国内统一刊号：CN 11-9295/R
邮发代号：78-270
地址：重庆市沙坪坝区新桥正街第三军医大学新桥医院科教中心 3 楼
邮编：400037
电话：023-68774467　68774468　68774977
Email：xqcjld@163.com

期刊名称：《中华风湿病学杂志》
主管单位：山西省卫生厅　中国科学技术协会
主办单位：中华医学会
主编：栗占国
编辑部主任：董海原
刊期：月刊
国际标准刊号：ISSN 1007-7480
国内统一刊号：CN 14-1217/R
邮发代号：22-153
地址：山西省太原市广场收投分局 010025 信箱
邮编：030001
电话：0351-7553072
Email：cmafsb@163.com
网址：www.medline.org.cn

期刊名称：《中华妇产科杂志》
主管单位：中国科学技术协会
主办单位：中华医学会
主编：朗景和
刊期：月刊
国际标准刊号：ISSN 0529-567X
国内统一刊号：CN 11-2141/R
邮发代号：2-63
地址：北京市东城区东四西大街 42 号
邮编：100710
电话：010-85158215
Email：cjog@cma.org.cn
网址：www.medline.org.cn

期刊名称：《中华妇幼临床医学杂志（电子版）》
主管单位：中华人民共和国卫生部
主办单位：中华医学会
主编：毛萌
编辑部主任：孙激
期刊：双月刊
国际标准刊号：ISSN 1673-5250
国内统一刊号：CN 11-9273/R
邮发代号：62-322
地址：四川省成都市人民南路三段20号四川大学华西第二医院内
邮编：610041
电话：028-85422991
Email：fylyzz@163.com
网址：www.cjogp.com

期刊名称：《中华肝胆外科杂志》
主管单位：中国科学技术协会
主办单位：中华医学会
主编：顾万清
编辑部主任：顾万清
刊期：月刊
国际标准刊号：ISSN 1007-8118
国内统一刊号：CN 11-3884/R
邮发代号：82-857
地址：北京市西城区复兴路28号　邮编：100853
电话：010-68177009　66936223
Email：zhgdwkzz@vip.163.com
网址：www.zhgdwkzz.net

期刊名称：《中华肝脏病杂志》
主管单位：中国科学技术协会
主办单位：中华医学会
主编：任红
编辑部主任：张大志
刊期：月刊
国际标准刊号：ISSN 1007-3418
国内统一刊号：CN 50-1113/R
邮发代号：78-56
地址：重庆市渝中区临江路74号　邮编：400010
电话：023-63706512
Email：zhgz@vip.163.com
网址：www.chinesehepatology.net.cn

期刊名称：《中华高血压杂志》
主管单位：中华人民共和国卫生部
主办单位：中华预防医学会　福建医科大学
主编：胡大一
编辑部主任：谢良地
刊期：月刊
国际标准刊号：ISSN 1673-7245
国内统一刊号：CN 11-5540/R
邮发代号：34-54
地址：福建省福州市茶中路20号
邮编：350005
电话：0591-87982785
Email：zggxyzz@126.com
网址：www.zhgxyzz.cn

期刊名称：《中华骨科杂志》
主管单位：中国科学技术协会
主办单位：中华医学会
主编：邱贵兴
编辑部主任：胡永成
刊期：月刊
国际标准刊号：ISSN 0253-2352
国内统一刊号：CN 12-1113/R
邮发代号：6-17
地址：天津市河西区解放南路406号
邮编：300211
电话：022-28334734　28278929
Email：gktougao@126.com
网址：www.chinjorthop.com

期刊名称：《中华骨质疏松和骨矿盐疾病杂志》
主管单位：中华人民共和国卫生部
主办单位：中国医学科学院
中国医学科学院北京协和医院
主编：孟迅吾
刊期：季刊
国际标准刊号：ISSN 1674-2591
国内统一刊号：CN 11-5685/R
邮发代号：80-743
地址：北京市东城区帅府园1号（北京协和医院内）
邮编：100730
电话：010-65295071
Email：cjobmr@sina.com

期刊名称：《中华关节外科杂志》（电子版）
主管单位：中华人民共和国卫生部
主办单位：中华医学会
主编：邱贵兴　余楠生
编辑部主任：广伟杰
刊期：双月刊
国际标准刊号：ISSN 1674-134X
国内统一刊号：CN 11-9283/R
邮发代号：46-367
地址：广东省广州市沿江西路 151 号
邮编：510120
电话：020-83062381
Email：cjojs@126.com
网址：www.cjojs.com

期刊名称：《中华航海医学与高气压医学杂志》
主管单位：中国科学技术协会
主办单位：中华医学会
主编：褚新奇
编辑部主任：曲辉亮
刊期：双月刊
国际标准刊号：ISSN 1009-6906
国内统一刊号：CN 31-1847/R
邮发代号：4-553
地址：上海市杨浦区翔殷路 880 号
邮编：200433
电话：021-81883312
Email：zhhh@chinajournal.net.cn
网址：zhhh.chinajournal.net.cn

期刊名称：《中华航空航天医学杂志》
主管单位：中国科学技术协会
主办单位：中华医学会
总编：卢志平
编辑部主任：张霞
刊期：季刊
国际标准刊号：ISSN 1007-6239
国内统一刊号：CN 11-3854/R
邮发代号：14-8
地址：北京市海淀区阜成路 28 号　邮编：100142
电话：010-52737182
Email：hkbjb@sina.com
网址：www.medline.org.cn

期刊名称：《中华核医学与分子影像杂志》
主管单位：中国科学技术协会
主办单位：中华医学会
主编：匡安仁
刊期：双月刊
国际标准刊号：ISSN 2095-2848
国内统一刊号：CN 32-1828/R
邮发代号：28-72
地址：江苏省无锡市大娄巷 23 号
邮编：214002
电话：0510-82731904　82721344　82715010
Email：zhhyx@pub.wx.jsinfo.net
zhhyx1981@sina.com
网址：www.medline.org.cn www.cjnmmi.org

期刊名称：《中华护理教育》
主管单位：中国科学技术协会
主办单位：中华护理学会
主编：刘华平
编辑部主任：谢贞
刊期：月刊
国际标准刊号：ISSN 1672-9234
国内统一刊号：CN 11-5289/R
邮发代号：80-304
地址：北京市朝阳区十里堡甘露西园 1 号楼 315 号
邮编：100025
电话：010-65561480
Email：zhhl.edu@263.net

期刊名称：《中华护理杂志》
主管单位：中国科学技术协会
主办单位：中华护理学会
主编：刘华平
刊期：月刊
国际标准刊号：ISSN 0254-1769
国内统一刊号：CN 11-2234/R
邮发代号：2-143
地址：北京市朝阳区十里堡甘露西园 1 号楼 314 号
邮编：100025
电话：010-65561402

期刊名称：《中华疾病控制杂志》
主管单位：中华预防医学会
主办单位：安徽医科大学
主编：叶冬青
编辑部主任：潘和平
刊期：双月刊
国际标准刊号：ISSN 1674-3679
国内统一刊号：CN 34-1304/R
邮发代号：26-155
地址：安徽省合肥市梅山路 81 号安徽医科大学 109 信箱　邮编：230032
电话：0551-5161171
Email：zhjbkz@126.com
网址：www.zhjbkz.cn

期刊名称：《中华急诊医学杂志》
主管单位：中国科学技术协会
主办单位：中华医学会
主编：江观玉
编辑部主任：马岳峰
刊期：月刊
国际标准刊号：ISSN 1671-0282
国内统一刊号：CN 11-4656/R
邮发代号：32-41
地址：浙江省杭州市解放路 88 号
邮编：310009　电话：0571-87783951
Email：jzyx@mail.hz.zj.cn
网址：www.cem.org.cn

期刊名称：《中华健康管理学杂志》
主管单位：中国科学技术协会
主办单位：中华医学会
主编：白书忠
编辑部主任：韩静
刊期：双月刊
国际标准刊号：ISSN 1674-0815
国内统一刊号：CN 11-5624/R
邮发代号：80-723
地址：北京市东城区东四大街 42 号
邮编：100710
电话：010-85158255
Email：zhjkgl@cma.org.cn
网址：www.zhjkgl.org.cn

期刊名称：《中华检验医学杂志》
主管单位：中国科学技术协会
主办单位：中华医学会
总编：尚红
编辑部主任：韩锟
刊期：月刊
国际标准刊号：ISSN 1009-9158
国内统一刊号：CN 11-4452/R
邮发代号：2-71
地址：北京市东城区东四西大街 42 号
邮编：100710
电话：010-85158273
Email：cjlm@cma.org.cn
网址：www.medlab.org.cn

期刊名称：《中华结核和呼吸杂志》
主管单位：中国科学技术协会
主办单位：中华医学会
主编：刘又宁
编辑部主任：李文慧
刊期：月刊
国际标准刊号：ISSN 1001-0939
国内统一刊号：CN 11-2147/R
邮发代号：2-70
地址：北京市东城区东四西大街 42 号
邮编：100710
电话：010-85158252
Email：cmahx@cma.org.cn
网址：www.medline.org.cn

刊名称：《中华精神科杂志》
主管单位：中国科学技术协会
主办单位：中华医学会
总编：张明园
刊期：双月刊
国际标准刊号：ISSN 1006-7884
国内统一刊号：CN 11-3661/R
邮发代号：2-69
地址：北京市东四西大街 42 号
邮编：100710
电话：010-85158210
Email：cjps@cma.org.cn

期刊名称：《中华口腔医学研究杂志（电子版）》
主管单位：中华人民共和国卫生部
主办单位：中华医学会
主编：黄洪章
编辑部主任：曾融生
刊期：双月刊
国际标准刊号：ISSN 1674-1366
国内统一刊号：CN 11-9285/R
邮发代号：46-368
地址：广东省广州市中山二路74号
邮编：510080
电话：020-87330582
Email：zhkqyxyj@163.com
网址：www.zhkqyxyj.com

期刊名称：《中华口腔医学杂志》
主管单位：中国科学技术协会
主办单位：中华医学会
主编：王兴
编辑部主任：李季
刊期：月刊
国际标准刊号：ISSN 1002-0098
国内统一刊号：CN 11-2144/R
邮发代号：2-64
地址：北京市东城区东四西大街42号
邮编：100710
电话：010-85158255
Email：cjst@cma.org.cn
网址：www.medline.org.cn

期刊名称：《中华口腔正畸学杂志》
主管单位：中国科学技术协会
主办单位：中华医学会
主编：傅民魁
刊期：季刊
国际标准刊号：ISSN 1674-5760
国内统一刊号：CN 11-5797/R
邮发代号：2-744
地址：北京市海淀区中关村南大街22号
邮编：100081
电话：010-82195350
Email：cjobjb@gmail.com
网址：www.medline.org.cn

期刊名称：《中华劳动卫生职业病杂志》
主管单位：中国科学技术协会
主办单位：中华医学会
主编：王生
编辑部主任：杨德一
刊期：月刊
国际标准刊号：ISSN 1001-9391
国内统一刊号：CN 12-1094/R
邮发代号：6-50
地址：天津市河东区华越道6号
邮编：300011
电话：022-24333581
Email：zhzz@cdctj.gov.cn
网址：www.medline.org.cn

期刊名称：《中华老年多器官疾病杂志》
主管单位：中国人民解放军总医院
主办单位：中国人民解放军总医院老年心血管病研究所
执行主编：叶大训
编辑部主任：王雪萍
刊期：双月刊
国际标准刊号：ISSN 1671-5403
国内统一刊号：CN 11-4786/R
邮发代号：82-408
地址：北京市海淀区复兴路28号
邮编：100853
电话：010-66936756　59790736-8087
Email：zhlndqg@mode301.cn

期刊名称：《中华老年口腔医学杂志》
主管单位：解放军总医院
主办单位：解放军总医院口腔医学教研室
主编：刘洪臣
编辑部主任：刘洪臣（兼）
刊期：双月刊
国际标准刊号：ISSN 1672-2973
国内统一刊号：CN 11-5010/R
邮发代号：82-633
地址：北京市西城区复兴路28号解放军总医院
邮编：100853
电话：010-66936254
Email：cjgd@301dent.com
网址：www.301dent.com

期刊名称：《中华老年心脑血管病杂志》
主管单位：中国人民解放军总医院
主办单位：中国人民解放军总医院
主编：林运昌
编辑部主任：顾菊芳
刊期：月刊
国际标准刊号：ISSN 1009-0126
国内统一刊号：CN 11-4468/R
邮发代号：2-379
地址：北京市海淀区复兴路28号
邮编：100853
电话：010-66936463
Email：zhlnxnxg@sina.com.cn
网址：www.zhlnxnxg.com.cn

期刊名称：《中华老年医学杂志》
主管单位：中国科学技术协会
主办单位：中华医学会
主编：王建业　编辑部主任：于普林
刊期：月刊
国际标准刊号：ISSN 0254-9026
国内统一刊号：CN 11-2225/R
邮发代号：2-57
地址：北京东城区美术馆后街大佛寺东街6号院
邮编：100010
电话：010-64012981-8001或8108
Email：cjge@cma.org.cn
网址：www.medline.org.cn

期刊名称：《中华临床感染病杂志》
主管单位：中国科学技术协会
主办单位：中华医学会
主编：李兰娟
编辑部主任：黄建荣
刊期：双月刊
国际标准刊号：ISSN 1674-2397
国内统一刊号：CN 11-5673/R
地址：浙江省杭州市庆春路79号浙医一院内
邮编：310003
电话：0571-87236590
Email：zhgrb@126.com
网址：www.zhgrb.com

期刊名称：《中华临床免疫和变态反应杂志》
主管单位：中华人民共和国卫生部
主办单位：中国医学科学院　北京协和医院
主编：张宏誉　张奉春
编辑部主任：钟紫红　李宏
刊期：季刊
国际标准刊号：ISSN 1673-8705
国内统一刊号：CN 11-5558/R
邮发代号：80-690
地址：北京市东城区东单北大街69号明日大厦401室
邮编：101116
电话：010-65289261
Email：cjaci@163.com
网址：http://ozhl.cbpt.cnki.net

期刊名称：《中华临床医师杂志（电子版）》
主管单位：中华人民共和国卫生部
主办单位：中华医学会
主编：郭应禄　谌贻璞
刊期：半月刊
国际标准刊号：ISSN 1674-0785
国内统一刊号：CN 11-9147/R
邮发代号：80-728
地址：北京100035-50信箱
邮编：100035
电话：010-62219211
Email：lcyszz@163.com

期刊名称：《中华临床营养杂志》
主管单位：中国科学技术协会
主办单位：中国医学科学院　中华医学会
主编：蒋朱明
刊期：双月刊
国际标准刊号：ISSN 1674-635X
国内统一刊号：CN 11-5822/R
邮发代号：2-486
地址：北京市东城区东单三条9号中国医学科学院
邮编：100730
电话：010-65105895
Email：actacams@263.net.cn

期刊名称：《中华流行病学杂志》
主管单位：中国科学技术协会
主办单位：中华医学会
主编：李立明
编辑部主任：张林东
刊期：月刊
国际标准刊号：ISSN 0254-6450
国内统一刊号：CN 11-2338/R
邮发代号：2-73
地址：北京市昌平区流字五号　邮编：102206
电话：010-58900730
Email：lxbonly@public3.bta.net.cn
网址：www.medline.org.cn

期刊名称：《中华麻醉学杂志》
主管单位：中国科学技术协会
主办单位：中华医学会
主编：罗爱伦
编辑部主任：彭云水
刊期：月刊
国际标准刊号：ISSN 0254-1416
国内统一刊号：CN 13-1073/R
邮发代号：18-49
地址：河北省石家庄市和平西路 299 号
邮编：050071
电话：0311-85989623
Email：cja@vip.163.com
网址：www.medline.org.cn
www.anesthesiology.org.cn

期刊名称：《中华泌尿外科杂志》
主管单位：中国科学技术协会
主办单位：中华医学会
主编：那彦群
编辑部主任：霍红梅
刊期：月刊
国际标准刊号：ISSN 1000-6702
国内统一刊号：CN 11-2330/R
邮发代号：2-51
地址：北京市东城区东单三条甲七号　邮编：100005
电话：010-65223499
Email：mnzz@263.net.cn
网址：www.medline.org.cn

期刊名称：《中华男科学杂志》
主管单位：南京军区联勤部卫生部
主办单位：南京军区南京总医院
主编：黄宇烽
编辑部主任：夏欣一
刊期：月刊
国际标准刊号：ISSN 1009-3591
国内统一刊号：CN 32-1578/R
邮发代号：28-257
地址：江苏省南京市中山东路 305 号
邮编：210002
电话：025-84815775
Email：editor@androl.cn
网址：www.androl.cn

期刊名称：《中华脑科疾病与康复杂志》
主管单位：中华人民共和国卫生部
主办单位：中华医学会
主编：张新中
编辑部主任：李彤
刊期：双月刊
国际标准刊号：ISSN 2095-123X
国内统一刊号：CN 11-9309/R
邮发代号：自办发行
地址：河南省卫辉市健康路 88 号新乡医学院第一附属医院　邮编：453100
电话：0373-4402935
Email：zhnkkfzz@126.com
网址：www.cjbdr.com

期刊名称：《中华内分泌代谢杂志》
主管单位：中国科学技术协会
主办单位：中华医学会
主编：宁光
编辑部主任：陈名道
刊期：月刊
国际标准刊号：ISSN 1000-6699
国内统一刊号：CN 31-1282/R
邮发代号：4-413
地址：上海市卢湾区瑞金二路 197 号　邮编：200025
电话：021-64315587
Email：cjem@vip.163.com
网址：www.endocrmetab.com

期刊名称：《中华内分泌外科杂志》
主管单位：中国科学技术协会
主办单位：中华医学会
主编：任国胜
编辑部主任：果磊
刊期：双月刊
国际标准刊号：ISSN 1674-6090
国内统一刊号：CN 11-5807/R
邮发代号：78-165
地址：重庆市渝中区袁家岗友谊路1号重庆医科大学附属第一医院　邮编：400016
电话：023-68898889
Email：nfmwk2705@163.com
网址：zhnfmwkzz.hospital-cqmu.com

期刊名称：《中华普外科手术学杂志》（电子版）
主管单位：中华人民共和国卫生部
主办单位：中华医学会
主编：李世拥
编辑部主任：李世拥
刊期：季刊
国际标准刊号：ISSN 1674-3946
国内统一刊号：CN 11-9293/R
邮发代号：80-993
地址：北京市东城区东四十条南门仓5号北京军区总院内　邮编：100700
电话：010-64049986
Email：zhpwkssx@126.com
网址：www.zhpwkssx.com

期刊名称：《中华内科杂志》
主管单位：中国科学技术协会
主办单位：中华医学会
总编：贾伟平
编辑部主任：侯鉴君
刊期：月刊
国际标准刊号：ISSN 0578-1426
国内统一刊号：CN 11-2138/R
邮发代号：2-58
地址：北京市东城区东四西大街42号
邮编：100710
电话：010-85158279　85158280
Email：cjim@cma.org.cn
网址：www.emedicine.org.cn

期刊名称：《中华普通外科学文献（电子版）》
主管单位：中华人民共和国卫生部
主办单位：中华医学会
主编：王深明
刊期：双月刊
国际标准刊号：ISSN 1674-0793
国内统一刊号：CN 11-9148/R
邮发代号：46-370
地址：广东省广州市中山二路58号中山大学附属第一医院
邮编：510080
电话：020-87331056
Email：pwwx@163.net
网址：www.pwwxcma.com

期刊名称：《中华皮肤科杂志》
主管单位：中国科学技术协会
主办单位：中华医学会
主编：陈洪铎
编辑部主任:吴晓初
刊期：月刊
国际标准刊号：ISSN 0412-4030
国内统一刊号：CN 32-1138/R
邮发代号：28-30
地址：江苏省南京市蒋王庙街12号　邮编：210042
电话：025-85478124
Email：pifukezazhi@yahoo.com.cn
网址：www.pifukezazhi.com

期刊名称：《中华普通外科杂志》
主管单位：中国科学技术协会
主办单位：中华医学会
主编：冷希圣
刊期：月刊
国际标准刊号：ISSN 1007-631X
国内统一刊号：CN 11-3855/R
邮发代号：82-222
地址：北京市西城区阜内大街133号
邮编：100034
电话：010-66124704　66162070
Email：puwai@sina.com
网址： www.cjgs.com.cn

期刊名称：《中华器官移植杂志》
主管单位：中国科学技术协会
主办单位：中华医学会
主编：陈实
编辑部主任：喻俊
刊期：月刊
国际标准刊号：ISSN 0254-1785
国内统一刊号：CN 42-1203/R
邮发代号：38-27
地址：湖北省武汉市江岸区胜利街155号
邮编：430014
电话：027-82806143
Email：j_organtx@vip.163.com
网址：www.medline.org.cn

期刊名称：《中华腔镜泌尿外科杂志（电子版）》
主管单位：中华人民共和国卫生部
主办单位：中华医学会
社长：吴贯军
编辑部主任：周祥福
刊期：双月刊
国际标准期刊：ISSN 1674-3253
国内统一期刊：CN 11-9287/R
邮发代号：46-369
地址：广东省广州市天河路600号中山大学附属第三医院 邮编：510630
电话：020-85252990
Email：chinaendoruology@126.com

期刊名称：《中华腔镜外科杂志（电子版）》
主管单位：中华人民共和国卫生部
主办单位：中华医学会
主编：刘荣 郑民华（总编辑）
编辑部主任：薛瑞华
刊期：双月刊
国际标准刊号：ISSN 1674-6899
国内统一期刊：CN 11-9296/R
邮发代号：24-171
地址：北京市海淀区玉泉路15号（航天中心医院院内）
邮编：100049
电话：010-59972008
Email：zhonghuaqiangjing@126.com
网址：www.laparosurg.com

期刊名称：《中华全科医师杂志》
主管单位：中国科学技术协会
主办单位：中华医学会
主编：杨秉辉
刊期：月刊
国际标准刊号：ISSN 1671-7368
国内统一刊号：CN 11-4798/R
邮发代号：82-637
地址：北京市东城区东四西大街42号
邮编：100710
电话：010-85158309
Email：cjgp@cma.org.cn

期刊名称：《中华全科医学》
主管单位：中华人民共和国卫生部
主办单位：中华预防医学会
安徽省全科医学会
主编：曹克将
编辑部主任：陈开地
刊期：月刊
国际标准刊号：ISSN 1674-4152
国内统一刊号：CN 11-5710/R
邮发代号：26-200
地址：安徽省蚌埠市长淮路287号
邮编：233004
电话：0552-3051890
Email：zhqkyx@yahoo.com.cn

期刊名称：《中华人民共和国卫生部公报》
主管单位：中华人民共和国卫生部
主办单位：卫生部办公厅
编辑：卫生部公报杂志社编辑部
刊期：月刊
国际标准刊号：ISSN 1672-5417
国内统一刊号：CN 11-5149/D
邮发代号：自办发行
地址：北京市东城区安定门外安华西里一区12号楼
邮编：100011
电话：010-64262681
Email：wsbgb@mon.gov.cn

期刊名称：《中华乳腺病杂志》（电子版）
主管单位：中华人民共和国卫生部
主办单位：中华医学会
主编：孙燕
编辑部主任：姜军
刊期：双月刊
国际标准刊号：ISSN 1674-0807
国内统一刊号：CN 11-9146/R
邮发代号：78-168
地址：重庆市沙坪坝区高滩岩29号西南医院
邮编：400038
电话：023-68765277
Email：jcbd@medmail.com.cn
网址：cjbd.swhospital.com

期刊名称：《中华疝和腹壁外科杂志（电子版）》
主管单位：中华人民共和国卫生部
主办单位：中华医学会
主编：陈杰
编辑部主任：李晓霞
刊期：季刊
国际标准刊号：ISSN 1674-392X
国内统一刊号：CN 11-9288/R
邮发代号：80-991
地址：北京市石景山区京原路5号（北京朝阳医院西院） 邮编：100043
电话：010-51718040
Email：zhshfbwkzz@yahoo.com.cn
网址：www.chinahermia.com.cn

期刊名称：《中华烧伤杂志》
主管单位：中国科学技术协会
主办单位：中华医学会
主编：黄跃生 编辑部主任：王旭
刊期：双月刊
国际标准刊号：ISSN 1009-2587
国内统一刊号：CN 50-1120/R
邮发代号：78-131
地址：重庆市沙坪坝区高滩岩正街29号
邮编：400038
电话：023-68754670 65460278
Email：cmashz@mail.tmmu.com.cn
网址：www.zhsszz.org

期刊名称：《中华神经科杂志》
主管单位：中国科学技术协会
主办单位：中华医学会
主编：崔丽英
刊期：月刊
国际标准刊号：ISSN 1006-7876
国内统一刊号：CN 11-3694/R
邮发代号：82-703
地址：北京市东城区东四西大街42号
邮编：100710
电话：010-85158266
Email：zhsjkzz@126.com

期刊名称：《中华神经外科疾病研究杂志》
主管单位：第四军医大学
主办单位：第四军医大学第一附属医院
主编：章翔
编辑部主任：贺晓生
刊期：双月刊
国际标准刊号：ISSN 1671-2897
国内统一刊号：CN 61-1384/R
邮发代号：52-266
地址：陕西省西安市长乐西路127号
邮编：710032
电话：029-84775567
Emai：cjnsdr@fmmu.edu.cn
网址：www.cjnsdr.com

期刊名称：《中华神经外科杂志》
主管单位：中国科学技术协会
主办单位：中华医学会
主编：王忠诚
编辑部主任：贾旺
刊期：月刊
国际标准刊号：ISSN 1001-2346
国内统一刊号：CN 11-2050/R
邮编代号：18-56
地址：北京市东西区天坛西里6号北京市神经外科研究所 邮编：100050
电话：010-65113169
Email：cjns@bjtth.com
网址：www.medline.org.cn

期刊名称：《中华神经医学杂志》
主管单位：中国科学技术协会
主办单位：中华医学会
主编：徐如祥
编辑部主任：郭洪波
刊期：月刊
国际标准刊号：ISSN 1671-8925
国内统一刊号：CN 11-5354/R
邮发代号：46-251
地址：广东省广州市工业大道中253号珠江医院
邮编：510282
电话：020-61643273
Email：journal@126.com
网址：www.cjnm.com.cn

期刊名称：《中华肾脏病杂志》
主管单位：中国科学技术协会
主办单位：中华医学会
总编：刘志红
刊期：月刊
国际标准刊号：ISSN 1001-7097
国内统一刊号：CN 44-1217/R
邮发代号：46-106
地址：广东省广州市中山二路74号
邮编：510089
电话：020-87331532
Email：cmaszb@mail.sysu.edu.cn
网址：www.cjn.org.cn

期刊名称：《中华生物医学工程杂志》
主管单位：中国科学技术协会
主办单位：中华医学会 广州医学院
主编：钟南山
编辑部主任：黄少华
刊期：双月刊
国际标准刊号：ISSN 1674-1927
国内统一刊号：CN 11-5668
邮发代号：46-190
地址：广东省广州市东风西路195号广州医学院内28栋1楼 邮编：510182
电话：020-81340554
Email：cjbme@vip.tom.com
网址：www.cjbme.org

期刊名称：《中华实验和临床病毒学杂志》
主管单位：中国科学技术协会
主办单位：中华医学会
主编：洪涛
编辑部主任：段树学
期刊：双月刊
国际标准刊号：ISSN 1003-9279
国内统一刊号：CN 11-2866/R
邮发代号：18-224
地址：北京市宣武区迎新街100号
邮编：100052
电话：010-63540009
Email：bianjibu2005@sina.com
网址：www.medline.org.cn

期刊名称：《中华实验外科杂志》
主管单位：中国科学技术协会
主办单位：中华医学会
主编：杨镇
编辑部主任：宋咏堂
刊期：月刊
国际标准刊号：ISSN 1001-9030
国内统一刊号：CN 42-1213/R
邮发代号：38-85
地址：湖北省武汉市丁字桥路10号 邮编：430064
电话：027-87893475
Email：cjes@cma.org.cn
网址：www.medline.org.cn

期刊名称：《中华实验与临床感染病杂志（电子版）》
主管单位：中华人民共和国卫生部
主办单位：中华医学会
主编：毛羽 张永利 成军
编辑部主任：曾辉 王云亭
刊期：季刊
国际标准刊号：ISSN 1674-1358
国内统一刊号：CN 11-9284/R
邮发代号：80-729
地址：北京市朝阳区京顺东街8号
邮编：100015
电话：010-84322058
Email：editor.ditan@gmail.com
网址：www.j-ditan.org.cn

期刊名称：《中华实验眼科杂志》
主管单位：中国科学技术协会
主办单位：中华医学会
主编：王丽娅
编辑部主任：尹卫靖
刊期：月刊
国际标准刊号：ISSN 2095-0160
国内统一刊号：CN 11-5989/R
邮发代号：36-13
地址：河南省郑州市纬五路7号河南省眼科研究所
邮编：450003
电话：0371-65580157
Email：zhsyykzz@163.com
网址：www.chinajournal.net.cn

期刊名称：《中华实用儿科临床杂志》
主管单位：中国科学技术协会
主办单位：中华医学会
主编：郭学鹏
刊期：半月刊
国际标准刊号：2095-428X
国内统一刊号：10-1070/R
邮发代号：36-102
地址：河南省新乡市金穗大道601号新乡医学院
邮编：453003
电话：0373-3029144　3831456
Email：syqk@chinajournal.net.cn
网址：www.zhsyeklczz.com

期刊名称：《中华实用诊断与治疗杂志》
主管单位：中华人民共和国卫生部
主办单位：中华预防医学会
河南省人民医院
主编：马保根
编辑部主任：刘界平
刊期：月刊
国际标准刊号：ISSN 1674-3474
国内统一刊号：CN 41-1400/R
邮发代号：36-161
地址：河南省郑州市纬五路7号
邮编：450003
电话：0371-65580042
Email：hnzd@chinajournal.net.cn

期刊名称：《中华实用中西医杂志》
主管单位：中华医药学会
主办单位：世界中西医药学会
主编：王仰宗
刊期：月刊
国际标准刊号：ISSN 1607-2286
国内统一刊号：CN 13-3905/R
邮发代号：自办发行
地址：北京市昌平区东三旗邮局16号信箱
邮编：102209
电话：010-81761525
Email：yxws789@163.com

期刊名称：《中华手外科杂志》
主管单位：中国科学技术协会
主办单位：中华医学会
主编：顾玉东
编辑部主任：劳杰
刊期：双月刊
国际标准刊号：ISSN 1005-054X
国内统一刊号：CN 31-1653/R
邮编代号：4-491
地址：上海市乌鲁木齐中路12号华山医院内8号楼506室
邮编：200040
电话：021-52888215
Email：zhswkzz@yahoo.com.cn
网址：www.medline.org.cn

期刊名称：《中华损伤与修复杂志》（电子版）
主管单位：中华人民共和国卫生部
主办单位：中华医学会
主编：孙永华
编辑部主任：王云亭
刊期：双月刊
国际标准刊号：ISSN 1673-9450
国内统一刊号：CN 11-9132/R
邮发代号：80-625
地址：北京市宣武区永安路95号
邮编：100050
电话：010-63139297
Email：zhssyxf@163.com

期刊名称：《中华糖尿病杂志》
主管单位：中国科学技术协会
主办单位：中华医学会
总编：翁建平
编辑部主任：杨颖
刊期：双月刊
国际标准刊号：ISSN 1674-5809
国内统一刊号：CN 11-5791/R
邮发代号：80-994
地址：北京市东城区东四西大街 42 号
邮编：100710
电话：010-85158310
Email：zhtnb@cma.org.cn
网址：www.medline.org.cn

期刊名称：《中华外科杂志》
主管单位：中国科学技术协会
主办单位：中华医学会
主编：赵玉沛
刊期：月刊
国际标准刊号：ISSN 0529-5815
国内统一刊号：CN 11-2139/R
邮发代号：2-59
地址：北京市东城区东四西大街 42 号
邮编：100710
电话：010-85158224
Email：cmacjs@cma.org.cn
网址：www.cmacjs.com.cn

期刊名称：《中华围产医学杂志》
主管单位：中国科学技术协会
主办单位：中华医学会
主编：杨慧霞
期刊：月刊
国际标准刊号：ISSN 1007-9408
国内统一刊号：CN 11-3903/R
邮发代号：82-887
地址：北京市西城区西安门大街 1 号北京大学第一医院
邮编：100034
电话：010-83572211-3248
Email：zhwc@yahoo.cn
网址：www.medline.org.cn

期刊名称：《中华胃肠外科杂志》
主管单位：中国科学技术协会
主办单位：中华医学会　中山大学
主编：汪建平
编辑部主任：卜建红
刊期：月刊
国际标准刊号：ISSN 1671-0274
国内统一刊号：CN 44-1530/R
邮发代号：46-185
地址：广东省广州市员村二横路 26 号中山大学附属第六医院内
邮编：510655
电话：020-38254955
Email：china_gisj@vip.163.com
网址：www.china-gisj.com

期刊名称：《中华微创外科杂志》
主管单位：中华人民共和国教育部
主办单位：北京大学
主编：陈仲强
编辑部主任：张小为
刊期：月刊
国际标准刊号：ISSN 1009-6604
国内统一刊号：CN 11-4526/R
邮发代号：2-742
地址：北京市海淀区花园北路 49 号北京大学第三医院内　邮编：510655
电话：010-82025751　82266602　82266604
Email：wcwkzazhi@263.net

期刊名称：《中华卫生杀虫药械》
主管单位：中国人民解放军南京军区卫生部
主办单位：南京军区疾病预防控制中心
主编：姜志宽
刊期：双月刊
国际标准刊号：ISSN 1671-2781
国内统一刊号：CN 32-1637/R
邮发代号：28-308
地址：江苏省南京市中山东路 293 号
邮编：210002
电话：025-84417522
Email：zhwsscyx@chines.cn
网址：www.chines.cn

期刊名称：《中华微生物学和免疫学杂志》
主管单位：中国科学技术协会
主办单位：中华医学会
主编：沈心亮
刊期：月刊
国际标准刊号：ISSN 0254-5101
国内统一刊号：CN 11-2309/R
邮发代号：2-55
地址：北京市经济技术开发区经海二路38号
邮编：101111
电话：010-52245168
Email：cjmia@163.com
网址：www.medline.org.cn

期刊名称：《中华危重病急救医学》
主管单位：中华人民共和国卫生部
主办单位：中华医学会　天津市天和医院
　　　　　天津市第一中心医院
主编：沈中阳
编辑部主任：李银平
刊期：月刊
国际标准刊号：ISSN 2095-4352
国内统一刊号：CN 12-1430/R
邮发代号：6-58
地址：天津市和平区睦南道122号　邮编：300050
电话：022-23306917
Email：cccm@em120.com
网址：www.cccm-em120.com

期刊名称：《中华危重症医学杂志》
主管单位：中华人民共和国卫生部
主办单位：中华医学会
主编：郑树森（院长）黄卫东
主任：陆远强
刊期：双月刊
国际标准刊号：ISSN 1674-6880
国内统一刊号：CN 11-9297/R
邮发代号：自办发行
地址：浙江省杭州市庆春路79号浙江大学医学院第一附属医院　邮编：310003
电话：0571-87236468　传真：0571-87236469
Email：zhwzzyx@yahoo.cn
网址：www.cma-cmc.com.cn

期刊名称：《中华物理医学与康复杂志》
主管单位：中国科学技术协会
主办单位：中华医学会　华中科技大学同济医院
主编：黄晓林
编辑部主任：郭铁成
刊期：月刊
国际标准刊号：ISSN 0254-1424
国内统一刊号：CN 42-1666/R
邮发代号：38-391
地址：湖北省武汉市解放大道1095号同济医院内
邮编：430030
电话：027-83662874
Email：cjpmr@tjh.tjmu.edu.cn
网址：www.cjpmr.cn

期刊名称：《中华现代护理杂志》
主管单位：中国科学技术协会
主办单位：中华医学会
总编：沈宁
刊期：旬刊
国际标准刊号：ISSN 1674-2907
国内统一刊号：CN 11-5682/R
邮发代号：82-352
地址：北京市宣武区宣武门外大街香炉营东巷2号院1号楼7单元301室
邮编：100052
电话：010-83191170
Email：cjmn@cjmn.net

期刊名称：《中华显微外科杂志》
主管单位：中国科学技术协会
主办单位：中华医学会
总编：刘小林
编辑部主任：汪华侨
刊期：双月刊
国际标准刊号：ISSN 1001-2036
国内统一刊号：CN 44-1206/R
邮发代号：46-107
地址：广东省广州市中山二路74号
邮编：510089
电话：020-87330683
Email：zhxwwk@mail.sysu.edu.cn
网址：www.medline.sysu.edu.cn

期刊名称：《中华哮喘杂志（电子版）》
主管单位：中华人民共和国卫生部
主办单位：中华医学会
主编：林江涛
编辑部主任：胡桂英
刊期：双月刊
国际标准刊号：ISSN 1674-3911
国内统一刊号：CN 11-9292/R
邮发代号：80-992
地址：北京市崇文区花市枣苑11楼711室
邮编：100062
电话：010-67115086　85762244-2597　85760739
Email：chineseasthma@163.com

期刊名称：《中华小儿外科杂志》
主管单位：中国科学技术协会
主办单位：中华医学会
总编：冯杰雄
刊期：月刊
国际标准刊号：ISSN 0253-3006
国内统一刊号：CN 42-1158/R
邮发代号：38-19
地址：湖北省武汉市胜利街155号
邮编：430014
电话：027-82846835
Email：zhxewk@263.net

期刊名称：《中华消化病与影像杂志（电子版）》
主管单位：中华人民共和国卫生部
主办单位：中华医学会
总编：王宝成　孙钢
刊期：双月刊
国际标准刊号：ISSN 2095-2015
国内统一刊号：CN 11-9312/R
邮发代号：自办发行
地址：山东省济南市师范路25号 济南军区总医院
邮编：250031
电话：0531-51665254　13969161056
Email：zhxhbyyxzz@126.com
网址：www.zhxhyyx.org

期刊名称：《中华消化内镜杂志》
主管单位：中国科学技术协会
主办单位：中华医学会
主编：李兆申
编辑部主任：唐涌进
刊期：月刊
国际标准刊号：ISSN 1007-5232
国内统一刊号：CN 32-1463/R
邮发代号：28-105
地址：江苏省南京市紫竹林3号南京医学会
邮编：210003
电话：025-6086091
Email：xhnj@xhnj.com
网址：www.xhnj.com

期刊名称：《中华消化外科杂志》
主管单位：中国科学技术协会
主办单位：中华医学会
主编：董家鸿
编辑部主任：陈敏
刊期：双月刊
国际标准刊号：ISSN 1673-9752
国内统一刊号：CN 11-5610/R
邮发代号：78-117
地址：重庆市沙坪坝区高滩岩30号　邮编：400038
电话：023-5317637
Email：digsurg@263.net
网址：www.zhxhwk.com

期刊名称：《中华消化杂志》
主管单位：中国科学技术协会
主办单位：中华医学会
主编：袁耀宗
编辑部主任：冯缨
刊期：月刊
国际标准刊号：ISSN 0254-1432
国内统一刊号：CN 31-1367/R
邮发代号：4-291
地址：上海市静安区北京西路1623号
邮编：200040
电话：021-62531885
Email：qikan5@163.com
网址：www.medline.org.cn

期刊名称：《中华心律失常学杂志》
主管单位：中国科学技术协会
主办单位：中华医学会
主编：张澍
编辑部主任：张澍
刊期：双月刊
国际标准刊号：ISSN 1007-6638
国内统一刊号：CN 11-3859/R
邮发代号：82-883
地址：北京市西城区北礼士路167号
邮编：100037
电话：010-68330771
Email：zhxs@chinajournal.net.cn
网址：zhxs.chinajournal.net.cn

期刊名称：《中华心血管病杂志》
主管单位：中国科学技术协会
主办单位：中华医学会
主编：胡大一
刊期：月刊
国际标准刊号：ISSN 0253-3758
国内统一刊号：CN 11-2148/R
邮发代号：2-44
地址：北京市东城区东四西大街42号
邮编：100710
电话：010 85158281
Email：cjc@cma.org.cn
网址：www.medline.org.cn

期刊名称：《中华行为医学与脑科学杂志》
主管单位：中华人民共和国卫生部
主办单位：中华医学会
主编：张作记
编辑部主任：张作记
刊期：月
国际标准刊号：ISSN 1005-8559
国内统一刊号：CN 37-1468/R
邮发代号：24-115
地址：山东省济宁市荷花路16号（济宁医学院内）
邮编：272067
电话：0537-3616262
Email：xwyxbjb@163169.net
网址：www.xwyx.cn

期刊名称：《中华胸心血管外科杂志》
主管单位：中国科学技术协会
主办单位：中华医学会
总编：孙立忠
编辑部主任：李昕
刊期：月刊
国际标准刊号：ISSN 1001-4497
国内统一刊号：CN 11-2434/R
邮发代号：82-145
地址：北京市朝阳区安贞医院内
邮编：100029
电话：010-64413769 64456425
Email：zh-xxx@126.com
网址：www.medline.org.cn

期刊名称：《中华血液学杂志》
主管单位：中国科学技术协会
主办单位：中华医学会
总编：王建祥
编辑部主任：董文革
刊期：月刊
国际标准刊号：ISSN 0253-2727
国内统一刊号：CN 12-1090/R
邮发代号：6-54
地址：天津市和平区南京路288号
邮编：300020　电话：022-27304167
Email：cnblood82@yahoo.com.cn
网址：www.medline.org.cn

期刊名称：《中华眼底病杂志》
主管单位：中国科学技术协会
主办单位：中华医学会
主编：黎晓新
刊期：双月刊
国际标准刊号：1005-1015
国内统一刊号：51-1434/R
邮发代号：62-73
地址：四川省成都市国学巷37号
邮编：610041
电话：028-85422535
Email：cjoofd@yahoo.com.cn

期刊名称：《中华眼科杂志》
主管单位：中国科学技术协会
主办单位：中华医学会
主编：赵堪兴
编辑部主任：黄翊彬
刊期：月刊
国际标准刊号：ISSN 0412-4081
国内统一刊号：CN 11-2142/R
邮发代号：2-60
地址：北京市东四西大街 42 号
邮编：100710
电话：010-85158241
Email：cjo@cma.org.cn
网址：www.mol.org.cn

期刊名称：《中华眼视光学与视觉科学杂志 》
主管单位：中国科学技术协会
主办单位：中华医学会
主编：瞿佳
刊期：月刊
国际标准刊号：ISSN 1674-845X
国内统一刊号：CN 11-5909/R
邮发代号：32-108
地址：浙江省温州市茶山高教园区温州医学院
邮编：325035
电话：0577-86699366
Email：zhysgx@vip.126.com
网址：www.medline.org.cn

期刊名称：《中华眼外伤职业眼病杂志》
主管单位：中国科学技术协会
主办单位：中华医学会
总编：张金嵩
刊期：月刊
国际标准刊号：ISSN 2095-1477
国内统一刊号：CN 11-6022/R
邮发代号：46-36
地址：河南省郑州市建设东路 1 号郑州大学第一附属医院
邮编：450052
电话：0371-66993497
Email：ywszz3497@yahoo.cn
网址：www.medline.org.cn

期刊名称：《中华养生保健》
主管单位：国家中医药管理局
主办单位：中华中医药学会
主编：王雷
编辑部主任：赵继才
刊期：月刊
国际标准刊号：ISSN 1009-8011
国内统一刊号：CN 11-4536/R
邮发代号：80-266
地址：北京市朝阳区北三环东路 11 号
邮编：100029
电话：010-64286905 64286904
Email：globalfashion@163.com
chinaedicine@yahoo.com.cn

期刊名称：《中华医护杂志》
主管单位：中国医药教育协会
主办单位：中南大学湘雅医学院益阳临床学院
主编：曾跃红
刊期：月刊
国际标准刊号：ISSN 1812-7851
国内统一刊号：CN 43-8277/R
邮发代号：自办发行
地址：湖南省益阳市康富北路 118 号
邮编：413000
电话：0737-4222266
Email：yxws321@126.com

期刊名称：《中华医史杂志》
主管单位：中国科学技术协会
主办单位：中华医学会
总编：王永炎
刊期：双月刊
国际标准刊号：ISSN 0255-7053
国内统一刊号：CN 11-2155/R
邮发代号：2-65
地址：北京市东城区东直门内南小街 16 号
邮编：100700
电话：010-64014411-3217　84015484
Email：zhonghuayishi@yahoo.com.cn
网址：www.cmaph.com.cn

期刊名称：《中华胰腺病杂志》
主管单位：中国科学技术协会
主办单位：中华医学会
主编：李兆申
编辑部主任：吕芳萍
刊期：双月刊
国际标准刊号：ISSN 1674-1935
国内统一刊号：CN 11-5667/R
邮发代号：4-689
地址：上海市杨浦区长海路 168 号长海医院科技楼 110 室　邮编：200433
电话：021-31161362
Email：yixianbingxue@yahoo.com.cn
网址：www.medline.org.cn

期刊名称：《中华医学超声杂志》
主管单位：中华人民共和国卫生部
主办单位：中华医学会
主编：姜玉新　唐杰
编辑部主任：史红
刊期：月刊
国际标准刊号：ISSN 1672-6448
国内统一刊号：CN 11-9115/R
邮发代号：80-313
地址：北京市东城区东四西大街 42 号 121 室
邮编：100710
电话：010-65224699　85158541
Email：csbjb@vip.sohu.com
网址：chaosheng.cma-cmc.com.cn

期刊名称：《中华医学超声杂志（电子版）》
主管单位：中华人民共和国卫生部
主办单位：中华医学会
主编：张武　简文豪
刊期：月刊
国际标准刊号：ISSN 1672-6448
国内统一刊号：CN 11-9115/R
邮发代号：80-313
地址：北京市东城区东四西大街 42 号 110 室
邮编：100710
电话：010-65250394　85158541
Email：csbjb@suhu.com
网址：www.chaosheng.cma-cmc.com.cn

期刊名称：《中华医学教育探索杂志》
主管单位：中国科学技术协会
主办单位：中华医学会
主编：雷寒
刊期：月刊
国际标准刊号：ISSN 1671-8569
国内统一刊号：CN 11-6021/R
邮发代号：78-127
地址：重庆市渝中区医学院路 1 号重庆医科大学 385 号信箱《医学教育探索》编辑部
邮编：400016
电话：023-68485014
Email：zhyxjyts@126.com
网址：zhyxjyts.cqmu.edu.cn

期刊名称：《中华医学教育杂志》
主管单位：中国科学技术协会
主办单位：中华医学会
总编：王宪
编辑部主任：郭立
刊期：双月刊
国际标准刊号：ISSN 1673-677X
国内统一刊号：CN 11-5259/R
邮发代号：自办发行
地址：北京市海淀区学院路 38 号　邮编：100191
电话：010-82801579
Email：zazhi@bjmu.edu.cn
网址：www.medline.org.cn

期刊名称：《中华医学科研管理杂志》
主管单位：中国科学技术协会
主办单位：中华医学会
主编：罗长坤
编辑部主任：田佳
刊期：双月刊
国际标准刊号：ISSN 1006-1924
国内统一刊号：CN 11-3565/R
邮发代号：82-37
地址：北京市海淀区学院路 38 号北京大学医学部
邮编：100191
电话：010-82802217
Email：kgzz@bjmu.edu.cn
网址：www.medline.org.cn

期刊名称：《中华医学美学美容杂志》
主管单位：中国科学技术协会
主办单位：中华医学会
北京黄寺美容外科医院
主编：彭庆星
编辑部主任：杜太超
刊期：双月刊
国际标准刊号：ISSN 1671-0290
国内统一刊号：CN 11-4657/R
邮发代号：82-800
地址：北京市安外黄寺大街9号
邮编：100120
电话：010-66361505
Email：cmac9@vip.sohu.com
网址：www.cosmagzine.com

期刊名称：《中华医学图书情报杂志》
主管单位：中国人民解放军军事医学科学院
主办单位：解放军医学图书馆
主编：杜云祥
刊期：月刊
国际标准刊号：ISSN 1671-3982
国内统一刊号：CN 11-4745/R
邮发代号：2-714
地址：北京市海淀区西四环中路59号
邮编：100039
电话：010-68219867 66932445
Email：cjml@mrpla.gov.cn
网址：www.mrpla.org.cn

期刊名称：《中华医学信息导报》
主管单位：中国科学技术协会
主办单位：中华医学会
总编：饶克勤
刊期：半月刊
国际标准刊号：ISSN 1000-8039
国内统一刊号：CN 11-5178/R
邮发代号：2-638
地址：北京市东城区东四西大街42号506室
邮编：100710
电话：010-85158609
Email：daobao@cma.org.cn
网址：www.cma-cme.org.cn

期刊名称：《中华医学遗传学杂志》
主管单位：中国科学技术协会
主办单位：中华医学会
主编：张思仲
编辑部主任：李秀普
刊期：双月刊
国际标准刊号：1003-9406
国内统一刊号：51-1374/R
邮发代号：62-163
地址：四川省成都市人民南路3段17号（四川大学西校区） 邮编：610041
电话：028-85501165
Email：cjmg@cma.org.cn;zhyc@chinajournal.net.cn
QQ:1335168925
网址：www.cma.org.cn

期刊名称：《中华医学杂志》
主管单位：中国科学技术协会
主办单位：中华医学会
主编：高润霖
编辑部主任：李新石
刊期：周刊
国际标准刊号：ISSN 0376-2491
国内统一刊号：CN 11-2137/R
邮发代号：2-588
地址：北京市东城区东四西大街42号
邮编：100710
电话：010-85158201
Email：nmjc@cma.org.cn 网址：www.nmjc.net.cn

期刊名称：《中华医学杂志（英文版）》
主管单位：中国科学技术协会
主办单位：中华医学会
主编：照日格图 编辑部主任：汪谋岳
刊期：半月刊
国际标准刊号：ISSN 0366-6999
国内统一刊号：CN 11-2154/R
邮发代号：2-920
地址：北京市东城区东四西大街42号
邮编：100710
电话：010-85158321
Email：renlihua@cma.org.cn
网址：www.cmj.org

期刊名称：《中华医院感染学杂志》
主管单位：中国人民解放军总医院
主办单位：中华预防医学会 中国人民解放军总医院
主编：魏华
编辑部主任：樊秀平
刊期：半月刊
国际标准刊号：ISSN 1005-4529
国内统一刊号：CN 11-3456/R
邮发代号：82-747
地址：北京市海淀区复兴路28号
邮编：100039
电话：010-66939264
Email：zhyygrxzz@163.com
网址：zhyygrxzz.periodiodicals.nei.cn

期刊名称：《中华医院管理杂志》
主管单位：中国科学技术协会
主办单位：中华医学会
主编：金大鹏
编辑部主任：程瑾瑞
刊期：月刊
国际标准刊号：ISSN 1000-6672
国内统一刊号：CN 11-1325/R
邮发代号：2-235
地址：北京市东城区东单三条甲7号
邮编：100005
电话：010-65257767 85113642
Email：zhyyglzz@126.com
网址：www.medline.org.cn

期刊名称：《中华移植杂志》（电子版）
主管单位：中华人民共和国卫生部
主办单位：中华医学会
主编：郑树森
刊期：季刊
国际标准刊号：ISSN 1674-3903
国内统一刊号：CN 11-9290/R
邮发代号：自办发行
地址：北京市东城区东四西大街42号110室
邮编：100710
电话：0571-87236589
Email：yizhi@zju.edu.cn

期刊名称：《中华预防医学杂志》
主管单位：中国科学技术协会
主办单位：中华医学会
主编：陈君石
编辑部主任：吕相征
刊期：月刊
国际标准刊号：ISSN 0253-9624
国内统一刊号：CN 11-2150/R
邮发代号：2-61
地址：北京市东城区东四西大街42号
邮编：100710
电话：010-85158377
Email：cjpm@cma.org.cn
网址：www.pubhealth.org.cn

期刊名称：《中华整形外科杂志》
主管单位：中国科学技术协会
主办单位：中华医学会
主编：曹谊林
编辑部主任：崔政
刊期：双月刊
国际标准刊号：ISSN 1009-4598
国内统一刊号：CN 11-4453/R
邮发代号：18-95
地址：北京市石景山区八大处路33号整形外科医院
邮编：100144
电话：010-88960006
Email：cjpls@cma.org.cn
网址：www.medline.org.cn

期刊名称：《中华肿瘤防治杂志》
主管单位：中华人民共和国卫生部
主办单位：中华预防医学会
山东省肿瘤防治研究院
主编：于金明
编辑部主任：左文述
刊期：半月刊
国际标准刊号：ISSN 1009-4571
国内统一刊号：CN 11-5456/R
邮发代号：24-145
地址：山东省济南市济兖路440号 邮编：250117
电话：0531-87984777
Email：zgzlx@public.jn.sd.cn

期刊名称：《中华肿瘤杂志》
主管单位：中国科学技术协会
主办单位：中华医学会
总编：赫捷
编辑部主任：王书亚
刊期：月刊
国际标准刊号：ISSN 0253-3766
国内统一刊号：CN 11-2152/R
邮发代号：2-47
地址：北京市朝阳区潘家园 17 号
邮编：100021
电话：010-67788231
Email：shuya_wang@yahoo.com.cn

期刊名称：《中华中医药学刊》
主管单位：国家中医药管理局
主办单位：中华中医药学会
辽宁中医药大学
主编：康廷国
刊期：月刊
国际标准刊号：ISSN 1673-7717
国内统一刊号：CN 21-1546/R
邮发代号：8-182
地址：辽宁省沈阳市崇山东路 79 号
邮编：110032
电话：024-31207231　31207045
Email：zhzyyxk@vip.163.com
网址：www.zhzyyxk.com

期刊名称：《中华中医药杂志》
主管单位：中国科学技术协会
主办单位：中华中医药学会
主编：余靖
刊期：月刊
国际标准刊号：ISSN 1673-1727
国内统一刊号：CN 11-5334/R
邮发代号：18-90
地址：北京市朝阳区和平街北口樱花路甲 4 号
邮编：100029
电话：010-64216650
Email：64216050@163.com
网址：www.zhzyyzz.com

期刊名称：《中老年保健》
主管单位：中华人民共和国卫生部
主办单位：中日友好医院
主编：顾洪彬
编辑部主任：魏建丰
刊期：月刊
国际标准刊号：ISSN 1002-7157
国内统一刊号：CN 11-1015/R
邮发代号：82-221
地址：北京市朝阳区和平街北口中日友好医院内
邮编：100029
电话：010-64216645
Email：zlnbj@sina.com/263.net

期刊名称：《肿瘤》
主管单位：上海市卫生局
主办单位：上海市肿瘤研究所
主编：高玉堂　编辑部主任：吴一迁
刊期：月刊
国际标准刊号：ISSN 1000-7431
国内统一刊号：CN 31-1372/R
邮发代号：4-289
地址：上海市徐汇区斜土路 2200 弄 25 号
邮编：200032
电话：021-64436792
Email：tumorsci@yahoo.com.cn
网址：www.tumorsci.org

期刊名称:《肿瘤防治研究》
主管单位：中华人民共和国卫生部
主办单位：湖北省卫生厅　中国抗癌协会
湖北省肿瘤医院
主编：陈焕朝　魏少忠
编辑部主任：贺文
刊期：月刊
国际标准刊号：ISSN 1000-8578
国内统一刊号：CN 42-1241/R
邮发代号：38-70
地址：湖北省武汉市武昌卓刀泉南路 116 号
邮编：430079
电话：027-87670126
Email：zlfzyj@263.net.cn
网址：zlfzyj.com.cn

期刊名称：《肿瘤基础与临床》
主管单位：河南省科学技术协会
主办单位：河南省抗癌协会　郑州大学
　　　　　河南海上肿瘤医院　河南省肿瘤研究所
主编：王留兴
刊期：双月刊
国际标准刊号：ISSN 1673-5412
国内统一刊号：CN 41-1383/R
邮发代号：36-133
地址：河南省郑州市大学路40号
邮编：450052
电话：0371-66658178
Email：hnzl@zzu.edu.cn

期刊名称：《肿瘤学杂志》
主管单位：浙江省卫生厅
主办单位：浙江省肿瘤医院　浙江省抗癌协会
主编：毛伟敏
编辑部主任：夏庆民
刊期：月刊
国际标准刊号：ISSN 1671-170X
国内统一刊号：CN 33-1266/R
邮发代号：32-37
地址：浙江省杭州市半山桥广济路38号
邮编：310022
电话：0571-88122280
Email：zlxzz04@126.com
网址：www.chinaoncology.cn

期刊名称：《肿瘤研究与临床》
主管单位：中华人民共和国卫生部
主办单位：中华医学会　山西省肿瘤研究所
　　　　　山西省肿瘤医院
主编：梁小波
编辑部主任：贾力涛
刊期：月刊
国际标准刊号：ISSN 1006-9801
国内统一刊号：CN 11-5355/R
邮发代号：22-137
地址：山西省太原市职工新街3号　邮编：030013
电话：0351-4650389　4650386
Email：bxblbl@163.com
网址：www.zlyjylc.com.cn

期刊名称：《肿瘤药学》
主管单位：济南省卫生厅
主办单位：湖南省肿瘤医院
主编：任华益　编辑部主任：任华益
刊期：双月刊
国际标准刊号：ISSN 2095-1264
国内统一刊号：CN 43-1507/R
邮发代号：42-391
地址：湖南省长沙市岳麓区咸嘉湖路582号湖南省肿瘤医院　邮编：410013
电话：0731-89762609
Email：zgzlyx2011@126.com
网址：www.zgzlyx.com

期刊名称：《肿瘤预防与治疗》
主管单位：四川省卫生厅
主办单位：四川省肿瘤医院
主编：樊晋川
编辑部主任：陈大坤
刊期：季刊
国际标准刊号：ISSN 1674-0904
国内统一刊号：CN 51-1703/R
邮发代号：62-142
地址：四川省成都市人民南路四段55号
邮编：610041
电话：028-85420233
Email：zlyfyzl@163.com　zlyfyzl@yahoo.cn
网址：www.zlyfyzl.cn

期刊名称：《中南大学学报（医学版）》
主管单位：中华人民共和国教育部
主办单位：中南大学
主编：李桂源
刊期：月刊
国际标准刊号：ISSN 1672-7347
国内统一刊号：CN 43-1427/R
邮发代号：42-10
地址：湖南省长沙市湘雅路110号中南大学湘雅医学院75号信箱
邮编：410078
电话：0731-480549　4805496
Email：xyxb2005@vip.163.com
网址：xbyx.xysm.net

期刊名称：《中南药学》
主管单位：湖南省食品药品监督管理局
主办单位：湖南省药学会
主编：李焕德
编辑部主任：陈孝治
刊期：月刊
国际标准刊号：ISSN 1672-2981
国内统一刊号：CN 43-1408/R
邮发代号：42-290
地址：湖南省长沙市人民中路 139 号中南大学湘雅二医院　邮编：410011
电话：0731-84895602
Email：znyxzz2003@163.com
网址：znyx.cbpt.cnki.net

期刊名称：《中南医学科学杂志》
主管单位：湖南省教育厅
主办单位：南华大学
主编：文格波
编辑部主任：秦旭平
刊期：双月刊
国际标准刊号：ISSN 1672-7444
国内统一刊号：CN 43-1430/R
邮发代号：自办发行
地址：湖南省衡阳市常胜西路南华大学期刊社
邮编：421001
电话：0734-8160781
Email：znyxkxzz@vip.163.com
网址：hyyy.chinajournal.net.cn

期刊名称：《中日友好医院学报》
主管单位：中华人民共和国卫生部
主办单位：中日友好医院
主编：柯元南
刊期：双月刊
国际标准刊号：ISSN 1001-0025
国内统一刊号：CN 11-2622/R
邮发代号：82-458
地址：北京市朝阳区和平街北口樱花园东街（中日友好医院院内）　邮编：100029
电话：010-84205632
Email：zryhyyxb@yahoo.com
网址：www.zryhyyxb.periodicals.net

期刊名称：《中山大学学报（医学科学版）》
主管单位：中华人民共和国教育部
主办单位：中山大学
主编：关永源
编辑部主任：王健华
刊期：双月刊
国际标准刊号：ISSN 1672-3554
国内统一刊号：CN 44-1575/R
邮发代号：46-14
地址：广州市中山二路 74 号
邮编：510080
电话：020-87331643
Email：XBmed@mail.sysu.edu.cn
网址：xuebao.sysu.edu.cn/yx

期刊名称：《中外妇儿健康》
主管单位：湖北省教育厅
主办单位：武汉大学
主编：胡程立
刊期：月刊
国际标准刊号：ISSN 1672-6383
国内统一刊号：CN 42-1709/R
邮发代号：38-213
地址：湖北省武汉市武昌珞珈山武汉大学出版社 301 室
邮编：430072
电话：027-68772482
Email：jkwdp@163.com

期刊名称：《中外健康文摘》
主管单位：国家中医药管理局
主办单位：中国中医药报社
主编：李约瑟
编辑部主任：董昆
刊期：旬刊
国际标准刊号：ISSN 1672-5085
国内统一刊号：CN 11-5062/R
邮发代号：80-107
地址：北京市朝阳区东四环中路 62 号 D801
邮编：100025
电话：010-59648585
Email：jkwz55@163.com/jkwz66@163.com
网址：www.jkxs789.com

期刊名称：《中外医疗》
主管单位：中华人民共和国卫生部
主办单位：卫生部医院管理研究所
二十一世纪联合创新医药科学研究院
主编：郭陆庄
编辑部主任：刘宗铭
刊期：旬刊
国际标准刊号：ISSN 1674-0742
国内统一刊号：CN 11-5625/R
邮发代号：80-541
地址：北京市丰台区菜户营58号财富西环名苑2609室
邮编：100054
电话：010-63385386
Email：chinakjzx@163.com zwylbjb@263.net
网址：chinakjzx.com

期刊名称：《中西医结合肝病杂志》
主管单位：湖北省教育厅
主办单位：中国中西医结合学会
湖北中医学院
主编：王伯祥
编辑部主任：彭萌
刊期：双月刊
国际标准刊号：ISSN 1005-0264
国内统一刊号：CN 42-1322/R
邮发代号：38-179
地址：湖北省武汉市武昌区花园山4号 邮编：430061
电话：027-88854726 88929354

期刊名称：《中西医结合心脑血管病杂志》
主管单位：山西省卫生厅
主办单位：中国中西医结合学会
山西医科大学第一医院
主编：王斌全 吕吉元 肖传实
编辑部主任：韩世范
刊期：月刊
国际标准刊号：ISSN 1672-1349
国内统一刊号：CN 14-1312/R
邮发代号：22-75
地址：山西省太原市解放南路85号 邮编：030001
电话：0351-4639124
Email：zxyjhxnxgbzz@vip.163.com
网址：www.suol.cn

期刊名称：《中西医结合学报》
主管单位：上海市卫生局
主办单位：上海市中西医结合学会 上海长海医院
主编：赵伟康
编辑部主任：周庆辉
刊期：月刊
国际标准刊号：ISSN 1672-1977
国内统一刊号：CN 31-1906/R
邮发代号：4-746
地址：上海市杨浦区长海路168号科技楼1407室
邮编：200433
电话：021-81873540
Email：jcim@163.com
网址：www.jcimjournal.com

期刊名称：《中西医结合研究》
主管单位：中华人民共和国教育部
主办单位：华中科技大学
主编：黄光英
刊期：双月刊
国际标准刊号：ISSN 1674-4616
国内统一刊号：CN 42-1789/R
邮发代号：38-155
地址：湖北省武汉市航空路13号同济医学院图书馆
邮编：430030
电话：027-83657957
Email：ritcwm@mails.tjmu.edu.cn
ritcwm@163.com

期刊名称：《中药材》
主管单位：国家食品药品监督管理局
主办单位：国家食品药品监督管理局
中药材信息中心站
主编：元四辉
刊期：月刊
国际标准刊号：ISSN 1001-4454
国内统一刊号：CN 44-1286/R
邮发代号：自办发行
地址：广东省广州市中山二路24号中粤大厦10楼
邮编：510080
电话：020-87665465 87624708 81889570
Email：81888465@163.com
网址：zyca.chinajournal.net.cn

期刊名称：《中药新药与临床药理》
主管单位：国家食品药品监督管理局
主办单位：广州中医药大学
主编：王宁生
编辑部主任：吴艳华
刊期：双月刊
国际标准刊号：ISSN 1003-9783
国内统一刊号：CN 44-1308/R
邮发代号：46-210
地址：广东省广州市机场路12号大院
邮编：510405
电话：020-36585613 36585525
Email：tg@zyxy99.com
bjb@zyxy99.com
网址：www.zyxy99.com

期刊名称：《中药药理与临床》
主管单位：四川省中医药管理局
主办单位：四川中医药科学院
中国药理学会
主编：邓文龙
刊期：双月刊
国际标准刊号：ISSN 1001-859X
国内统一刊号：CN 51-1188/R
邮发代号：自办发行
地址：四川省成都市人民南路4段51号
邮编：610041
电话：028-85234707
Email：zyyl707@163.com

期刊名称：《中药与临床》
主管单位：四川省教育厅
主办单位：成都中医药大学
主编：彭成
编辑部主任：王家葵
刊期：双月刊
国际标准刊号：ISSN 1674-926X
国内统一刊号：CN 51-1723/R
邮发代号：自办发行
地址：四川省成都市下汪家拐街19号
邮编：610041
电话：028-86137393
Email：cdzhongyao@163.com

期刊名称：《中医儿科杂志》
主管单位：甘肃省教育厅
主办单位：甘肃中医学院　中华中医药学会
主编：张士卿
编辑部主任：高慧琴
刊期：双月刊
国际标准刊号：ISSN 1673-4297
国内统一刊号：CN 62-1176/R
邮发代号：54-164
地址：甘肃省兰州市定西东路35号
邮编：730000
电话：0931-8765573
Email：zyekzz@163.com
网址：zyek.chinajournal.net.cn

期刊名称：《中医教育》
主管单位：中华人民共和国教育部
主办单位：北京中医药大学
主编：乔旺忠
刊期：双月刊
国际标准刊号：ISSN 1003-305X
国内统一刊号：CN 11-1349/R
邮发代号：82-449
地址：北京市朝阳区北三环东路11号
邮编：100029
电话：010-64286602
Email：ecm1982@sina.com
ecm1982@yahoo.com.cn
网址：zyjy.bucm.edu.cn

期刊名称：《中医临床研究》
主管单位：中国科学技术协会
主办单位：中华中医药学会
主编：王仰宗
刊期：半月刊
国际标准刊号：ISSN 1674-7860
国内统一刊号：CN 11-5895/R
邮发代号：8-108
地址：北京市昌平区樱花园东街甲4号
邮编：100029
电话：010-59420369
Email：cccjcm@163.com
网址：www.cccjcm.cn

期刊名称：《中医外治杂志》
主管单位：山西省卫生厅
主办单位：山西省中医药学会
主编：赵尚华
编辑部主任：朱庆文
刊期：双月刊
国际标准刊号：ISSN 1006-978X
国内统一刊号：CN 14-1195/R
邮发代号：22-126
地址：山西省晋城市南大街周元巷 13 号
邮编：048001
电话：0356-2630030
Email：zywzzz@163.net
网址：www.zywzzz.net.cn

期刊名称：《中医文献杂志》
主管单位：上海市卫生局
主办单位：上海市中医文献馆
中华中医药学会
主编：方松春
编辑部主任：杨悦娅
刊期：双月刊
国际标准刊号：ISSN 1006-4737
国内统一刊号：CN 31-1682/R
邮发代号：4-540
地址：上海市卢湾区瑞金二路 156 号
邮编：200020
电话：021-54669083-8043
Email：shtcmliter@yahoo.com.cn

期刊名称：《中医学报》
主管单位：河南中医学院
主办单位：中华中医药学会
主编：郑玉玲　李俊德
编辑部主任：蒋士卿
刊期：月刊
国际标准刊号：ISSN 1674-8999
国内统一刊号：CN 41-1411/R
邮发代号：36-153
地址：河南省郑州市金水路 1 号　邮编：450008
电话：0371-65676818 65962973
Email：ctcm@hactcm.edu.cn
网址：www.zyxb.cn

期刊名称：《中医研究》
主管单位：国家中医药管理局
主办单位：中华中医药学会　河南省中医药研究院
主编：石鹤峰
编辑部主任：宋红湘
刊期：月刊
国际标准刊号：ISSN 1001-6910
国内统一刊号：CN 41-1124/R
邮发代号：36-130
地址：河南省郑州市城北路 7 号
邮编：450004
电话：0371-66322705
Email：zgzyyj@yahoo.com.cn
zgzyyj@tom.com
网址：www.hntcm.com/chinabook.asp

期刊名称：《中医药导报》
主管单位：湖南省卫生厅
主办单位：湖南省中医药学会　湖南省中医管理局
主编：袁长津
刊期：月刊
国际标准刊号：ISSN 1672-951X
国内统一刊号：CN 43-1446/R
邮发代号：42-144
地址：湖南省长沙市湘雅路 30 号湖南省卫生厅
邮编：410008
电话：0731-84828502　84365506
Email：hnzyydb@163.com
网址：www.zyydb.com

期刊名称：《中医药管理杂志》
主管单位：国家中医药管理局
主办单位：中华中医药学会
主编：曹正逵
编辑部主任：王晓萍
刊期：月刊
国际标准刊号：ISSN 1007-9203
国内统一刊号：CN 11-3070/R
邮发代号：80-585
地址：北京市朝阳区樱花园东街甲 4 号
邮编：100029
电话：010-62005172　62005170
Email：zyyg@chinajournal.net.cn

期刊名称：《中医药临床杂志》
主管单位：安徽省卫生厅
主办单位：中华中医药学会　中医药临床杂志社
主编：王健
刊期：月刊
国际标准刊号：ISSN 1672-7134
国内统一刊号：CN 34-1268/R
邮发代号：26-131
地址：安徽省合肥市永红路15号
邮编：230011
电话：0551-2821750
Email：cjtcm@163.com

期刊名称：《中医药通报》
主管单位：厦门市卫生局
主办单位：中华中医药学会　厦门中医药学会
主编：卢太坤
编辑部主任：万文蓉
刊期：双月刊
国际标准刊号：ISSN 1671-2749
国内统一刊号：CN 35-1250/R
邮发代号：34-95
地址：福建省厦门市仙岳路1739号（中国厦门市中医院院内）
邮编：361009
电话：0592-5579661　5579662
Email：zyytb@yahoo.com.cn

期刊名称：《中医药文化》
主管单位：上海市教育委员会
主办单位：上海中医药大学　中国中医药学会
主编：王群
刊期：双月刊
国际标准刊号：ISSN 1673-6281
国内统一刊号：CN 31-1971/R
邮发代号：4-449
地址：上海市浦东新区蔡伦路1200号上海中医药大学
邮编：201203
电话：021-51322541
Email：zyywh@126.com
网址：www.tcm100.com/zyywh

期刊名称：《中医药信息》
主管单位：黑龙江省教育厅
主办单位：黑龙江中医药大学
中国科学技术情报学会
主编：匡海学
编辑部主任：范越
刊期：双月刊
国际标准刊号：ISSN 1002-2406
国内统一刊号：CN 23-1194/R
邮发代号：14-132
地址：黑龙江省哈尔滨市和平路24号
邮编：150040
电话：0451-82117809
Email：zyyxxbjb@sina.com

期刊名称：《中医药学报》
主管单位：黑龙江省教育厅
主办单位：黑龙江中医药大学
中国中医药学会
主编：匡海学
编辑部主任：范越
刊期：双月刊
国际标准刊号：ISSN 1002-2392
国内统一刊号：CN 23-1193/R
邮发代号：14-44
地址：黑龙江省哈尔滨市和平路24号
邮编：150040
电话：0451-82117809
Email：zyyxbhl@sina.com
网址：www.hljucm.net

期刊名称：《中医药研究》
主管单位：山西省卫生厅
主办单位：山西医科大学第一医院
主编：王斌全
刊期：月刊
国际标准刊号：ISSN 1672-1349
国内统一刊号：CN 14-1312/R
邮发代号：22-75
地址：山西省太原市解放南路85号
邮编：030001
电话：0351-4032852
Email：zxyjhxnxgbzz@vip.163.com

期刊名称：《中医杂志》
主管单位：国家中医药管理局
主办单位：中华中医药学会　中国中医科学院
主编：张伯礼
编辑部主任：李春梅
刊期：半月刊
国际标准刊号：ISSN 1001-1668
国内统一刊号：CN 11-2166/R
邮发代号：2-698
地址：北京市东城区东直门内南小街16号
邮编：100700
电话：010-64035632　64014411-3040
Email：jtcmcn@188.com
网址：www.jtcm.net.cn

期刊名称：《中医杂志（英文版）》
主管单位：国家中医药管局
主办单位：中华中医药学会
中国中医科学院
主编：曹洪欣
编辑部主任：李春梅
刊期：季刊
国际标准刊号：ISSN 0255-2922
国内统一刊号：CN 11-2167/R
邮发代号：26-131
地址：北京市东城区东直门内南小街16号
邮编：100700
电话：010-64014411-3049　64035632
Email：jtcmcn@188.com
网址：www.jtcm.net.cn

期刊名称：《中医正骨》
主管单位：国家中医药管理局
主办单位：中国中医药学会　河南省正骨研究院
主编：郭维淮　　编辑部主任：王智勇
刊期：月刊
国际标准刊号：ISSN 1001-6015
国内统一刊号：CN 41-1162/R
邮发代号：36-129
地址：河南省洛阳市启明南路82号　邮编：471002
电话：0379-63551943
Email：zyzg1989@126.com
网址：www.zyzgzz.cn

期刊名称：《祝您健康》
主管单位：凤凰出版传媒集团
主办单位：江苏科学技术出版社
主编：姚革　社长、编辑部主任：王棠
刊期：月刊
国际标准刊号：ISSN 1003-4242
国内统一刊号：CN 32-1051/R
邮发代号：28-33
地址：江苏省南京市湖南路1号A座17楼
邮编：210009
电话：025-83204257
Email：zhnjk0088@sina.com
jk2833@jsmail.com.cn
网址：www.znjk.net

期刊名称：《转化医学研究》
主管单位：中华人民共和国教育部
主办单位：首都医科大学　高等教育出版社
主编：王晓民
编辑部主任：林金安
刊期：季刊
国际标准刊号：ISSN 2095-154X
国内统一刊号：CN 11-9304/R
邮发代号：自办发行
地址：北京市海淀区阜成路6号海军总医院信息科
邮编：100048
电话：010-83911349
Email：tmr@ccmu.edu.cn
网址：www.transmedres.com

期刊名称：《自我保健》
主管单位：上海市卫生局
主办单位：上海市医学会
主编：张明岛
刊期：月刊
国际标准刊号：ISSN 1008-0430
国内统一刊号：CN 31-1753/R
邮发代号：4-595
地址：上海市普陀区西康路658弄8号1203室
邮编：200040
电话：021-62581563-1005
Email：ziwobaojiantg@sina.com
网址：www.self-care.cn

期刊名称：《组织工程与重建外科》
主管单位：上海交通大学
主办单位：上海交通大学医学院附属第九人民医院
主编：曹谊林
编辑部主任：姜毅
刊期：双月刊
国际标准刊号：ISSN 1673-0364
国内统一刊号：CN 31-1946/R
邮发代号：42-188
地址：上海市黄浦区制造局路639 号
邮编：200011
电话：021-23271699-5104
Email：zzgccjwk@yahoo.com.cn

期刊名称：《遵义医学院学报》
主管单位：贵州省教育厅
主办单位：遵义医学院
主编：石京山
刊期：双月刊
国际标准刊号：ISSN 1000-2715
国内统一刊号：CN 52-5016/R
邮发代号：46-141
地址：贵州省遵义市大连路201 号
邮编：563003
电话：0852-8609795
Email：zmcxb@ZMC.edu.cn
网址：zyyxy.paperopen.com

中国医药卫生期刊年鉴 2011—2012

附录索引

1.《中文核心期刊要目总览》综合性医药卫生类核心期刊表(2011年版)

序号	刊名	序号	刊名
1	中华医学杂志	20	郑州大学学报:医学版
2	第三军医大学学报	21	中国医科大学学报
3	第四军医大学学报(改名为:医学争鸣)	22	华中科技大学学报:医学版
4	南方医科大学学报	23	江苏医药
5	中国现代医学杂志	24	广东医学
6	第二军医大学学报	25	重庆医科大学学报
7	解放军医学杂志	26	山东大学学报:医学版
8	北京大学学报:医学版	27	医学研究生学报
9	中山大学学报:医学科学版	28	上海医学
10	吉林大学学报:医学版	29	医药导报
11	中国医学科学院学报	30	重庆医学
12	浙江大学学报:医学版	31	实用医学杂志
13	四川大学学报:医学版	32	安徽医科大学学报
14	南京医科大学学报:自然科学版	33	天津医药
15	中南大学学报:医学版	34	哈尔滨医科大学学报
16	上海交通大学学报:医学版	35	武汉大学学报:医学版
17	复旦学报:医学版	36	军事医学科学院院刊(改名为:军事医学)
18	西安交通大学学报:医学版	37	医学与哲学:人文社会医学版
19	中国全科医学		

2.中华医学会系列期刊方阵索引

(按刊名中文首字拼音顺序从 A~Z 排序)

3.行业信息索引

（按刊名首字笔划从少到多排序）

五划

九划

中国会展经济研究会会展接待专业委员会

北京胜地会展会议管理有限公司　中华胜地会展联盟　中国会展供应商联盟

上海胜地会展服务有限公司
联系人：董树军(13901854608)
电话：021-36337155
网址：www.shsdhz.cn

四川盛大会议服务有限公司
联系人：高静(15982828283)
电话：028- 86143888　QQ：371194730
网址：http://www.scsdhy.com

厦门子海会议服务有限公司
联系人：侯新永(13806005041)
电话：0592-2911738　QQ：1921222415
网址：http://www.fjhyw.net/

青岛胜地会展服务有限公司
联系人：叶雷(18653193001)
李学梅(15563985029)
电话：0531-88346788　QQ：747559783
网址：http://www.sdhylm.com/

湖南中信会议展览有限公司
联系人：王少青(13807441888)
熊泽华(13469192222)
电话：0731-84566789　QQ：1371138
网址：http://www.zxhzjt.com

河南瑞祥会务会展有限公司
联系人：赵淑红(13938222895)
赵晓(13903714814)
电话：0371-67069794　QQ：1027796238
网址：www.huiyi9.com

吉林省天宇盟会展服务有限公司
联系人：王颜(18686493502)
邓旭光(18943624322)
QQ：1091937449
网址：www.jltymhz.com

四川盛大会议服务有限公司
联系人：高静(15982828283)
潘珍(13458652006)
电话：028-86143999
QQ：494717758/673690474
网址：http://www.scsdhy.com

甘肃胜地文化传播有限公司
联系人：左夏云(18693195061)
电话：0931-7891448　QQ：16653659
网址：www.gssd666.com

贵州胜地会议会展有限公司
联系人：粟城(13809438731)
电话：0851-5824511　QQ：1344671318
网址：http://www.0851hy.com

深圳市华谊会议会展有限公司
联系人：蒙亮(13924602373)
电话：0755-83338322　QQ：2591383939
网址：http://www.szshgl.com

济南胜地广告传媒有限公司
联系人：董鹏(18653193022)
毕玉镇(18653193005)
电话：0531-88346788　QQ：401541363
网址：http://www.sdsdhz.com/index.html

重庆康祥会展服务有限公司
联系人：张欣(13368194639)
张漫(13389667181)
电话：023-63528814　QQ：1391470699
网址：www.cqkxhz.cn

昆明金桥会展服务有限公司
联系人：陈干贤(13908854661)
解开丽(18908854090)
电话：0871-63354777　QQ：1421820121
网址：http://www.gljq.com

西安天烁会务服务有限公司
联系人：高帆(18629517155)
胡小媛(18029179978)
QQ：2513301339
网址：www.97ly.com

桂林友好会展有限公司
联系人：雷捷(13977318110)
沈立辉(18076766353)
电话：0773-5860288
QQ：379238180/1318526879
网址：http://www.glmeeting.com

西宁佳龙会务有限公司
联系人：韩亚君(18935517855)
电话：0971-8253422　QQ：251329706
网址：www.jlhyhw.com

杭州国豪会议展览有限公司
联系人：蒋晓宁(13735535508)
电话：0571-89719899　QQ：422081600
网址：www.huiyi666.com

海南开启会议展览有限公司
联系人：王俊刚(18889968568)
电话：400 0077 891　QQ：2481193464
网址：http://www.66666111.com

昆明金桥会展服务有限公司
联系人：解开丽(18908854090)
陈树朝(18908854010)
电话：0871-63354777　QQ：80001941
网址：http://www.gljq.com

哈尔滨金桥会议服务有限公司
联系人：张淑杰(13904517898)
郭慧丽(13664604135)
电话：0451-53660393　QQ：1961953995
网址：www.hrbmeeting.com

拉萨景天会议服务有限公司
联系人：姜花蕾(18908997433)
王喆(18989999677)
电话：0891-6831773　QQ：188514006
网址：http://www.766xz.com

宁波友好国际会议展览有限公司
联系人：贺奋(13805877532)
陈波(18868914029)
QQ：1270196200
网址：www.ningbohuiyi.com

中医杂志®

我国中医药学术界创刊最早
在国内外有较高权威性和学术影响力
国家级中医学术期刊

《中医杂志》(ISSN 1001-1668，CN 11-2166/R) 创办于1955年，是国家中医药管理局主管、中华中医药学会/中国中医科学院主办的半月刊，张伯礼同志任主编。《中医杂志》始终坚持办刊方针是：以中医学术为本，推动中医现代研究的发展，坚持提高为主、兼顾普及的办刊原则，取得了令人瞩目的成绩。党和国家领导人彭真、乔石、荣毅仁、温家宝等曾先后为《中医杂志》创刊纪念日题词表示祝贺。

《中医杂志》英文版 *Journal of Traditional Chinese Medicine* (ISSN 0255-2922, CN 11-2167/R) 创办于1981年(双月刊)，是20世纪八十年代惟一用英文出版的中医药学术刊物，是我国中医药界创刊最早、发行量最大、最具有权威的中医药英文科技期刊。30年来，相继与国外学术机构合作，创办了《中医杂志》日文、德文、西班牙文、葡萄牙文、韩文、法文等9种外文及海外版，成为我国传统医学对外交流的重要窗口。2010年被SCI收录；2012年度被评为中国最具国际影响力学术期刊。

近年获奖情况

2007年/2012年：国家中医药管理局第三/四届全国中医药优秀期刊评比一等奖

2008/2011年：科技部“中国精品科技期刊”

2009年：中国期刊协会“新中国60年有影响力的期刊”

2010年：新闻出版总署“第二届中国出版政府奖期刊奖提名奖”

2011年：新闻出版总署“新闻出版‘走出去’先进单位”

国内外检索系统收录情况

20世纪80年代以来一直被列为中国科技核心期刊，1992-2011年连续6届入选中国中文核心期刊，2008、2011年位列科技部300种“中国精品科技期刊”之一。

被国内外多种文献检索系统收录，如中国期刊全文数据库(CJFD)、中国科学引文数据库核心库(CSCD)、中国科技论文与引文数据库(CSTPCD)、中国生物医学文献数据库(CBMdisc)、《俄罗斯文摘杂志》、CBST 科学技术文献速报(日)及WHO全球医学索引等。

英文版先后被国际知名文献数据库MEDLINE、CA《化学文摘》、EM《医学文摘》、SCI-E《科学引文索引》扩刊版等收录，是MEDLINE收录的第一份中国出版的中医药期刊，是SCI收录的30余种全科医学和替代医学期刊中唯一一本中国传统医学综合性学术期刊。

编辑部地址：北京市东直门内南小街16号；邮编：100700；北京报刊发行局发行；全国各地邮局订阅；订阅代号：2-698
电话：(010)64013162，64014411转3040/3045/3053/3049(英文版)；传真：(010)64050201；网址：http://www.jtcm.net
定价：每期9.80元，全年235.20元；英文版：每期50元，全年300元；国外发行：中国国际图书贸易集团有限公司；订阅代号：M140

护理管理杂志

《护理管理杂志》（ISSN 1671－315X；CN 11－4716/C）为护理专业学术期刊，中国科技论文统计源期刊（中国科技核心期刊）。月刊，每月10日出版。

办刊宗旨：突出管理，面向基层，传递护理学术信息，提高护理管理理论与技术水平，促进护理学科发展。

学术影响：《护理管理杂志》创刊2年（2003年）即入选“中国科技论文统计源期刊（中国科技核心期刊）”，被评为全军优秀医学期刊，《CAJ-CD规范》执行优秀期刊，获全军医学期刊优秀编辑质量奖，先后入选“万方数据—数字化期刊群”、中国核心期刊（遴选）数据库、中国期刊全文数据库（中国科技核心期刊）、中文期刊全文数据库、中国学术期刊综合评价数据库、维普资讯的中文科技期刊数据库、中国生物医学文献服务系统（SinoMed）、中国生物文献数据库等。

欢迎订阅！
欢迎投稿！

《四川中医》（月刊）是国内外公开发行的中医药、中西医结合综合性学术期刊，由四川省中医药管理局主管，四川省中医药学会、四川省中西医结合学会、四川省针灸学会、四川省中医药科学院主办。创刊30年来，本刊形成了内容丰富新颖、科技信息量大、理论水平高、临床实用性强的显著特色，在全国中医药期刊中占有较高的学术地位，赢得了中医药学术界的好评。被列为中国科学引文数据库来源期刊、中国学术期刊综合评价数据来源期刊；连续四届被评为中国中文核心期刊（中国医学类核心期刊），是国家中医药管理局评定的全国中医药优秀期刊；2010年11月、2012年12月被评为中国科技论文统计源期刊（中国科技核心期刊）。《四川中医》是与美国等国外学术机构进行定期学术交流的期刊，大量的学术论文被德国《中医药报》等国外中医药期刊翻译、转载，中华期刊网、中国卫生健康等网站也对本刊进行了收录和介绍，在国内外有较大的影响和较高的声誉。

本刊以推动中医药学术发展为宗旨，贯彻执行党的中医药政策，传播与交流中医药及中西医结合研究的新成果、新经验、新方法和新动态，理论与临床相结合，提高与普及并重，面向临床，突出实用，为中医药医疗、教学、科研服务。开设有百家精粹、证治探究、理论探讨、医籍研读、实验研究、综述、药苑、医话、方剂运用及中医各科临床报道等栏目，是广大读者了解当代中医药、中西医结合学术发展方向、科研动态的重要园地，也是学习老中医学术经验、借鉴同行临床实践总结、提高中医药学术及临床诊治水平的理想而且实用的期刊资料。

《四川中医》杂志主编：杨殿兴；编辑部主任：胡绍刚

《四川中医》为大16开本，160页，每月15日出版。邮发代号62-26，全国各地邮局（所）均可订阅。
国外发行刊号M823，国外发行处：中国国际图书贸易总公司。请新老读者及时在当地邮局办理订阅手续。
如漏订可直接汇款到编辑部订阅。编辑部地址：四川省成都市人民南路4段51号；邮编：610041；电话：（028）85228345。

国际标准刊号：ISSN 1673-842X
国内统一刊号：CN 21-1543/R
大16开本，内文 224页
地址：沈阳市皇姑区崇山东路79号
邮编：110032
邮箱：zyxb@vip.163.com
电话：024-31207232
邮发代号：8-179
每册定价10.00元
每月5日出版发行

《辽宁中医药大学学报》为辽宁省教育厅主管、辽宁中医药大学主办的大型中医药学术刊物之一（月刊），系中国科技核心期刊（中国科技论文统计源期刊）、美国《化学文摘》（CA）源期刊、波兰《哥白尼索引》（IC）源期刊、英国《国际农业与生物科学研究中心》（CABI）源期刊、美国《乌利希期刊指南》（UPD）源期刊、全国中医药优秀期刊、辽宁省一级期刊。

国际标准刊号：ISSN 1000-1719
国内统一刊号：CN 21-1128/R
A4开本，192页
每册定价10.00元
地址：沈阳市皇姑区崇山东路79号
邮编：110032
邮箱：lnzy@vip.163.com
电话：024-31207233
邮发代号8-87，国外代号M530
网址：www.lnzyzz.cn
在线投稿：lnzy.cbpt.cnki.net

《辽宁中医杂志》(LIAONING JOURNAL OF TRADITIONAL CHINESE MEDICINE)是综合性中医药学术月刊，1958年创刊。辽宁省卫生厅主管，辽宁中医药大学、辽宁省中医药学会主办。曾荣获中国期刊方阵双效期刊、中国中文核心期刊等殊荣，系美国《化学文摘》(CA)源期刊，美国《剑桥科学文摘》(CSA)源期刊，美国《乌利希期刊指南》(UPD)源期刊，英国《公共卫生数据库》(GH)源期刊，英国《农业与生物科学研究中心文摘》(CAB Abstracts)源期刊，波兰《哥白尼索引》(IC)源期刊，中国生物医学文献数据库(CBM)源期刊，中国科技核心期刊CSTPCD（中国科技论文统计源期刊），RCCSE中国核心学术期刊，教育部优秀期刊，全国中医药优秀期刊。

国际标准刊号：ISSN 1673-7717
国内统一刊号：CN 21-1546/R
A4开本，224页
地址：沈阳市皇姑区崇山东路79号
邮编：110032
邮箱：zhzyyxk@vip.163.com
电话：024-31207045
在线投稿：zhzyyxk.cbpt.cnki.net
邮发代号：8-182，国外代号：M1163
每册定价10.00元

《中华中医药学刊》(CHINESE ARCHIVES OF TRADITIONAL CHINESE MEDICINE)是国家中医药管理局主管，中华中医药学会、辽宁中医药大学主办的全国几种大型中医药学术月刊，系美国《化学文摘》(CA)源期刊，美国《剑桥科学文摘》(CSA)源期刊，美国《乌利希期刊指南》(UPD)源期刊，英国《公共卫生数据库》(GH)源期刊，英国《农业与生物科学研究中心文摘》(CAB Abstracts)源期刊，波兰《哥白尼索引》(IC)源期刊，中国生物医学文献数据库(CBM)源期刊，中国科技核心期刊CSTPCD（中国科技论文统计源期刊），RCCSE中国核心学术期刊，全国中医药优秀期刊。

《中国临床保健杂志》(CHINESE JOURNAL OF CLINICAL HEALTHCARE)由国家卫生部主管，卫生部北京医院、安徽省保健委员会主办，是以临床医学与保健为主题的综合性学术期刊，是全国保健系统进行学术探讨和经验交流的园地之一。

《中国临床保健杂志》（ISSN1672-6790　CN34-1273/R）创刊于1998年11月，国内外公开发行。自2005年第1期起，被收录为“中国科技论文统计源期刊”（中国科技核心期刊）。2009年，获得“第四届华东地区优秀期刊奖”。本刊设有专题笔谈、论著、基础研究、临床研究、病例报告、护理专栏、综述、保健论坛等栏目，主要为从事医学与保健的临床和科研人员以及广大医疗保健工作者服务。

地址：安徽省合肥市红星路1号省委大院715信箱中国临床保健杂志社　邮编：230001
电话：0551-62608457　传真：0551-62606415　网址：http://bjzz.ahbj.cn　E-mail：J.C.Healthcare@163.com

《南昌大学学报（医学版）》

《南昌大学学报（医学版）》（原江西医学院学报）是一份由南昌大学主管、主办的综合性医药卫生类学术期刊，创刊于1956年11月，月刊，国内外公开发行。

《南昌大学学报（医学版）》（CN 36-1323/R ISSN 2095-4727）主要报道医学研究领域科研成果和研究动态，以医学教学、科研、医疗工作者为主要读者对象。设有基础医学、临床医学、综合报道、综述4个固定栏目，以及专题研究、方法·技术、调查研究、病例报告、科研信息、读者·作者·编者等栏目。已被美国《化学文摘》（CA）、美国《乌利希期刊指南（网络版）》（Ulrichsweb）；CNKI、重庆维普、万方数据库以及中国生命科学文献数据库、中国生物医学文献数据库、中文生物医学期刊文献数据库-CMCC、中国生物医学期刊引文数据库-CMCI、Airiti Library华艺线上图书馆等收录。在美国《科学引文索引（扩展版）》（SCIE）有施引文献。

《南昌大学学报（医学版）》为中国科技核心期刊、RCCSE中国核心学术期刊、中国期刊方阵双效期刊、华东地区优秀期刊、第三届和第四届江西省优秀期刊。

主编：谢明勇　副主编：潘小玲

邮发代号：国内44-138，国际Q4429
地址：江西省南昌市八一大道461号(330006)
电话（传真）：079186361259
网址：http://qks.ncu.edu.cn
邮箱：ndyxb@ncu.edu.cn

《社区医学杂志》

2011年，经国家新闻出版总署批准，《社区医学杂志》主管单位由山东省卫生厅变更为中华人民共和国卫生部，主办单位为中华预防医学会，使刊物从省级期刊升格为国家级。《社区医学杂志》（ISSN 1672-4208、CN 10-1026/R 半月刊）是综合医学学术期刊，是中国核心期刊数据库收录期刊、中国期刊全文数据库收录期刊、中国学术期刊综合评价刊源期刊，各大数据库均有收录。

地址：山东省济南市燕东新路9号
邮编：250014
电话 0531-88934668
　　　0538-6212957
投稿信箱：pcwpcw@163.com
网址：www.chinesecm.com

办刊宗旨：以邓小平理论和三个代表重要思想为指导，坚持科学发展观，积极宣传党在社区卫生方面的方针、路线、政策，及时总结推广社区医学方面的新技术、新理论、新方法，研究探讨社区医学方面的新情况、新问题，促进社区卫生工作全面开展和业务人员素质的不断提高。

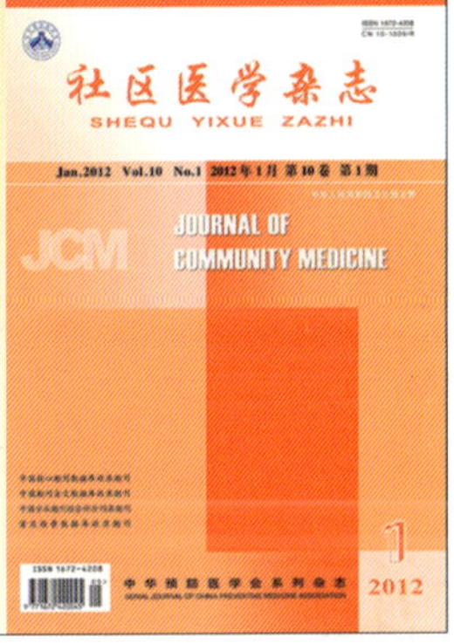

主要栏目：论著、综述、讲座、社区保健、社区康复、社区护理、社区预防医学、社区卫生管理、社区计划生育、继续医学教育和健康教育等，并根据不同时期的重点课题以及来稿特点，不定期开设专题等栏目。上半月刊面向农村基层，以讲座、经验类论文为主；下半月刊面向城市社区，以学术论文为主。

2011年，发行10万余册。2012年，杂志加大宣传力度，发行12万余册。

《实用检验医师杂志》

《实用检验医师杂志》CN 11-5864/R，ISSN 1674-7151）是中华人民共和国卫生部主管的，中国医师协会主办的系列期刊之一（天津医院共同主办，武警后勤学院附属医院协办），是目前唯一一本该协会二级机构（检验医师分会）自主创办的国家级综合类专业学术期刊。本刊是目前我国唯一一本服务于全国检验医师群体的专业学术期刊。2003年底，中国医师协会检验医师分会正式成立，2004年8月创办该分会会刊《检验医师》，2009年底，获国家新闻出版总署批准，成为正式刊号的国家级专业学术期刊，更名为《实用检验医师杂志》。主编：丛玉隆，执行主编：王学谦。季刊，16开，国内外公开发行，邮发代号：6-245（国外Q8932）。

本刊以广大从事检验医学、病理医学、临床医学及科研教学有关人员为主要读者对象，面向检验医师专业群体，刊载与检验医学、病理医学、基础医学研究等相关领域的科研成果，以及以疾病为基础、以循证医学为依据的各种检验项目的临床诊断意义和应用经验。进而加深检验医师对临床医学知识的了解和掌握，提高检验医师的临床分析能力；强化临床医师循证医学理念，深刻把握实验室检查结果的客观性、指向性与局限性，构建检验医师与临床医师的交流平台。同时，加强国际交流，促进我国检验医学的发展。

地址：天津市河东区成林道220号
邮编：300162
电话：022-60577729

《实用临床医学》

《实用临床医学》（CN 36-1242/R ISSN 1009-8194）由吴阶平题写刊名，是国家科技部、国家新闻出版总署联合批准向国内公开发行的临床医学杂志，由南昌大学主管主办，2000年12月创刊，月刊。本刊旨在促进医学学术交流，加速医疗卫生科技成果的推广，普及新理论、新技术、新方法，为临床教学科研服务，为基层医疗工作者服务。主要刊载反映临床医学各学科的研究结果、方法技术、新发现、新进展等方面的学术文章。主要栏目有：基础与临床、内科学、外科学、妇产科学与计划生育学、儿科学、五官科学、影像学、护理学、调查报告和综述。

该刊是江西省优秀科技期刊，获第三届、第四届江西省优秀期刊栏目奖。被CNKI、万方数据、重庆维普、中国生物医学文献数据库、中国生物学文摘、华艺线上图书馆等国内主要数据库全文收录，被美国《化学文摘》、《乌利希期刊指南》及波兰《哥白尼索引》等国外重要数据库部分收录。

主编：谢明勇
副主编：徐戎、潘小玲

邮发代号：44-119
地址：江西省南昌市八一大道461号
邮编：330006
电话（传真）：079186361259
网址：http://qks.ncu.edu.cn
邮箱：ncsylc@ncu.edu.cn

现代医院 杂志

广东省医院协会主管主办 科技类综合性期刊 大16开 每期9.00元 全年108.00元
国内统一刊号：CN 44-1534/Z 国际标准刊号：ISSN 1671-332X 邮发代号：46-249

《现代医院》于2001年10月创刊并向国内外公开发行，2002年3月由广东省卫生厅正式备案为医务人员晋升论文刊录期刊。中国科技部“万方数据—数字化期刊群”收录期刊；《CNKI中国期刊全文数据库》收录期刊；《中国医学生物期刊文献数据库—CMCC》收录期刊；《中国核心期刊（遴选）数据库》期刊；《中文科技期刊数据库》收录期刊；《中国学术期刊综合评价数据库》统计源期刊。

《现代医院》为月刊，每月20日出版，大16开本，定价每本9.00元，全年108元。

《现代医院》主阅读对象为医院医疗、教学、科研、后勤、药品、设备、文化决策部门管理者，学科带头人及医疗技术人员。集医学专业技术与医院管理于一体，为广大医院工作者开辟了新的学术和管理研究园地，也为广大医药卫生、医疗器械企业的经营活动及医药管理部门提供了决策信息和商机。

栏目：
访谈·论坛 现代化纵论 论著·论述
实验与应用研究 临床经验 传统医学
医技诊疗 临床药学 护理技术 心理医学
时势热点 质量管理 文化建设 人力资源
医用工程 后勤支持 信息服务 应急管理
健康管理

地址：广州市惠福西路进步里2号之一 邮编：510180
电话：(020)83310901 83310902 网址：www.xdyy.net

《卫生职业教育》

《卫生职业教育》（ISSN 1671-1246 CN 62-1167/R 半月刊）创刊于1983年。是由卫生部科教司和甘肃省卫生厅联合主管，甘肃省医学科学研究院主办，反映我国医学教育和卫生职业教育改革与发展最新研究成果的综合性国家级学术期刊。

《卫生职业教育》以促进卫生职业教育研究、推动卫生职业教育的发展为己任，以鲜明的学术风格和浓郁的卫生职业教育办刊特色，在全国卫生职业教育领域享有很高的声望和社会影响，曾成功组织全国卫生职业教育第十五~十九次学术会议和卫生职业教育校长论坛第一~第四次会议。

主编：黄刚

地址：甘肃省兰州市东岗西路60号（730000）
电话：0931-8271279,0931-8266171
网址：www.wszyjy.com

《医学参考报》《中国卫生标准管理》《中国继续医学教育》

主管单位：中华人民共和国卫生部 主办单位：中国水利电力医学科学技术学会

《医学参考报》于2007年1月创办，是卫生部主办的一份国际医学信息资讯类专业报纸（周报）。

出版宗旨：全面快速报道全球医学院信息资讯，搭建与全球医学信息同步交流的平台，为我国不同专业和学科的卫生工作者提供有参考价值的临床、科研和教学信息，为广大人民群众的健康提供有效的服务。

《中国卫生标准管理》杂志（CN 11-5908/R ISSN 1674-9316，月刊）于2010年3月创刊，系我国卫生标准（包括食品安全国家标准）领域唯一公开发行的学术类杂志。

办刊目的：让社会了解卫生标准制修订过程，让专家交流学术心得、解读标准，为历史留下一些珍贵的资料。国家卫生和计划生育委员会给《中国卫生标准管理》的定位是卫生标准宣贯、信息交流的重要阵地。

《中国继续医学教育》杂志（CN 11-5709/R ISSN 1674-9308，季刊）于2009年1月创刊，是引导继续医学教育工作健康发展、指导各级医院管理者及医务工作者进行继续医学教育的学术性杂志（月刊）。

办刊宗旨：报道国内外继续医学教育最新进展，为广大卫生专业技术人员了解医学科学及相关科学发展，提高技术水平和服务能力发挥应有的作用。

地址：北京市西城区红莲南路30号7层 邮编：100055
电话：010-63265066 传真：63497683

《现代预防医学》

《现代预防医学》于1974年创办，至今已有近40年历史，在预防医学领域被评为A级刊物，现为中文核心期刊（2004、2008和2012年版北大中文核心期刊），中国科技论文统计源期刊，被美国《化学文摘》（CA）、《剑桥科学文摘》（CSAI）等收录。

主管单位：中华人民共和国卫生部

主办单位：中华预防医学会及四川大学华西公共卫生学院

办刊宗旨：交流报道国内外预防医学/公共卫生/医药卫生新动向、新成果、新理论、新方法；充分体现期刊的学术导向，刊登国家及省部级重点攻关课题论文、综述等，同时兼顾普及，理论联系实际的办刊宗旨，重点报道预防医学/公共卫生/医药卫生科研工作中的研究成果、经验交流及信息汇萃。

主要栏目：疾病预防控制、流行病与统计方法、环境与职业卫生、营养与食品卫生、儿少卫生与妇幼保健、基层卫生服务、卫生政策与管理、健康与社会行为、实验技术及其应用、卫生监督、临床与预防等。

欢迎投稿！欢迎订阅！

国内刊号：CN 51-1365/R
国际刊号：ISSN 1003-8507
邮发代号：62-183
投稿网址：http://xdyfyxzz.paperopen.com/

《中国医学论坛报》

《中国医学论坛报》创刊于1983年7月10日，由中华人民共和国卫生部与美国Arthur. M.Sackler基金会合作创办，是面向全国200万医师的专业性报纸。周报，每周四出版，彩色铜版印刷，发行量：15万份。

发展简史

创刊伊始为半月刊四开八版，发行量8000份

1986年1月改为旬刊

1991年1月改为周刊四开八版

1991年7月改为四开十六版

2001年1月起除每月第三周出版四开二十四版，其他时间为四开十六版

2001年9月份起每期均为四开二十四版

2004年改为四开三十二版

2006年增至四十版

2007年扩展到四开四十四版，分医学新闻版、疾病周刊、循环周刊、医学信息版、新英格兰医学杂志专版

五大版块

2008年扩展到四开四十八版，增加了消化周刊、肿瘤周刊两大版块

2008年底，又将医学新闻版与疾病周刊合并为综合周刊，与肿瘤周刊、循环周刊、消化肝病周刊、新英格兰医学杂志专版一起组成五大版块

地址：北京市西城区后海北沿15号（100009）　电话：010-64036988

《中国骨与关节杂志》

主办单位：中国医疗保健国际交流促进会
北京中科康辰骨关节伤病研究所

◆创刊时间

2002年2月　主编：徐万鹏　主管单位：中华人民共和国卫生部

◆办刊宗旨

加强学术交流，凝聚专家队伍，弘扬科学创新精神，推动骨科事业发展。

◆办刊方针

理论与实践、普及与提高、临床与基础相切结合，反映国内外的骨与关节临床科研工作的重大进展，促进国内外骨与关节的学术交流。

◆读者对象

以骨科临床医师及相关专业的临床及基础研究工作者、医学院校师生。

◆报道重点

骨与关节疾病的临床诊治经验及领先的科研成果，以及对骨与关节相关疾病的临床工作有指导意义并密切相关的基础理论研究成果。

◆刊出内容

骨关节各种疾患的发病机制、病理变化、关节生物力学等临床与基础方面的科研论文、各种骨科疾病的临床诊疗经验及科研的新进展、新理论、新技术方面的基础研究的论文。

◆常设栏目

述评、专论、标准·方案·指南、读者·作者·编者、观点·争鸣·讨论、临床研究与实践、指南解读、临床病案、论著、综述、疑难病例　析评、病例报告，期刊文摘等。

国内刊号：CN 10-1022/R
国际刊号：ISSN 2095-252X
刊期：月刊
开本：大16开
年价：180.00/元
邮发代号：82-759
地址：北京市海淀区阜成路51号解放军总医院第一附属医院内
邮编：100048
电话：010-66848868
传真：010-68989098
网址：www.cjb304.com
邮箱：1022gk@sina.com

《医学综述》

《医学综述》杂志于1994年创刊，半月刊（大16开，公开发行，邮发代号：6-106）。是由卫生部主管，中国医疗保健国际交流促进会主办的国家级科技期刊（ISSN 1006-2084/CN 11-3553/R）；是中国科技核心期刊和中国科技统计源期刊，美国化学文摘（CA）收录期刊，并荣列《中国高影响力医学期刊论文计量报告》中。

由中国科学技术信息研究所发布的2013版《中国期刊引证报告》中《医学综述》影响因子0.676(扩展版)、0.372（核心版）,他引率0.96,学科影响指标0.93,学科扩散指标13.93,权威因子908.12,扩展H指标10。《医学综述》在43种综合类核心期刊中的指标排名：总被引频次第8名；影响因子第20名；综合评价总分第6名。

主要栏目：分子生物医学、基因医学、免疫医学、流行病学、肿瘤医学、临床医学、临床药学、检测医学、医学影像学、中医中药、综合征、糖尿病及论著、临床研究、实验研究等。

地址：北京市通州区北苑通典铭居F座0806
邮编：101100
电话：010-60551103　13240205399
网址：http://www.yxzszz.com
yxzs.chinajournal.net.cn
E-mail：yxzs@chinajournal.net.cn
yxzs2005@126.com

《中国医院统计》

《中国医院统计》杂志（CN 37-1254/C　ISSN 1006-5253）1994年3月创刊，是由中华人民共和国卫生部主管，卫生部卫生统计信息中心、滨州医学院主办的国家级科技期刊。该杂志以全国各级医院从事统计、病案、计算机及医院管理的各部门工作人员及医学统计专业的教学、科研人员为读者对象，报道医院统计研究的新理论、新成果，与医院统计有关的边缘科学、软科学和基础理论研究成果以及具有指导意义的述评和专论。主要栏目有论著、短篇论著、综述、讲座、住院统计、门诊统计、医院管理、病案管理、计算机应用、疾病分类等栏目。

《中国医院统计》以“加强医院统计信息工作，提高医院科学管理水平”为己任和宗旨，坚持“百花齐放，百家争鸣”的办刊方针。该杂志作为医院统计信息的重要载体，为广大医院统计信息工作者开辟了一个继续教育的园地，对医院统计信息起到“传播、交流、导向、推进”的作用，受到全国广大医院统计信息工作者的热烈欢迎，为提高医院管理水平和医疗质量做出了重大贡献。该杂志1999年评为山东省自然科学技术期刊“优秀”级期刊，2008年评为山东省第六届优秀期刊，中国科技信息研究所发布的最新信息显示该刊影响因子为1.314，2012年由季刊改为双月刊。

主编：孟群
副主编：苏颀龄、吕长俊、徐天和（常务）
编辑部主任：高永　邮发代号：24-120
编辑部地址1：山东省滨州市黄河三路522号
邮编：256603　电话：(0543) 3256888
编辑部地址2：山东省烟台市莱山区观海路346号
邮编：264003　电话：(0535) 6913980
Email: yytj@163169.net　zzs@bzmc.edu.cn

《中国中西医结合儿科学》

《中国中西医结合儿科学》(CN 21-1569/R　ISSN 1674-3865)系原《中国医学文摘·儿科学》，于2008年5月20日经国家新闻出版总署(新出报刊[2008](12号文)批准更名。由中华人民共和国卫生部主管，中国医师协会、辽宁省基础医学研究所、辽宁中医药大学附属医院主办。主要介绍中西医结合的最新研究进展与成果在儿科临床、科研、预防、教学、管理等方面的内容，探讨中西医结合的思路和方法，开展学术讨论。本刊以全国综合性临床医院、基层医院、高等医药院校的儿科医生、护士和儿科工作者为主要读者对象。栏目设置有论著、专家论坛、名医经验、临床研究、实验研究、经验交流、学术探讨、讲座、综述、病例报告等。

2011年7月15日~17日，在沈阳北陵饭店召开了第一届编委会第二次会议，卫生部新闻中心报刊管理处吕书红副主任、中国医师协会郭海鹏、马彦茹老师应邀参加了会议。刘庚祥社长提出要坚持办刊宗旨，进一步提高学术质量和编排质量，增强期刊影响力。主编王雪峰教授细致分析了影响因子对比、文献评价统计数据，并对将开设的专栏进行部署。编辑部主任刘亚莉汇报了期刊的编辑、推广、发行及编委会建设等工作及2012年工作设想。

双月刊，大16开，每期96页，逢双月25日出版

定价7元，全年42元，邮发代号8-162

地址：辽宁省沈阳市苏家屯区乔松路2号

邮编：110101

电话：(024)89800910

传真：(024)89800920

电子信箱：zxek@163.com

网址：lnwsxy-edu.com/zxek/index.htm

《中华危重病急救医学》

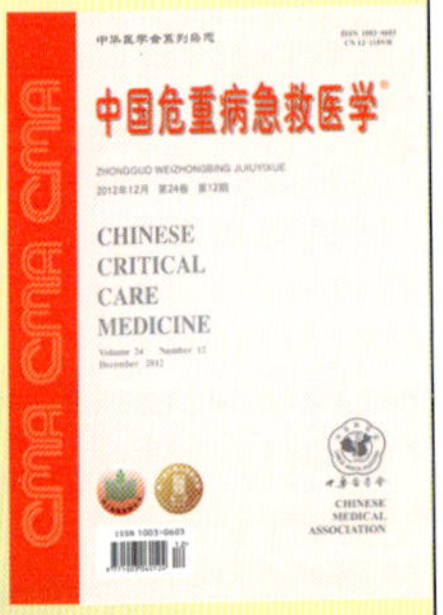

《中华危重病急救医学》杂志(原刊名《中国危重病急救医学》)是中华人民共和国卫生部主管、中华医学会、天津市第一中心医院，天津市天和医院共同主办的危重病急救专业学术期刊，为中文核心期刊和中国科技论文统计源(科技核心)期刊，被美国《医学索引》(IM/MEDLINE)、美国《化学文摘》(CA)、荷兰《医学文摘》(EM)、WHO西太平洋地区医学索引(WPRIM)、美国《乌利希期刊指南》(UPD)、《日本科学技术振兴机构中国文献数据库》(JST)等国际著名检索系统和国内全部检索系统收录，在国内外读者和作者中广受好评。

期刊荣获第三届国家期刊奖，中国出版政府奖期刊提名奖，卫生部首届医药卫生优秀期刊奖一等奖，中华医学会优秀期刊奖、优秀期刊一等奖，天津市优秀期刊特别荣誉奖，9次被评为“百种中国杰出学术期刊”，获得中国精品科技期刊称号，被评为RCCSE中国权威学术期刊，连续3次荣获北方地区优秀期刊奖。

主编：沈中阳

编辑部主任：李银平

订阅方式：邮局订阅

致电刊社订阅

Email订阅

邮发代号：6-58

杂志单价：14元

全年定价：168元

主要栏目：述评、专家论坛、标准与指南、论著、研究报告、经验交流、病例报告、院前急救、方法介绍、综述、临床病例(病理)讨论、科研新闻速递、消息、读者·作者·编者。

地址：天津市和平区睦南道122号

邮编：300050

电话：022-23306917　022-23197150

中国农村卫生

CHINA RURAL HEALTH

中华人民共和国卫生部主管

中国农村卫生协会主办

农村卫生工作者的必读刊物

经新闻出版行政管理部门批准，《中国农村卫生》杂志于2012年下半年试刊，2013年正式改为月刊。

《中国农村卫生》月刊将增加学术研讨的篇幅，更好地为农村医疗卫生事业发展服务。

欢迎新老客户踊跃订阅《中国农村卫生》月刊，可以续订、补订，也可以破订其中若干期。

重点栏目

- **热点关注**　聚焦农村卫生工作热点、焦点，报道农村卫生工作改革的亮点
- **管理论坛**　搭建农村医疗卫生管理交流平台，推广新经验，交流心得体会
- **热议新农合**　交流新农合经验，探讨新农合问题，促进新农合制度健康发展
- **人物写真**　宣传乡村医生事迹，反映乡村医生呼声，展现乡村医生风貌
- **学术研讨**　基层医疗临床综述　公共卫生服务交流　临床管理经验总结

国际标准刊号ISSN1674—361X

国内统一刊号：CN 11-5704/R

邮发代号：80-907

《中国农村卫生》月刊　彩色印刷　大16开　80页　单价15元　全年定价180元

邮局寄款至：北京市广渠门南小街领行国际1-2-1701室　邮编：100061

收款人：《中国农村卫生》杂志社　联系电话及传真：(010) 67155255

欢迎订阅《中国农村卫生》　《中国农村卫生》欢迎投稿

《中国乡村医药》

国内统一刊号：CN 11-3458/R　邮发代号：82-76

《中国乡村医药》半月刊\16开\88页\单价8元\年定价192元

地址：北京市东城区广渠门南小街领行国际1-2-1702

邮编：100061

电话/传真：010-67155283

Email:xcyiyao@sina.com

开户名称：《中国乡村医药》杂志社

开户银行：北京银行广渠门支行

账号：01090514000120105028642

读者可以选择单独订上半月刊或下半月刊，全年价96元。

全年订户将有机会获得国家中医药管理局国家级中医药继续教育一类学分12分

《心理学报》

1956年创刊，1966年因“文革”而停刊，1979年复刊。2001年由季刊变更为双月刊，2008年变更为月刊。由中国心理学会和中国科学院心理研究所共同主办，香港中文大学心理系协办，科学出版社出版。

主要发表我国心理学家最新、最高水平的心理学科技论文。是国家科技部“中国科技论文统计源期刊”(CSTPCD)；中国科学文献计量评价研究中心（中国科学院文献情报中心、中国社会科学院文献信息中心、中国学术期刊<光盘版>电子杂志社、北京大学图书馆）《中国科学引文数据库》来源期刊、《中国人文社会科学引文数据库》来源期刊、《中国学术期刊综合评价数据库》来源期刊；中国社会科学院文献信息中心“中国人文社会科学核心期刊”；南京大学社会科学数据库研究开发中心“中文社会科学引文索引（CSSCI）”统计源期刊；《中国学术期刊文摘》源期刊；被北京地区高校期刊工作研究会和北京大学图书馆选录为心理学类核心期刊，编入《中文核心期刊要目纵览》（2011年版）。

《心理科学进展》

1983年创刊，原名《心理学动态》，2002年改为现名。2002年之前，多为季刊。2003年改为双月刊。2010年改为月刊。至2010年，共出版18卷124期。中国科学院心理研究所主办，科学出版社出版。

被中国科学文献计量评价研究中心（中国科学院文献情报中心、中国社会科学院文献信息中心、中国学术期刊<光盘版>电子杂志社、北京大学图书馆）认定为《中国人文社会科学引文数据库》来源期刊、《中国学术期刊综合评价数据库》来源期刊；被中国社会科学院文献信息中心选录为“中国人文社会科学核心期刊”；被南京大学社会科学数据库研究开发中心选录为“中文社会科学引文索引（CSSCI）”统计源期刊；被北京地区高校期刊工作研究会和北京大学图书馆选录为心理学类核心期刊，并被编入《中文核心期刊要目纵览》（2011年版）。

《心理与健康》

《心理与健康》是由中国科学技术协会主管，中国心理卫生协会主办的学术期刊。创办以来，积极致力于增进信息交流和学术研究活动，普及科学知识，取得了明显的社会效益和经济效益，为推动我国心理卫生事业的发展，提高人民心理健康水平做出了卓有成效的成绩。

《心理与健康》具有知识性，服务性和实用性，内容涉及心理卫生、身心保健、心病防治、人际交往等知识。主要栏目：扉页寄语,专家论坛，育儿教子，青春心声，婚恋风雨，金色时光，心身保健，曾教授讲座，心理咨询，缤纷心态，心病觅踪，精神罹患，心理社会，成瘾与健康，排忧解难。

《青春期健康》

《青春期健康》杂志由国家卫生部主管，国家卫生计生委人口文化发展中心、中国人口宣传教育中心主办，是中国核心期刊数据库收录期刊。全彩，100页，16开，月刊，定价10元。邮发代号：82-66，国内统一刊号：CN11—5125/R，国际标准刊号：ISSN 1672—6502。

《青春期健康》杂志是面向青少年及其家长，承担青春期教育的教师、卫生、计生、心理等工作者发行的一本谱写青春故事、传播青春知识、解决青春问题、激发青春热情的杂志，也是一家由国家新闻出版广电总局批准的以探讨和指导孩子青春期健康成长为主旨的品牌媒体。

《心理发展与教育》

《心理发展与教育》创刊于1985年，是由国家教育部主管、北京师范大学主办的面向国内外公开发行的心理学学术刊物，主要发表发展心理学和教育心理学领域的高质量研究报告与论文,包括认知与社会性发展、教与学心理学、心理健康与教育、理论探讨与进展等栏目。本刊是“中国人文社会科学核心期刊”、“中文社会科学引文索引（CSSCI）”统计源期刊、《中国人文社会科学引文数据库（CHSSCD）》来源期刊、《中国学术期刊综合评价数据库（CAJCED）》来源期刊、《中国自然科学与社会科学交叉领域期刊数据库》统计源期刊、《中国数字化期刊群》来源期刊，入编《中文核心期刊要目纵览》。

本刊刊号：ISSN 1001-4918，CN 11-1608/B；欢迎读者到各地邮局订阅本刊，国内邮发代号：2-913。每期订价15元，全年定价90元。如有漏订，可致电编辑部邮购。

地 址：北京市新街口外大街19号（北京师范大学院内）
邮编：100875
电 话：010-58807700
E-mail: pdae@bnu.edu.cn
网 址：www.devpsy.com.cn

《中国健康心理学杂志》

《中国健康心理学杂志》是经国家科技部批准，中国科学技术协会主管、中国心理卫生协会主办的国内外公开发行的国家级学术期刊；中国学术期刊光盘版全文收录期刊；中国学术期刊综合评价数据库来源期刊；中国科技核心期刊。

国内刊号：CN 11-5257/R，国际刊号：ISSN 1005-1252。邮发代号：18—285

本刊坚持心理学理论与实践相结合，帮助广大医务工作者、心理学工作者、教育工作者、社会工作者提高专业理论水平。为推动中国健康心理学事业的不断发展；为促进健康心理学学术交流；为提高人民心理健康素质服务。

《中国健康心理学杂志》辟有精神卫生研究、性心理研究、心理治疗、心理咨询、心身医学、心理评估、心理干预、不同年龄阶段的心理健康研究、不同群体的心理健康研究、综述等栏目。

地址：河北省唐山市兴源道，幸福花园505-9-201信箱
邮编：063000
主页网址：jkxl.chinajournal.net.cn
电子信箱：zgjkxlx@163.com
电话：0315-2245110
主编：马 辛 执行主编：李建明（QQ1290367844）

《分子诊断与治疗杂志》

传播分子医学理念　报道分子医学前沿
倡导分子医学创新　促进分子医学进步
主编：李明

《分子诊断与治疗杂志》（CN 44-1656/R，ISSN 1674-6929）由中山大学主管和主办（双月刊），创刊于2009年5月，英文名称：Journal of Molecular Diagnostics and Therapy，主编：李明。主要刊登我国医学分子诊断和分子治疗相关领域中的基础理论研究、临床实践和技术方法的最新研究成果，报道国内外分子医学新技术、新知识和新进展。内容涵盖核酸分子诊断、免疫诊断、蛋白分子诊断、信号分子诊断、分子影像诊断、诊断仪器应用、基因治疗、核酸分子治疗、蛋白分子治疗等内容。

主要栏目："述评""论著""综述""前沿进展""专家笔谈""讲座""专家风采""实验室巡礼"和"专栏"等。

收录情况：

中国核心期刊（遴选）数据库收录期刊，编号：GD261

中国期刊全文数据库全文必录期刊，编号：(Q)TH062

中国学术期刊综合评价数据库统计源期刊，编号：(Z)Y0813

地址：广东省广州市天河区天河北路179号祥龙大厦10～11
邮编：510620　电话：020-28098414　32290177　邮发代号：46-283
E-mail：jmdt@vip.163.com¡¡jmdtsysu@gmail.com

《国际儿科学杂志》

创刊于1974年，主办单位为中华医学会和中国医科大学，是中华医学会系列杂志之一（双月刊），为中国科技论文统计源期刊，中国科技类核心期刊。主要刊登反映国际儿科学领域新进展、新动向、新技术和新方法的综述、论著、临床经验等，另辟有述评、专家论坛、继续医学教育和国外学术动态等栏目。报道内容以儿科临床与基础研究并重，是国内唯一专门介绍当代儿科学最新进展与动态的国家级儿科专业学术期刊。曾荣获卫生部首届全国医药卫生优秀期刊二等奖、中华医学会系列杂志优秀期刊三等奖、中华医学会系列综合质量评审法定计量单位审读优秀奖及文字表达审读优秀奖。已被《中国科技论文与引文数据库》（CSTPCD）、《中文生物医学期刊文献数据库》（CMCC）、《中国生物医学期刊引文数据库》（CMCI），中国期刊全文数据库（CJFD）、《中国期刊网》、《中国学术期刊（光盘版）》、《中国学术期刊综合评价数据库》、《中国核心期刊（遴选）数据库》等收录。双月刊，大16开，每期页码108页，每期定价12元，全年72元。邮发代号8-73。

主编：李书琴

地址：沈阳市和平区三好街36号（110004）
电话 024-23845727　024-96615-13719
E-mail：gjekxzz@163.com
网址：http://medline.org.cn
网上投稿：http://www.cma.org.cn/ywzx/ywzx.asp

《环境与健康杂志》

1984年创刊（月刊），卫生部主管，中华预防医学会和天津市疾病预防控制中心联合主办。第一届编委会主编为屈鸿钧教授，第二届编委会主编为董善亨教授，现任主编为白求恩奖章获得者王撷秀教授。报导各种环境因素及其演变对人群健康影响的新理论、新成果、新技术和新方法；环境与健康策略研究，环境健康损害风险评估及预警；预防控制疾病、促进健康的环境卫生措施、对策及其评估；环境与健康监测，卫生监督经验和效果；高新技术和仪器设备在环境与健康研究领域的应用；国内外专业进展等。杂志历次入选中文核心期刊。被国内外多个数据库和检索类期刊收录：中国科学引文数据库、中国科技期刊论文与引文数据库（CSTPCD）、中国生物医学文献数据库、中国核心期刊（遴选）数据库、中国学术期刊综合评价数据库（CAJCED）、中国期刊全文数据库（CJFD）、中文科技期刊数据库、中国医学文摘、中文科技资料目录·医药卫生、中文科技资料目录·中草药、环境科学文摘、中国地理科学文摘、中国无机分析化学文摘、中国生物学文摘、美国《化学文摘（光盘版）》（CA on CD）（进入千刊表）、剑桥科学文摘社网站的《污染文摘》（CSA:Poll A）、《水系统》（CSA:Aq）、《环境科学与污染管理》（CSA:ESPM）、《卫生与安全科学文摘》（CSA:HSSA）等10个分文摘以及俄罗斯《文摘杂志》（AJ, VINITI）。曾荣获卫生部2005年首届医药卫生优秀期刊二等奖，多次获中华预防医学会优秀期刊奖，天津市一级期刊。

大16开本，96页，每期定价12元，全年定价144元，邮发代号：6-221
地址：天津市河东区华越道6号　邮编：300011
电话、传真：(022)24333577　E-mail：hjyjk@263.net

《基础医学与临床》

《基础医学与临床》（CN 11-2652/R，ISSN 1001-6325）是由北京市科协主管，北京生理科学会主办，中国医学科学院基础医学研究所和北京协和医院共同承办的医学综合性期刊，于1981年创刊，为中国科技核心期刊和中国医药卫生核心期刊。本刊一贯秉承基础研究与临床实践相结合的办刊宗旨，主要刊登基础和临床医学的研究论文、短篇报道、新技术与方法、短篇综述、高等医学教育论文、罕见临床病例分析等。

本刊被中国科技论文与引文数据库、中国科学引文数据库、北京大学图书馆中文核心期刊要目总览、中国知网、万方数据库等国内多个重要检索系统及数据库收录，2004年入选《中国科技期刊科技精品数据库》，2006-2008年入选中国科协精品科技期刊工程资助项目（C类）。

地址：北京东单三条5号　邮编：100005
电话：010-69156964　传真：010-65273665
网址：http://jcyxylc.pumc.edu.cn
E-mail：basic_clinic@vip.163.com
发行：全国，128页大16开，月刊
国内邮发代号：82-358
定价：22元/本

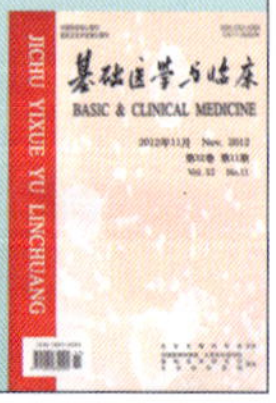

《实用预防医学》

《实用预防医学》（CN 43-1223/R ISSN 1006-3110）是由中华人民共和国卫生部主管、中华预防医学会、湖南省预防医学会主办、湖南省疾病预防控制中心承办的国家级综合性预防医学科技期刊。以"预防为主，面向基层，普及与提高相结合，推广国内外预防医学新技术、新成果、新经验、新动态，为预防保健事业发展服务"为办刊宗旨。主要栏目：论著、疾病控制、卫生监督监测、妇幼保健、卫生检验、卫生管理、慢性病防治，健康教育，艾滋病专栏，临床研究，综述等栏目。读者对象：从事疾病控制、卫生监督、妇幼保健以及从事预防医学科研、教学和管理的人员。

1994年3月创刊。1999年获中华预防医学会系列杂志优秀期刊三等奖，2001年获中华预防医学会系列杂志优秀期刊一等奖，2003年获中华预防医学会系列杂志优秀编辑质量奖，2002年获首届《中国学术期刊(光盘版)检索与评价数据规范》执行优秀奖，2003年被评为湖南省科技期刊一级期刊，2004年杂志被收录为中国科技论文统计源期刊，成为中国科技核心期刊。2006年被美国化学文摘(CA)收录。杂志的发展得到各方的认可，在全国五十多家预防医学杂志中居前列。

主编：李俊华　编辑部主任：彭进平

地址：湖南省长沙市芙蓉中路一段450号湖南省疾病预防控制中心（410005）
电话 0731-84305941　84305942
Email：zhppm@vip.163.com　邮发代号：42-129

《四川大学学报（医学版）》

《四川大学学报（医学版）》（原《华西医科大学学报》）系四川大学主办的综合性医学学术刊物（双月刊），创刊于1959年，原名《四川医学院学报》，1986年更名为《华西医科大学学报》，2003年更名为《四川大学学报（医学版）》。

办刊宗旨：反映四川大学的医药卫生科研成果和国内医学科研成果和学术水平，开展国内外学术交流，促进医药卫生事业的发展。主要刊登基础医学、临床医学、口腔医学、预防医学、药学、法医学等方面的研究成果及医疗技术的创新与改进等。设有论著、专题报道、技术与方法、述评、研究报告、临床医学等栏目。本刊是中文核心期刊，RCCSE中国权威学术期刊，被美国《医学索引》（IM/MEDLINE）、《生物学文摘》（BA）、《化学文摘》（CA）、荷兰《医学文摘》（EM）、中国科学引文数据库（CSCD）、中国生物医学文献数据库（CBM）、中国知网、万方数据库等收录。

主编：魏于全

主要奖项：
1997年　第二届全国优秀科技期刊评比一等奖
1999年　首届国家期刊奖提名奖
2002年　第二届国家期刊奖百种重点期刊奖
2006年　教育部首届中国高校精品科技期刊
2008年　教育部第二届中国高校精品科技期刊
2010年　教育部第三届中国高校精品科技期刊
2012年　教育部第四届中国高校精品科技期刊

地址：四川省成都市人民南路三段17号　邮编：610041
电话：028-85501320　投稿网址：http://scdx.cnjournals.com

《西南军医》

坚持为兵服务导向　着力提升期刊质量

创刊于1979年6月，原名为《成都军区医院学报》，2004年2月更名为《西南军医》，是由成都军区联勤部卫生部主管、成都军区总医院主办、经国家新闻出版总署审核的国内外公开发行的医学综合性学术期刊（CN 51-1673/R ISSN 1672-7193 双月刊），开设有论著、临床研究、经验交流、专家（专题）讲座、临床护理、医药学教育、个案及短篇等栏目，面向全国广大医务工作者征稿。主编：赵升阳。

期刊已被《中国核心期刊（遴选）数据库》、《中国期刊全文数据库》、《中国期刊网》、《中华首席医学网》、《万方数据数字化期刊群》、《中国生物医学文献数据库（BMDISC）》等大型数据库和期刊网站收录；2010年，荣获"全军医学期刊优秀编辑奖"。

地址：四川省成都市金牛区蓉都大道270号成都军区总医院内《西南军医》杂志编辑部
邮编：610083
E-mail：xnjyzz@163.com
电话：028-86570488
传真：028-86570490

《现代消化及介入诊疗》

《现代消化及介入诊疗》（Modern Digestion & Intervention）是国家科技部批准、广东省卫生厅主管、广东省医学学术交流中心主办、南方医科大学南方医院消化疾病研究所承办的中国科技论文统计源期刊（中国科技核心期刊），向国内外公开发行的学术性医学期刊（CN 44-1580/R ISSN 1672-2159 双月刊 大16开）。

本刊报道现代消化病与介入诊疗学的理论研究和临床经验，以临床应用为主，基础理论与临床实践相结合；以普及新技术新业务为主，普及与提高相结合；以现代医学为主，中医与西医相结合，推动消化病与介入诊疗工作的开展与提高，为人类健康服务。开设栏目：述评、专家论坛、论著、短篇论著、综述、临床经验、诊疗技术、病例分析与个案报道，欢迎投稿，欢迎订阅。

国内邮发代号：46-356
国外邮发代号：M4270
广告经营许可证号：4400004001080
每期定价15元，全年90元
地址：广州市广州大道北1838号南方医科大学南方医院消化编辑部
邮编：510515
电话 (020)61641547　传真 (020)87280770
E-mail：jmdi@vip.163.com

《现代医院管理》

《现代医院管理》杂志（Modern Hospital Management）是医院管理专业学术期刊（CN 21-1490/R ISSN 1672-4232 双月刊），由卫生部主管，中国医院协会和中国医科大学主办，中国医科大学附属盛京医院承办。主编：郭启勇。邮发代号：8-90。

办刊宗旨：报道探索现代医院管理理论研究的最新进展、医院改革和发展建设的实践创新，为广大医院管理工作者搭建医院管理学术交流平台。

主要栏目：特别策划、探索与研究、论述与综述、医院经营、教学与科研管理、科室管理、医疗管理、护理管理、经济管理、安全管理、医患关系、信息管理、医院文化与思想政治工作、他山之石。

本期刊已被中国核心期刊（遴选）数据库、中国学术期刊综合评价数据库、中国期刊全文数据库（CJFD）、中文科技期刊数据库、中文生物医学期刊文献数据库（CMCC）等收录。

地址：辽宁省沈阳市和平区三好街36号
邮编：110004
电话：024-96615转13749
传真：024-23840326
网站：www.xdyygl.com.cn
邮箱：xdyygl@sina.com

《协和医学杂志》

主管单位：中华人民共和国卫生部
主办单位：中国医学科学院
北京协和医院
创刊时间：2010 年 7 月
主编：赵玉沛
常务副主编：朱燕宁
编辑部主任：钟紫红
刊期：季刊

栏目：专家/专科论坛、专家述评、论著、综述、协和内科大查房、临床病理/病例讨论、病例报告、政策与法规、教学与科研、医史钩沉等

读者对象：临床医师、科研工作者、药剂师及与医学相关专业的管理人员和教师

地址：北京市东城区王府井帅府园 1 号　邮编：100730
电话：010-69154261　邮发代号：2-719
E-mail：mjpumch@126.com
网址：http://mjpumch.cbpt.cnki.net

《诊断病理学杂志》

以诊断病理学为主要内容，由北京军区联勤部卫生部主管，北京军区总医院主办，韦立新为主编，常建国为编辑部主任。1998 年被中国科技论文与引文数据库（CSTPCD）收录为统计源期刊（中国科技核心期刊），2009 年加入万方数据“数字化期刊数据库”，2011 年入编《中文核心期刊要目总览之临床医学/特种医学类的核心期刊，2012 年被中国生物医学文献服务系统(SinoMed)中的《中国生物医学文献数据库》收录。

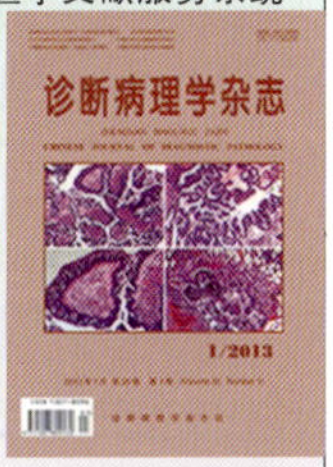

栏目设置：专家论坛、论著、论著摘要与短篇、技术交流、病例报告、病理诊断讨论会、WHO 肿瘤新分类、国外期刊文摘、读者·作者·编者。

月刊，64 页，大 16 开，每册定价 17 元，全年 204 元（含邮费）。国内统一刊号：CN 11-3883/R　ISSN 1007-8096，邮发代号 82-882。

地址：北京市东城区东四南门仓5号 诊断病学杂志社　邮编：100700
电话 010-66721843　64045698
Email：zdbl@263.net　http:zdblx.cnmanu.cn
国外订户请与中国国际图书贸易总公司联系订阅手续
国外邮发代号：1394Q　地址：北京市399信箱　邮政编码：100044

《中国健康月刊》

《中国健康月刊》杂志 1982 年创刊，由中华人民共和国卫生部主管。中国一级核心刊物，是全国医疗界、医药界、教育界进行学术交流，切磋的重要平台，“以健康决定未来”为办刊理念的一本面向城市职场白领的健康管理类杂志。杂志以关注“生命、生态、生活”三大领域为宗旨，秉持科学健康观念，力推中国健康财富创造和开发，以促进全民健康事业发展和进步。

地址：北京市东城区安定路甲 26 号
网址：www.zgjkxw.org　邮箱：chc6681@126.com
电话：010—64950307　传真：010—64955989

《中国民康医学》

《中国民康医学》杂志创刊于 1988 年，是由民政部主管、中国社会工作协会主办，国内外公开发行的综合性医学期刊(半月刊)。国际标准刊号为 ISSN I672-0369，国内统一刊号为 CN 11-4917 / R，国内邮发代号：82--503，国外邮发代号：SM1714。社长：刘良玉，总编辑：王国涛，常务副总编辑：周华兵，副社长：王志力。

《中国民康医学》杂志开设有论著、临床研究、医务社会工作、精神康复、肿瘤康复、社区康复、中医中药、卫生管理、健康教育、护理，针灸与健康、妇幼保健、社会心理健康、民政医疗、就医指南等重点栏目。

《中国民康医学》杂志权威性强，覆盖面广，信息传播快，在推介医药、医疗设备器械、卫生材料、特色医疗方面具有独特的作用。欢迎投稿订刊，以及各种形式的交流与合作！

地址：北京市西城区白广路 7 号中民大厦院内
邮编：100053　联系人：韩月月
电话/传真：010-63365216　63510974
邮箱：zgmkyx@163.com
网址：www.zgmkyx.com

《中国烧伤创疡杂志》

国家卫生部主管，中国医师协会主办，全国性烧伤创疡医学专业学术双月刊（CN 11-2650/R　ISSN 1001-0726）。1080 年 11 月创刊，大 16 开本，80 页；国内每册定价 8 元，全年 6 期，年价 48 元。

办刊宗旨：理论与实践相结合，重在实践；基础与临床相结合，重在临床；普及与提高相结合，重在提高。为引领人体再生复原科学科研与学术发展服务；为促进我国烧伤创疡医学领域的学术交流服务；为我国烧伤创疡医学事业的发展与提高服务；为培养我国的烧伤创疡医学人才服务；为人民健康服务。

办刊方针：专家办刊，编委会办刊；专注临床，服务读者；发扬自主创新精神，引导学科发展，鼓励百家争鸣。

主要内容：研究探讨人体生命科学规律；报道人体再生复原科学理论及其研究成果；宣传再生养生保健新理念新方法；交流烧伤皮肤再生医疗技术的临床经验；介绍国内外烧伤创疡学的发展动态；开展学术交流与争鸣。

重点栏目：人体再生复原科学与烧伤创疡论坛；烧伤研究与治疗；创伤创面研究与治疗；整形美容的研究与治疗；体表溃疡创面研究与治疗；五官黏膜溃疡研究与治疗；消化系统疾病的研究与治疗；皮肤疾病的研究与治疗；肛肠疾病的研究与治疗；妇科疾病的研究与治疗；生命科学前沿发展动态等十一个栏目。

地址：北京朝阳区东大桥路 8 号尚都国际中心 A-31
邮编：100020；
邮发代号：82-600　BM1390（国外）
电话：010-58701592　传真：010-58701592
网址：http://www.cjbwu.org
E-mail：periodical@chinaburn.com

《中国卫生信息管理杂志》

《中国卫生信息管理杂志》（CN 11-5120/R　ISSN 1672-5166）是国家科技部、国家新闻出版广电总局批准创办的第一份专注于卫生信息化领域研究与应用的综合性科技学术期刊，创刊于2004 年 1 月，由中华人民共和国卫生部主管、卫生部统计信息中心主办。

主要内容： 区域卫生信息化；公共卫生、医疗服务、新农合、基本药物制度、综合管理等业务领域的信息化建设和信息管理；电子健康档案、电子病历；医院信息管理、远程医学和医疗信息管理；卫生知识管理、卫生统计研究与信息分析、卫生服务调查研究与数据分析、数据挖掘；信息标准和信息安全；电子政务；生物医学信息分析等方面的科研论著、综述、方法、应用和技术、工作与研究进展、典型案例与经验交流等内容。

办刊宗旨： 围绕卫生改革与发展需求，搭建卫生管理信息平台，研究卫生统计和信息化建设理论，普及和提高卫生统计和信息化知识，交流卫生统计和信息化建设管理和实践经验，推动和促进卫生统计和信息化工作的创新和发展，理论联系实际，积极为卫生改革和发展服务。

主要任务： 研究与报道卫生统计与信息化领域的基础理论、前沿领域和重大现实问题，搭建国内外卫生信息管理经验交流平台，为致力于卫生统计和信息化建设工作的人员提供业务指导和素质提升材料，以宣传、交流、服务、提高为目的，发挥科技期刊的技术引导作用，不断提高我国卫生统计与信息化人才队伍的学术水平，促进卫生信息化工作的发展。

电话：010-85002952　010-68792486
传真：010-85002952　010-68792478
E-mail：zhangyj@moh.gov.cn　xinying@moh.gov.cn
地址：北京市东城区东单北大街 3 号青年会大楼 4 层
中国协和医科大学出版社内（邮编：100005）

《中国小儿急救医学》

《中国小儿急救医学》杂志（双月刊）创刊于 1994 年，是中华医学会主办的中华医学会系列杂志之一，是国内儿科领域中唯一一本反映危重症急救方面的国家级儿科专业学术期刊，代表了国内儿科急诊医学水平。是中国科技论文统计源期刊，中国科技类核心期刊。2014 年更改为月刊，每期定价 10 元，64 页。邮发代号 8-72。

读者对象：全国各级医院的儿科医生，尤其是从事儿科危重症急救方面的临床医生。

栏目设置：专题讨论、论著、临床应用研究、综述、讲座、儿科急诊室、继续医学教育园地、教学查房、临床病例讨论、短篇报道、急救与药物、急救与新仪器等。

收录及获奖情况：被国际权威检索系统美国《化学文摘》（CA）、俄罗斯《文摘杂志》（AJ）、波兰《哥白尼索引》、美国《乌利希国际期刊指南》(Ulrich's Periodicals Directory)、WHO西太平洋地区医学索引列为来源期刊，并被国内《中国科技论文与引文数据库》（CSTPCD）、《中文生物医学期刊文献数据库》（CMCC）、《中国生物医学期刊引文数据库》(CMCI)，中国期刊全文数据库（CJFD）、《中国期刊网》、《中国学术期刊（光盘版）》、《中国学术期刊综合评价数据库》、《中国核心期刊（遴选）数据库》收录。

曾荣获卫生部全国医药卫生优秀期刊奖评选中荣获优秀期刊二等奖、中华医学会系列杂志优秀期刊二等奖、中华医学会系列综合质量评审中获法定计量单位审读优秀奖、文字表达审读优秀奖。

地址：沈阳市和平区三好街 36 号《中国小儿急救医学》杂志编辑部
邮编：110004　E-mail：zgxejjyx@163.com
电话 024-23926295　024-96615转13729　传真 024-23926295

《中国心理卫生杂志》

《中国心理卫生杂志》（月刊）是反映我国心理卫生研究水平的窗口，是国家一级学术期刊，是《中文核心期刊要目总览》（北京大学图书馆等）、《中国人文社会科学核心期刊》（中国社会科学院）、“复印报刊资料”重要转载来源期刊（中国人民大学）收录的核心期刊，被《中国科技论文与引文数据库（CSTPCD）（核心库）》、《中国科学引文数据库（CSCD）（核心库）》、中国社会科学论文索引（CSSCI）、中国生物医学文献数据库（CBM）、中文生物医学期刊文献数据库（CMCC）、中国学术期刊文摘和中文科技资料目录以及美国 PsycINFO、Ulrich's Periodicals Directory 等自然、人文科学文献数据库收录。

读者对象：各临床专业的医生、心理治疗师、心理咨询师及其他从事与心理卫生相关的跨学科专业的工作人员。内容涉及临床医学（尤其是精神病学、神经病学、心身医学）、基础医学、预防医学、心理学、教育学、社会学等学科。

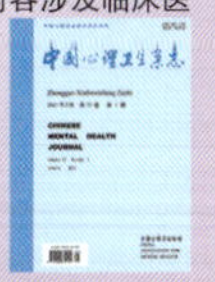

英文刊名：Chinese Mental Health Journal
主管单位：中国科学技术协会
主办单位：中国心理卫生协会
主编：于欣　编辑部主任：黄悦勤
中国标准连续出版物号：ISSN 1000-6719；CN 11-1873/R
邮发代号：82-316；定价：每期 12 元，全年 144 元
地址：北京市海淀区花园北路 51 号 2 号楼 506（北京大学第六医院内）　邮编：100191
联系方式：电话10-62010890；18612535660　传真62352810
电子邮箱：cmhj@bjmu.edu.cn
主页：www.cmhj.cn（在线投稿，查阅最新题录、摘要）

《中国心血管病研究》杂志

《中国心血管病研究》杂志是由国家卫生部主管、中国医师协会和煤炭总医院主办的心血管病学及其相关学科的国家级技术类专业学术期刊，以从事心血管病医疗、科研、预防、教学工作者为主要读者对象，报道心血管病学领域领先的科研成果，临床心内、心外科和心血管介入等诊疗经验，以及密切结合临床并对临床有指导意义的基础理论研究等。主编：胡大一 万峰；执行主编 社长：张伟；副主编：马长生 王明晓 方唯一 孙立忠 刘宏宇 刘建实 何国伟 孟旭 杨跃进 柳克祥 韩雅玲 霍勇

主要栏目：述评、专家论坛、论著、临床研究、基础研究、共识与指南、专题评论、讲座、综述、临床病例讨论、经验交流、继续教育、学术动态等。具有较高的学术水平及实用价值，被引用率高。是中国科技论文统计源期刊（中国核心期刊），中国生物医学核心期刊，被中国学术期刊综合评价数据库来源期刊，中国期刊全文数据库(CJCR)、中国学术期刊（光盘版）全文收录期刊。被万方数据－数字化期刊群、中国生物医学文献数据库（CBMdisc）期刊收录，还被美国《化学文摘（CA）》、波兰《哥白尼索引（IC）》和美国《剑桥科学文摘（自然科学）》等数据库收录检索。

本刊统一刊号：CN 11-5122/R，ISSN 1672-5301。国内外公开发行，国内邮发代号 80-123，国外邮发代号 M8052。月刊 96 页，每册定价 12.00。全国各地邮局订购。编辑部：北京朝阳区西坝河南里 29 号（100028）电话：010-8454 1195
邮箱：xxgzz@126.com

《中国血吸虫病防治杂志》

《中国血吸虫病防治杂志》(CN 32－1374/R ISSN 1005－6661 双月刊)创刊于1989年，是由卫生部主管、江苏省血吸虫病防治研究所和中华预防医学会主办的技术类科技期刊，中华预防医学会系列杂志。办刊宗旨：预防为主、面向防治、面向全国、面向基层，为血吸虫病、寄生虫病防治科研服务，及时报道血吸虫病、寄生虫病防治、科研和管理等方面最新成果与动态。

中文核心期刊(2008版)、中国科技核心期刊、中国科技论文统计源期刊。先后被中国科学引文数据库、中国期刊全文数据库、中国学术期刊综合评价数据库、美国MEDLINE、EBSCO和化学文摘、英国动物学记录和CAB、荷兰医学文摘、波兰哥白尼索引、WHO西太区医学索引等国内外重要数据库收录。2005年以来，先后荣获第三届国家期刊奖提名奖、卫生部首届医药卫生优秀期刊一等奖、第六届中国科协期刊优秀论文一等奖、中国国际影响力优秀学术期刊、中华预防医学会系列杂志一等奖、第二届江苏期刊方阵优秀期刊奖等荣誉。

地址：江苏省无锡市梅园杨巷117号
邮编：214064
电话 0510－68781022 68781021
网址：www.zgxfzz.com

《中国医药》

中国医疗领域的权威性期刊

《中国医药》是卫生部主管、中华医学会主办的国家级期刊。2006年创刊，创刊第三年即被收录到“中国科技核心期刊”（中国科技论文统计源期刊）。在中国科技期刊引证报告中2010至2012年影响因子分别为0.494、0.558、0.797。在6217种科技期刊综合排名516名。CN 11－5451/R ISSN 1673－4777，月刊，邮发代号：80－528。国外发行：中国国际图书贸易集团有限公司，代号M 4358。总编：杨秋（兼编辑部主任）。

办刊宗旨：力求及时、全面、快速报道我国医学、药学领域的研究成果。主要栏目：临床研究、临床用药、药物不良反应、药物评价、病例报告、综述、中国医药卫生改革信息等。

本刊特点：出版周期快，服务好，不收审稿费。有中国最知名的各学科编委及编审专家队伍，保证了杂志的学术性。

地址：首都医科大学附属北京安贞医院北楼《中国医药》杂志编辑部（朝阳区安贞路2号）
邮编：100029
电话（传真）：010－64428528 64456116
Email：zgyy8888@163.com
网站：http://www.chinamedicinej.com

《中国医院》

中国医疗领域的权威性期刊

《中国医院》(CN 11－4674/R ISSN 1671－0592 月刊）1997年6月创刊，2001年经国家科技部和新闻出版总署批准，面向国内外公开发行。由中华人民共和国卫生部主管、中国医院协会（原中华医院管理学会）主办，是中国医院协会会刊、中国科技论文统计源期刊、中国科技核心期刊。主编：张宝库；编辑部主任：郝秀兰。邮发代号2－743。

《中国医院》秉承“创新、厚载、求实，贴近医院、服务医院”的编辑方针，始终以读者为本，引领潮流。传播现代经营理念，报道学科重大进展，交流先进经验，发布权威信息，融导向性、先进性、学术性、权威性与实用性为一体。依托中国医院协会及其三十多个分会/专业委员会，聚集全国大型医院院长和医院管理专家学者，组成权威性编委会，与各省市自治区医院协会联系紧密。

读者对象：医院管理工作者、医疗机构科室主任、护理管理工作者、卫生行政管理人员、医务人员以及热心和关注医疗卫生服务的各界人士。

地址：北京市南三环东路27号院芳群公寓6号402室
邮编 100078 电话 010－67609651 87677703
E－mail：zgyy@vip.163.com
网址：http://www.chaj.com.cn

《中国中西医结合耳鼻咽喉科杂志》

《中国中西医结合耳鼻咽喉科杂志》(CN 34－1159/R ISSN 1007－4856）是由中国科学技术协会主管、中国中西医结合学会主办、中国中西医结合学会耳鼻咽喉科专业委员会及安徽医科大学教学医院安庆市第一人民医院承办的专业学术性期刊，为中国科技论文统计源期刊、中国科技核心期刊、中国核心期刊（遴选）数据库收录期刊。国内外公开发行，邮发代号：26－143。

办刊宗旨：发扬中西医结合所长，贯彻中医与西医、理论与实践、普及与提高相结合的方针，突出反映中西医结合耳鼻咽喉科理论基础与临床研究的进展和成果，报道该领域新理论、新技术和防治经验等。

栏目设置：设有实验研究、临床研究、经验与教训、短篇报道、研究生园地、护理园地和综述、学术动态以及讲座等栏目。

编委会选自全国各地著名耳鼻咽喉科专家及美国、日本知名学者参加。

地址：安徽省安庆市孝肃路42号
邮编：246004
电话 0556－5519852 5866225
传真：0556－5545966
EMAIL：ent93@163.com entcw@126.com
网址：www.wanfangdata.com.cn

《中国肿瘤外科杂志》

《中国肿瘤外科杂志》（CN 32－1795/R ISSN 1674－4136 双月刊）系卫生部主管，中国医师协会、江苏省医学情报研究所、江苏省肿瘤医院共同主办，也是目前国内唯一一本肿瘤外科学术期刊。

办刊宗旨：关注前沿，引导创新，突出临床，讲求实用。力求为从事肿瘤临床研究、基础研究、相关交叉学科的专业人员搭建学术交流平台，传递国内外肿瘤防治方面的研究动态、研究成果，为推动肿瘤学的发展与人才培养，提高我国肿瘤外科治疗水平服务。

目前已被“中国生物医学文献数据库”“中国核心期刊遴选数据库”“中国学术期刊（光盘版）中国知网”“中文科技期刊数据库”“美国《化学文摘》”“美国《乌利希期刊指南》”等检索系统全文收录。邮发代号：28－56。

地址：江苏省南京市汉中路129号
邮编：210029
电话：025－84706094
E－mail：zgzlwkzz@sina.com
网址：www.zgzlwkzz.com

《国际医药卫生导报》

《国际医药卫生导报》杂志（CN44－1417/R ISSN 1007－1245）是中华人民共和国卫生部主管、中华医学会主办的国家级综合性医学期刊（半月刊），主编：钟国华。创刊于1995年，国内外公开出版发行。定价：每期15元，全年360元。邮发代号：46－156。

《国际医药卫生导报》主要栏目：科研课题、基础研究、专家述评、专题、论著、临床研究、病例报告、药物与临床、药学研究、临床检验、中医中药、预防医学、护理研究、医学动态等。

地址：广东省广州市中山三路11号越秀区工商联大厦1101房
邮编：510080
电话：020－83823782
83824952 83823031
传真：020－83823782
邮箱：imhgn@vip.sina.com
网址：www.imhgn.com

《中国医学影像学杂志》

《中国医学影像学杂志》是由中华人民共和国卫生部、中国医学影像技术研究会主办的全国性专业学术期刊，是中国科技核心期刊、中国科学引文数据库来源期刊、《中文核心期刊要目总览》收录期刊。杂志1993年10月创刊，月刊，邮发代号：82－712。ISSN 1005－5185；CN 11－3154/R。

办刊宗旨：贯彻党和国家的卫生工作政策，坚持理论与实践、普及与提高相结合的方针，反映我国医学影像学领域的重大临床和科研工作进展，致力于各种医学影像技术的基础与临床研究成果的推广和传播，为从业人员建立继续教和技术交流的平台，促进国内外医学影像学学术交流。

本刊刊登放射医学、超声医学、核医学、介入医学、影像技术学、医学影像工程学等相关学科的原创性论文，栏目设置包括实验研究、中枢神经影像学、头颈部影像学、乳腺影像学、心脏影像学、胸部影像学、血管与介入放射学、腹部影像学、妇产科影像学、生殖泌尿影像学、骨骼肌肉影像学、影像技术学、医学影像工程学、文献计量学、述评与综述。

地址：北京市海淀区复兴路28号解放军总医院内
邮编：100853
电话：010－66939381
E－mail：manuscript.cmi@gmail.com
网址：http://zyyz.cbpt.cnki.net

《中国临床医生》 《生活与健康》 《中国医刊》

中华人民共和国卫生部主管、人民卫生出版社主办

《中国临床医生》杂志是面向全国发行的医学专业杂志，月刊，大16开，80页，每期6元，全年定价72元。邮发代号2－48。2009年，获中国科技核心期刊（中国科技论文统计源期刊），国家新闻出版总署“中国期刊方阵”双效期刊。

《生活与健康》杂志是面向全国发行的健康类科普杂志，月刊，大16开，56页，彩色印刷，每期5元，全年定价60元。邮发代号2－702。2005年，《生活与健康》杂志获卫生部首届医药卫生优秀期刊奖。

编辑部电话：
010－59787218/59787219

《中国医刊》杂志创刊于1951年，国家级医学专业综合性期刊，系国家新闻出版署精品期刊阵营——“中国期刊方阵”双效期刊，全国优秀科技期刊。2003年获中国科技论文统计源期刊（中国科技核心期刊）。月刊，每月1日出版；大16开本，96页；每期定价6.00元；邮发代号：2－49。编辑部电话：010－67617177

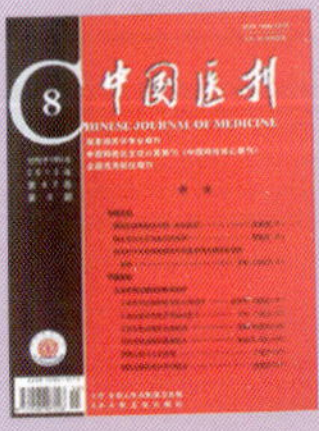

E－mail：cjournalofmed@sohu.com

日泰恒远（北京）教育科技有限公司是目前医疗行业最能创造价值的培训、会议、论坛、杂志发行等活动专业策划和执行机构。

公司平均每月联合相关单位举办各类医疗培训、会议、论坛等活动5场以上，每场活动参与人员平均200人以上；每年举办大型活动4次以上，每次参与人员1500人以上。公司目前已经累计在全国20多个主要城市举办活动300次以上，累计活动人员参与量达80000人次。

公司目前和全国2000多个县（市）卫生局、50000家乡镇（中心）卫生院（社区卫生服务中心）、10000多家二级医院等医疗单位具有直接业务联系和相关业务合作。

这一切，只因为我们默默进行了6年耕耘，6年积累；只因为我们专心致志；只因为我们全心全意！

联系人：杨老师
电话：010—62493189　手机：13521610062
Q Q：279602161　邮箱：rthy88@126.com